To Graziela
& Patsi

04/12/17

Givaldo Franco

Para

com votos de paz.

DIVALDO PEREIRA FRANCO

ORGANIZADO POR LUIZ FERNANDO LOPES

VIVÊNCIAS DO AMOR EM FAMÍLIA

Salvador
1. ed. – 2016

©(2016) Centro Espírita Caminho da Redenção – Salvador, BA.
1. ed. – 2016
10.000 exemplares
Revisores:
    Prof. Luciano de Castilho Urpia/ Manoelita Rocha
    Adriano Ferreira/ Lívia Sousa
Editoração eletrônica: Ailton Bosco
Capa: Cláudio Urpia
Coordenação editorial: Prof. Luciano de Castilho Urpia
Produção gráfica:
    LIVRARIA ESPÍRITA ALVORADA EDITORA
    Telefone: (71) 3409-8312/13 – Salvador – BA
    Homepage: <www.mansaodocaminho.com.br>
    E-mail: <leal@mansaodocaminho.com.br>

Dados Internacionais de Catalogação na Publicação (CIP)
(Catalogação na fonte)
Biblioteca Joanna de Ângelis

F825	FRANCO, Divaldo Pereira.
	    Vivências do amor em família. 1. ed. / Divaldo Pereira Franco, [organizado por] Luiz Fernando Lopes. Salvador: LEAL, 2016.
	    576 p.
	    ISBN: 978-85-8266-157-4
	
	    1. Espiritismo 2. Família 3. Educação I. Franco, Divaldo II. Lopes, Luiz III. Título.
	<div align="right">CDD: 133.90</div>

Impresso no Brasil
Presita en Brazilo

Sumário

APRESENTAÇÃO

"Os exemplos vivenciais são mais eloquentes
do que as mais belas teorias."

DIVALDO FRANCO

ste livro é mais um trabalho produzido no intuito de sintetizar a larga experiência de Divaldo Franco no campo do conhecimento espírita. No texto foram reunidas informações de grande extensão e profundo significado, favorecendo um estudo metódico de todas as dimensões que caracterizam a constelação familiar.

O papel do lar no processo educacional é demonstrado de forma inequívoca, proporcionando uma visão mais abrangente sobre as relações humanas na espiral da evolução. Neste cenário conceptual, o amor em família se legitima como um fator preponderante para o êxito de qualquer projeto reencarnatório.

Quando uma família se predispõe a acessar o Psiquismo Divino, o lar se converte em um celeiro de paz ante os tormentos que dilaceram a criatura humana, vitimada pela ignorância acerca dos compromissos que caracterizam os vínculos familiares. Um ambiente pacificado não significa que os membros do grupo estarão dispensados de realizar o salto qualitativo que a vida propõe, pois não há soluções mágicas para as questões evolutivas que devem ser equacionadas em família. Contudo, um lar que cultiva o conhecimento espiritual torna-se receptivo à interferência salutar dos benfeitores desencarnados, verdadeiros prepostos de Jesus, o Grande Educador da Humanidade.

Assim como no livro *Sexo e consciência,* personagens inesquecíveis estão presentes no precioso trabalho que o autor nos oferece com extrema delicadeza, resultado de uma vida inteira dedicada ao acolhimento das dores humanas. Em episódios tão surpreendentes quanto pródigos de lições, o leitor poderá entesourar na câmara sagrada do coração inúmeras propostas que permitem fazer da vida familiar uma experiência contínua de iluminação interior.

Ao lado das histórias relatadas na obra, repassadas de beleza e de sensibilidade, os conceitos doutrinários são apresentados com maestria, descortinando novos horizontes para a compreensão da responsabilidade intransferível que repousa em nossas mãos.

Neste livro materializa-se novamente a palavra sábia e segura de Joanna de Ângelis e de outros mentores que orientam Divaldo nos momentos de convivência com famílias em situações de crise, que se expressam nos enfrentamentos mais heterogêneos: a ingratidão, que fere os melhores sentimentos; a violência doméstica, que atenta contra a dignidade humana; as desavenças, que reeditam vinculações infelizes do passado; a doença, que irrompe sem aviso prévio; a morte, que consome todas as esperanças... Esses fenômenos desafiadores, manifestando-se com duração e com intensidade variadas, são ocorrências naturais no ciclo de vida familiar. Alguns deles são compartilhados por quase todos os seres humanos e se fazem necessários ao crescimento pessoal e coletivo, enquanto outros podem ser interpretados como sintomas psicológicos da dinâmica familiar, sinalizando processos disfuncionais que se originaram na atual encarnação ou foram deflagrados em existências anteriores.

Qualquer dificuldade no ambiente doméstico será sempre suavizada mediante a vivência do amor, o antídoto que gera saúde espiritual e recupera a vitalidade dos laços de afeto, ensejando condições para que os integrantes do grupo se reabilitem da permanência voluntária nos caminhos áridos do pretérito, seguindo adiante no rumo do grande futuro que nos aguarda.

O leitor notará que o texto não contém informações sobre os temas do relacionamento conjugal e da educação afetivo-sexual, o que seria esperado para um livro que analisa os movimentos da vida em família. A justificativa, porém, para esta ausência é que esses assuntos já foram abordados no livro *Sexo e consciência*, capítulo 11 (Desafios conjugais), capítulo 12 (O jovem e a sexualidade) e capítulo 13 (Educação afetivo-sexual). Esse material contém reflexões preciosas sobre a vida conjugal e a sexualidade humana, apresentando sugestões para uma experiência plena no território do afeto.

Desejo agradecer aos dirigentes e colaboradores da Editora pelo excelente trabalho realizado. Eles não mediram esforços para disponibilizar aos leitores uma publicação com elevado padrão editorial.

Quero endereçar a minha gratidão mais expressiva ao amigo, Divaldo Franco, em função do acolhimento oferecido a este trabalho. O texto foi cuidadosamente revisado pelo divulgador e médium, que há tantas décadas nos brinda com a sua sólida contribuição no campo do pensamento espírita.

Em um seminário sobre o tema da família, o autor afirmou: *"Os exemplos vivenciais são mais eloquentes do que as mais belas teorias".* Nesse sentido, Divaldo possui um elenco numeroso de vivências familiares de grande impacto, consubstanciadas em momentos de rara felicidade e em contingências desafiadoras que ele teve que superar desde muito cedo: a desencarnação súbita de entes queridos, a obsessão dentro do lar, a escassez de recursos materiais, os relacionamentos espinhosos que ressumam de vidas passadas. Tudo isso na trama complexa de uma família com treze filhos, na qual ele era o filho mais novo, tendo que lidar com um amplo repertório de dificuldades evolutivas de todos os seus irmãos, Espíritos muito diferentes entre si, que permitiram a Divaldo exercitar continuamente a sublime arte da compreensão e da renúncia, desenvolvendo habilidades de resiliência e de atendimento fraterno, ao mesmo tempo que pôde construir um conhecimento consistente para as atividades da divulgação espírita.

Portanto, a leitura deste trabalho será, também, uma oportunidade de conhecer melhor a biografia de Divaldo Franco, por meio da análise de suas experiências familiares mais enriquecedoras.

A todos aqueles que percorrerem as páginas deste livro, seja com o coração pulsando de renovadas alegrias, seja com espírito de estudo e pesquisa, eu desejo uma excelente viagem ao encontro das personagens e dos conceitos que dão vida às preciosas narrativas do autor, um conjunto de propostas psicológicas de notória utilidade, para que as virtudes do amor possam florescer dentro de cada um de nós.

São Paulo, 27 de março de 2016.[*]
LUIZ FERNANDO LOPES

---

[*] Esta foi a data em que Divaldo Franco completou 69 anos ininterruptos de atividades na Doutrina Espírita. Nota do organizador.

1

PELOS CAMINHOS DA FAMÍLIA

ASPECTOS HISTÓRICO-SOCIAIS DA FAMÍLIA

Allan Kardec, em *O Livro dos Espíritos*, interrogou os guias da Humanidade na questão 775: "Qual seria, para a sociedade, o resultado do relaxamento dos laços de família?", e os Espíritos nobres responderam: "Uma recrudescência do egoísmo."

A palavra *família* vem do latim *famulus*, que significa *escravo doméstico*. Na Antiguidade Latina, quando na região do Lácio teve início o grande movimento de expansão que se deu com o futuro Império Romano, a família era um conglomerado de indivíduos que se reuniam em torno de um chefe. Este grupo não se restringia aos familiares biológicos, mas também incorporava os servos ou escravos que pertenciam ao líder. Porém, à medida que a cultura romana propôs, para a sociedade, os princípios do Direito, a família tornou-se um núcleo constituído apenas por indivíduos com algum grau de parentesco consanguíneo.

Mais tarde, graças à presença do Cristianismo na Terra, a família passou a ser estruturada por meio do vínculo do casamento segundo a ritualística preconizada pela Igreja. Com a Revolução Francesa e a Era Contemporânea, surgiu o casamento laico, a união civil entre duas pessoas. A partir daí o grupo familiar assumiu um caráter muito mais amplo, sendo reconhecidas as divisões que se apresentam como a família do pai, a família da mãe, a família que formamos ao nos casarmos, etc. Em decorrência dessa transformação cultural, foi-se configurando um modelo familiar tradicional caracterizado pelo arranjo que todos nós conhecemos: pai, mãe e filhos. Esse modelo é denominado sociologicamente como *família nuclear*.

É evidente que algumas famílias são constituídas sem a formalização legal ou sem o sacramento que as religiões propõem aos seus adeptos. Contudo, tanto na origem dos clãs quanto na atualidade, o casamento segue cumprindo um papel preponderante na formação do grupo familiar.

Desde os tempos do filósofo grego Platão, a família é considerada a célula básica da sociedade. O Espiritismo, ampliando a investigação sobre o tema, vê na família uma nobre experiência, um verdadeiro laboratório no qual são burilados os nossos sentimentos, representando um grande ensaio para que possamos viver na família universal. Como a família biológica é a grande responsável pelo nosso processo de desenvolvimento, ela nos prepara para interagirmos com a família ampliada, que abrange a Humanidade inteira. Se não soubermos nos conduzir no mecanismo do relacionamento afetivo mais íntimo, por meio da convivência com aqueles que compartilham os nossos vínculos consanguíneos, muito dificilmente estaremos amadurecidos para essa família irrestrita que todos preconizamos e por cuja chegada trabalhamos com acendrado interesse.

O modelo tradicional de família, a que nos referimos, pressupunha uma imagem paterna temerária, gozando de plenos poderes para impor seus desejos e determinar como deveria ser a vida da mulher e dos filhos, indivíduos subalternos que se viam obrigados a obedecer sem questionar. Esse pai era o provedor que sustentava o grupo familiar, enquanto a mãe era uma figura submissa, encarregada dos afazeres domésticos e da educação dos filhos dentro do lar.

Felizmente, graças à libertação feminina, a mulher se dispõe cada vez mais a encontrar o seu lugar ao Sol, usufruindo o direito de demonstrar as suas aptidões intelectuais, culturais, artísticas... É perceptível o número de mulheres que passaram a assumir papéis de liderança na sociedade, seja em comunidades, em grandes grupos empresariais ou no governo de muitos países.

A família, depois dos anos 1960, sofreu uma grande mudança que possui aspectos positivos e negativos. O movimento *hippie* e outras influências culturais projetaram, na mentalidade coletiva, a ideia de que o casamento e a família eram instituições obsoletas. Isso porque, como afirmamos, a família patriarcal sustentava relações interpessoais obscuras, manifestando uma perversidade opressora e, ao mesmo tempo, hipócrita, cuja causa reside em dois motivos: primeiro porque o pai era temido e a mãe era praticamente uma serva do seu marido, não usufruindo de direitos individuais na sociedade em que vivia, e segundo porque a família se entregava a incontáveis descalabros e procurava preservar uma falsa imagem de pudor, já que dentro do conceito *vitoriano* o erro não estava na conduta irregular que um indivíduo mantivesse, mas no fato de as pessoas tomarem conhecimento das suas atitudes, do seu despautério.

Portanto, a partir da década de 1960 os jovens quiseram se confrontar com o modelo de família vigente, no intuito de desfrutarem de liberdade, mesmo antes de terem a maturidade necessária. Com a radicalização dessa proposta, o mundo assistiu ao surgimento de uma grande experiência coletiva de busca pelo prazer, mas um prazer totalmente destituído de qualquer traço de responsabilidade. O *rock and roll* e o sexo sem compromisso afetivo adquiriram cidadania mundial, bem como o uso de drogas de vários tipos.

A epidemia de dependência química é um fenômeno social que decorreu das guerras lamentáveis do Sudeste Asiático, particularmente as guerras do Camboja, da Coreia e do Vietnã, que foram realizadas para atender aos interesses políticos dos Estados Unidos da América. A juventude americana alistou-se nas forças armadas e foi para o campo de batalha. Ao final do confronto armado, os veteranos voltaram decepcionados e marcados pelo hábito de usar drogas para matar, já que os comandantes, segundo alguns periódicos da época, induziam os soldados ao consumo de substâncias estimulantes, a fim de que pudessem estar mais dispostos durante os combates. Esses jovens nem sequer tinham discernimento para exercer suas funções militares, matavam sem saber por quê. Até o dia em que, em uma rua da cidade de São Francisco, Califórnia, inspirados pelo pensador Herbert Marcuse, professor da Universidade de Berkeley, os jovens gritaram: "Não vamos fazer a guerra! Façamos o amor!". Só que o conceito de amor *em jogo,* nesse momento, era apenas a prática sexual...

O evento que talvez tenha representado melhor esses novos ideais foi o Festival de Woodstock, ocorrido entre os dias 15 e 18 de agosto de 1969, em uma fazenda do estado de Nova Iorque, ocasião em que milhares de jovens se entregaram a quatro dias de sexo, uso de drogas e *shows de rock.*

Nesse ínterim, a juventude saiu pelo mundo em busca do herói interior, aquele herói representado na mitologia de todos os povos, uma imagem arquetípica que o psiquiatra suíço Carl Gustav Jung analisa com muita propriedade. O cinema retratou essa realidade através de um filme emblemático denominado *Sem Destino,*[1] estrelado pelo ator Dennis Hopper. O enredo narra a história de dois motociclistas que viajam pelos Estados Unidos em busca de uma forma de liberdade total.

Na década de 1980, a família retomou alguns valores que haviam sido menosprezados nas duas décadas precedentes. O casamento adquiriu novo fôlego e reapareceram as reflexões a respeito da parceria afetiva e da fidelidade, já que a monogamia é um momento culminante no processo de evolução espiritual, especialmente quando as leis que regem a união civil entre duas pessoas permitem que haja o divórcio como medida utilizada para corrigir equívocos na escolha do parceiro, evitando maiores problemas numa relação conjugal totalmente desgastada. Afinal, por que o indivíduo deveria entregar-se à promiscuidade? Por que esse jogo de prazeres e sensações que fazem do sexo uma espécie de *deus do mundo contemporâneo?* Se os parceiros já tentaram de tudo e não solucionaram suas questões de relacionamento, é recomendável que se divorciem para buscar uma nova oportunidade ao lado de alguém mais compatível.[2]

É importante refletir a respeito de um verdadeiro paradoxo. A partir dos mencionados anos 1960, a família decidiu transferir para a

---

1. Filme de 1969. O título original é *Easy Rider.*
2. Para uma reflexão sobre a monogamia, consultar o livro *Evolução em dois mundos*, de Francisco Cândido Xavier e Waldo Vieira/André Luiz, cap. 18 (Sexo e corpo espiritual), item "Poligamia e monogamia". Para uma análise sobre as separações conjugais, será útil ler o livro *Encontro com a paz e a saúde*, de Divaldo Franco/Joanna de Ângelis, Editora LEAL, cap. 5 (Relacionamentos afetivos angustiantes). Notas do organizador.

escola a responsabilidade pela educação dos filhos. A escola é o espaço social destinado à instrução e ao complemento do projeto educativo, e a maior contribuição que essa instituição escolar pode oferecer é o próprio exemplo dos educadores, que se faz notar pela sua conduta diária. Todavia, o papel mais significativo no processo educacional continua sendo desempenhado pela família, seja no modelo nuclear, seja em outras formas de vínculo entre indivíduos que se ajudam reciprocamente na busca pela realização existencial.

AMPLIANDO O CONCEITO DE *FAMÍLIA*

Jamais me esquecerei de um homem multimilionário que conheci, há muitos anos, na década de 1960. Ele foi a primeira pessoa extremamente rica com quem me deparei na atual existência.

Eu acabara de realizar uma palestra sobre o tema da felicidade e estava cumprimentando algumas pessoas no local do evento, a sede do Ministério da Fazenda, no Rio de Janeiro. Em certo momento, um homem muito bem vestido e com ares de nobreza questionou-me:

— O senhor acredita mesmo em felicidade?

— Acredito, sim. Tanto acredito que faço seminários sobre o assunto.

— Mas, senhor Divaldo, felicidade não existe! É apenas uma ilusão!

Normalmente, quando alguém vem falar comigo de forma muito veemente, eu não me prolongo na polêmica porque considero uma postura improdutiva. Não conseguirei modificar a pessoa, e ela também não conseguirá demover-me dos meus propósitos. Eu apenas sorrio discretamente e digo: "Pois é", e encerro a questão. Mas, o cavalheiro insistiu:

— Senhor Divaldo, eu sou uma das dez maiores fortunas da América Latina!

Após ouvir um comentário tão inusitado, eu o olhei com certa curiosidade, pois nunca havia visto uma *fortuna*... Notei, no entanto, que se tratava mesmo de um homem com muitas posses materiais, porque tudo nele era especial: roupa diferente, cabelo diferente, tudo diferente... Daí, eu pensei: "Meu Deus! Estou falando com uma *fortuna* de verdade!".

Nos cinco minutos em que mantivemos contato, ele tentou me impressionar de todas as formas, inclusive me mostrando o seu relógio *Rolex*. Aliás, somente 30 anos depois é que eu vim a descobrir que era um *Rolex* de ouro. Pensei que era um reloginho qualquer laminado a ouro e oferecido por um vendedor ambulante do centro do Rio de Janeiro...

Para continuar exibindo-se, o empresário acrescentou:

— Nesses últimos cinco minutos eu devo ter acumulado 20 mil dólares na minha conta bancária!

Naquela época, o valor por ele referido era um lucro astronômico para ser obtido em tão pouco tempo. Todavia, a minha surpresa veio em seguida:

— Senhor Divaldo, o meu dinheiro está se multiplicando e, no entanto, eu não sou feliz!

O curioso é que, ao dizer isso, ele me olhou como se eu fosse o culpado pela sua infelicidade...

— Sabe por que eu não creio na felicidade? Por que eu não acredito que ela exista?

— O senhor quer que eu concorde ou que dê a minha opinião?

Minha resposta o deixou um tanto sem jeito, mas resolvi adotar uma postura sensata. Muitas pessoas adoram que concordemos com elas e não admitem opiniões divergentes. Para não me confrontar com essa atitude imatura, eu pergunto antes o que elas preferem, com a intenção de não contrariar...

— Não, não! - retrucou o cavalheiro. — Pode dizer o que pensa.

Nesse instante, eu *mergulhei no psiquismo* dele e consegui captar fragmentos de sua história de vida e de suas preocupações. Então expliquei:

— O senhor não é feliz porque fez uma cirurgia de câncer de estômago e retirou um terço do órgão afetado. E, devido a esta limitação, o senhor não pode se alimentar normalmente. Por outro lado, eu sou funcionário público e não possuo imóveis ou bens de valor, mas saio à rua e como o que eu quiser, inclusive essas comidas que são vendidas na esquina e parecem temperadas com o asfalto das ruas, e não sinto problema algum. O senhor, contudo, não desfruta de condições de saúde para comer os melhores pratos da culinária internacional, já que precisa manter sua dieta rigorosa e experimentar apenas porções mínimas de alimento.

— É somente por isso que eu sou infeliz?

— Não, senhor. Existe outra razão.

— E qual é?

— Quer mesmo que eu lhe diga?

— Quero sim.

— Porque, com essa fortuna toda, sendo um homem jovem e belo, de apenas 40 anos de idade, não pode ser pai. Daí, o senhor possui um grande conflito psicológico que o faz infeliz.

Ele me olhou com um misto de surpresa e prepotência e acrescentou:

— Realmente. O senhor tem razão. E o que eu poderia fazer para compensar tudo isso e ser feliz?

— Quer mesmo que eu lhe diga?

— Quero!

— Divida metade da sua fortuna com aqueles que não têm nada. Faça chegar, por exemplo, aos funcionários da sua empresa, uma parte do lucro que eles lhe dão ao trabalharem na sua indústria. Tenho certeza de que o rapaz que trabalha no elevador ganha um salário de valor irrisório. Estou convencido de que alguns dos profissionais que trabalham ali necessitam, às vezes, de itens básicos dentro de casa, que a remuneração injusta que recebem não lhes permite adquirir. Mas os seus olhos não veem o que se passa com eles porque o senhor só dialoga com altos empresários. No entanto, são exatamente os seus funcionários que o ajudam a acumular fortuna.

Ele me observou como se eu fosse o ser mais estranho do mundo e considerou:

— O senhor, por acaso, é comunista? Quer que eu divida os meus bens?

— Não, eu não sou comunista.

— Mas pertence a algum partido?

— Sim, senhor.

— E qual?

— O partido de J.C.

— Mas quem é J.C.?

— Jesus Cristo. Foi Ele quem disse que deveríamos ser solidários e dividir com os outros aquilo que temos, principalmente o que possuímos em grande quantidade, porque não nos faz falta. Portanto, não sou comunista, porque Jesus não o era, no sentido que a tradição marxista compreende o conceito. Se quisermos dar uma interpretação filosófica adequada, poderemos até dizer que Jesus era socialista, na medida em que Ele deseja uma sociedade justa. Foi com Ele que eu aprendi a trabalhar pelo bem da coletividade humana e é por essa razão que lhe digo que a felicidade só se instala em nossa vida quando repartimos aquilo que temos de melhor.

— Então eu nunca serei feliz!

— É uma opção sua.

Não satisfeito com minhas explicações, ele tentou encontrar outros ângulos para o seu problema existencial.

— Depois de tudo isso que o senhor me disse, há mais alguma razão para a minha infelicidade?

— Claro que sim. Quer que eu diga?

— Eu desejo saber!

— É que o senhor está com a data de sua morte marcada. Todos nós, ao nascermos, já estamos *condenados* à morte, conforme esclareceu o filósofo grego Sócrates. No entanto, no seu caso, o dia do *retorno* já está agendado. O senhor terá uma sobrevida de seis a oito meses, não mais que isso, conforme lhe assinalaram os médicos. E a sua mágoa é que vai desencarnar deixando, na Terra, uma esposa jovem e bonita, que irá casar-se com um malandro de praia jovem, bonito e desocupado, e ele vai gastar toda a sua fortuna experimentando uma vida de tranquilidade às suas custas...

O homem ficou pálido com as minhas palavras! Eu quase me arrependi de ter falado aquilo, porque ele poderia ter desencarnado na minha frente, tomado de tanto desgosto... Mas, foi somente um susto momentâneo. No fim das contas, eu não me arrependi, já que ele precisava mesmo de um tratamento de choque...

Sorri, como se não tivesse dito nada demais, e continuei a olhá-lo tranquilamente. O industrial voltou à carga:

— O que é que eu devo fazer quanto a isso?

— É simples: dê a sua parte para as pessoas que necessitam de ajuda e deixe que a sua esposa gaste a parte dela como quiser.

— Ah! Eu acho que nunca farei isso!

— E morrerá antes que se complete um ano.

Ele fez uma expressão de quem não concordava e redarguiu:

— Mas, senhor Divaldo, eu sou um homem bom!

— De forma alguma! O senhor não é um homem bom.

— Sou sim! Eu tenho uma creche para os filhos dos meus empregados. Tenho também uma cooperativa e um hospital para beneficiar os meus funcionários. Sou ou não sou um homem bom?

— Em hipótese alguma! O senhor é um homem hábil e é um bom investidor, porque se os seus empregados estão com os filhos amparados, certamente trabalharão mais e o senhor ganhará mais; se os seus funcionários adoecem e recebem tratamento na sua clínica, eles conseguem restabelecer-se mais rápido e voltam ao serviço, fazendo com que o senhor tenha mais lucro; se o seu empregado conta com uma cooperativa que lhe fornece bons preços de produtos variados, ele se alimentará melhor e terá mais saúde, permitindo que o senhor ganhe mais dinheiro. Portanto, até aqui, eu não vejo a sua bondade, vejo apenas o seu investimento, que, além de tudo, reduz-lhe o pagamento do imposto de renda.

— E como seria um homem bom?

— Esta é uma possibilidade nula, já que um dia um jovem dirigiu-se a Jesus dizendo: "Bom Mestre!"– e Jesus o corrigiu: "Não me chames de bom! Bom somente Deus o é! Mas, podes chamar-me de Mestre, porque isso eu o sou".[3]

Fiz uma pausa breve e concluí, sem deixar que ele se pronunciasse:

---

3. Mateus, 19:16-17; Marcos, 10:17-18; Lucas, 18:18-19; Nota do organizador.

— Agora o senhor vai me dar licença porque eu tenho outros compromissos.

Ele ficou meio atordoado com todas aquelas ideias apresentadas, que devem ter-lhe parecido um tanto excêntricas, enquanto eu aproveitei para sair lentamente, como aqueles personagens de desenho animado que vão sumindo aos poucos...

No ano seguinte, eu voltei ao Rio de Janeiro para proferir novas conferências. E quando eu olhei para um canto da plateia, na primeira fila estava o rico proprietário de indústrias. Calculei o tempo previsto para sua desencarnação e pensei: "Que coisa tão curiosa! Por que será que ele não morreu ainda?!".

Continuei a realizar a palestra e, de vez em quando, eu dava uma olhadinha discreta para ter certeza de que era mesmo o rico empresário.

Quando a palestra se encerrou, ele praticamente *pulou* sobre o palco e me perguntou:

— Senhor Divaldo, como vai? O senhor se recorda de mim?

— Claro que sim. O senhor é uma pessoa inesquecível!

— Mas, por quê?

— Por ser um dos dez homens mais ricos da América Latina...

Ele riu e continuamos a conversar:

— Senhor Divaldo, eu quero lhe dizer que hoje vou levá-lo para conhecer a minha indústria.

— Infelizmente eu não posso. Tenho compromissos agendados e estou à disposição das pessoas que me convidaram para vir até o Rio de Janeiro.

— Ah! Mas o senhor vai, sim! O seu anfitrião já me *cedeu* o senhor.

Achei engraçada a forma como ele se expressou. Eu sou uma pessoa assim: *cedível*. As pessoas me cedem ou deixam de me ceder... E assim eu vou levando a vida...

Olhei para o meu amigo e anfitrião, e ele estimulou:

— Vá sim, Divaldo! Pode ir!

Voltei-me novamente para o industrial e confirmei:

— Mas realmente não será possível atender ao seu convite. Eu sinto muito.

Insisti em minha posição para demarcar um pouco o território. Afinal, não era somente ele que podia ser classificado como um dos "dez mais". Eu também era um dos "dez mais"... pobres que a América Latina já havia visto em toda a sua História! Então, não importava o tipo de *ranking*, o importante era estar entre os "dez mais"...

— O senhor vai, sim!

— Não, senhor. Eu não vou!

— Vai!

— Não vou!

— Vai sim!

Aí eu fui... Já que não dava para vencê-lo, juntei-me a ele...

Entrei em um automóvel Mercedes Benz com um motorista elegantíssimo! Sentei-me na parte de trás do carro e fiquei observando tudo, já que eu nunca havia andado em um veículo como aquele. O meu novo amigo tocou em um botão que havia no banco e, de repente, saiu uma espécie de pequeno bar da parte posterior do acento do motorista.

— O senhor aceita um uísque – perguntou-me ele:

— Não, obrigado. Tem suco de laranja?

— Não.

Então pensei: "Que gafe! É óbvio que não há suco da laranja em uma Mercedes! Aliás, eu vou até me sentar com cuidado para não arranhar o estofamento!". Fiquei quase petrificado para não cometer nenhuma outra barbaridade no campo da etiqueta, e o diálogo prosseguiu:

— Onde fica mesmo a sua indústria?

— Na Baixada Fluminense.

Eu já estava achando que algo não ia bem. Quando ele me disse que eu seria levado à Baixada, pensei: "Agora vou pagar o preço pela minha boca enorme! Acho que este senhor guardou mágoa de mim por um ano inteiro! Ele vai me dar uma surra e me abandonar em Belfort Roxo!".

A Baixada Fluminense é uma região com alto índice de criminalidade. Por isso, durante toda a viagem, eu fui rindo, disfarçando e mentalizando: "Pai Nosso, que estais nos Céus...".

Finalmente chegamos. As instalações ficavam entre Belfort Roxo e Nova Iguaçu. Já era aproximadamente meia-noite. O edifício revelava que estávamos em uma indústria têxtil fabulosa! Descemos do carro, tomamos o elevador e fomos ao quarto andar, onde se localizava a gerência da empresa. Quando lá chegamos, havia um grupo de pessoas esperando-nos. Uma senhora aproximou-se de mim e entregou-me um buquê de flores, com muita generosidade. A gentileza foi tanta que eu fiquei comovido. Então concluí que as flores não eram para o meu enterro, mas para me homenagear de alguma forma. Pelo menos as coisas começavam a melhorar...

Fiquei ali, segurando aquele objeto, meio sem jeito. Dar flores a um homem é um pouco embaraçoso... Os homens não estão acostumados. Se eu segurasse as flores com a abertura do buquê para cima, pareceria uma vela de primeira comunhão, o conhecido sacramento da Igreja Católica; se eu segurasse com as duas mãos, deixando o buquê na posição transversal, junto ao tórax, pareceria que eu estava embalando uma criança para dormir... Aí fica tudo meio atrapalhado... A solução foi colocar o buquê, discretamente, sobre a primeira mesa que encontrei.

Após a entrega das flores, levantou-se um cavalheiro e explicou-me:

— Senhor Divaldo, eu sou o vice-presidente da empresa. O nosso presidente nos informou que traria o senhor aqui, razão pela qual montamos uma comissão que representa os funcionários da instituição. Nós queremos agradecer pelo bem que o senhor nos fez! Porque, graças aos seus conselhos, nós, hoje, somos todos acionistas desta empresa. No fim do ano passado, o nosso presidente decidiu que todo o lucro dos últimos doze meses seria transformado em ações, que seriam divididas conosco de acordo com a posição de cada um na entidade. Na sequência, deram-me uma placa para consolidar a homenagem prestada.

Olhei para o cavalheiro, ele sorriu suavemente. Lembrei-me instantaneamente de tudo que havíamos conversado um ano antes, quando certamente o presidente da empresa deve ter-me achado meio desequilibrado ao propor que ele dividisse os seus bens. Então, eu pensei: "Ah, Jesus! Como é bom ser *desequilibrado!* Quando eu digo coisas *sem sentido,* ganho uma placa. E, quando digo coisas sensatas, não ganho nada... Então eu acho que encontrei a minha vocação!".

Realmente comovido, eu agradeci a todos pela homenagem ofertada. Em seguida, a pequena solenidade foi encerrada.

Nesse instante ele me chamou à janela e esclareceu:

— Senhor Divaldo, ali está a minha creche, do outro lado temos a cooperativa e mais adiante vemos o hospital. Conforme o senhor mesmo me aconselhou, agora eu já dei uma parte do meu lucro para os meus empregados. Sou, ou não sou, um homem bom?

— Quer que eu lhe diga?

— Quero!

— O senhor prossegue sendo apenas um homem hábil e um bom investidor.

— Mas por quê?! Eu já não fiz tudo ao meu alcance?!

— Na realidade não fez nada sem calcular milimetricamente qual será o seu retorno, porque, depois de investir na Terra, já está tentando enviar algumas quinquilharias para o Céu, para, quando chegar lá, conseguir desfrutar de alguma vantagem.

Ele tomou um susto, e eu concluí:

— Doutor Fulano, que loucura foi essa que lhe deu? Essas mudanças todas, todo esse planejamento em relação à sua empresa... Eu falei aquilo por falar. Teci algumas considerações sem nenhuma pretensão...

— Falou por falar?! O senhor me afetou profundamente! Por sua culpa, eu, que já não tinha saúde física, passei também a não ter paz! Quando me lembrava da imagem da minha esposa nos braços de um malandro de praia, eu pensava: "Vou gastar todo o meu dinheiro e ele não vai aproveitar nada!". Então eu comecei a aplicar a minha fortuna de forma solidária, para beneficiar os meus empregados.

O cavalheiro parou um pouco, como se estivesse reunindo lembranças e continuou:

— E sabe o que mais? Aconteceu uma coisa inusitada! No mês de janeiro deste ano, no dia do meu aniversário, eu estava pensando muito sobre a minha história pessoal. Percebi subitamente que durante toda a vida fui um verdadeiro escravo do trabalho. Minha mulher preparou um jantar e eu já estava atrasado. Saí correndo da fábrica para chegar a tempo e não a decepcionar. Quando passei pelo pátio, veio uma criança correndo em minha direção: "Doutor Fulano, Doutor Fulano!". O menino arrancou uma flor do meu jardim e me disse: "Aqui está um presente pra você!". Eu, que sempre odiei crianças porque não as tenho, parei por um momento e perguntei: "Mas por que o presente?", e a criança me respondeu, com ar de ingenuidade e pureza: "Porque hoje é o seu aniversário!". Fiquei surpreso: "Ah! E você sabe? Que curioso!". Pela primeira vez eu senti uma onda de ternura por uma criança! Então eu parei, sentei-a no meu colo e começamos a conversar. Os convidados que esperassem lá em casa. Resolvi, então, entender melhor o ocorrido: "Como você sabe que é meu aniversário?". Ele me respondeu: "Ah, Doutor Fulano! Mamãe que me disse. *A gente rezemos* pelo senhor hoje pela manhã!". "É mesmo? Que interessante! E vocês sempre rezam por mim?". "Não, senhor!". "Então desde quando vocês rezam por mim?". "Desde o começo do ano, depois que o senhor mudou as coisas". "Mas... e antes deste ano?". "Ah! Antes mamãe dizia: 'Que o diabo carregue aquele desgraçado e o leve para o inferno!'. Mas agora está diferente! Desde janeiro que *a gente rezemos* pelo senhor...".

Ao ouvir o depoimento do industrial, eu fiquei admirado com o poder do amor! Aquele homem acostumado ao luxo, de postura fria e intransigente com os seus funcionários, estava emocionado ao me narrar o episódio, que era de uma beleza comovedora. A mãe do menino era tecelã, uma pessoa muito simples, que nunca havia sido auxiliada pelo seu patrão, mas, depois de receber tantos benefícios, resolveu homenageá-lo com preces de gratidão e reconhecimento, uma atitude que sensibilizou a criança.

Embalado pelas emoções da narrativa, o presidente concluiu:

— Senhor Divaldo, acredite, eu realmente mudei de atitude mental! E, para minha surpresa, eu não morri. Esperava que a minha morte acontecesse em poucos meses, já que o prognóstico apresentado pelo médico era de óbito em curto intervalo de tempo.

Ele fez uma pausa ligeira e acrescentou:

— Acima de tudo, senhor Divaldo, eu descobri que, embora não tenha filhos biológicos, a minha família é mais ampla. Meus filhos e meus irmãos são aqueles que fazem parte da Humanidade...

De fato, eu estava convencido da transformação profunda que havia sido feita por ele.

Depois de algum tempo, ele tornou-se espírita militante e sua esposa o acompanhou nessa decisão.

Em certa ocasião, o casal me confidenciou:

— Nós temos um casamento muito feliz e gostaríamos de adotar duas meninas! Você nos recomendaria algum Lar de Crianças para nós realizarmos a adoção?

Eu lhes respondi:

— Eu não recomendo que vocês tomem essa atitude.

— Mas, Divaldo, você não recomendaria que nós adotássemos crianças que precisam de uma família?

— Não, eu não recomendo. Essa atitude vai trazer muitas dificuldades para vocês.

— Mas como? Você é contra a adoção?!

— Não! Eu sou a favor da adoção! O que eu não acho viável é que os senhores, aos 50 anos de idade e sem saberem educar, coloquem duas crianças dentro de casa. Vocês não irão modificar 50 anos de hábitos só porque chegaram duas crianças. E duas crianças valem por um exército! Como vocês são muito ricos, colocarão empregados para tudo: um para diminuir o choro, um para embalar a criança nos braços, outro para dar banho etc., e com isso irão deseducar e pôr a perder as duas filhas adotivas. Ademais, eu tenho certeza de que vocês comprarão tudo que elas desejarem.

— Ah, sim! Iremos comprar todos os brinquedos!

— Então, vão destruir as crianças! Porque temos que ensinar aos nossos filhos que a vida não é para ser recebida, mas para ser conquistada.

O casal me olhou com ar de surpresa e me perguntou:

— E o que nós faremos, então?

— Adotem um Lar de Crianças – respondi.

— Um Lar de Crianças?!

— Isso mesmo! São apenas quarenta crianças... O pessoal do Lar terá o trabalho e vocês terão os beijinhos. Todo sábado as duas crianças que apresentarem o melhor comportamento passarão o final de semana com vocês. Como vocês viajam muito para *as estações de águas da Europa*, as crianças mais bem comportadas do Lar poderão acompanhá-los. Vocês não terão trabalho, darão condições materiais e oportunidade, enquanto os colaboradores abnegados darão o sacrifício, cada um no seu lugar. Eu apenas sugiro que, em vez de darem dinheiro à instituição, prefiram pagar as contas e despesas, porque, onde surge o dinheiro, muitas vezes surgem a corrupção e o descalabro.

— Então iremos adotar um Lar de Crianças! Você sugere algum?

— Eu vou lhes dar uma lista, afinal, todos os lares têm problemas. Se os lares de dois filhos têm dificuldades, imaginemos os de quarenta...

Eu dei ao nobre casal os nomes de algumas instituições e eles realmente elegeram um Lar com quarenta crianças. Ele colocou nas disposições testamentárias que, mesmo depois de desencarnado, o Lar continuaria recebendo os recursos provenientes dos seus bens. Na verdade, essa parte fui eu quem sugeriu, para prevenir. Eu lhe disse certo dia:

— Olhe, meu amigo, você já está com 50 anos de idade. Mesmo que viva mais 50 anos, vai chegar a hora do *retorno*... Já pensou como ficarão as crianças depois da sua partida?

— Pode deixar, Divaldo! Eu providenciarei tudo em meu testamento.

Eu sorri e completei:

— Mas que boa intuição o senhor teve, não é?

Quando ele estava muito doente, eu disse à esposa:

— Aumente a cota para sessenta crianças! Diga ao seu marido que o seu coração não aguenta ver tanta criança desamparada...

Não se passou muito tempo e eles realmente puseram mais 20 crianças, deixando o marido muito feliz!

Quando ele desencarnou, eu comuniquei à viúva:

— Aproveite a dor da viuvez e ponha mais 20! Afinal, toda família cresce! Por que a de vocês não cresceria agora que o chefe do clã está no Além, providenciando tudo?

O Lar está, agora, com 110 crianças, e a viúva continua a mantê-lo, embora esteja com mais de 80 anos.

Certa vez eu a visitei e perguntei-lhe:

— E como é que está o testamento das nossas crianças?

— Está garantido, Divaldo! Mesmo que vendamos o complexo das indústrias, a cota X será para o Lar ter autossuficiência.

— Então ponha X + Y! A senhora vai desencarnar e não vai levar nada, não é verdade? Em vez de deixar o dinheiro para quem já tem, deixe para quem não tem nada!

Ela pôs a mão na cintura e me disse:

— Sabe que o senhor, agora, me deu uma boa intuição?

E eu concluí, em tom de bom humor:

— É que a senhora é uma boa médium! Tem uma intuição notável!

Por fim, ela colocou no testamento uma cota ainda maior, fazendo com que o Lar estivesse garantido pelas próximas gerações...

Portanto, o que devemos fazer é buscar o amor em todas as suas expressões. Precisamos simplesmente agir conforme os deveres que a vida nos impõe, para desfrutarmos da felicidade que deflui da consciência pacificada. É importante dar assistência aos nossos parentes consanguíneos, mas também deveremos considerar que os irmãos que compartilham conosco a existência na Terra fazem parte da nossa família, eles esperam de nós um pouco de cooperação e de solidariedade...

DINHEIRO E BENS MATERIAIS

Quando testemunhamos uma família fazer uso coerente do dinheiro para o crescimento geral de todos, constatamos que é possível realizar o nosso projeto evolutivo sem nos perturbarmos com os recursos financeiros que a vida nos concede, caso eles sejam volumosos. Inegavelmente os bens materiais podem ser empregados com proveito e maturidade espiritual.

Certo dia, eu estava com um amigo que era representante de algumas empresas de roupas italianas e francesas de alta qualidade. Em dado momento, alguém começou a tecer comentários de censura aos refinados padrões da moda representados pela alta costura.

— É um exagero! – dizia a pessoa. — Como se pode admitir que roupas como essas custem 10 ou 15 mil dólares?!

Nesse momento, o Espírito Joanna de Ângelis aproximou-se, observou os comentários e esclareceu:

— Essa censura, meu filho, é inveja. Ele faz críticas porque não pode comprar a roupa. Abençoemos a indústria da moda! Ela gera milhões de empregos e mantém milhares de famílias!

Escutando aquela explicação, eu confesso que não me convenci. Então respondi:

— Mas roupas desse tipo não constituem uma forma de vaidade, minha irmã?

— Não, Divaldo. Analise por outro aspecto: as pessoas se vestem bem porque possuem autoamor, respeitando e cuidando de si mesmas. Se elas dispõem de recursos, o que as proibirá de utilizá-los? Além disso, os valores gastos na aquisição das roupas movimentam a economia e favorecem o progresso da Humanidade.[4]

A partir das explicações de Joanna, eu comecei a mudar o meu modo de pensar sobre esse tema, chegando à conclusão de que a autoestima é realmente um elemento essencial para o nosso bem-estar, o que justifica a questão da apresentação pessoal através da roupa. Não devemos confundir humildade com desleixo e falta de autocuidado. Imaginemos todas as pessoas se vestindo com andrajos e colocando uma pequena quantidade de dinheiro em um banco. Se esse banco for à falência, ficaremos sem dinheiro e malvestidos! Se ao menos as roupas forem apresentáveis, estaremos na miséria com muita dignidade...

Tenho uma experiência interessante e muito ilustrativa a respeito do assunto.

Eu era jovem e estava fazendo a minha primeira viagem à cidade de São Paulo, a fim de me desincumbir de compromissos doutrinários. Como eu nasci em uma localidade muito pequena, uma cidade do interior da Bahia, foi quase como sair de uma aldeia e ir passar uma temporada em uma grande metrópole da Europa ou dos Estados Unidos, tamanho o encanto que tomou conta de mim. Tudo era fascinante!

Hospedei-me na casa de uma senhora muito rica e extremamente dedicada à caridade. Era uma das senhoras mais notáveis que eu co-

---

4. Reflexões a esse respeito encontram-se no livro *Sob a proteção de Deus*, de Divaldo Franco/Diversos Espíritos, Editora LEAL, cap. 31 (Beleza e moda). Nota do organizador.

nheci, pois nos anos 1940 ela já visitava os hospitais de leprosos, hoje denominados como pacientes hansenianos. Naquela época o preconceito contra os portadores do *mal de Hansen* era de uma brutalidade sem igual, em função dos mitos e tradições milenares que cercam essa doença.

A minha anfitriã fazia reuniões espíritas em casa, pois era amiga de pessoas importantes da sociedade paulistana, senhoras muito ricas, que não dispunham de tempo para frequentar centros espíritas à noite, já que assumiam obrigações sociais em jantares e outros eventos de grande relevância. Então essas senhoras compareciam àquela residência às 16h para realizar uma atividade mediúnica.

Eu já estava há dois dias deslumbrado com aquela grande capital. Quando as convidadas começaram a chegar, eu me assustei com a sua elegância e refinamento. Até então, eu só tinha visto pessoas tão bem vestidas nos filmes do cinema.

A certa altura, chegou à residência uma senhora com uma roupa de grife das mais belas, destacando-se entre todas as senhoras que estavam presentes. Parecia uma atriz cinematográfica, com o cabelo muito bem penteado e com adornos que eu nem sabia identificar... Era uma descendente de árabes que haviam migrado para o Brasil. Ela estava com tantas pedras preciosas nos pulsos e no colo que mais parecia uma joalheria luxuosa do Oriente. Entre os povos árabes, é muito comum expor as joias como forma de autoestima.

De repente eu vi um anel especial no dedo da senhora. Era uma circunferência de grandes proporções com uma pedra preciosa enorme, na cor branca, cujo valor eu não saberia mensurar. Só sei que fiquei extremamente impressionado! Nunca tinha visto nada parecido com aquilo. Eu passei a especular mentalmente: "Será um brilhante? Será um diamante?".

Por fim, todos nos sentamos à mesa e começamos a fazer um preâmbulo para iniciar a reunião mediúnica dentro de alguns minutos. Enquanto o grupo seleto começava os primeiros comentários, eu permaneci olhando para o anel, sem prestar atenção à atividade que se desenvolvia. De acordo com as minhas poucas informações sobre aquele tipo de objeto, eu acabei concluindo que se tratava de um diamante.

Em certo instante, eu pensei: "Vai ver que nem é diamante de verdade! Talvez seja vidro lapidado que ela exibe como se fosse uma joia de alto preço! Não, não. Ela é tão rica que eu acho que não usaria um vidro lapidado...".

Por longos minutos, em vez de me concentrar na reunião, fiquei analisando aquele anel que exercia sobre mim um fascínio inexplicável. A alma humana é mesmo paradoxal!

Nesse ínterim, a diretora da reunião, a senhora Zaira Pitt, disse ao grupo:

— Vamos dar início às nossas atividades práticas.

Em seguida, ela recitou a Prece de Cáritas, esta linda oração psicografada por Madame Krell em uma noite de Natal, na cidade de Bordeaux, na França. Eu me concentrei, entrei em transe e comovi-me. Quando voltei à realidade objetiva novamente, eu não pude me furtar a olhar o anel... Fiquei admirado e pensei: "Como ela tem coragem de vir a uma reunião mediúnica usando um anel desse valor?! Onde está a humildade desta senhora?!".

Nesse momento, Joanna de Ângelis apareceu sorrindo e me falou, em um tom suave, demonstrando piedade pela minha imaturidade:

— Meu filho, quanta inveja, hein?!

Fui tomado de surpresa, porque pensei que censurar uma pessoa vaidosa era perfeitamente admissível.

Joanna perguntou:

— Você conhece a história deste anel?

— Não, senhora – respondi, algo constrangido.

— Então eu irei contar-lhe.

Ela fez uma breve pausa e prosseguiu de forma muito especial:

— Certo dia, um grupo de aventureiros adentrou-se por um córrego, chegando logo mais a uma montanha onde trabalharam na busca do seu sustento. Eles enfrentaram muitas dificuldades e não se entregaram jamais, permanecendo dia e noite à procura de pedras preciosas que lhes dariam novos horizontes na vida. Até que um deles encontrou uma pedra bruta e pensou: "Meu Deus! É um diamante! Ele vale uma fortuna!". Como naquela região existiam os *atravessadores*, um deles pagou-lhe uma expressiva soma em dinheiro, tornando o aventureiro financeiramente independente. Embora houvesse gasto um alto valor, o atravessador pagou pela pedra com bastante entusiasmo, já que ele a conhecia bem e sabia que o negócio seria lucrativo. Em seguida, foi a um joalheiro na cidade mais próxima e vendeu a gema por um valor mais elevado.

O dono da loja de joias contratou um lapidador especializado em pedras daquela natureza, que não demorou a realizar a transformação da gema bruta em um precioso adorno. O competente profissional colocou o diamante no torno a fim de trabalhá-lo. Ele precisava dar-lhe um único e certeiro golpe de martelo, para que a vibração do choque mecânico desfizesse a camada superficial grosseira que recobria a pedra. Mas, se a vibração fosse muito forte, o lapidador poderia destruir a gema. Então, com uma técnica apuradíssima, ele conseguiu dar o golpe preciso e começou o delicado trabalho de lapidação.

Um desenhista confeccionou um belo desenho para que os ângulos e faces do diamante pudessem refletir as estrelas... Daí, aquele dedicado lapidador debruçou-se sobre o trabalho com muito esmero, utilizando vários instrumentos que fizeram surgir uma joia de intraduzível esplendor... Outro profissional meticuloso fez o engaste para servir de suporte ao diamante, lançando mão de uma porção de ouro puro que foi manipulado com muito critério na fornalha, adquirindo o contorno exato para se encaixar na pedra. O diamante foi colado no molde e o ourives dobrou as extremidades muito finas, quase invisíveis do engaste, conseguindo, com muito êxito, que a gema assumisse uma feição majestosa. Ao mesmo tempo, o desenhista projetou um estojo de veludo que serviria para guardar a joia inestimável. Contudo, como os responsáveis desejavam expor o anel ao público, constataram que nenhum lugar da pequena cidade era suficiente. Por essa razão, providenciaram a construção de uma joalheria especialmente destinada à exibição daquele objeto de rara beleza. Pessoas foram contratadas e trabalharam de forma ininterrupta, até conseguirem erguer a joalheria.

No intuito de proteger o anel, foi elaborada uma vitrine de vidro especial, resistente a choques mecânicos, produzida por um vidraceiro de grande habilidade. E, finalmente, o dono do anel pôde colocá-lo em exposição na vitrine, sobre uma almofada de veludo negro, brindando a cidade com aquele diamante de valor inigualável. Como ele necessitava de uma pessoa que lhe auxiliasse no novo empreendimento, a joalheria recém-construída contratou uma mocinha simples e pobre para ser a sua funcionária.

Joanna olhou-me ternamente, enquanto eu estava absolutamente fascinado com a narrativa. Na sequência, ela completou:

— Veja, meu filho, quantas pessoas estão envolvidas com a trajetória desse anel desde o momento em que a gema bruta foi descoberta! Agora imagine se não houvesse alguém para comprar a preciosa pedra! Todos sofreriam profundamente com a frustração relativa a um grande investimento realizado e provavelmente retornariam à carência ou até mesmo à extrema pobreza. No entanto, esta senhora que está usando o anel é muito rica, mas ao invés de deixar o seu dinheiro morto em uma poupança de avareza, multiplicando-se ano após ano, sem se converter em benefício para ninguém, resolveu aplicar seus recursos na compra do diamante, salvando centenas de vidas que foram beneficiadas com a aquisição da joia! E a nobre senhora é tão desprendida que utiliza a preciosa gema sem medo de perdê-la. Se ela fosse avarenta, escrava da sua fortuna e dos objetos que possui, mandaria fazer uma cópia sem valor para usar em público, guardando o anel original em um cofre qualquer, num banco ou na sua residência, como é muito comum acontecer e todos o sabem. Por isso, meu filho, respeite a nossa irmã, porque ela é uma pessoa rica de beleza espiritual e portadora de grande humildade...

Eu confesso que só não morri de vergonha porque não me lembrei... Aquelas observações constituíram uma verdadeira lição de vida para mim, que imaginava adotar uma postura correta de crítica aos excessos da riqueza. Imediatamente eu olhei para aquela senhora e mudei de pensamento: "Que Deus possa abençoá-la, senhora, pela coragem de comprar esta gema!".

Algum tempo depois, eu tive novas notícias da senhora. Dona Zaira me informou que o marido da generosa benfeitora era um rico empresário que um dia disse à esposa:

— Você sabe qual é a minha crença. Eu sou muçulmano e você é cristã. Durante o dia eu lhe cedo para Jesus. A partir das 18h eu preciso que você seja minha companheira nas atividades sociais que devemos frequentar por causa da nossa posição. Você, então, irá comigo ao Clube Sírio-Libanês para jantares, festas e recepções. E quero que você esteja sempre bonita e elegante, como deve ser a esposa para acompanhar o seu marido. Faço questão de ter como companheira uma das mulheres mais bem-vestidas do país!

Para completar, dona Zaira esclareceu-me:

— Essa senhora, Divaldo, é uma autêntica dama da caridade! Ela está me ajudando a construir um pavilhão hospitalar para hansenianos, cegos, tuberculosos e amputados, que não possuem pernas nem braços e mesmo assim desejam viver.

Passaram-se os anos...

Em certa ocasião, eu, que conhecera aquela senhora rapidamente, na referida reunião, tornei-me seu amigo. Nunca mais olhei para o seu dedo e até me esqueci da joia.

Em uma das minhas viagens a São Paulo, ela me convidou para ir à sua casa no elegante bairro dos Jardins. Quando lá cheguei, fiquei impressionado com a beleza do lugar: era uma mansão faustosa, com uma escada bifurcada verdadeiramente cinematográfica, composta por mármore de Carrara, que descia ao *hall* de entrada, onde havia dois vasos de barro enormes e horrorosos, que, aos meus olhos de baiano do interior, pareciam duas panelas muito feias... Pensei que ela deveria ser mesmo um pouco louca! Uma mansão tão linda com aquelas duas panelas logo na entrada! Não resisti e falei-lhe:

— Senhora, a sua escada é linda! Mas esses vasos aqui não combinam! Será que o seu decorador sabia mesmo o que estava fazendo?

Ela me respondeu, sorrindo:

— Divaldo, você não sabe que vasos são esses?

— Não, senhora! Não tenho ideia.

— São vasos chineses muito antigos e raros, que pertenceram à Dinastia Ming.

—Vasos de onde?!

— Isso mesmo, da Dinastia Ming. O meu marido os comprou em uma viagem que fizemos a Londres. Ao serem descobertos, eles foram levados a leilão na capital inglesa.

Fiquei chocado com a informação! Cada um daqueles vasos custava o equivalente a cinquenta vidas minhas! Eu olhei para os dois objetos e pensei: "É melhor eu sair de perto, porque se um obsessor me jogar em cima dessas *panelas*, o que será de mim?".

A anfitriã me levou, depois, à sala de música da sua mansão, onde estavam uma harpa e um piano de cauda. Quando ela o abriu, na parte de cima, havia uma pintura do artista francês Fragonard.[5] A senhora veio em meu socorro para elucidar:

— Divaldo, este piano é excelente!

— E a senhora sabe tocar?

— Nem uma nota!

— Mas como sabe que ele é excelente?

— Ah! Este instrumento foi o piano no qual Frédéric Chopin tocou quando esteve, em 1832, na Sala Pleyel, em Paris, recém-chegado de Varsóvia. Naquele outro piano foi Franz Liszt quem tocou. Como ambos eram muito amigos, deram-se as mãos e cada um tocou a partitura em um piano: um com a mão direita e o outro com a mão esquerda. Oportunamente esses dois pianos foram a leilão em Paris. E um dia o meu marido me propôs: "Meu bem, vamos dar um *pulinho* a Paris para comprar alguns objetos de arte? Eu quero decorar melhor a nossa casa". Daí fomos à Cidade Luz, e ele trouxe os dois instrumentos.

Achei a história muito bonita, mas desejei insistir um pouco em outro aspecto:

— Realmente os pianos são muito bonitos! Mas a senhora não sabe mesmo tocar?

— De forma alguma.

— Então eu vou tocar.

— E você sabe tocar, Divaldo?

— Não sei se ainda sei, mas vamos tentar!

Na juventude, eu havia aprendido a executar, ao piano, a música *Granada*, uma velha canção do repertório espanhol. De forma bastante primária e tosca, eu me sentei para ver se o piano iria aguentar-me, tamanha a minha falta de habilidade musical... Quando bati no teclado,

---

5. Jean-Honoré Fragonard (1732-1806). Nota do organizador.

consegui produzir algum som, mas o meu sucesso foi efêmero porque eu só sabia tocar uma parte da canção...

Quando terminei, eu me voltei para ela e disse-lhe:

— Agora acabou o recital...

Quanto mais eu estreitava os laços com a senhora, mais eu me admirava com a sua humildade e o seu espírito humanitário, que era merecedor de todos os elogios. Tratava-se de alguém que colocava em prática as recomendações da Doutrina Espírita para o uso dos bens materiais com sabedoria.

Ela costumava visitar uma cidade paulista da região metropolitana, que fica próxima à capital, onde havia um lar com noventa crianças que foram tiradas das ruas e encaminhadas àquela instituição para receber abrigo e cuidados. Pela manhã, a nobre senhora chegava cedo ao orfanato para dar banho nas crianças, ela que, em sua mansão, contava com um verdadeiro batalhão de empregados e auxiliares domésticos. Com essa rotina de participação ativa e doação financeira, a dama gentil era um autêntico anjo para os moradores daquele lar.

Até que um dia algo ocorreu de muito grave: o casal que administrava o lar sofreu um acidente de automóvel e desencarnou. Ao tomar ciência do fato, aquele verdadeiro anjo da caridade informou ao marido:

— Nós não temos filhos. Reconheço que você é o homem ideal da minha vida, mas penso também que sou a mulher ideal da sua vida, pois somos muito felizes. Portanto, quero fazer-lhe um pedido: eu desejo adotar o orfanato.

— Mas, como assim, adotar o orfanato? – indagou o marido.

— As noventa crianças não têm ninguém para ajudá-las. Contavam apenas com seus protetores, que infelizmente se foram... Como nós dispomos de recursos, eu pretendo dirigir a instituição. Irei todos os dias com o chofer e voltarei às 16h. Às 18h, estarei à sua disposição para os eventos sociais. Nós seremos os responsáveis pela manutenção do lar!

O companheiro concordou integralmente com a proposta. E durante os quinze anos em que a senhora ainda viveu, diariamente ela se deslocava para outro município, a fim de atender ao compromisso da solidariedade. Enfrentando o trânsito caótico de São Paulo, chegava pela manhã, dava banho nas crianças e cuidava de todas com imenso carinho, atendendo-as em suas diversas necessidades. E, às 18h, estava pronta para ser a dama da sociedade, cumprindo seu papel ao lado do marido que era convocado a participar de recepções variadas.

Ao me lembrar dessa figura ímpar, que tão bem vivenciou a caridade no seu mais profundo sentido, eu me recordo da mensagem *Os infortúnios ocultos*, que consta em *O Evangelho segundo o Espiritismo*. No texto, Allan Kardec menciona uma senhora da alta sociedade que se dirige a lugares onde a pobreza e a miséria fazem morada, tentando diminuir o sofrimento dos seus habitantes. A imagem, elaborada pelo codificador, é das mais belas de todo o Evangelho, quando ele tem ocasião de dizer mais ou menos assim: "Quem é aquela mulher de ar distinto e nobre, que se veste com roupas simples, mas bem-cuidadas, e se faz acompanhar de uma jovem? Ninguém sabe o seu nome, mas ela entra em uma casa humilde para ajudar os que sofrem. Um dia, alguém a identificou, e ela lhe disse: 'Silêncio! Não digas nada a ninguém!'. E assim falava Jesus".[6]

Essa é a imagem da caridade mais genuína! E eu posso testemunhar que conheci alguém com essa virtude. Assim como a senhora do texto evangélico, a esposa do rico empresário de São Paulo também sabia separar as coisas. Quando estava no lar de crianças, ela era apenas a irmã e mãe dos pequenos órfãos, em vez de ser a dama da sociedade, um papel que somente exercia nos momentos próprios. Fora das recepções sociais, ela conservava uma atitude de amor e humildade que comovia todos aqueles que a conheciam.

Certo dia, eu lhe perguntei:

— Como a senhora consegue ser tão generosa?

Ela me respondeu, com imensa sabedoria:

— É simples, Divaldo. É porque eu me amo! Eu desejo evoluir e pretendo aproveitar bem esta reencarnação. Sei que a melhor forma de aproveitá-la é dar aos outros a oportunidade de serem felizes, sendo eu também feliz por isso. Afinal, Jesus nos disse: "Do que vos adianta

---

6. O texto encontra-se em *O Evangelho segundo o Espiritismo*, cap. 13 (Não saiba a vossa mão esquerda o que dá a vossa mão direita), item 4. Nota do organizador.

ganhar o mundo e perder a própria alma?".[7] Então eu estarei em paz pelo fato de proporcionar um pouco de paz a outros corações com os recursos que Deus me deu...

O dinheiro e os bens materiais não representam impedimento para que uma família viva com equilíbrio e harmonia. Basta que o empréstimo concedido pela vida seja aplicado com base nos princípios do amor e da generosidade. A felicidade certamente estará no caminho daqueles que contam com muitos recursos financeiros, desde que a família não seja possuída pelas posses que detém.

AMOR EM FAMÍLIA: O ALIMENTO DA VIDA

Eu havia acabado de apresentar uma conferência em uma das cidades do estado da Califórnia, nos Estados Unidos da América. O evento contou com um bom público, que foi composto principalmente de norte-americanos. Ao final das atividades, os meus anfitriões me propuseram:

— Divaldo, nós temos aqui um casal que mora em Bel Air, um bairro muito rico de Los Angeles, e que nos convidou para um lanche em sua residência. Eles até perguntaram se você costuma fazer lanche.

Dando um toque de bom humor, eu disse aos meus amigos:

— Eu lancho, sim! Eu sou médium, mas também me alimento de vez em quando... E me alimento muito bem, em qualidade e em quantidade.

Normalmente eu não aceito convites fora da programação doutrinária com a qual me comprometi, no entanto, como os meus amigos já haviam dito que eu aceitaria, acabei por anuir ao convite. Ocasiões como essa, se bem aproveitadas, oferecem oportunidade para bons diálogos e para o estreitamento dos laços de fraternidade. Desde que não vá muita gente, pois, do contrário, teremos que fazer praticamente uma nova palestra, o que torna a situação um pouco desagradável. Um pequeno grupo proporciona um convívio bastante proveitoso.

----

7. Marcos, 8:36; Mateus, 16:26. Nota do organizador.

Chegamos à residência do casal que havia oferecido o lanche, uma mansão verdadeiramente *hollywoodiana*. Éramos oito integrantes naquele grupo. É uma localidade em que moram muitos artistas, que residem em mansões de 5, 10 ou até 20 milhões de dólares. A recepção foi organizada no jardim, num espaço coberto por uma extensa lona com ar-refrigerado. Mordomos serviam pratos variados de um *buffet* cuidadosamente elaborado.

Nossa intérprete nos ajudava no diálogo com os presentes, sobretudo com os anfitriões. De repente, eu vi uma jovem de beleza seráfica, era uma moça de mais ou menos 1,75 de altura, loira, de olhos azuis, que fascinava pelo seu encantamento incomum. O cabelo trançado com rosas descia sobre o ombro nu, em um lindo vestido feito de tecido muito leve. Ela estava encostada em um pilar decorado e olhava para um rapaz igualmente belo. Ele era moreno, alto e de físico atlético, exibindo um *piercing* e uma tatuagem. Eles se entreolhavam de uma forma comovente, em que os olhos brilhantes de ambos trocavam confidências que somente o coração pode conhecer...

Fiquei, por algum tempo, observando aquele casal de jovens, os quais certamente se amavam de forma profunda e arrebatadora. A minha anfitriã aproximou-se de mim e iniciamos um diálogo a respeito dos dois:

— Divaldo, você está gostando de ver os meus filhos?

— Sim! Claro! Eles são dois jovens de uma beleza incomum. A moça é casada com ele?

— Não. Ambos são meus filhos biológicos.

Ela percebeu a minha surpresa com a resposta, uma vez que a moça possuía uma grande semelhança física com a mãe, mas o rapaz, por ser moreno, diferia bastante de ambas. Ela me explicou que aquela diferença era proveniente da genética familiar, que trazia também uma herança africana refletida na pele escura do rapaz. A mãe dos adolescentes continuou:

— Os dois irmãos se amam muito! Você gostaria de ouvir a história deles?

— Sem dúvida! – respondi.

Chamamos o intérprete para que ele nos ajudasse com a tradução. Ela começou a contar a história que irei reproduzir, em seguida.

Nossa família é muita rica. Graças a Deus, meu marido é um alto executivo aqui em Los Angeles e a nossa mansão sempre foi uma residência de destaque em Bel Air.

Nosso filho estava com cinco anos e era o rei de tudo que nós tínhamos, até que um dia eu percebi que estava grávida novamente e lembrei-me de que, segundo a Psicologia, quando há um intervalo muito grande entre o nascimento do primeiro filho e o do segundo, o primeiro, que até então era o herdeiro único e o detentor de toda a atenção dos pais, sente-se enciumado porque se vê obrigado a dividir os cuidados que recebia com o irmão que acaba de chegar. O espaço e o carinho da família passam a não ser mais uma exclusividade do primogênito. Por isso, fui a um psicólogo e ele me falou:

— A senhora não precisa se preocupar excessivamente com isso. Chame o seu filho e explique que vai lhe dar um presente: um irmãozinho!

Quando cheguei em casa, Marck estava brincando e eu o chamei:

— Marck, tenho algo para lhe contar. Daqui a oito meses eu vou lhe dar um presente.

— Mamãe, quanto tempo são oito meses? É amanhã de amanhã do outro amanhã?

— É, meu filho.

— E qual é o presente?

— Eu vou lhe dar um irmãozinho!

— Ah! Eu não quero!

— Mas eu tinha pensado em comprar duas bolas: uma para você e outra para o seu irmão.

— A bola eu quero, mas o irmão eu não quero!

Entendi que aquela era a primeira reação e resolvi fazer uma nova tentativa depois.

No dia seguinte, eu insisti:

— Marck, já se passou mais um dia, agora estamos mais próximos do momento em que eu vou lhe dar aquele presente.

Ele me olhou com aborrecimento e repetiu enfaticamente a frase do dia anterior:

— Mas eu não quero esse presente!

No quarto mês de gestação, eu fiz o exame de ultrassonografia e foi detectado que o bebê seria uma menina. Cheguei eufórica em casa e procurei novamente o meu filho:

— Marck, o presente que eu vou lhe dar é uma irmãzinha!

Ele mudou completamente o semblante, demonstrando uma alegria incontida, e me disse, entusiasmado:

— Uma irmãzinha, mamãe?! E onde ela está?

— Aqui dentro da minha barriga, meu filho!

— Aí dentro?! Então sua barriga é uma caixa de presente?

— É sim!

— Mas como é que a minha irmãzinha respira aí dentro?

— Por um tubo que a mamãe tem na barriga.

Com uma ternura comovedora e com certa timidez, ele me perguntou:

— Mamãe, eu posso tocar na minha irmãzinha?

— Pode, Marck!

Peguei-lhe a mão, coloquei no meu ventre e pedi que ele prestasse atenção. Ele me falou, frustrado:

— Mas eu não estou sentindo nada...

Sorri, enternecida, e lhe disse que esperasse um pouco mais que em breve ele conseguiria sentir.

Certo dia, Marck me perguntou:

— Mamãe, minha irmã vai jogar *baseball* quando nascer?

— Por quê?

— Porque eu toquei na sua barriga e ela acabou de *bater* na minha mão!

A ingenuidade infantil tem lances de rara beleza! Logo em seguida, ele me pediu:

— Mamãe, eu posso cantar para ela?

— Pode, sim!

O menino fechou os olhos, com unção, e começou a cantar:
Você é o meu sol!
Eu sou um botão de rosa.
Venha depressa me aquecer,
Para eu desabrochar!

Fiquei profundamente emocionada! Meu filhinho de apenas cinco anos era um poeta! Ele cantou todos os dias, no sexto, no sétimo e no oitavo mês de gestação. Eu me rejubilava com o amor do meu filho pela sua irmãzinha.

No entanto, tive uma complicação clínica na gravidez. Fui internada e fiz uma cirurgia cesariana de emergência, que resultou no nascimento prematuro da minha filha. Quando me recuperei da anestesia, o médico apresentou-me um prognóstico terrível:

— Infelizmente nós acreditamos que a sua filha não vai resistir. Com o nascimento prematuro, ela desenvolveu diversos problemas de saúde. Teve anóxia cerebral, possui anormalidades no ritmo cardíaco e um funcionamento inadequado dos pulmões. Está na UTI neonatal, entubada e sob a influência de diversos aparelhos. Estamos mantendo esta situação apenas para que a senhora possa vê-la e se despedir dela, pois amanhã, às 10h, iremos desligar o equipamento. É conveniente que a senhora venha com seu marido. E, se for enterrar ou cremar, deverá ser imediatamente.

Eu tive um choque emocional indescritível! O médico, vendo-me em desespero, tentou consolar-me:

— Você é tão jovem! Poderá ter uma nova filha em breve, pois daqui a um ano e meio será possível uma nova gravidez. Tente!

Mesmo com o esforço do médico em consolar-me e com a expectativa de providenciar uma nova gestação, não há palavras para descrever uma tragédia como essa! Fui até a UTI e olhei a minha filha, quase deformada. Estava de costas, amparada por travesseiros, entubada e com alimentação parenteral. O médico mostrou-me, no equipamento, qual era a situação dos sinais vitais da minha filha:

— As ondas do eletroencefalograma descrevem quase uma linha reta e os batimentos cardíacos são muito leves, apesar do estímulo que os aparelhos produzem no organismo dela. Portanto, na hora em que desligarmos os equipamentos, ela morrerá imediatamente. E, se manti-vermos os aparelhos por mais tempo, ela morrerá aos poucos.

Fui para casa desolada! Na hora em que eu cheguei, Marck me perguntou:

— Mamãe, e o meu *sol?* Onde está?

Com a alma macerada de dor, eu respondi:

— Seu sol, meu filho, é um entardecer! Seu sol, logo mais, será uma grande noite...

Não contive as lágrimas e chorei copiosamente diante do meu filho.

— Mamãe – insistiu Marck –, eu quero ver o meu *sol!*

— Não pode, meu filho. Ela vai morrer amanhã. Está com hora marcada para nos deixar.

Ele falou baixinho, quase sussurrando, demonstrando a grande tristeza que se apossara do seu coraçãozinho de menino:

— Mas... mamãe, eu quero ver o meu *sol!*

— Vamos dormir e amanhã veremos o que se pode fazer.

Como explicar uma tragédia dessa natureza a uma criança de cin-co anos? Era o que eu me perguntava a cada instante.

Naquela mesma noite eu desfiz o quarto do meu anjo. Pela ma-nhã, quando meu marido e eu nos levantamos, Marck já estava pronto.

— Mamãe, eu posso ir ver o meu *sol* com você?

— Filhinho, deixe-me explicar uma coisa: crianças não podem entrar naquela parte do hospital, os médicos não deixam, meu filho!

Ele entrou em pranto convulsivo e insistiu, cortando-me o coração:

— Mas eu quero ver o meu *sol!* Quero ver o meu *sol,* mamãe!

Diante daquela situação, eu não tive como negar. Vesti o meu fi-lho com roupas maiores do que as habituais (para dar uma impressão de que ele era mais velho) e fomos ao hospital. Quando chegamos à UTI e entramos na sala, a enfermeira nos parou:

— Senhora, crianças não podem entrar. É norma do hospital e precisamos obedecê-la.

Numa cena verdadeiramente pungente, Marck olhou para a enfermeira, pôs a mão na cintura, com lágrimas nos olhos, e falou-lhe, em tom de indignação:

— Por que não? Ela é minha irmã! Está morrendo! Eu quero ver o meu *sol!*

A enfermeira ficou algo assustada com a situação inesperada e nos disse:

— Olhe bem, senhora! Se a senhora entrar e me perguntarem algo, eu direi que não os vi. A escolha é sua!

Entramos. Chegamos ao leito e a minha filha estava deitada de costas para nós. Marck, admirado com o que estava vendo, comentou conosco, revelando a inocência dos verdes anos:

— Mamãe! Não é uma menina! É uma bonequinha de carne! Ela está viva?

— Está, Marck.

— Eu posso cantar para ela?

— Pode, meu filho.

Um pouco tímido e parecendo ter receio de incomodar a irmã, ele cantou baixinho:

Você é o meu sol!
Eu sou um botão de rosa.
Venha depressa me aquecer,
Para eu desabrochar!

Nesse instante, para surpresa e apreensão de todos nós, a debilitada menina tremeu fortemente. A enfermeira tomou um susto e falou:

— Meu Deus! É uma convulsão!

Mas eu achei que não se tratava de crise convulsiva, então pedi ao meu filho:

— Marck, cante mais!

Ele cantou mais forte:

Você é o meu sol!
Eu sou um botão de rosa...

Em desespero e na expectativa de que algo de bom acontecesse, eu pedi, insistentemente:

— Cante mais, meu filho! Cante mais!

Marck repetiu os versos mais algumas vezes. Subitamente a enfermeira me dirigiu um olhar de espanto, informando:

— Senhora, olhe a tela dos aparelhos! As ondas cerebrais estão normais! A função cardíaca também está se normalizando!

O médico foi chamado às pressas para avaliar o quadro clínico da minha filha. Depois de examinar tudo, ele esclareceu, absolutamente intrigado:

— Mas ela está dormindo! É um milagre! Como pode ser?!

Eu não tinha nada mais a dizer além de pedir ao meu filho:

— Cante mais, Marck! Cante para a sua irmã!

E ele cantou... Vinte, trinta, quarenta minutos, uma hora... Cantou com os olhos fechados e as lágrimas escorrendo em grande volume... A menina foi se mantendo estável e depois de um longo tempo o pediatra recomendou que voltássemos para casa.

A partir daí, retornamos todos os dias para vê-la, e Marck cantou em todas as nossas visitas. E após cinquenta dias no hospital, a minha filha teve alta.

Quando fomos registrar o bebê, eu resolvi dar-lhe o nome de Sunshine. Marck trouxe-a da morte para a vida! Ela estava acostumada com a voz dele e veio aquecer o coração do irmão. Por isso é que hoje eles se amam tanto...

Quando a senhora terminou de me contar a história, eu estava comovido. Voltei-me para o rapaz e perguntei:

— Marck, você ainda se lembra da canção?

— É claro, senhor!

— Você poderia cantá-la para eu ouvir?

Ele fez um gesto afirmativo e estendeu o braço na direção da irmã. Ela veio, rodopiou no braço dele e pôs a cabeça no ombro do irmão. Ele, por fim, envolveu-a, fechou os olhos e começou a cantar a mesma melodia, mas com uma letra diferente da original:

Você é o meu sol!
Eu sou uma rosa desabrochada.

Tome conta de mim,
Para eu não despetalar!

A sua voz de barítono enchia o ambiente, que se transformou em um verdadeiro templo. Olhei os meus amigos e anfitriões, dei um sinal para não interromperem aquela dúlcida vibração e saímos... Quando chegamos do lado de fora da mansão, ainda ouvíamos, ao longe, a sua bela voz de barítono que ecoava pelo espaço:

Você é o meu sol!
Eu sou uma rosa desabrochada.
Tome conta de mim,
Aqueça-me para eu não despetalar!

Então eu constatei, mais uma vez, que o amor é a única razão para preservarmos a nossa alegria de viver! E nunca mais me esquecerei de que a menina Sunshine era o hálito de vida do seu irmão...

2

FAMÍLIA E REENCARNAÇÃO

PROGRAMAÇÃO DAS REENCARNAÇÕES

Geralmente nós não escolhemos a família na qual iremos reencarnar, bem como o papel a ser desempenhado no grupo consanguíneo. No Mundo espiritual, tudo está enquadrado na Lei de Méritos. Quando o Espírito possui um número relativamente extenso de créditos, ele pode permitir-se a programação de determinadas experiências que sejam do seu interesse, inclusive reencarnar no grupo familiar com o qual se identifica, embora isso não represente a maioria das situações, antes, constitui uma exceção à regra.

Portanto, na maioria das vezes, os mecanismos reencarnatórios são acionados mediante os retornos automáticos. Os Espíritos medianos estão incursos nesse modelo de renascimento que propicia a formação da maior parte das famílias.

Entretanto, existem as reencarnações programadas, utilizadas para os seres que vêm à Terra em tarefas específicas, como também para os grandes feitos missionários do bem. Esse modelo também é importante para os indivíduos que retornam ao cenário da vida com uma longa relação de dificuldades e sofrimentos em seu projeto existencial, que constituem uma proposta reeducativa de alto impacto. Por isso, eles necessitam de um preparo específico e de um acompanhamento detalhado. Nesses casos, os pais são apresentados ao futuro filho antes mesmo de reencarnarem, a fim de que tenham ciência do que ocorrerá na estrutura da família. E na existência corporal esses pais são igualmente levados à Esfera extrafísica, em desdobramento através do sono, para testemunharem o planejamento reencarnatório do ser que em breve receberão nos braços.

Frequentemente, as pessoas me dizem em tom muito próprio: "Eu não pedi para nascer!", e eu respondo tranquilamente: "É verdade! Você não pediu. Suplicou! E Deus, por misericórdia, atendeu à sua súplica, da qual você agora não se recorda".

Ao longo de várias reencarnações, os indivíduos precisam assumir diferentes papéis sociais no palco da existência humana, mediante os quais adquirem maior soma de valores espirituais. Por essa razão, as modificações no vínculo afetivo variam ao infinito, permitindo readequações e novas disposições nos laços familiares de um determinado grupo de Espíritos. Considerando que os sentimentos mais profundos permanecem vivos na mente do ser, é fácil entender que a paternidade, a maternidade e os vários arranjos de parentesco são situações que estão limitadas à dimensão material. O que sobrevive é o amor, sem barreiras ou determinações absolutas. E normalmente quando esse amor é intenso, alguns Espíritos reencarnam juntos várias vezes e em diferentes configurações.

Dessa forma, os seres que amamos podem renascer como nossos pais, filhos, cônjuges ou irmãos, a depender de uma série de fatores que respondem pela necessidade de mudança nas posições familiares. Uma pessoa que hoje está no papel de esposa pode ter sido, em outra encarnação, mãe ou filha do atual marido, sem que essa alteração cause nenhum tipo de conflito psicológico, desde que os seres estejam em harmonia com as Leis da Vida. Quando ocorre a desencarnação dos membros do grupo familiar e eles se reencontram no Mundo espiritual, não ocorre qualquer desconforto ou dificuldade de relacionamento afetivo entre aqueles que avançam lado a lado na direção do Infinito... E com isso os laços de família se estreitam nessas afinidades que conduzem o indivíduo a verdadeiros êxtases de amor espiritual, demonstrando que a proposta do amor suplanta todos os limites humanos.

O Espírito Joanna de Ângelis nos ensina que o amor é como uma circunferência, contendo um epicentro e diversos raios que partem do ponto central e atingem a borda da figura geométrica, determinando o surgimento de inúmeros ângulos que traduzem as várias formas de manifestação amorosa: amor de mãe, amor de filho, de marido, de esposa, de irmão... O verdadeiro amor será a síntese de todas as experiências afetivas.

No caso do vínculo conjugal, que implica manter-se relações sexuais com o parceiro ou parceira, a nossa tendência é considerá-lo muito específico, um tipo de expressão afetiva que não se assemelha ao amor dos pais por um filho ou deste em relação aos seus pais, tornando improvável que uma modalidade de amor seja convertida em outra. Mas essa é uma concepção equivocada, já que toda e qualquer expressão de amor converge para o amor integral, a que se refere Joanna.

Quando o indivíduo desencarna e liberta-se da matéria, o que prevalece é o sentimento que ele nutre por uma pessoa a quem se encontra vinculado, e não a forma pela qual o sentimento se apresentava na vida terrena. Por isso, o amor com uma conotação sexual, presente na conjugalidade, cede lugar ao sentimento de ternura que constitui a legítima fraternidade, sobrepondo-se às determinações transitórias do mundo material. Se a nossa visão da vida estiver circunscrita à dimensão física, não nos será possível entender esses problemas em profundidade.

De forma geral, portanto, não temos a família dos nossos sonhos, mas aquela que representa uma alavanca para o nosso crescimento, sob as bênçãos de Deus. Para onde formos, levaremos a nossa necessidade evolutiva. Trocaremos de pessoas, de lugares ou de posturas, mas seremos inexoravelmente convidados a um processo educativo, pois essa é a finalidade precípua da reencarnação: reparar para crescer, progredir para ser feliz.

COMPROMISSOS DO PASSADO

O nosso papel na família é sermos felizes e trabalharmos ao máximo em favor dos integrantes do grupo. Nem sempre a nossa família será ideal, mas nós poderemos ser ideais à família.

Eu sou o décimo terceiro filho de uma família modesta. E desses treze irmãos, cada qual possuía um temperamento especial.

O meu irmão mais velho, de quem eu tenho recordações um pouco tristes, foi a pessoa de temperamento mais forte que eu conheci até hoje. Entre outras características, ele foi a pessoa menos generosa dos meus relacionamentos, ganhando, com facilidade, o concurso de "mão de estátua", pois não a abria para dar ou emprestar dinheiro a ninguém!

Ele era tão peculiar que, quando detestava alguém, dizia sem rodeios: "Irei odiá-lo para toda a eternidade!". E realmente não voltava ao relacionamento, houvesse o que houvesse, nem mantinha qualquer sentimento de cordialidade ou de compaixão por aquele que admitia ser seu inimigo. No momento em que esta pessoa sofria, ele falava com rancor e prepotência: "É Deus que o está castigando em meu benefício!".

A minha convivência com ele foi muito reduzida porque, quando eu nasci, ele já era um homem de 27 anos e estava casado. No entanto, curiosamente, havia entre mim e ele um elã, um sentimento de ternura do qual comecei a me dar conta logo aos quatro anos de idade. Entretanto, esse afeto entre nós constituía uma exceção, pois ele era inimigo do meu pai e de vários de meus irmãos.

Quando eu completei 16 anos, ele me disse:

— Você e a minha mãe são as únicas pessoas por quem eu tenho amizade. Não me decepcione, caso contrário, eu guardarei a mágoa até depois da morte!

Mesmo sendo muito jovem, eu olhei bem para ele e respondi, com absoluta tranquilidade:

— E o que seria exatamente "decepcionar" você? Por acaso seria não atender a um capricho seu? Pois fique sabendo desde agora: no dia em que você desejar algo e eu discordar, esteja certo de que não irei apoiá-lo. Não é você que me sustenta! Eu trabalho e ajudo na manutenção da casa em que moro com meus pais. Então eu não tenho nenhuma razão para temer, nem para atender a você!

Ele ficou assustado com a resposta, que não esperava ouvir de um adolescente de 16 anos. Contudo, eu falei sem o menor resquício de ressentimento. Ele entendeu e tornou-se meu amigo por toda a vida até desencarnar, aos 92 anos de idade.

Meu irmão também era inimigo da própria esposa. Esta foi a inimizade mais singular que eu já vi! Daria um enredo de um filme ou de uma peça de teatro.

Eu ainda era uma criança e não entendia muito bem o que acontecia naquele casamento incomum. Com o passar dos anos, fui adquirindo uma percepção maior dos fatos, e a minha cunhada acabou revelando-me o seu drama. Sempre tive paciência para ouvi-la e aos poucos pude identificar o temperamento do meu irmão.

Tudo começou quando ela ficou grávida e sofreu um aborto natural. Ele a culpou pela tragédia e, durante 21 anos, tratou-a com desprezo. Dormia na mesma cama de casal e ficava de costas para ela, para não ter que olhar a companheira ou falar-lhe qualquer coisa.

Ao longo de duas décadas, a esposa trabalhou para sustentá-lo, pois tudo que ganhava ele guardava a sete chaves, no intuito de manter os cofres abarrotados. Até que um dia ele atingiu a autossuficiência financeira e começou a pensar na sua infelicidade conjugal. Com o casamento desgastado e sem necessitar mais do dinheiro da parceira, meu irmão encontrou outra pessoa com quem passou a relacionar-se. Ao contrário da esposa, a nova companheira não fazia nada e se apoiava no seu dinheiro, mas é claro que ele gastava o mínimo possível com ela.

A esposa era uma excelente pessoa. Eu tive e ainda tenho por ela, que já está desencarnada, um carinho especial. Era como se ela fosse a minha irmã, e ele, o cunhado.

Apesar do seu temperamento difícil, era um homem digno, que não permaneceria na condição moralmente deplorável de uma vida dupla, por isso separou-se da esposa e foi viver com a outra mulher.

Depois de cinco anos em que ele estava separado da primeira esposa, surgiu, no Brasil, a lei do divórcio. Para legalizar a situação, eu sugeri que ela se divorciasse dele. Minha cunhada disse-me que alimentava essa vontade, mas não dispunha de recursos financeiros para concretizá-la. Então eu propus:

— Fale com o meu irmão. Ele tem meios para providenciar a separação.

— Mas o que você acha?

— Acho muito bom, porque, dessa forma, ele se casará com a sua atual companheira e constituirá um lar, assumindo publicamente a nova família. E mesmo que você não queira mais vincular-se a outra pessoa, ficará livre.

Ao falar com o ex-marido sobre o assunto, ela recebeu a seguinte resposta:

— Já que Divaldo lhe aconselhou o divórcio, ele que pague o advogado!

Quando recebi a informação, não tive dúvidas em concordar:

— Pois você pode contratar o advogado que eu pagarei as custas.

Por fim, eles se divorciaram. O meu irmão, contudo, ficou muito aborrecido e veio me pedir satisfações:

— É verdade que foi você quem sugeriu a ela o divórcio?

— É evidente! – respondi. — Ela não é sua empregada nem sua escrava. Já que você está se relacionando com outra companheira, case-se com essa outra e construa um lar genuíno. Respeite a mulher a quem você ama para que ela não se sinta fazendo parte de uma aventura sexual sua.

— E se eu for infeliz com ela?

— Não vejo por que a pergunta. A escolha de separar-se para encontrar outra pessoa foi exclusivamente sua! Se o seu desejo é estar ao lado dela, por que terá que ser de forma vulgar, sem assumir definitivamente o compromisso? Honre a sua *masculinidade*!

Encerramos o diálogo e nunca mais voltamos a falar no assunto. Curiosamente ele também jamais se casou com a nova companheira, embora tenha vivido ao seu lado até o fim da vida.

Nesse ínterim, o meu irmão continuava a experimentar uma mágoa terrível por não ter filhos biológicos. Aquele único filho não veio à vida física e ele não teve outra oportunidade de realizar-se na paternidade. Esse impedimento era provocado por problemas hormonais que determinaram a sua esterilidade.

Certo dia, uma família com uma criança de dois anos de idade foi morar ao lado da sua casa. E, em uma ocasião em que ele passava na rua, o menino olhou para o meu irmão e o cumprimentou, com doçura:

— Oi, tio! Tudo bem?

Foi o suficiente para ele se encantar com o garoto, embora odiasse crianças. O seu ódio era uma forma de expressar a amargura por não ter filhos. Ele respondeu ao cumprimento e começou a brincar com a criança, que se dirigiu ao meu irmão de forma muito terna, conseguindo sensibilizá-lo de maneira inesperada.

A partir daí, desenvolveu-se aquele vínculo que ocorre com frequência entre vizinhos e às vezes termina em tragédia... A amizade foi crescendo e o envolvimento afetivo com o garoto se intensificou. Esse afeto, no entanto, tomou uma proporção exagerada, chegando a tornar-se doentio e sem o menor controle.

Até que um dia ele começou a subtrair a criança dos pais. Fazia de tudo para ficar ao seu lado o máximo possível, superando o tempo de convivência do menino com os próprios genitores.

Um dia, ele comentou comigo:

— Divaldo, eu não creio em reencarnação, como você sabe.

— Se você está dizendo, eu acredito – respondi.

— Mas se essa tal reencarnação realmente existir, eu tenho certeza de que esse menino já foi meu filho!

Os olhos dele brilharam ao enunciar a frase. Prevendo que uma tragédia familiar estava a caminho, eu tentei desencorajá-lo:

— Pois eu tenho certeza de que ele não foi seu filho. É natural que exista esse sentimento, porque você já é um homem de certa idade e não tem filhos, então se deixou sensibilizar pela delicadeza da criança. O que existe entre vocês é um laço de afeto, como outros vínculos que aproximam as pessoas.

— Não, Divaldo! É diferente! Ele foi meu filho, sim! Eu adoro este menino e vou roubá-lo dos pais!

— Não diga isso! Que ideia insensata!

— Não, não! Eu me expressei mal. Quero dizer que vou roubar a afeição dele. Pretendo agir de forma que ele passe a antipatizar os pais para estar comigo.

Lamentavelmente eu não pude demovê-lo dos seus propósitos. Aos poucos, ele foi interferindo na educação do menino. Os pais educavam-no e ele deseducava-o. Quando os pais aplicavam algum castigo, como era hábito na época, ele dava presentes à criança. Como seria de esperar, o garoto foi desenvolvendo uma ojeriza pelos pais e um afeto tremendo pelo meu irmão.

Os pais, então, vieram falar comigo. Ouvindo-lhes a queixa, eu esclareci:

— Infelizmente eu não posso fazer nada quanto a isso. Também não aconselho vocês a irem à polícia pelo fato do seu filho ser tão amado. Como vocês têm boas condições econômicas, mudem-se para outra cidade.

Para evitar problemas, a família aceitou a minha sugestão e transferiu-se de cidade, passando a morar em Salvador, a 108 quilômetros de Feira de Santana.

Quando meu irmão descobriu, veio até mim com um sentimento de fúria:

— Você mandou que eles levassem o *meu filho*?!

— Não. O conceito está equivocado. Eu sugeri que o casal educasse adequadamente o filho que a vida lhes concedeu, que certamente não pode ser orientado por outra pessoa. Se você tivesse merecido um filho biológico, ele teria nascido em seus braços, tornando-o pai.

É óbvio que a resposta não foi satisfatória, deixando-o inconsolável com a situação.

Pouco tempo depois ele descobriu onde a família morava, na cidade de Salvador, e alugou um apartamento em frente à residência do menino para olhá-lo a distância, uma vez que os pais proibiram a criança de falar-lhe, estabelecendo-se, dessa forma, uma inimizade declarada. Ele se deslocava, semanalmente, para passar alguns dias no apartamento alugado e poder ver a criança, mesmo que fosse a distância.

É muito curioso notar como são as sutilezas da alma humana...

Certo dia, ele foi à Mansão visitar a nossa Instituição, que recebia diariamente, naquela época, 3 mil crianças e adolescentes. Depois de alguns anos, o número ficou um pouco maior. Nós atendemos a crianças em situação de vulnerabilidade social, órfãos de pai ou de mãe, jovens que precisam de qualificação profissional etc. Em síntese, realizamos um trabalho socioeducacional voltado para diversas necessidades humanas e lidamos com muitas crianças, de todas as idades e com diversas características.

Quando meu irmão chegou ao pátio da nossa Instituição, uma criança o chamou carinhosamente:

— Titio!

Imediatamente ele reagiu:

— Di, afaste esses meninos daqui! Você sabe que eu não gosto de crianças!

Confesso que eu fiquei magoado com essa postura, então pensei: "Que curioso! Do filho do vizinho ele gosta! Mas das nossas crianças ele tem horror! Não é possível! Ele gosta do menino branco, mas não quer se aproximar dos meus *negrinhos* da periferia de Salvador, que são muito mais bonitos!".

Logo eu concluí que estava com ciúmes do tratamento diferente que o outro garoto recebia do meu irmão. Todavia, a minha suspeita se confirmou em seguida, na continuação do meu diálogo com ele:

— Divaldo, você sabe que eu tenho preconceito racial, não sabe?

— Não. Eu não sabia.

Já que ele tinha preconceito, eu comecei a dizer aos meninos *branquinhos* da Mansão:

— Vão beijar titio, meus filhos!

Os branquinhos iam lá, coitadinhos, mas nada conseguia sensibilizá-lo. Ele dava a desculpa de que os meninos brancos eram muito *amarelinhos* para o seu gosto... Mas a verdade é que ele não tolerava a presença de crianças, não importando quem fosse.

Um dia, ele me falou:

— Divaldo, às vezes eu tenho até vontade de ajudar a Mansão do Caminho, mas você não precisa, não é?

Respondi em tom levemente irônico, para ver se ele caía em si:

— Não, eu realmente não preciso, porque cuidar de 3 mil crianças e adolescentes é a coisa mais fácil do mundo! Por outro lado, manter um menino que tem pai, mãe e família deve ser muito difícil!

Nada do que falei conseguiu despertá-lo para o fato de que uma obra de amor sempre necessita de mãos amigas que a sustentem.

Nós administrávamos um lar de crianças que abrigava órfãos e abandonados em lares-substitutos. Muitas vezes não tínhamos itens básicos para a manutenção de uma família. Até mesmo a nossa alimentação não era a ideal. As necessidades enfrentadas eram realmente muito grandes...

Meu irmão desfrutava de excelente condição econômica, enquanto eu cuidava dos meus pais, que moravam comigo. Ele possuía um temperamento tão peculiar que me dizia, com frequência:

— Di, está tudo bem, não está? Você não está precisando de nada para seus filhos! Está?

— Não. Não estou.

E por *anos a fio* ele chegava em um automóvel maravilhoso, descia para falar conosco e perguntava:

— Mãe, você não está precisando de nada! Está?

Eu respondia:

— Não. Ela não está.

— E os seus meninos, Di? Precisam de algo?

— Veja bem, eu vou lhe dizer uma coisa: os meninos não são meus nem seus, são nossos. A Divindade me convidou para estar com eles.

— Mas eu só quero ter certeza se realmente eles não precisam de nada...

— *De você* não precisamos de nada!

Nitidamente o seu objetivo era colocar a situação nesses termos para não oferecer auxílio, nem aos meus pais, nem à Mansão do Caminho.

Pode parecer paradoxal que eu respondesse dessa forma, mas é importante entender que o senso de solidariedade não é algo que devemos impor a ninguém. Cada um de nós sabe o que lhe cabe fazer quando se depara com as necessidades humanas, conforme a maturidade psicológica e o grau de responsabilidade já desenvolvidos.

Sempre que viajava, mandava-lhe um cartão postal dos lugares que conhecia. Ele comentava com a minha família:

— Estão vendo? Divaldo manda cartões somente para se exibir!

Para evitar atritos, às vezes eu não os enviava, e o comentário se fazia igualmente ácido:

— Estão vendo só? Ele não me manda notícias para que eu não saiba da sua vida!

Passaram-se os anos... O tempo se encarregou de fazer profundas alterações em nossas vidas... mas ele continuou enriquecendo.

Certo dia, ele me confidenciou:

— Di, comprei um automóvel para o *meu filho.*

Tratava-se do menino que prosseguia sendo objeto da sua afeição de pai não realizado. O rapaz, que já estava com 14 anos, ainda era muito jovem e não podia dirigir, então o carro ficaria sob a responsabilidade dos pais.

— Você acha que eu fiz bem, Di? – insistiu o meu irmão.

— Acho que sim – respondi. — Se você o ama e dispõe de tantos recursos, divida com ele o que possui. Mas a sua primeira mulher, que viveu com você por 25 anos, está passando muitas necessidades.

— A culpa é sua! Foi você quem sugeriu o divórcio! Você que a sustente!

— É o que tenho feito em todos esses anos... Mando uma contribuição financeira dentro dos meus limites para diminuir as dificuldades dela.

— Ah! Mas eu não sabia disso!

— Porque você nunca perguntou. Além disso, eu não tenho o direito de exibir o que faço. No entanto, como somente agora você me deu a *ordem* para ajudá-la, eu quero lhe dizer que a sua ordem chegou alguns anos atrasada...

Ele me olhou assustado e me fez uma pergunta completamente fora de propósito:

— Di, o que os seus guias espirituais acham de mim?

— Eles não acham nada. Você é que deve ter um conceito correto a seu respeito.

Contraditoriamente, toda vez que surgia um problema, ele se apressava em pedir a ajuda dos amigos espirituais. Também me pedia passes, como se esse recurso terapêutico pudesse ser banalizado.

— Di, por favor, eu preciso de um passe! Você pode me aplicar?

— De jeito nenhum! Sente-se ali, ore e leia o Evangelho. Por que eu teria que lhe dar passes na hora em que você bem entender somente pelo fato de você ser meu irmão? Nós temos atividades em nossa Casa Espírita o dia inteiro. Vá lá e fale com as pessoas responsáveis. Elas com certeza o atenderão.

— Mas você é que é o meu irmão!

— Por isso mesmo. Você deveria dar o exemplo e não vir aqui com exigências. Fique aí orando por si mesmo que eu também vou orar por você.

O mais interessante é que ele me respeitava. Eu confesso que até ficava admirado com isso...

Certa vez, ele esteve conosco novamente e eu fiquei com muita piedade. Meu irmão se vestia mal, calçava-se mal, alimentava-se precariamente e economizava energia elétrica de forma neurótica! A sua preocupação em acumular dinheiro e bens materiais era exorbitante! Eu até o apelidei de *apagador de luz*, pois, onde chegava, estava sempre apagando as luzes freneticamente. Tudo que ele economizava era para dar ao menino, e tratava-se de uma sólida fortuna!

Experimentei uma grande compaixão por ele! Estimulado por esse sentimento, eu perguntei aos amigos espirituais como poderia entender o seu caso, então recebi a informação de que brevemente eu teria a resposta.

Um dia, o meu irmão me deu uma notícia impactante:

— Di, eu transferi uma boa soma em dinheiro para o menino. E também quero informar que tomei uma decisão. Fui ao cartório e determinei que, ao morrer, todos os meus bens serão transferidos para o *meu filho*.

Neste dia, pela primeira vez, eu fiquei muito aborrecido com ele! Porque nós estávamos precisando de feijão na Mansão do Caminho, mas ele nunca nos doou um grão sequer, embora fosse produtor de feijão! E depois de tanta desatenção conosco, ele resolveu dar aquela quantia enorme para um menino que já era rico. Fiquei com certo desgosto em relação a ele! Então, eu pensei: "Meu Deus! E além de tudo ainda vem se exibir!".

— O que você pensa sobre isso, Di? – continuou o meu irmão.

— Penso que você fez muito mal! – retruquei, profundamente aborrecido. — E agora você me dê licença, que eu tenho mais o que fazer!

À noite teríamos a reunião mediúnica habitual, mas com aquele sentimento negativo, eu estava fazendo uma "excelente" preparação para as atividades que teriam lugar dentro de poucas horas...

Fui ao trabalho espiritual destilando a mágoa que me corroía, enquanto pensava: "Não é possível que ele não raciocine! Ele já está com 80 anos de idade! É um excelente negociante e amealhou uma grande soma em dinheiro! Não é possível que uma obra que atende a milhares de crianças não o sensibilize!".

De fato, era um verdadeiro paradoxo! Porém, eu continuava sem lhe pedir coisa alguma.

Eu estava na reunião quando se aproximou um Espírito muito amigo e me disse:

— Divaldo, eu pretendo escrever por seu intermédio.

Ele escreveu o texto e, ao terminar, eu fiz a leitura.

A mensagem narrava a história de um homem que morava na Argélia, por volta do ano de 1860, e era uma pessoa de recursos materiais muito reduzidos.

Ele era casado com uma senhora de excelente poder aquisitivo, com quem teve um filho, porém era apaixonado por uma bailarina. A bailarina, por sua vez, tinha um amante que a manipulava afetivamente. Os três elaboraram um plano macabro para matar a esposa do argelino e repartir os bens entre si. Ao mesmo tempo, como este homem casado possuía um filho, que seria o herdeiro, ele optou por assassinar também o garoto, vindo realmente a concretizar o plano quando a ocasião permitiu.

Os três ficaram com a fortuna, viajaram e passaram belas temporadas em alguns lugares encantadores do mundo.

Todavia, a velhice é algo de que ninguém se pode esquivar, exceto se desencarnar antes de alcançá-la, e a morte finalmente arrebatou a todos, que foram conduzidos à Dimensão espiritual e reencontraram as suas vítimas indefesas, sendo forçados a renascer para ressarcir os pesados débitos.

Dessa forma, a amante voltou como esposa, a quem o meu irmão tratou muito mal durante toda a vida. A esposa assassinada do passado retornou como a segunda mulher, por quem ele se apaixonou e com quem viveu até desencarnar. Ela viria retomar o lugar que originalmente lhe pertencia. E o garoto assassinado veio como filho do comparsa, o amante daquela mulher vulgar que ele elegeu para os anos de prazer fugaz na encarnação anterior.

Ao final da narrativa, o Espírito dizia: "E o ladrão acumulou todos os bens para devolver ao filho, o legítimo dono de tudo!".

De fato, o meu irmão havia escrito um testamento para deixar a sua riqueza para o garoto que tanto amava. Era a sua forma de devolver ao verdadeiro dono o que lhe havia usurpado.

Como é extraordinária a conjuntura da reencarnação! Muitas vezes uma pessoa rica deixa sua fortuna, em testamento, para uma pessoa estranha e a família vai ao tribunal contestar a decisão do falecido. E os familiares não conseguem identificar quais os motivos para uma atitude tão inusitada: "Imaginem só! Ele deixa tudo para o estranho e nós ficamos na miséria! Como pode ser?". Quando isso acontecer, é provável que o ladrão esteja devolvendo à vítima aquilo que lhe tomou no passado...

Quando terminei de ler a história, eu desculpei o *ladrão*, que era o meu irmão.

No dia seguinte, ele me procurou:

— Você ainda está aborrecido comigo?

— De forma alguma! Estou muito feliz! – respondi com um sorriso no rosto que o deixou intrigado.

— Mas por quê?

— Porque os Espíritos me informaram que o seu procedimento se justifica, já que você está resgatando uma dolorosa reencarnação anterior...

— E eles detalharam a explicação?

— Não, não... Só me disseram que era um necessário resgate...

O caso do meu irmão foi uma excelente oportunidade para mim, pois através da sua vida eu pude compreender melhor os dramas humanos. Quando as pessoas me trazem problemas familiares e me pedem conselhos, eu tenho condições de identificar outros ângulos para as queixas apresentadas. Conheço esses dramas na intimidade porque os vivi durante muitos anos, preparando-me para abordá-los de forma adequada.

Meu irmão desencarnou segurando as minhas mãos, confessando ter um grande carinho por mim e dizendo-me:

— Tenho medo!

— Não tenha! Vá em paz! – respondi. — Mãe e pai estão esperando por você para acolhê-lo no Mundo espiritual...

Tempos depois eu passei a comunicar-me com meu irmão esporadicamente, pois ele me aparecia à visão mediúnica.

Um dia eu lhe perguntei:

— Você já conseguiu perdoar aquelas pessoas que transformou em seus inimigos?

Ele me olhou entristecido e confessou:

— Ainda não consegui...

Mais tarde, os amigos espirituais me comunicaram que ele iria reencarnar-se com um grave problema cerebral que decorre da mágoa, do ódio longamente cultivado, que lhe afetou profundamente os delicados tecidos do cérebro perispiritual.

Cada um de nós, no lar em que nos encontramos, devemos procurar fazer o máximo ao nosso alcance! Procuremos corresponder às expectativas, agindo da forma mais amorosa possível. Se o pai, a mãe, os irmãos ou o parceiro afetivo não nos entendem, cultivemos a paciência e amemos mais!

TAMIL: O REENCONTRO

Quando eu era criança, a nossa família morava em uma casa com um quintal imenso, repleto de capim, formando uma camada de vegetação que se estendia por quase todo o terreno. Com dois anos de idade, eu tinha o impulso inexplicável de vasculhar o quintal para procurar alguma coisa que eu havia perdido e não sabia o que era. Os anos se passaram e, ainda criança, eu prosseguia procurando o objeto perdido. Eu procurava no capim, olhava para lá e para cá e não encontrava, ficando em um estado de ansiedade totalmente incompreensível para mim.

Mais tarde, eu descobri o que procurava: tratava-se de um filho meu que me foi subtraído em outra encarnação, através de um rapto. O fato ocorreu no século 17, mas o trauma foi tão intenso que ficou arquivado no meu inconsciente e se transferiu de uma para outra existência.

O curioso é que eu sempre tinha a sensação de que o meu filho iria chegar a qualquer momento, por isso eu o procurava em meio às crianças que frequentavam a Mansão do Caminho. Já passaram por nossas escolas mais de 30 mil crianças. Eu costumava olhar detidamente para todos os meninos, mas não encontrava o filho de quem fui afastado de forma dolorosa...

Em 1988 eu fui à Índia com um grupo de brasileiros, uma viagem que se prolongou por trinta dias de intensas atividades de crescimento interior. Visitamos a cidade de Bangalore, estado de Karnataka, uma localidade do Sul daquele país. Nessa viagem, tivemos a oportunidade de conhecer o grande paranormal Swami Sathya Sai Baba. Este notável educador indiano costumava receber visitantes do mundo inteiro em Puttaparthi, onde estava localizado o seu *ashram*, a sua morada. Mas, na ocasião, soubemos que ele estaria em Whitefield, uma comunidade nas proximidades da cidade em que nos hospedávamos. Para podermos atingir o local, que ficava a quinze quilômetros de onde estávamos, o grupo alugou cinco automóveis.

A forma como Sai Baba se encontrava com os visitantes era peculiar: ele fazia uma lenta caminhada no meio da multidão, olhava as pessoas, atendia esse ou aquele e seguia para outras atividades.

No primeiro dia, muito cedo, aproximadamente às 8h, eu fui ao encontro do guru indiano em um carro com Nilson e mais dois amigos. Ao chegarmos ao local, havia centenas de automóveis estacionados. Estávamos em um táxi quando, repentinamente, um menino saiu da multidão e começou a acenar para o motorista, dizendo que tinha um lugar reservado. O motorista conduziu o veículo e o *meninozinho* o levou até o pequeno espaço em que o carro ficaria estacionado. Em seguida, combinamos com o chofer a hora em que deveríamos estar de volta.

Olhamos para o menino sem maior interesse. Ele morava na rua e estava muito sujo, não nos chamando a atenção.

Fomos ao *ashram*, assistimos ao encontro de Sai Baba com seus visitantes, e, quando saímos, vi aquela multidão de mais de 5 mil pessoas, que nos causava espanto. Eu disse aos amigos que me acompanhavam:

— Meu Deus! Nós não vamos encontrar o táxi com facilidade!

Eu ali fiquei, desolado e preocupado com a forma como iríamos retornar ao local da hospedagem. Em alguns minutos, apareceu o menino indiano. Ele olhou para mim, segurou a minha mão e disse-me, pronunciando um inglês muito difícil de entender:

— O táxi está ali!

O meu inglês é péssimo, mas o dele era pior...

No estado de Karnataka, a população fala quatro idiomas e dezesseis dialetos, e, quando os seus habitantes tentam falar um idioma estrangeiro, imprimem um acento muito característico, que é típico da sua cultura. Eles têm um gestual que dá um tom muito belo e agradável à fala, difícil para qualquer pessoa de fora imitar. Antes de dizerem algo, eles meneiam a cabeça levemente, de um lado para o outro e em seguida falam de forma pausada. No início, aquilo nos deixou um pouco desconcertados. Quando entramos em contato com um funcionário do hotel, uma das primeiras pessoas a quem nos dirigimos na cidade, solicitamos ajuda para nos deslocarmos na região:

— O senhor poderia nos auxiliar a encontrar o lugar X?

O funcionário meneou a cabeça lateralmente e, em seguida, disse que sim. Então eu fiquei em dúvida: "Será que ele está concordando ou dizendo que não ajudará?". Depois nós descobrimos que o hábito significava um gesto de carinho e de atenção, como se a pessoa quisesse dizer: "Eu estou atento!", para, em seguida, dar a resposta solicitada.

Pois bem! Com o tempo nós nos acostumamos com aquela forma curiosa de se comunicar. A mesma característica peculiar podia ser vista na forma como aquele garoto falava.

— O táxi está ali! – insistiu, com uma voz fanhosa.

Eu o observei por alguns segundos e pensei: "Danadinho, não é?! Este *pardal da cidade* sabe seduzir as pessoas!". A expressão poética era utilizada pelo escritor brasileiro Humberto de Campos, ao se referir às crianças em situação de rua que fazem de tudo para sobreviver.

— Qual o seu nome? – perguntei.

— O meu nome é Tamil, senhor.

Em poucos segundos, ele nos levou embora sem maiores problemas.

No entanto, o garoto olhou para mim de uma forma peculiar. Olhou demoradamente nos meus olhos... Olhou, olhou... e eu notei que ele ficou pálido, apesar de ser de epiderme morena, típica do indiano comum. Fiquei impressionado com o olhar penetrante daquele menino simples que eu desconhecia totalmente. Então eu quis homenageá-lo com uma gorjeta, e ele me disse, em tom muito decidido:

— De você, eu não quero nada... Posso até aceitar dos outros, mas de você não aceitarei gorjeta.

Confesso que fiquei muito surpreso e imaginei que ele havia se sentido ofendido com alguma coisa que eu falei. Não dei maior importância e prossegui com as preocupações relativas à viagem.

À medida que o nosso contato se repetiu, foi nascendo um vínculo afetivo entre mim e o menino.

Em certo momento, ele me disse:

— Será que o senhor poderia me dar uma fotografia de Sai Baba?

— Mas para que você deseja uma fotografia dele? – indaguei. — Se você tem o próprio Sai Baba aí ao lado, por que precisa de uma imagem impressa no papel?

— Bem... Para falar a verdade, eu não quero guardar comigo. Se o senhor me der a fotografia, eu poderei vendê-la! E, assim, eu faço as duas coisas ao mesmo tempo: eu agrado a você, por ter recebido um presente seu, e agrado a mim mesmo, porque consigo algum dinheiro!

Então eu lhe dei algumas fotografias que estavam sendo vendidas ali mesmo, por alguns negociantes de rua.

Embora ele tivesse aceitado as fotografias, não aceitava que eu lhe oferecesse gorjetas pelo seu trabalho, o que continuava a me intrigar.

— Tamil, por que você não quer receber o meu dinheiro? Ele não serve aqui na Índia?

E o garoto insistiu:

— Eu não quero nada de você! De todos os outros eu quero o pagamento, mas de você eu não quero nada. Eu quero você! Eu amo você!

Achei que não traduzi bem, pois se tratava de uma resposta inusitada e desconcertante. Chamei o intérprete e lhe pedi:

— Fernando, traduza para mim, fielmente.

E o intérprete confirmou a frase do menino: "Eu não quero nada de você... Eu quero você!".

— Que danadinho, hein! – respondi a Fernando. — Se eu tivesse dado a gorjeta, ele não iria receber de todos. Daí ele vai pegar de quatro pessoas, que é muito mais vantajoso!

Atribuí a frase à esperteza do menino astuto. Os outros quatro deram-lhe dinheiro e fomos embora. Outras atividades nos ocuparam e eu dei prosseguimento à visita pelo território indiano, esquecendo-me completamente do fato.

No dia seguinte, quando retornamos, lá estava o menino na rua. Parou na frente do táxi e foi logo dizendo:

— Senhor! Senhor! Eu vou tomar conta do seu táxi!

Eu o reconheci de imediato. Sorri para o menino e ele me perguntou:

— Voltou, hein?!

— Voltei sim.

— Eu vou tomar conta do seu táxi! Não se preocupe! Pode deixar!

— Muito bem! Vamos confiar em você.

Fomos à solenidade em busca de um encontro mais íntimo com Sai Baba. Ao sairmos, o pardalzinho *grudou* em mim, segurou a minha mão e começou a falar. Eu não entendia absolutamente nada! A única coisa que conseguia responder era: *"Yes! Yes!"*, mas não compreendia o que ele estava falando. Para mim, parecia apenas coisa de criança. Rapidamente Tamil nos levou ao táxi e eu afirmei:

— Mas hoje você vai receber algo de mim, porque eu estou explorando os amigos que pagam pelo serviço que eu também utilizo.

— Eu não quero nada de você, *papai*! Eu quero dos outros!

Eu pensei: "Que técnica este garoto tem! Eu poderia ensiná-la aos meninos da Mansão do Caminho. Todo mundo que chegar lá eles pegarão na mão e dirão: '*Papai*!', e aí os nossos problemas estarão resolvidos, pois receberemos várias doações!".

Retornamos. No terceiro dia, casualmente ou por programação do destino, encontramos o menino, que parecia esperar-nos, levando-nos imediatamente até o estacionamento do veículo. Quando descemos do carro, ele pegou a minha mão e me falou, auxiliado pelo intérprete:

— Eu vou ficar muito triste quando você for embora!

Eu perguntei:

— Quantos anos você tem?

— 10 anos.

— Onde você mora, Tamil?

E o intérprete traduziu-me a frase que eu memorizei:

— Eu moro em qualquer lugar. Deito-me no chão e cubro-me com *a luz das estrelas*!

Ao ouvir aquelas palavras de grande sensibilidade, eu pensei: "Olhem só! O menino é poeta! Que coisa linda!".

— Você não tem ninguém, Tamil?!

— Sim! Eu tenho uma irmã, que está ali, pedindo esmolas, e nós dormimos juntos quando faz frio. As estrelas nos agasalham com a sua luz!

Sorri suavemente e acrescentei:

— Tamil, amanhã é o meu último dia aqui! Eu gostaria de deixar uma lembrança para você. O que é que você gostaria de receber? Você gostaria de uma bola? Gostaria de um carrinho de brinquedo?

Eu havia pensado em dar-lhe uma roupinha. Mas como lido bastante com crianças, sei que todas elas gostam de um brinquedo. Os pais é que preferem dar roupas porque pensam de forma mais prática.

Então, ele disse palavras absolutamente comovedoras que eu jamais poderei esquecer:

— De você, meu pai, eu não quero nada! Eu só quero você! Você é meu pai de outra encarnação!

Eu tive um choque! Era apenas um menino de 10 anos de idade, *moleque de rua!*

— Como você soube?

— Eu sonhei!

— Você sonhou?!

— Sonhei sim! Eu sonhei que iria encontrar o meu pai. E quando eu vi você, eu vi que... que... você era meu pai! Então eu não quero nada de você! Eu quero você!

O menino segurou minhas duas mãos e eu senti algo que me projetou em outra dimensão do tempo e do espaço... Naquele momento eu identifiquei psiquicamente a criança. Tudo se passou de forma muito rápida. Viajei mentalmente através dos séculos e reconheci o meu filho, que estava ali, diante de mim... Nesse instante, eu fui tomado por uma grande emoção! Quando eu voltei à consciência objetiva, falei ao intérprete:

— Fernando, eu vou abraçá-lo! Será que é proibido aqui na Índia?

Naquela época, ainda não havia os escândalos de pedofilia que passaram a ser divulgados pela imprensa internacional no final do século 20 e início do século 21. Por causa desses episódios lamentáveis, em certos lugares do mundo já não se pode nem olhar para uma criança com naturalidade sem correr o risco de ser mal interpretado. Nos Estados Unidos eu tenho cuidado ao olhar para as crianças, porque senão alguém poderá me processar por pedofilia...

Após a minha indagação, Fernando me respondeu:

— Não, Divaldo. Pode abraçar!

Eu o abracei suavemente... Ele pôs o rosto no meu ombro e chorou muito. Então, eu esclareci:

— Talvez, Tamil, nós não nos vejamos nunca mais. Eu não poderei retornar à Índia e, provavelmente, você não irá ao lugar em que eu moro.

Ele afastou-se e me perguntou:

— Onde fica esse lugar?

— É o Brasil.

Aquele *pedaço de gente* abriu os braços e disse:

— Oh! Pelé!

A figura do exímio jogador de futebol valia mais do que todas as Embaixadas Brasileiras...

— E você conhece Pelé? – perguntou-me.

— Só pela televisão, mas eu conheço também Allan Kardec.

— E quem é Allan Kardec?

— É um homem que escreveu um dos livros mais bonitos do mundo, como Krishna também o fez. Amanhã eu vou dar a você, em inglês, o livro dele.

— Mas eu não sei ler!

— Não faz mal. Fique com o livro mesmo assim. E o que mais você gostaria de ganhar? Uma bola?

— Eu quero... você!

— Mas, eu vou lhe dar um presente de qualquer jeito. Queira ou não queira, você vai aceitar, porque na minha terra criança respeita adulto, ainda mais adulto na minha idade! Está bem?

Ele sorriu de forma muito bonita e me disse, insistindo em sua afirmativa:

— Se é para escolher um presente, eu escolho você!

Depois de alguns segundos em silêncio, continuou:

— Leve-me com você para sua pátria!

— Não posso, Tamil! As leis não me permitem!

Decepcionado com a resposta, ele me falou:

— Eu sei que você realmente irá embora, por isso eu gostaria que você me desse algo para que eu recordasse de ti.

— E o que eu poderia lhe dar, Tamil? O que seria necessário para que você sempre se recordasse de mim?

Nesse instante, ele tirou uma fotografia do bolso e me mostrou:

— Veja aqui. Ontem um alemão me deu isso.

Quando olhei a foto, estavam ele e o referido alemão juntos na imagem, em um contraste muito curioso. O visitante era louro como uma espiga de milho, enquanto o garoto possuía a pele e o cabelo muito escuros, com os dois olhos brilhantes e um belo sorriso! Era um contraste que se apresentava com uma beleza inigualável e com um significado profundo...

— Não seja por isso! Então vamos tirar uma fotografia nossa.

Pedi a um amigo que nos fotografasse e o abracei ternamente. Quando o envolvi para posarmos, toquei delicadamente a sua cabeça e notei que havia algo impregnado nos cabelos, então questionei:

— O que você tem na cabeça, Tamil?

— Poeira e suor.

— Tudo isso é sujeira?

— É sim!

— Mas você não toma banho?

— Tomo. De vez em quando...

— E quando foi a última vez em que você fez isso?

— Bem... Para dizer a verdade, eu não me lembro qual a foi a última vez que tomei banho... Mas tem o lado bom: pelo menos eu não preciso pentear o cabelo. Ele está penteado o tempo todo...

Eu sorri com a colocação e completei:

— Mas, como eu disse, quero lhe dar um brinquedo. Eu acho que você nunca teve um brinquedo. Amanhã, você deverá estar preparado para receber o brinquedo que vou lhe trazer. E como lhe darei um presente, eu também desejo ganhar algo para que me recorde de você.

— E o que eu poderia lhe dar?

— Eu quero que você tome um banho!

— Banho?! Mas... mas... é perigoso! E se eu morrer?

— Se você morrer, enterrarei o seu corpo. Qual o problema?

Ele riu com a situação e continuou:

— Bem... Se é para tomar um banho, ali adiante existe uma fonte de água na praça...

— Não, Tamil. Você não vai tomar banho aqui na rua. Você vai ao hotel e eu vou lhe dar um banho, porque eu sou técnico em banho para crianças... Eu tenho cerca de 120 filhos e mais de 200 netos! Portanto, eu sou um especialista em banho infantil! Como é que você faz quando toma banho?

— Ah! Eu lavo somente os *pontos cardeais*: Norte, Sul, Leste, Oeste... e nada mais!

— Pois hoje você vai tomar banho nos pontos cardeais, colaterais e totais. Vai ser um banho geral no globo terrestre!

— Mas fica feio homem dar banho em homem!

— Só se for aqui na Índia, porque no Brasil está na moda as esposas trabalharem fora enquanto os maridos ficam em casa fazendo o serviço doméstico, então eles dão banho nas crianças normalmente.

— Quer dizer que no Brasil é assim?!

— É, meu filho.

— Então eu nunca irei lá! Trabalhar em casa como as mulheres não dá, né?

— De um jeito ou de outro, você vai hoje ao hotel para tomar banho! Vou lhe dar o endereço e esperarei você no final da tarde.

Eu puxei o menino pelas mãos e fomos todos para o *ashram*. Ao sairmos, ele ficou.

Antes de voltarmos ao hotel, eu calculei a idade do garoto, já que tenho muita experiência com criança, arranjarei alguma vestimenta simples e procurarei um brinquedo.

Ao cair da tarde, naquele mesmo dia, ele chegou ao hotel:

— Vim para tomar o banho! Já passei ali no Templo de Shiva, dei nove voltas em torno dele, para não morrer, e estou aqui com um talismã no pescoço para que a água não me faça mal...

Com ou sem talismã, eu lhe dei um banho caprichado! E também tomei um banho, porque ele esperneava e dizia que se sentia afogar debaixo do chuveiro. Além disso, com uma criança que nunca tinha usado xampu, era muito difícil concluir o trabalho! Foi uma verdadeira batalha!

Depois do banho, ele indagou:

— E agora? Eu tomei banho e vou usar roupa suja?!

— Você não tem outra?

— Não, senhor. Por isso que eu não tomava banho...

Foi a melhor maneira que ele encontrou para me pedir uma roupa. Então eu lhe trouxe a roupinha e o vesti. Ele ficou lindo! E assim que se viu no espelho, comentou comigo:

— Nossa! Fiquei muito diferente! Amanhã, lá no pátio, ninguém vai me reconhecer!

— Vão reconhecer sim, meu filho. Não se preocupe.

No dia seguinte, quando eu cheguei, lá veio ele, penteado, com o cabelo cheio de óleo escorrendo pela testa. Estava lindo! Então eu pensei: "Meu Deus! É genético! Ele é muito bonito! Igualzinho ao pai!". Em seguida, eu lhe dei o brinquedo, beijei-o, e, na hora em que me despedia, para encerrar o nosso quarto encontro, ele me perguntou, emocionado:

— O que o senhor veio fazer exatamente na Índia?

— Eu vim conhecer Sai Baba e a filosofia das terras indianas.

— Qual é a sua religião?

— Eu sou espírita.

— E o que é isso?

Eu expliquei de um jeito que ele entendesse, ressaltando que o Espiritismo era uma doutrina cristã.

Ele sorriu e completou:

— Para mim, que sou hindu, a coisa mais importante é morrer em Varanasi,[8] às margens do Rio Ganges, para ganhar o Paraíso! Estou juntando dinheiro para, quando eu ficar doente, ir morrer em Varanasi... E para você? Qual a coisa mais importante para o espírita?

— Para mim, a coisa mais importante é amar! E eu tenho feito um grande esforço para isso...

— Qual é o seu Deus?

— Para mim, Ele não tem nome. É apenas Deus.

— E quem é o seu profeta?

— É Jesus.

— Ah! O crucificado!

Nesse momento, ele tirou de dentro da roupa, junto ao pescoço, uma corrente que trazia uma cruz, perguntando-me:

— É este aqui?

— Não, Tamil. Porque, para mim, Jesus já foi descrucificado há muito tempo... Este que está aí é fruto da maldade dos homens que permanecem aplicando-lhe espinhos para fazê-lO chorar. O Jesus que eu conheço é livre! Ele caminha comigo, vibra no meu coração e está aonde eu vou, por isso Ele está aqui junto conosco...

O menino me olhou com uma ternura infinita e falou docemente:

— Nunca mais eu me esquecerei do senhor! E quando eu estiver morrendo, em Varanasi, vou pedir a Krishna que vá buscar a sua alma para banhá-la no rio sagrado...

Ele abraçou-me chorando e pediu-me:

— Se alguma dia o senhor voltar aqui, eu gostaria que me ensinasse a sua religião... Ensine-me a sua fé!

— Mas eu posso ensiná-la agora mesmo. Eu quero lhe dar o livro que salvou a minha vida. No dia em que você puder ler, tente conhecer o conteúdo deste livro que você começará a penetrar na minha religião.

Peguei um exemplar em inglês de *O Evangelho segundo o Espiritismo*, fiz uma dedicatória também em inglês, ditada pelo meu amigo,

---

8. Cidade muita conhecida como Benares, a sua antiga denominação. Nota do autor.

e coloquei meu endereço. Ele segurou o volume, olhou-o por alguns instantes e apertou o livro com força de encontro ao peito.

— Por que você está fazendo isso, Tamil? – indaguei.

— Já que eu não consigo colocar o livro na cabeça, porque não sei ler, eu o aperto contra o peito para ele entrar no coração...

— Então, quando você tiver algum problema, coloque o livro sobre o peito, junto ao coração, e o livro vai resolver o problema. Peça a Jesus que o ajude! Como eu sou cristão e você é meu filho, eu quero dar-lhe Jesus Cristo de presente.

— Eu sou adorador de Shiva!

— Não há o menor problema. Você põe o livro sobre o peito e diz assim: "Shiva, ajude-me! Jesus Cristo, socorra-me!".

Ele se entristeceu e eu procurei consolá-lo:

— Meu filho, se algum dia, na sua vida, você tiver um grande problema, lembre-se de mim! É muito difícil você ir lá e também é muito difícil eu vir aqui outra vez, mas aqui estão o meu endereço e o meu telefone. De acordo com a gravidade do problema, você pede a alguém para entrar em contato comigo, ou então você procura a Embaixada do Brasil aqui na Índia. Deus nos reuniu e não vai nos afastar nunca mais!

Naquele tempo, a comunicação entre países era muito precária. Não havia internet e a única forma de contato imediato era através de uma ligação telefônica internacional, que nem sempre funcionava. Eu lhe falei bastante e lhe dei várias recomendações naqueles breves minutos.

Ele, então, olhou-me demoradamente – os olhos muito negros – e chorou copiosamente...

— Mas, não me abandone, papai! Eu vou ficar sozinho novamente?

Eu me comovi... E como naquela época eu era portador de uma doença cardíaca, tive que controlar a emoção para não desencadear um problema mais grave.

— Tamil, eu vou pegar o táxi e não vou olhar para trás! Eu tenho problema de coração e não posso me emocionar. Até logo, meu filho! Até logo, Tamil!

Ele me abraçou e exclamou:

— Saudade!

Eu entrei no táxi decidido a não olhar para o garoto. No entanto, quando o veículo foi saindo, eu não aguentei... Olhei para trás... Ele estava sentado no asfalto, com o livro aberto, passando a mão nas folhas e colocando-o junto ao coração. Havia nele um ar de imensa tristeza e a cabeça estava jogada para trás.

Eu viajei de alma partida! O episódio foi em maio de 1988, e eu não voltei a ter notícias de Tamil por muitos meses.

Em dezembro, eu recebi uma chamada telefônica internacional, a pagar. Conforme já comentei, naquela época o contato entre países era mais difícil e as ligações internacionais eram muito caras. Então eu disse à pessoa que me informou sobre o telefonema:

— Eu preciso saber quem é que está chamando.

— É uma senhora, a Sr.ª Gupta... Ela está telefonando em nome de Tamil.

Eu corri ao telefone; chamei meu filho que morava comigo na Mansão do Caminho e que fala muito bem o inglês, pedi que ele ficasse numa extensão e então, com a voz esganiçada, o meu filho espiritual começou a dizer coisas que eu não entendia. Eu lhe dizia:

— *Slowly, slowly* (devagar, devagar!).

Nesse instante, uma pessoa do outro lado da linha tomou o telefone e começou a me dizer, com uma voz pausada:

— Um momento... Ele está chorando muito! Está muito nervoso. Não está em condições de falar agora.

Em seguida, ela acrescentou:

— Senhor Franco, meu nome é Gupta. Eu sou professora do ensino infantil e viúva. Há três meses eu saía das minhas atividades na escola e, passando por uma rua, encontrei, sentado no passeio, um menino que abraçava um livro e que se balançava. Então eu perguntei: "Que tem neste livro?", e ele me respondeu: "Não sei!". "E o que você faz com ele junto ao coração?". "Meu coração está lendo!". "E você sabe ler?". "Não, eu não sei ler!". Havia tanta dor neste menino que eu o levei para minha casa. Daí, o garoto me pediu que lesse o livro para ele. Eu comecei a ler e achei o conteúdo muito interessante. Depois que terminei, ele me pediu para vir à minha casa todos os domingos pela manhã a fim de continuarmos a leitura. Concordei com a proposta e passamos a nos ver aos domingos. Certo dia, ele veio com uma menina e informou que era a sua irmã. No outro domingo, ele trouxe mais dois meninos e disse que eram companheiros da rua. Quando o grupo já contava com dez crianças, eu resolvi alfabetizá-las, além de prosseguir com o estudo do livro. Eu leio a obra para eles, interpreto, conto algumas histórias da nossa cultura para fazer um paralelo com os temas discutidos e depois dou comida para todos. Em seguida, temos a aula de alfabetização. No entanto, senhor Franco, com o passar do tempo, nossos laços afetivos foram se estreitando. Então, certo dia, eu perguntei: "Tamil, você quer morar comigo?". Ele me olhou meio desconfiado e respondeu: "Mas e Ananda?". "Ela também virá morar aqui!". Uma semana depois, Tamil e Ananda estavam morando comigo.

Fiquei fascinado com a narrativa da senhora Gupta, que me dava um panorama de todo o desenrolar dos acontecimentos! Logo em seguida, ela acrescentou:

— Senhor Franco, Tamil me garante que é seu filho de outra encarnação. O senhor acredita em reencarnação?

— Não, senhora! – respondi-lhe. – Eu não *acredito* porque eu *sei* que a reencarnação é uma verdade!

Ela achou muito curiosa a colocação e continuou a relatar:

— Nós, hinduístas, não celebramos o Natal, mas sabemos que os cristãos o celebram. Por isso, estamos telefonando para desejar-lhe um excelente Natal! E Tamil me disse que desejava falar com o pai, que mora no Brasil. Então, eu quero que o senhor saiba que ele será um homem de bem! Eu vou dar o meu endereço para nos comunicarmos melhor. Encontrei os seus dados no livro que o senhor deu ao garoto. Quero contar-lhe que além de ler o livro para Tamil, Ananda e seus amigos, eu também o leio para as minhas crianças da escola. Diariamente eu as coloco sentadas no chão, sento-me em um banco de madeira e leio aquele livro encantador! É uma obra tão enriquecedora que eu gostaria de perguntar-lhe se existe outro livro desse gênero que eu pudesse ler para os meus alunos.

— Sim, senhora! Para a senhora eu mandarei *O Livro dos Espíritos*, *O Livro dos Médiuns* e todos os demais livros de Allan Kardec, que também estão traduzidos para o inglês. Além disso, vou enviar outras obras espíritas que irão complementar o seu estudo. Mas, como eu terei muita dificuldade para anotar o seu endereço por telefone, vou lhe pedir um favor: já que a senhora tem o meu endereço, escreva-me, quando puder, e eu lhe enviarei os livros que prometi.

— Muito obrigada, senhor Franco! O senhor é o pai de Tamil e de Ananda, e eu sou a mãe espiritual dos dois. Seu filho quer despedir-se.

O menino gritava ao telefone, falando em um dialeto que eu não conseguia entender.

As emoções que atravessei foram imensas, durante um largo período em que eu não pude me comunicar com eles. Eles tinham o meu endereço, mas eu não tinha o deles.

Quando chegou a carta da professora Gupta, mandando-me o número do telefone e o endereço, estabelecemos uma comunicação muito grande, através dos tempos. Acompanhei o desenvolvimento de Tamil e de Ananda, e o meu filho passou a escrever-me regularmente. Na primeira carta enviada, ele me disse:

"Meu pai de todas as vidas! Eu agora tenho a luz do amor! Graças à reencarnação, eu o reencontrei, para não o perder nunca mais! Peça ao seu Senhor da Vida e ao nosso Jesus que me concedam a honra de, na próxima encarnação, estar ao seu lado para sermos felizes!"

E eu, de vez em quando, telefonava-lhe dizendo:

— Deus te abençoe, meu filho! Alma da minha alma!

Porque, na visão reencarnacionista, o que importa é o amor!

Infelizmente, depois de certo tempo, eu perdi o contato com Tamil...

No ano de 2005, eu estava em Londres proferindo uma conferência espírita e me encontrava muito concentrado no tema. De repente, eu levantei a cabeça e vi um jovem com pouco mais de 20 anos, com os olhos brilhantes e cheios de lágrimas... Imediatamente eu o reconheci e pensei: "Meu Deus! É Tamil!". Quando terminei a palestra, ele veio até mim e me perguntou:

— O senhor se lembra de mim?

— É claro! Você é meu filho Tamil! – respondi.

Ele me abraçou profundamente e chorou...

— Quanta saudade, papai!

Depois das primeiras emoções e das palavras iniciais, ele esclareceu:

— A senhora Gupta adotou a mim e a Ananda como seus filhos. Eu consegui uma bolsa de estudos e estou fazendo o curso de Direito na Universidade de Londres. Há alguns dias eu vi um *folder* nos corredores da Universidade, que falava sobre a sua palestra. Quando reconheci o seu rosto na fotografia, fiquei emocionado e aqui estou para que o senhor me abençoe!

Então eu pus a mão na cabeça dele, pedi a Deus que o abençoasse e convidei-o para tomar um café. Eu sabia que estava diante de uma pessoa que vivia na Inglaterra, mas baiano não toma chá das 5h de jeito nenhum!

Quando nos despedimos, eu pedi-lhe o endereço para retomarmos a comunicação. A partir daí estabelecemos muitas pontes de afetividade, fortalecendo ainda mais os vínculos que nos unem.

No ano seguinte, eu o avisei com um mês de antecedência sobre a minha ida a Londres. Ele se programou e foi a todas as conferências agendadas.

Em 2009, eu retornei a Londres e, em meio a tantas preocupações com as atividades, eu me esqueci de avisá-lo. Era uma viagem muito longa, realizada em 44 dias, percorrendo 13 países e 28 cidades. Contudo, quando eu estava conversando com dois psiquiatras, no intervalo de um dos eventos, olhei para a plateia e vi que Tamil estava lá! No final do seminário, ele veio falar-me:

— Fiquei esperando você chegar para lhe dizer que já concluí o meu curso de Direito. Agora eu vou voltar à Índia, a Bangalore, onde serei muito feliz advogando em benefício das crianças abandonadas... Assim que Deus me permitir, eu quero fazer um estágio na Mansão do Caminho, pois dessa forma poderei expandir o seu sonho do Brasil para a Índia.

No mês de junho de 2010, Tamil viajou de Nova Deli, na Índia, para acompanhar-me nas palestras em Londres, abraçando-me em um reencontro emocionante, para que, juntos, cantássemos as glórias da imortalidade e da reencarnação... E como Tamil estava ingressando no Movimento Espírita, ele me disse o seguinte:

— Papai, eu renasci na Índia para levar a palavra do *Consolador* àqueles que ainda não a conhecem.

Portanto, nesta encarnação, eu tive que esperar sessenta anos para reencontrar um filho que me foi subtraído há muitos séculos por um inimigo político que desejava me prejudicar.

Os laços de afetividade sem o bálsamo da reencarnação perdem o sentido psicológico para o ser humano, por isso a Doutrina Espírita ensina-nos sobre as vidas sucessivas sob a égide da racionalidade e da razão, culminando na edificação de um mundo melhor no qual ansiamos viver...

LIA E CONCEIÇÃO: SUBLIME EXPIAÇÃO

Eu gostaria de centrar a minha reflexão em uma narrativa que me foi feita por Chico Xavier, na década de 1950.

Habitualmente eu visitava o querido médium mineiro, desde quando ele residia em Pedro Leopoldo, onde nasceu. A partir de 1948, as visitas tornaram-se mais frequentes. Passaram a ser não apenas anuais, ocorrendo duas ou mais vezes ao ano, sempre que as circunstâncias permitiam a ambos.

No dia 20 de junho de 1954, eu me encontrava em uma dessas visitas à cidade natal de Chico. Era madrugada de sábado para domingo, e ele acabara de concluir os trabalhos de psicografia.

Enquanto caminhávamos na direção da residência do seu irmão André, o apóstolo da mediunidade falou-me, algo comovido:

— Amanhã eu gostaria de levar você e outros amigos a um lugarejo aqui próximo a Pedro Leopoldo, que se chama Lapinha, porque me ocorreu hoje, Divaldo, quase no término da reunião, um fenômeno curioso. Eu vi chegar um Espírito muito formoso, que é meu amigo há muitos anos e por quem eu tenho um grande respeito e carinho. Trata-se de uma dama espanhola de um período glorioso para a história daquele país, quando a Espanha dominou o mundo durante as grandes navegações. Nessa época, ela havia exercido um papel preponderante na Corte de Fernando II de Aragão. Como está reencarnada na Lapinha, veio pedir-me ajuda para o seu corpo, que está desfalecente e quase à morte.

Chico contou-me que a nobre senhora já vinha recebendo a sua ajuda material durante a expiação redentora da atualidade e pedia-lhe que não se esquecesse de levar comida para ela e para sua neta. Como as duas ainda não haviam terminado aquele doloroso resgate em família, a fome poderia interromper o processo libertador.

Àquela época, ainda incipiente nas lições da Doutrina Espírita, eu interroguei, com certa emoção:

— Você tem facilidade para comunicar-se com os Espíritos encarnados?

— Sem nenhum problema – respondeu-me ele. — No caso em apreço, eu me encontrava em desdobramento parcial através do transe mediúnico, enquanto ela estava em desdobramento pelo sono fisiológico. Dialogamos, e eu lhe prometi que amanhã iria visitá-la.

Fui tomado por uma curiosidade muito grande, como é normal em um jovem.

No dia seguinte, às 15h, fomos à visita. Além de mim, de Chico Xavier e de sua irmã, dona Luiza, estava presente um vulto proeminente das finanças paulistas, o Dr. Francisco Pereira de Andrade, na época, um dos três diretores do Banco do Estado de São Paulo, que na oportunidade era uma potência financeira. A sua esposa, dona Lucy, também nos acompanhava, além de uma cunhada que residia na cidade de Santos.

Chico contratou dois táxis para que o grupo se dividisse. Durante a viagem ele foi comentando a respeito de algo que havia marcado a sua existência.

Quando ele era criança, sua mãe, ante as dificuldades econômicas e os desafios existenciais, costumava dizer:

— Meu Deus! Quando eu penso nas minhas dores, encontro lenitivo na angústia de Lia e de Maria da Conceição...

A frase ficou gravada em sua memória como resultado dos relatos maternos dentro de casa. Chico era criança de 3 para 4 anos de idade, e, desde aquela época, nunca mais ele ouviu falar sobre essas senhoras.

Até que, lá pelos anos 1940, Luiza, sua irmã mais velha, narrou a história de dona Lia, explicando que esta senhora casou-se com um homem portador de transtornos psiquiátricos muito graves.

Lia era uma jovem descendente de uma família muito rica, composta por proprietários de largas faixas de terra no Curral del Rei, povoado a partir do qual foi fundada a cidade de Belo Horizonte. Ali ela vivia com toda a felicidade que uma condição financeira privilegiada pode proporcionar.

Aos 15 anos de idade, Lia foi encaminhada a um casamento não desejado. Um fazendeiro muito rico solicitou ao seu pai permissão para consorciar-se com ela. Sem que a jovem fosse consultada a respeito, o casamento foi programado e realizado. Ela encontrou-se com o futuro marido apenas em três oportunidades: quando ele foi formalizar o pedido, quando voltou para definir os detalhes do matrimônio e quando ocorreu a cerimônia de casamento.

A esposa não poderia nutrir pelo companheiro qualquer sentimento de amor, nem mesmo de respeito. Ele era um homem brutalizado e de pouca cultura, enquanto ela era uma alma sensível, que trazia reminiscências espirituais de uma vida nababesca na corte espanhola do século 15, além de muitas dores que armazenara no coração.

Depois do casamento ela foi para a fazenda de seu marido, iniciando-se aí a sua jornada expiatória. Ele era portador de um grave transtorno psíquico, de uma patologia que se manifestava através de um ciúme mórbido.

Na noite de núpcias, ele a violentou, à semelhança de um selvagem, não mantendo a menor compostura e nem tendo, por ela, o menor respeito.

Quando dona Lia engravidou, o marido teve suspeita de que o filho não era seu, mas do capataz da fazenda, um homem com quem ela jamais travara qualquer contato. Por causa da ideia fixa, ele mandou surrar o empregado e expulsá-lo de suas terras.

A partir daí o dono da fazenda passou a atormentar a esposa e exigiu que ela nunca mais saísse do quarto. Em uma noite de horror, munido de um instrumento de fogo em brasa, o marido aturdido queimou-lhe os órgãos sexuais externos para que ela ficasse impossibilitada de traí-lo outra vez com quem quer que fosse. Por longos anos a ferida na região genital permaneceu dolorida, purulenta e incurável.

Apesar de tudo isso, a sua filha nasceu. Tratava-se de uma menina encantadora que era a cópia perfeita do genitor, como se a Divindade tivesse desenhado, no arquipélago genético, a herança fisionômica do pai, para poder matar na alma dele a suspeita infundada, o que não ocorreu. Ele continuou atormentado e fazendo da vida da sua esposa um verdadeiro suplício. Mas dona Lia continuou cuidando da filha e encontrou refúgio na maternidade, criando a menina com abnegação e com muito sofrimento, sem nunca sair do lugar em que era mantida praticamente como prisioneira.

Aquele não era um casamento, mas um desastre conjugal. Existia agora a constituição de uma família que não foi adiante, porque ela passou a ter dificuldade para a relação sexual. Ele continuava afligindo-a, violentando-a, derivando para os transtornos mais abjetos do sexo patológico, transformando-a numa verdadeira escrava.

Mesmo não tendo direito à sua própria vida, Lia preservava o amor à filha, que cresceu e, aos 17 anos, casou-se também com outro fazendeiro. A infeliz esposa teve o direito de ir à cerimônia de casamento, mas foi proibida de visitar a casa da filha por causa do temor do marido de que ela se entregasse ao próprio genro, o qual ela praticamente não conhecia.

Passaram-se os meses... A filha engravidou. Quando a gestante estava quase para dar à luz, dona Lia teve permissão para acompanhá-la, juntamente com uma *aparadeira*, uma pessoa leiga que fazia as funções de obstetra na época. Era a primeira vez que ela saía de casa sem o marido, pois necessitava ajudar a filha numa situação muito grave. Nasceu outra menina na família.

No momento do parto, a aparadeira, por inabilidade, não retirou adequadamente a criança, que sofreu uma grave lesão na medula. A lesão ocorreu não apenas por causa da imperícia no parto, mas também porque a menina possuía uma alteração acentuada na estrutura do corpo, principalmente na coluna vertebral. O rosto era normal, mas o tronco era todo retorcido, como se fosse moldado por mãos impiedosas que lhe modificaram a anatomia. As mãos e os pés eram de tamanho bastante reduzido, desproporcionais em relação ao volume do corpo. Eram anomalias congênitas muito graves!

Assustada, a aparadeira deu um grito de espanto! Ao apresentar a menina à sua mãe, a genitora teve um surto psicótico e atirou, pela janela, a criança recém-nascida. Considerava que aquela não era a sua filha, pois se tratava de um monstro, na sua visão. A avó correu desesperada, amparou a menina e fugiu, evadindo-se da presença doentia daquele algoz que a martirizava. Dentro de alguns minutos, Lia desaparecia pelas matas da região...

Chico me contava essa história-síntese e acrescentava que durante muitos anos não teve informações sobre as duas, até que algumas notícias começaram a surgir. Periodicamente a população falava de uma louca que andava de aldeia em aldeia, de cidade em cidade, carregando uma criança deformada, um verdadeiro monstro, pedindo esmolas pelas vilas interioranas próximas a Belo Horizonte.

Dona Luiza lembrou-se de que chegou a vê-las e contou isso ao irmão. Chico também ouviu dizer que dona Lia andava pela província do Rio das Velhas, em Pedro Leopoldo, onde sua mãe lavava roupas, e que, em certa ocasião, conseguira manter um contato com dona Maria João de Deus.

No começo dos anos 1950, em pleno labor mediúnico semanal, Chico desdobrou-se do corpo físico. De repente, apareceram-lhe duas damas muito belas, vestidas ricamente à espanhola. Uma delas, a que aparentava ter mais idade, parecia uma Entidade muito nobre, trajada a caráter, exibindo a indumentária da época do Rei Fernando II de Aragão, que governou a Espanha entre os séculos 15 e 16. Ela se aproximou e perguntou ao médium:

— Você é Chico Xavier, o filho de dona Maria João de Deus?

Ele respondeu:

— Sim, sou.

— Pois é. Quando ainda estava no corpo físico, sua mãe foi muito amiga nossa. Nós estamos reencarnadas, resgatando dolorosos crimes anteriormente cometidos. Encontramo-nos numa situação muito lamentável, e dona Maria João de Deus sugeriu-me que viesse pedir-lhe socorro, porque você é dotado de sentimentos cristãos e de muita misericórdia. Nós estamos morando aqui próximo, na Lapinha, e precisamos de alimentos para que nossos corpos resistam à expiação. Você nos poderia visitar, Chico?

Ele confirmou:

— Com muito prazer.

A Entidade prosseguiu em sua narrativa:

— Chico, eu tenho necessidade urgente de que você me ajude! Conforme lhe disse, na época em que você ainda era uma criança, eu fui muito amiga de sua mãe. O meu corpo está muito frágil e eu necessito de alimento para continuar o meu resgate. Eu e uma filha querida da alma estamos concluindo o nosso processo de reencarnação. Nossa história começa na Espanha do século 15, no período de Fernando II de Aragão. Aliás, não começa, complica-se nessa época, pois, durante o expansionismo espanhol pelo mundo, a Inquisição Católica desfrutava de muito prestígio. Eu fui a genitora de um personagem de relevo na sociedade. Além desse filho, eu possuía outra filha. Como era muito grande o destaque do meu filho no Santo Ofício, minha filha e eu, ambiciosas, éramos responsáveis por acusações tenebrosas. Para ampliarmos o nosso patrimônio familiar, denunciávamos pessoas. Pelo fato de serem muito ricas, elas eram acusadas de praticar heresia, instalando-se automaticamente um processo inquisitorial. Pelas leis da Inquisição Espanhola, Portuguesa e Italiana, o denunciante tinha direito a um terço do espólio das vítimas. A maior parte dos bens passaria a pertencer ao Estado, mas a Igreja também se beneficiava com uma parte de todo o montante. Dessa forma, conseguimos amealhar uma imensa fortuna! Minha filha e eu nos comprazíamos nisso e nunca nos demos ao trabalho de ver como eram arrancadas as confissões das nossas vítimas. Sabíamos, no entanto, que eram por processos muito bárbaros. O esplendor da Espanha no mundo, em cujas terras o Sol nunca se punha, dava-nos o ensejo de investir em diferentes países, permitindo que desfrutássemos das glórias que o poder terreno pode propiciar. No entanto, essa glória, obviamente, foi temporária, porque a morte chegou para ambas e para o meu filho, arrebatando-nos a todos. Eu desencarnei primeiro, depois meu o filho, e a minha filha em último lugar. Durante um largo período estivemos em regiões espirituais muito dolorosas, quase infernais.

Experimentamos os acúleos da consciência e os efeitos das nossas ações criminosas. Uma verdadeira legião de adversários, que havíamos conseguido pela nossa imprevidência, cobrou-nos dolorosamente, interferindo em nossas forças mentais e deformando-nos a anatomofisiologia do perispírito. Retornamos, algumas vezes, à Terra, macerados, angustiados, expiando por meio de inenarrável sofrimento, principalmente como portadores de dolorosa hanseníase. Por fim, estamos na etapa da arrancada libertadora. Minha filha veio na condição de neta, e estamos aqui na Lapinha. Naturalmente você já deve ter ouvido falar sobre nós duas. Somos Lia e Conceição. Maria da Conceição é a neta a que me referi, e eu me chamo Lia.

Desde o primeiro aparecimento, na condição de dama da nobreza espanhola, o médium mineiro passou a visitar aquela senhora que vivia em situação muito precária. E dentro dos seus limites econômicos, das dificuldades infinitas que experimentava, ele estava com ela a cada sábado, levando algumas migalhas de alimento, socorrendo dona Lia, dando banho em Conceição e fazendo o que era possível. Até que mais recentemente, com a ajuda de alguns amigos, ele havia conseguido construir uma casinha de taipa na qual a avó e a neta se albergavam. Era uma casa constituída de uma saleta, um pequeno quarto e uma cozinha modesta, nada mais.

O Dr. Francisco Pereira de Andrade era um homem gentil, casado com uma inglesa que vivia no Brasil há vários anos. Trajava-se como um verdadeiro aristocrata, vestindo roupas brancas de grande elegância, que era a moda da época. Muito sensibilizado, pois ele era um espírita devotado, tomou conhecimento do caso e naturalmente formulou planos de socorro àquelas duas almas, razão pela qual ele nos acompanhava na pequena excursão.

Em meio a toda essa narrativa, já estávamos nos aproximando do local da visita. Entusiasmado com a nossa caravana, Chico me informou:

— Quando você encontrar Conceição, ficará emocionado! Ela é linda! Os seus cabelos parecem aqueles das atrizes mais belas do cinema! Ela é *surda-muda*, tem o corpo completamente deformado e é quase totalmente cega, mas conhece a pessoa pela irradiação psíquica que cada um de nós emite. Embora o Espírito se encontre aprisionado em um corpo tão limitado, a menina possui uma percepção psíquica muito grande. Sou eu quem lhe corta as unhas dos pés e das mãos, quem lhe penteia os cabelos e quem lhe dá banho. Os seus olhos transparentes são fascinantes! Um dia eu cheguei até a pensar: "Meu Deus! Até que enfim eu posso ver de perto uma verdadeira artista cinematográfica!".

Desse modo, à hora aprazada, chegamos à Lapinha, desembarcamos do veículo e subimos um pequeno monte.

Àquela época, em Pedro Leopoldo, o mês de julho caracterizava-se por um frio muito intenso. Com a mentalidade baiana, eu me vesti com uma roupa de inverno da Bahia, ou seja, uma proteção suficiente para dar conta de uns 25ºC. E ali, em Pedro Leopoldo, deveria estar fazendo uns 10ºC. Eu já estava com as unhas arroxeadas...

Finalmente chegamos à casinha de taipa, uma construção de pau a pique muito modesta.[9] Estava localizada no alto de um aclive, num lugarejo separado do aglomerado de casas. A porta se abriu e apresentou-se uma mulher em avançada idade, trêmula, com as unhas arroxeadas como as minhas, os cabelos desgrenhados e o olhar um tanto desvairado. Ela nos viu e exclamou:

— *Sô* Chico! Que coisa! Não é que na noite passada eu sonhei com *vós*! Eu sonhei que entrei lá no Centro de *vós*, aí *vós* veio falar comigo e eu disse: "*Sô* Chico, vá depressa, pelo amor de Deus! *Nós* tá morrendo de fome!".

Chico me olhou com um jeito mineiro, como quem desejasse me dizer: "Você viu como foi verdade?". De fato, ali estava a confirmação do que nos houvera contado a respeito da comunicação mediúnica de um Espírito encarnado.

Em seguida, dirigimo-nos, todos, a um pequeno quarto onde alguém estertorava naquilo que nós poderíamos chamar de sua cama, pois eram varas perpendiculares inseridas no chão, atadas a outras varas

---

9. Uma casa de *pau a pique* ou de *taipa* é uma edificação feita com hastes de madeira trançadas, formando espaços que são preenchidos com uma massa de barro. É uma construção muito frequente em diversas comunidades de alta vulnerabilidade socioeconômica existentes no mundo. Nota do organizador.

dispostas horizontalmente, improvisando, assim, uma espécie de berço. O colchão era feito de capim coberto com tecidos velhos e sujos.

Ao me aproximar, eu vi um rosto de mulher que se destacava de alguns trapos, em um corpo que não deveria medir mais do que cinco palmos de uma mão adulta. Ela se agitava e exibia os cabelos desgrenhados como os de sua avó. Não era exatamente a imagem que Chico havia descrito, mas existia qualquer coisa estranha e bela naquele rosto e naqueles olhos brilhantes. Chico acrescentou:

— Quando eu chego, ela fica tão emocionada que não consegue controlar os seus esfíncteres. Ela se molha inteira.

O missionário do bem passou-lhe a mão na cabeça com carinho e disse:

— Olá, Conceição! Você está tão bonita, como sempre! Olhe, estou trazendo alguns amigos para visitá-la.

Ela se mexia bastante, sorria e chorava. Apesar das limitações, o pequeno ser realmente detectava a presença do venerando apóstolo da mediunidade, conforme ele havia esclarecido. Quando Chico se acercava, ela se agitava de felicidade, porque lhe percebia a presença psíquica. Ela conseguia ouvi-lo, sentia-o e os dois *conversavam mentalmente*.

Então, com um jeito muito peculiar, ele esclareceu:

— Pois é. Como eu disse antes, eu sou o seu manicure e o seu cabeleireiro, e os cabelos dela são lindos!

E completou:

— Ela é linda! Parece a atriz Rita Hayworth![10]

Estávamos na época de Gilda, a célebre personagem interpretada no cinema por Rita Hayworth, uma atriz norte-americana que chegou ao auge da fama na década de 1940. Ela se transformou em um símbolo de beleza mundial e em um verdadeiro mito da sétima arte. E eu, com a minha imaginação juvenil, naquela época, antes de encontrar Conceição, imaginei aquela mulher hollywoodiana, fascinante, começando a concebê-la como uma figura deslumbrante, conforme o relato entusiasmado que Chico me houvera feito.

---

10. Rita Hayworth (1918-1987). Nota do organizador.

— Agora o corpinho é deficiente... – acrescentou Chico, com um riso maroto.

Lia, nonagenária, tremia de frio por não possuir agasalhos adequados. Vestia-se com um tecido muito fino sobre o corpo arroxeado, sem quase roupa íntima. Dona Lucy, a esposa do Dr. Francisco, que estava com um casaco de pele de alto preço, não suportou ver aquela cena. Subitamente ela tirou o casaco e vestiu Lia. A pobrezinha não teve ideia do que significava aquele gesto. Não sorriu nem agradeceu, mas deixou aquela *coisa* nos ombros e foi-se para dentro da casa.

Daí a pouco, Lia retornou da cozinha e notamos que o casaco estava coberto de cinzas. Jovialmente, Chico comentou:

— Muito bem, Lia! Você já tirou o *selo* para usar o casaco! Ele já não é tão novo. Está agora esplendente pelo uso!

A atitude de dona Lucy me impressionou, porque a mente racional funcionaria de maneira diferente. Provavelmente surgiria o seguinte pensamento: "Bom, quando chegar em casa, eu comprarei uns agasalhos, providenciarei um casaco e mandarei tudo depois".

Instantaneamente me recordei de que, muitos anos antes, no fim dos anos 1940, o próprio Chico me havia contado algo que lhe fora narrado pelo Dr. Bezerra de Menezes, de cuja reflexão o benfeitor espiritual havia cunhado o seguinte conceito: "Quando a caridade é muito discutida, o socorro chega tarde".

O abençoado médium contou-me que duas damas estavam no Teatro Bolshoi, em Moscou, no fim do século 19, assistindo à peça Boris Godunov. Sensibilizaram-se muito com a apresentação, enquanto nevava no exterior da sala de espetáculos.

Quando saíram do teatro, muito emocionadas, viram, à porta, um homem caído e mal-agasalhado. Uma delas tirou o casaco para cobri-lo. A outra, mais prática, advertiu a amiga delicadamente:

— Não faça isso! Ele não vai valorizar esse casaco. É muito caro! Quando chegarmos em casa, escolheremos roupas quentes, mandaremos um lacaio trazê-las e ficará tudo bem. Seu casaco vale uma fortuna!

A amiga deteve o gesto e foram para casa. Mas, ao chegarem à confortável residência, foram tomar chá quente, conversaram, distraíram-se e esqueceram-se do necessitado.

No dia seguinte, pela manhã, aquela que quase realizou o gesto de caridade lembrou-se do sofredor e mandou um lacaio levar-lhe aquecimento. Porém, quando ele lá chegou, o homem havia morrido de frio durante a madrugada.

Depois de contar o episódio a Chico, Dr. Bezerra advogou, com sabedoria: "A caridade não pode ser muito discutida. Pode ser até delineada, tracejada, mas precisa ser feita!".

Então eu me recordei do fato, conscientizando-me de que realmente a ação caritativa não deve ser muito debatida enquanto a miséria chora, sofre e morre. Tem que ser um gesto espontâneo como aquele que dona Lucy havia praticado, sem ter ouvido a narração que Chico me fizera antes.

Enquanto isso, dona Luiza, irmã de Chico, chegava à casa de Lia em outro veículo, acompanhada de mais alguns amigos. O novo grupo trouxe alimentos e colocou-os na cozinha.

A dona da casa dirigiu-se ao médium e comentou:

— Ah, *sô* Chico! Eu estava precisando tanto de uma carne! Dona Luiza me trouxe e vai preparar para nós.

Ficamos conversando por algum tempo, sob forte emoção. Chico tratou de higienizar as duas e sua irmã trouxe um caldo revigorante e quente.

A certa altura, o missionário do bem foi aplicar passe em Conceição, mas um passe daqueles que Jesus aplicava, sem maiores artifícios e sem a complexidade do nosso intelecto vazio de sentimentos, em que procuramos fórmulas para substituir a afetividade. Quando investimos muito em métodos e técnicas, é porque nos falta a energia curadora, que o amor canaliza e a vontade direciona.

Chico simplesmente levou as mãos à área do *centro coronário* e, como se estivesse dispersando energias ali condensadas, retirava suavemente os excessos, em movimentos rítmicos. Os movimentos dispersivos seguiam depois no sentido longitudinal (da cabeça para o tronco). Ao final, ele localizou as duas mãos sobre a região do alto da cabeça, unindo as pontas dos dedos e dirigindo-as para concentrar energias na área que corresponde à glândula pineal, deixando que essas energias benéficas penetrassem o organismo de Conceição, enquanto um suave aroma de laranjeira em flor tomou conta do quarto modestíssimo, alternado com verdadeiras brisas de inigualável perfume. Estava finalizada a terapia do passe. Era o poder do amor sem a superficialidade das fórmulas sacramentais...

Conceição foi-se acalmando aos poucos. Por alguns instantes, Chico ficou um pouco pálido, mas logo depois recobrou a consciência objetiva e acrescentou:

— Essas energias que a bondade de Deus lhe oferece são para prolongar um pouco mais o tônus vital orgânico, até que ela consiga cumprir toda a sua prova, expungindo as mazelas espirituais que carrega no cerne da alma, para não ter mais necessidade de retornar em reencarnações expiatórias.[11]

Dona Luiza adentrou-se no pequeno recinto e falou-me do quanto a *menina* era linda. Estimulado por este comentário, eu percebi que algo havia se transformado após a intervenção espiritual. A pequena Conceição revelava agora uma beleza seráfica, além da forma. Refiro-me a esta beleza transcendente, que se exterioriza do ser profundo e se manifesta no exterior do indivíduo, comovendo-nos.

Dona Luiza concluiu, com discrição:

— Veja quanto o corpinho dela é deformado.

A nobre senhora tirou a coberta da enferma, que estava desnuda, e eu pude ver, com detalhes, aquele corpo que lembraria, à primeira vista, um parafuso. As pernas curtas e engelhadas, os braços pequenos, o tronco dolorosamente retorcido, o qual lhe impunha uma grande dificuldade respiratória. Ela tremeu um pouco e Chico alertou:

— Luiza! Você está esquecendo o pudor da Conceição!

Ao dizer isso, ele a cobriu novamente.

Dona Lucy já estava chorando há algum tempo, quando Dr. Francisco também começou a chorar e afirmou:

— Se você quiser, Chico, poderemos ajudá-la. Eu sou provedor da Santa Casa de Misericórdia da cidade de São Paulo. Amanhã mesmo

---

11. Para analisar em detalhes a transferência de energia para o prolongamento da vida física, consultar o livro *Painéis da obsessão*, de Divaldo Franco/Manoel P. de Miranda, Editora LEAL, cap. 5 (Técnica de sobrevida). Nota do organizador.

eu providenciarei para que dona Lia e Conceição sejam internadas, recebendo toda a ajuda e carinho que elas merecem. Dessa forma poderíamos retirá-las desta situação deplorável e elas teriam os seus sofrimentos atenuados.

Na minha ignorância, eu exultei. No entanto, Chico Xavier, com sua sabedoria, colocou a sua mão na mão do amigo solícito e esclareceu:

— Andrade, meu filho, o seu gesto é comovedor, mas não nos é lícito interferir na obra de Deus retirando o ser que se depura do lugar em que a Divindade o colocou. Com uma atitude dessa natureza, provavelmente estaríamos interrompendo uma planificação de alta magnitude que nos escapa à compreensão. Além disso, se retirarmos Lia e Conceição daqui e as deixarmos separadas, elas fatalmente desencarnarão, porque as duas se nutrem do amor recíproco. Na hora em que uma desencarnar, a outra logo mais partirá da Terra, por causa da perda desse *plasma psíquico* que mantém a vida.

Após uma breve pausa, ele concluiu:

— Como eu sei que os seus sentimentos são muito nobres e que você deseja atenuar-lhes a prova, se lhe for possível, ajude-nos a conseguir alguém remunerado que venha, de vez em quando, para banhar Conceição e auxiliar Lia a cozinhar. Como nós moramos longe e somos tão pobres quanto elas, uma pessoa remunerada poderá cumprir horários e ajudá-las, diminuindo-lhes o sofrimento. Isso sim nós podemos fazer na condição de samaritanos.

Em resposta ao apelo do amigo, Andrade assegurou:

— Não há dúvida! A partir de amanhã elas terão uma colaboradora remunerada. Só lhe peço que você nos auxilie a encontrar uma pessoa que possa fazer esse serviço doméstico.

Naquele dia eu aprendi lições inesquecíveis! Os nossos sentimentos de amor não devem interferir nos Soberanos Códigos da Vida. Lia e Conceição eram o resultado de uma família infeliz que desrespeitou os códigos da ética, da justiça e do amor há vários séculos. Agora terminavam a sua experiência, depois de haverem transitado por famílias igualmente desajustadas.

Dona Lia, que no passado não soubera dignificar o lar na condição de esposa e mãe, renasceu sob o jugo de uma das suas vítimas, o marido portador de grave transtorno mental, para poder expungir os crimes cometidos quando encaminhara vítimas à fogueira e à roda no Tribunal do Santo Ofício, na perversa Inquisição Espanhola. E a sua filha, que fora a comparsa, ao lado de um filho arbitrário, reencarnou junto a ela. Este filho, segundo Chico, continuava nas regiões dolorosas do Mundo espiritual, embora a imprevidência de algumas pessoas afirmasse que ele dava comunicações mediúnicas instrutivas, como se ele fosse uma personalidade nobre apenas porque ostentou um nome conhecido na História. Na opinião de alguns médiuns destituídos de bom senso, este personagem, o filho de dona Lia na corte de Fernando II de Aragão, ditava mensagens que eram publicadas e apresentava-se como mentor de uma Instituição Espírita, o que era chocante, uma vez que um passado recheado de equívocos dantescos não pode ser resgatado tão facilmente.[12]

De acordo com as informações do Mundo espiritual, por exemplo, Judas Iscariotes teria reencarnado, na Terra, várias vezes como portador de hanseníase, a antiga lepra, para culminar na condição de Joana d'Arc, quando se sublimou e retornou ao colégio apostólico de Jesus, nas altas Esferas espirituais em que hoje reside. Assim, podemos entender como reparar é muito mais difícil. Depois que destruímos algo, o esforço é muito grande para recompormos completamente o que ficou danificado.

Portanto, eu aprendi, naquela tarde, que não devemos interferir indiscriminadamente na trajetória de vida das pessoas. Devemos ser cireneus que auxiliam quanto possível, mas a cruz é de cada um. Não temos o direito de dizer ao outro o que fazer, nem de tomar-lhe as dores, nem mesmo por amor. O nosso dever é auxiliá-lo a vencer as dificuldades.

Retornamos da Lapinha a Pedro Leopoldo comovidos, com a alma enriquecida, e eu nunca mais me esqueci de Lia e Conceição...

---

12. Outro episódio envolvendo o período histórico de Fernando II da Espanha encontra-se no livro *Entre os dois mundos*, de Divaldo Franco/Manoel P. de Miranda, cap. 17 (Tribulações no ministério). O médium Silvério Carlos, personagem central da obra, também assumiu compromissos negativos na Corte Espanhola, recuperando-se posteriormente através de expiações dolorosas e do trabalho cristão. Nota do organizador.

Anos depois, eu voltei a visitar Chico Xavier. Recordei-me, de imediato, das duas, mas o querido médium não me havia convidado a visitá-las, o que eu desejava ardentemente. Quase à véspera do encerramento da minha viagem de retorno, eu perguntei-lhe:

— E dona Lia? Como está? E Conceição?

— Elas estão ótimas, meu filho! – respondeu-me ele.

E depois de pensar um pouco, continuou a explicar-me:

— Você há de recordar-se de que eu lhe contei a respeito de algumas dificuldades que tive naquela época. A imprensa, as acusações descabidas, incompreensões dentro e fora de casa... Eu tinha uma família muita boa, mas muito difícil. Meu próprio pai não me entendia, assumindo uma postura muito severa com as pessoas que vinham conversar comigo. Às vezes, portava-se de forma inadequada, dizendo que eu não era médium coisa nenhuma, embora ele não o fizesse por mal. Ele era vendedor de bilhetes da Loteria Federal e afirmava que se eu fosse médium e se existissem Espíritos, estes dariam o número do bilhete para ele, pois assim acabaríamos com a problemática da nossa pobreza. O meu pai realmente não entendia qual é o papel da mediunidade. Enfim, meus familiares eram pessoas generosas, mas com seus problemas naturais...

Chico Xavier jamais acusava ninguém. Ele fez uma breve pausa e prosseguiu:

— Nos meus últimos Natais eu senti uma solidão tão grande, uma solidão tão tormentosa... Luiza se encontrava com os seus filhos e o seu marido, no lar, e eu não queria perturbá-los. Os meus irmãos reuniam-se com as suas famílias modestas, e esse era o momento deles. Ouvindo as músicas de Natal que os rádios tocavam, eu me lembrei de como deveria ser solitária a noite de Natal de Lia e de Conceição. E já que nós éramos, possivelmente, as pessoas mais isoladas e solitárias que eu poderia identificar, resolvi visitá-las. Tomei um táxi e fui correndo até a Lapinha. Desci do veículo a regular distância e caminhei até a casinha que nós e os seus amigos havíamos construído. Nesse momento, eu vi que do zimbório celeste descia uma luz especial, vinda de um ponto que eu não podia identificar. A impressão era de que a luz vinha do Infinito. Era uma verdadeira Via Láctea de estrelas que se derramava na direção da casa! Percebi que eram construções espirituais refletindo a presença de muitos seres que se restauraram graças à sua recuperação através da História, utilizando como ferramentas evolutivas as dores e o bem que fizeram. Esses seres ali estavam em visita àquelas duas almas em expiação gloriosa. Quando eu cheguei à porta, encontrei o Espírito Eurípedes Barsanulfo, trajando a indumentária de Rufus, aquele cristão a que se refere Emmanuel no livro *Ave, Cristo!* Como você sabe, ele foi um dos mártires do cristianismo primitivo. Saudei Eurípedes e adentrei a casa fulgurante de luzes espirituais, experimentando o mais belo Natal da minha vida... A partir de então, eu passei a visitá-las em todas as noites de Natal. Chegava por volta das 20h e ficava com elas até o nascer da madrugada. Após os deveres do dia junto aos irmãos do calvário, eu me deslocava para a Lapinha a fim de ouvir os irmãos do Mundo maior conversarem com Lia e Conceição...

Ao ouvir aquele relato, eu me sensibilizei com todos os detalhes apresentados, especialmente com a referência ao nobre Eurípedes. Reencarnado como Rufus, de acordo com o texto de Emmanuel, ele era um escravo que, no século II, na cidade de Lyon, deu seu testemunho de fé quando Taciano mandou matar os cristãos que viviam na então chamada Gália Lugdunense, especialmente seus servidores e escravos. A morte de Rufus foi muito dolorosa, porque ele foi amarrado a um cavalo bravio que saiu em disparada e o despedaçou.

Chico me narraria, depois, que os pedaços do seu corpo ficaram pelas estradas, e que ele viu, psiquicamente, o sepultamento dos despojos que foram recolhidos pelos seus irmãos de fé naquela noite, conduzindo archotes e cantando hinos de exaltação ao bem... Essa parte não consta no livro, representando uma experiência mediúnica de rara beleza para o médium que psicografou a história.

Pois bem. Estava ali Rufus, o bem-aventurado. E se ele já era cristão desse quilate àquela época, o seu ministério de apóstolo do bem na cidade mineira de Sacramento era um desdobramento natural. O trabalho de Eurípedes constituiu uma preparação espiritual para as tarefas de Chico Xavier na mesma região do Triângulo Mineiro.

O apóstolo do amor estava emocionado ao narrar a sua experiência transcendental na casa de Lia e Conceição. Chico ouvia vozes espirituais entoando hinos, enquanto as duas lá estavam, ricas de beleza e envolvidas pela aura de seres espirituais luminosos.

Aliás, em uma visão apressada, é possível que alguém as considerasse como duas pessoas obsidiadas, como está muito em moda dizer-se em nosso Movimento Espírita. Vê-se uma pessoa marcada por determinados sofrimentos ou com determinados distúrbios e logo se rotula: "Este é um obsidiado! São os obsessores que fizeram isso". E às vezes não há obsessores no caminho daquela pessoa. Trata-se de uma expiação libertadora. O Espírito cometeu desatinos no corpo físico e retornou para se redimir.

Chico logo deu sequência para completar a narrativa:

— No último Natal eu estava psicografando quando o Dr. Bezerra de Menezes me disse: "Chico, quando a reunião terminar, não dialogue com os nossos irmãos. Peça desculpas e vá, de imediato, à Lapinha, pois Conceição está desencarnando. Já estão lá os encarregados pelo seu retorno à Pátria espiritual. Estamos operando o processo de libertação do Espírito, desimantando-o dos liames materiais. Dentro de duas horas, no máximo, ela estará conosco. Gostaríamos de que você fosse participar deste momento". Terminada a reunião, eu saí a correr e peguei um táxi na direção da casa. Quando cheguei novamente, vi aquela Via Láctea de luzes transcendentes, adornando a casinha modesta. Era a mesma presença feérica de Entidades nobres que visitavam amorosamente as almas em expiação. Lia estava de joelhos ao perceber que a neta se aproximava do instante da morte. Conceição apresentava os olhos pétreos. Ao me aproximar, ela se agitou, e eu lhe passei a mão na cabeça, dizendo-lhe com ternura: "Durma! Durma para acordar num reino de luzes. Todas as suas dores serão compensadas. Acabou o período expiatório, minha filha. Jesus espera pela filha pródiga de volta ao lar paterno!". Ela estremeceu uma vez. Estremeceu duas vezes. As lágrimas correram-lhe pela face e finalmente ela deixou de respirar. Eu vi Dr. Bezerra retirando-a do corpo e, depois de alguns minutos, promovendo a ruptura do último vínculo do organismo com o perispírito, o conhecido cordão de prata, que fica ligado ao corpo físico através do *centro coronário*. Quando o médico espiritual levantou-a, Conceição me viu, reconheceu-me e sorriu, sendo conduzida pelo benfeitor para o Mundo espiritual, enquanto vozes cantavam a mesma música que eu ouvi quando minha irmã desencarnou. Um coral infantil entoava esta linda canção, denominada pelos Espíritos de *Canção do Despertar:*

Rasgaram-se os véus da noite.
Novo dia resplandece.
Viajor descansa em prece,
Ao lado da própria cruz.
No horizonte rebrilha,
Nova aurora matutina.
Pois a morte descortina
Dia novo com Jesus...

Era verdadeiramente fascinante o depoimento de Chico, que me revelava horizontes novos na compreensão da realidade espiritual.

— Ficamos ali por algum tempo – prosseguiu o apóstolo mineiro – e depois, com alguns vizinhos gentis, providenciamos o sepultamento de Conceição. Dr. Bezerra nos falou: "Traga Lia para morar em Pedro Leopoldo. Ela não poderá ficar sozinha aqui, pois a falta da energia psicofísica da netinha vai depauperá-la e ela vai morrer por falência dos órgãos". Dois dias depois, transferimo-la para Pedro Leopoldo e conseguimos um pequeno quarto em uma casa generosa. Assim que foi instalada, Lia me disse, com profunda tristeza no olhar: "Ah, *sô* Chico! Não precisa se preocupar comigo, porque não vou durar muito...". Dez dias depois, estando na atividade mediúnica, Dr. Bezerra me informou: "Chico, estamos aqui para promover o retorno de Lia. Hoje ela será retirada do invólucro carnal. Conceição encontra-se aqui conosco, veja como ela está bonita! Alguns beneficiários dos seus sofrimentos, dos seus testemunhos dolorosos, também se encontram presentes. Terminada a reunião, nós o aguardamos".

O missionário da mediunidade narrou-me que Conceição vestia os trajes da antiga corte espanhola. No entanto, o *tecido* que compunha a sua roupa, à semelhança de uma teia de aranha, era feito de uma substância luminífera. Mas essa luminosidade especial, apesar de intensa, não produzia nenhum impacto, nenhum desconforto visual na percepção psíquica de Chico. Ele terminou as atividades mediúnicas e foi acompanhar a desencarnação de Lia. Ainda pôde dizer-lhe as últimas palavras e ler *O Evangelho segundo o Espiritismo*, no item que trata da prece para as pessoas em estágio final de vida.[13]

Chico permanecia em prece, ao lado de Lia, quando dona Maria João de Deus, sua mãe, fez-se presente no recinto, estendeu os braços na direção da desencarnante e falou-lhe, com imensa ternura:

— Lia, a grande noite terminou! Venha agora para a aurora de um eterno dia!

A veneranda senhora desligou-se do corpo, em definitivo. O médium viu dona Lia sorrir-lhe, sem possibilidade de agradecer-lhe, no momento em que era retirada do corpo e levada para o Mundo de origem. No ambiente ouvia-se o mesmo coral espiritual infantil, agora com as vozes de outros amigos entoando a *Canção do Despertar*.

Poucos dias depois de desencarnada, Lia retornou, trazendo a netinha, que falecera com aproximadamente 55 anos de idade. Na ocasião Conceição transmitiu uma mensagem psicofônica[14] de rara beleza, que se encontra no livro *Vozes do Grande Além*, publicado pela FEB e organizado por Arnaldo Rocha, como resultado das sessões mediúnicas do Grupo Meimei, de Pedro Leopoldo, entre 1952 e 1956.

Vários séculos depois, encerrava-se o drama de uma família desajustada que, através de testemunhos difíceis, reencontrava o caminho para a felicidade...

A vida e os laços de afeto, sem o princípio da reencarnação, são destituídos de significado psicológico para a criatura humana. E esta Doutrina do Amor, que é a Doutrina Espírita, ensina-nos sobre as vidas sucessivas à luz da lógica e da razão, facultando a construção de um mundo melhor em que todos desejamos viver...

---

13. *O Evangelho segundo o Espiritismo*, cap. 28 (Coletânea de preces espíritas), item 57.
14. A mensagem psicofônica de Conceição chama-se *Ensinamento vivo*. Notas do organizador.

3

FAMÍLIA E OBSESSÃO

Auxiliando familiares em processo obsessivo

Quando se tem um caso de obsessão na família, devemos amparar o obsidiado com todos os recursos ao nosso alcance.

Conforme já foi comentado nos dois primeiros capítulos deste livro, normalmente, com raras exceções, encontram-se ao nosso lado aqueles que nos estão espiritualmente vinculados, o que nos leva a concluir que o obsidiado é alguém que faz parte da nossa convivência pretérita. Se ele renasceu conosco, é porque estamos envolvidos em uma trama existencial da qual só poderemos nos libertar se o ajudarmos. A exceção fica por conta daqueles casos em que um Espírito mais lúcido se oferece para reencarnar em uma missão de auxílio, embora não tenha compromissos negativos com o indivíduo em processo de reeducação espiritual.

No livro *Renúncia*, psicografado por Chico Xavier e ditado por Emmanuel, e na obra *Tramas do destino*, que Manoel Philomeno de Miranda escreveu por meu intermédio, encontramos respectivamente as personagens Alcíone e Artêmis, dois desses verdadeiros anjos tutelares que renasceram para auxiliar no processo evolutivo de seres queridos, como autênticas missionárias que se candidataram ao trabalho do bem, assumindo um compromisso de forma voluntária.

Allan Kardec demonstra, em *O Livro dos Médiuns*, que a obsessão é muito mais frequente do que parece, sendo que a maioria das pessoas diagnosticadas como portadoras de transtornos mentais são apenas indivíduos obsidiados.[15]

A Terra está mudando de patamar evolutivo, transformando-se de mundo de provas e expiações em mundo de regeneração, um processo que se intensificou na segunda metade do século 20 e continua ocorrendo de forma incessante. Esta fase de transição planetária é caracterizada por muitos eventos da mais alta gravidade, destacando-se entre eles o fenômeno de obsessão coletiva, que pode ser interpretado como uma verdadeira pandemia. Para constatarmos essa realidade, basta observar o crescimento da violência, a expansão do erotismo vulgar, a busca desenfreada pela fama passageira, a culpa instalada nos corações, o desespero, a solidão e o medo, a ausência de equilíbrio emocional, a perda de sentido existencial, a ansiedade que gera o desejo de entorpecer a consciência por meio das drogas... Esses elementos são suficientes para entendermos que uma horda de Espíritos em estado primário estabelece um intercâmbio frequente com as criaturas humanas, uma vez que essas Entidades são atraídas pelo nível moral precário dos indivíduos que habitam o planeta.[16]

O codificador ainda se refere aos diversos graus de obsessão que se instalam no ser humano e dão origem a diferentes sintomas. Neste sentido, nós poderíamos associar as explicações de Allan Kardec aos conhecimentos contemporâneos da Psiquiatria e da Psicologia.

O que o mestre de Lyon denomina como *obsessão simples* está presente, por exemplo, na depressão leve. Quando o indivíduo perde um pouco o autocontrole e o estímulo para viver, deixando-se arrastar pelo tédio e pela tristeza mais acentuada, sua mente abre campo para uma perigosa conexão com seres perversos ou ignorantes da vida extrafísica. Toda vez que a pessoa se permite dominar pela aspereza do cotidiano e menospreza as próprias virtudes, desenvolvendo conflitos íntimos que nem sequer consegue interpretar, esse estado de desequilíbrio psíquico

---

15. *O Livro dos Médiuns*, cap. 23, item 254, questão 6.
16. Verificar a obra *Mediunidade: desafios e bênçãos*, de Divaldo Franco/Manoel P. de Miranda, Editora LEAL, cap. 15 (Conflitos humanos e obsessões coletivas) e cap. 19 (Obsessão pandêmica). Notas do organizador.

aumenta a propensão para o intercâmbio de energias com Espíritos vulgares e enfermos.

Pode ser que as alterações no humor do indivíduo resultem de disfunções orgânicas com forte influência de fatores genéticos, que ele experimenta em função de equívocos praticados no passado reencarnatório. Nesses casos, o início do processo de desequilíbrio é puramente fisiológico, mas os abalos decorrentes da doença favorecem a sintonia com as Entidades perturbadoras, agravando significativamente o quadro clínico. Esse panorama determina um fenômeno psicoespiritual, no qual existem simultaneamente o transtorno psicológico e a interferência obsessiva.

Allan Kardec também fala sobre a *obsessão por fascinação*, em que o domínio do Espírito sobre sua vítima é mais intenso, facultando comportamentos estranhos e repetitivos por parte do encarnado. O codificador menciona ter conhecido médiuns em estado de fascinação que queriam psicografar a todo instante e em qualquer lugar, inclusive tentando escrever em mesas e pedaços de madeira, em um impulso esdrúxulo e difícil de resistir. Atualmente poderíamos interpretar esses casos como transtornos obsessivo-compulsivos, que induzem o indivíduo a repetir comportamentos sem sentido para aliviar a ansiedade. [17]

Ao lado desta categoria de transtornos também podemos visualizar a obsessão por fascinação nos transtornos bipolares, caracterizados por episódios de depressão alternados com episódios de mania, que significa a exacerbação intensa das emoções, desencadeando um estado emocional eufórico e repentino.

O último nível de gravidade das obsessões é a *subjugação*, em que a vítima já não tem mais o controle de si mesma e está à mercê da manipulação da sua vontade, muitas vezes perdendo completamente a consciência da realidade ou tentando o suicídio.

Eu já passei por essas três fases, antes de encontrar a Doutrina Espírita, que me libertou da ignorância em relação às Leis da Vida e me

---

17. Consultar o livro *Triunfo pessoal*, volume 12 da Série Psicológica, de Divaldo Franco/ Joanna de Ângelis, Editora LEAL, cap. 6 (Transtornos profundos), item 2 "Transtornos obsessivo-compulsivos". Nota do organizador.

permitiu educar a mediunidade para não ser presa fácil das Entidades inferiores.[18]

Conforme menciono no capítulo sobre mediunidade em crianças, comecei a experimentar a percepção mediúnica muito cedo, aos 4 anos de idade. Minha vidência era tão aguçada e deseducada que muitas vezes eu falava com quem estava *morto* e não falava com quem estava *vivo*, o que me provocava situações embaraçosas. Até para caminhar eu procurava passar junto às paredes para não tropeçar nas pessoas.

Isso nos leva a concluir que todo processo obsessivo é indício de uma mediunidade deseducada, cuja capacidade perceptiva pode estar em nível rudimentar ou avançado. Isso não significa que o indivíduo que é portador de mediunidade atormentada irá se harmonizar completamente na atual encarnação e ainda se transformar em um trabalhador das atividades mediúnicas espíritas. Não necessariamente. Ele poderá atravessar toda a existência apenas experimentando os efeitos dolorosos dessa mediunidade provacional, para conseguir, em outras encarnações, colocar as suas percepções mediúnicas a serviço do bem.[19]

Às vezes, o nosso familiar não tem consciência de que se encontra em um processo obsessivo. Outras vezes, ele até vislumbra essa possibilidade, mas prefere não aceitá-la por motivo de orgulho pessoal, dificultando muito o tratamento e a recuperação. Nossa atitude nesse caso é ajudá-lo a se conscientizar de que não está bem, de que necessita de auxílio para retomar as linhas do equilíbrio.

Quando o médico trata de uma pessoa com problemas do sistema circulatório, muitas vezes o paciente não sabe quais são os perigos relacionados aos seus hábitos de vida inadequados. Então o profissional de saúde falará sobre o fumo, a ingestão de bebidas alcoólicas e de alimentos ricos em gorduras, o uso excessivo do sal e demais atitudes que podem comprometer a sua saúde cardiovascular. A partir daí o paciente

---

18. As três fases da obsessão são bem analisadas no livro *Nas fronteiras da loucura*, de Divaldo Franco/Manoel P. de Miranda, Editora LEAL, Introdução (Análise das obsessões).
19. A informação está na obra *Nos domínios da mediunidade*, de Francisco Cândido Xavier/André Luiz, Editora FEB, cap. 9 (Possessão). Notas do organizador.

adquire discernimento e se submete às disciplinas que irão garantir o seu bem-estar.

O mesmo se dá com uma pessoa obsidiada. Ela precisa ser informada de que está sob a injunção de um processo obsessivo, a fim de se predispor à modificação de seus pensamentos e atitudes. Nunca deveremos utilizar eufemismos por causa do medo de perder o afeto do ser querido. Também não será conveniente esconder a realidade conversando às ocultas com os demais parentes: "Fulano, fale baixo para que ele não saiba que estamos comentando sobre a obsessão que o aflige!". Isso é um paradoxo!

Muitas pessoas já me procuraram na Mansão do Caminho e me disseram:

— Senhor Divaldo, eu vim aqui pedir ajuda para o meu filho, mas eu não quero que ele saiba.

Nessas ocasiões eu olho para o indivíduo imaturo e respondo:

— Quer dizer que você vai tomar o remédio no lugar do doente? Será que isso dará resultado?

— Mas o problema é que ele não acredita e por isso não realizará o tratamento.

Nessas horas eu explico com toda ternura:

— Meu bem, infelizmente ele vai ficar doente até acreditar. Porque se o maior interessado não buscar ajuda para si mesmo, ninguém vai conseguir auxiliá-lo.

Eu sei que é difícil para uma mãe, uma esposa ou um marido ver o seu ente querido envolvido em uma situação dolorosa. Contudo, sem uma postura transparente, será inviável fazer algo em favor daquele que sofre. Se o nosso parente é vítima de uma obsessão, procuremos esclarecê-lo e motivá-lo para o autocuidado, que consiste na realização do tratamento espiritual e na mudança do padrão vibratório mediante a adoção de novos comportamentos. E se por acaso fizermos tudo ao nosso alcance e não obtivermos resposta, percebendo que o ser amado não contribui com a sua própria recuperação, procuremos tranquilizar o coração, porque o nosso compromisso foi cumprido, embora eu reconheça que essa postura não é fácil de assumir.

Frequentemente a atitude desesperada do familiar que pretende oferecer ajuda a qualquer preço é o resultado do desejo infantil de *salvar* os outros, esquecendo-se da sua própria *salvação*. Eu também já passei por essa fase em que ansiamos por converter o mundo, sem promovermos a nossa própria conversão íntima. Para os outros, nós temos argumentos inquestionáveis, embora a nossa conduta diária seja a mesma de sempre. E assim nos perpetuamos como excelentes transformadores... dos outros...

Portanto, a única alternativa é dizer ao nosso parente: "Fulano, você está sob a influência de uma obsessão espiritual, que lhe faz agir conforme nós sabemos". E se por acaso ele disser: "Mas eu não acredito nisso...", diremos com todo o amor e a honestidade: "Eu entendo a sua resistência em acreditar. Mas eu, na condição de uma pessoa que ama você, vou lhe dizer o que é necessário para a sua recuperação".

Aproveitando a oportunidade, procuremos abrir os olhos do nosso familiar a fim de que ele visualize o seu drama, identificando que não desfruta de harmonia íntima. Se conseguirmos êxito nesse diálogo franco, é provável que ele ceda. No entanto, caso ele não seja convencido pelas nossas palavras e afirme não acreditar, poderemos utilizar uma estratégia psicológica bastante eficaz. Diremos com habilidade: "Se você não se convenceu, eu não lhe peço que acredite. Eu lhe peço apenas que faça o que recomendo, mesmo sem acreditar, e depois analise para ver como isso lhe fará bem".

Quem estiver dando suporte a um parente com suspeita de obsessão apresente-lhe um elenco de sugestões que visem à sua renovação interior, abrindo espaços para a retomada da saúde e do bem-estar. Ao sugerirmos algumas medidas de saúde espiritual, é provável que haja uma barreira decorrente da rebeldia do nosso familiar e da própria interferência obsessiva. Se insistirmos no aconselhamento, poderemos obter bons resultados.

Certa vez uma pessoa me procurou relatando dificuldades provenientes de uma obsessão. Após diversos esclarecimentos, eu comecei a lhe dar um roteiro que o ajudaria a obter o seu pleno restabelecimento. E, a cada sugestão que eu apresentava, havia uma desculpa diferente para não aderir. O diálogo se processou da seguinte forma:

— Então, meu filho, como eu disse antes, você precisa melhorar o seu padrão psíquico para libertar-se do Espírito que o acompanha na intenção de prejudicá-lo. Faça leituras de caráter educativo utilizando obras espíritas, pois elas nos induzem a meditar em conteúdos superiores.

— Mas, senhor Divaldo, eu tenho dificuldades para ler. Não consigo me concentrar porque me dá sono...

— Leia andando.

— Mas eu sinto muita preguiça para andar...

— Tome um banho frio.

— Ah! Eu não me dou bem com banho frio!

— Então tome um banho quente...

É fácil constatar que o consulente não estava disposto a se modificar. E quando o indivíduo não quer melhorar, nós não conseguiremos adquirir saúde no lugar dele. Pais não equacionam os problemas dos filhos. As pessoas mais amantes não solucionam o problema das pessoas amadas.

A nossa conduta em relação à obsessão em família é sermos coerentes, procurando despertar o obsidiado para o seu estado de fragilidade, motivando-o a cuidar-se, sem colocar em nossos ombros a cruz que lhe pertence, pois cada um de nós possui necessidades evolutivas que são pessoais e intransferíveis, embora tenhamos reencarnado na mesma família consanguínea para nos ajudarmos mutuamente. A nossa emoção se expressa no amor que ajuda, mas os compromissos a serem ressarcidos pertencem à consciência de cada um.[20]

Em tudo que fizermos com o escopo de intervir sobre a trama obsessiva, preservemos o diálogo aberto e o comportamento amoroso, que podem transpor os obstáculos mais improváveis de serem superados.

Mesmo que uma pessoa não identifique o processo obsessivo que está sofrendo, ela deve colocar o autoencontro na pauta das suas atividades diárias.

Eu sempre recomendo a todo mundo: viaje para dentro! Esta é uma medida preventiva muito válida para evitar que pequenos proble-

---

20. Ver *O Livro dos Médiuns*, de Allan Kardec, cap. 23 (Da obsessão), item 250. Nota do organizador.

mas se agravem. Faça uma autoanálise para identificar se o seu comportamento está dentro do padrão de normalidade que lhe é próprio. Observe as suas reações e detecte:

Se você se encontra constantemente irritado e invadido por um sentimento de desânimo.

Se experimenta algum conflito interior.

Se está se sentindo culpado por algo que conscientemente não praticou.

Se possui sensações desagradáveis de qualquer natureza.

Se constantemente experimenta episódios de insônia ou de interrupção do sono no meio da noite.

Se, ao despertar, sente-se mais cansado do que antes de dormir.

Nesse conjunto de sintomas pode estar presente um distúrbio fisiológico ou psicológico, bem como um processo de obsessão espiritual.

Seja por uma ou por outra causa, se você está experimentando algum desses sintomas, ore mais! Desenvolva o hábito de ler uma página edificante logo pela manhã para manter em sua mente uma ideia nobre ao longo dia, que o ajudará lentamente a cultivar pensamentos superiores. Não se deixe perturbar pelas ocorrências superficiais no atrito das relações humanas. Frequente o Centro Espírita e procure tomar água magnetizada e passes, mas não fique dependente dessa transfusão de bioenergia. No momento em que perceber a melhora, mantenha a mente nesse padrão vibratório elevado. Não adiantará recorrer aos recursos terapêuticos e logo na saída da Instituição Espírita retornar aos hábitos mentais nocivos, porque a Entidade que o assedia será atraída novamente até você.[21] E o mais importante de tudo: mantenha o desejo íntimo de não ser vencido pelo problema!

Todos esses recursos psicoterapêuticos irão favorecer a sua saúde. Se estiver sob a influência de um Espírito enfermo, você conseguirá sair da sintonia e se desvencilhar dele. E, se o seu problema for um desconforto psicológico de outra natureza, você também será beneficiado pela adoção de hábitos espiritualmente saudáveis.

---

21. Um caso como este encontra-se no livro *Missionários da luz*, de Francisco Cândido Xavier/André Luiz. Editora FEB, cap. 5 (Influenciação). Nota do organizador.

Para a pessoa acometida pela obsessão, a vivência do amor é o melhor medicamento a fim de que ela se liberte dessa injunção dolorosa. Refiro-me ao amor que se manifesta através da ternura, do trabalho no bem, da gentileza, do comportamento afetuoso e tolerante, não desejando e não fazendo aos outros o que não gostaríamos que nos acontecesse.

Gostaria de fazer uma observação de grande relevância. É muito comum que qualquer transtorno psicológico ou psiquiátrico seja interpretado por nós como um processo obsessivo. Dessa maneira, incorremos em um diagnóstico apressado.

Seria conveniente que, mesmo em se tratando de uma obsessão, não deixássemos de conduzir o paciente à terapia psicológica e psiquiátrica. No livro *O Evangelho segundo o Espiritismo*, Allan Kardec nos adverte que uma obsessão, quando prolongada, produz disfunções cerebrais, solicitando a intervenção médica e o auxílio de um magnetizador, já que o magnetismo era uma terapia muito em voga na época do codificador.[22] Na atualidade, contamos também com diversas formas de psicoterapia, que surgiram depois de Allan Kardec, além de algumas terapias alternativas que podem produzir excelentes resultados. Todas elas são instrumentos valiosos para o tratamento de transtornos mentais.

Se o caso for exclusivamente de obsessão, algumas substâncias psicoativas utilizadas para manter a fisiologia das sinapses cerebrais conseguem interromper a interferência do obsessor, exceto quando se tratar de uma subjugação, que é um estágio mais avançado de domínio do Espírito sobre a sua vítima. Como o processo obsessivo se desenvolve através do funcionamento do perispírito, que comanda os neurônios cerebrais,[23] alguns fármacos que atuam sobre essas células do tecido nervoso, reequilibrando a produção dos neurotransmissores, driblam a ação do obsessor e permitem uma melhora no quadro do obsidiado. Eis por que os pacientes que estão sob o efeito de fármacos de uso neurológico ou psiquiátrico não devem trabalhar em atividades mediúnicas,

---

22. *O Evangelho segundo o Espiritismo,* cap. 28 (Coletânea de preces espíritas), item 84.
23. Ver o livro *Evolução em dois mundos,* de Francisco Cândido Xavier e Waldo Vieira/ André Luiz, Editora FEB, cap. 15 (Vampirismo espiritual), item 4 "Infecções fluídicas". Notas do organizador.

uma vez que as suas sinapses neuronais sofrem alteração bioquímica provocada pelos medicamentos.

Em palavras simples: mesmo que se chegue à conclusão inequívoca de que o indivíduo experimenta uma obsessão espiritual, ele necessitará de assistência médica e psicológica especializada.

Obsessão e transtorno mental

No mês de maio de 1978, eu estava por viajar para cumprir uma longa programação doutrinária internacional. Quando terminava de arrumar as malas, altas horas da noite, devendo sair muito cedo na manhã seguinte, um dos meus filhos adotivos, um rapaz de 16 anos, aproximou-se e me informou:

— Tio, eu preciso de ajuda!

Ele respirou fundo e continuou:

— Eu tive uma noite terrível! Um pesadelo me atormentou durante todo o tempo. Sonhei que um monstro me perseguia, ameaçando me estrangular. Eu corria e aquele ser detestável corria atrás de mim para me alcançar. Quando ele estava quase por me encontrar, eu desmaiei e acordei banhado de suor... Tive um dia péssimo e estou com medo de dormir...

Solicitei ao meu filho que esperasse um pouco para que eu o atendesse. Ao terminar as minhas atividades, peguei *O Evangelho segundo o Espiritismo*, pedi-lhe que abrisse e lemos um trecho muito oportuno. Após a leitura, eu lhe apliquei um passe, esta transfusão de forças com expressivas possibilidades terapêuticas. Durante a aplicação da bioenergia, eu detectei que no seu psiquismo, no campo da aura, havia uma presença malévola. Percebi então que se tratava de um Espírito vingativo, pois ele olhava para o meu filho e me falava: "Eu vou matá-lo! Ele me matou e agora é a oportunidade da minha vingança!".

Concluída a aplicação do passe, antes de liberar o rapaz para que ele fosse dormir, eu esclareci:

— Você está com um princípio de depressão agravado por uma influência espiritual. Procure o nosso médico para que ele lhe oriente clinicamente e, se necessário, ele deve levar você ao psiquiatra. Não se esqueça da oração e procure distrair-se com alguma atividade tranquila.

Edilton é um filho pelo coração que é médico. Eu o chamei e expliquei-lhe o drama, advertindo quanto à delicadeza da situação, pois eu havia percebido um princípio de transtorno depressivo vinculado a uma obsessão com características que se poderiam agravar.

Viajei para o meu compromisso.

Dias depois, estando em Roma, telefonei para casa e tive a notícia de que o rapaz havia sido internado no Hospital das Clínicas, na área psiquiátrica, apresentando um quadro de depressão profunda. A fim de evitar o suicídio, ele foi sedado para fazer sonoterapia. Fiquei preocupado, pois ele era um ótimo rapaz. Era alegre, jovial, perfeitamente normal. Lembrei-me das síndromes psiquiátricas que atingem os jovens, como a hebefrenia. Esses processos se derivam do período de afirmação e consolidação da personalidade.

No dia seguinte eu telefonei, e ele continuava em sonoterapia. Através de orações, pedi aos benfeitores espirituais para me darem uma opinião. Um desses benfeitores me informou que se tratava de uma obsessão produzida por um adversário espiritual que havia sido um familiar do meu filho em encarnação anterior. O nobre Espírito sugeriu que eu orasse pelo perseguidor desencarnado, como Allan Kardec costumava recomendar. Eu orei muito e o evoquei, convidando-o para vir até mim, pois o codificador dizia que podemos chamá-los. Através da oração eu perguntava por que ele havia investido contra meu filho. Em dado momento o Espírito me apareceu, agressivo, intempestivo e cruel, sendo impossível o diálogo.

Ao longo das semanas eu telefonei várias vezes e recebi notícias cada vez mais afligentes, pois o quadro se agravava.

Realizei o meu compromisso doutrinário e retornei a Salvador 45 dias após o início do roteiro de viagens. Meu filho continuava em situação desesperadora.

Em uma terça-feira eu visitei o rapaz, e ele já estava fora da sonoterapia, embora ainda estivesse sob uma alta dosagem de medicamentos.

Na noite da quarta-feira, na reunião dedicada à desobsessão que realizamos no Centro Espírita Caminho da Redenção, eu pedi aos bons

Espíritos que trouxessem a Entidade perversa. Portanto, eu o evoquei e ele se comunicou através dos meus recursos mediúnicos.

As nossas reuniões são todas gravadas para depois nós ouvirmos, comentarmos, dialogarmos sobre as questões que merecem reparo. Quando terminou a reunião, eu escutei a narração hedionda. O Espírito esclarecia:

— Tenho que matá-lo! E irei fazê-lo, pois ele me matou! Eu era um fazendeiro no Vale do Paraíba, na cidade X, no estado de São Paulo, ao se apagarem as luzes do século 19, e ele era meu filho. Eu vivia ao lado da mulher miserável que hoje é sua mãe. Os dois resolveram matar-me porque eu era avarento e eles desejavam receber por antecipação a minha herança, já que eu possuía uma vasta gleba de terras naquela região. Na ocasião, meu filho estava com 16 anos de idade. Naquela noite de *réveillon* de 1899, eu estava cansado e pedi a minha mulher que me servisse um chá, pois desejava relaxar para dormir. Eles me serviram um chá com uma substância sonífera, que me fez adormecer pesadamente. Subitamente eu despertei, estertorado e agônico, e vi meu filho sobre mim, prendendo meus braços com os joelhos, enquanto a minha mulher me segurava as pernas. Ambos asfixiavam-me com um travesseiro de plumas e diziam: "Morre, miserável! Tu deves morrer! És sovina e nós iremos ver-nos livres de ti! Não haverá vestígios! Não ficarão marcas! Morre!". Lutei bravamente! Mas o meu filho era jovem e sua força física suplantou a minha resistência. Entrei num estado de agonia, numa dispneia incontrolável e perdi a consciência. Eu saí do corpo como se fosse arrancado à força de um lugar qualquer e atirado fora...

A esta altura, eu estava impressionado com as informações. A imagem que ele utilizou para descrever sua saída do corpo representa fielmente a violência de uma desencarnação como essa. O Espírito, então, continuou seu testemunho:

— Durante algum tempo, eu não me dei conta do que havia acontecido. Não sei quantos anos permaneci naquela situação. Era uma agonia infindável, uma escuridão sem limites, uma falta de ar e o peito estourando! Até que, muitos anos depois, eu recuperei a lucidez e me vi na minha propriedade. Percebi que aquele lugar já não era mais o mesmo. Havia pessoas estranhas com as quais tentei me comunicar, mas ninguém me atendeu. Detectei também que havia outras *sombras* iguais a mim. Algumas delas disseram-me: "Tu és um louco! Que fazes aqui? Tu já morreste!". Eu não sabia o que era a morte! Para mim, a vida girava em torno do dinheiro. E a Religião que eu frequentava me prometera o Reino dos Céus quando o meu corpo tombasse inerme no solo terrestre! Eu não conhecia mais nada além disso! Vim a saber que meu filho me houvera assassinado e que a minha mulher se mancomunar com ele para perpetrar o crime. O ódio tomou conta de mim! Eu espumei de ira e as *sombras* me disseram: "É tarde demais! Já se passou um largo período e os miseráveis venderam a tua propriedade, espoliaram tudo que tu tinhas e agora vivem na capital da República, usufruindo de variadas regalias. Vinga-te!". Eu saí desvairado daquele lugar, disposto a procurá-los para ir à desforra. Quando os encontrei, vi o meu filho na cidade do Rio de Janeiro, vencido pelo remorso e entregue ao alcoolismo. A minha mulher estava ao lado de um amante e eu comecei a vingar-me, levando-a ao descontrole sexual através do *furor uterino*.[24] Na primeira ocasião em que a induzi a ter intimidades com outro homem, eu senti estranhas sensações e notei que experimentava o mesmo prazer da relação entre ambos, pois eu lhe estava profundamente imantado. A partir daí, comecei a explorá-la sexualmente. Ela terminou num prostíbulo, ao meu lado, porque eu lhe vampirizava as energias sexuais e me nutria do seu *plasma psíquico*, no desbordar das emoções do sexo. Quando eles morreram e vieram *para cá*, eu os alcancei e continuei a me vingar até o dia em que ela escapou, quando veio para a Terra. Eu a procurei durante muito tempo e não obtive sucesso. Meu filho também desapareceu sem que eu pudesse localizá-lo. E o tempo perdeu para mim o significado... Até que, nos anos 1950, eu me senti atraído por uma jovem de 20 anos. A atração era provocada por um sentimento de azedume, pois eu a detestei logo que a conheci. Aonde ela ia, eu me sentia atraído, como se ela possuísse *os cabelos da Medusa*. Eu realmente a odiava! Sentia náuseas quando estava junto dela e não sabia o porquê. Fiquei tão imantado que a acompanhava até nos momentos íntimos: no banheiro, no repouso e em outras ocasiões. Certo dia, eu a estava buscando quan-

---

24. Expressão com a qual se designava a compulsão sexual feminina. Nota do organizador.

do a vi deitar-se, adormecer e desprender-se do corpo. Descobri que era minha anterior mulher! Era um corpo diferente do que ela possuía no passado, mas o ser que se apresentava na mente era ela. Avancei para estrangulá-la e ela me reconheceu, retornando aflitivamente para o corpo. Então eu entendi que poderia vingar-me. As *sombras* que me acompanhavam diziam-me: "Ela renasceu! Os miseráveis também voltam! Ela tem que pagar! Mata-a! Vinga-te!". Comecei a infelicitá-la, a apavorá-la, não permitindo mais que ela dormisse com serenidade. Sempre que ela saía do corpo, eu aparecia deformado para produzir-lhe pavor. Quando ela me via, a sua memória retrocedia à época da trama assassina, como acontece com todos aqueles que possuem consciência de culpa. E ela voltava ao corpo, em profundo desespero. Isso ocorria várias vezes durante a noite. Até que depois de certo tempo ela passou a ter insônia por causa do medo de dormir.[25] Ela foi definhando e eu fui apertando o cerco até controlar totalmente as suas forças físicas e mentais. Por fim, a infame foi levada ao hospital psiquiátrico, onde foi diagnosticada a esquizofrenia que resultou na sua internação definitiva. No hospital, fiz com que outro paciente psiquiátrico a violentasse. Ela engravidou e deu à luz uma criança. Só que eu não sabia que o filho que iria nascer seria o nosso filho. A criança foi entregue para adoção, e eu perdi o contato com ela. Somente há pouco tempo eu o encontrei, estando ele na mesma idade de quando cometeu o crime. Então eu o peguei! Apareci para ele durante o sono e perturbei-lhe a mente. Ele começou a ficar triste e com medo, até que finalmente foi jogado no lugar destinado aos *loucos*. E agora eu vou matá-lo! Vou fazer com que ele se atire do quarto andar do hospital! Não descansarei enquanto não matar os dois!

Depois de narrada a história, iniciou-se um intercâmbio com o dialogador ou terapeuta, que explicou à Entidade:

— Eu lhe digo que seria formidável o seu plano de matar os dois, caso houvesse a morte. Quando eles chegarem aí, estarão livres de você, porque terão resgatado o débito. E você talvez reencarne como filho

---

25. Ver os livros *No mundo maior*, de Francisco Cândido Xavier/André Luiz, Editora FEB, cap. 8 (No santuário da alma); *Nos domínios da mediunidade,* de Francisco Cândido Xavier/André Luiz, Editora FEB, cap. 10 (Sonambulismo torturado). Nota do organizador.

deles, que poderão cobrar de você, da mesma forma que estão sendo extorquidos. Você não acha que está na hora de cuidar da sua felicidade? Afinal, já se passaram setenta e oito anos!

— Mas como eu poderei ser feliz?

— Perdoando!

— Mas em minha vida só existe o ódio!

— Porque você está cego. Esta é uma Casa de amor! Esse menino a quem você se refere foi-nos entregue pelo hospital psiquiátrico porque ele nasceu lá, numa enfermaria. O filho não é nosso, é de Deus. E nós o amamos!

O dialogador falou-lhe bastante. E, depois de certo tempo conduzindo um diálogo muito difícil, propôs à Entidade endurecida:

— Fique aqui uma semana conosco. Observe o poder do amor! E se o convívio em nossa Casa não lhe fizer bem, tome a atitude que lhe convier.

O Espírito raciocinou e redarguiu:

— Muito bem! Farei uma trégua. Eu verei se vocês, que ensinam o amor, não são hipócritas!

Esse diálogo ocorreu, como dissemos, na reunião mediúnica da quarta-feira à noite.[26] Na quinta-feira, às 6h da manhã, eu recebi um telefonema do hospital psiquiátrico. Era a assistente social, que me falou nos seguintes termos:

— Senhor Divaldo, o seu filho recobrou a saúde e está consciente. Ele acordou às 5h da manhã, meio agitado, mas está completamente lúcido. Ele perguntou pelo senhor, afirmando que deseja voltar para casa o mais rapidamente possível, porém o psiquiatra ainda não chegou. Seria bom que o senhor viesse às 9h para verificar a possibilidade de solicitar a sua liberação, pois ele parece estar bem. E naturalmente o psiquiatra só lhe dará alta com o senhor estando presente, porque ele é menor de idade e o senhor é o seu responsável.

À hora estabelecida, fui ao hospital. Quando lá cheguei, o menino me olhou e me perguntou:

---

26. A comunicação também pode ser lida no livro *Depois da vida*, de Divaldo Franco/ Diversos Espíritos, Editora LEAL, segunda parte, cap. 3 (O obsessor). Nota do organizador.

— Tio, onde é que eu estava? Eu não me lembro... Eu só me recordo de que eu estava caindo em um abismo que não tinha fundo. Então eu gritava muito... O que é que eu estou fazendo aqui?

É interessante notar que essa imagem psicológica da queda em um abismo revela a sensação da consciência de culpa.[27] Eu comecei a conversar calmamente com ele:

— Meu filho, você veio para cá porque estava doente, acometido de um problema muito grave.

— Mas eu já estou bom! Leve-me para casa!

— Não é assim que as coisas se dão. Precisamos aguardar o seu médico, pois existe um protocolo a ser seguido.

Quando o psiquiatra chegou ao hospital, às 11h da manhã, eu o informei:

— Doutor, eu sou o pai adotivo do garoto e estava viajando quando o meu filho foi internado. Agora eu gostaria de levá-lo para casa. Naturalmente, ele poderá fazer um tratamento ambulatorial, como forma de garantir a sua total recuperação.

O psiquiatra estava escrevendo, numa postura de muita seriedade, uma vez que ele era professor de psiquiatria da faculdade de Medicina. Ele ergueu a cabeça, retirou os óculos, olhou-me com ar de surpresa e começou a me questionar:

— O senhor é médico?

— Não, senhor! Eu sou médium.

— O senhor é o quê?!

— Médium.

— E o que é um médium?

— É uma pessoa que entra em contato com os Espíritos. Portanto, eu os vejo, escuto aquilo que eles dizem e mantenho com eles um intercâmbio constante.

— O senhor acredita nisso?

— Não acredito. Eu sei que isso existe! Porque quem acredita hoje pode deixar de acreditar amanhã. Acreditar é uma postura muito

---

27. Analisar o livro *Reencontro com a Vida*, de Divaldo Franco/Manoel P. de Miranda, Editora LEAL, primeira parte, cap. 25 (Consciência de culpa). Nota do organizador.

frívola. Portanto, não se trata de acreditar, mas de saber. Eu sou uma pessoa ciente e consciente dessa realidade.

— Quer dizer então que o seu filho já está bom?

— Sim, senhor.

— Mas ele é um esquizofrênico, um hebefrênico!

— Na verdade ele era um obsidiado.

— O que é um obsidiado?

— Havia um Espírito que estava perseguindo o rapaz e que era o pai dele na outra encarnação. Mas o Espírito manifestou-se ontem à noite e disse que irá liberá-lo da constrição obsessiva. Então eu gostaria de levá-lo para casa.

O médico quase me internou junto com o rapaz! Sem saber direito como reagir a uma situação tão inusitada, ele perguntou:

— E o senhor, quem é?

— Divaldo Franco.

O psiquiatra me olhou como se me conhecesse e acentuou:

— Ah, sim! O senhor é...

— Sou sim!

O médico deve ter concluído que éramos *colegas*. Ele era psiquiatra, e eu era *psicopata*... Demonstrando desprezo pelas minhas considerações, ele acrescentou:

— Senhor Divaldo, não existem Espíritos!

— Doutor, o senhor está falando de algo que não conhece.

— Mas eu sou psiquiatra há trinta e dois anos!

— E eu sou espírita há trinta e quatro! Estou levando vantagem de dois anos sobre o senhor. Eu estudo a Doutrina Espírita em profundidade, e o senhor jamais leu uma obra espírita. E, se por acaso leu algo sobre o tema, certamente foi o trabalho de algum autor que contesta o Espiritismo. Por isso não tem autoridade para se pronunciar sobre o assunto. O senhor pode até dizer que pensa de outra forma que eu respeitarei seu ponto de vista, mas dizer que os Espíritos não existem é extrapolar a área de seu domínio. Cada qual com sua experiência. O senhor conhece psiquiatria, eu conheço Espiritismo. Já pensou se eu lhe dissesse que a esquizofrenia não existe? Eu estaria assumindo uma postura desprovida de qualquer bom senso. Portanto, respeito seu diagnóstico, mas tenho outro que me faz pedir a alta hospitalar para o meu filho.

— Eu não darei!

— Então o senhor irá me constranger a recorrer aos meios judiciais, já que o rapaz é menor de idade e está sob minha guarda. Trarei ao hospital psiquiatras que irão atestar a melhora do seu estado de saúde.

— Mas ele está com uma depressão severa e vai cometer suicídio!

— Não vai, não, senhor!

— Se ele sair daqui agora, dentro de dez dias ele vai destruir a própria vida!

— Pois eu vou trazer ao doutor o convite de formatura do meu filho quando ele concluir a faculdade.

— Se ele não cometer suicídio dentro de dez dias, eu rasgo meu diploma de médico, coloco em um prato e como!

— Então eu sugiro que o senhor coloque um pouco de alfafa para melhorar o sabor do seu diploma, porque o rapaz não vai tirar a própria vida!

— Mas é um grande risco tirá-lo daqui!

— Eu assumo totalmente a responsabilidade. Nós temos médicos em nossa Instituição. Contudo, eu até agradeceria se o senhor o acompanhasse.

— Não! Eu não o acompanharei! Se ele sair daqui, vai ter recidiva e pode terminar em um transtorno psicótico profundo!

— É um risco que eu aceito e ao qual me submeto. Se ele tirar a própria vida, eu serei corresponsável.

Por fim, o psiquiatra assinou a alta, e eu levei o meu filho para casa.

Na quarta-feira seguinte, durante a reunião mediúnica, o Espírito retornou. Disse-nos que ao longo daquela semana ele pôde meditar e que, pela primeira vez em muitos anos, sentiu-se muito bem. Experimentou uma sensação de trégua e passou a recuperar a saúde mental. Estava disposto a deixar para o futuro o que o presente não poderia solucionar. Despediu-se e retornou à Espiritualidade.

Meu filho foi melhorando, como é natural. Não teve recidiva e voltou às suas atividades normais.[28]

Um mês depois, eu estava na Mansão do Caminho quando o porteiro me alertou:

— Tio Divaldo, aqui na portaria há uma senhora que deseja falar com o senhor.

Eu pedi que ela entrasse. Quando eu a vi, tive um choque! Era uma senhora humilde, desgastada, trêmula, ainda sob o efeito de medicamentos psiquiátricos muito fortes. Ela me deu seu depoimento:

— Senhor Divaldo, eu saí do hospital psiquiátrico agora. Eu sou *maluca.*

Para deixá-la mais à vontade, eu respondi:

— Não, minha filha! *Malucos* somos todos nós. Você era doente e agora está bem.

Ela prosseguiu, informando-me:

— Pois é, senhor Divaldo. Eu tive alta há pouco tempo. Estive doente por um período entre 15 e 17, não sei precisamente. Fiquei boa de repente. Foi como se alguém tirasse *um negócio de dentro de mim*, e eu comecei a respirar. Um dia eu acordei e estava curada. Eu até concebi um filho e não me lembro. As enfermeiras é que me contaram que eu tive um bebê e que ele foi para um orfanato. Agora que eu fiquei curada, estou percorrendo os orfanatos para saber onde está o meu filho.

— Qual o nome do seu filho?

— Eu não sei. Quando ele foi para o orfanato é que lhe deram um nome.

— E se você visse o seu filho, você o conheceria?

— Ah, senhor Divaldo! Eu não sei! Afinal, eu nunca vi o meu filho!

É claro que ela não precisava me dizer quem era o seu filho, pois eu já sabia. Eu propus-lhe:

— Sente-se um pouco aqui, descanse e tome um refresco enquanto eu vou reunir a meninada que tenha mais ou menos a idade do seu garoto.

---

28. Sobre o tema da depressão, analisar os livros *Tormentos da obsessão*, de Divaldo Franco/Manoel P. de Miranda, Editora LEAL, cap. 19 (Distúrbio depressivo); *Triunfo pessoal*, de Divaldo Franco/Joanna de Ângelis, Editora LEAL, cap. 6 (Transtornos profundos), item 1 "Depressão", e a obra *Vitória sobre a depressão*, também de Divaldo Franco/Joanna de Ângelis, Editora LEAL. Nota do organizador.

Convoquei uns dez meninos com idade entre 15 e 17 anos e colo-quei-os numa sala. O filho dela estava no grupo. Então eu a chamei e falei:

— Aqui estão os garotos da nossa Casa que estão na faixa etária do seu filho.

É interessante acrescentar que os meninos eram todos de pele negra, à exceção do filho dela. Ela foi olhando todo o grupo e parou subitamente quando chegou nele. E ele, surpreso, cravou os olhos na mãe. Ela girava o olhar por todo o grupo e acabava voltando a atenção para ele. Até que me informou:

— Senhor Divaldo, eu não tenho certeza. Mas o senhor não acha que aquele *branquelo* ali parece comigo?

Os outros meninos acrescentaram:

— *Tá* na cara, *né*, tio?

Ele se levantou, abraçou-me e falou:

— Tio, essa é a minha mãe! Eu sonho com esta mulher me perseguindo. Quando eu fiquei *triste*, ela *me aparecia na cabeça* e me dizia: "Mate! Mate!", aí eu comecei a ficar deprimido. É mamãe, tio! O que é que eu faço?

— Abrace-a, meu filho! Chame-a de mãe! Afinal, você até hoje não tinha mãe. Lembra-se de Jesus? Recorda-se do quanto é bom quando nós achamos o que estava perdido?[29]

Eu estava muito emocionado! O garoto abraçou aquela senhora estranha para ele e começou a chorar, iniciando-se um diálogo entre os dois:

— Mãe!

— Meu filho! Qual é o seu nome?

Ele declinou o nome.

— Graças a Deus! Já posso morrer! Você tem raiva de mim, meu filho?

— Não, mãe! Como é que eu posso ter raiva de uma pessoa que eu não conhecia?! Eu estou contente!

---

29. Referência à *Parábola da Ovelha Perdida* (Lucas, 15:3-7), à *Parábola da Dracma Perdida* (Lucas, 15:8-10) e à *Parábola do Filho Pródigo* (Lucas, 15:11-32). Nota do organizador.

Os dois ficaram abraçados e caíram em pranto. E eu também chorei, pois eu não deixo ninguém chorar sozinho! Sou um excelente companheiro...

Diante daquela cena, eu dispensei os demais garotos:

— Agora vamos sair porque eles têm dezesseis anos para pôr em dia e não precisam de testemunhas.

Depois de muito conversarem, ela veio despedir-se. Pediu licença para ir embora e voltar em outra oportunidade. Eu lhe propus:

— Não, senhora! Nós vamos fazer de forma diferente. Vamos encontrar uma casinha para você morar aqui no bairro do Pau da Lima. Você deve estar sem trabalho. Morando aqui perto, você poderá visitar seu filho. Afinal, não vai demorar muito e ele irá emancipar-se.

Neste momento, eu olhei para o rapaz e perguntei:

— O que você vai fazer, meu filho?

— Eu quero ir morar com ela, tio Divaldo. O senhor me ajuda a morar com mamãe? Eu gostaria de ajudá-la porque eu sou espírita e sei que tenho uma dívida com ela.

Eu respondi:

— Meu filho, dívidas todos temos uns com os outros. Espere um pouco até terminar a faculdade.

É importante lembrar que os dois não sabiam da história toda.

Ela, por fim, veio morar em nosso bairro.

Quando o rapaz completou 22 anos e concluiu a universidade, emancipou-se e foi morar com a genitora.

É claro que, na época da formatura, fomos ao hospital levar o convite para o psiquiatra. Quando ele me viu, disse-me:

— Senhor Divaldo, eu agora já o conheço melhor. E quero dizer, que... que... eu não comi meu diploma!

— Ainda bem, doutor! Tenho certeza de que o senhor teria muitos problemas com a digestão se optasse por essa forma tão diferente de alimentação...

Rimos bastante com a situação, e ele continuou:

— Desde aquele dia em que o senhor me *arrasou*, eu resolvi ler alguma coisa sobre Espiritismo. Então fui ler o *tal* de Allan Kardec. Depois eu fui ler o trabalho de alguns colegas da psiquiatria que também são espíritas. E vou lhe dar uma notícia: eu estou mais ou menos metido *nessas coisas...*

É curioso como as pessoas têm um medo terrível de falar palavras como *Espiritismo*, *Espíritos*, *mediunidade* etc. Elas procuram formas alternativas de se expressar, revelando uma boa dose de preconceito e ignorância em relação ao assunto.

Por fim, entregamos o convite e nos despedimos.

Quando meu filho completou 24 anos, casou-se. Já estava com uma situação financeira e familiar mais organizada, morando com a mãe. Ela ficou com uma leve sequela dos muitos anos em que experimentou as alterações mentais provocadas pela obsessão.

Pouco tempo depois, o meu filho tornou-se pai de um menino. Um dia ele me abordou com perguntas:

— Tio Divaldo, o senhor vai achar estranho, mas esse menino não me trouxe felicidade. Eu preferia que tivesse nascido uma menina. Eu não gosto do meu filho! Às vezes me dá uma vontade de dar-lhe uma surra, pois ele sempre faz exatamente tudo que eu detesto! Por que será?

Eu sorri e respondi:

— Mas ele vai gostar de você e você dele! Ele é um tesouro que Deus pôs na Terra para felicitar os seus dias! Ame-o! Essa criança será a razão da sua alegria!

Quando o pequenino completou 4 anos, o pai veio até mim, novamente preocupado:

— Hoje o senhor vai me contar direito essa história! Eu quero saber quem é ele! Quem é esse Espírito reencarnado?

— Só se eu mentir para você, meu filho. Eu não sei quem é o meu neto!

— Mas, tio Divaldo, o senhor tem que saber! O senhor acompanhou tudo! Eu detesto esse menino e ele odeia minha mãe! É um triângulo de ódio que nós tentamos administrar. Quando nosso relacionamento melhora um pouco e eu o abraço, ele me beija e me morde na mesma hora! O que o senhor acha disso?

— Acho que é natural por causa dos resgates que nós somos obrigados a realizar enquanto estamos na Terra. Por enquanto ele morde.

Mais tarde poderá até fazer coisas piores se você não exercer a sua função de pai. Portanto, eduque-o com amor e disciplina!

— Mas ele é um Espírito conhecido?

— Sem dúvida! Todos os que nascem em nossa família nos são conhecidos. Em algum momento nós fomos apresentados a eles antes da reencarnação atual.

— Mas, tio, é só essa a informação que o senhor vai me dar!?

— Por enquanto é só. Vamos ver o que o futuro nos reserva.

Ele saiu meio descontente, parecendo carregar mais dúvidas do que certezas.

Nessa época o menino estava no jardim de infância. Um dia, eu estava passando por lá e ele me falou, com sua natural inocência:

— Vô Di! Venha cá!

Eu me sentei ao lado dele e ele sentou-se na minha perna. Em seguida, pôs a mão no meu rosto e me abordou:

— Vô, eu *se* recordo daquele dia *lá no escuro* que eu falei para tio Nilson pela sua boca. Você se *alembra*?

— Não, meu filho. Eu não me lembro.

— Vô, eu *entrei pela sua boca* e disse: "Eu vou voltar!". Eu voltei, vô! Eu sou Fulano! Sabe quem é?

— Sei sim, meu filho.

— E agora, vô?

— Agora você tem que ser muito bom para seu pai e para sua avó.

— Mas ela é má, *né*, vô? Ela é uma bruxa!

— É uma bruxinha do bem! Você tem que amar a sua avó com todo o seu coração!

Aproveitando o *insight* experimentado pelo garoto, eu lhe falei durante alguns minutos para orientá-lo adequadamente em relação à sua família. Logo depois do nosso diálogo ele teve uma espécie de sono e, transcorridos breves minutos, o menino recobrou a consciência objetiva.

Periodicamente o pequenino me perguntava:

— Tio, por que eu não consigo gostar da minha avó?

Eu lhe respondia:

— São as Leis da Vida, meu filho! Faça um esforço para amar a sua avó!

Os anos se passaram... O meu neto já é adulto e possui uma visão renovada a respeito da vida. Através da Doutrina Espírita, nós conseguimos semear no seu coração o Evangelho de Jesus. Ele participou dos ciclos de atividade infantojuvenil espírita e agora está realizando outros estudos doutrinários. Nunca mais, que eu saiba, experimentou qualquer episódio de aversão em relação à sua avó e ao seu pai.[30]

O DRAMA DE CELSO E CIBELE

Estávamos atendendo na Mansão do Caminho, por volta das 23h30, quando chegaram algumas pessoas numa circunstância estranha: uma moça contida através de uma camisa de força, um senhor bastante agitado e dois indivíduos muitos fortes, que eu deduzi serem auxiliares de enfermagem. Naquele tempo, muitas instituições psiquiátricas não tinham outro critério para contratar auxiliares de enfermagem a não ser a condição física robusta, necessária para dar conta do esforço empreendido na contenção dos pacientes mais graves.

A paciente e os dois profissionais ficaram a certa distância, enquanto o cavalheiro veio até mim. Era um homem de aproximadamente 48 anos. Eu estava atendendo uma senhora. Como de costume, encontrava-me de pé, apoiado à mesa e com alguns livros ao lado. Exibindo aflição e ansiedade, o senhor aproximou-se e afirmou:

— Senhor Divaldo, eu preciso consultá-lo!

— Eu lhe peço que espere um momento – respondi-lhe – enquanto termino de atender esta senhora.

— Mas o meu caso é urgente!

— O senhor certamente compreende que eu não posso interromper o atendimento em curso para lhe dar atenção. Portanto, faça-me a gentileza de aguardar um momento.

— Mas é urgente!

---

30. Acerca dos processos obsessivos no ambiente familiar, consultar também o livro *Vereda familiar*, de Raul Teixeira/Thereza de Brito, Editora Fráter, cap. 22 (Obsessões na família). Nota do organizador.

Voltei-me para a senhora com quem conversava, pedi-lhe licença por um instante e dirigi-me ao senhor:

— O que o senhor deseja?

— É a minha filha!

— Qual o problema dela?

— Ela está esquizofrênica!

— Há quanto tempo?

— Há sete meses.

— Então ela poderá esperar mais trinta minutos que não fará diferença. O senhor não acha? Afinal, quem tem um problema há sete meses e ainda não morreu, não vai morrer agora... Então eu lhe peço, mais uma vez, que aguarde um pouco.

— Mas, senhor Divaldo, mandaram-me vir aqui!

— Eu compreendo perfeitamente, cavalheiro. No entanto, esta senhora chegou aqui às 3h da tarde e o senhor está chegando às 11h30 da noite.

— E onde fica a caridade?

É interessante notar como algumas pessoas estão bem-informadas quando se trata de usurpar o direito dos outros. Olhei bem para ele e respondi tranquilamente ao sofisma:

— A caridade consiste em respeitar o direito alheio. Se ela chegou muito antes do senhor, a melhor demonstração de caridade será permitir que ela seja atendida primeiro. A caridade também tem o compromisso de educar as pessoas displicentes que se esquecem de exercitar a educação doméstica.

— Mas, senhor Divaldo, eu...

— Se o senhor não concordar, não haverá problema – atalhei. – Caso não queira esperar, é só passar na secretaria da nossa Instituição, pegar o dinheiro que pagou e ir embora. Fique à vontade para decidir quanto a isso.

— Mas eu não paguei nada! – respondeu-me, com grande surpresa.

— Então eu não vejo motivo para tanta exigência! Eu estou aqui desde as 17h. E já são 23h30. Acrescente-se a isso o fato de que cumpro a mesma jornada cinco vezes por semana, adentrando a madrugada para atender a todos que nos procuram. Estou em paz comigo mesmo, sem reclamar de nada nem de ninguém. O senhor, no entanto, acabou de chegar e já está de mau humor! Veja que paradoxo! A sua queixa não possui o menor fundamento. Em resumo, quero lhe dizer que nós estamos perdendo tempo, pois eu não irei atendê-lo enquanto não concluir o meu diálogo com a senhora e com os demais que estão esperando para falar comigo. Depois disso, eu terei um enorme prazer em tentar ajudá-lo.

Ele ficou muito aborrecido, caminhou para cá e para lá, mas eu não me deixei abalar pela reação de insatisfação, prosseguindo com o atendimento que havia sido interrompido.

Porque a senhora ficou um pouco nervosa com a situação, eu lhe esclareci:

— Tenhamos calma, minha senhora. Aqui é a Casa de Jesus. Quem chega em nossa Casa não irá manobrar para tirar vantagem e passar por cima dos outros. Ou a pessoa adere aos princípios de respeito e de cidadania que têm vigência em nossa Instituição, ou estará livre para ir aonde desejar. Afinal, nós não colocamos na porta nenhum convite de entrada que represente um aliciamento ou promessa de milagres. Quem nos visita, o faz espontaneamente. Portanto, o mínimo que qualquer visitante deve fazer é respeitar as regras de relacionamento humano estabelecidas em nossa Casa, que estão fundamentadas na fraternidade.

Conversei um pouco com ela e com os demais que estavam na fila de espera para abordar este mesmo assunto, procurando tranquilizá-los.

Lá pelas 2h da madrugada eu terminei o atendimento da última pessoa e chamei o cavalheiro que me aguardava. Ele estava extremamente indócil, e eu fiz um pequeno gesto, chamando-o. Ele respondeu, aborrecido:

— Será que o senhor não poderia vir aqui?

Neste momento eu pensei: "Meu Deus! Acho que o único doente aqui é ele, não é a filha! Coitado!". Porque muitas pessoas que eu conheci, tidas como normais, estavam mais doentes sem camisa de força do que os pacientes psiquiátricos em surto. Eu até poderia me deslocar para atendê-lo. Só que normalmente eu prefiro ficar junto à mesa para me apoiar, pois eu não sou mais um adolescente em pleno vigor juvenil. Naquela época eu já contava com mais de 60 anos de idade. E como as pessoas são muito afeitas à superstição, eu resolvi fazer um teste para ver o nível de esclarecimento dele. Então eu informei:

— Poder ir até aí eu posso, entretanto, aqui onde eu estou, os guias espirituais me auxiliam. Se eu for até aí, onde o senhor e sua filha estão, os amigos espirituais não irão...

— É verdade, senhor Divaldo?

— É sim, senhor!

Ele veio correndo e não exigiu mais nada...

Aproximaram-se todos, e a jovem veio até mim sendo empurrada pelos dois auxiliares de enfermagem. Iniciei o diálogo:

— Pois não. Em que posso ser útil?

— O problema é que minha filha está esquizofrênica! Olhe bem para ela e constate. Eu vim aqui por indicação do psiquiatra que nos atendeu.

Ele declinou o nome do médico e, em seguida, me perguntou:

— O senhor o conhece?

— Já ouvi falar dele – respondi, sem dar maior importância, embora eu soubesse muito bem de quem se tratava. Era um psiquiatra muito famoso.

— Ele me disse o seguinte: "O caso da sua filha é hereditário, pois você teve uma irmã que também adoeceu e morreu em um hospital psiquiátrico. Procure essa gente espírita que anda por aí, sabe? Essa gente que cuida de Espíritos. Às vezes eles acertam e ajudam o paciente. Vá lá! Não custa nada tentar!". Então eu decidi vir aqui para pedir-lhe ajuda.

Foi até útil que ele revelasse o conselho que o médico lhe deu, pois assim eu fiquei sabendo o que o *meu amigo* psiquiatra pensava de mim...

Quando o pai, aflito, terminou de me dar explicações, eu indaguei:

— E o que o senhor deseja exatamente de mim, cavalheiro?

— Eu quero que o senhor me diga se a minha filha vai ficar boa! Porque, se ela não ficar boa, eu irei matá-la e depois eu me matarei!

— Então eu não lhe direi nada! Porque eu não quero ser responsável pela sua morte e a da sua filha. O seu psiquiatra é que lhe deveria dar essa resposta. O meu papel aqui é diferente. Eu sou apenas um cooperador espiritual, cuja visão a respeito desse assunto é a de que todos irão se curar, seja antes ou depois da morte. E, mesmo depois da morte, alguns ainda permanecem com sequelas da doença, que só se dissipam completamente na próxima reencarnação. Porém, isso é secundário neste momento.

— Mas, senhor Divaldo, o senhor precisa nos ajudar!

— Desde que não seja para me tornar o fator determinante do seu destino, estou à sua disposição.

— Tudo bem, senhor Divaldo.

Tentando ajudá-lo a diminuir o seu estado de angústia, eu prossegui o diálogo calmamente:

— Eu gostaria que o senhor me desse maiores detalhes sobre o problema da sua filha.

— Não sei dizer mais nada a não ser que ela enlouqueceu!

Ao olhar para a jovem, eu percebi que se tratava de uma cruel obsessão, pois detectei a presença do Espírito que a agredia intensamente. Daí, eu pedi ao pai:

— Por favor, tire a camisa de força da sua menina.

— Como? O senhor acha que devemos tirar a camisa de força deste *monstro*?

— Eu não *acho*. Eu estou *determinando* que o senhor remova a indumentária que retém a moça, porque nós estamos na Casa de Jesus, onde ninguém é atendido amarrado como se fosse uma fera.

— Mas eu não vou tirar!

— Então eu vou embora. Passe bem, meu senhor!

Comecei a arrumar as minhas coisas para me retirar do local. Na sua expressão facial ele revelava não acreditar que depois de tantas horas de espera o atendimento não seria feito devido a um detalhe que lhe parecia tão insignificante. Ameaçou insistir:

— Mas, senhor Divaldo, eu...

Como eu continuei impassível, reunindo meus papéis e livros, o pai, desesperado, se voltou para um dos auxiliares de enfermagem e disse:

— Então você tira a camisa de força dela!

Depois de pronunciar essa frase, ele saiu correndo e ficou parado na porta, bem distante da filha, como a se proteger do que viria após a libertação da paciente. O auxiliar de enfermagem brutamontes me olhou e me perguntou:

— E se ela quebrar tudo aqui? O que o senhor fará?

— Não se preocupe, porque todos os móveis estão pagos. Não estamos devendo nenhuma prestação... Se ela quebrar algo, nós compraremos móveis novos amanhã. Pode soltá-la.

— O senhor é o responsável!

— E o senhor tem alguma dúvida? É claro que eu sou o responsável! Por favor, tire a camisa de força, conforme lhe pedi.

Mesmo com receio, o profissional cedeu. Ele foi tirando aquele terrível instrumento de contenção e ela imediatamente se agitou. Eu estava encostado tranquilamente na mesa. E quando ele terminou de libertá-la, ela avançou para mim, com os punhos cerrados, pronta para me agredir. Eu lhe falei, com profunda ternura:

— Meu irmão, seja bem-vindo!

Ela parou. O pai gritou lá da porta:

— Senhor Divaldo! Não é *meu irmão*! É *minha irmã*! Ela é uma moça!

Como a jovem estava com uma roupa mais ou menos *unissex*, ele imaginou que eu não tivesse identificado que se tratava de uma jovem. E é óbvio que ele não sabia que eu estava vendo o Espírito. Então eu completei:

— Por favor, meu senhor, não me ajude! Se o senhor não atrapalhar, já será excelente!

Voltei-me novamente para a menina e repeti minha saudação ao Espírito:

— Meu irmão!

Ele parou subitamente, fazendo a jovem parar também. Em seguida, eu continuei a falar-lhe:

— Meu irmão, você está praticando um ato de covardia! Por que você se aproveita da sua aparente invisibilidade para atormentar esta menina?

O Espírito, em estado de estupor provocado pelo ódio, rodopiou a jovem e a fez apontar para o pai, respondendo a minha pergunta:

— Eu faço isso por causa dele! Aquele miserável é o culpado de tudo isso! Meu nome é Celso. Pergunte-lhe quem sou eu!

— Não, senhor! Eu pergunto a você mesmo, uma vez que a questão é entre nós dois.

— Pois bem. Vou explicar. Aquele ser desprezível ali é o meu padrinho de batismo. Minha mãe morreu quando eu tinha 13 anos de idade. Antes de falecer, pediu-lhe que cuidasse de mim. Sabe o que o infame fez? Tornou-me um verdadeiro escravo! Deixou-me analfabeto e estúpido para que eu permanecesse dependente e subjugado, colocando-me na sua panificadora para trabalhar todos os dias como um animal, das 5h da manhã até às 11h da noite. Eu dormia sob uma janela que havia no fundo da padaria. Certa vez eu fui reclamar os meus direitos e ele me falou que eu não possuía direito nenhum. Fui tomado de tanta ira que *experimentei uma coisa estranha e acabei dormindo.*

A imagem que o Espírito utilizou para definir a morte é muito impactante. Provavelmente ele teve uma parada cardiorrespiratória ou um infarto fulminante do miocárdio, vindo a desencarnar engolfado em ressentimento. Mas, na continuação da sua narrativa, outros elementos importantes surgiram:

— Entrei num mundo escuro e estranho – prosseguia a Entidade, em tom comovedor. — Corria sem cessar e gritava, experimentando dores terrificantes! Não sei quanto tempo se passou... Certo dia, eu despertei na sala de jantar da casa deles. O miserável estava discutindo com a filha. Quando eu o reconheci, fui acometido de ódio e notei, para minha surpresa, que ela *assimilava o meu rancor.* Senti-me atraído pela menina, como se eu fosse uma lâmina de metal e ela fosse um ímã. Eu blasfemei contra ele, e ela encolerizou-se, falando exatamente o que eu pensava. Tive um impulso de agredi-lo, e ela imediatamente ergueu as mãos contra o pai. Quando eu finalmente entendi que poderia dominá-la e manipular seu comportamento, acerquei-me mais e, através dela, desferi um golpe na face do infame! Travamos uma luta e ele pediu socorro aos empregados, amarrando-a e levando-a para o hospital psiquiátrico. Foi quando os meus amigos *do lado de cá* me disseram que eu já estava morto, mas que a morte, em realidade, não existe! Então eles me informaram que a jovem seria um bom instrumento para que eu o atormentasse! Por isso eu quero que ele a mate e depois se suicide, pois eu irei esperá-lo para que ele pague por seus crimes!

Estava desvendada toda a trama familiar. Sensibilizado com a narrativa, eu lhe falei:

— Meu filho, eu até entendo as suas razões e não o condeno, mas você deveria considerar outro aspecto antes de levar adiante os seus planos. Vamos supor que eles dois realmente morram, conforme o seu desejo. Nessa circunstância, eles ficarão livres de você. Saiba que as Leis da Vida libertam aquele que foi vítima, enquanto anotam, nos seus Códigos Superiores, aquele que se tornou agressor, que irá sofrer, no futuro, as consequências dos atos praticados. Por isso eu gostaria que você refletisse sobre a sua paz. Não estou falando sobre a felicidade deles, mas sobre a sua. Você já pensou em si mesmo? Você me disse que ficou órfão de mãe aos 13 anos. Quanto tempo você passou aqui, na Terra, sem a companhia da sua mãe?

— Mais 13 anos. Eu já estava com 26 anos quando tudo aconteceu.

— E em que ano você faleceu?

— Não tenho ideia.

— Vamos tentar descobrir. Dê-me alguma data, algum fato histórico ou social de que você se lembre.

Ele fez referência a um determinado episódio histórico e eu calculei que ele havia desencarnado há uns sete ou oito anos. Prossegui, tentando esclarecê-lo:

— Celso, eu chego à conclusão de que faz vinte anos que sua mãe morreu. Nesse período todo, você já conseguiu vê-la?

A pergunta causou-lhe uma grande surpresa e ele respondeu, meio atordoado:

— Não... Eu nem me lembrava mais de minha mãe...

— E você não sente saudade dela?

— Ah! Eu sinto muita saudade!

— Celso, você não gostaria que sua mãe viesse acariciá-lo?

— Mas é claro que eu gostaria!

— E você sabe por que ainda não a encontrou? Porque o ódio nos localiza em faixas vibratórias muito baixas. Você se recorda do rádio e da televisão?

129

— Lembro-me sim.

— O mecanismo é semelhante. Se você permanecer numa vibração muito baixa, numa outra frequência, não vai captar a presença da sua mãezinha. Você tem vivido intensamente o ódio, enquanto a sua mãe representa o amor. Ela não poderá romper os seus pensamentos de baixa frequência para alcançá-lo. Você é que terá que subir a sua vibração para sintonizar com ela.

Fiz uma pausa muito ligeira para fazê-lo digerir a explicação e concluí:

— Eu não lhe peço para perdoar o seu antigo patrão, que certamente foi insensato e cruel. Peço-lhe para que pense em você mesmo. A menina está sofrendo sem uma causa atual, pois a causa se encontra em outras vidas. O seu caso é idêntico. Se no presente não havia um motivo para você passar pelo sofrimento que me descreveu, esse motivo está no passado, porque as Leis Divinas jamais são injustas. Mas depois eu explicarei isso melhor. Este não é o momento oportuno. O que interessa, agora, é que sua mãezinha está aqui conosco. Eu a vejo. Você gostaria de vê-la também?

— Ah! Eu gostaria tanto de encontrar a minha mãe!

— Você se recorda de que aqui, no Nordeste do Brasil, as nossas mães nos colocam no colo e nos ensinam a orar? É o momento em que nos põem para dormir, contando histórias de Jesus e dos personagens bíblicos. Você recorda disso? Lembra-se do *Pai-nosso*, a oração que Jesus nos ensinou?

Celso começou a chorar através dos olhos da jovem atormentada. Eu segurei suas mãos, estavam frias, e convidei-o:

— Vamos orar!

— Não posso!

— Pode sim! Todos nós podemos nos dirigir a Deus para rogar ajuda! Vamos orar! Repita comigo: "Pai Nosso, que estais nos Céus...".

Iniciamos a oração e Celso me acompanhou com a voz titubeante, em meio a muitas lágrimas e dores convulsivas. A certa altura da oração, chegamos a um ponto limítrofe: "Perdoa-nos nossas dívidas, assim como perdoamos os nossos devedores...". Ele parou de orar e afirmou:

— Não posso! Eu não posso perdoar! Não posso!

— Então pelo menos desculpe!

Nesse momento, ele deu um grito:

— Mamãe! É você, mamãe!

Através da vidência mediúnica, eu presenciei a cena espiritual. Ela ergueu os braços e ele caiu no seu regaço, chorando copiosamente. Em poucos instantes o anjo maternal retirou-se, levando o filho querido que havia sido resgatado do abismo do sofrimento...[31]

Desconectada do psiquismo do obsessor, a moça cambaleou e quase foi ao chão. Eu a segurei para permitir que se sentasse, encostando-a ao meu quadril e esperando alguns segundos pela sua recuperação. Parecendo sair de um profundo letargo, a menina girou os olhos pela sala e viu o pai:

— Papai, onde eu estou?! Estou com muita fome, papai! Ajude-me!

Aquele homem truculento veio correndo, desesperado e trêmulo:

— Senhor Divaldo! É minha filha!

— É sim, senhor!

— E ela já está boa?

— Ainda não. O que o senhor viu aqui foi apenas a primeira intervenção. Outras etapas serão necessárias. Ainda temos muita coisa para corrigir: temos os salários atrasados que o senhor não pagou ao seu funcionário, temos também a educação que o senhor não ofereceu ao seu afilhado e ainda temos a sua crueldade como patrão, bem como outras coisas mais que a sua consciência saberá discriminar. Mas isto é assunto para depois. Por hora, nossa preocupação deve estar voltada para a sua filha. Qual o nome dela?

— Cibele.

— Olá, Cibele! Tudo bem?

Com dificuldade, revelando uma espécie de sonolência ou de embriaguez, a moça descreveu o seu estado íntimo:

— Eu estava sonhando... Sonhava que estava caindo num abismo sem fim...

---

31. Analisar uma cena semelhante no livro *Sexo e obsessão*, de Divaldo Franco/Manoel P. de Miranda, Editora LEAL, cap. 16 (O reencontro) e cap. 17 (Libertação e felicidade). Nota do organizador.

Notemos que essa sensação de cair num abismo é recorrente em processos obsessivos que já atingiram um estágio avançado, denominados por Allan Kardec de *subjugação*. E mais uma vez temos a comprovação de que a consciência de culpa se manifesta por meio dessa imagem mental.

Dirigindo-me àquele pai atordoado, eu sugeri:

— Leve-a para casa agora, meu amigo. E se lhe aprouver, traga-a até a nossa Casa daqui a alguns dias. Se achar mais conveniente, poderá procurar uma Instituição perto da sua residência, porque a sua filha necessita dos recursos da terapia espírita.

— Mas, senhor Divaldo, levá-la para casa neste estado? Não seria melhor conduzi-la ao hospital psiquiátrico?

— Se fosse minha filha, eu a levaria para casa e amanhã telefonaria ao psiquiatra para que ele recomende a conduta apropriada.

— O senhor tem certeza?

— Tenho sim.

— Mas se ela piorar?

— Então faça o que quiser fazer. Por que o senhor me pergunta o que eu penso para depois agir conforme a sua própria vontade? Vou lhe dizer pela última vez: eu a levaria para casa, pois, no momento, a sua filha está em paz. No entanto, não deixe de seguir a orientação médica. A menina certamente vai precisar da terapia medicamentosa. Volto a insistir que o senhor deve conduzi-la a uma Casa Espírita para que ela se submeta a um tratamento espiritual que deverá durar alguns anos, uma vez que não existem milagres nas Leis de Deus. A recuperação de um trauma profundo exige tempo e paciência.

Ele saiu e me disse que levaria a jovem para repousar em casa.

Comecei a arrumar meus pertences para encerrar a tarefa da noite. Os dois auxiliares de enfermagem ficaram me olhando com um ar de espanto e desconfiança. Um deles estava dobrando a camisa de força e me perguntou:

— O senhor já vai embora?

— Claro que sim!

— E nós aqui? O que fazemos?

— É simples! Os senhores vão ao psiquiatra do hospital e contam o que aconteceu.

— Eu? Se eu contar o que vi aqui, quem fica internado no hospital sou eu! Não conto de jeito nenhum!

Eu sorri com a cena inusitada e arrematei:

— Então você fará o que quiser. Eu estou indo embora porque já são 3h da manhã...

No dia seguinte eu recebi um telefonema do psiquiatra. Ele tem o costume de mandar para mim os casos que não consegue resolver e depois me telefona para saber o que aconteceu. Ele é mesmo muito *meu amigo*!

Naquele tempo, a ditadura militar no Brasil *grampeava* os telefones, obrigando o médico a me falar em código. Ele começou a indagar:

— Divaldo, era aquilo?

— Era aquilo sim!

— Vai?

— Vai sim, senhor.

— Então outra?

— Outra sim.

A tradução do nosso código é simples: Era obsessão? Vai receber a terapia espiritual? A moça terá que ir outras vezes ao Centro Espírita? Dessa forma nós nos entendíamos...

Desse modo, começou a fase de reabilitação espiritual de Celso, Cibele e do padrinho insensato do rapaz desencarnado.

Na terça-feira seguinte eles retornaram à nossa Instituição acompanhados da mãe de Cibele, que se encontrava macerada de angústia. Conversei longamente com eles e dei várias orientações. Presenteei o genitor com *O Livro dos Espíritos*, dei à mãe *O Evangelho segundo o Espiritismo* e entreguei à filha *O Principiante Espírita*.

A família retornou várias vezes ao nosso convívio, e todos começaram realmente a estudar a Doutrina Espírita. Ficamos bem relacionados, e a moça passou a me chamar de tio. Tratava-se de uma menina de apenas 17 anos.

Seis meses depois, ela chegou muito alegre e indagou-me:

— Tio Divaldo, no Espiritismo a gente pode namorar?

— Pode e deve! Mas cuidado com quem você namora! Posso saber por que a pergunta?

— Porque há um rapaz que quer me namorar!

— E você?

— Ah! Eu também quero!

— E como ele é?

— Ele é lindo!

— Então traga-o aqui. Porque a primeira medida que uma jovem espírita deve tomar antes de iniciar um namoro é levar o candidato ao Centro. Assim já pode ir amansando a *ferinha* antes que ela ponha as *garras de fora*... Ao mesmo tempo, vai educando o futuro marido para que ambos tenham um lar mais tranquilo. Entendeu, minha filha?

Ela sorriu e prometeu que o traria. Em realidade eu pretendia dar uma boa olhada nele, preocupado que fosse alguém desejando explorá-la na sua beleza e juventude primaveril.

Na reunião seguinte, ela o trouxe. Era um rapaz de 25 anos. Eu até gostei porque ele era um pouco mais velho, aumentando as chances de ser um jovem mais maduro. Com um pouco de psicologia, resolvi fazer um teste:

— Que bom que você veio, meu filho! Se bem me lembro, ela me disse que vocês são amigos.

— Não, senhor! – corrigiu-me, decidido. — Eu sou namorado dela!

Achei excelente a forma como ele assumiu publicamente o compromisso. Era um sinal de que se tratava de um rapaz responsável. Continuamos a conversar:

— Você deve estar estudando, não é?

— Não, senhor! Eu sou formado em administração de empresas e trabalho na empresa X, que fica no complexo industrial de Aratu. Eu sou chefe do departamento de química dessa empresa.

Fiquei positivamente impressionado com ele e o convidei para vir outras vezes.

Tanto ele quanto a namorada continuaram frequentando a Mansão do Caminho.

Aproximadamente um ano depois, ela chegou à Mansão muito ansiosa e me confessou:

— Tio Divaldo! O senhor tem que me ajudar! Meu namorado me disse que quer casar-se comigo!

— O que tem de mal nisso, minha filha?

— É porque eu acho que meu pai não vai querer essa união agora. Vai dizer que sou muito nova para assumir um compromisso tão grave. Ainda mais pelo fato de que sou filha única...

— Mas o seu namorado sabe que o seu pai não irá concordar?

— Sabe sim, tio. E disse que no sábado ele vai conversar com meu pai.

— E qual o horário em que ele pretende chegar à sua casa?

— Às 6h da tarde.

— Então eu irei lá visitar vocês. Como eu já tenho um bom relacionamento com seu pai, creio que posso ajudar. Prepare um cafezinho, que vai servir de desculpa para minha visita. Não se esqueça de alertar o seu namorado para que ele não chegue antes de mim, senão a nossa estratégia vai por água abaixo! Eu entrarei primeiro e em seguida ele poderá entrar.

E assim foi feito.

No horário das 18h, eu cheguei. O pai recebeu-me muito bem, embora estivesse surpreso:

— Divaldo, você por aqui? – perguntou-me.

— Pois é! – respondi, tentando criar um clima de naturalidade. – Eu estava passando por aqui por perto e resolvi fazer-lhes uma visitinha...

— Ah! Então tome um café conosco!

— Que bom! Como eu gosto muito de café, vou aceitar o seu convite, mesmo que seja assim, sem que eu tenha me programado...

Nesse ínterim, o rapaz chegou, e a moça foi chamar o pai. Bastante embaraçada, ela começou a falar:

— Papai, o meu namorado está aqui.

O rapaz ficou tímido, de rosto pálido e de mãos frias, mas tomou coragem e dirigiu-se ao futuro sogro:

— Senhor Fulano, quem deveria estar aqui hoje era o meu pai, mas ele não pôde comparecer porque mora no Ceará. No entanto...

Eu atalhei a fala do rapaz e completei:

135

— Não, não, meu rapaz! Quem deveria estar aqui não era o seu pai, é você mesmo! Afinal, quem vai casar com a moça não é ele, é você!

O pai da jovem me olhou com uma expressão de espanto que parecia que estava sendo atropelado por um caminhão!

— O que você disse, Divaldo? Ele vai casar-se com quem?

— Com sua filha, meu amigo! Aguente aí e agradeça a Deus bem depressa, antes que o rapaz mude de ideia! Porque do jeito que as coisas estão hoje em dia, é muito difícil encontrar um jovem que queira compromisso! Não é verdade?

— Divaldo, ela é muito jovem!

— E você quer que ela se case quando estiver velha, caindo aos pedaços? Tem mais é que casar ainda jovem! Porque, se por algum motivo o casamento não der certo, ela poderá facilmente reconstruir a vida.

Sem deixar espaço para que o pai sequer respirasse, eu prossegui com meu entusiasmo:

— Fico muito feliz, meu rapaz! Eu não sou parente dela, mas faço votos de que tudo dê certo entre vocês! Você é jovem, deve ter uns 25 anos, eu calculo!

Mal sabia o pai que eu já conhecia o namorado há algum tempo...

Por fim, praticamente *afogado* pelo entusiasmo geral, o pai deixou-se tomar pela alegria da proposta e todos se abraçaram carinhosamente.

Um ano e meio depois eles se casaram. Convidaram-me para a união civil, e eu compareci ao Fórum a fim de prestigiá-los.

Os meses transcorreram...

A família frequentava as reuniões mediúnicas, e a moça revelou uma extraordinária mediunidade psicofônica, através da qual os Espíritos se comunicavam com facilidade.

Certo dia, quase quatro anos após o casamento, eu estava na reunião mediúnica quando Celso me apareceu e me informou, bastante feliz:

— Divaldo, eu vou reencarnar em breve!

— Que bom, Celso! Será aqui em Salvador?

— Aqui mesmo em nossa cidade!

— E será através de alguém que eu conheço?

136

— Sim! De alguém que você conhece muito bem!

— Quem?

— Através dela! – disse isso apontando para a jovem médium a quem ele havia atormentado.

Eu pensei comigo mesmo: "Ah! Eu quero ver como será quando este netinho estiver nos braços do vovô!".

Daí a alguns meses, a menina me procurou em nossa Casa:

— Tio, eu acho que...

— Com certeza! Não precisa nem ter dúvidas, porque eu tenho segurança de que você está grávida! E será um menino!

— Mas o senhor já sabia? Foi alguma informação dos Espíritos?

— Não, minha filha! Foi só uma intuição que eu tive...

Passaram-se alguns meses...

Eu estava atendendo na Mansão do Caminho, às 3h da madrugada, quando o telefone tocou e foram chamar-me. Disseram-me que se tratava de uma urgência, conforme o autor do telefonema havia comunicado. Corri para atender, algo apreensivo, e, quando peguei o telefone, descobri que se tratava do meu amigo, o pai da moça, que me dizia:

— Divaldo! Meu netinho nasceu! Venha vê-lo!

— Mas agora eu não posso! São 3h da manhã e eu ainda estou atendendo!

— Então, quando terminar de atender, venha para cá!

— Vai ficar muito tarde... Eu não posso!

— Mas você vem!

— Não vou.

— Você vem!

Aí eu fui... Fazer o quê?

Quando cheguei ao hospital, encontrei o avô deslumbrado com a criança. Ele achava o menino a coisa mais linda do mundo!

Eu não sei como é que alguém pode olhar um recém-nascido e identificar na criança os traços de semelhança com os pais ou com os avós, afinal, o organismo do pequenino ser ainda está se adaptando à nova vida e conserva, por alguns dias, certas características que lhe alteram a fisionomia, como o rosto inchado e vermelho. Mas ninguém diga isso ao parente do bebê, porque vai acabar ganhando um inimigo para esta e para outras reencarnações...

Feliz e ao mesmo tempo atordoado com a imagem do neto, o meu amigo conseguia identificar coisas incríveis na face do garoto.

— Olhe, Divaldo! – dizia-me ele, apontando para o rosto do menino. — Daqui para cá são os traços do pai. Daqui até ali é o rosto da mãe. E dali para cá, sou eu! Não é verdade?

Eu olhei para a criança e confesso que não pude ver absolutamente nada do que ele enxergava! Aquele rostinho todo amassadinho, aquele nariz vermelho... Não dava para identificar as semelhanças. Achei melhor concordar para não perder o amigo...

Quando ele foi levar-me à porta, deu-me a seguinte notícia:

— Divaldo, eu estou abrindo uma poupança para o meu neto e já coloquei a quantia X. É uma gorda quantia, não é?

Eu calculei o que ele devia para Celso e respondi-lhe:

— É pouco! É muito pouco!

— Você acha?

— Coloque mais, meu amigo! Você tem bastante dinheiro e não lhe vai fazer falta.

— Mas quando ele morrer, já será automaticamente o meu herdeiro!

— Depois da morte! Esse negócio de dar depois que morre não implica mérito algum, pois na verdade quem morre não *dá* nada, apenas *deixa*, e deixa porque não pode levar. Aliás, se pudéssemos levar a fortuna na hora da morte, eu desconfio que muita gente não deixaria nada para os parentes... Se quisermos, de fato, *dar* alguma coisa, isso tem que ser feito em vida.

— Está bem, Divaldo. Então eu vou subir a quantia para 2 X.

— Aproveite e arredonde para 5 X! Isso não vai afetar as suas posses.

— Ah, meu Deus! Eu me arrependi de lhe ter avisado!

— Não se arrependeu! Tenho certeza! Fique em paz!

Transcorreram largos anos, e o menino cresceu.

Quando ele contava 2 anos de idade, o avô estava na Mansão do Caminho e veio conversar comigo:

— Divaldo, quero lhe fazer um pedido que você não irá me negar!

Eu já sabia que iria negar. Quando falam assim, é porque vem em seguida um pedido exagerado.

— Divaldo, eu gostaria de uma informação sua. Você sabe quem é que está reencarnado como meu neto?

— Vagamente...

— É algum dos apóstolos de Jesus?

— Também não precisa exagerar tanto...

— Mas é um missionário! Não é?

— Ah, sim! Ele tem uma grande missão na Terra ao seu lado.

— Quer dizer que o meu neto é mesmo um missionário?

— Certamente! É um missionário do amor, da caridade e do perdão.

Quando a criança completou 4 anos, o avô me procurou novamente e confessou-me:

— Ah, meu amigo! Esse negócio de reencarnação é um tormento!

— Mas por quê?

— Porque é um paradoxo! Quero até aproveitar e fazer novamente a pergunta que lhe propus um dia: afinal, você sabe quem está reencarnado na condição de meu neto?

— É como eu lhe esclareci na época: eu sei mais ou menos quem é o menino. Por que essa preocupação?

— É que eu não entendo o que se passa com ele! Eu olho para aquele *pedaço de gente* e sinto uma grande ternura. Percebo que ele também gosta de mim em alguns momentos, mas às vezes parece que ele me detesta!

— Mas como?

— Quando o garoto está no meu colo, ele me abraça e em seguida me chuta! Em outras ocasiões, ele me diz palavras de carinho e logo depois me xinga de forma bastante grosseira! O que será isso? Ajude-me a entender!

— Meu caro amigo, essas coisas são assim mesmo... É o processo da evolução! Você terá que educá-lo para que o comportamento dele não se torne pior no futuro.

Os anos se passaram, e o menino tornou-se adolescente, mas guardou no psiquismo, com certa nitidez, algumas imagens da trama que envolveu a sua família. Ele fez muitos comentários a respeito de lembranças que lhe vêm à mente periodicamente, que são reminiscências espirituais aflorando do inconsciente. Um dia ele me comunicou:

— Tio, eu me lembro de tanta coisa... Lembro-me, por exemplo, quando você me falou: "Celso! Perdoe, meu filho!"

Cibele não teve mais nenhum episódio obsessivo. Atualmente ela é mãe de três filhos e prossegue frequentando a nossa Instituição. Em determinada ocasião, o avô me confessou:

— Que bom que eu não reservei a minha herança apenas para um neto! Já que vieram mais dois, eu precisei dividir com equidade.

— Ah! Mas não se esqueça de que o recurso da herança não é suficiente para o seu netinho-problema! Para ele, você terá que *dar* em vida. Para os demais você pode *deixar* a outra parcela dos seus bens. Todos os anos coloque uma importância em dinheiro em seu nome. Não será nada demais tomarmos uma medida como essa, que representa os juros dos nossos compromissos espirituais de outras vidas...

O drama familiar de Celso e Cibele enseja minuciosas reflexões. Ele teve início por um fenômeno insidioso de obsessão e foi diluído pelos mecanismos da Lei Natural, que aproxima vítimas e cobradores por meio da convivência dentro do lar, para que se concretize o fenômeno da reparação através do amor...[32]

---

32. A respeito das obsessões, uma síntese de grande valor doutrinário encontra-se no livro *Mediunidade: desafios e bênçãos*, de Divaldo Franco/Manoel P. de Miranda, Editora LEAL, cap. 17 (Complexidade das obsessões). Ver também *Nos bastidores da obsessão*, de Divaldo Franco/Manoel P. de Miranda, Editora FEB, Introdução (Examinando a obsessão). Nota do organizador.

4

MATERNIDADE E AMOR

A BÊNÇÃO DA MATERNIDADE

A maternidade e a paternidade são verdadeiras bênçãos de Deus, representando experiências que conduzem o Espírito a patamares existenciais mais elevados, a fim de que ele mais tarde atinja o clímax do processo da evolução. Por isso, a gestação e a procriação são dádivas sublimes.

Conforme já foi mencionado, o Espírito Joanna de Ângelis afirma que o amor é semelhante a uma circunferência com diversas linhas retas que partem do centro e chegam à borda da figura geométrica. As linhas formam vértices e ângulos variados, que simbolizam o amor com expressão sexual, o amor fraternal, o amor paterno e todas as demais variantes da dimensão afetiva. Ao longo da evolução, o Espírito realiza uma síntese de todas essas manifestações. Mas o materno é a melhor e maior representação do sentimento de amor.

Normalmente a postura do pai apresenta diferenças marcantes em relação à postura da mãe. A principal razão para isso é a influência dos hormônios sobre o comportamento humano, que também recebe a contribuição do contexto cultural em que o indivíduo se insere.

No processo da evolução, o Espírito passa por ambos os sexos, conforme esclarece a questão número 201 de *O Livro dos Espíritos*, de Allan Kardec. Como na mulher há uma prevalência dos hormônios ligados à procriação e ao cuidado dos seus descendentes, ela desenvolve com mais facilidade os sentimentos de afetividade, ternura, doçura e sacrifício pelo bem-estar dos filhos. Da mesma forma, o homem sofre a influência dos hormônios masculinos, que lhe conferem um comportamento mais vinculado à conquista dos recursos materiais para a sobrevivência da família, razão pela qual, ao longo da evolução cultural, ele desenvolveu características que lhe fizeram espelhar a imagem da força e da disciplina. Essas diferenças biológicas entre homem e mulher, somadas à influência cultural na elaboração dos gêneros feminino e masculino, manifestaram-se de forma preponderante na História da Humanidade, demarcando, com certa nitidez, os papéis de gênero no funcionamento das famílias.

É natural que o indivíduo venha de uma longa trajetória de reencarnações masculinas e não pretenda abandonar a satisfação que isso lhe proporciona. Todavia, chega o momento em que precisará experimentar os sentimentos da maternidade para se dulcificar, para vivenciar o *choque dos hormônios* e a expectativa que a sociedade formula em torno do papel da mulher. Dessa forma, o Espírito poderá unir os dois potenciais que se encontram latentes em sua intimidade (o feminino e o masculino), aliando o enfrentamento dos desafios com a renúncia, a coragem com a abnegação, pois somente assim o Espírito alcançará o equilíbrio total das forças anímicas.

Na família moderna, a mulher foi convidada a participar do mercado de trabalho e a aprimorar outros valores, o que também ocorreu com o homem, uma vez que ele precisou inclinar-se mais na direção do lar para aprender a cuidar dos filhos com mais atenção e ternura. Mesmo com os desafios sociais que a mulher teve de enfrentar pelo fato de trabalhar fora, o seu sentimento de afetividade predomina por dois motivos: primeiro, por causa da sua constituição fisiológica, conforme já foi declarado, e depois porque, quando o Espírito elege a experiência da maternidade de forma espontânea e consciente, significa que ele já está em um processo de aprimoramento dos sentimentos, um momento da evolução em que o ser realiza um considerável salto qualitativo.

Portanto, o estágio evolutivo no qual o Espírito opta pela maternidade significa, em linhas gerais, um patamar de maior desenvolvimento do que aquele relacionado à experiência da paternidade.[33]

---

33. Ver também a questão 821 de *O Livro dos Espíritos*, de Allan Kardec. Nota do organizador.

O vínculo que se forma entre o psiquismo da mãe e o psiquismo do Espírito reencarnante é uma experiência única. Trata-se de uma espécie de *fusão* temporária entre o perispírito de ambos para permitir que durante os nove meses de gestação ocorra uma relação de intimidade inigualável, que prossegue existindo após o nascimento do filho, de certa forma. Essa relação é essencial ao bem-estar psicológico do ser humano, razão pela qual as técnicas de cuidado pós-parto se adaptaram à necessidade de proteção emocional do recém-nascido. Depois do nascimento, a criança deve ser colocada imediatamente sobre o corpo da mãe, com o objetivo de não interromper subitamente o vínculo mantido ao longo da vida intrauterina. O psiquismo infantil pode registrar alguma forma de trauma ao atravessar o canal vaginal e ser *jogado* em um mundo no qual, de um momento para outro, precisa interromper a estreita ligação com a mãe e viver por conta própria. A manutenção da criança junto à mãe é uma forma de dar segurança ao indivíduo nos instantes iniciais da sua vida extrauterina.[34]

Uma questão que surge com frequência é se o vínculo entre um filho e a mãe tem caráter perene, se pode estender-se até o Mundo espiritual e pelos séculos afora. Para responder a essa pergunta, é necessário visualizar o grupo familiar por uma óptica mais abrangente, considerando também as simpatias e antipatias que integram a pauta das relações entre os seres.

Não há dúvida de que a maternidade é um laço muito profundo. O intercâmbio afetivo proporcionado por essa experiência possui um valor espiritual significativo. Contudo, mesmo que uma relação entre mãe e filho seja de grande afinidade, esse arranjo familiar não necessariamente irá repetir-se em existências futuras. Aquele ser que inicialmente exerceu a maternidade, tornando-se um Espírito nobre pelos sacrifícios realizados, em encarnações posteriores poderá doar o seu amor ao ser querido através de outras expressões de ternura. Ela poderá retornar

---

34. Informações úteis sobre a gravidez podem ser encontradas nos livros *Desafios da Educação*, de Raul Teixeira/Camilo, Editora Fráter, parte 4 (Educação e gestação); *Entre a Terra e o Céu*, de Francisco Cândido Xavier/André Luiz, cap. 28 (Retorno), cap. 29 (Ante a reencarnação) e cap. 30 (Luta por renascer). Nota do organizador.

como esposa, como filho ou em outro tipo de parentesco. Essa variação de experiências foi programada pelas Leis da Vida para evitar uma espécie de exclusividade afetiva, pois todos nós devemos transitar em diversas modalidades de relacionamento para desaguarmos na universalidade do sentimento fraternal.

Por outro lado, é preciso que nos recordemos de que nem todo vínculo consanguíneo está permeado pelo sentimento de amor. Espíritos que são inimigos entre si podem reencarnar juntos como mãe e filho, compondo um quadro de reajuste evolutivo que é muito comum na existência planetária. Provavelmente não será através dessa genitora que o ser em desenvolvimento encontrará suporte espiritual para os desafios da vida. No entanto, a Divindade irá proporcionar ao indivíduo um laço afetivo com alguém que lhe será o sustentáculo nos dias mais difíceis da jornada. Pode ser o pai, um avô, um irmão, um tio ou até mesmo uma pessoa que não pertence à família consanguínea.

No processo de reencarnação, um Espírito pode chegar aos braços de uma genitora mesmo sem o desejo materno de estar-lhe na companhia, na medida em que existem compromissos do passado que geram necessidades evolutivas inadiáveis. E, muitas vezes, essas reaproximações são programadas sem o consentimento dos envolvidos. Nesses casos, a mulher que não deseja receber aquele Espírito na condição de filho recebe as devidas instruções de que a maternidade irá acontecer, uma orientação que é fornecida pelos mentores quando a futura mãe ainda se encontra no Mundo espiritual. Por isso ela desenvolve no inconsciente uma rebeldia silenciosa, uma oposição àquela proposta. Como essa situação específica se refere a uma expiação, os amigos espirituais não fazem uma segunda consulta, pois as providências para o êxito da experiência já foram arquitetadas antes do renascimento dos dois seres envolvidos no processo de resgate. Aproveitando-se de uma relação íntima do casal, os mentores levam adiante o projeto e fazem a vinculação do Espírito reencarnante ao corpo físico, mesmo que seja à revelia da vontade materna ou de ambos os genitores.

Embora as resistências que a decisão do Plano superior venha a provocar na mulher-mãe, a maternidade, mesmo que imposta, auxilia na evolução do Espírito que a vivencia.

Na dinâmica familiar, a mãe não pode ser responsabilizada sozinha pelo sucesso ou pelo insucesso na educação dos filhos. Até porque, mesmo que sejam oferecidos os melhores exemplos, o Espírito que está sendo submetido ao processo educacional nem sempre possui estrutura moral para incorporar as lições recebidas e colocá-las em prática. A mãe se empenha, sacrifica-se, doa-se totalmente. No entanto, às vezes, ela estará diante de uma individualidade refratária e rebelde, que pode assimilar as propostas de equilíbrio, mas só conseguir vivenciá-las em reencarnações futuras. Para que utilize determinados aprendizados, muitas vezes é necessário que ele registre primeiro no inconsciente profundo os conceitos relativos aos deveres assumidos. Esse conteúdo vai emergindo aos poucos até a zona consciente do psiquismo, permitindo o desabrochar dos comportamentos saudáveis.

Por todos os fatores que já foram analisados, é natural que o processo educativo normalmente seja mais bem compreendido e executado pela mãe. Mas, no cotidiano do lar, o pai não deve ser apenas um fornecedor de recursos materiais. Ele precisa estar inserido nessa outra dimensão da vida familiar que envolve o convívio e o cuidado com o filho. A melhor forma para as mães atraírem os pais a essa responsabilidade é demonstrar que o filho pertence ao casal. A esposa precisa delegar ao marido algumas tarefas domésticas para com os descendentes, de modo que ele exercite a carícia, a conversação edificante e a afetividade. Isso evitará que o companheiro se sinta deslocado do compromisso familiar de oferecer educação moral e assistência emocional aos filhos, transferindo a responsabilidade à mulher-mãe, que nem sempre possui todos os requisitos para uma intervenção dessa envergadura.

Um dos maiores desafios enfrentados pela mãe é o de precaver-se para não superproteger o filho, impedindo-o de alçar voo com suas próprias forças. Muitas mães têm dificuldade em aceitar que o filho cresceu e está buscando novos caminhos, uma situação que ocorre por causa do instinto de posse, de domínio, que ainda nos escraviza às ilusões do *ego*, fazendo com que a pessoa cometa desvarios em nome do amor. Em realidade, a mãe que conserva esse comportamento é uma pessoa imatura e insegura. No fundo, ela não ama o seu filho, mas procura fazer dele um *bastão psicológico* para adquirir autoconfiança. Por isso as mães possessivas são psicologicamente frágeis. Em lugar de prepararem os filhos para a vida, preocupam-se apenas em ter alguém para sustentá-las na velhice ou preencher-lhes a solidão interna. Esses fenômenos estão catalogados como comportamentos de natureza patológica. A Divindade que nos criou liberta-nos, dando-nos asas para voar...

A verdadeira maternidade está aureolada por um sentimento de amor que participa do crescimento do outro e que o libera. De certa forma é compreensível que a maioria das pessoas ainda experimente o ciúme e o medo de perder uma pessoa amada, já que se trata de um sentimento inerente à criatura humana. Contudo, o amor sobrepõe-se a isso, pois, quando pretendemos doar afeto, o nosso objetivo essencial é a felicidade do ser amado, e não a nossa própria felicidade através do ser supostamente amado.

Um ditado popular afirma que *"ser mãe é padecer num paraíso"*. O conceito poético parece-me injusto, pois o fato de amar já elimina qualquer forma de padecimento. Além disso, o sofrimento é algo muito relativo, pois a dor faz parte da nossa agenda evolutiva.

O DIA DAS MÃES

Todos os dias pertencem às mães! No entanto, é natural que as pessoas tenham o hábito de reservar uma data específica para homenagear esse ser especial, que representa a docilidade, a mansidão, o sacrifício e a dedicação infinita.

O Dia das Mães é caracterizado por uma história de rara beleza. Os primeiros registros remontam a épocas muito recuadas da Antiguidade, mas os historiadores encontraram informações sobre duas tentativas relativamente recentes de consagrar uma data especial à figura materna, que nos permite retornar ao palco da vida por meio da reencarnação.

A primeira iniciativa foi da escritora americana Julia Ward Howe, que, por volta de 1872, desejou homenagear as mães através de um movimento que não teve grande repercussão. A intenção era reverenciar as mães e também promover a paz nos Estados Unidos, que àquela época sofria com as consequências tenebrosas da Guerra de Secessão, a guerra civil que assolava o país.

A segunda iniciativa foi aquela que de fato rendeu frutos. Ela ocorreu por volta de 1904, em Grafton, uma pequena cidade do interior da Virgínia Ocidental, nos Estados Unidos da América. O Dia das Mães foi instituído como resultado do amor de uma jovem por sua mãe, uma senhora nobre e respeitada que, entre outros feitos, prestou importantes serviços comunitários durante a mencionada Guerra Civil Americana ocorrida no século 19. A jovem se chamava Anna Jarvis,[35] uma mulher notável que era filha de pastores protestantes que haviam nascido naquela região e se entregavam com imenso carinho ao ideal que os arrebatava. Ela exercia a função de professora da Escola Bíblica Dominical na Igreja Metodista de Grafton.

Quando sua mãe estava prestes a falecer, Anna lhe prometeu que criaria um movimento para homenagear a maternidade, em particular a missão materna desempenhada pela sua própria genitora. Ela percebeu que nem todos reconheciam a importância do papel das mães na existência humana, desde as primeiras horas de vida dos filhos até o último momento em que as mães habitam o mundo das formas. Elas passam noites em claro, junto à cama dos seres amados que estão doentes, da infância à juventude, mantendo-se preocupadas e insones com os desafios que os filhos enfrentam já na fase adulta. Por essa razão, Anna Jarvis passou a trabalhar para que a sociedade fosse mais sensível às virtudes inigualáveis que caracterizam a sublime missão da maternidade.

Após a desencarnação de sua mãe, ela, estimulada por um grupo de amigas devotadas, providenciou a celebração de uma missa em homenagem a todas as mães, o que aconteceu em 10 de maio de 1908, na Igreja Metodista local, data que é indicada pela maioria das fontes bibliográficas que abordam o assunto. A outra data indicada para esse fato é o ano de 1907.

A jovem desejou que o culto fosse marcado por um clima diferente, em sintonia com a homenagem singular que seria prestada às mães, e por isso ela teve uma ideia peculiar: enviou para a igreja 500 cravos brancos, que no seu conceito representariam a doçura e a pureza do sentimento maternal.

---

35. 1864-1948. Nota do organizador.

A partir dali, começou um movimento que se ampliou rapidamente. No ano seguinte, a sua iniciativa conseguiu uma grande aceitação pela população da cidade e de toda a região, fazendo com que mais tarde, em abril de 1910, a data comemorativa do Dia das Mães fosse oficializada por William Glasscock, governador do estado da Virgínia Ocidental. Anna exultou com essa conquista e continuou enviando cravos brancos à sua igreja em todas as edições da comemoração anual. Antes de desencarnar, ela chegou a enviar ao seu templo religioso, no transcorrer dos anos, um total de dez mil cravos brancos de beleza incomum.

O movimento foi se popularizando e chegou a outros estados do país. No ano de 1914, o presidente americano Thomas Woodrow Wilson oficializou a data, que foi festejada pela primeira vez no dia 9 de maio. Na atualidade, os americanos localizaram o Dia das Mães no segundo domingo de maio, da mesma forma que acontece no Brasil.

Nem tudo foi considerado por Anna um êxito completo porque, logo depois, quando o movimento se tornou muito expressivo, a ganância de alguns indivíduos transformou o Dia das Mães em uma data extremamente comercial, fazendo com que os cravos brancos passassem a ser vendidos em vez de serem doados, causando uma enorme frustração naquela mulher que dera início a este trabalho tão valoroso. No ano de 1923, ela declarou a um repórter que não havia criado a comemoração para fomentar o lucro dos empresários, mas para promover a união das famílias a partir da doação de ternura. Contudo, a mercantilização da vida atinge quase todas as esferas da realidade social. O mesmo acontece com o Natal, que é analisado no último capítulo deste livro. O sentido original da festividade natalina praticamente desapareceu da consciência cristã ocidental.

Os ideais são sempre nobres enquanto estão no plano ético, enquanto habitam a esfera mental de quem os acalenta. Quando eles se materializam no plano físico e as criaturas se apropriam dos seus fundamentos, a mudança é quase sempre inevitável, pois as pessoas imprimem aos ideais as suas características humanas. E como normalmente essas características são negativas, aquilo que antes era algo nobre perde o seu sentido profundo e passa a trabalhar em favor do interesse daqueles que lutam para obter alguma forma de lucro.[36]

O Dia das Mães não escaparia a essa lamentável realidade. Comerciantes começaram a vender cartões com mensagens para homenagear as mães, algo que hoje é bastante comum em todo o mundo. Chegamos a uma livraria ou papelaria e nos deparamos com uma extensa variedade de cartões à disposição dos clientes. Muitas vezes esses cartões são enviados pelo correio ou entregues pessoalmente às mães sem o menor sentimento de ternura, muito mais por um rito social do que por consideração e carinho autênticos. Torna-se uma obrigação que é cumprida friamente, completamente desvinculada da emoção. E alguns filhos ainda remetem esses cartões acompanhados de um buquê de flores que igualmente nada representa em termos afetivos.

Portanto, na atualidade, a celebração constitui uma festividade externa, atendendo aos interesses do mercado, com doação de presentes de fácil aquisição para que as pessoas possam se exibir. O que deveria ser um verdadeiro culto de amor converteu-se em lucrativo empreendimento de frivolidade, retirando-lhe o que de mais belo existia no ideal de Anna Jarvis. É lamentável a ocorrência porque destituída de significado. O amor é a maior dádiva que se deve conceder a esse ser especial, sem a preocupação primordial de oferecer-lhe coisas materiais, embora também se possa assim proceder ao demonstrar gratidão e afeto.

De qualquer forma, a data ficou estabelecida como um marco na história social das relações familiares.

Anna Jarvis, que desencarnou aos 84 anos de idade, viu florescer o seu desejo de demonstrarmos amor e gratidão pelas mães que nos acolhem no ventre.

São tantas as formas de maternidade! As mães adotivas também merecem menção especial. São Espíritos generosos e abnegados, tomando nos braços um filho que renasceu através de outra criatura, dispondo-se a amá-lo de forma incondicional. Todavia, tenho acompanhado o drama de muitas dessas mães que, ao se candidatarem à maternidade

---

36. Uma reflexão sobre os ideais pode ser encontrada no livro *Dias gloriosos*, de Divaldo Franco/Joanna de Ângelis, LEAL, cap. 27 (Desafios do ideal). Nota do organizador.

por adoção, sofrem com a resposta inesperada que recebem do ser querido alguns anos depois. Esses filhos em provação que foram acolhidos com amor pela mãe adotiva, ao se tornarem adultos, crucificam a figura materna nas traves da ingratidão e da perversidade. Não raro eles procuram vasculhar o passado para descobrir a qualquer preço quem foi a pessoa que lhes deu a vida biológica e, quando a encontram, desprezam aquele anjo que esteve durante todo o tempo ao seu lado, para se dedicar tão somente à mãe consanguínea, mesmo que a genitora tenha abandonado o seu bebê sem se preocupar com o destino que o aguardaria. Em outras situações, esses filhos permanecem amargurados porque não conseguiram encontrar a mãe biológica ou porque constataram que a morte a subtraiu do cenário terreno, embora a Divindade tenha lhe reservado uma mãe muito mais dedicada e amorosa, e essa amargura injustificável intoxica o seu relacionamento com a mãe adotiva.

Sejamos gratos à mulher que não tem filhos e adota os alheios como seus, e da mesma forma reverenciemos aquela que, em nome do amor, coloca no meio dos seus filhos biológicos os chamados *filhos de ninguém*.

Vejo também muitas mães que não puderam constituir família ou que se separaram do companheiro, tendo que realizar um sacrifício hercúleo para arcar com a responsabilidade de substituir a ausência do pai que desertou do compromisso. Às vezes esse pai nem sequer chegou a dar assistência ao filho e à companheira, abandonando os dois ao receber a notícia da gravidez, conforme já testemunhei centenas de vezes nas atividades assistenciais da Mansão do Caminho. Por isso, essa é realmente uma maternidade sublime!

O sentimento profundo que deve existir entre mãe e filho parece estar abalado nos tempos modernos, um sintoma provocado pela precipitação de indivíduos que se atiram, desavorados, na busca de coisa nenhuma... Filhos que se deixam conduzir pela libido atormentada abandonam o lar sem a menor consideração, trocando o carinho da família pela procura desesperada de um prazer ilusório, de uma aventura que passa com tanta rapidez e que quase sempre traz uma alta dose de amargura...

Quando uma filha abandona a mãe, seduzida pela paixão de um companheiro a quem se vinculou de um momento para outro, mais cedo ou mais tarde vai experimentar um profundo arrependimento pela sua ingratidão. Quando o filho deixa o lar por uma pequena contrariedade, um desajuste familiar que poderia ser facilmente contornado através do diálogo, ou quando pratica a violência física ou moral contra a sua mãe, poderá estar jogando fora a oportunidade de ser feliz na existência planetária, porque, ao lado da atitude ignóbil da ingratidão, um atentado contra a própria mãe pode transformar-se em uma verdadeira *maldição*, no sentido metafórico que a expressão traduz, pois o compromisso negativo é tão grande que ele poderá fazer da sua vida um palco de sucessivos desencantos.

Do ponto de vista psicológico, esses filhos atormentados introjetam no psiquismo um sentimento de culpa que vai um dia emergir em forma de dificuldades diversas, principalmente transtornos depressivos, vivendo nas sombras do sofrimento interior e culminando às vezes na fuga para as drogas ou para o suicídio. Tenho entrado em contato com diversas pessoas encarnadas e incontáveis Espíritos que me fazem relatos semelhantes.[37]

Conforme foi dito, todos os dias pertencem às mães. Mas, no dia reservado para homenageá-las, o respeito e o carinho que elas nos merecem devem se manifestar com um colorido especial. E, para aquelas mães que já desencarnaram, elevemos o pensamento em forma de uma prece rica de gratidão e de ternura, falando-lhes com toda emoção sobre aquilo que nos preenche a alma. Se evocarmos a nossa mãezinha mediante uma prece sincera que brota do coração, mesmo que ela esteja longe em saudade, estará próxima em amor, afinal, essa mãe já se foi, mas não se desvinculou de nós. Vamos recordar as horas felizes em que ela esteve conosco, aproveitando para renovar carinhosamente esse laço de afetividade...

Aproveitemos o Dia das Mães para homenagear não apenas a nossa mãe, mas também as mães de outras pessoas, e dediquemos igualmente o nosso carinho a outros tipos de maternidade, pois a mulher-mãe exibe o seu sentimento por meio de múltiplas funções: a

---

37. Uma interessante narrativa a esse respeito consta no livro *Nos domínios da mediunidade*, de Francisco Cândido Xavier/André Luiz, Editora FEB, cap. 4 (Ante o serviço). Nota do organizador.

professora do ensino fundamental, por exemplo, exerce um tipo de maternidade ao educar as crianças com as quais trabalha na escola.

Eu me recordo da minha primeira professora do ensino infantil, a professora Antônia Pedreira, uma pessoa dedicada e sacrificada, que fazia da sua profissão uma verdadeira atividade materna. Mesmo com todas as dificuldades, ela educou muitas gerações na cidade de Feira de Santana, sempre com ternura e bom humor inesgotáveis, com uma generosidade que conseguia nos deslocar da ignorância para o conhecimento libertador.

Da mesma forma vemos a médica, a assistente social e outras mulheres valorosas que ocupam posições simples ou destacadas na sociedade, todas exercendo uma atividade digna de reconhecimento e semelhante à função de mãe, quando elas realmente se dedicam ao compromisso assumido. Todas são mães, porque são cocriadoras na obra Divina, colaboradoras de Deus que estão construindo o mundo melhor.

Não importa o contexto em que a mãe se encontre! Qualquer expressão de maternidade é inspirada por Deus e por Ele abençoada, merecendo elogios e reconhecimento por parte de todos nós. Elas são os anjos tutelares da vida humana, sempre dispostas ao esforço até super-humano em favor da felicidade dos filhos. Não poucas renunciam aos prazeres e à própria alegria de viver, a fim de cuidar dos rebentos com que a Divindade lhes honra a existência luminosa. Todos nós mantemos recordações inapagáveis da convivência com a mãezinha na infância, na adolescência e mesmo na idade adulta.

Existem, sim, mães que não conseguiram vivenciar a grandeza da missão terrena, tornando-se negligentes, indiferentes e até mesmo perversas, constituindo uma lamentável exceção. Elas revelam um comportamento destituído de virtudes indispensáveis ao seu papel de educadoras, provocando abalos na harmonia que deve ter vigência no ambiente doméstico. São genitoras que não atendem aos seus compromissos no lar, que estão preocupadas apenas em desfrutar do prazer ilusório, satisfazer vaidades fúteis, cultivar diversões irresponsáveis. Vemos algumas que chegam ao absurdo de se prostituir. Nessa conjuntura, é compreensível, à primeira vista, imaginar que elas não merecem uma postura de gratidão e reconhecimento, no entanto é preciso visualizar a questão por outro ângulo.

Não importa se a nossa genitora foi dirigida por um sentimento de superproteção ou de indiferença, se nos atirou no resvaladouro do abandono, deixando-nos à porta de uma instituição qualquer, motivada pelos seus conflitos e dificuldades. Ainda nesse caso, no desespero que a dominou, ela merece compaixão, porque poderia ter cometido o aborto, e não o fez. Havendo-nos doado a vida, deu-nos também a oportunidade de crescer na direção de Deus, facultando-nos o caminho para o encontro com a paz...

No budismo há um conceito do príncipe Sidarta Gautama que é de uma beleza incomum: ele recomenda que nos amemos como se fôssemos mães uns dos outros.

De forma semelhante, o filósofo alemão Friedrich Nietzsche, apesar de ser pessimista, elaborou um pensamento notável. Segundo ele, o ser humano só pode amar verdadeiramente quando ama como se fosse a própria mãe da pessoa amada.

Por isso eu sempre aconselho a quem possui problemas de relacionamento com a genitora: "Embora sua mãe não mereça maiores demonstrações de afeto, ame-a mesmo assim! Ofereça-lhe o sentimento que ela deveria merecer".

A MÃE DE DIMAS

O mês de *nisan*, que corresponde a março/abril no nosso calendário, ainda trazia os revérberos do Sol poente, adornado de lufadas quentes advindas do vento que soprava do vale próximo.

A cena era o Calvário. Ali estavam três cruzes desafiadoras. O monte do *Gólgota*, palavra que significa *caveira*, em aramaico,[38] ficava mais ou menos a 15 metros acima do nível da cidade e a 500 metros da entrada da Porta das Ovelhas, em Jerusalém.[39] Apesar do Sol que

---

38. A palavra *Calvário* deriva do latim *calvarium* e tem o mesmo significado que a palavra *Gólgota*.
39. A Porta das Ovelhas era uma das doze portas pelas quais as pessoas podiam entrar ou sair da cidade de Jerusalém. Através dela as ovelhas eram conduzidas para serem sacrificadas durante a Páscoa Judaica. Notas do organizador.

brilhava às 3h da tarde, o monte foi coberto por uma estranha nuvem que encheu de sombras o leque de plumas douradas do astro ardente, como se o ambiente participasse da tragédia que se delineava e haveria de consumar-se naquela sexta-feira triste assinalada pelo sofrimento.

Na cruz do meio estava um Homem de aproximadamente 1 metro e 75 centímetros de altura, magro, com os cabelos abundantes e desgrenhados, colados à testa embebida de suor. Ele estava adornado com uma coroa de espinhos ridícula, como se fosse de algum rei, que lhe sangrava a cabeça dolorida e fazia escorrer o fluido da vida em bagas pesadas a se condensarem na face sanguinolenta. Ao mesmo tempo, a coroa injetava na corrente sanguínea o microrganismo letal da doença que lhe destruiria o corpo dentro de alguns minutos. O tétano estava desenvolvendo-se no seu organismo, e Ele sentia, naquela posição terrível, o mal-estar da asfixia que matava os crucificados. Conforme previra o profeta Elias, aos pés das cruzes os soldados jogavam a sorte e disputavam para ver quem ficaria com as roupas daquele Homem, cuja nudez estava recoberta por uma toalha que lhe fora amarrada na região genital.[40]

Do lado direito de Jesus estava a cruz de um salteador, conhecido pela multidão por ser um personagem curioso. Dimas era um homem de aproximadamente 30 anos, a cabeça leonina e basta, os olhos negros e amendoados, a testa larga e a pele tostada pelo Sol inclemente. Do lado esquerdo estava Giestas, que blasfemava de forma incessante com aquele semblante vulgar que lhe era característico.

Aos pés das três cruzes estavam as mulheres. Os amigos haviam desertado. Somente elas permaneciam firmes no propósito de acompanhar os últimos instantes de vida dos condenados, pois as mulheres têm a fibra do amor e da fidelidade maternal. Estavam ali em nome do afeto e da gratidão, chorando convulsivamente.

Auxiliada por outra mulher gentil, A Veneranda Senhora, coberta por um manto denso, observava em profunda amargura o Homem preso à cruz do meio. Olhava-o e deixava que as lágrimas vertessem em profusão. Ao seu lado também se podia notar uma mulher de peregrina beleza, estigmatizada pelo *vírus* do preconceito por causa do seu

---

40. A profecia referida está em Salmos, 22:18. Nota do organizador.

envolvimento anterior com a prostituição. E, ainda, fazia-se presente um rapaz jovem e sonhador, de cabelos louros como uma espiga de ouro, contemplando aquela cena inusitada, com o coração tomado pelo sentimento de ternura e devotamento ímpar. Um pouco afastada desse pequeno grupo, havia uma mulher de quase 50 anos, ensimesmada e triste, soluçando baixinho...

De repente, em meio ao silêncio natural que se fez pelo pavor, o homem crucificado ao lado direito de Jesus ergueu a voz e pediu ao Mestre:

— Senhor, lembra-te de mim quando entrares no Paraíso!

A cabeça ensanguentada de Jesus meneou. Ele a movimentou para o lado e, com um olhar dorido, respondeu:

— Em verdade te digo hoje, estarás comigo no Paraíso...[41]

O Amigo Celeste não disse ao homem quando isso ocorreria. Apenas deu ao condenado a certeza de que um dia poderia contar com a Sua companhia nas regiões espirituais superiores. Ao ouvir a promessa de Jesus, o condenado pareceu sorrir.

A mulher que estava um pouco afastada aproximou-se e abraçou a cruz, cravando os seus olhos lacrimejantes naquele homem que acabara de dialogar com Jesus. Um soldado empurrou-a grosseiramente, ela cambaleou e tombou no chão. Maria de Nazaré acercou-se-lhe e perguntou-lhe:

— É teu filho? Aquele homem é teu filho?

Ela procurou identificar nas telas da mente onde escutara aquela voz...

A nossa memória é um verdadeiro caleidoscópio! O voo das recordações nos leva a uma viagem pelo tempo e pelo espaço...

A mulher meneou a cabeça, olhou através do manto que cobria o rosto de Maria e recordou-se de uma tarde longínqua, fazia mais de vinte anos, quando ouvira aquela mesma voz feminina em um crepúsculo semelhante, mas feito de alegria. Lembrou-se de ver aquela face desenhada no claro-escuro do entardecer... Muito emocionada, a senhora, tentando levantar-se, respondeu à mãe de Jesus:

— Sim! Ele é meu filho, Dimas!

---

41. Lucas 23:42-43. Nota do organizador.

E Maria lhe explicou:

— Se ele é teu filho, aquele do meio é meu filho. E se o meu filho afirma que o teu entrará no Paraíso, crê, porque o meu filho nunca mentiu! E o teu filho terá a oportunidade de desfrutar da Glória dos Céus...

A mulher fechou os olhos e deixou-se abraçar por aquela mãe também esmagada pela dor do filho na cruz. Ela recordou-se dos tempos em que tudo era diferente.

Morava em Nazaré, que fica na descida da Judeia, na direção da Galileia, um lugarejo modesto. Ali, contemplando o Vale de Esdrelon, Nazaré era uma aldeia sem fama, embora a sua fonte generosa que jorrava em abundância. Ela se lembrava de que, ao cair de uma tarde, saíra com um cântaro ao ombro para ir ao poço buscar água, como faziam todas as mulheres daquelas redondezas. O poço era um lugar agradável para os diálogos, as notícias femininas, o encontro de corações. Ela se acercava da fonte quando ouviu alguém dizer:

— Pois é. Como afirmo, ele é um ladrão! E a mulher que o colocou no mundo é a mãe de um ladrão!

A voz acusadora continuava a repetir:

— Não há dúvidas de que ele é um ladrão!

Ela parou subitamente. Em seguida, acelerou o passo para sair da cena. Não saberia dizer por que se assustou diante daquela frase condenatória. E a mulher concluía sua acusação:

— É como eu te digo, Miriam: Dimas é um ladrão, e a mãe dele sabe, por isso ela é cúmplice! Ela deveria punir aquele menino rebelde e ingrato que desde cedo já se entrega à rapina. E quem me disse foi meu filho, João. Como tu sabes, João não mente nunca! Meu filho, Yochanan,[42] é bem-aventurado. E ainda ontem ele me informou: "Mamãe, Dimas roubou-me a funda!".[43] E eu tenho certeza de que o meu filho está dizendo a verdade!

A mulher se deteve. E ouvindo falar o nome *Dimas,* começou a sofrer a tragédia por antecipação, apesar de o seu filho ser um menino

---

42. Nome hebraico que equivale a *João,* por meio de transliteração.
43. *Funda* ou *fundíbulo* é uma antiga arma de arremesso, uma espécie de estilingue ou atiradeira que se girava com grande velocidade para atirar uma pedra no inimigo ou na caça. Notas do organizador.

de apenas 9 anos de idade. Era ao mesmo tempo uma criança jovial e extrovertida, com a cabeleira encaracolada e negra, de tez morena e trigueira. Várias vezes alguma coisa lhe sobressaltara o coração de mãe viúva, e ela, segurando as mãos do filho, pedia-lhe em tom firme:

— Dimas, nunca pratiques o mal! Tu sabes que a lei é rigorosa!

— Mas, mamãe – atalhava o garoto sorrindo –, eu sou bom!

A jovem mãe não podia resistir àquele olhar terno e carinhoso do filho. Ele a cobria de beijos e ela sempre cedia. Mas agora se confirmavam os temores do seu coração materno. Contudo, que culpa teria ela? Se Dimas era um ladrão, ela não tomara conhecimento. Jamais o havia surpreendido em atitude indigna. Não se defrontara com nenhuma evidência além da voz daquela mulher acusadora e terrível nas proximidades do poço. E a senhora, por trás do sicômoro,[44] continuava a ouvir as queixas em relação ao seu filho:

— Dimas é um ladrão, e a sua mãe é a responsável!

— Oh, Isabel! – retrucava a outra mulher. — Por que acusar a mãe? Dimas é apenas uma criança e brinca com os nossos filhos! Pois eu te direi que se João está acusando Dimas de furtar, meu filho, Yeshua,[45] costuma dizer-me: "Eu sou o semeador da esperança! Meu Pai, que está nos Céus, mandou que eu viesse à Terra para amar, sobretudo aqueles que são infelizes e deserdados. Os que tombam e caem não merecem censura nem condenação, porque eles não sabem o que estão fazendo... Dia virá, mamãe, em que o lobo beberá no mesmo regato, ao lado do cordeiro. Isto é, o bandido ao lado da sua vítima. E nesse dia eles se darão as mãos...". Por isso, Isabel, meu filho, Jesus, que é primo do teu filho, há de perdoar e amar Dimas, um menino brincalhão que talvez não tenha agido por maldade.

Tamar, quando escutou aquela doce voz defendendo Dimas, cerrou os olhos e guardou na acústica da alma a melodia que lhe falava de amor e compaixão pelos sofredores. E nunca mais esqueceu o nome *Yeshua*. Contudo, um punhal afiado se lhe cravou na alma, porque constatara que Dimas era de fato um ladrão e todas as mulheres do

---

44. Espécie de figueira de raízes profundas que é muito comum naquela região.
45. Nome de Jesus em aramaico, de acordo com a transliteração. Notas do organizador.

poço ouviram a denúncia. Envergonhada, ela ocultou-se nas cercanias, esperando que as mulheres fossem embora quando a noite caísse. Somente quando a Lua derramou sua cortina prateada sobre a Terra é que ela desceu ao poço, tomada de tristeza, e recolheu a água para retornar ao lar.

Quando chegou à sua casa, lá estava Dimas, que correu na sua direção com muito entusiasmo e falou-lhe:

— Mamãe, eis aqui um denário!

Ela o esbofeteou com vigor! Em seguida, quis saber o que o filho havia feito:

— Onde o roubaste?

— Mas, mamãe, eu não o roubei!

— Sim! Tu roubaste! Quem daria uma moeda de prata a uma criança?!

— Eu fiz um favor a alguém e ganhei a moeda. A senhora pode perguntar a Eliaquim ben Sadoc. Ele é o ourives. Ele me mandou entregar uma encomenda e deu-me a moeda...

Ela o abraçou com ternura e retratou-se, profundamente arrependida por tê-lo castigado. Havia no rosto de Dimas tanta inocência e jovialidade...

— Perdoa-me, meu filho! Mamãe está muito cansada!

Beijou-o logo depois, como se sua carícia maternal pudesse impedir que ele viesse a cometer qualquer equívoco outra vez.

A partir desse episódio, nunca mais Tamar teve paz! Toda vez que Dimas chegava com um objeto novo, ela perguntava com aspereza:

— Onde roubaste? De quem furtaste?

Ante as explicações do filho, permeadas de surpresa e de vitimização, ela sempre recuava:

— Perdoa-me, meu filho!

O tempo transcorreu célere, e Dimas tornou-se um homem. Fizera-se um caravaneiro e amava uma jovem que era tão bela quanto as tâmaras maduras na época da primavera... Chamava-se Esther. Era jovial e terna, descendendo diretamente da árvore genealógica de Davi, da melhor tradição de Israel. O rapaz era dez anos mais velho do que ela, e ambos haviam-se comprometido com o casamento quando ainda estavam na infância. Os pais de ambos os nubentes negociaram a união.

Ele retornava das viagens que fazia à Mesopotâmia e ao Egito, a Tiro e a Sídon, trazendo especiarias, joias, tecidos e perfumes. A mãe recebia todos os presentes com entusiasmo. Mas quando lhe segurava as mãos calosas, recordava-se da voz acusadora de Isabel que dizia: "Ele é um ladrão!", e muitas vezes se recusava a tocar aqueles objetos, afirmando:

— Prefiro não os tocar, porque eles me queimam as mãos... Eu não os quero!

Dimas ouvia a recusa e redarguia com ênfase:

— Mamãe! Veja os meus bíceps dilatados! Observe o meu tórax de lutador! Sou um homem honrado, mamãe! Atravesso o deserto em uma e em outra direção para que nunca nos falte o agasalho nem o páo. E dia virá em que no Monte de Sião, próximo do Templo de Salomão, eu erguerei uma mansão para proteger a sua velhice. E ao lado da sua casa eu erguerei a minha, para que os seus lábios emurchecidos beijem os cabelos encaracolados dos meus filhos, seus netos, minha mãezinha!

Tamar segurava as mãos daquele filho a quem amava e, nas noites estreladas, sentava-se ali no vale para ver todo aquele céu infinito salpicado de *lanternas mágicas...*

Dimas cantava velhas canções das caravanas do deserto quando pernoitavam nos oásis. E Tamar, com o peito intumescido de orgulho, recordava-se do marido que já estava no outro lado da vida, aconchegado ao seio generoso de Abraão...

— Meu filho!

— Minha mãe!

Um dia, Tamar caminhava em casa sobre tapetes e esteiras, como era de hábito. E a sandália nova que o filho lhe trouxera da Babilônia prendeu-se em uma frincha de tábua. Ela titubeou e estava quase por cair, quando Dimas correu e segurou-a. O rapaz colocou as mãos em concha e disse:

— Pisa! Pisa nelas, minha mãe. Para que a aspereza do chão não magoe a delicadeza dos teus pés...

Tamar ficou enternecida... Passou-lhe a mão na cabeça máscula e respondeu:

— Meu filho, tu me honras mais que os filhos da tradição das Escrituras!

— Tu mereces, rainha do meu lar!

Ao ouvir tal afirmação, ela meditou um pouco sobre o amor que o filho sempre lhe dedicou e sobre o afeto que ele dispensava à noiva, a jovem que havia arrebatado o coração de Dimas. Ao comparar brevemente os dois sentimentos pela primeira vez, Tamar teve ciúmes de Esther. Percebendo o estado de espírito da mãe, ele se adiantou:

— Nenhuma mulher, na Terra ou no seio de Abraão, irá me galvanizar a alma mais do que a tua ternura de mãe! Há sempre amores e amores: o amor de mãe é a orquestração do Universo em festa, e o amor de esposa é a canção que a orquestra faz ressoar pela boca da ternura...

Tamar sorriu... Como o filho a amava! Esther era uma verdadeira filha, uma companhia para as noites solitárias quando o filho viajava na direção das terras longínquas para trazer pórfiro, incenso e mirra, cedro do Líbano ou os mármores raros do Egito, a fim de construir a mansão que estava erguendo no Monte Sião.

Há menos de três luas ele havia afirmado:

— Mamãe, estou saindo de casa para fazer a minha última viagem. Ao retornar, não mais viajarei, pois já disponho de uma fortuna sólida. O homem que se casa deve cuidar do lar, aguardando o filho que Abraão lhe dará como varão, para que a sua semente permaneça na Terra como os grãos de areia das praias do infinito...

As duas, por fim, deram-lhe adeus. Mas, com o passar do tempo, notaram que ele não havia voltado no tempo previsto.

À véspera daquele dia, um amigo chegara a sua casa no vale e dissera:

— Senhora, Dimas foi preso! Caiu em uma cilada! Foi detido quando se preparava para assaltar uma caravana que seguia ao Egito.

Apunhalada pela dura notícia, sentindo que a informação a fizera *sangrar* de aflição, a senhora cambaleou e tombou no chão. O jovem despertou-a e levou-a à prisão, onde ela pôde ver o filho a distância. Ele era um salteador. Ao lado de Barrabás, ele se dedicava a assaltar as caravanas, pois lhe parecia mais fácil dedicar-se à rapina ao invés de ganhar a vida honestamente. Quando ela olhou aqueles olhos negros por detrás das grades à noite, fulgurantes como duas estrelas, ele ainda conseguiu afirmar-lhe:

— Mamãe! Eu sou inocente!

É evidente que o rapaz havia dito aquilo para não magoar mais o coração da genitora.

Tamar ficou ali todo o tempo em silêncio, experimentando o frio da madrugada na companhia da sua solidão de viúva e mãe destroçada pela tragédia. Mais tarde, quando a triste caravana caminhou na direção do Monte da Caveira, Esther seguiu ao seu lado.

Dimas era um bandido sim, mas era seu filho! Talvez ele não tivesse culpa. Ela começou mentalmente a justificar a situação: "Ah, meu filho! Faltou-lhe um pai! Alguém que lhe pudesse dar as lições da dignidade, que lhe fortalecesse o ânimo, que lhe encorajasse as fibras...".

A sua era de fato uma situação difícil, pensava: era mãe, trabalhava duro para sustentar o filho e dar-lhe o melhor que estivesse ao seu alcance. Mas a mulher em Israel era considerada inferior, tinha que andar dez passos atrás do marido e nem sequer tinha o direito de entrar no Templo – ficava por trás das grades para não ver o santuário do Senhor, uma lamentável manifestação da cultura machista da época, que também considerava a mulher como um objeto para satisfação dos apetites sexuais do homem. Ela não pôde fazer nada para coibir no filho a inclinação para os atos desonestos. Mas ele era bom.

Ali, no momento da crucificação, a mãe sofrida contemplava o rosto de Dimas quando ele gritou:

— Senhor, lembra-te de mim quando entrares no Paraíso...

Foi nesse momento que Tamar, voltando à realidade objetiva depois desse passeio pelas telas da memória, observou o rosto daquela mulher jovem e bela, no instante em que escorriam as lágrimas retidas nas comportas dos olhos. Ela recuperou um pouco o fôlego e indagou baixinho:

— Qual deles é o teu filho?

— O do meio – respondeu Maria.

— Mas ele é ladrão?

— Não! Yeshua é o embaixador de Deus que veio à Terra oferecer uma estrada de redenção para quem deseja a paz...

Tamar tremeu ao escutar o nome de Jesus, e Maria prosseguiu:

— Se o meu filho diz ao teu filho que ele também ganhará o Paraíso, confia! Teu filho terá o Paraíso, porque Yeshua é filho de Deus, como o teu filho também o é...

Tamar começou a chorar desesperada. Viu quando se aproximou um cavalheiro, conduzido por um soldado pretoriano, trazendo nas mãos uma lança, que cravou entre a terceira e a quarta vértebra esquerda do crucificado do meio. Jesus, sob a ação do tétano, vergou o corpo em vez de escorregar sobre a madeira, como aconteciam com os crucificados habituais. Em seguida, Ele estertorou, e o sangue jorrou em abundância. Nesse momento, Ele gemeu, e Maria, não suportando a dor de ver a cena, gritou:

— Meu filho! Meu filho! Que fizeram de ti? Que te fizeram os homens, meu filho?

Jesus, banhado em sangue que saía por todo o corpo, com a voz rouquenha na garganta túrgida pela agonia, olhou-a através da cortina de lágrimas e suor e rompeu os vínculos da consanguinidade:

— Mulher, eis aí o teu filho!

É interessante notar que ele não a chamou de *mãe*. E, olhando para João,[46] um rapaz de 18 anos de idade aproximadamente, exclamou:

— Filho, eis aí a tua mãe![47]

A observação de Jesus não tinha por finalidade desconsiderar a sua mãe ou demonstrar a insignificância dos laços de família. Sua intenção era unir Maria e João para que se ajudassem mutuamente daquele momento em diante, como uma forma de evidenciar que mãe não é apenas aquela que dá a vida mediante o fenômeno biológico, pois todo coração que ama é materno, mesmo que não esteja dirigindo seu afeto aos filhos da própria carne.

Conforme já mencionei, um dos grandes nomes da história do pensamento ocidental, atribui-se ao filósofo alemão Friedrich Nietzsche, pessimista, cético e frio em suas concepções sobre a vida, o pensa-

---

46. Mais tarde conhecido como *João, o Evangelista*.
47. João, 19:26-27. Notas do organizador.

mento: "Quando nos amarmos uns aos outros com o amor de mãe, a Humanidade estará dignificada e não haverá mais nenhuma dor".

Nesse momento houve um silêncio... As mulheres e os jovens abraçaram-se. Então Ele deu um grito, enquanto a noite se fez em pleno dia:

— Está tudo consumado![48]

E na treva que surgiu densa, escutou-se uma voz indagar:

— Senhor, Senhor, por que me abandonaste?

Era a voz de Dimas que esperava *viajar* com Ele, sem entender a necessidade da reencarnação para merecer adentrar-se, no futuro, nas Esferas espirituais superiores. O jovem pensou que Jesus o havia abandonado sem cumprir a promessa de conduzi-lo ao Paraíso. No entanto, o Mestre havia dito de forma muito clara: "Em verdade te digo hoje, estarás comigo no Paraíso". Jesus estava informando que depois das lutas, depois de resgatar os compromissos negativos e desenvolver as virtudes do amor, no futuro, Dimas poderia elevar-se às instâncias da felicidade suprema, porque o perdão que a Divindade nos concede não é a absolvição injusta e sumária dos nossos equívocos, mas a oportunidade de reabilitação que a vida a todos nos oferece.

Após o esgotamento completo das forças físicas do Nazareno, vieram alguns homens com bastões e arrebentaram as pernas dos outros crucificados, para acelerar suas mortes.

No Gólgota, Jesus consagrou a mãe adotiva. Há no mundo tantas mães que geram filhos, que cuidam e que dão a sua vida por eles! Mas há também as mães que adotam e educam seres queridos, vendo nos olhos dos seus pequeninos o reflexo dos filhos biológicos que tiveram ou que nunca terão.

Quem ainda tiver na Terra sua mãe aproveite a oportunidade para homenageá-la sempre, mesmo que seja apenas com um sorriso, porque o mais importante não são os objetos materiais que ficam e desaparecem com o tempo. Preste a sua homenagem com um toque de mão, com algo que pertence verdadeiramente à sua intimidade, com uma frase nascida no recôndito da alma. Não espere que a oportunidade desapareça!

---

48. João, 19:30. Nota do organizador.

Corra até ela agora mesmo e diga esta frase mágica: "Eu amo você!". Três palavras que às vezes tornam-se difíceis de dizer, mas que são tão agradáveis de ouvir... E, para não ser muito econômico, você poderá completar: "Mãezinha querida, eu amo você!".

Eu já vi passar a minha mãe que hoje prossegue sua jornada no Mundo espiritual. E quem viu passar a sua mãe na direção da Imortalidade, nesse amanhecer para uma vida nova, tenha a certeza de que, em nome da Mãe de todas as mães, ela virá suavemente o despertar e dizer palavras de estímulo aos seus ouvidos.

E o filho que foi ou que tem sido ingrato, que procura desculpas para dizer que sua mãe não faz jus a nenhum tipo de reconhecimento, pelo menos no dia do aniversário dela ou na data comemorativa do Dia das Mães entre em contato de alguma forma e diga-lhe palavras gentis, mesmo que não sinta afeto. E, ao se comunicar com ela, suplique-lhe: "Perdoe-me, mamãe! Perdoe-me por ter sido tão ausente, desatencioso ou ingrato!".

Se você está incurso nesse contexto, eu sugiro que faça isso quanto antes, porque, depois que ela se for, não adiantará pedir notícias, nem agasalhar remorsos. Quem não é bom filho jamais será bom pai, bom irmão, bom profissional... Quem não é bom filho não é bom coisa nenhuma! Se o indivíduo não pode amar a quem deu a vida pela sua vida, a quem ele amará?

O Espírito Anna Jarvis, a criadora do Dia das Mães, está aqui neste momento e me inspira a dizer: "Neste mar de ingratidão, que é a vida física, pelo menos uma vez no ano recordemo-nos de quem merece a nossa permanente gratidão. E se por acaso alguma mãe não merecer extensas homenagens, o problema não nos pertence, porque o nosso compromisso é amar!".

No Dia das Mães, dulcifiquemos nossas almas! E se desejarmos algo ainda maior, sejamos *mães*, de certa forma, de alguém que nos cruze o caminho, utilizando para isso um aperto de mão, um gesto de ternura, em nome daquela mãe que dizia: "Isabel, Yeshua, que é meu filho, disse que veio em nome de Deus para ajudar o cordeiro a beber no mesmo regato junto com o lobo, e sentar à mesma mesa o delinquente e a sua vítima, dando-se as mãos...".

Amor e renúncia

Uma família harmônica é aquela na qual existe troca de afeto e ajuda mútua, em que todos os membros tomam providências para contribuir em favor da felicidade e do bem-estar do outro. E uma das expressões mais eloquentes desse intercâmbio amoroso é o cuidado que os filhos adultos devem dispensar aos pais idosos.

Na questão 685 de *O Livro dos Espíritos,* Allan Kardec faz uma análise oportuna, estabelecendo de forma inequívoca que um filho tem o dever de retribuir os benefícios que os genitores lhe proporcionaram: os cuidados com a educação e com o lazer, as preocupações, as noites não dormidas para cuidar do filho quando ele estava enfermo... Esses testemunhos de amor e dedicação são verdadeiros tesouros que precisam ser restituídos aos pais, por ocasião deste período muito sensível e, às vezes, muito difícil que é a velhice do corpo, quando as forças diminuem e eles já não podem trabalhar ou cuidar de si mesmos com total independência. Nesse momento, cumpre aos filhos assumirem suas responsabilidades.

A ingratidão é um dos sentimentos mais primitivos e deletérios que a criatura humana pode cultivar. Filhos ingratos ou excessivamente rebeldes são fenômenos que decorrem das experiências difíceis do passado espiritual. Quando um pai ou uma mãe se depara com essa circunstância dolorosa, é provável que o adversário do passado tenha retornado à vida na condição de filho para que ambos se reajustem. Contudo, o ser que deveria romper as algemas do ódio e dedicar-se ao pai ou à mãe idosa nem sempre se torna vitorioso no propósito com o qual reencarnou, o que é muito lamentável. O filho ingrato é alguém que esqueceu não apenas dos outros, mas de si mesmo. Indubitavelmente é um Espírito enfermo, dominado pelo egoísmo e intoxicado pelo ressentimento, guardando grandes culpas na estrutura do seu inconsciente.

Jamais poderemos retribuir aos pais a vida biológica que eles nos deram, o que nos faz eternos devedores daqueles que nos permitiram renascer, todavia podemos facilmente retribuir a ternura que eles nos ofereceram.

Há muitos anos, em um dia de atividades de aplicação de bioenergia no passe coletivo, em nossa Casa Espírita, ao serem diminuídas as luzes (já que não as apagamos completamente), começamos a orar diante de um grande número de pessoas presentes. Em determinado momento eu abri os olhos, ergui a cabeça e vi, no meio da multidão, um brilho iridescente que bailava no ar e que me chamou a atenção. Então notei que uma coluna de luz vinha do Mundo espiritual e descia sobre uma pessoa presente na plateia. Tentei focalizar mais ou menos a fila e percebi que o raio de luz transcendente incidia sobre uma senhora que irradiava uma luminosidade especial. Tomado de surpresa, ao terminarem as atividades, eu desci e chamei-a para conversar.

Era uma senhora afrodescendente muito modesta, que lavava roupas para sobreviver, conforme ela mesma me informou. Afirmou-me que era mãe e que também trabalhava vendendo acarajés no centro da cidade do Salvador. Acarajé é um pequeno bolo feito com feijão amassado, frito no azeite de dendê, podendo ser servido com camarão seco, vatapá, caruru ou outros tipos de complemento. É um alimento típico da culinária baiana, mas de origem africana.

Diante de uma pessoa tão simples e simpática, eu fiquei profundamente emocionado e indaguei:

— Há quanto tempo a senhora frequenta a nossa Casa?

Ela redarguiu:

— Há vários anos. Mas eu nunca me aproximei do irmão Divaldo porque eu sou uma pobre coitada! Eu aqui venho para receber, para ouvir, para ser beneficiada.

— Mas a senhora está em condições de doar de si mesma para os outros, pois foi a pessoa que mais me impressionou até hoje! E imagine que eu conheço muita gente! Eu percebi que a senhora irradia energia curativa, por isso gostaria de convidá-la para fazer parte do nosso grupo de atendimento espiritual, que é responsável pela aplicação de passes.

— Ah! Não acredito que esteja pronta para isso, irmão Divaldo! Quero apenas ter forças e conseguir levar a minha cruz até o calvário. A minha cruz é o meu filho. Eu tenho por ele um grande enternecimento, mas ainda não o trouxe aqui porque ele está estudando. Todas as suas horas são para estudar...

Em seguida, ela me contou que morava nas *invasões*, uma região pobre da periferia da cidade, onde estão milhares de casebres sobre os pântanos. Esse tipo de favela é uma comunidade extremamente vulnerável, também é chamada por alguns de *alagados*. Pelo fato de conhecer bastante a região, eu lhe disse que ali não faltava sofrimento para ela atender.

Aproveitei a informação recebida e completei a proposta:

— Já que a senhora frequenta a nossa Instituição há muito tempo, eu vou encaminhá-la a um pequeno curso de terapia de passes para que aprenda a técnica e seja informada sobre o assunto. Desta forma, a senhora poderá ajudar-nos prestando auxílio às pessoas nos lugares próximos à sua residência.

Ela ficou muito comovida e aceitou meu convite, o que me possibilitou apresentá-la aos encarregados dos cursos da nossa Casa. Ela passou a frequentar os estudos para tornar-se uma colaboradora na terapia bioenergética.

Seis meses depois, a sua turma concluiu a preparação para trabalhar na aplicação de passes. Ela me falou entusiasmada que agora estava credenciada para a tarefa. Sensibilizado, peguei um exemplar de *O Evangelho segundo o Espiritismo*, que me havia sido presenteado pelo Dr. Antônio Wantuil de Freitas, então presidente da Federação Espírita Brasileira. Era um Evangelho muito bonito, que apresentava a capa em percalina branca. As letras que compunham essa capa eram escritas em dourado. Eu nunca havia usado esse Evangelho porque possuía um exemplar mais antigo, que estava cheio das minhas lágrimas, do meu suor e das minhas recordações... Já estava gordo e repleto de papéis dentro – os livros lidos *engordam*, enquanto os livros que não foram lidos ficam *magros*, envelhecendo na estante. Eu lhe mostrei o belo exemplar do Evangelho e expliquei:

— Desejo oferecer-lhe este livro, que é um presente pessoal.

Como a obra estava com a dedicatória escrita pelo Dr. Wantuil, resolvi acrescentar outra, transferindo-a para a minha nova amiga. Ao entregar-lhe o volume, eu acrescentei:

— Toda vez que a senhora for aplicar um passe, eu sugiro que nunca vá sozinha, para evitar comentários injustos que resultam da má-

-fé e da ignorância de algumas pessoas. Peça a um amigo para acompanhá-la. Ao dialogar com o paciente, explique o que é a terapia, mas nunca prometa nada em matéria de cura. Solicite que o paciente ou o seu familiar abra o livro, para não parecer que o texto foi previamente selecionado. Logo em seguida, leia e comente um trecho, criando uma psicosfera favorável e culminando com a aplicação deste importante recurso terapêutico que é o passe. No momento da aplicação da bioenergia, faça-se acompanhar de algum membro da família do paciente, a fim de que todos saibam o que está sendo realizado, evitando assim qualquer interpretação equivocada, pois é muito comum dizerem que se trata de magia negra ou de feitiçaria. E também existe a possibilidade de acusarem o passista, afirmando que ele produziu algum prejuízo no organismo daquele que foi atendido, quando este não consegue recuperar-se ou quando piora o seu estado de saúde.

Ela ficou muito sensibilizada e me agradeceu bastante. Em seguida, colocou o Evangelho sob o braço e saiu.

Com o passar do tempo, ficamos cada vez mais amigos. Além de auxiliar pessoas no seu bairro, ela começou a colaborar com a aplicação de passes em nossa Instituição.

Transcorreram dois ou três meses, e um dia ela chegou à nossa Casa revelando imensa alegria, trazendo um canudo de papelão enrolado. Em plena euforia, disse-me, quase ofegante:

— Irmão Divaldo, eu quero lhe dizer que hoje é o segundo dia mais feliz da minha vida!

— E qual foi o primeiro?

— Foi o dia em que eu terminei o curso de passes.

— E por que hoje é o segundo dia mais feliz?

— Porque acabei de fazer o Mobral e me formei hoje! Aqui está o atestado de que eu sei ler e escrever.

Mobral – Movimento Brasileiro de Alfabetização – era o nome do programa brasileiro de alfabetização e educação de adultos que havia na época. Nesse momento, eu percebi o meu equívoco quando lhe presenteei o Evangelho, pois na ocasião ela não sabia ler nem escrever. A nobre senhora continuou a narrar:

— Pois é, irmão Divaldo. Eu até fui a oradora da turma durante a minha formatura. O senhor sabe que espírita sempre fala muito... E espírita baiano fala mais ainda! Eu então falei sobre Espiritismo e abordei o tema "Jesus, o Divino Mestre – Pestalozzi, o Mestre da Era Nova – Allan Kardec, o Eminente Mestre". Afinal, meu irmão, não há melhor maneira de ser missionário da vida do que ser educador!

— Mas onde a senhora aprendeu isso?

— Nas palestras que eu assisto aqui em nossa Casa. A gente assiste tantas palestras espíritas que acaba aprendendo muita coisa! É quase como se fizesse doutorado!

Fiquei admirado com o discernimento de uma pessoa tão simples, com tão poucos recursos intelectuais! E ela prosseguiu:

— Agora sim, meu irmão! Como eu já sou alfabetizada, posso finalmente ler o Evangelho para aplicar passes!

— E como é que a senhora fazia antes do Mobral?

— Ah, irmão Divaldo! O senhor me colocou em apuros sem o saber... Para sair de uma situação embaraçosa, eu chegava à casa do doente e dizia: "Agora, antes de aplicar o passe, eu quero pedir-lhe para que abra este livro e leia". Se a pessoa me informava: "Mas eu não sei ler!", então eu me voltava para a minha acompanhante e solicitava: "Fulana, por favor, abra o Evangelho e leia!". Se também ela me respondia: "Mas eu também não sei ler!", eu concluía: "Não faz mal. Eu vou contar o que o irmão Divaldo explicou na última reunião". Então eu fazia uma verdadeira palestra, mas não confessava que também não sabia ler... Tratava-se de uma demonstração de vaidade, não era?

— Mas isso não era necessário, minha irmã! Todos nós temos limitações na vida. A minha mãe era analfabeta, e eu tenho um orgulho imenso de ser seu filho!

Eu fiquei muito emocionado ao vê-la imensamente feliz narrando a sua história. Em dado momento ela me elucidou:

— Depois que aprendi a ler, eu procuro mostrar a todo mundo que os livros não me assustam mais. Quando vou aplicar passes na casa das pessoas, no momento da leitura eu anuncio em voz bem alta: "Agora vamos ler *O Evangelho segundo o Espiritismo*, de Allan Kardec!". Leio o texto sorteado e percorro o ambiente com o olhar para ver a reação de todos.

Fez uma ligeira pausa e concluiu, poeticamente:

— Divaldo, antes, o Evangelho saía direto do meu coração. Mas agora, com estas "letras mágicas", ele está na minha cabeça, desce ao coração e escorre pelas minhas mãos...

Passaram-se aproximadamente dez anos. Essa senhora foi um verdadeiro anjo em minha vida e na vida de muitas pessoas...

Certa madrugada, alguém bateu à janela da casa em que eu morava. Ao abri-la, constatei que era uma pessoa que vinha em seu nome pedindo-me que fosse imediatamente à sua casa, pois ela estava morrendo e desejava conversar comigo. Eram mais ou menos 2h da manhã. Eu me vesti adequadamente e fui com o mensageiro.

Cheguei a um barraco muito modesto que ficava entre as pequenas pontes de madeira, no centro dos *alagados*. Adentrei-me e vi que ela estava nos últimos instantes de sua existência na Terra, com a respiração comprometida pela tuberculose pulmonar. Sentei-me, e ela iniciou o diálogo:

— Irmão Divaldo, eu estou morrendo e queria me confessar.

— Mas a senhora sabe que no Espiritismo não existe a confissão, como ocorre em algumas religiões. A senhora só precisa dividir seus pensamentos com Jesus, que é o Mestre de todos nós. Eu não tenho o menor interesse de vê-la contar-me algo sobre sua vida, pois para mim a senhora tem um comportamento irretocável.

Ela pôs a mão fria sobre o meu braço e insistiu:

— Não, meu irmão. Não se trata de uma confissão como aquela que existe em outras doutrinas. Eu desejo falar-lhe algumas coisas. É a confissão que Jesus recomendou que fizéssemos uns aos outros por um ato de amizade, não por um gesto de obrigação, e que os seus discípulos procuravam praticar.[49] Há tanta coisa que eu gostaria de dizer, mas não haverá tempo... Os irmãos espirituais já chegaram para me buscar, e eu gostaria apenas de lhe fazer um pedido: quero contar-lhe um pouco da minha vida, a fim de que você conte a minha história a outras vidas.

---

49. Tiago, 5:16. Nota do organizador.

Ela me olhou com doçura, reuniu na mente algumas recordações e começou a me narrar alguns episódios da sua biografia, que passarei a expor a seguir.

Eu já fui jovem e também amei. Eu era uma negra muito bonita!

Quando contava 17 anos, eu tive um namorado. Apaixonei-me por um mulato belíssimo, daqueles que mexem com o nosso juízo e nos fazem perder a cabeça...

Naquela época eu já trabalhava como lavadeira, enquanto ele era vendedor de legumes. Nós nos amávamos muito e estávamos nos preparando para o casamento.

Um dia ele me perguntou se eu o amava realmente. Eu lhe disse que sim, é claro. E ele me perguntou se eu lhe poderia dar uma prova de amor.

Naquele tempo a prova de amor era ter um momento de intimidade sexual. Hoje a intimidade sexual é a prova de que não é necessário o amor...

Então começamos a dialogar, e eu expliquei ao meu namorado:

— Mas estamos tão perto de nos casar! Vamos aguardar um pouco!

— Então você não me ama! Não confia em mim!

Para provar que eu o amava e confiava nele, permiti-me a intimidade sexual. E durante algum tempo tivemos vários relacionamentos. Até que um dia eu senti algo vibrar dentro de mim e fui comunicar-lhe:

— Precisamos nos casar.

— Mas por quê?

— Porque eu vou ser mãe!

— De quem?

Nessa hora eu pensei que ele estava brincando.

— Ora! Mas que pergunta! Eu estou grávida de você! Já estou sentindo os sinais da gravidez.

— Mas esse filho não pode ser meu!

— É lógico que é seu filho!

— Será mesmo? Você foi tão fácil que é provável que tenha arranjado outro!

Eu fiquei estarrecida com as palavras agressivas dele! É assim que agem os maus: primeiro eles seduzem a ignorância e depois a atiram aos cães. Fui tomada imediatamente por uma grande indignação:

— Como você pode duvidar de mim?!

— Eu duvido sim! Afinal, em mulher a gente não pode confiar. Mulher nenhuma merece confiança! Nem minha mãe merece, pois ela também teve vários homens. Por que eu iria confiar em você?

— Mas eu sempre o respeitei e agora terei um filho nosso!

— Mate-o! Vamos abortá-lo! Eu conheço uma mulher que faz abortos aqui no bairro. Poderemos contratar os serviços dela.

— Matar o filho do nosso amor?!

— Qual amor?

— O nosso, é claro!

— E você acredita em amor? Isso não existe! O homem tem uma necessidade biológica e a satisfaz! Depois tudo se acaba. Quando é amor, essa necessidade não existe. Mas quando não é, existe.

— Quer dizer que você não me ama?!

— Eu gosto de você, é claro, mas não para casar. Não temos estrutura para sermos pais. Eu vendo legumes, e você lava roupas. E esse filho? O que vai ser? Um *capitão de areia*?[50] Nós somos negros! E nesse país existe o preconceito de cor! Ele vai ser mais um negrinho pobre e fracassado! Não quero ter um filho assim!

— Mas será *nosso* filho!

— Não! Ele não é meu! Você terá que optar entre mim e ele.

Diante dessa situação, eu não tive dúvidas em optar pelo meu filho. Precisei trabalhar em dobro, e o meu menino nasceu como filho de mãe solteira. Eu me dediquei a ele até a exaustão! Ele era lindo! A fisionomia do pai se reproduzia no seu rosto.

Certo dia, quando meu filho contava 4 anos, eu fui entregar uma roupa numa casa rica e levei-o comigo. Ao entrarmos na residência,

---

50. Expressão típica da cultura baiana que se refere aos meninos que moram na rua e vivem de pequenos trabalhos remunerados. Nota do organizador.

passamos pela sala em que a menina branca brincava com vários livros. E, quando saímos, ele me perguntou:

— Mamãe, o que era aquilo que a menina tinha nas mãos?

— Livros, meu filho.

— E o que é um livro?

— Livro é... é... livro, meu filho, é uma coisa que nos leva a viajar sem sair do lugar...

— Mamãe, eu quero viajar sem sair do lugar!

— Mas você precisa aprender a ler.

— Então eu quero aprender a ler!

— Mas eu não posso ajudá-lo! A escola pública só aceita crianças a partir dos 6 anos de idade.

— Mas eu quero aprender a ler!

Por causa desse apelo do meu filho, eu o coloquei na casa de uma moça que cobrava uma pequena importância para o ensinar a ler e a escrever. Ele revelou uma inteligência incomum! Tempos depois, eu o matriculei em uma escola do bairro, e ele me afirmou:

— Mamãe, eu não quero ficar somente na escola primária.

Quando cresceu e concluiu os estudos primários, ele me informou, com os olhos brilhando:

— Mamãe, eu quero ser médico!

— Mas com quais recursos, meu querido? Além disso, nós somos negros. Esta é uma cidade miscigenada, mas ela é rica de bolsões de intolerância! Como é que uma vendedora de acarajé pode ter um filho na faculdade?!

— Se você me ajudar, mamãe, eu a compensarei.

Eu olhei para o meu filho e me enterneci... O sonho de um pai e de uma mãe é a verdadeira felicidade do filho, por isso eu respondi:

— Você será médico. Mesmo que a sua mãe tenha que dissolver os braços de tanto lavar roupas, você será médico!

Eu me empenhei o quanto pude, e ele passou a cursar o ensino médio.

Chegou a época do vestibular, e o meu garoto passou num exame terrivelmente concorrido para o curso de Medicina. Então ele veio correndo para me dar a notícia:

— Mamãe, eu passei! Eu passei!

— Menino! Passou pra onde?!

— Passei nos exames para entrar na faculdade!

Eu não acreditei! Deveria ser mentira que o meu menino pobre tivesse chegado tão longe. Fui à escola e ele me mostrou o seu nome na relação dos aprovados. Como eu não sabia ler, eu perguntei a outros colegas e à secretária da escola se não era um engano, se aquele nome não era o de outro candidato, mas era mesmo o nome do meu filho.

Ele começou a frequentar a faculdade, e eu dei a minha alma para que não lhe faltasse nada. Meu filho vestia roupas brancas, que eu lavava e passava para ficarem brilhando.

O tempo foi passando, e ele chegou ao quarto ano de Medicina. Eu me esfalfava nas roupas que lavava e nos acarajés que preparava à noite para vender durante o dia na saída do Elevador Lacerda.[51] Então eu fiz muitos amigos, porque o meu acarajé sempre foi muito disputado!

Certo dia, um cavalheiro, que era meu freguês, dirigiu-se a mim nos seguintes termos:

— O tempero do seu acarajé é uma tentação! A senhora me obriga a descer da cidade alta e a sair da faculdade para vir comer aqui! A senhora faz o acarajé mais saboroso da Bahia!

— O senhor vem da faculdade, doutor?

— Sim, senhora. Da faculdade de Medicina.

— O senhor é médico?

— Sou médico e sou professor da faculdade.

— O senhor conhece lá, por acaso, um menino bem preto e muito bonito que veste roupas brancas?

— Ora! Claro que conheço! Todo mundo conhece "mosca no leite". Ele é meu aluno.

Eu não sabia que meu filho tinha esse apelido. Ele era tão pretinho naquela roupa branca que os colegas logo o apelidaram. Continuei o diálogo:

---

51. Elevador público que transporta pessoas da parte baixa para a parte alta, e vice-versa, da cidade do Salvador. Nota do organizador.

— Pois é, doutor. Ele é... Ele é... meu afilhado. Eu sou madrinha de batismo dele. O pai dele morreu, e uma família muito rica financia o seu curso.

Não consegui dizer que ele era meu filho, porque achei que iria envergonhá-lo. Afinal, um aluno da faculdade de Medicina não poderia ser filho de uma vendedora de acarajé! No entanto, eu fiz um pedido ao professor:

— Naturalmente que o doutor tem consultório, não tem?

— Tenho sim.

— O doutor poderia colocá-lo lá para ir aprendendo? Ele precisa de ajuda e sempre me fala que gostaria de uma oportunidade para se aperfeiçoar através da prática.

O médico distinto olhou-me e respondeu:

— Como ele é um menino muito inteligente, mande-o me procurar.

Naquela mesma hora eu suspendi a venda dos acarajés, corri para a faculdade, chamei meu filho e lhe disse para procurar aquele atencioso professor. Ele agora poderia ter experiência clínica antes de se formar.

Passou-se um bom tempo... Aproximava-se o dia da formatura do meu filho. Eu comprei o anel dele à prestação. Era um lindo anel de esmeralda! Naquele tempo, o anel de grau era tão importante quanto o diploma.

Quando finalmente chegou a semana da cerimônia, eu me preparei para desfilar com meu filho. Eu iria atravessar o salão da Reitoria e o veria fazer seu juramento, distendendo o dedo para que o anel fosse colocado. Comprei um vestido de seda vermelho, mandei fazer um laço amarelo e comprei dois pares de sapato alto: um para treinar em casa e o outro para usar no dia da formatura. Como eu usava somente calçados baixos ou com o solado plano, era necessário treinar para aprender a movimentar-me corretamente. Caí várias vezes dentro de casa, gastei o salto, mas treinei para não passar vergonha!

Quando chegou o dia da formatura, eu me sentei diante do espelho para terminar de preparar o meu cabelo, que eu havia esticado com escovas e ferro em brasa para ficar mais bonito. Nesse momento, o meu filho, o "meu pequeno deus", abriu os braços na porta, diante de mim. Voltei-me para trás, e ele me confidenciou:

— Mamãe, hoje é o maior dia da nossa vida! Você é a mulher mais extraordinária do mundo! Hoje você acaba a sua tarefa, e eu começo a minha. Uma vida nova se abre para mim! Quero lhe agradecer imensamente! Porém, tenho dois últimos pedidos a lhe fazer. Você é capaz de me atender?

— Oh, meu filho! Eu já lhe dei a minha vida! O que você poderia me pedir que eu negaria? Pode pedir!

— Mamãe, eu sei o que lhe significa a minha formatura. Eu sei que a senhora sonhou com isso desde o dia em que lhe pedi para ser médico. O que eu vou lhe pedir não é fácil: eu quero lhe pedir... eu quero lhe pedir... que hoje a senhora não vá à minha formatura. Eu sou negro e irei atrair os olhares de todos. A senhora também é negra, e a sociedade será tolerante com apenas uma pessoa de cor escura. E a senhora, usando essa roupa ridícula, será mais um ingrediente a chamar a atenção sobre mim. Além disso, a senhora é vendedora de acarajé. Eu não terei vergonha da senhora, mas a sociedade é tão inclemente! Quando nós desfilarmos, eu não quero que ninguém humilhe a senhora. Quero poupá-la. Se eu lhe pedir que não vá, a senhora entenderá?

Nesse momento, o meu coração se despedaçou dentro do peito! Faltou-me ar para falar normalmente, porque o meu filho havia destruído o sonho de toda a minha vida! Ele não queria que eu fosse porque tinha vergonha de mim... Então eu lhe respondi:

— Oh, meu filho! Se você pede que eu não vá, eu até lhe agradeço... Eu estava pensando que você queria. E para mim será um sacrifício ter que ir! Mas já que você não quer, louvado seja Deus! Eu não irei. Que bom, meu filho!

Depois de respirar fundo, eu quis saber o que mais ele desejava pedir, então indaguei:

— E qual é o outro pedido, meu filho?

— Mamãe, eu quero lhe comunicar que vou ficar noivo hoje. Minha noiva é a filha do meu professor. Sendo assim, eu não voltarei mais para esta casa miserável! O meu futuro sogro possui um pequeno apartamento na sua residência, e eu ficarei lá até o casamento com a minha noiva, que será a pessoa que irá desfilar comigo na formatura. Eu já levei daqui as coisas que me interessavam. Se houver algo mais, você pode dar aos pobres. Aqui eu não venho mais, afinal, um médico não pode viver aqui nos *alagados*!

E eu que esperava que ele fosse ser um médico para amparar as pessoas do nosso bairro... Depois de uma pausa, ele prosseguiu:

— Por fim, mamãe, aqui está o talão de cheques. Eu abri uma conta no banco em nosso nome para quando a senhora estiver doente. Quando isso acontecer, não é necessário que você vá ao meu consultório, porque o meu consultório é frequentado pela alta sociedade e você pode ser humilhada. Eu não quero que ninguém a humilhe, mamãe. Então, aqui está o meu telefone: você me chama, e eu venho; e, se você precisar de algo, pode usar o talão de cheques.

— Ah, meu filho! Leve o seu *papelzinho*! Você sabe que eu não sei assinar e que eu não vou meter o dedo naqueles buraquinhos do telefone para chamá-lo. Quando eu adoecer, irei ao posto médico. E você sabe que pobre não adoece: pobre só tem gripe, bronquite e diarreia, mas isso a gente resolve tomando chá. Eu não irei precisar do seu dinheiro. Eu sempre trabalhei para dois, mas agora vou trabalhar somente para mim. Não se preocupe que eu nunca irei ao seu consultório! Primeiro, porque eu não sei onde fica, e mesmo que soubesse, eu não iria.

Nesse instante, eu me dirigi à gaveta do guarda-roupa e entreguei-lhe o presente que havia comprado com carinho:

— Meu filho, aqui está o seu anel de formatura. Use-o com dignidade.

— Mamãe, você me perdoa?

— Não há o que perdoar, meu filho! Eu amo você!

Nesse momento, eu ouvi uma buzina de carro e lhe expliquei:

— Meu filho, o táxi acabou de chegar. Está lá fora aguardando e já está pago. Vá em paz, meu filho!

— Mamãe, está tudo bem, então?

— Tudo bem...

— Adeus, mamãe!

— Vá em paz, meu filho!

Meu filho saiu de casa, entrou no carro e não olhou para trás. Fui até a porta e ele nem sequer me deu adeus...

A pobre senhora narrava sua experiência de forma ofegante, nos estertores da morte. Suas últimas palavras foram as seguintes:

— Ninguém pode imaginar o que sofri, irmão Divaldo! Se não fosse o Espiritismo e a caridade que eu faço aos outros, graças ao irmão, que me deu o Evangelho, eu não sei se iria aguentar! Naquele momento terrível, no calor da emoção, se não fosse a fé que se implantou na minha alma, eu o mataria! Mataria o ingrato! E me mataria depois! Eu acalentei um monstro nos meus braços! E depois que ele se nutriu com a seiva da minha vida, abandonou-me! No entanto, o Espiritismo me ensinou que nós temos os filhos de que necessitamos para evoluir. E eu amo meu filho! Estou contando isso porque eu vou morrer, e o meu filho vai procurar o senhor para pedir notícias. E, para que ele não fique com remorso, eu gostaria que o senhor lhe transmitisse uma mensagem minha. Diga-lhe que eu o amo! Diga-lhe que eu jamais guardei mágoa!

Ao dizer essas palavras, a pobre senhora segurou-me as mãos e desencarnou diante de mim, vitimada por um sofrimento orgânico intenso.

Eram 5h da manhã. Eu retirei o cadáver e chamei a vizinhança. Queimamos o casebre de palha e sepultamos a nobre senhora.

Duas semanas depois, eu estava em nossa Casa Espírita atendendo a um pequeno grupo quando vi entrar o seu filho. Eu o conhecia de nome porque ele é um médico famoso, mas não o conhecia pessoalmente. No momento propício, ele se me acercou, perguntou se eu me chamava Divaldo e iniciou o diálogo:

— Senhor Divaldo, eu sou doutor Fulano. Eu soube que o senhor acompanhou uma mulher nos *alagados* até a hora de sua morte. É verdade?

— É sim. É verdade.

— Eu soube que ela conversou com o senhor a madrugada toda.

— Não. Isso já é um pouco de exagero, pois, quando eu cheguei à sua casa, ela já estava no momento *in extremis*, estava próxima de falecer. Aliás, se só estávamos ela e eu, o senhor não poderia saber detalhes, porque não havia testemunhas, então o senhor está apenas deduzindo que o nosso diálogo foi prolongado.

— É que eu desejo saber o que ela conversou com o senhor.

— O senhor é parente dela?

— Não, eu não sou!

— Então eu não vejo razão para lhe contar o que ela conversou comigo.

— Mas é de vital importância para mim!

— Eu não vejo por quê! Seria o mesmo que eu lhe pedir o diagnóstico de um de seus pacientes. O senhor tem uma ética, e eu também a tenho. Eu não tenho diploma, mas tenho dignidade; não tenho anel, mas tenho conduta, e aqui, na Casa de Jesus, nós respeitamos a memória das pessoas. Não existe razão para que eu torne pública a vida dessa senhora que era minha amiga.

— Mas eu sou médico!

— Desculpe-me, doutor, mas o senhor é medico para os seus pacientes. Eu nunca solicitei os seus serviços e provavelmente nunca irei solicitar. É uma honra recebê-lo aqui, contudo, nesta Casa, as atividades funcionam conforme as orientações do Espiritismo, e não conforme o desejo de quem chega.

— Mas eu necessito saber o que ela lhe falou!

— Infelizmente o senhor não vai saber, pois eu não lhe direi, exceto se o senhor possuir algum vínculo com ela, se for seu filho ou parente muito próximo.

— Não, não sou, senhor Divaldo!

Diante daquela postura impertinente, soberba e mesquinha, eu olhei bem para ele e acrescentei:

— Então estamos perdendo tempo, porque, se não há parentesco com ela, o senhor nunca saberá!

Ele ficou extremamente aborrecido e despediu-se. Eu sabia que ele voltaria, porque não há nada melhor do que consciência de culpa para nos fazer mudar de opinião.

Naquela madrugada em que a sua mãe desencarnou, ela ainda pediu que eu abrisse um velho baú no qual guardava os recortes de jornal com as matérias sobre o filho, que haviam sido divulgadas na imprensa ao longo dos anos.

Três dias depois ele voltou à nossa Instituição, com a mesma postura imponente, e iniciou novo diálogo comigo:

— Senhor Divaldo, o senhor se lembra de mim?

— Sem dúvida!

— O senhor vai me dizer...

— Não. Não vou dizer nada ao senhor, doutor.

— E se eu disser que tenho parentesco com ela?

— Isso é uma honra para o senhor, mas vai depender do tipo de parentesco.

— Se eu lhe disser, num absurdo, que eu sou filho dela?!

— Se for uma situação absurda em vez de ser uma situação real, então eu continuarei com a minha postura de não lhe contar nada!

— E se eu lhe disser que sou seu filho?!

— Então eu quero lhe dizer que desejo me congratular com o senhor, que teve por mãe uma das mulheres mais nobres que eu já conheci! E eu conheço mais de um milhão de pessoas, uma a uma, que já conversaram comigo ao longo dos anos... É uma grande honra para o senhor ser filho dela! O que o senhor deseja saber?

— Eu gostaria de saber o que ela falou ao senhor quando estava morrendo!

Eu olhei para aquele homem aturdido e respondi-lhe com compaixão:

— Sua mãe não me falou nada demais. Ela narrou-me alguns dos seus problemas existenciais e sobre sua despedida da vida, uma vez que nós dois éramos muito amigos.

— E a meu respeito?

— A seu respeito ela me disse, textualmente: "Se o meu filho um dia lhe procurar, diga-lhe que eu o amo muito!". Ela também disse que nunca teve mágoa do senhor e que alimentou até o fim da vida uma enorme saudade!

Mesmo sem a permissão dela, por conta própria, eu acrescentei:

— A sua mãe perdeu o parceiro por causa do senhor. O seu pai queria a interrupção da gestação, e ela não permitiu. Ela deu a vida ao amor que nutria pelo filho. E, mesmo agora, depois da morte do corpo, ela permanecerá cultivando o amor que sente pelo senhor, porque a sua mãe foi uma mulher íntegra, uma pessoa extraordinária!

Nesse momento, ele se comoveu muito e começou a chorar copiosamente... O *gelo* derreteu. Eu via-lhe a mãezinha desencarnada, envolvendo-o em ternura. Ela o abraçou carinhosamente, e ele insistiu, perguntando, aflito:

— Mas ela não lhe falou nada?! Nenhum ressentimento?

— Eu não vejo por que, doutor! Quando nós amamos, não há ressentimento. Ela somente me pediu para dizer que o amava.

— E sobre a minha formatura?

— Ela falou rapidamente. Disse que o senhor estava muito bonito e que desfilou com sua noiva.

— Mas ela não fez nenhum outro comentário sobre esse assunto?

— Não me lembro.

Ele segurou minhas mãos e explicou-me:

— Senhor Divaldo, na Bíblia existe a Parábola do Filho Pródigo,[52] mas eu sou outro tipo de filho: o filho ingrato!

— Não fale assim, meu amigo. Não se autodeprecie. Todos somos filhos ingratos da Divindade. Só nos lembramos de Deus na hora da amargura, deixando-O de lado quando experimentamos instantes felizes. Nesses momentos, nem sequer dizemos-Lhe: "Muito obrigado!". Não o considero um filho ingrato, mas um filho imaturo. Você era muito jovem e se deixou levar pelo jogo das aparências do mundo, que tem lugar principalmente nos altos círculos da sociedade, impregnada de terríveis preconceitos. Creio que a sua intenção era poupar a sua mãe de situações embaraçosas. Não se atormente com isso.

— Mas eu tinha vergonha de ser filho dela! Não queria que me conhecessem como filho de uma lavadeira de roupas! Tinha vergonha da minha cor negra e julgava que a culpa era dela...

Confesso que quase prendi a respiração na tentativa de manter a serenidade, para não responder às colocações preconceituosas que esta-

---

52. Lucas, 15:11-32. Nota do organizador.

va ouvindo. Entendendo que aquele homem era um enfermo da alma, eu procurei minimizar:

— O seu equívoco é compreensível. Suas expectativas eram muito grandes em relação à ascensão social e à sua profissão de médico. Volte aqui outras vezes para conversarmos novamente. Em homenagem à sua mãe, a quem eu admiro e cuja lembrança guardarei para sempre na memória, eu vou lhe oferecer um dos livros que a sua mãe gostava de consultar.

— Mas ela sabia ler?!

— Sabia sim. Ela fez um programa de alfabetização de adultos e conseguiu alcançar seu objetivo com méritos, aprendendo a ler e escrever. E, para que você entenda melhor sobre a pobreza e a questão racial, bem como outros temas sociais, leve este livro, no qual Allan Kardec elucida os assuntos mais intrigantes. A obra se chama *O Livro dos Espíritos*. Leia e reflita a respeito de algumas escolhas que você fez ao longo da vida, pois o Espiritismo é uma ciência que nos liberta da ignorância...

O desfecho do nosso diálogo foi comovedor. Aquele médico, que havia chegado ali tão cheio de si, dobrou-se, pôs a cabeça no meu ombro e chorou...

Passados esses momentos, ele se modificou bastante e tornou-se espírita.

É interessante notar a sabedoria das Leis da Vida. Aquela mãe sofrida, que enfrentou todos os obstáculos para educar o filho, conseguiu alcançar o êxito na reencarnação, já que o seu objetivo era conduzir o ser amado a um rumo seguro, mediante o despertar da consciência entorpecida daquele homem imaturo. Portanto, ela o trouxe do Além no intuito de que ele se tornasse espírita, mesmo que, para isso, ambos percorressem caminhos difíceis, o que de fato aconteceu. Essa explicação não isenta o filho de sua responsabilidade pela postura de ingratidão, mas demonstra a grandeza imensurável do amor de mãe!

UM MISSIONÁRIO DA MEDICINA E O AMOR MATERNO

Uma semana depois do episódio com o médico, eu ainda estava com o coração tomado de emoção. No período da tarde, ausentei-me do trabalho para fazer um lanche. Estava pensando nos acontecimentos surpreendentes da semana anterior enquanto transitava pela rua mais importante da cidade do Salvador (à época), que era a Rua Chile. De repente, vi um homem cambalear e cair bem à minha frente. Eu corri, segurei-o e percebi que ele havia sido vítima de um mal súbito.

Chamei um táxi e pedi ao motorista que me ajudasse a carregá-lo para colocar no banco traseiro. Toquei-lhe as mãos geladas e úmidas de suor, deduzindo que ele estava com um problema muito sério de parada cardíaca. Então eu solicitei ao motorista:

— Por favor, corra para o primeiro hospital! Mas com cuidado!

E o motorista respondeu-me:

— Mas é para correr ou para ter cuidado?

— É para ter cuidado correndo! – completei.

Em poucos minutos, paramos em uma casa de saúde. Pedi que ele esperasse, desci do carro às pressas e cheguei ao balcão de atendimento, onde estava uma moça muito bonita fazendo as unhas. Expliquei-lhe:

— Minha filha, eu estou com uma pessoa ali morrendo e necessito de atendimento médico!

— Parente seu?

— Não, não é meu parente. É uma pessoa que se sentiu mal na rua, caiu e eu a ajudei.

— E quem vai pagar o valor antecipado?

— Qual valor?

— Claro, senhor! O senhor terá que fazer um depósito, porque, se ele morrer, o pagamento estará garantido. Quem vai fazer o depósito?

— A família dele, naturalmente.

— E quem é a família dele?

— Eu não sei, mas a família dele certamente vai aparecer!

— Dessa forma não podemos fazer o atendimento, senhor.

— Mas, minha filha, ele vai morrer! Talvez até já tenha morrido!

— Então o senhor se meteu numa enrascada! Quando alguém cair na rua, pule por cima e vá embora! O senhor por acaso é médico?

— Não. Eu sou médium!

— Então está explicado!

Creio que ela quis dizer que se eu era maluco, havia justificativa para a minha maluquice de tentar socorrer alguém...

— Mas, minha filha, você não pode fazer nada?!

— Não posso! O problema é seu!

Naquele momento eu senti uma onda de ira por aquela jovem. Contudo, reverti a emoção desagradável, porque vi que a recepcionista não era a única responsável pelo contexto perverso em que vivemos. Olhei bem para ela, que permanecia na sua indiferença, lixando as unhas, e lhe falei com serenidade:

— Você deve estar muito amargurada, minha filha! Você deve ser uma moça muito infeliz. Está de mal com a vida. É pena! Você é uma menina tão bonita... Você poderia ser minha filha! E também poderia ser filha dele. Já pensou nisso? E se ele fosse o seu pai?

— Se fosse, azar o dele! Pouco me importa! – respondeu.

É provável que as minhas palavras tenham sensibilizado um pouco a jovem, pois ela resolveu perguntar-me:

— Ele tem a carteira da Previdência Social?

— Eu não sei lhe dizer! Não revistei os seus bolsos, pois não sou ladrão! Ele estava caindo quando eu o segurei e resolvi socorrê-lo. Passando de táxi, vi que aqui na entrada havia uma placa onde estava escrito: "Casa de Saúde", então eu decidi trazê-lo para cá. Acho que este é o lugar para cuidar da saúde dele...

— Vá olhar se ele tem a carteira!

— Não, eu não vou revistá-lo!

— Então não vai interná-lo aqui.

— Mas chame ao menos um enfermeiro ou alguém com um estetoscópio só para ver se o coração dele já parou! Se isso já ocorreu, eu o levarei para o necrotério.

— Não, senhor! O hospital não se envolve. O senhor é o responsável. É para aprender a não ajudar ninguém na rua!

— E a quem eu posso pedir ajuda neste hospital?

Neste exato momento estava passando um senhor no recinto, e ela me informou:

— Fale com aquele *velho* ali! Ele é o diretor.

Notei que ela falou a palavra *velho* em tom de sarcasmo.

Eu corri e me dirigi ao senhor, falando freneticamente:

— Senhor diretor, eu estou com um homem passando mal ali no carro e acho até que ele já faleceu! O senhor poderia olhar?

— É parente seu?

— Não é parente meu, não sei quem é, não tem família, não tem cartão da Previdência, não tem identidade, não tem nada! Eu só sei que ele está morrendo!

O venerando médico tentou tranquilizar-me:

— Calma! Eu só perguntei por perguntar... Vamos lá fora examiná-lo.

Dirigimo-nos ao carro, e o diretor examinou o paciente para ter uma ideia inicial do caso.

— Realmente ele está mal! Há quanto tempo foi isso?

— Há muitos minutos, doutor. Eu não sei informar.

O diretor correu até o *hall* do hospital, e eu vi como é curioso o poder na Terra! Ele bateu palmas e solicitou:

— Emergência! Preparem o Centro Cirúrgico de Emergência!

Nesse momento, eu vi a moça da unha correndo, um enfermeiro correu também e apareceram dois auxiliares de enfermagem para conduzir o paciente. Como eu não sabia o que fazer, corri também para ver se ajudava em qualquer coisa...

Por fim, levaram-no para o Centro Cirúrgico, e eu fui agradecer ao generoso diretor:

— Doutor, muito obrigado!

— Sente-se aí! – disse-me, com autoridade.

É claro que eu me sentei... Não podendo fazer mais nada, eu comecei a orar. Orei por longos minutos... Passados uns 40 minutos, o respeitável médico se acercou de mim e me deu novas notícias:

— Seu paciente está salvo! Foi por alguns segundos! Ele teve uma parada cardíaca e ficou sem oxigenação cerebral, mas agora está bem. A sua família já foi notificada pelo serviço social e está vindo aqui. Ele está chamando o senhor, pois deseja agradecer-lhe.

— De forma nenhuma, doutor! O senhor não vai desmanchar o pouco que eu fiz. Eu prefiro que ele não me conheça. Não é necessário.

— Mas é ele que deseja falar com o senhor!

— O doutor poderá dizer, por favor, que quando chegou à entrada do hospital para me chamar, eu já tinha ido embora.

Ele olhou para mim como quem tentava recordar-se de algo e falou:

— O senhor me é familiar. Essa voz eu conheço de algum lugar. O senhor não é...

— Sou sim!

— O senhor é Divaldo Franco! Eu o conheço da televisão. Reconheci a sua voz. Já o vi no rádio e na televisão. Mas como foi mesmo que tudo aconteceu com o senhor e o nosso paciente?

— Foi simples. Eu estava caminhando na rua e ele caiu na minha frente. Eu o segurei e o trouxe para cá. Como eu vi escrito na placa lá fora "Casa de Saúde", eu pensei: "é aqui mesmo que ele vai ficar!". E agora, doutor, eu quero lhe agradecer por tudo e desejo me despedir...

— Não, senhor! O senhor agora vai ter que me pagar pelo favor que lhe fiz. O senhor tem dois minutos?

— Olha, doutor, o meu horário de lanche já acabou há muito tempo. Quando eu voltar ao escritório, o meu chefe estará com aquele "rostinho alegre" esperando por mim... mas eu vou ouvi-lo mesmo assim.

Ele fez um gesto muito cordial e me solicitou:

— Senhor Divaldo, por favor, entre aqui no meu gabinete. Vamos tomar um cafezinho.

Eu entrei, atendendo-lhe o pedido. Quando a porta se abriu, eu vi um quadro com uma pintura em tamanho natural que me sensibilizou profundamente. Na pintura havia uma mulher que flutuava em um vestido azul, trazendo o cabelo louro trançado de rosas e os olhos azuis muito brilhantes. Os braços estavam abertos como quem acolhe alguém amorosamente. Parecia uma deusa grega! Eu parei e exclamei:

— Meu Deus! Que mulher linda! Posso ver nitidamente que se trata de um Espírito notável!

O médico tocou o meu ombro gentilmente e respondeu:

— É minha mãe, senhor Divaldo. É o ser mais notável que o senhor está contemplando na Terra! Eu sou descendente de alemães. Minha mãe era espírita e ouvia o senhor falando em programas de rádio.

Como também sou espírita, eu tenho certeza de que mamãe continua viva e tornou-se o anjo protetor desta Casa de Saúde.

Reunindo as lembranças daqueles momentos difíceis, o diretor narrou-me a história que passarei a reproduzir.

Meus pais vieram para o Brasil depois da Primeira Guerra Mundial. Nós temos herança judaica, e eu nasci aqui. Meu pai morreu dois anos depois do meu nascimento. Nós éramos muito pobres. Minha mãe, que não falava português e teve dificuldades de adaptação ao país, tornou-se uma lavadeira dedicada, lavando roupa para famílias ricas ali no Dique do Tororó,[53] e eu era o entregador de roupas.

Um dia, quando cresci, eu disse à minha mãe:

— Mamãe, eu quero ser médico!

— Impossível, meu filho!

— Mamãe, ajude-me a ser médico!

— Não poderei ajudá-lo, meu filho! De tanto bater a roupa na pedra para lavar, eu já não tenho força nos braços...

— Eu ajudarei a senhora, mamãe! Começarei ensinando-lhe o idioma.

Nós somos originários da cidade de Düsseldorf, e papai gostava muito das obras de Allan Kardec. Quando imigrou para o Brasil, minha mãe trouxe na bagagem *O Livro dos Espíritos* em alemão, que ela lia para mim quando eu era pequeno.

Um dia eu lhe informei:

— Mamãe, há um Centro Espírita aqui perto onde nós pediremos forças a Deus para prosseguir enfrentando os obstáculos!

Eu comecei a estudar, e nós procuramos frequentar a Instituição. Mamãe aprendeu um pouco de português, tornou-se verdadeiramente espírita e desenvolveu um grande carinho pela figura do Dr. Bezerra de

---

53. O Dique do Tororó – *Tororó* vem do tupi *tororoma*, que significa "jorro" de água – é uma fonte de água doce que jorra ininterruptamente e está localizada no centro de Salvador. Ao longo do tempo, tornou-se um ponto turístico da cidade. Nota do organizador.

Menezes. Fiz meus estudos vendendo várias coisas para me sustentar. Na faculdade de Medicina, eu estudei até a exaustão, enquanto mamãe desdobrava-se lavando roupas.

Na semana da minha formatura, mamãe me chamou pela madrugada e eu despertei sobressaltado. Estava muito cansado de tanto estudar para os últimos exames que havia feito há alguns dias. Quando entrei no quarto, eu a encontrei com febre alta de quase 40°C. Ela já estava quase delirando com a temperatura elevada do corpo, apresentando também uma dispneia profunda.

Eu fiquei muito assustado e lhe disse:

— Mamãe, o que houve? Você parece que está com uma infecção brutal!

Nesse instante, ela tossiu e um filete de sangue escorreu-lhe da boca, o qual ela tentou retirar para que eu não visse. Ela havia sofrido uma hemoptise.

— Mamãe, o que é isso?!

— Não é nada, meu filho! É bronquite. Eu sempre tenho isso. Doença de pobre é bronquite...[54]

— E há quanto tempo a senhora tem tido febre pela manhã?

— Há mais de seis meses...

— E não me disse nada?!

— Não, meu filho... Você anda tão ocupado que eu nunca lhe falei nada para não o perturbar, pois isso poderia prejudicar a conclusão do seu curso. Não é grave. Tenho uma pequena febre pela manhã e outra à tarde, acompanhada de tosse persistente.

Então eu abracei aquele corpo desfigurado pela pobreza, pelas lutas e pela falta de alimentação adequada. Abracei-a e senti os estertores do organismo debilitado. Resolvi auscultar os pulmões e detectei a destruição que o bacilo de Koch havia produzido no sistema respiratório. Mamãe estava com tuberculose bilateral!

— Mamãe, você está muito doente! Vou levá-la ao hospital!

---

54. É curioso notar a semelhança que havia até mesmo nas palavras utilizadas pelas duas mães: aquela que cuidou do filho ingrato e esta que educou um filho amoroso e gentil. Nota do autor.

— Não, meu filho! Eu estou morrendo... Seu pai está aqui. Está dizendo que eu vou *viajar* esta noite... Não devemos perder tempo. Eu chamei você porque quero lhe fazer um pedido: você me perdoa, meu filho?

— Perdoar-lhe o quê?

— Perdoe-me, pois eu não poderei estar presente na sua formatura! Nós dois queríamos tanto isso... Mas eu não poderei, meu filho. Estou muito cansada... Tenho que ir agora... Você me perdoa?

— Mas mamãe, você vai sim! Você vai à minha formatura!

— Não, meu filho, porque eu não estarei mais aqui. E, depois que eu me for, não terei tempo de despertar, além do corpo, para vê-lo em seu instante de triunfo. Mas onde eu estiver, farei orações por você. E, quando eu puder, voltarei para visitá-lo...

Nesse momento, minha mãe teve uma hemoptise muito forte. Eu a ergui pelas axilas, e ela morreu nos meus braços, afogada em sangue.

Eu a coloquei na sala, para velar o corpo, e prometi a mim mesmo que iria dar a vida para perseguir esse bacilo cruel! Eu me formaria e iria especializar-me em tisiologia, para salvar vidas em homenagem à vida da minha mãe! E no momento em que eu distendi o braço para fazer o juramento de Hipócrates, durante a formatura, não consegui reter as lágrimas... Tive a impressão de que minha mãe estava lá, naquele imenso auditório, na companhia do meu pai...

Se me perguntarem se frequento algum Centro Espírita, eu responderei que infelizmente não tenho tempo. Eu sou espírita na Medicina. Cada doente meu é Jesus que eu tiro da cruz. Então ali eu exerço a ciência espírita, a caridade espírita, a religião espírita... Graças à minha mãe, que me ensinou a renunciar às ilusões do mundo para servir à Humanidade!

Ao terminar de ouvir o relato do eminente médico, eu fechei os olhos e me lembrei da mãe negra, tão nobre, recusada pelo filho, que mais tarde houvera se arrependido de menosprezar a sua genitora. Diante de mim, havia um filho que dignifica a espécie humana...

Para completar a narrativa, ele acrescentou:

— Senhor Divaldo, até hoje eu não consigo entender como não percebi que minha mãe estava ficando doente. Mas sei que ela só desejava o melhor para mim. Como forma de gratidão a Deus e à minha mãe, eu ergui este hospital, que além de atender as pessoas que podem pagar, também atende a população que não dispõe de recursos. Nós cobramos dos mais ricos para proporcionar oportunamente aos demais. Esse princípio faz parte da missão do hospital. Aquela atendente foi muito grosseira com o senhor, mas eu vou demiti-la!

— Não faça isso, doutor! Não vale a pena dar esse tipo de resposta, porque o bem não pode fazer mal! De fato ela foi um pouco negligente. É uma moça muito jovem e bastante imatura. Embora eu entenda as suas intenções positivas, creio que é melhor fazer-lhe apenas uma advertência.

— Mas esse caso que nós atendemos era de urgência! Em uma situação como essa, devemos falar em dinheiro depois, não antes!

— Eu compreendo seus bons sentimentos. Mas não tire o emprego da jovem, senão eu ficarei preocupado com ela.

— Está bem, senhor Divaldo. Em homenagem à minha mãe, eu não farei nada.

Então eu o abracei e disse-lhe, com ternura:

— Doutor, dê-me licença para fazer uma prece de louvor a Allan Kardec pela doutrina de libertação que ele nos ofereceu...

Nesse momento, eu orei com ternura e vi aproximar-se a genitora do médico dedicado, com seus olhos azuis inconfundíveis. Logo em seguida, para minha surpresa, eu vi chegar também aquela mãe negra que havia dado a vida pelo filho inconsequente. As duas se abraçaram e sorriram, pois já se conheciam, e depois me deram uma mensagem por via auditiva, que eu transmiti ao diretor do hospital.

As duas experiências de maternidade demonstram as várias faces da relação entre mãe e filho. Na primeira narrativa, constatamos a ausência de reconhecimento e de gratidão ao amor de mãe, que muitos de nós não sabemos valorizar. No episódio seguinte, é possível refletir sobre a verdadeira ternura que devemos oferecer àquela que nos permi-

tiu retornar ao santuário do corpo, na perspectiva de darmos prosseguimento ao nosso projeto evolutivo...[55]

RECORDAÇÕES DE MINHA MÃE

Quando a minha mãe estava encarnada, eu tinha um excelente relacionamento com ela. Minha mãe era uma senhora analfabeta e muito
modesta, mas com ela eu aprendi as grandes lições da vida. Aprendi, por
exemplo, a compreender o meu próximo, pois ela havia sofrido muito
e nos dava lições de otimismo, mesmo sem utilizar qualquer palavra.

Às vezes eu lamentava por não termos uma convivência maior,
embora ela morasse na Mansão do Caminho. Eu trabalhava dois expe-
dientes, participava de muitas reuniões e viajava com frequência. Ela
residia em uma casa contígua à minha, dentro do terreno da Mansão.
Eu construí as duas casas com recursos próprios, para não explorar a
Instituição Espírita. Como eu possuía uma irmã que cuidava dela e
era solteira, transferi ambas para lá com a finalidade de mantê-las mais
perto de mim.

Éramos uma família volumosa, composta por treze irmãos. E juntamente com meus pais totalizávamos catorze pessoas em torno de uma
mesa muito modesta, pois o meu irmão mais velho já era casado e não
morava mais conosco. Vivíamos com grandes dificuldades financeiras
que comprometiam até mesmo as necessidades mais básicas. Era o período da histórica quebra da Bolsa de Valores de Nova Iorque, ocorrida
em 1929, que levou à ruína empresários de várias partes do mundo. O
episódio também ficou conhecido como *A Grande Depressão*. Como
meu pai exportava folhas de tabaco para Cuba e para os Estados Unidos, através de uma empresa em Feira de Santana, suas remessas foram
interrompidas, e nós passamos a enfrentar dificuldades. Cada um de
nós vestia as roupas do irmão mais velho quando ele crescia e a ves-

---

55. Para outras reflexões sobre o tema, será útil analisar *O Evangelho segundo o Espiritismo*,
de Allan Kardec, Editora FEB, cap. 14 (Honrai o vosso pai e a vossa mãe). Sugerimos
consultar também o livro *Jesus e o Evangelho à luz da Psicologia Profunda*, volume 11 da
Série Psicológica, de Divaldo Franco/Joanna de Ângelis, Editora LEAL, cap. 20 (Amor
filial). Nota do organizador.

timenta ficava pequena. Essas roupas passavam de mão em mão até chegar a mim, o último filho, que as usava já um tanto gastas pelo transcurso do tempo.

Certa vez, eu estava com 4 anos e meio quando nos sentamos à mesa para o almoço, como de costume. Por ser o menor de todos, eu me sentava sempre ao lado da minha mãe. Ali, preparando-nos para uma alimentação muito simples, notei que meus irmãos e meu pai repartiam a refeição normalmente, enquanto minha mãe apenas tomava café puro. E, com o passar dos meses, eu percebi que ela tomava aquele café pela manhã, ao meio-dia e à noite. No máximo, ela colocava farinha e manteiga no líquido, para fazer um caldo um pouco mais espesso e poder ingeri-lo lentamente. Assisti àquela cena tantas vezes que um dia, na minha ingenuidade, eu resolvi perguntar:

— Mãe, por que a senhora não se alimenta como ocorre conosco?

— Porque eu tomo café, meu filho.

— E por que toma café?

— Porque o café tira a fome, Di.

— Mas por que a senhora quer perder a fome?

— Para que a minha comida fique para você e seus irmãos, que estão em fase de crescimento e precisam alimentar-se bem.

Naquele momento eu não entendi toda a extensão da explicação. Na minha imaturidade de criança, eu achei aquilo maravilhoso! Fiquei admirado e agradecido, pois ela não comia para que eu me alimentasse melhor.

À medida que os anos se passaram e eu cresci, a situação econômica mundial melhorou, e meu pai conseguiu reabilitar-se financeiramente. Nas ocasiões em que o alimento era farto à mesa, minha mãe se alimentava normalmente. Um dia, para que a lição do amor e da renúncia ficasse gravada em nossos corações, ela nos disse, de forma inesquecível:

— Meus filhos, a maior alegria que podemos ter na vida é ver o bem-estar do nosso próximo!

Então, aos 6 anos de idade, eu finalmente entendi o seu gesto heroico. Olhei-a bem e vi que era um verdadeiro anjo que havia feito morada em nossa casa...

Desde esse dia eu me prometi que durante toda a minha vida eu nunca permitiria que uma pessoa estivesse com fome junto de mim sem que eu fizesse algo para evitar. Faria isso em homenagem àquela mãe que passava fome para que os seus filhos pequenos não experimentassem a ausência do alimento. E ao longo dos anos Deus me permitiu a honra de estar ao lado de pessoas esfaimadas de pão, de luz e de amor, carecendo de solidariedade e de educação, para que eu tivesse a sublime oportunidade de trabalhar com um grupo de companheiros valorosos, envolvendo-nos nessa revolução silenciosa que pretende implantar a era da paz nos corações...

Em nossa Instituição já educamos mais de 30 mil crianças que faziam todas as refeições conosco. Atualmente são mais de 3 mil crianças diariamente. Elas chegam à Mansão do Caminho às 7h, recebem todas as refeições ao longo do dia e saem às 17h, levando alimentos para comerem à noite, antes de dormir.

Ao longo da minha infância e adolescência, testemunhei diversas situações em que a minha mãe agiu com um espírito de doação total, que me comovia até as lágrimas. Sacrificando-se até o limite, ela sempre nos explicava:

— Eu aprendi a renunciar a fim de que vocês tenham aquilo que eu não tive... Prefiro ter pouco para que vocês tenham mais, ao invés de ter muito e vocês não terem nada...

Além de dar à luz treze filhos, minha mãe teve três abortos naturais. Não tinha auxiliar doméstica, cuidando sozinha de todos os afazeres da casa. Há pessoas que têm patrão, enquanto outras têm empregada, mas ela não teve nada disso, pois foi patroa e empregada de si mesma. Embora experimentasse limitações de escolaridade, minha mãe procurou iluminar-se com o conhecimento libertador, não dando margem ao sentimento de vazio existencial tão comum no mundo moderno, uma vez que ela cultivava um objetivo psicológico superior: a educação dos filhos e o bem-estar da família.

Muitas mães me dizem:

— Meu filho tem tudo!

E eu respondo:

— Só não tem mãe!

Elas se espantam com a resposta, e eu lhes digo que a mãe tem que dar limites aos filhos. Eles gostam de experimentar os limites impostos pelos pais porque sabem que isso é amor! O filho reclama, contesta, fica com raiva... mas gosta... afinal, essa postura *pater-maternal* produz uma sensação de segurança. Nenhum ser humano pode crescer com saúde psicológica se tiver tudo que deseja.

Quando eu contava 5 anos de idade, morava em uma casa com um quintal muito grande. Meu pai tinha uma horta na qual plantava milho e feijão, que colhia em quantidade volumosa na época das festas juninas, comemorações que ocorrem no mês de junho e são muito tradicionais no Nordeste brasileiro. Para a colheita do feijão, nós o descascávamos com cuidado e, quando a casca secava, ficava enrolada como se fosse um cilindro.

Em uma ocasião, eu estava brincando com alguns meninos no quintal quando um deles, que tinha 7 anos de idade e era o líder do grupo, tomou um fósforo, colocou uma casca de feijão na boca, acendeu-a e começou a fumá-la. Todos nós ficamos impressionados com o gesto, afinal, ele já era *homem*!

De repente, o menino olhou para mim e perguntou, em tom de desafio:

— E você? Fuma?

— Não... – respondi baixinho, meio envergonhado...

Ele voltou a perguntar de forma mais incisiva:

— E por que você não fuma?

— Porque eu ainda sou pequeno.

— Mas é homem ou não é?!

— Sou sim.

— Então prove!

Para provar que eu era *homem*, peguei uma casca de feijão das maiores, acendi e traguei com vontade. Quando a fumaça chegou aos meus pulmões – eu acho que ela entrou até no meu perispírito! –, fiquei tonto, então joguei fora o meu cigarro de *homem* e corri para casa. Nesse momento, acho que não tive muita sorte, pois minha mãe estava na porta da cozinha. Quando eu fui passando, ela me pegou pela orelha e me puxou. Minha mãe dizia que Deus colocou orelhas em crianças para que as mães pudessem puxá-las...

Depois que eu parei, ela resolveu saber o que estava acontecendo:

— Aonde você vai com tanta pressa?

Eu já estava com náuseas e com uma vontade incontrolável de vomitar.

— Eu vou ali, mãe.

— E onde você estava?

— Estava ali.

— "Ali" onde, menino? "Ali" deve ter um nome!

— Ali no quintal.

— Com quem?

— Com os meninos.

— Fazendo o quê?

— Nada...

— E por que você está tão amarelo? Está quase desmaiando... O que aconteceu, menino?

Aí eu não tinha mais como esconder, tive que confessar o *crime*... Então minha mãe me disse:

— Vá vomitar e depois volte aqui.

Quando eu voltei, ela chamou um irmão mais velho do que eu e solicitou-lhe:

— Vá lá fora, pegue um cesto cheio de cascas de feijão e traga aqui, porque Di vai fumar tudo na minha frente!

Fiquei desesperado!

— Mas, mãe, eu vou morrer!

— Vai sim! Mas vai morrer de casca de feijão! É melhor do que você morrer daqui a alguns anos com um câncer provocado pelos cigarros comuns!

Então eu pedi perdão à minha mãe, que me disse chorando:

— Meu filho, nunca faça nada escondido de sua mãe! Quando você quiser fazer alguma coisa ou tiver qualquer dúvida, pergunte-me. E, se você tiver vergonha de me perguntar, porque eu sou mulher, pergunte ao seu pai. Nós estaremos sempre do seu lado!

E a minha mãe, com esse gesto, ensinou-me o que é a família: um "lugar" no qual existem o amor e a confiança!

Quando eu era jovem e desconhecia a minha mediunidade, tive nela o apoio incondicional para enfrentar muitos desafios. Um dos maiores foi a paralisia mediúnica que sofri no dia 23 de junho de 1944, quando desencarnou o meu irmão José, cuja morte constituiu um dos episódios mais dolorosos da nossa família.[56]

Mesmo sendo analfabeta, tratava-se de um Espírito de inegável sabedoria. Ela era uma pessoa muito especial: possuía uma capacidade extraordinária de renunciar a muitas coisas para manter a paz dentro do lar.

Certo dia, quando conversávamos sobre as desavenças no interior das famílias, ela me informou com ternura e lucidez:

— Di, os dedos da mão nasceram no mesmo instante, mas são todos diferentes entre si. Essa situação não é gratuita. Cada um deles possui uma função própria: eles nos ajudam a segurar objetos, a movê--los e a soltá-los corretamente. Se nós unirmos os dedos junto ao punho, fechando a mão, eles ficam iguais e não podemos pegar nada. Por isso eles são diferentes, para que haja harmonia de movimentos. Com a família acontece a mesma coisa: devemos harmonizar-nos através das diferenças que cada um apresenta.

Sem dúvida é um conceito nobre que ela vestia com uma roupagem de imensa beleza! É uma metáfora para ensinar sobre a tolerância que precisa existir no cotidiano familiar, uma virtude sem a qual são gerados atritos perfeitamente evitáveis.

Na mesma linha de raciocínio, em outra ocasião, ela afirmou:

— Seu pai é um excelente marido e um pai muito cuidadoso com os filhos. Todos nós temos que reconhecer as virtudes das pessoas com quem convivemos. Às vezes ele me diz coisas desagradáveis, e eu não respondo, não devolvo na mesma moeda. Um casal que pretende viver em paz deve ser como a língua e os dentes, que vivem juntos dividindo o mesmo espaço. De vez em quando os dentes mordem a língua, mas a língua não se muda de lugar por causa disso. Ela simplesmente se retrai

---

56. Esse episódio está narrado em detalhes no capítulo 5 deste livro, no item "Mediunidade em crianças e jovens". Nota do organizador.

um pouco e conserva a sua posição, quietinha. Depois tudo volta ao normal. E sempre que a língua se exalta, o dente volta a mordê-la...

É claro que esse conceito está permeado pela compreensão vigente na época, segundo a qual era dever da mulher exemplificar a tolerância e a compreensão, ao passo que o homem não se sentia na obrigação de colaborar com a preservação da harmonia doméstica. Dentro das concepções modernas, muito mais igualitárias, cabe tanto ao homem quanto à mulher a tarefa de se comportar como a língua, retraindo-se periodicamente para não alimentar tensões no relacionamento conjugal. Contudo, minha mãe disputava a honra de ser a primeira a ceder para evitar dissabores familiares.

Meu pai era um homem com a mentalidade do século 19, no qual havia nascido. Ele mantinha um relacionamento extraconjugal que durou muitos anos. Os homens daquela época achavam que a esposa tinha que estar sempre à disposição do marido para a relação íntima. E se a mulher, durante a fase da menstruação, não se apresentasse disposta ao vínculo sexual, o marido tinha o direito de procurar outra companheira para satisfazer-se, sem nenhum prejuízo para o casamento. Para os dias atuais é uma visão totalmente deturpada, pois se trata de uma infidelidade conjugal. Mas os homens da época entendiam que os direitos masculinos eram maiores que os femininos. Era até uma questão de *status* o homem ter uma parceira fora do casamento.

Como eu ainda era criança, todas as atitudes e ensinamentos da minha mãe provocavam-me grande surpresa e imensa admiração por ela...

Certa vez, por volta dos meus 14 anos de idade, eu estava na rua com alguns amigos que estudavam comigo na mesma escola. Subitamente, aproximou-se um rapaz e indagou:

— Divaldo, você é filho de Francisco Franco?

— Sou sim – respondi, em tom de surpresa.

— Pois é. Eu sou seu irmão. Você sabia? Eu me chamo Davi.

Fiquei absolutamente perplexo com a informação! Mas já que ele havia falado que era meu irmão, eu procurei analisar a sua fisionomia para encontrar semelhanças com a nossa família. De fato, os olhos chamaram-me a atenção, porque lembravam os meus e os de meu pai.

Mesmo assim eu não aceitei a ideia imediatamente, pois havia algo nebuloso que eu necessitava compreender:

— Como você pode ser meu irmão? Eu conheço todos os meus irmãos mais velhos...

— Ah! Eu sou filho da mulher que o seu pai *usa* quando a sua mãe está impossibilitada de cumprir com as suas obrigações de esposa...

Para um adolescente dos anos 40 do século 20, uma época em que a informação não circulava facilmente como nos dias atuais, aquilo tudo era um pouco estranho e difícil de entender.

— E o meu pai ainda procura a sua mãe?

— Sim, claro. Ele sempre vai à nossa casa e nos falamos normalmente. Inclusive eu lhe peço a bênção, como qualquer filho o faz, afinal ele é meu pai. E como eu soube que você também era filho dele, desejei conhecê-lo.

A revelação produziu um grande impacto sobre mim. Eu estava envolvido por uma conjugação de sentimentos opostos: experimentava alegria por saber do novo irmão e simultaneamente me sentia indignado pela atitude do meu pai. Então eu pensava: "Como ele teve coragem de enganar a minha mãe por tanto tempo e prosseguir fazendo a mesma coisa? E ainda age dentro de nossa casa como se nunca a tivesse traído!".

Fui para casa com aqueles pensamentos conflituosos e disposto a contar tudo. Aproximei-me da minha mãe e expus-lhe:

— Mãe, eu conheci um outro irmão meu.

— Como assim, meu filho – respondeu-me, com serenidade.

— Um irmão que eu tenho na rua, mãe. O nome dele é Davi.

— Ele não é seu irmão! Todos os seus doze irmãos você conhece. Seu pai não tem outros filhos além desses.

— Mas ele me falou sobre o meu pai.

— Eu não quero saber o que os outros dizem sobre o seu pai!

— Mas Davi me disse que o meu pai tem uma...

— Olhe, meu filho, o seu pai nunca me disse nada a respeito desse assunto, e eu não quero saber através de você, que não é a melhor pessoa para falar sobre ele, porque eu tenho certeza de que você está com raiva do seu pai e vai julgá-lo ao fazer qualquer comentário. Você está aborrecido, meu filho?

— Sim, senhora. Eu estou.

— Então tudo o que for dito estará contaminado pela sua raiva. Nenhum filho deve guardar mágoa do pai.

— Mas a senhora não acha que deveria estar informada?

— Se o seu pai nunca me disse nada, é porque não há nada para dizer. Vou aguardar que ele me fale. Enquanto isso não acontecer, eu não tomarei conhecimento do fato.

— Mas o que eu faço com Davi?

— Di, eu sei que você tem muitos amigos e dedica a todos especial afeto. Se você preferir tratar o seu amigo como um irmão, eu não vou interferir, e o assunto está encerrado!

De fato, depois dessa conversa, nunca mais minha mãe abordou o assunto, que era tão delicado para a nossa família.

Tive a oportunidade de manter contato com o meu irmão outras vezes e recebi oportunamente, muitos anos depois, a notícia de sua desencarnação. Nessa ocasião, o meu pai foi tomado por uma grande tristeza e desânimo, afinal, acabara de perder um filho.

Notando o seu estado de profunda angústia, eu resolvi ajudá-lo a não se abater:

— Pai, não precisa ficar tão preocupado. Davi está em paz... Ele está recebendo o auxílio dos amigos espirituais que velam por todos nós.

Notei que ele tomou um susto e procurou disfarçar. Em seguida, tentou de todas as formas dar um ar de naturalidade à minha frase:

— De qual Davi você está falando, meu filho?

— Estou falando do meu irmão, pai. O filho de dona Fulana.

Ele ficou assustado com aquela situação e declarou:

— Meu filho, como foi que você ficou sabendo dessa fraqueza do seu pai? Eu me sinto mal por haver agido assim...

— Pai, o senhor não precisa preocupar-se comigo. Não estou triste com a escolha que o senhor fez. Aliás, eu conheci o meu irmão, e agora que ele se foi, está mais perto de Deus. O senhor deve ficar contente, porque assumiu a sua responsabilidade, cuidando do seu filho e da mãe dele.

Com aspecto de quem se sentia culpado, ele me olhou de forma entristecida e perguntou:

— Você conversou com a sua mãe sobre isso?

— Conversei sim – respondi com tranquilidade.

— E o que ela lhe disse?

— Mãe me falou que não era verdade que o senhor tinha outra companheira e um filho fora do casamento, porque o senhor nunca contou nada. Então ela preferia acreditar que tudo não passava de um mal-entendido.

Nesse momento, a inquietação se apossou do meu pai. Como fazer para corrigir o equívoco? Ele prosseguiu:

— E agora, meu filho, o que vou fazer?

— O senhor deve contar-lhe. Já estamos em outra fase da vida e o passado não importa. Vocês dois estão idosos e saberão enfrentar o assunto com mais serenidade. Mãe merece saber o que aconteceu. Além disso, o senhor já não tem mais a outra companheira nem o filho dela. Quando surgir a ocasião, conte a verdade.

Ele ficou emocionado, segurou a minha mão com força e acrescentou:

— Você me ajuda?

— Claro que sim, pai. Pode contar comigo.

Encerramos ali o diálogo, e cada um foi cuidar dos seus afazeres.

Naquela mesma noite, para minha surpresa, meu pai me disse:

— Meu filho, eu gostaria que você fizesse o estudo do Evangelho. Você poderia realizá-lo? Esta noite eu pretendo falar com todos. Desejo conversar sobre algumas coisas importantes.

Aceitei a proposta e nos reunimos em torno da mesa. Além dos meus irmãos, havia outros parentes conosco.

Abri o Evangelho, li um pequeno trecho e fiz um breve comentário relativo ao tema. Mas aproveitei para tecer considerações sobre a vida na Terra, ressaltando que todos nós precisamos enfrentar grandes desafios na busca da felicidade; que nem sempre superamos os obstáculos, porque ainda possuímos dificuldades que emergem do nosso passado reencarnatório. Por essa razão, todos temos um aspecto oculto da personalidade que deve ser iluminado com muito esforço, e o primeiro passo para alcançarmos esse objetivo é admitirmos o nosso lado escuro e revelá-lo àqueles que amamos. Adicionei um comentário relativo à postura de acolhimento que precisamos ter em relação a alguém que nos conta uma dificuldade, um equívoco praticado, que deve ser perdoado pela pessoa que se julgar atingida.

Ao final, quando o cenário já estava preparado para o delicado momento, meu pai começou a falar. Narrou que Deus o havia presenteado com uma excelente família; que só tinha a agradecer pelas bênçãos que a vida lhe reservara. Disse que pôde contar com uma esposa maravilhosa, a melhor companheira que um homem poderia ter. Depois de relacionar seus motivos de felicidade, ele explicou que era uma pessoa frágil, porque havia mantido por muitos anos um relacionamento extraconjugal, do qual nascera um filho, agora desencarnado. Admitiu que se deixou levar pelas influências do meio, pelos convites de uma sociedade que sempre reservava privilégios ao sexo masculino.

Quando terminou de se confessar, ele olhou para minha mãe e perguntou-lhe:

— Ana, você é capaz de me perdoar?

Ela respondeu com outra pergunta:

— Perdoar pelo quê?

— Porque eu fui infiel. Eu traí você e continuei fazendo isso por longos anos...

Deixando todos os presentes extremamente surpresos, minha mãe concluiu:

— Não, Chico. Não entendo que você me tenha traído. Você nunca me faltou com respeito porque não me contou sobre a sua outra companheira. Os homens têm o hábito de recorrer a outras mulheres e fazem disso um vício. A maioria revela um grande desprezo pela esposa. Mas você não me contou nada para não me magoar. Se você teve a oportunidade de estar com ela nos momentos em que eu não lhe podia atender, eu agradeço a ela, como minha irmã, por lhe ajudar a não se envolver com más companhias.

Pode parecer que a atitude dela foi de autodesprezo, de resignação injustificável, contudo, é preciso imaginar os vários fatores que entram em jogo nesse episódio.

Em primeiro lugar, a cultura da época propunha que o casamento era uma experiência afetiva que deveria ser honrada com todas as forças, algo que ficou um pouco esquecido quando a sociedade admitiu o divórcio, pois as pessoas passaram a exagerar, promovendo a ruptura dos relacionamentos por motivos banais. Além disso, minha mãe certamente pensou nas consequências que uma separação poderia produzir nos filhos. Essa preocupação representa um ato de extremo desprendimento do próprio *ego*. Por fim, em uma fase muita avançada da vida, muitas situações angustiantes vividas por um casal já não devem constituir motivo de sofrimento e de mágoas, pois a maior parte da trajetória do casamento já foi concluída, fazendo com que a importância de algumas situações tenha que ser relativizada.

O meu pai desencarnou antes da minha mãe. Muitos anos após o retorno de ambos ao Mundo espiritual, eu permanecia com a dúvida de como eles estariam, sobretudo o meu pai e a companheira que ele elegeu fora do casamento, pois ela de fato o amava em profundidade.

Certo dia, os três me apareceram à visão mediúnica. Minha mãe estava muito tranquila. Eu também pude notar nos outros dois um semblante de esperança que os caracterizava. Vale lembrar que eu não conhecia aquela outra senhora quando ela estava encarnada. Mãe aproximou-se e me confidenciou:

— Meu filho, eu quero lhe apresentar Fulana, a irmã querida que esteve ao lado do seu pai para auxiliá-lo a manter a paz interior. Estou solicitando aos bons Espíritos que me permitam retornar à Terra ao lado de ambos, em uma família na qual ela será também minha filha, para que o seu pai, que retornará novamente como meu marido, possa ter nos braços a alma que ele tanto amou, agora na condição de filha devotada...

Portanto, creio que a minha mãe nos deu uma lição inesquecível de nobreza espiritual, porque o amor será sempre a solução para as nossas querelas, os nossos desafios mais aflitivos! Somente a postura genuinamente amorosa, sem exigências, será o antídoto para os males que nos alcancem como resultado da nossa imaturidade psicológica. Mas para isso deveremos deixar de lado os conceitos equivocados que nos induzem a responder na mesma moeda a cada deslize cometido pelas pessoas que convivem conosco. Precisamos abandonar os falsos conceitos de honra e dignidade feridas, que a cultura deturpada e imediatista nos pretende impor. Mas esse salto de qualidade só pode ser realizado se estivermos em sintonia com o Autor da Vida.

Naquela época era muito comum, nas cidades pequenas do interior, que as mães se sentassem à porta de casa para conversar e contar histórias aos seus filhos. Os pequenos se sentavam como se fossem pintinhos em torno da galinha cuidadosa. Com a alma profundamente vinculada ao amor de Deus, minha mãe nos reunia à noite e nos aconselhava:

— Observem as estrelas do céu, meus filhos. São os olhos de Deus vigiando a Terra...

Ela havia trazido do Mundo espiritual a Presença Divina na intimidade do coração... Sentava-nos no colo com carinho e unia-nos as mãos para nos ensinar desde cedo a orar, advertindo-nos de forma incessante:

— Nunca se esqueçam de que Deus está presente em tudo!

Apesar de ser analfabeta, minha mãe lutou para que os seus treze filhos se alfabetizassem. Recordo-me de uma frase extraordinária que ela utilizou para nos estimular aos estudos:

— Meus filhos, as letras são mais brilhantes do que as estrelas!

Eu lhe dizia sempre:

— Mãe, se a senhora quiser, eu posso ensiná-la a ler, dessa forma a senhora poderá ler *O Evangelho segundo o Espiritismo*, que é o mais lindo livro que alguém já escreveu!

Ela chorava e me respondia:

— Meu filho, eu já estou formada pela *Universidade da Vida*. Você acha que eu consigo aprender mais alguma coisa? Se eu tenho você, que lê tão bem para mim, eu iria fazer esse sacrifício todo para quê? Leia você!

Toda vez que eu lia o Evangelho para ela, precisava facilitar o entendimento do texto, substituindo algumas palavras que são muito eruditas, por causa da tradução do Dr. Guillon Ribeiro que, na época, a Federação Espírita Brasileira editava. A obra utiliza um vocabulário clássico. Muitas vezes eu lia e solicitava que ela interpretasse. Podia ouvir-lhe magníficas interpretações elaboradas a partir das suas experiências e reflexões de mulher humilde e sofredora que enfrentou muitos obstáculos.

Embora eu já fosse espírita, sempre ficava um pouco intrigado com aquela capacidade de enunciar conceitos tão impressionantes, já que ela não sabia ler ou escrever.

Eu li toda a obra de Allan Kardec para ela. Em uma oportunidade, eu estava lendo o trecho de *O Evangelho segundo o Espiritismo* que trata da melancolia, "A melancolia". O texto estava configurado nestes termos: "Sabeis por que, às vezes, uma vaga tristeza se apodera dos vossos corações e vos leva a considerar amarga a vida?". Nesse instante eu notei que minha mãe não sabia o que era melancolia. Então, eu completei:

— Pois é, mãe. A melancolia é essa tristeza que nos abate de vez em quando...

— Ah, Di, melancolia é bom para rico, porque pobre não tem tempo para isso, já que o trabalho não lhe permite!

Rimos muito com o bom humor daquela resposta. A partir daquele momento, percebi que ela incorporou a palavra *melancolia* ao seu vocabulário.

Certo dia, eu estava em casa com ela e minha irmã e me pus a meditar um pouco na varanda, pois estava com algumas preocupações. Minha mãe tocou-me no ombro e me interrogou:

— Di, hoje você está melancólico, não é?

Eu fiquei bom na mesma hora... A frase deu-me alegria porque ela havia escutado a palavra *melancolia*, mas *melancólico* já era uma elaboração de sua própria autoria. Talvez ela tenha escutado a palavra em outro contexto, ou talvez não.

O fato é que a sua habilidade em penetrar os assuntos mais abstratos, mesmo sem possuir uma vasta cultura, continuava me deixando perplexo. Até que um dia eu obtive a explicação que me faltava.

Dez anos depois que ela desencarnou, eu retornava da cidade americana de Miami e resolvi passar por Uberaba para visitar Chico Xavier. Era uma quarta-feira.

Após uma conversa longa e amena, o apóstolo da mediunidade me propôs:

— Já que estamos aqui, meu filho, vamos orar?

Aceitei o convite e realizamos uma breve reunião. Estávamos presentes, meu anfitrião, o senhor Manoel Chaves, Chico e sua auxiliar doméstica, e eu. Chico providenciou papeis e começamos o transe. Eu psicografei para ele uma mensagem do Dr. Bezerra de Menezes, e ele psicografou para mim uma mensagem de minha mãe...

O acontecimento foi muito especial e curioso, pois minha mãe começou a carta dizendo mais ou menos o seguinte:

"Meu filho, você desejava tanto que eu aprendesse a ler e escrever... Eu respondia que já era diplomada pela Universidade da Vida e não queria colocar confusão na minha cabeça. Di, eu quero lhe dizer que nesta última encarnação eu permaneci analfabeta por causa do mau uso que fiz da inteligência em outras existências. Então eu roguei a Deus que me concedesse a bênção da humildade e do analfabetismo para aprender a servir através do sentimento do amor. Mas quando voltei para cá, nestes dez últimos anos, eu pedi ao Senhor da Vida que me permitisse reativar a recordação das experiências da cultura que ficaram no passado. E hoje eu venho escrever para você."

Realmente ela escreveu uma carta belíssima com muitas páginas. Ao ler o texto, eu tive que consultar o dicionário mais de uma vez, em busca de esclarecimentos para o seu rico vocabulário.

Sempre que eu viajava, ela me perguntava:

— Já vai pegar a estrada novamente, meu filho?

— Vou sim, mãe.

— E aonde você vai desta vez?

— O mesmo compromisso de sempre, mãe. Eu vou pregar. Vou atender aos convites dos companheiros de ideal que necessitam da minha ajuda.

Conforme todos nós sabemos, é muito comum, na linguagem da história do cristianismo, falarmos em *pregar o Evangelho*. A expressão é utilizada em diversas denominações religiosas vinculadas ao pensamento cristão, contudo, de tanto eu dizer aquilo, um dia eu fui questionado pela minha mãe:

— Di, por que lhe fazem tantos convites para pregar, meu filho? Que tanta parede é essa que precisam chamar você para colocar esses pregos?! Não tem ninguém para fazer isso nos lugares que você visita?!

Somente aí eu me dei conta de que durante todo aquele tempo ela não sabia o que eu havia dito, porque desconhecia o conceito de pregação evangélica...

Costumávamos conversar muito sobre São Francisco de Assis, um santo de quem todos gostamos bastante. Em vez de chamá-lo de São Francisco, ela sempre se dirigia a mim, dizendo:

— Meu filho, eu gostaria que hoje à tarde você me falasse algo sobre o *Irmão Sol*.

Eu me entusiasmava ao dissertar sobre o assunto... Na casa em que ela morava com minha irmã, havia uma varanda, eu então ficava em pé, fechava os olhos e falava como se ali estivessem 20 mil pessoas me escutando... Quando eu elevava muito o tom da voz, ela me advertia, sorrindo:

— Meu filho, fale mais baixo, que aqui só estamos nós dois!

Eu redarguia:

— Mas mãe, não dá para falar em São Francisco sussurrando! Temos que falar caminhando pela Úmbria... A senhora sabe o que é a Úmbria?

De imediato eu procurava descrever a Úmbria, o Monte Alverne e outros lugares relacionados a São Francisco. Eu me sentia subindo o Monte Alverne. Quando eu recitava os solilóquios de São Francisco, ela sempre chorava.

Contei-lhe diversas vezes uma passagem célebre da vida do Santo de Assis.

Quando o abençoado *Cantor de Deus* estava muito doente – nessa ocasião ele já estava cego, mas continuava severo nas suas obrigações espirituais –, Frei Leão, que era o seu confessor (é bom lembrar que São Francisco era católico), aproximou-se do querido amigo e lhe indagou:

— Meu pai, eu tenho um amigo que tem um jumento muito doente, mesmo assim ele bate no animal indefeso, obriga-o a fazer tudo, como se o pobrezinho estivesse sadio, o que é que eu devo dizer a este amigo?

— Traga-o aqui! – respondeu-lhe o paciente, em tom severo. — Como é que ele se atreve a tratar mal o jumentinho?! Ele monta no jumento?

— Monta sim! Mesmo que o animalzinho esteja doente.

— E esporeia o coitadinho?

— Esporeia-o até sangrar!

— Então vá buscá-lo para que eu o admoeste! Quem é este homem?

— Sois vós, meu pai! O vosso jumentinho é o vosso corpo. Vós sois tão severo com ele! Exigis tanto dele, sem lembrar-vos de que ele está sofrendo!

São Francisco abriu os olhos cegos, que haviam sido queimados por causa do tracoma que contraiu no deserto, e exclamou:

— Meu jumentinho, perdoe-me! Não era por má intenção que fazia isso! Perdoe-me, meu suave jumentinho!

Minha mãe se comovia com esta lição da vida de Francisco.

Quando completou 80 anos, ela me perguntou:

— Meu filho, será que já está perto da minha morte?

— Mãe, eu acho até que já passou... afinal, a senhora já está com 80 anos!

— É, meu filho, mas eu queria saber. Você pergunta a Joanna de Ângelis?

— Mas ela não vai responder.

— Por que ela não responderá?

— Mãe, eu não posso fazer uma pergunta dessas a um Espírito a quem eu respeito!

— Pergunte-lhe e aí tiraremos as dúvidas para saber se ela responderá ou não.

— Mas ela não responderá!

— Pergunte-lhe!

Minha mãe era uma mulher baixinha, por isso não perdia nunca uma discussão. São as mulheres baixinhas que mandam no homem! As mulheres altas, não. As mulheres altas são como trovoadas. Quando há muita trovoada, acaba havendo pouca chuva... mas a mulher baixinha já começa chovendo quando defende o seu ponto de vista!

Como não dava para ganhar a discussão, eu acabei perguntando. A benfeitora, consultada, respondeu que a sua desencarnação não estava prevista para aquele momento. Ao lhe dar a resposta, minha mãe completou, desfrutando da alegria de estar com a razão:

— Viu só? Consegui a resposta!

Quando ela completou 85 anos, voltou a solicitar-me:

— Di, pergunte a Joanna se já está na hora.

— Mãe, aos 85 anos, a senhora quer saber se está perto?!

— Pergunte, meu filho!

Voltei ao tema com a bondosa Entidade, que me esclareceu:

— Depende do que seja, para vocês, estar perto ou longe o dia do retorno. Afirmo, no entanto, que está chegando o momento.

Comuniquei à minha mãe a informação que recebi e lhe perguntei:

— Por que a senhora quer tanto saber sobre isso?

— Para me preparar.

— Mas aos 85 anos a senhora ainda não se preparou para a *grande viagem*?!

— Preparei-me mais ou menos. Pus algumas *peças de roupa* na *mala,* mas guardei outras *peças* para a última hora. Se eu estivesse com a *mala* totalmente arrumada, poderia ser que Deus propusesse: "Já que a velha está pronta, pode vir!".

Eu não pude esconder que fiquei surpreso com a resposta.

No ano seguinte, em 1972, ela contraiu a gripe da Coreia, uma pandemia que fez um volumoso contingente de vítimas naquele tempo, e novamente insistiu com a pergunta:

— Meu filho, indague a Joanna se é desta vez.

Eu já nem discuti e perguntei.

A paciente mentora informou-me:

— Diga a Ana que pode colocar na mala as últimas peças de roupa, porque ela virá logo mais através dessa doença.

Expliquei-lhe o que a veneranda mentora me havia falado. Ela, porém, insistiu:

— E quantos dias faltam?

— Mãe, isso não é prazo de título bancário!

— Quantos dias, Di?

— Entre 18 e 21 dias.

— Então eu terei tempo. Mande chamar seus irmãos e seus sobrinhos, que eu desejo falar com eles.

— Mas para quê?

— Eu quero fazer a cada um deles um pedido, pois ninguém se nega a atender pedidos feitos na hora da morte! E se alguém negar, acaba ficando com a consciência pesada...

Para atendê-la, eu mandei chamar toda a família e também fui para essa espécie de reunião de despedida.

Dias depois, numa certa quinta-feira, eu fui visitá-la logo cedo. Na hora em que eu cheguei, ela me olhou com seus olhos verdes muito bonitos e me perguntou:

— É hoje?

— Eu não sei!

— Sabe sim! É hoje! Você nunca me visitou às 5h da manhã! Você veio despedir-se, não é verdade?

— É verdade. Os Espíritos me disseram que entre hoje e amanhã começará o processo.

— Sim, meu filho. Eu entendi. Mas como eu não estou sentindo nada, vamos conversar até eles chegarem.

Assim, ficamos conversando por muito tempo.

Depois de algumas horas, ela começou a ter problemas respiratórios, como resultado da gripe asiática que a debilitava cruelmente. O médico veio, examinou-a e percebeu que ela não estava bem. Ao meio-dia, ela entrou em pré-coma e depois em coma. Às 4h da tarde, ela despertou, abriu os olhos e me informou:

— Meu filho, tudo quanto você me falou é verdade! A vida continua, Di! Seu pai está aqui e seus irmãos também.

Nesse rápido despertar, minha mãe me falou dos meus irmãos desencarnados, expôs-me particularidades a respeito da minha irmã Nair, desencarnada por suicídio no ano de 1939.[57] Então, ela concluiu:

— Nair está aqui. Ela vem ao meu encontro e me pede para ir logo, porque sente a minha falta. Ela quer que eu a arranque do sofrimento, da Região espiritual dolorosa e daqueles que a induziram ao suicídio. Eu irei, meu filho. Logo que eu me recupere, voltarei para

---

57. Ver os detalhes da história de Nair no capítulo 9 deste livro, no item "Família e suicídio: a história de Nair". Nota do organizador.

tomar conta de você, porque uma mãe nunca deixa os seus filhos na orfandade!

Eu caí na ingenuidade de pedir-lhe:

— Mãe, não volte! A senhora sofreu tanto... Os bons Espíritos me disseram que a senhora vai ser muito bem recebida. Eles já reservaram um lugar ameno, agradável para hospedá-la.

— Não, meu filho! Eu vou voltar. Uma mãe não pode deixar um filho assim. Você não é casado e não tem ninguém!

De fato, eu não possuía mais parentes consanguíneos, à exceção de uma última irmã, que estava conosco naquele instante. Pai, irmãos e irmãs já haviam desencarnado. Mesmo assim eu insisti:

— Mas eu tenho tanta gente! Tenho uma família enorme, com mais de quinhentos filhos adotivos!

— Não, Di. Eu vou voltar.

— Mas, mãe...

— Você vai discutir com sua mãe na hora da morte?

Estávamos no quarto Nilson, minha irmã e eu. Ela ainda teve tempo de dizer:

— Minha filha, não chore muito para não dar mau exemplo. Nós somos espíritas! Até logo, minha filha!

Segurou a minha mão e a mão da minha irmã, olhou-nos profundamente e *viajou*... Aquela ave de luz arrebentou as algemas de cristal que a retinham na Terra... Eu a vi sair do corpo. O Espírito Joanna de Ângelis e meu pai, já desencarnado na época, receberam-na no Mundo espiritual, e ela saiu do vaso carnal absolutamente lúcida.

Tive a oportunidade de acompanhar em detalhes o delicado processo de desligamento. Ela foi flutuando como se houvesse uma catapulta invisível que a retirasse de dentro do organismo. O Espírito passou a se desprender do corpo físico a partir dos pés. Em seguida foram desligados o abdômen e o tórax, restando apenas o alto da cabeça, que ficou conectada pelo centro coronário através daquele fio de energia conhecido como *cordão de prata*, de que já nos falavam as tradições orientais. Quando ela já estava flutuando em uma condição totalmente livre do molde corporal, a mentora segurou-a e a colocou em pé, para que ela experimentasse a nova *gravidade* da dimensão espiritual. Logo após,

Joanna começou a trabalhar aquele cordão energético denso, que tinha mais ou menos a espessura de uns dois dedos, aplicando-lhe energias diluentes. A estrutura do cordão começou a se tornar desgastada, como se ele estivesse sendo desfiado aos poucos, até que uma parte foi absorvida pelo corpo físico e a outra pelo Espírito em processo de desencarnação.

A veneranda Joanna falou-lhe, carinhosamente:

— Ana, agora você já está livre. Que bom que você veio!

Admirada, ela olhou para a benfeitora e perguntou-lhe:

— Então, é a senhora que é a dona Joanna?

— Sou só Joanna, sua irmã.

— Ah, minha irmã! A senhora parece com Nossa Senhora!

— Mas não sou. Sou sua irmã. Aqui está o nosso Francisco, o companheiro que nunca a esqueceu e que veio recebê-la.

Muito nervoso, meu pai chorava muito, e Joanna recomendou-lhe:

— Francisco, acalme-se um pouco! Não se recebe um ser querido com agitação.

Minha mãe acrescentou:

— O que é isso, Chico?!

Meu pai acalmou-se, e eu saí do quarto por alguns instantes, enquanto minha irmã vestia-lhe o corpo. Ao retornar, eu ouvi Joanna dizer-lhe:

— Ana, aí está o seu jumentinho, assim como aquele da narrativa do Santo amado de Assis de que Divaldo lhe falava.

Na sua humildade, ela ajoelhou-se diante do corpo inerte e considerou:

— Muito obrigada, meu jumentinho! Você me carregou por 86 anos! Será que alguma vez eu maltratei você?

Ao ver uma atitude tão sincera, eu me comovi. Ela perguntou-me:

— Di, eu o maltratei em algum momento?

— Não, senhora – respondi.

Olhando novamente para o corpo, ela concluiu:

— Mesmo assim, perdoe-me, meu jumentinho!

Ela havia sofrido por causa de uma série de doenças, entre elas a acromegalia e a osteoporose. Naquela época, os diagnósticos para doenças reumáticas, ósseas e articulares eram muito imprecisos.

Então ela me olhou com ternura e enfatizou:

— Perdoe-me, meu filho! Perdoe-me por ter sido tão ignorante e não poder dar a você uma educação melhor.

Eu respondi-lhe:

— Mãe, a senhora e o meu pai me deram um corpo saudável. A senhora me deu a luz do exemplo e me deu o maior tesouro que um ser humano pode receber: confiança irrestrita em Deus...

Depois disso ela se despediu, e os bons Espíritos levaram-na.

Como esquecer uma cena dessas? Não há palavras para descrever a beleza dessa experiência...

Chamei as crianças na Mansão do Caminho e mostrei-lhes o que é a vida e o que é a morte. Disse-lhes, com muito carinho:

— Vejam, crianças, assim é o ciclo das mudanças que todos nós experimentamos. A avozinha de vocês não está mais fisicamente conosco, mas estará para sempre em nossos corações. E um dia, no Reino da Imortalidade, todos nós iremos nos reencontrar...

Dez dias depois, eu estava visitando a cidade de Castro, no estado do Paraná. No momento em que proferia uma palestra sobre a imortalidade da alma, eu fiz um movimento para o lado e pude vê-la com uma distância pouco menor do que cinco metros. Ela estava vestida com um tecido que eu havia lhe dado há muitos anos, adquirido com o meu primeiro salário. Era um vestido de seda branca com flores azuis, que a minha irmã costurou com muita delicadeza. Então ela me estendeu as mãos e verberou:

— Meu filho, eu voltei! Diga a todos que ninguém morre! Que a vida continua! É necessário entregar a vida à Vida, porque para um corpo, por mais que prolongue a sua existência, chegará o momento em que ele se degenera, decompõe-se e morre, mas o ser profundo não se desintegra jamais!

Então eu me voltei para a plateia e penso que fiz a mais comovedora palestra da minha vida... No restante do tempo de que dispunha, falei com toda a força da minha alma!

A partir daí, passei a desfrutar do seu convívio, particularmente nas viagens.

Quando me vou deitar, ela aparece-me e pergunta-me:

— Di, já orou?

Eu respondo-lhe:

— Mas, mãe! Meu dia hoje foi uma verdadeira prece!

Ela acrescenta:

— Então coroe o seu dia com outra prece, porque você vai dormir e não sabe se vai despertar no corpo...

Quando eu desperto, pela manhã, ela pergunta-me:

— Já orou, meu filho?

E eu respondo:

— Mãe, eu estou *chegando agora!* Ainda não tive tempo!

E ela me confirma:

— Ore, meu filho! Você vai *viajar no carro do sol,* e não sabe se chegará ao crepúsculo...

5

NOS PASSOS DA CRIANÇA
E DO JOVEM

CRIANÇAS DA NOVA ERA

O início do século 21 é um período de paradoxos. Testemunhamos a grandeza sem precedentes da Ciência e o crescimento vertiginoso das ações de solidariedade humana, ao mesmo tempo que assistimos à estupidez da crueldade nos espetáculos mais terríveis da violência, do crime, da corrupção política, do suborno, da perversidade, da perseguição caótica que alguns indivíduos realizam para agredir personalidades anônimas ou figuras conhecidas no cenário social. E qual a razão para uma realidade tão contraditória? Por que identificamos pessoas com nobreza de alma e também visualizamos grupos de vândalos, de atormentados que se reúnem em verdadeiras tribos para cometer suicídio lento nas praças de consumo de drogas? Qual a explicação para esse fenômeno? Afinal, ao agirem assim, essas pessoas demonstram um enorme desprezo pela sociedade e um desejo compulsivo de vingar-se dela.

A resposta está no processo de transição planetária que vem ocorrendo intensamente desde os anos 1960. Durante esse período limítrofe, a Terra deixará de ser um *mundo de provas e de expiações* e alcançará o nível de *mundo de regeneração*. Em face dessa mudança qualitativa, o Amor de Deus está esvaziando as regiões sombrias da dimensão espiritual, que na tradição teológica eram consideradas regiões purgatoriais, de onde grupos de Espíritos rebeldes estão sendo deslocados para reencarnar. Esses grupos correspondem aos bárbaros que varreram a Europa e contribuíram para a desintegração do Império Romano, destacando-se, entre eles, os unos, os visigodos, os normandos... São tribos que destruíram a cultura quando passaram pelas cidades e aldeias com seus carros de guerra, assassinando cruelmente milhares de pessoas e dizimando povoados inteiros. Espíritos agressivos e alucinados, autênticos adversários do progresso em tempos longínquos, ficaram retidos por séculos a fio nessas regiões espirituais aflitivas para não prejudicar o desenvolvimento da Humanidade. Amparados pela Divina Misericórdia, aguardaram o momento em que a Terra apresentasse um clima psíquico propício, a fim de que pudessem reencarnar sem causar maiores danos.

Nessa delicada fase de transição, esses indivíduos ainda imaturos experimentam a última oportunidade de renascimento e de trabalho pela sua evolução, na tentativa de adquirirem merecimento para a sua permanência na Terra pacificada do futuro. Ao retornarem ao mundo material, muitas vezes eles dispõem de corpos belos e quase perfeitos, graças à herança genética daqueles que se tornaram seus pais, pois as mutações no DNA, programadas no Mundo espiritual, vão aos poucos aprimorando a estrutura física dos seres, uma vez que o perispírito modela *genes psíquicos* que posteriormente modificam os genes que constituem o corpo biológico. Esse é um processo natural, que faz parte da marcha do progresso e alcança Espíritos de qualquer nível evolutivo que tiverem a oportunidade de reencarnar.[58]

Embora o corpo que habitam seja muito bem delineado, os seus perispíritos imprimem na matéria as marcas do passado de violência a que se entregaram. Por isso alguns deles procuram modificar a aparência física, tornando-a um reflexo do psiquismo atormentado que se encontra dividido entre os comportamentos tribais de outras existências e a cultura do mundo contemporâneo. Muitos usam *piercings* nas pálpebras ou em regiões genitais, tatuagens em todo o corpo, mutilações diversas e outras formas de reviverem a experiência das hordas de que foram integrantes, provocando, neles mesmos, alterações estéticas que pretendem exaltar a beleza de uma forma quase bárbara, extrapolando

---

58. Ver os livros *Evolução em dois mundos*, de Francisco Cândido Xavier e Waldo Vieira/ André Luiz, Editora FEB, cap. 6 (Evolução e sexo) e cap. 7 (Evolução e hereditariedade) e *Diretrizes para o êxito*, de Divaldo Franco/Joanna de Ângelis, Editora LEAL, cap. 7 (Embriogênese espiritual). Nota do organizador.

os limites daquilo que o mundo atual considera um comportamento socialmente ajustado. Usam roupas sujas, rasgadas ao extremo, cultivando o *lixo-luxo,* que evidencia o abandono de si mesmos, comportamentos típicos daqueles que pretendem agredir e afrontar da pior forma os valores instituídos pela coletividade.

Tudo isso revela o estado interior do Espírito que se permite essas extravagâncias ao reencarnar, abrindo espaços para a repetição de comportamentos que lhe eram habituais no pretérito, como a violência generalizada e o sexo grupal. Por essa razão, desde os anos 1960 alguns valores culturais importantes sofreram um decaimento drástico, causando dificuldades para que os pais orientem seus filhos dentro de padrões éticos que permitam distinguir com clareza os comportamentos saudáveis daqueles que são prejudiciais.

Não pretendo dizer com isso que todas as crianças e jovens que apreciam tatuagens e adereços incomuns são seres primitivos e grotescos. Alguns indivíduos na fase infantojuvenil até ficam bonitos e joviais. Um grande número adere a esses hábitos por causa da influência da moda, não sentindo necessidade de chocar a família e a sociedade. Normalmente, essas crianças e jovens não ultrapassam a medida do razoável. A descrição que apresentei anteriormente se aplica àqueles que são arredios a qualquer atitude de bom senso e gostam de desafiar os adultos, desejando causar espanto e exibir seus tormentos sem preocupar-se com as opiniões mais criteriosas. Eles tentam reconstituir a vida tribal que deixaram para trás, unindo-se e vivendo em grupos que repletam os grandes aglomerados urbanos.[59]

Seres que evidenciam essa configuração psicológica, permanecendo ainda presos a estágios primários da evolução, transformam-se em uma força que entra em choque com os Espíritos pacificadores, que se encontram voltados para os ideais do amor e da fraternidade. Esse enfrentamento é feito contra os Espíritos em condições medianas e até

---

59. Consultar *Jesus e vida*, de Divaldo Franco/Joanna de Ângelis, Editora LEAL, cap. 1 (A grande transição), *Trilhas da libertação*, de Divaldo Franco/ Manoel P. de Miranda, Editora FEB, cap. 11 e 12 (Os gênios das trevas e Reflexões necessárias) e *Nos passos da vida terrestre*, de J. Raul Teixeira/Camilo, Editora Fráter, cap. 11 (Ante o desassossego social). Nota do organizador.

contra aqueles que são os líderes da reformulação planetária, indivíduos cujo compromisso é contribuir substancialmente com a evolução da Terra por meio de uma redefinição dos valores humanos. Esses promotores do progresso têm sido identificados desde a sua infância, em razão de apresentarem características psíquicas e comportamentais muito específicas.

Enquanto os seres primitivos e tribais utilizam as armas da violência, as *crianças da nova era* preferem lançar mão dos instrumentos da inteligência e do amor. E quais são, em linhas gerais, as suas particularidades?

Todos nós possuímos aura, um campo de energia que resulta da expansão do perispírito, refletindo em seu tecido vibratório os nossos pensamentos, emoções, aspirações, inteligência e estado fisiológico (saúde ou doença). As cores presentes na aura decorrem de variações nesses elementos, razão pela qual cada pessoa imprime tonalidades distintas ao campo energético que lhe é próprio.

No final dos anos 1970 e início da década de 1980, psicólogos, educadores e outros estudiosos espiritualistas começaram a notar um fenômeno peculiar. Através do depoimento de clarividentes, os pesquisadores detectaram uma luminosidade especial na aura de muitos indivíduos na faixa etária da infância. Em vários continentes do mundo, um grande número de crianças revelava uma aura com a cor azul forte, a mesma tonalidade da tinta que é utilizada para produzir o tecido denominado *blue jeans*. Trata-se de um corante extraído da planta *Indigofera tinctoria*, muito comum no território indiano. Por isso os místicos e estudiosos passaram a chamá-las de *crianças índigo*, nomenclatura que constitui uma metáfora, para dar uma ideia do aspecto em que se apresenta o seu campo áurico na maior parte do tempo.

Os investigadores perceberam que essas crianças eram bastante singulares. Muitas delas apresentavam notória dificuldade de comunicação oral ou escrita; algumas eram hiperativas e outras manifestavam certa irritabilidade que poderia se converter em atitudes agressivas. Devido a esses fatores, alguns psiquiatras e psicólogos afirmaram que se tratava de crianças portadoras de transtornos psíquicos ou doenças neurológicas, necessitando de apoio especializado para as suas dificuldades cognitivas e o seu comportamento inadequado.

Nesse ínterim, porém, os paranormais também se referiram a crianças cuja aura assumia uma tonalidade predominantemente clara e brilhante, uma combinação da cor branca com a cor prateada, dando a impressão de que a aura era cristalina. Então passaram a denominar esses pequeninos seres como *crianças cristal*, outra metáfora que facilita a compreensão do que os clarividentes tentavam descrever.[60]

É importante ressaltar que essas nomenclaturas não são relevantes. Aliás, não devemos rotular as crianças, porque todas elas merecem ser tratadas como tais, com amor e dedicação. A terminologia proposta foi apenas uma forma de decodificar um fenômeno que necessitava ser analisado em profundidade.

Examinando o comportamento dos dois grupos de crianças, constatou-se que elas apresentavam um alto nível de inteligência, uma expressiva capacidade para observar os fatos e analisar o seu significado. A partir dos estudos de outros psicólogos, chegou-se à conclusão de que se tratava de uma nova e diferente geração espiritual, especialmente qualificada para esse momento de transição sociocultural e psicológica da Humanidade.

Inegavelmente nos deparamos a cada dia com uma nova geração de crianças extraordinárias! Algumas são Espíritos que já viveram na Terra e desenvolveram bastante o seu potencial anímico. No entanto, uma parte delas pode ter mais evolução intelectual do que moral, o que explica o fato de que nem sempre as chamadas crianças índigo são Espíritos superiores. Mesmo assim, a sua inteligência aguçada lhes permite colaborar com o progresso geral mediante um questionamento incisivo dos valores vigentes, que se encontram dominados pela incoerência e por um materialismo profundamente nefasto. Nesse contexto também existem crianças que já atingiram um grau mais dilatado de sensibilidade afetiva, tornando-se exemplos para as coletividades humanas de todos os quadrantes do planeta.

---

60. A tonalidade predominantemente clara e azulada da aura é realmente um indício de maturidade espiritual, conforme consta no livro *Nosso lar*, de Francisco Cândido Xavier/ André Luiz, Editora FEB, cap. 33 (Curiosas observações). Nota do organizador.

Podemos entender, nesse sentido, que a transição planetária é o período denominado pela Bíblia como *O Grande Armagedom*, a célebre luta no Vale de Josafá, representando a imagem figurativa da batalha do bem contra o mal no campo da nossa consciência.[61] É por meio da edificação de novos valores que as sombras da ignorância serão diluídas na intimidade do ser humano, facultando o surgimento de mulheres e de homens que assumem compromisso com um mundo melhor.

É exatamente aí que se insere a tarefa das crianças da nova era. Grande número delas são Espíritos que serviram à Humanidade em épocas remotas e que retornam para contribuir com o avanço da civilização.

Estão de volta, por exemplo, os grandes pensadores do século 5 antes de Cristo, na Grécia antiga, um período denominado pelos historiadores *o século de Péricles*, por conta do papel fundamental que esse governante exerceu no extraordinário desenvolvimento das artes, da filosofia, do teatro, da política, da arquitetura e de outras áreas do saber cultivadas na cidade de Atenas. Estão novamente conosco os pensadores que viveram os dias gloriosos de Sócrates, de Platão, de Aristóteles – e talvez eles mesmos reencarnem. Almas amadurecidas de muitas épocas históricas estão mergulhando no corpo físico, como é o caso dos integrantes da Escola Neoplatônica de Alexandria, dos grandes missionários da fé, das artes e das ciências que protagonizaram o período dourado da Renascença. Também se apresentam para trabalhar com afinco os nautas que nos séculos 15 e 16 alargaram os horizontes do planeta com as grandes navegações europeias, conquistando o mundo desconhecido dos continentes Americano, Asiático e Africano. Voltam ao solo terrestre para ampliar novamente os nossos horizontes, mas agora os interplanetários, tornando-se pesquisadores das ciências aeroespaciais, da astronomia e da astrofísica, na busca incessante pela conquista do infinito... Também não poderíamos deixar de mencionar aqueles que fomentaram a Revolução Industrial na Inglaterra, no século 18, bem como os cientistas europeus que se notabilizaram no século 19, que

---

61. Joel, 3: 9-16. Sugerimos consultar também a obra *Transição planetária*, de Divaldo Franco/Manoel P. de Miranda, Editora LEAL, cap. 19 (Preparação para o Armagedom espiritual). Nota do organizador.

retornam ao cenário terrestre para assumir o papel de extraordinários pesquisadores do século 21...

Todos os responsáveis pelos conhecimentos que impulsionaram a evolução cultural do Ocidente como do Oriente foram convocados a colaborar com a grande transição planetária, desde cedo demonstrando inteligência precoce e desejo ardente de modificar as estruturas sociais, elevando o nível intelectual e moral do planeta.

Além do retorno de personalidades valorosas da História da Humanidade, também estamos hospedando seres provenientes de outros lugares do Universo, Espíritos igualmente comprometidos com os ideais de aprimoramento do orbe terrestre.

A Doutrina Espírita nos ensina que as grandes migrações de seres espirituais são muito comuns, ocasião em que os planetas menos desenvolvidos na escala dos mundos recebem indivíduos com maior evolução para contribuir positivamente com as civilizações em estágio primitivo. No passado distante, povos superdesenvolvidos legaram à Humanidade avanços notáveis em diversos campos do conhecimento. Foram eles que produziram a grande transição na biologia evolutiva humana, denominada por Charles Darwin o *elo perdido*, uma vez que esses seres, oriundos de uma dimensão superior, traziam o perispírito mais aprimorado, em comparação com os Espíritos terrícolas dos primórdios da Humanidade. Sendo assim, os visitantes conseguiram plasmar, nas gerações imediatamente posteriores, uma nova estrutura anatomofisiológica para o corpo físico do ser humano, um complexo equipamento biológico que assumiu a forma e a capacidade funcional conhecidas na atualidade. O compromisso dos visitantes era chegar ao nosso mundo durante a fase do *Homo erectus* e abrir espaço para o surgimento do *Homo sapiens sapiens*.

Alguns estudiosos do Espiritismo apresentam muita resistência em relação à tese que aborda a migração populacional entre os mundos, embora a literatura espírita, através de informações mediúnicas consistentes, apresente dados confiáveis para respaldá-la. Allan Kardec refere--se, no livro *A Gênese*, à nova geração que viria de outra dimensão para influenciar o processo de transformação coletiva, da mesma forma que em tempos longínquos vieram à Terra os *exilados de Capela* (ou de onde quer que seja). A origem exata desses Espíritos é um dado menos importante, considerando a relevância do seu papel na biologia planetária e na realidade cultural dos povos.

O motivo para que esse deslocamento espiritual em massa tenha ocorrido foi o processo de transformação pelo qual passava o planeta originalmente habitado pelo grupo de Espíritos migrantes. Como a sua morada estava atingindo um nível mais elevado, eles não tiveram merecimento espiritual para acompanhar o salto qualitativo, em virtude de revelarem uma disparidade entre o seu desenvolvimento intelectual e o respectivo progresso moral. Daí, esses indivíduos foram encaminhados para um planeta adequado ao seu estado transitório de evolução moral, que era reconhecidamente incompatível com a nova fase da civilização de que procediam. O exílio temporário constituiu uma experiência reeducativa dolorosa para eles, mas contribuiu substancialmente com o avanço dos habitantes da Terra. Logo depois, cumprida a sua tarefa em nosso planeta, os visitantes retornaram aos seus lares na imensidão cósmica.

A tradição bíblica refere-se a *Lúcifer*, o anjo que se rebelou contra Deus e por isso foi expulso do paraíso, uma interpretação mitológica que reflete a intuição dos povos antigos em relação ao fenômeno migratório.[62]

Durante a transição planetária, estamos recebendo novamente muitos visitantes de outras esferas siderais. No entanto, neste momento, aqueles que irão nos auxiliar são provenientes do sistema planetário de Alcíone, uma estrela de terceira grandeza do grupo das Plêiades, constituído por sete estrelas conhecidas pelos gregos e pelos chineses desde épocas remotas, fazendo parte da constelação de Touro. Esses Espíritos vêm agora em missão muito diferente daquela que foi realizada pelos capelinos, pois são seres superiores do ponto de vista moral e intelectual

---

62. Consultar os livros *A Gênese*, de Allan Kardec, cap. 11 (Gênese espiritual), itens "Emigrações e imigrações dos Espíritos", "Raça adâmica" e "Doutrina dos anjos decaídos"; *A caminho da luz*, de Francisco Cândido Xavier/Emmanuel, Editora FEB, cap. 3 (As raças adâmicas) e *Evolução em dois mundos*, de Francisco Cândido Xavier e Waldo Vieira/André Luiz, Editora FEB, cap. 20 (Corpo espiritual e religiões), itens "Atividade religiosa" e "Enxerto revitalizador". Nota do organizador.

e não chegam ao nosso planeta em função de um exílio reeducativo, mas como voluntários que se dispuseram a colaborar com Jesus no desenvolvimento da Humanidade.

A partir dessas informações, concluímos que as crianças índigo correspondem aos Espíritos terrícolas que estão reencarnando para continuar a servir à Humanidade. Porém, entre as crianças da nova era também temos as denominadas crianças cristal, que nunca estiveram antes no orbe terrestre porque residiam em Mundos superiores, de acordo com os dados fornecidos pelo Espírito Manoel Philomeno de Miranda nos livros *Transição planetária* e *Amanhecer de uma nova era*. O autor espiritual nos informa que, de um dos planetas que giram em torno da estrela Alcíone, Espíritos altamente evoluídos ofereceram-se para nascer na Terra e trabalhar na construção do mundo de regeneração. Por não possuírem compromissos negativos de existências anteriores no solo terrestre, eles estão aptos a atuar na sociedade humana sem maiores dificuldades. E, mediante a sua permanência conosco, eles poderão influenciar a modificação do nosso DNA no Mundo espiritual, para que no futuro os nossos corpos estejam adaptados à Humanidade mais evoluída que surgirá triunfante. O corpo físico do homem do futuro não trará na dupla hélice do DNA conteúdos genéticos que deixem o ser humano propenso ao desenvolvimento de doenças graves, como o câncer e outras enfermidades degenerativas.

No passado, conforme mencionado, ocorreram mutações semelhantes, a fim de que o *homem de Neandertal*, nosso ancestral direto, desse lugar ao *Homo sapiens* no processo da evolução. A partir do século 20 vêm ocorrendo no Mundo espiritual algumas importantes mutações no DNA, supervisionadas pelos Espíritos condutores da Humanidade, para que seres benévolos de outra dimensão habitem o nosso planeta e promovam o progresso integral. Com o corpo e o psiquismo mais aprimorados, nós sairemos da fase do *Homo sapiens sapiens* para adentramos a fase que poderíamos denominar o período do *Homo virtualis*, no qual as comunicações, que hoje contam com a realidade virtual, serão realizadas exclusivamente pelo intercâmbio mental.

Através de gerações sucessivas haverá uma grande mudança nos genes, que transformará radicalmente o neocórtex, oferecendo-lhe mais amplas e mais complexas funções na fisiologia do cérebro. Tratando-se de Espíritos de outra dimensão, eles experimentam muitas dificuldades para utilizar as redes neurais que compõem o nosso sistema nervoso central. É como se ficassem enjaulados na aparelhagem cerebral, não encontrando elementos anatomofisiológicos para se expressarem. Por isso o perispírito irá modelar-lhes o cérebro, tornando-o mais aprimorado. Como o nosso encéfalo atual pode ser considerado um edifício de três andares, desde a porção réptil até o encéfalo mamífero e o neocórtex, que é a área superior, as emoções dessas crianças irão potencializar a região encefálica mais nobre, para propiciar-lhes a capacidade de comunicação psíquica plena, que se traduzirá na vivência da intuição profunda e na comunicação telepática.[63]

As crianças da nova era estão chegando aos nossos lares e exigem a utilização de novos recursos psicológicos e pedagógicos, pois elas ultrapassam os limites das crianças das gerações anteriores e da maioria daquelas que vivem no mundo atual.

Desde cedo essas crianças deixam transparecer uma absoluta consciência daquilo que estão fazendo, demonstrando que se reconhecem como integrantes de uma geração especial. Todas as crianças denominadas índigos apresentarão altos níveis intelectuais, embora nem sempre revelem um aprimoramento moral no mesmo patamar. Já as crianças denominadas cristal serão, ao mesmo tempo, intelectualizadas e moralmente elevadas.

De uma forma geral, a criança índigo tem um temperamento rebelde, não gosta de ficar em filas, não é capaz de permanecer sentada durante um período longo, não teme ameaças nem o poder de comando que os adultos lhe atribuem, exigindo deles o respeito, o diálogo e a afetividade constante em lugar da imposição. Com essas crianças não é possível fazermos certos tipos de chantagem emocional, mas é necessário falar com naturalidade, conviver e amá-las. O comportamento questionador dessas crianças estimula os adultos a uma revisão profunda dos seus valores.

---

63. Analisar as obras *Amanhecer de uma nova era*, de Divaldo Franco/Manoel P. de Miranda, Editora LEAL, cap. 16 (Durante a grande transição planetária) e *No mundo maior*, de Francisco Cândido Xavier/André Luiz, Editora FEB, cap. 3 (A casa mental) e cap. 4 (Estudando o cérebro). Nota do organizador.

Por outro lado, as crianças cristal têm um comportamento dócil, amoroso e sensível, exibindo uma integração incomum com as Leis Superiores da Vida. Se pensarmos em uma comitiva com vários veículos, conduzindo grandes autoridades em uma via pública, poderíamos dizer que as crianças índigo são aqueles indivíduos que vão à frente, desempenhando o papel de batedores que abrem o caminho e garantem a passagem do comboio, enquanto as crianças cristal são as personalidades de relevo da comitiva, os triunfadores que possuem a responsabilidade mais expressiva na transformação planetária.

Diversos estudos evidenciam que algumas crianças índigo têm pendores artísticos especiais, trazendo uma visão diferenciada a respeito do mundo, da arte, da beleza. Há também aquelas que são portadoras de grandes sentimentos humanistas, enquanto muitas delas têm um poder de análise e argumentação em nível elevadíssimo. Outras se apresentam com um psiquismo transcendental, tendo a missão de serem grandes e nobres governantes da Humanidade do futuro. Essas constatações geraram uma classificação didática na qual as crianças são visualizadas em quatro grupos: artistas, humanistas, conceituais e interdimensionais (ou transdimensionais).

Ao lado das características psíquicas, ainda não se tem, que eu saiba, uma definição clara sobre as características físicas dessas crianças da nova geração. Talvez certos detalhes comecem a ser notados aos poucos. Alguns estudiosos que transpõem a fronteira imposta pela visão materialista dizem que as crianças cristal têm os olhos maiores do que a média, possuindo uma imensa capacidade para observar o mundo de forma profunda, mas essas são observações iniciais que estão sendo debatidas pelos investigadores interessados em uma abordagem espiritual da realidade.

Os pais que se encontram diante de filhos com esse perfil devem estar bastante atentos. Eu penso que é uma grande honra e ao mesmo tempo um grande desafio tê-los conosco, pois em sua maioria são crianças difíceis no tratamento diário, sobretudo as crianças índigo, que normalmente são afetuosas, mas são rebeldes, dirigindo-se às pessoas com altivez e até com certo atrevimento... Serão conquistadas por meio

225

de demonstrações de ternura, lógica e bom senso, com orientações e esclarecimentos oferecidos repetidas vezes.

É importante observar sempre a conduta dos filhos, evitando punições quando errem e ao mesmo tempo colocando limites para os comportamentos impróprios. Qualquer tipo de agressividade provoca-lhes ressentimento e amargura, levando algumas delas ao comportamento violento e até mesmo à perversidade. É como se fosse uma forma de autodefesa que resulta em uma reação emocional indesejável.

As dificuldades em lidar com essas crianças podem ser intensificadas, já que muitas vezes os educadores não estão presentes no lar, deixando suas crianças para serem cuidadas por pessoas remuneradas que lhes dão informações nem sempre fidedignas.

Um grande número das denominadas crianças cristal tem dificuldade em falar com rapidez, demorando-se para consegui-lo a partir dos 3 ou dos 4 anos de idade. Entendemos essa ocorrência, considerando-se que, vindo de uma dimensão em que a comunicação é diferente, primeiro elas têm que ouvir muito para desenvolver o vocabulário e comunicar-se conosco. Em geral são crianças um pouco destrutivas, não por perversidade, e sim por curiosidade. Como em seu mundo de origem a realidade é bem diferente da encontrada na Terra, os objetos do nosso planeta não são familiares. Quando se deparam com algum objeto que lhes desperte a atenção, arrebentam-no para poder olhar a sua estrutura.

A manifestação de diferentes características psicológicas nas crianças da nova geração tem uma dupla razão: primeiro, é uma decorrência natural da tentativa de adaptação desses Espíritos à estrutura anatomo-fisiológica do corpo físico, propiciando a evolução biológica e psíquica a que me referi anteriormente; segundo, os comportamentos singulares que elas revelam dão ensejo à valorização de abordagens terapêuticas e educacionais mais coerentes com uma visão espiritual da realidade, estimulando os pesquisadores a promoverem estudos revolucionários.

Essas crianças podem ser confundidas com aquelas que são portadoras de alterações neurológicas e esse é um grande desafio que os psicólogos e os pedagogos têm experimentado, porque de fato existem as crianças que apresentam transtornos de *déficit* de atenção (TDA) e aquelas que, além desse transtorno cognitivo, são também hiperativas

(TDAH). Para fazer uma distinção adequada, os estudiosos têm procurado descrever as principais características de uma criança índigo, assim como de uma criança cristal, permitindo a elaboração de um diagnóstico diferencial.

Como a maioria dos especialistas desconhece a dimensão espiritual que constitui o ser humano, bem como a conjuntura específica que envolve essas crianças, elas acabam sendo identificadas como portadoras de TDA ou TDAH. Nesse caso, os médicos vêm recomendando, principalmente nos Estados Unidos e na Europa, a terapia com uma substância psicoativa chamada metilfenidato, mais conhecida pelo nome comercial de Ritalina®. A prescrição dessa substância é muito polêmica, já que ela pode ter consequências profundamente danosas, a ponto de alguns críticos do seu uso a denominarem *a droga da obediência*, pois a criança fica acessível quando está sob o seu efeito, mas perde a espontaneidade na expressão das emoções e do comportamento que é próprio da faixa etária infantil. Como o cérebro da criança permanece sob a ação da substância química por muitos anos, em função do uso prolongado, quando ela atinge a adolescência, torna-se propensa a utilizar outros tipos de drogas, correndo o risco de desenvolver a dependência química.

Por outro lado, crianças com TDA ou TDAH podem não ser crianças da nova era, mas Espíritos em provação, devido ao mau aproveitamento das oportunidades evolutivas no passado. É até possível que eles sejam portadores de grande beleza e sabedoria, mas ainda estão em resgate de débitos contraídos em existências muito recuadas no tempo. A inquietação por manipular um sistema nervoso deficitário torna-as um pouco aturdidas e até levemente agressivas.

Independentemente da causa, para reverter esse quadro experimentado pela criança, a única saída é amar o filho, explicando-lhe suavemente que ele tem algumas dificuldades que precisam ser enfrentadas com coragem, mesmo que não sejam solucionadas definitivamente na atual encarnação. Pesquisadores da Psicologia, da Psiquiatria, da Neurociência e da Pedagogia têm-se debruçado sobre essas questões para encontrar técnicas e tratamentos que reduzam o sofrimento da criança e dos seus familiares. Como ninguém pode prever com exatidão qual será o resultado do esforço empreendido para transpor os obstáculos, a tarefa que cabe aos pais e educadores é persistir sempre, aguardando o desdobrar dos acontecimentos que a vida nos reserva.

Procuremos amar todos os filhos sem distinção. Se a Divindade nos concede uma criança em provas amargas, devemos agradecer ao Pai Celestial pelo prêmio recebido, não cultivando mágoas pelo fato de não convivermos com a criança ideal que sonhávamos ter ao nosso lado, considerando que sempre teremos os filhos de que necessitamos para a nossa evolução. Cultivemos a paciência e a confiança na Suprema Sabedoria, porque toda mudança e toda superação exigem tempo. Com paciência e amor, auxiliando aquele que está crucificado na provação, alcançaremos as estrelas e levaremos conosco o nosso filho querido, pacificado e coroado de bênçãos...

Alguns pais alimentam ingenuamente a ideia de que seus filhos fazem parte desse grupo de crianças com capacidade muito acima da média, que ao longo do tempo irão construir um mundo novo. Em decorrência, sentem-se inclinados a tudo permitir, não estabelecendo limites aos comportamentos inadequados dos pequeninos. Essa postura é uma forma de desculpismo, um procedimento em que os pais deixam de cumprir com o seu papel de educadores no espaço familiar, constituindo assim um erro grave! A educação pode ser entendida como uma atividade em que amamos e disciplinamos. Não há justificativa para que essas crianças tenham a liberdade de exacerbar suas inclinações negativas residuais, tampouco expandir descontroladamente a sua dificuldade de adaptação neurofisiológica ao cérebro que lhes serve de instrumento na atual encarnação.

Lidando com crianças há mais de seis décadas, eu as acompanho desde o berçário até a adolescência, quando os jovens que são recebidos na Mansão do Caminho realizam cursos profissionalizantes a fim de se emanciparem. Tenho constatado que as explicações a respeito dessas crianças da nova era são absolutamente verídicas, embora seja secundário classificá-las com denominações específicas (índigo, cristal ou qualquer nome que se deseje atribuir). Partindo do princípio de que eles estão chegando com maior intensidade desde o final dos anos 1970, já temos uma juventude que realmente está fazendo a diferença.

Podemos observar, por exemplo, de acordo com as notícias veiculadas pela imprensa, *gênios* precoces assombrando o mundo, como o jovem americano Jay Greenberg, que é considerado o novo Mozart. O menino começou a compor aos 4 anos de idade e aos 6 anos compôs a sua sinfonia. Certa vez, ele foi acompanhar a gravação de uma das suas obras pela Orquestra Sinfônica de Londres, procurando observar tudo para se certificar de que os músicos não iriam adulterar qualquer coisa. Ele não compõe apenas a partitura central, mas todos os instrumentos. O que é fascinante nesse jovem é a forma como ele explica a sua imensa habilidade. Quando lhe perguntam como é possível a sua produção musical, ele responde: "Eu não faço nenhum esforço, está tudo na minha mente". Durante as aulas de matemática, ele compõe música. A matemática não lhe interessa e nem outro conhecimento qualquer. É mais curioso ainda quando afirma que o seu cérebro possui três canais de músicas diferentes e ele ouve simultaneamente todos, sem nenhuma perturbação.

Esse depoimento me permite concluir que o jovem prodígio não é da nossa casa planetária, mas veio de outro quadrante do Universo infinito. Não somente ele, mas muitos outros que têm chamado a atenção dos estudiosos. No México, eu tive notícias de um menino de 6 anos de idade que dá aulas a professores de medicina.

Estou mencionando apenas os que adquiriram maior notoriedade, sem falar naqueles que estão envoltos no véu do anonimato.

As crianças da nova geração necessitam de uma abordagem educacional diferenciada, que seja compatível com o seu desenvolvimento cognitivo mais avançado. Quando essas crianças são matriculadas em escolas convencionais, elas se tornam quase insuportáveis, como consequência direta da sua inadaptação à proposta pedagógica tradicional.

Para tanto, os especialistas sugerem a adoção de métodos educacionais inovadores, como o método da doutora Maria Montessori, que criou, em Roma, no ano de 1907, a sua célebre *Casa dei Bambini* (Casa dos Meninos), uma instituição educacional em que a pedagoga italiana conseguiu aplicar a sua proposta revolucionária. A Pedagogia Waldorf é outra vertente pedagógica apropriada para a educação das crianças da nova geração. Ela foi elaborada a partir das notáveis contribuições de

Rudolf Steiner, o criador da Antroposofia, que no ano de 1919, em Stuttgart, na Alemanha, apresentou ao mundo o seu método inspirador. A partir daquela época, a Pedagogia Waldorf começou a ser utilizada em diversos países, formando uma rede de escolas espalhadas por diversos continentes.

Steiner elaborou uma abordagem fundamentada em uma visão transcendente da natureza humana, que estimula o educador a amar profundamente a criança sob seus cuidados. O indivíduo na fase infantil não é um adulto em miniatura, mas um ser que está sendo formado e que merece o nosso carinho e o melhor das nossas possibilidades como educadores. A criança não é objeto de exibição, ela deve ser tratada como criança, sem pieguismo nem exigências que estejam acima do seu nível de apreensão da realidade que, aos poucos, se vai ampliando, como decorrência do processo de desenvolvimento em todos os níveis (cognitivo, motor, psicossexual etc.).

Eu tive uma experiência muito curiosa com uma dessas crianças surpreendentes que fazem parte da geração nova.

No ano de 2011, fui visitar uma cidade do estado de Goiás, como faço há muitos anos após o carnaval e o Congresso Espírita de Goiás. Na ocasião, eu me fazia acompanhar de um amigo que tem uma característica muito peculiar: ele é muito perguntador – mal conhece uma pessoa e já pergunta nome, endereço, profissão, faixa salarial etc. –, normalmente ele nem presta atenção à resposta, mas adora perguntar! De vez em quando eu dou uma "pisadinha" de leve no seu pé para ver se consigo evitar alguns constrangimentos, mas não adianta muito...

Chegando à residência em que iríamos nos hospedar, veio correndo ao meu encontro uma menininha de 4 anos. Ela me abraçou e disse-me, entusiasmada:

— Vô Di, a minha cadela vai parir hoje à noite!

O meu amigo já ficou inquieto para perguntar, mas eu olhei para ele com aquele "olhar de geladeira" e ele se acalmou...

Passamos a tarde naquela residência e, à noite, fui proferir a palestra. Quando voltamos da atividade doutrinária, a criança veio correndo e o meu amigo não resistiu à tentação:

— Olá, minha filha! A sua cadela já teve neném?

A criança de 4 anos olhou para ele com ar tranquilo e respondeu:

— Não! Quem tem neném é gente! Ela teve um cachorrinho!

Eu achei fantástica a resposta!

Mas o pior veio depois. Eu estava sentado e, quando menos esperava, ela pôs as mãos nos meus joelhos, olhou-me longamente e indagou:

— Vô Di, eu posso fazer uma pergunta?

Muito encantado com a doçura da criança, eu respondi:

— Claro, minha filha! Pode perguntar o que você quiser.

Confesso que nunca mais direi isso a uma criança... A pequenina me olhou demoradamente e interrogou:

— Vô Di, quem fez Deus?

Arrependido de ter sido tão gentil, procurei desviar a questão:

— Ah, minha filha! Isso é muito complicado para explicar... Nem mesmo eu consigo responder direito.

— Vô Di, quem fez Deus? – insistiu a garota.

Lembrei-me subitamente da definição do apóstolo João Evangelista na sua primeira epístola: "Deus é amor!".[64] Em seguida, segurei-lhe as mãozinhas delicadamente e respondi:

— Meu bem, quem fez Deus foi o amor!

— Ah! E quem fez o amor?

— Foi Deus, minha filha.

Ela me olhou desafiadoramente, pôs as mãos na cintura, com toda autoridade intelectual, e completou:

— Mas é lógico, não é?

Na verdade, eu não sei se era lógico, mas foi a resposta que consegui apresentar...

É fácil notar que esta é uma criança que está além do nível da maturidade intelecto-moral da maioria aos indivíduos na fase infantil.

Conforme já foi esclarecido, não devemos nos preocupar em dar denominações específicas às crianças. Aqueles que assim o fizeram pretendiam apenas facilitar a análise do tema pela Psicologia com abordagem espiritualista. Se identificarmos em uma criança um comportamento que se enquadra nessas definições, deveremos tratá-la com naturalidade, sem fazer distinção e sem anunciar o fato aos quatro ventos. Nunca digamos aos nossos filhos que eles são crianças com um per-

---

64. I João 4:8. Nota do organizador.

fil especial, porque, desta forma, iremos perturbá-los profundamente. A educação que lhe daremos será feita com amor e energia, como faríamos com qualquer outra criança, para que a disciplina possa governar o seu destino.

Como saber se temos em nosso lar uma criança com essas características? Pela observação, por meio da qual visualizaremos os sinais descritos anteriormente. Se, por exemplo, ela possui uma tendência muito forte para a ternura e o bem, embora seja um pouco temperamental, é uma criança que se encontra na transição da fase índigo para a fase cristal.

Um amigo narrou-me que caminhava em um bosque de mãos dadas com seu filho de 4 anos. O garoto olhava o ambiente como se estivesse recordando de algo relevante. Subitamente, o pequenino voltou-se para o pai e afirmou serenamente:

— Papai, na outra oportunidade, quando nós vamos nascer novamente, eu serei seu pai.

É evidente que uma criança tão pequena não tem ainda o desenvolvimento psicológico necessário para enunciar um conceito de tamanha complexidade, nem mesmo se fosse uma fantasia infantil. É pouco provável que a frase tenha sido pronunciada como resultado da sua imaginação. Portanto, aí está uma criança cristal, cujo psiquismo transcende com facilidade os limites da atual existência e traz à tona lembranças de existências anteriores, demonstrando plena convicção de seu programa reencarnatório e das possibilidades para o futuro.[65]

Um amigo da minha faixa etária foi chamado para trabalhar na área de informática – ele é uma pessoa nascida na década de 1930, época muito diferente da atual, o que justifica que o seu domínio sobre os computadores não é tão grande quanto o de um jovem que veio ao mundo na era digital. Esse meu amigo estava escrevendo um texto quando, sem querer, o dedo bateu em uma tecla do computador e todo o conteúdo desapareceu – é curioso notar que os computadores possuem teclas que não deveriam existir, mas existem somente para tornar mais

65. A superação da dimensão tempo-espaço é abordada no livro *Autodescobrimento: uma busca interior*, de Divaldo Franco/Joanna de Ângelis, Editora LEAL, cap. 4 (O inconsciente e a vida), item "O inconsciente sagrado". Nota do organizador.

difícil a nossa vida... Ele tentou de tudo para recuperar o seu trabalho, mas não obteve resultado positivo. Então o meu amigo chamou o neto, que na ocasião tinha 6 anos e meio de idade. O garoto veio correndo, e o avô pediu socorro:

— Meu filho, ajude seu avô! O que há nesse *monstro* que eu não consigo reaver o material que estava escrevendo? Você pode resolver o problema?

O menino sorriu e disse:

— Vô, é simples! É só apertar aqui.

O neto acionou algumas teclas e o conteúdo reapareceu na tela.

O avô ficou de boca aberta e olhou impressionado para aquele pedacinho de gente, que saiu alegre pelos corredores da casa, então ele voltou a trabalhar.

Daí a pouco tempo, novamente o dedo do meu amigo tocou o lugar errado e a tela ficou em branco outra vez.

Ao me contar o fato, o meu amigo referiu:

— Divaldo, minha vontade era pegar aquele computador e arrebentá-lo no chão, mas me causaria um enorme prejuízo e não valeria a pena...

Mais uma vez, ele pediu ajuda ao neto:

— Guilherme! Guilherme, meu filho, ajude aqui o seu avô!

— O que foi, vô?

— Por favor, Guilherme, veja aqui o que se passa com essa tragédia em forma de aparelho eletrônico!

— Mas vô, é fácil! É só tocar aqui, como eu já disse.

E o menino apertou duas ou três teclas que restabeleceram o conteúdo perdido. Mas depois de salvar o avô novamente, Guilherme colocou as mãos na cintura e completou:

— Vô, como é que o senhor sobrevivia antes de eu nascer?

Os pais que recebem em seus braços as crianças da nova era não se devem preocupar se possuem ou não laços anteriores com esses Espíritos. Se eles são migrantes de outra dimensão, o vínculo não existe, exceção feita se os próprios pais também forem visitantes a serviço do progresso do planeta. Contudo, sabemos que os seres que contribuirão com o desenvolvimento do planeta podem ter realizado o seu périplo evolutivo aqui mesmo na Terra, como artistas, cientistas e pensadores que há séculos colaboram com a elevação da Humanidade. Nesse caso é plausível que haja algum contato anterior entre pais e filhos, mas não é obrigatório que seja assim. Aliás, essa é uma questão secundária. O mais importante é que os missionários que retornam à Terra e os seres que vêm ao nosso planeta pela primeira vez, procedentes de outras regiões do cosmo, mergulhem na matéria e sejam acolhidos por pais em plenas condições para conduzi-los adequadamente, mesmo que não exista um vínculo espiritual anterior. Esse vínculo poderá começar a partir daí, produzindo afetividade profunda entre aquele que chega e aquele que hospeda, para que todos trabalhem juntos pela construção de um mundo melhor.

Precisamos voltar aos dias da educação doméstica, quando nossas mães nos colocavam no colo, falavam conosco, ensinavam-nos a orar, orientavam-nos nas boas maneiras, nas técnicas de uma existência saudável. Elas nos falavam sobre ternura e dulcificavam o nosso coração...

Assim devemos proceder em relação a todas as crianças, não importando se são as denominadas crianças da nova geração ou se estamos diante de Espíritos que não apresentam características especiais.[66]

MEDIUNIDADE EM CRIANÇAS E JOVENS

Em minha experiência pessoal, a mediunidade ostensiva esteve presente desde muito cedo. Tudo sempre foi bastante natural.

Eu sou o décimo terceiro filho de uma família muito modesta, sem grandes recursos materiais disponíveis.

No ano de 1931, quando eu tinha 4 anos e meio, estava brincando em minha casa, na cidade de Feira de Santana, na Bahia, onde nasci. Minhas brincadeiras eram ao estilo das crianças de antigamente, que usavam mais a imaginação do que os objetos ou brinquedos industrializados. Em determinado momento, chegou uma senhora, olhou para mim como se me conhecesse e me chamou pelo nome de família:

---

66. Analisar também o livro *Liberta-te do mal*, de Divaldo Franco/Joanna de Ângelis, Editora EBM, capítulo 16 (Crianças de uma nova era). Nota do organizador.

— Di, diga a Ana que eu quero falar com ela.

Procurando atender à solicitação, eu gritei para minha mãe, que estava na cozinha:

— Mãe, tem uma mulher aqui que quer falar com a senhora!

Minha mãe veio correndo. Quando ela chegou, não viu a pessoa a quem eu me referia, então, ela me repreendeu:

— Menino, não me tire do trabalho! Estou muito ocupada!

Após me advertir para que eu não fizesse novamente aquilo, minha mãe retornou aos seus afazeres domésticos.

A senhora voltou a dirigir-me a palavra:

— Di, eu sou sua avó. Diga a Ana que eu quero falar com ela. Eu sou Maria Senhorinha.

Eu via e ouvia aquela senhora com toda a clareza, e devido à insistência da visitante, eu me voltei novamente para a cozinha e gritei:

— Mãe! Ela está dizendo que é Maria Senhorinha, minha avó!

Minha mãe teve um grande choque e veio correndo como uma bala, porque ela não havia conhecido a própria mãe. No mesmo período que a minha mãe nasceu, a minha avó morreu de infecção decorrente do parto, motivo pelo qual ela foi criada por uma irmã mais velha, Edvirges, a qual nós consideramos ser-lhe a genitora. Em toda a vida, minha mãe nunca havia pronunciado o nome Maria Senhorinha. De minha parte, eu nem sequer sabia o que era uma avó, porque, quando eu nasci, os meus quatro avós já estavam desencarnados.

— Meu filho, quem lhe disse esse nome?

— É essa senhora que está aqui me dizendo!

— Mas qual senhora, meu filho?!

Como eu insisti na afirmação, minha mãe deixou a panela no fogo e levou-me correndo à casa de tia Edvirges. Lá chegando, ela explicou:

— Edvirges, este menino enlouqueceu! Ele está dizendo que mamãe está lá em casa!

Minha tia era uma pessoa muito calma. Sorriu tranquilamente e me perguntou:

— E onde ela está agora?

— Lá em casa – respondi.

De repente eu vi minha avó desencarnada chegando pelo corredor da residência. Ela parecia flutuar enquanto se aproximava.

— Ela está chegando ali, tia! – acrescentei, para sua surpresa e da minha mãe.

Em uma postura de prudência, minha tia resolveu averiguar o caso antes de dar a sua opinião:

— Como é que ela está vestida?

Naquela época era um verdadeiro desafio para uma criança de apenas 4 anos descrever uma pessoa com clareza. Com algum esforço, eu a descrevi nos detalhes possíveis:

— É uma senhora baixa, magra, com um vestido longo arrastando no chão e amarrado na cintura com uma corda. Ela tem um pente enorme na cabeça. A gola é muito alta, está com uma coisa brilhando no peito, na altura do coração.

Ao ouvir tal narrativa, minha tia confirmou:

— Ana, é mamãe sim! Esse pente no cabelo é um pente sevilhano que ela usava. O objeto brilhante no peito é um camafeu que eu coloquei no seu cadáver, junto ao coração. E a gola do vestido era alta, passada a ferro com muito cuidado.

As duas se abraçaram e minha tia indagou:

— Di, o que ela quer?

— Eu não sei, tia.

Nesse instante eu perdi os sentidos. Quando voltei ao normal, as duas choravam e me olhavam estranhamente.

A descrição realmente foi exata, confirmando a imagem que minha tia guardava de sua mãe. Esse fato ajudou a convencer minha mãe de que eu não estava mentindo, forjando uma situação como uma brincadeira típica de crianças.

Depois daquela visão, eu passei mais de uma semana em estado alterado de consciência, numa espécie de desprendimento parcial, e nesse período eu não consegui *digerir* totalmente o que havia acontecido.

Daí em diante, minha vida ficou diferente, porque todos em casa sabiam que meus amigos eram seres estranhos que somente eu podia ver.

A notícia se espalhou rapidamente, como acontece em cidades do interior, principalmente naquela época. Eu falava para as pessoas sobre as minhas visões e elas sempre perguntavam:

— Di, você está vendo alguém aqui do meu lado?

E, se estivesse vendo, eu respondia ingenuamente:

— Estou vendo sim, é alguém que se chama Fulano.

O meu pai, no entanto, não aceitou facilmente a situação. Homem simples e com poucos recursos intelectuais, comerciante de fumo, durante muitos anos insistiu para que eu não mexesse "com essas coisas", que não cultivasse esse hábito estranho de falar com os mortos, a fim de que eu não fosse levado ao ridículo pelos moradores da cidade. Ele me advertiu duramente:

— No dia em que eu *sonhar* que você abordou essas coisas com alguém, eu lhe darei uma surra quando você chegar em casa!

Realmente ele cumpriu a promessa. Quando se aborrecia, usava um velho chicote feito de cipó de goiabeira para fazer-me calar.

Conforme já narrei antes, com a evolução dos tempos, a Pedagogia e a Psicologia desenvolveram outros métodos para lidar com as crianças, mas no tempo do meu pai o *psicólogo* ficava pendurado atrás da porta... Ele ainda nos mandava buscar o instrumento para nos aplicar o corretivo. Sempre que ele nos dizia "vá buscar!", já sabíamos que se tratava de mais uma sessão com o *psicoterapeuta*...

Até que eu fui tomando consciência da minha realidade de ser que vivia entre dois mundos. Comecei a ouvir as vozes de Espíritos bondosos que me esclareciam: "Não conte a ninguém o que você vê para não gerar problemas desnecessários".

É preciso considerar que estávamos nos anos 30 do século 20, e essas questões eram muito malvistas pela sociedade, especialmente em uma pequena cidade do interior. Além disso, éramos uma família muito católica e isso não seria facilmente admitido.

Mas a mediunidade é uma faculdade inerente ao ser humano e ela continuou fazendo parte da minha vida, mas de forma cada vez mais intensa: eu tinha visões espirituais a todo momento, detectava imagens, sombras, seres estranhos. Algumas visões eram muito perturbadoras e às vezes tão cruéis, que eu só conseguia dormir se fosse para a cama dos meus pais, ficando de mãos dadas à minha mãe. Outras vezes, eu via e ouvia Espíritos gentis, que dialogavam amorosamente comigo ou enviavam recados.

Eu realmente dei muito trabalho à minha mãe durante a infância!

Certa vez, recorri ao sacerdote da cidade para tentar encontrar uma solução razoável. O padre mandou-me orar, e então eu ficava horas rezando. Mas, quanto mais orava, mais me concentrava e, consequentemente, mais Espíritos eu via.

Em 1999 foi exibido no cinema o filme norte-americano *O Sexto Sentido*, narrando a história de um menino médium que era atormentado pela visão de Espíritos, e eu me vi naquele garoto por causa da semelhança dos nossos casos, identifiquei-me bastante com todos os ângulos apresentados pelo personagem. Assim como o garoto do filme, eu também via *"gente morta* todo o tempo", só que eu não sabia inicialmente do que se tratava. Para minha felicidade, posteriormente eu viria a travar contato com a Doutrina Espírita.

Alguns meses depois da minha primeira visão mediúnica, eu estava brincando novamente quando me apareceu um Espírito que se apresentava com a mesma idade que eu. Ele se vestia de forma estranha, aparentando não ser uma criança comum, como aquelas que eu via na vizinhança e em outros lugares da cidade – era moreno, usava uma espécie de sunga de banho e trazia no alto da cabeça uma pena muito bonita, que adornava o seu cabelo de cor escura e aspecto liso. Eu morava na Rua Voluntários da Pátria, nº 14, em Feira de Santana, uma região que não contava com um número elevado de crianças. Pensei tratar-se de alguém novo na cidade e encarei com naturalidade. Ele se aproximou e me esclareceu gentilmente:

— Olá! Eu sou Jaguaraçu! Sou um *índio* e vim para brincar com você! Vamos brincar?

Aceitei o convite e fomos brincar descontraidamente, mas não identifiquei que era um Espírito a me fazer companhia.

Fiquei sabendo que a palavra *jaguaraçu* significa "onça grande" em uma língua indígena brasileira – o tupi-guarani. Ele brincou comigo ao longo de toda a minha infância: jogávamos, corríamos e conversávamos muito, a ponto de os meus familiares estranharem o fato de me verem conversando, sorrindo e brincando sozinho, como se estivesse com alguém. Eu lhes falava sobre o meu novo amigo, mas só minha mãe acreditava.

Jaguaraçu e eu subíamos em árvores, pegávamos frutas e fazíamos presépios no Natal. À medida que eu crescia, ele também crescia. Eu tive muitos momentos de alegria e diversão ao lado desse Espírito e de outros amigos desencarnados.

Na rua ou na escola, eu sofria com a incompreensão dos meus colegas, que não entendiam nada ao me verem conversando com pessoas que não existiam. A zombaria era frequente, e alguns colegas até me agrediam de vez em quando.

Minha tábua de salvação no ambiente escolar era a minha professora, Antônia Pedreira, a quem muito devo pela forma carinhosa e gentil com que me tratava, acolhendo meus dramas e conversando comigo, da mesma forma como fazia com todos os seus alunos.

Um dia, quando eu tinha mais ou menos 12 anos de idade, Jaguaraçu me disse que iria embora, porque estava preparando-se para reencarnar. Eu não sabia o que ele estava dizendo e fiquei muito triste com a sua partida, porque para mim era como se ele fosse morrer.

Alguns anos se passaram... Certo dia, depois de fundar a Mansão do Caminho, encontramos na lata do lixo uma criança abandonada e repleta de formigas que lhe causavam feridas dolorosas. Era ele, meu amigo invisível da infância. Fui ao cartório e o registrei como filho, retribuindo-lhe o amor e o carinho que me ofereceu durante os primeiros anos da minha atual existência.

Mesmo vivenciando a mediunidade desde cedo, só me tornei espírita muito tempo depois. Até então, eu continuei considerando-me católico. Em Feira de Santana, no fim dos anos 1940, não havia possibilidades de contato com religiões diferentes. Havia uma Igreja Protestante e as Igrejas Católicas convencionais, e meu primeiro contato fora da Igreja Católica foi com o Espiritismo.

Mas antes desse contato eu frequentava exclusivamente a Igreja e me envolvia com várias de suas atividades. Na pré-adolescência e na adolescência, eu frequentei o catecismo, fui coroinha e também exerci o cargo de presidente da Cruzada Eucarística. Toda vez que ia confessar-me, relatava as visões e vozes espirituais que me acompanhavam, e o sacerdote me repreendia e impunha:

— Divaldo, trata-se de Satanás, que está promovendo esse assédio a você! Ele deseja levá-lo ao inferno! Faça penitência, meu filho!

Eu obedecia à recomendação do padre com toda boa vontade. Criei calos nos joelhos de tanto ajoelhar aos pés do altar do Santíssimo Sacramento, cuja chama votiva deve ficar acesa perpetuamente, e quanto mais eu orava, mais *Satanás* se aproximava e falava comigo...

A explicação é óbvia: a oração facilitava a sintonia com os bons Espíritos, intensificando a conexão que produzia os fenômenos mediúnicos.

Quando eu estava com apenas 17 anos de idade, o meu irmão José desencarnou subitamente no dia 23 de junho de 1944.

Eu estava caminhando pelo bairro e um amigo me informou que ele havia morrido na rua. Fui correndo até o local onde meu irmão estava e encontrei o seu corpo sobre uma poça de sangue. Naquele momento, eu tive um choque emocional muito grande! Meu irmão Zeca provavelmente havia tido uma hemoptise que o levou a falecer na via pública. Naquela época não havia Instituto Médico Legal ou qualquer serviço semelhante em nossa cidade. Voltei para casa correndo e dei a notícia aos meus pais, e meu pai, muito assustado, foi buscar-lhe o corpo com alguns amigos.

Fiquei em casa para aguardar o cadáver chegar. Meu pai foi buscá-lo junto com outro irmão meu, que era casado e morava na residência que ficava em frente à nossa. Eu estava muito abalado. Procurei desviar o pensamento e sentei-me à mesa de jantar – era uma mesa daquelas tradicionais, bastante comprida e com duas cadeiras nas cabeceiras, uma de cada lado, para que os donos da casa pudessem sentar-se e observar os demais familiares. Havia dois grandes bancos junto à mesa, e eu me sentei naquele que ficava mais próximo da minha mãe. Eram aproximadamente 16h, e eu fiquei estático.

Por volta de 20h, como o corpo já havia chegado, minha mãe, muito angustiada, convidou-me em tom de tristeza:

— Di, vamos iniciar o velório do seu irmão. Vamos orar o Rosário de Nossa Senhora.

Naquela época, os católicos da região em que eu morava tinham o hábito de rezar o Rosário de Nossa Senhora, uma proposta que era muito saudável e que, infelizmente, foi sendo abandonada pela maior parte dos integrantes daquela religião. Ao afirmar a importância desse tipo de oração, eu quero falar da relevância de se manter um clima psíquico favorável à libertação completa do ser querido que retorna ao Mundo espiritual.

No instante em que a minha mãe me convidou à oração, eu tentei me levantar e não consegui. Uma sensação estranha tomou conta do meu corpo, era como se, da cintura para baixo, eu estivesse preso ao banco em que havia me sentado.

— Mãe, eu estou sentindo uma *coisa*! Não consigo me mexer!

Um pouco irritada e desgastada com o choque da morte do filho, ela me respondeu:

— Menino, lá vem você com suas confusões! O que você tem? Não é hora para isso!

— Não estou sentindo as minhas pernas, mãe! Ajude-me!

— Mas era só o que faltava, meu filho! Vamos lá para o velório, que já está na hora!

Nesse momento ela me segurou e puxou-me com força. Sem a menor sensibilidade nos membros inferiores, eu acabei caindo no chão...

Minha mãe ficou assustada e insistiu:

— Menino, levante-se daí!

Mas eu não podia me mover e andar. Então se estabeleceu uma nova situação de angústia dentro de casa: minha mãe agora tinha o filho mais velho morto e o filho mais jovem com uma doença inexplicável.

A partir daquele momento, eu fiquei acamado. Permaneci de cama desde o dia 23 de junho até o dia 5 dezembro do mesmo ano. Experimentava nos membros inferiores uma sensação de frio acompanhada de uma ligeira sudorese. Então eu fui levado a uma consulta médica para avaliar o meu estado de saúde – na cidade havia apenas dois médicos, que atuavam na área de clínica geral. O profissional que me examinou chegou a um diagnóstico e ofereceu a solução para o meu drama. Ele se voltou para a minha mãe e afirmou:

— O seu filho, dona Ana, não tem nenhum problema físico, ficou assim porque teve um choque emocional, e ele só vai ficar curado quando sofrer outro choque.

Meus irmãos, sabendo que eu necessitava de outra experiência traumática, fizeram de tudo para que eu me restabelecesse. A toda hora do dia e da noite eles me davam sustos enormes na tentativa de me curar. Quase me mataram! Estouravam sacos de papel repentinamente, batiam palmas com muita força nas horas mais inesperadas e lançavam mão de outros artifícios semelhantes para que um novo abalo emocional me restaurasse. Um dos meus irmãos, que era mais *inteligente* ainda, levou ao pé da letra a palavra *choque* e me deu choques elétricos nas pernas, cujas marcas eu tenho até hoje no corpo... mas eu continuei na mesma, sem nenhuma melhora.

Passaram-se os meses, e eu já estava desenganado, sem qualquer esperança de recuperar os movimentos. Usava dois almofadões e ficava sentado na minha cama em atitude conformada diante da minha inutilidade.

Naquele tempo eu tinha uma prima que se chamava Clarice – ela não era espírita e dizia que não gostava *dessas coisas de Espiritismo*, como se falava naquela época, mas, curiosamente, adorava consultar pessoas que pretendiam adivinhar o futuro, como cartomantes e quiromantes.

Clarice estava com 29 anos de idade e ainda não se havia casado, embora desejasse muito encontrar alguém para constituir família. Naquela época, uma mulher que se aproximava dos 30 anos e continuava solteira era uma verdadeira tragédia! Ainda bem que esse preconceito desapareceu com a evolução dos tempos. Hoje em dia, a mulher que completa 60 anos é uma *garota da terceira idade* e pode casar-se a qualquer momento, se desejar...

Chegara à nossa cidade uma senhora que era médium, dona Ana Ribeiro Borges. A minha prima ficou sabendo e foi visitá-la para fazer uma consulta. Chegando ao local, a primeira pergunta que fez foi exatamente sobre o assunto que mais lhe interessava:

— Minha senhora, eu gostaria de saber se me vou casar ou não, o que a senhora pode me dizer?

Com muita paciência, a veneranda senhora esclareceu:

— Minha filha, o importante não é casar-se ou deixar de casar-se. O importante é ser feliz! Existem casadas infelizes, solteiras infelizes, separadas infelizes... e há também solitárias que desfrutam de plenitude, pois a felicidade independe da situação conjugal, uma vez que se apresenta como um estado interior.

Era a primeira vez que alguém falava com sensatez para a minha prima. Ela nunca havia pensado nisso! Quantas pessoas casadas são infelizes no mundo!? Após conversarem por mais de duas horas, a consulente informou:

— Eu estou tão confortada com essas informações!... Gostaria de saber da senhora quanto custou a consulta, pois eu praticamente tomei toda a sua tarde.

— Mas isso não é uma consulta, minha filha, é apenas uma conversa entre amigas.

— E a senhora não vai me cobrar nada?

— É óbvio que não.

— E por que não?

— Porque eu sou espírita!

— Mas a senhora perdeu quase três horas comigo!

— De forma alguma! Eu não perdi três horas, eu as ganhei! Toda vez que falamos sobre o bem, não estamos perdendo nada, mas fazendo um investimento de amor. Este nosso breve contato é um ato de fraternidade, de caridade, um sentimento que devemos exercitar uns com os outros. Tudo isso é gratuito, porque a caridade não é feita apenas quando damos objetos materiais às pessoas, ela também se manifesta na forma de atenção, perdão, bondade e gentileza. A primeira forma de caridade é a material, enquanto a segunda forma é a de natureza moral.

Minha prima ficou impressionada com aquela nova ordem de conceitos!

— E a senhora costuma fazer a caridade com frequência, dona Ana?

— Sempre que as circunstâncias me permitem. É ao mesmo tempo um dever de consciência e uma grande alegria!

— Nesse contexto da caridade, a senhora também visita doentes?

— Tenho feito muitas visitas desse tipo ao longo da vida.

— Será que poderia visitar um primo meu que está doente e se encontra desenganado?

— Com muito prazer! Contanto que você venha buscar-me, já que eu não conheço bem a cidade. Poderemos ir amanhã, às 17h. Hoje eu não poderei ajudá-la, porque tenho outro compromisso.

Clarice foi à minha casa e falou com minha mãe, que concordou imediatamente com a ideia, mas não me contou nada. Eu estava no meu quarto lendo um livro e não fui informado sobre a visita.

No dia seguinte, 5 de dezembro, eu estava na minha cama com a cabeça apoiada em travesseiros, como fazia habitualmente, quando, de repente, chega a minha prima acompanhada de uma senhora baixinha e muito simpática – ao lado de ambas estava a minha mãe.

Aquela estranha senhora me olhou demoradamente, com um sorriso no rosto. Contava aproximadamente 60 anos, e pareceu que me analisava de forma especial.

— É este o rapaz doente? – indagou a médium, com ar de surpresa.

— Sim, senhora – respondeu minha mãe. — Ele está assim desde o mês de junho até agora, quase às vésperas do Natal.

— Mas o seu filho não tem doença alguma!

Nesse instante, eu me senti totalmente desconsiderado, como se ela estivesse afirmando que a minha dificuldade de saúde era uma simulação.

— Mas como não tenho?! – rebati com certa ênfase. — Eu sou muito doente sim!

Fiquei realmente indignado. Acho que nessa hora eu até piorei um pouquinho para não deixar qualquer dúvida... porque eu imaginei que, quando aquela senhora saísse, minha mãe tomaria providências, avisando ao meu pai sobre o ocorrido. Naquela época, a educação das famílias não contava com pedagogos e psicólogos à disposição de quem desejasse levar o filho a uma consulta especializada. Como eu já afirmei, o único *psicólogo* que o meu pai possuía era composto por três pontas de couro cru e ficava pendurado atrás da porta, para que ele usasse quando julgasse necessário. Imaginei que, se ele realmente se convencesse de que eu era saudável, iria logo pegar o *psicólogo* para realizar um *tratamento* em mim, por achar que eu estava fingindo...

— Minha senhora, eu sou muito doente – insisti.

— Não é, não, meu filho! Você é apenas obsidiado...

Eu achei a palavra muito estranha e não sabia do que se tratava, mas tinha certeza de que não era boa coisa... parecia uma palavra muito pesada...

— E o que é isso?

— É simples, Divaldo, você é médium e sofre a influência espiritual do seu irmão José, que já faleceu. Ele se acoplou ao seu perispírito, atingindo a área cerebral que controla os movimentos, por isso você se encontra semi-imobilizado.

Eu também não sabia o que era perispírito e não entendi muito bem a explicação. O que mais me intrigou, no entanto, foi o envolvimento do meu irmão no processo e como a situação havia sido detectada.

— Como a senhora pode saber tudo isso? – questionei.

— Porque eu estou vendo o seu irmão.

Nesse instante, ela descreveu o meu irmão com uma riqueza de detalhes que nem eu mesmo saberia fazer. Eu fui tomado de espanto e lhe perguntei:

— Foi Clarice quem lhe contou?

— Não, Divaldo, eu realmente estou vendo José ao seu lado.

— Mas como?!

— Porque eu sou médium vidente.

— E o que é isso?

— A mediunidade de vidência é a faculdade de ver os Espíritos dos mortos.

— E a senhora os vê mesmo?

— Vejo sim!

Aí eu fiquei contente com a revelação. Como eu me achava meio louco por causa das visões mediúnicas experimentadas desde muito pequeno, agora eu constatava que não estava só, tinha companhia. Era melhor ser um louco acompanhado do que um louco solitário...

Enquanto o diálogo prosseguia, minha mãe escutava tudo com grande surpresa, mas sem menosprezar por um minuto sequer as informações oferecidas pela missionária do bem, embora minha mãe fosse profundamente católica.

— Sabe por que eu lhe fiz tantas perguntas, senhora? – disse-lhe, com certo alívio. — É que eu também vejo os mortos...

— Porque você também é médium, consegue entrar em contato com os Espíritos. É o contato com o seu irmão que lhe está provocando esta alteração na saúde, mas ele não é mau. Ao olhar para o corpo sem vida que estava estendido na rua, você o atraiu espiritualmente, e como ele está muito perturbado no Além, passou a transmitir-lhe essas sensações. Isso faz parte da Lei de Afinidade. O médium é como um ímã que atrai o metal, mas, como você ainda não desenvolveu defesas psíquicas, ele se vinculou a você e está causando-lhe prejuízos sem o desejar. Não se trata propriamente de um obsessor, de um inimigo, é alguém que transmite uma energia deletéria que está lhe fazendo mal.[67] No entanto, você vai ficar bom agora mesmo, se a sua mãe me permitir.

Nesse momento, ela dirigiu o olhar para minha mãe e perguntou:

— Dona Ana, a senhora me permite ajudar o seu filho?

A resposta veio com absoluta naturalidade:

— É claro, senhora. Pode fazer o que for necessário.

A permissão vinha não apenas de uma pessoa que cultivava a fé irrestrita no amor de Deus, mas também de uma mãe desejosa de ver seu filho com a saúde restabelecida.

— Você sabe orar, meu filho? – interrogou-me a veneranda médium.

— Sim, senhora. Eu sou muito católico, como a senhora sabe! – respondi com imaturidade e arrogância.

Ela sorriu com a minha ingenuidade e insistiu:

— Mas você sabe orar?

— É claro, senhora! Eu sou coroinha e sei rezar!

---

67. Consultar os livros *Dias gloriosos*, de Divaldo Franco/Joanna de Ângelis, Editora LEAL, cap. 19 (Paranormalidade humana) e *Libertação pelo amor*, de Divaldo Franco/ Joanna de Ângelis, Editora LEAL, cap. 11 (Enfermidades simulacros). Nota do organizador.

— Aí está a diferença, meu filho: rezar é apenas repetir palavras memorizadas sem nenhuma emoção; orar é abrir-se a Deus e desnudar-se para que o Criador preencha o nosso vazio com a Sua compaixão por nós...

Fiquei meio atordoado com o conceito, e ela concluiu:

— Então agora feche os olhos e ore, que eu irei aplicar-lhe um passe.

Comecei a orar, mas não fechei completamente os olhos, porque estava moído por dentro, de tanta curiosidade! Queria saber qual seria o método empregado para me curar.

Naquele instante a médium distendeu os braços e suas mãos passaram a irradiar uma luz de beleza incomum. Ela começou a fazer movimentos rítmicos, e a sensação física era curiosa: parecia que ela retirava de cima de mim uma fina camada invisível de teias de aranha. Enquanto isso, eu orava o *Pai-nosso*. Aos meus olhos, a senhora brilhava como se fosse uma lâmpada de alta potência, e, quando estava concluindo o procedimento, eu vi sair de suas mãos uma espécie de chuva de prata que se derramava sobre mim, causando-me um imenso bem-estar, como se fosse um fluxo suave de ar refrigerado, que naquela época ainda não existia.

A aplicação de bioenergia durou aproximadamente cinco minutos. Ao terminar, a gentil trabalhadora de Jesus esclareceu:

— Agora você pode levantar-se.

— A senhora tem certeza? Eu não senti nada! Estou na mesma situação...

— Tenho certeza sim, Divaldo. Levante-se, porque o seu irmão José já foi retirado pelos bons Espíritos, ele não está mais ligado a você.

— Se eu me levantar, vou cair!

Minha mãe olhou para mim com ar de severidade e me deu uma ordem, com uma suavidade misturada a uma peculiar firmeza materna:

— Levante-se, meu filho!

— Mãe, eu vou cair!

— E, se não levantar, não vai gostar do resultado da sua desobediência...

— E se eu cair no chão?

— Não há problema. Levante-se e mostre que você é um rapaz educado!

Não havendo outra solução, eu tive que obedecer, afinal, eu só tinha duas alternativas: levantar-me ou então... levantar-me...

Com muito esforço, eu fiquei de pé diante da minha mãe. Quando os pés tocaram o chão, eu senti uma espécie de formigamento, semelhante à sensação que surge logo depois da cãibra ou quando um membro fica adormecido por alguns minutos. Andei para lá e para cá no intuito de avaliar o grau da minha recuperação.

— Você está bem, meu jovem? – indagou-me a médium gentil.

Não tive palavras para responder. Comecei a chorar de emoção, como seria natural a qualquer pessoa. Em seguida, eu e minha mãe choramos abraçados... Dona Ana permaneceu suavemente alegre, mas sem expressar muita emoção. Então minha mãe voltou-se pare ela e indagou:

— Muito obrigada! Qual é mesmo o nome da senhora?

— Eu me chamo Ana.

— Ah, então somos xarás! Muito obrigada! Meu filho está curado!

No mesmo instante veio a notícia desagradável.

— Dona Ana, nós vencemos a primeira etapa, contudo, agora teremos que continuar, e seu filho precisará dedicar a existência à educação da mediunidade.

— E como será isso?

— Ele terá que ir a uma reunião espírita e aprender a controlar as suas forças mediúnicas, evitando que lhe aconteça outra dificuldade do mesmo gênero. Hoje mesmo haverá uma reunião na Instituição que estou frequentando aqui em Feira de Santana.

Aquela proposta era uma verdadeira afronta à minha fé católica! Imediatamente eu recusei a sugestão com veemência:

— Eu não vou! E a senhora, por favor, não insista!

— E por que não?

— Porque eu sou católico e sei que o Diabo está lá!

— Como é que você tem tanta certeza?

— Porque todo mundo diz!

— Mas todo mundo também dizia que você era paralítico, e agora sabemos que você não o era.

Olhei para minha mãe pedindo socorro e lhe objetei:

— Mãe, eu não vou a esse lugar!

Com a sua habitual autoridade de educadora consciente, ela respondeu-me:

— Você vai sim! Basta que a nossa amiga Ana nos diga onde é a reunião.

— Eu não vou!

— Vai. Vai sim.

Eu fui...

Era um lugar distante, em um bairro periférico e mal iluminado, localizado no meio de um povoado muito simples. Meu pai não quis ir conosco, o que me levou a concluir que os homens são mesmo muito corajosos, mas sempre delegam às esposas a responsabilidade de solucionar as situações mais difíceis... Por essa razão, minha mãe, como sempre, estava ao meu lado para descobrirmos juntos quais os recursos que aquela nova doutrina poderia oferecer para o meu bem-estar, segundo as promessas feitas por dona Ana Borges.

Como era uma *coisa demoníaca*, eu levei o meu terço no bolso. Quando Satanás viesse, eu estaria preparado para enfrentá-lo...

Ao chegarmos ao ambiente, tive uma das maiores surpresas da minha vida! Eu pensei, por puro preconceito, que naquele lugar encontraria a ralé da sociedade de Feira de Santana, mas ali estavam o tabelião do cartório, que era uma grande autoridade da cidade, o gerente do Banco do Brasil, que era outra figura notável, o Meritíssimo Sr. Juiz de Direito, a zeladora do Altar do Coração de Jesus, do qual eu também era devoto. Daí pensei: "Meu Deus! Quantos *feiticeiros* existem aqui na cidade! Que horror!", e fiquei realmente apavorado!

Nesse momento, a zeladora do Altar do Coração de Jesus me advertiu:

— Boca fechada, ouviu, Divaldo? O que se passa aqui não se conta lá fora!

Depois que saí dali, eu contei a todo mundo, é claro. Era muito jovem e não poderia guardar um segredo tão complicado...

Fiquei ali, aterrorizado, esperando uma força demoníaca se apresentar diante de nossos olhos a qualquer instante. Ao mesmo tempo, imaginei que aquilo poderia ser algum tipo de complô. Mas contra o quê? Contra quem? Não pude evitar que a minha imaginação elaborasse as hipóteses mais horríveis!

Depois de alguns minutos, fui convidado a sentar-me à mesa. Naquela época, os anos 1940-50, em uma cidade do interior da Bahia, tudo era muito empírico e sem métodos aperfeiçoados para a prática mediúnica. Não se pensava em educar o indivíduo para que depois fosse integrado ao trabalho de intercâmbio com os Espíritos. Os grupos eram formados por famílias que se reuniam e colocavam na mesa mediúnica qualquer pessoa que apresentasse percepções extrafísicas.

Fiquei ali, segurando o meu terço, aguardando com receio o desenrolar dos acontecimentos.

Quando o diretor da reunião começou a falar, proferiu a prece mais linda que eu ouvi em toda a minha vida, a *Prece de Cáritas*:

"Deus, nosso Pai, que sois todo poder e bondade,
Dai a força àquele que passa pela provação,
Dai a luz àquele que procura a verdade,
Ponde no coração do homem a compaixão e a caridade..."

Ao ouvir as palavras, eu concluí que aquela atividade não poderia ser uma coisa satânica! Olhei para o dirigente e percebi que ele irradiava uma peregrina luz, como se fosse uma lâmpada de gás neon. Eu me emocionei bastante e perdi a consciência. Quando retornei à normalidade, minha mãe chorava copiosamente e me dizia:

— Di, meu filho, Zeca voltou!

— De onde, mãe?

— Da morte, Di.

— E como foi isso?

— Ele acaba de falar pela sua boca!

Não consegui compreender nem acreditar na informação, que parecia equivocada. Ela insistiu, e eu não pude concordar:

— Mas como, mãe? Eu adormeci aqui na mesa e acordei agora...

— Não, meu filho! Acredite! Seu irmão acaba de conversar comigo!

Fiquei com tanta pena da minha mãe! Achei que aquilo tudo já estava afetando a sua mente! Como todo mundo dizia que o Espiritismo levava à loucura, então eu pensei: "Coitada! Na primeira reunião ela já ficou meio maluca!".

Essa reunião mediúnica ocorreu em uma sexta-feira. No sábado, eu fui à Igreja confessar-me, como todo bom católico. Quando cheguei e o padre me viu andando, ele ficou sem entender:

— Divaldo, você está curado?!

— Estou sim, senhor!

— E quem curou você?

— Satanás!

A resposta quase fez o padre desencarnar de susto! Como eu era devoto do Sagrado Coração de Jesus e nada me ajudava, então fui ao lugar onde diziam que o Diabo trabalhava e consegui curar-me. Por isso resolvi ser sincero com o sacerdote.

— Satanás, meu filho?! Mas o que é isso?!

— Sim, senhor, padre.

— Mas que Satanás é esse?

— É uma médium que está aqui na cidade e me fez recuperar a saúde. Mas essa é uma médium estranha, que só fala em Deus e em caridade...

— Então venha ao confessionário me contar essa história.

Obedeci ao padre e preparei-me para narrar os detalhes da intervenção realizada pela médium. A minha maior vontade, no entanto, era contar-lhe sobre as pessoas da Igreja que estavam no Centro Espírita, apesar de me terem pedido segredo.

— Padre, muita gente conhecida daqui vai lá na reunião. O senhor nem imagina quantas!

Eu estava esperando ele perguntar quem eram as pessoas. Na verdade, eu fiquei mergulhado em um drama de consciência: se eu falasse, seria pecado por trair a confiança de uma amiga, e se eu não falasse, também seria pecado, porque estaria sendo conivente com pessoas que traíam a sua fé. Mas ele não perguntou.

No confessionário, eu dizia ao padre que, embora fosse pecado, eu estava indo à atividade de intercâmbio com os Espíritos, porque procurava recuperar-me da paralisia mediúnica de que eu fora vítima por causa da presença do meu irmão desencarnado. Então o padre me propôs:

— Continue frequentando a reunião mediúnica, meu filho. Como Satanás é muito astucioso, eu sei que ele deseja afastar você de Deus. Então, depois que ocorrer a recuperação total da sua saúde, você o engana e volta à Igreja...

Meio atordoado com a proposta, eu indaguei:

— Mas, padre, isso não é pecado?!

— É sim, meu filho. Porém, há uma forma de contornar a dificuldade: você vai às sextas-feiras ao Centro Espírita e peca, aos sábados eu lhe absolvo através da confissão e no domingo teremos a comunhão normalmente.

Como eu ainda me sentia muito ligado à Doutrina Católica, continuei por algum tempo frequentando a reunião mediúnica e também a Paróquia da cidade de Feira de Santana.

Cada dia eu me sentia mais saudável e pacificado. Participava da atividade mediúnica e ficava fascinado com as informações contidas em *O Evangelho segundo o Espiritismo*. Eu estava acostumado a acompanhar a missa, que não exigia nenhuma capacidade reflexiva do frequentador da Igreja, porque era celebrada em latim. Por isso as palavras do segundo livro publicado por Kardec me atraíram imensamente.

Na segunda reunião de que participei, foi lido o texto intitulado *O orgulho e a humildade*, que também se encontra em *O Evangelho segundo o Espiritismo*.[68] Eu nunca houvera escutado nada tão belo como essa mensagem! Pedi ao dirigente do grupo para ficar lendo o precioso livro após o encerramento das reuniões mediúnicas, o que me proporcionou uma grande modificação interior.

No ano seguinte, em janeiro de 1945, eu estava com quase 18 anos e prosseguia confessando-me com o meu sacerdote, por quem nutria uma grande estima. Pelo fato de ter sido sacristão, eu tinha o hábito de me confessar na sacristia. Naquela ocasião, eu estava ajoelhado aos pés do meu orientador e preparava-me para a confissão quando vi entrar no recinto uma senhora desencarnada. Fiquei apavorado e afirmei:

---

68. *O Evangelho segundo o Espiritismo*, cap. VII (Bem-aventurados os pobres de espírito). Nota do organizador.

— Padre, eu acho estranho que isso esteja acontecendo, mas estou vendo aqui na Igreja um demônio em forma de mulher.

Sempre que os Espíritos penetravam no meu campo áurico, eu experimentava sensações desagradáveis: os músculos do corpo tremiam como se eu estivesse com um desequilíbrio emocional, semelhante à reação nervosa que se manifesta ao recebermos uma notícia trágica ou vivenciarmos um grave aborrecimento. Era um tremor que eu não conseguia controlar, e logo vinha uma sensação de frio ao longo do corpo e de calor na face, que me causavam palidez quase imediata.

Insisti com o meu relato, porque desejava pedir socorro ao pároco:

— Padre, o demônio está aqui conosco! Como ele se atreve a entrar na sacristia?

Ele sorriu com bondade e me perguntou:

— E como é essa senhora?

Na tentativa de atender à solicitação, eu a descrevi:

—Ela tem baixa estatura, é meio gordinha e está com o cabelo penteado para trás, e ainda está sorrindo para mim. Imagine! Satanás sorrindo!

— Olhe um pouco mais, meu filho. O que você pode acrescentar?

— Ela também usa óculos.

— E o que mais?

— Ela tem uma verruga no lábio superior direito.

Então o sacerdote falou com tranquilidade:

— Divaldo, não é um demônio que você está vendo, meu filho, é mamãe que me veio visitar. Pode recebê-la.

Nesse instante, de joelhos aos seus pés, eu entrei em transe mediúnico, e o sacerdote dialogou com a sua genitora por meu intermédio. Quando o fenômeno se encerrou e eu voltei ao normal, ele me abraçou e me esclareceu:

— Divaldo, a Igreja não condena as comunicações mediúnicas, uma vez que todos os santos foram médiuns e mantiveram contato com o Mundo espiritual. A Igreja apenas não recomenda a prática por causa da imensa responsabilidade que traz às pessoas, já que o intercâmbio com os Espíritos é algo muito delicado. Então, ela opta por proibir a prática mediúnica para preservar os seus fiéis de passarem por situações embaraçosas, mas o seu caso é diferente: você é um médium autêntico, por isso mamãe veio repreender-me por estar enganando-te, cometendo o crime de afastá-lo do seu compromisso. O seu caminho não é na Igreja. Vá para o Espiritismo, e não volte mais aqui!

Para mim foi um verdadeiro choque ouvir aquela orientação. O padre me proibiu de voltar à Igreja, afirmando que o meu compromisso era com a doutrina codificada por Allan Kardec.

— Mas, padre, eu não acredito que seja possível este contato intenso com os mortos.

— É natural que no início você não acredite, mas com o tempo será diferente! E desejo que continuemos amigos. Quando você desenvolver a mediunidade, eu quero que periodicamente venha me dar passes, pois eu também necessito dessas energias superiores para dar sequência ao meu trabalho.

Depois de ouvir aquelas recomendações, eu fui para casa chorando e narrei o fato à minha mãe, que era minha confessora pelo coração.

— Mãe, o padre me expulsou da Igreja!

— Por que, meu filho?

— Porque disse que eu sou médium e tenho que frequentar o Centro Espírita!

Minha mãe me olhou sorrindo e respondeu com bom humor:

— Louvado seja Deus, meu filho! Até que enfim essa sua mania de ser padre chegou ao fim! Agora eu quero ver o que você vai ser no Espiritismo...

A partir daí, comecei a estudar com afinco os fundamentos doutrinários e fui desenvolvendo a consciência espírita. Eu me envolvi definitivamente com a Doutrina, entregando a própria vida à sua abençoada causa, havendo pronunciado a minha primeira palestra em 27 de março de 1947, na cidade de Aracaju, em Sergipe, enquanto os fenômenos se apresentavam naturalmente e me auxiliavam na realização das conferências, e comecei a psicografar em fevereiro de 1949.

Ainda em 1945, eu saí de Feira de Santana e fui morar em Salvador. A chegada à capital baiana é um capítulo muito curioso que merece ser relatado.

Eu tinha um irmão que dispunha de alguns recursos financeiros e se ofereceu para patrocinar a viagem. Da minha cidade natal até o destino pretendido eram 108 quilômetros. Normalmente as pessoas faziam um trajeto de ônibus que durava cerca de oito horas. Os passageiros utilizavam uma capa de viagem para evitar que a poeira da estrada sujasse suas roupas, mas a medida preventiva não adiantava muito. A poeira penetrava pelos tecidos *e sujava até o perispírito*! Sem falar que a capa era branca... Por aí se percebe que aqueles eram tempos verdadeiramente heroicos!

Como a passagem de ônibus era muito cara, meu irmão teve a ideia de me propor outro trajeto: eu deveria ir de trem até o município de Cachoeira e em seguida me transferir para um navio que me levaria pelo Rio Paraguaçu até a cidade de Salvador. Concordando com a proposta, eu peguei o trem às 6h da manhã e cheguei a Cachoeira às 9h. Passei o dia inteiro no cais, sentado sobre a mala, sonhando com a vida nova que me esperava dentro de pouco tempo. Fiquei ali, exposto ao Sol, orando e fazendo jejum, pois não tinha dinheiro para comprar um lanche.

À meia-noite eu peguei o navio a vapor. As pessoas ricas sentavam-se em cadeiras de lona, enquanto as demais se acomodavam de qualquer forma. Eu viajei em pé, debruçado sobre a murada para ver o rio. Quando nos aproximamos da costa de Salvador, na Baía de Todos os Santos, eu fiquei encantado com aquela visão extraordinária de uma cidade muito maior do que a minha! Então pensei: "Meu Deus! Quantos edifícios!", afinal, a construção mais alta de Feira de Santa era o prédio da Igreja Matriz, onde eu tocava o sino todos os dias, já que era sacristão.

O navio atracava na Cidade Baixa, enquanto a casa da minha anfitriã estava localizada na Cidade Alta. Perguntei a alguém na rua como eu poderia chegar ao bairro de Santo Antônio, na Praça dos Quinze Mistérios, recebendo a informação de que deveria percorrer um trajeto de subida muito desgastante, mas não havia alternativa. Eu trazia como bagagem uma mala nordestina bastante comum naquela época: era uma estrutura quadrangular feita com pesadas tiras de madeira amarela e envolvida por uma espessa faixa de couro. A mala vazia deveria pesar de 8 a 10 quilos, com as minhas roupas e objetos pessoais eu calculo que o peso estava entre 12 e 15 quilos. O mais interessante é que a mala não tinha alça... Sempre que penso nisso, eu me recordo de que no Brasil temos a famosa expressão *mala sem alça*, utilizada para designar pessoas desagradáveis. Pois bem, não tive opção a não ser colocar a mala na cabeça, como se eu fosse um vendedor ambulante dos tempos antigos, e comecei a subir a imensa ladeira na tentativa de encontrar a residência onde iria me hospedar.

Ao chegar à casa da minha amiga, o meu corpo já estava praticamente dissolvido por causa de tantos sacrifícios, principalmente depois de um dia e meio em jejum! Quando a minha anfitriã me recebeu, ela me disse:

— Nossa! Como você está pálido! O que houve?

E eu respondi:

— Não foi nada... é que eu sou assim mesmo...

Após tantos altos e baixos, eu finalmente havia conquistado a cidade de Salvador! Comecei a trabalhar em uma empresa autárquica localizada na capital e passei a morar na casa de dona Ana Borges, que me ofereceu guarida em sua residência como uma forma de propiciar a educação da minha mediunidade, já que na minha cidade, naquela época, não havia uma Instituição Espírita em condições de orientar os médiuns com segurança. A benfeitora pediu aos meus pais que confiassem nela e, além de me franquear a sua residência, ela iria me orientar nos momentos de dúvida, tornando-se o anjo da guarda da minha existência.

De fato dona Ana Borges (dona Naná, como era carinhosamente chamada) foi o anjo bom que educou a minha mediunidade. Duas vezes por semana eu participava de estudos doutrinários que contemplavam a análise aprofundada da obra de Allan Kardec, fazia as reuniões de evangelho no lar e mantinha-me em atividades mediúnicas com assiduidade.

De todo esse trabalho resultou a criação do Centro Espírita Caminho da Redenção, a Instituição na qual desenvolvemos os nossos trabalhos de educação, promoção social e espiritual da criatura humana.

As agressões do Mundo espiritual inferior continuaram. Eu estava em trânsito de uma doutrina para outra, embora ambas preconizem a necessidade de considerarmos Jesus como modelo de iluminação interior.

Quando comecei a trabalhar profissionalmente, fui colocado para atender os clientes que chegavam ao balcão da empresa autárquica e, não raro, com a mediunidade aflorada e ainda em fase de ajustes, eu não sabia quem era encarnado e quem era desencarnado. Isso me criava situações constrangedoras, sobretudo porque o meu chefe era uma pessoa muito intransigente.

Muitas vezes eu estava trabalhando e um cliente me chamava:

— Divaldo, por favor, venha aqui.

Eu me levantava, ia até o balcão e conversava com a pessoa. Meu chefe olhava aquela cena e aguardava. Ao concluir o atendimento, ele me questionava:

— Você estava atendendo a quem?

— Àquele senhor ali – respondia, com convicção.

— Qual senhor?! Não entrou ninguém aqui nos últimos minutos!

Por causa de incidentes como esse, eu estive a ponto de ser demitido.

Um dia, o meu chefe me confidenciou:

— Divaldo, eu não consigo entendê-lo! Você é uma pessoa de dupla personalidade. Você é normal e ao mesmo tempo não é *normal,* comporta-se como alguém saudável e no momento seguinte parece um verdadeiro louco! Por que você fala com pessoas que não existem?

Sem saber o que responder, eu simplesmente afirmei:

— Eu realmente não sei o que lhe posso dizer, porque essas pessoas podem não existir para o senhor, mas para mim elas existem.

Depois desse dia, ele me encaminhou para o serviço médico da empresa, que agendou uma consulta psiquiátrica para mim.

No dia marcado, eu cheguei ao décimo terceiro andar de um edifício localizado no centro na cidade, levando nas mãos o documento da licença médica para fazer o tratamento psiquiátrico. Quando entrei no consultório do psiquiatra, pensei que talvez pudesse mesmo me livrar *dessas coisas*, mas no consultório havia Espíritos que dialogaram comigo, pertencentes aos mais diversos graus evolutivos: eram seres generosos e amigos, Espíritos ainda apegados à vida material, Espíritos sofredores, Espíritos em condições medianas... Esta sintonia espontânea com personalidades desencarnadas em níveis vibratórios diferentes se devia ao fato de que eu estava no trânsito da mediunidade atormentada para a mediunidade segura.[69]

Ao se iniciar a consulta, o psiquiatra começou a entrevista clínica:

— Qual é o seu caso, senhor Divaldo?

— Eu não sei, doutor! Eu só sei que eu vejo os mortos e me mandaram vir aqui.

O psiquiatra fez um ar de desdém pelo jovem louco que estava diante dele. Em seguida, comentou ironicamente:

— Ah! Quer dizer que o senhor vê quem já morreu?

— Vejo sim. Agora mesmo eu estou vendo o seu pai.

— E como é o meu pai?

Descrevi o pai dele detalhadamente e ele completou:

— Que coisa curiosa! Você deve ser telepata.

— Mas por quê?

— Porque você está captando as informações na minha mente para poder transmiti-las. Afinal de contas, o meu pai já morreu.

— Morreu mesmo, doutor. Ele está me dizendo a data do seu falecimento.

Declarei qual era a data e o médico não se deu por vencido.

— Ah! Quer dizer que você também escuta vozes?

— Sim, senhor! – respondi empolgado, achando que ele estava começando a me entender, mas aí veio a decepção:

— O senhor não vê nem ouve Espíritos, senhor Divaldo. O que ocorre são alucinações visuais e auditivas. Deite-se aqui nesta cama.

Deitei-me muito contente para esperar a ajuda gentil daquele médico tão compreensivo. Neste momento, aproximou-se um Espírito amigo e me advertiu:

---

69. Consultar o livro *Médiuns e mediunidades*, de Divaldo Franco/Vianna de Carvalho, Editora LEAL, cap. 7 (Ser médium), cap. 12 (Obstáculos à mediunidade nobre), cap. 13 (Educação das forças mediúnicas) e cap. 25 (Médiuns seguros). Nota do organizador.

— Divaldo, corra que ele vai aplicar em você um eletrochoque! Eu nem sabia o que era...

— Vai aplicar o quê?!

— Um eletrochoque! Ele está pensando que você é maluco!

Então peguei os meus sapatos, saí correndo do consultório, desci treze andares do edifício como se fosse uma escada de cinco degraus, e desapareci...

No dia seguinte, contei tudo ao chefe e lhe disse que não iria tomar esse negócio de eletrochoque, porque eu era normal!

Mas Deus é misericordioso... Uma colega minha, ouvindo o meu diálogo com o chefe, resolveu participar do assunto:

— Divaldo, eu ouvi a sua história, mas não posso acreditar que os mortos se comunicam conosco!

— Mas eles se comunicam sim.

Então minha colega me fez a seguinte proposta:

— Vamos combinar assim, Divaldo: toda vez que alguém lhe chamar no balcão você olha para mim. Se for gente, eu balanço a cabeça afirmativamente. Se não for, eu balanço a cabeça dizendo que não. O que você acha?

Foi a minha salvação! Aceitei imediatamente a sugestão e, toda vez que chegava alguém, eu olhava para ela e via para que lado a cabeça balançava...

Até que um dia ela faltou ao trabalho, e eu fiquei sem o meu *guia*. De repente, alguém me chamou, e eu tive que atender. Quando eu estava dialogando com o cliente, muito entusiasmado, o meu chefe chegou e me afirmou, aborrecido:

— E agora, seu louco? Com quem você está falando?

Fiquei com muita raiva, porque ele estava falando comigo daquele jeito na frente do cliente!

— Estou falando com este senhor aqui, chefe!

— E o que ele deseja?

— Ele quer mudar o nome da beneficiária da sua apólice de seguro, porque a beneficiária era a sua primeira esposa, que faleceu. Ele se casou novamente e pretende mudar o nome da esposa na apólice.

Totalmente incrédulo, meu chefe perguntou:

— E qual é o nome dele?

— Fulano de Tal.

— Qual o número da apólice?

— É o documento número X.

Meu chefe olhou bem para mim, foi ao arquivo, abriu a gaveta e localizou a apólice. Todos os dados estavam corretos: o nome do titular, o número do documento e o nome da esposa. Ele ficou pálido e me interrogou:

— Mas, Divaldo, como pode ser?! Não tem ninguém aí na sua frente!

— Eu não tenho nada com isso, chefe! Estou dizendo-lhe apenas o que ele me informou... Para mim, ele está vivo!

É interessante notar a situação daquele Espírito. Ele já havia desencarnado e estava ainda tão preso à vida material, que ainda pensava em mudar o nome da beneficiária.

Esse fato mudou completamente o comportamento do meu chefe em relação a mim. Ele passou a me ajudar da mesma forma que fazia a colega, balançando a cabeça para que eu soubesse se o cliente que me procurava no balcão era gente ou era Espírito.

O fenômeno mediúnico era tão pulsante que me levava à dificuldade de distinguir as duas dimensões da realidade em qualquer contexto, não apenas no ambiente profissional. Até mesmo no trânsito eu confundia os que chamamos de *vivos* com os chamados *mortos*. Via acidentes e assustava-me, obrigando o querido amigo Nilson de Souza Pereira a mandar-me para a parte de trás do carro, a fim de não o atrapalhar na condução do automóvel. Dessa forma, eu nunca aprendi a dirigir veículos.

Um fato curioso ocorria em relação aos indivíduos encarnados com quem mantinha contato: muitas vezes, eu era apresentado a uma pessoa e via-lhe o rosto, mas, ao reencontrá-la, ela parecia apresentar outra face, o que muito me confundia, porque dependia do acompanhamento espiritual daquele momento.

Essa história ilustra muito bem como a linha divisória entre os dois campos da vida é muito sutil, e o médium iniciante, principalmente se for uma criança ou um jovem, terá que aprender a lidar com isso para perceber as diferenças. Não estou mencionando apenas a vidência e a audiência mediúnicas, que nem todos os médiuns possuem, mas me refiro a qualquer forma de sensação física ou impressão psíquica registrada pelo indivíduo em fase de educação da mediunidade. É necessário fazer uma autoanálise para identificar se se trata de algo do mundo físico ou do Mundo transcendente.

Com o passar do tempo, eu me acostumei de tal forma que já nem me lembro de todos os desencarnados que vi. Eu os vejo sem os ver. É como um palestrante que está em um auditório e nota a presença de muitas pessoas, mas não focaliza a sua atenção em todas elas. O orador visualiza um ou outro indivíduo, dependendo do momento e da necessidade. Outro exemplo é quando vamos à via pública e detectamos a presença de centenas de pessoas, alguém poderá perguntar-nos depois: "Quem você viu na rua?", e responderemos: "Ninguém". Na verdade, registramos a presença de uma larga faixa de pessoas, mas não concentramos a atenção em nenhuma delas.

Quando eu ainda estava na infância e na pré-adolescência, Jaguaraçu havia-me informado que outro amigo iria substituí-lo após o seu afastamento no intuito de se preparar para a reencarnação, o que realmente aconteceu. Em uma ocasião, apareceu-me um Espírito que desencarnara ainda jovem, e o simpático rapaz afirmou que seria meu amigo, a fim de auxiliar-me no trânsito da adolescência. Seu nome era Walter e ele havia desencarnado na cidade do Recife no ano de 1932, em um acidente no qual foi atingido por um automóvel.

Quando eu me tornei adulto e adquiri maturidade, comecei a viajar para divulgar o Espiritismo. Naquele tempo, as comunicações eram muito lentas, sem as facilidades e a velocidade que existem hoje em qualquer lugar do mundo, graças aos recursos da Tecnologia. Por isso, àquela época, Walter me fornecia notícias da Mansão do Caminho quando eu estava ausente, razão pela qual eu o apelidei carinhosamente de *O Correio*.

Quando fui a Recife pela primeira vez, no ano de 1952, ele me pediu para visitar a casa dos seus pais no bairro de Casa Forte. Desejava oferecer uma mensagem de conforto e esperança à família. O pai já havia desencarnado, mas a mãe ainda vivia, então eu fui à casa da senhora

261

e me apresentei, permitindo que Walter, por meu intermédio, falasse à sua genitora, fato que se repetiu várias vezes.

Na atualidade, é mais fácil orientar uma criança que afirma relacionar-se com pessoas invisíveis, graças ao desaparecimento de muitos tabus e à superação de informações equivocadas. Um dos fatores que permitem um manejo mais tranquilo da questão é a própria evolução da Psicologia. Essa ciência, embora não tenha compromisso conceitual com os fenômenos além do corpo, ao menos considera normal que meninas e meninos brinquem com um *amigo imaginário*, uma concepção que felizmente permite à criança viver situações muito saudáveis de convivência com os bons Espíritos, sem deixar de experimentar todas as etapas lúdicas que são necessárias ao seu desenvolvimento. No entanto, quando a abordagem transpessoal da Psicologia for plenamente aceita nos meios acadêmicos, será muito mais viável a interpretação desses fenômenos.

É evidente que nem todo amigo imaginário pode ser entendido como uma presença espiritual no cotidiano infantil, considerando que as crianças também criam personagens que refletem suas necessidades conscientes ou inconscientes, mas não é difícil identificar quando se trata de uma ou de outra situação.

Se o amigo for o fruto da imaginação da criança, os diálogos serão ingênuos, repassados de conteúdo lúdico e sem maiores significados. De outro modo, se a criança apresenta ideias avançadas para a sua idade, mencionando pessoas, fatos, nomes e encarando com seriedade a companhia invisível, estamos diante de um processo de comunicação com seres espirituais.

Cabe aos pais e educadores questionar a criança suavemente para ouvir o seu relato a respeito do suposto amigo, da mesma forma que fariam se o companheiro estivesse encarnado. Com naturalidade, deve-se perguntar: "E como está o seu amiguinho? Vocês conversaram hoje? Sobre o que conversaram? Você gosta de estar com ele?", e, dependendo das informações apresentadas pela criança, será fácil chegar a uma conclusão acerca do assunto.

Caso os pais percebam que o amigo sugere ideias desaconselháveis, estimulando a criança para que ela cometa atitudes indevidas, os educadores deverão esclarecer: "O seu amiguinho está ensinando coisas que você não deve fazer. Converse com ele, mas não faça o que ele pede. Eu sou a pessoa que cuida de você, sou seu pai (ou sua mãe), e você precisa seguir a minha orientação. Deus me deu a responsabilidade de estar ao seu lado para que você seja feliz. Quando desejar fazer alguma coisa, fale comigo primeiro, que sempre vou ajudar você. Seu amiguinho é apenas uma companhia, não mais que isso".

Esse tipo de orientação independe do fato de se tratar de um Espírito ou de um amigo imaginário. Nas duas situações a advertência cumprirá sua finalidade educativa.

Outro fator que torna menos problemática a abordagem da mediunidade infantil é o aumento no número de crianças com faculdades mediúnicas, motivado pelo momento histórico que vivemos no planeta, que implica uma maior aceitação dos fenômenos extrafísicos.

A mediunidade ostensiva tem sido cada vez mais comum em crianças, como resultado do processo de transição planetária que se opera de forma incessante, viabilizando a chegada das crianças da nova geração, conforme já foi abordado. O contato com outras frequências de vibração do Universo é uma característica muito marcante em grande parte dessas crianças, embora nem todas sejam Espíritos nobres e evoluídos. Uma criança com mediunidade ostensiva pode ser vítima de obsessões dolorosas, situação delicada que demanda tratamento e cuidado redobrado. Por outro lado, as crianças da nova era que já se encontram em um patamar mais elevado serão as grandes promotoras do futuro, revelando uma sensibilidade mediúnica ainda mais aguçada, com consequências morais superiores.

A história de todos os médiuns que se fizeram mais conhecidos é caracterizada por obsessões, transtornos de conduta, sofrimentos, silêncios homéricos... Uma das explicações para isso é o processo gradual de adaptação psicofísica do Espírito reencarnante, que é bombardeado por energias espirituais diversas e precisa aprender a lidar com esse fato. Sua integração na Doutrina Espírita, quando a conhece, é um elemento de importância capital para que haja equilíbrio e aproveitamento das oportunidades evolutivas.[70]

263

Por essa razão, os pais devem procurar o Centro Espírita, o espaço apropriado para receberem o suporte necessário ao enfrentamento das dificuldades.

Os pais e educadores devem elucidar as crianças e os jovens a respeito das faculdades mediúnicas e parapsicológicas, sem qualquer exagero ou fantasia, da mesma forma como esclarecem a respeito dos fenômenos orgânicos, mentais e sociais, equipando-os de equilíbrio a fim de que encarem as suas percepções extrassensoriais com naturalidade.

Ao mesmo tempo, cumpre-lhes convidar os educandos – filhos ou não, portadores ou não de faculdade mediúnica – ao cultivo da oração, das boas conversações, dos estudos edificantes, das ações enobrecidas. Mediante esses recursos, a interferência perturbadora dos Espíritos pode ser neutralizada.

Dificilmente eu teria superado os complexos episódios da minha mediunidade sem a participação decisiva da minha mãe, aquele anjo bom que Deus colocou em meu caminho para me educar, pois foi ela quem abriu as portas do nosso lar para receber a médium amorosa que me auxiliou, retirando-me das malhas tenebrosas da obsessão. A sua intervenção também foi determinante para quebrar as minhas resistências em relação ao trabalho mediúnico para o qual fui encaminhado, propiciando o equilíbrio das forças psíquicas para mim desconhecidas.

Uma das ocorrências mais comuns em crianças com mediunidade ostensiva são os pesadelos: os pequeninos muitas vezes despertam chorando e buscam os pais para se sentirem seguros. Em realidade, esses episódios podem ser de natureza anímica ou mediúnica.

No caso do fenômeno anímico, os pesadelos são provocados pelo temor que o Espírito possui em relação à viagem reencarnatória, com seus perigos e desafios evolutivos. Quando a criança se encontra na faixa etária que vai de zero a sete anos, o psiquismo espiritual ainda não se integrou completamente à anatomofisiologia cerebral, permitindo reminiscências mais acentuadas de outras vidas e do período que precedeu

---

70. Analisar *Tramas do destino*, de Divaldo Franco/Manoel P. de Miranda, Editora FEB, cap. 17 (Escolhos à mediunidade) e *Tormentos da obsessão*, de Divaldo Franco/Manoel P. de Miranda, Editora LEAL, cap. 11 (O insucesso de Ambrósio). Nota do organizador.

a reencarnação. Durante o parcial desprendimento pelo sono, a criança adquire certo grau de consciência e experimenta muitos receios em relação às provas e expiações que irá enfrentar, retornando ao corpo em estado de grande aflição.

Por outro lado, os pesadelos podem ser fenômenos mediúnicos que o Espírito vivencia em desdobramento espiritual, quando os seus inimigos do passado se aproximam, e o indivíduo se deixa levar pelo pavor do reencontro desagradável, retornando ao corpo com as emoções conturbadas pela grande inquietação.[71]

Vale lembrar que o ser na fase infantil somente é criança no corpo, uma vez que ele traz uma bagagem imensa de experiências como adulto em outras existências.

Em ambas as situações é recomendável que os pais falem à criança com ternura, aproveitando os momentos iniciais do sono. Se for o caso de insegurança quanto ao seu destino na reencarnação, é prudente dizer: "Meu filho, você veio à Terra para ser feliz. Eu desejei que você viesse como meu filho para ajudá-lo. Nós amamos você!". Mas se os pesadelos parecerem a consequência da ação dos Espíritos, será interessante falar-lhes com carinho: "Você está seguro comigo. Não se preocupe tanto. Mamãe e papai estão ao seu lado. Pode dormir tranquilo, que eu ficarei aqui cuidando de você por algum tempo. Depois de vigiar um pouco, eu também irei dormir".

As palavras devem ser pronunciadas de forma suave, semelhante à hipnose, para que surtam o efeito esperado. Elas devem alcançar o psiquismo profundo do Espírito em aflição, gerando uma sensação de segurança e tranquilidade.[72]

Sempre será recomendável orientá-las para que se preservem das manifestações ostensivas enquanto ainda muito jovens, até o momento

---

71. Para analisar fenômenos semelhantes, consultar os livros *Nos domínios da mediunidade*, de Francisco Cândido Xavier/André Luiz, Editora FEB, cap. 9 (Possessão) e *No mundo maior*, de Francisco Cândido Xavier/André Luiz, Editora FEB, cap. 8 (No santuário da alma).

72. A técnica utilizada nesses diálogos também está descrita no livro *Sexo e consciência*, de Divaldo Franco, organizado por Luiz Fernando Lopes, Editora LEAL, cap. 5 (Transtornos sexuais), item "Complexos de Édipo e de Electra". Notas do organizador.

em que se encontrem preparadas para a responsabilidade da atividade mediúnica. As aulas de Espiritismo para crianças, que possuem métodos adequados a cada faixa etária, farão parte do protocolo de atendimento dos pequeninos na Instituição Espírita, no intuito de prepará-los para, no futuro, entenderem melhor suas próprias faculdades psíquicas. A bioenergia, mediante a aplicação de passes, e a água fluidificada completarão a fórmula ideal para o atendimento da mediunidade infantil, propiciando a suavização das manifestações ostensivas até uma fase do desenvolvimento da criança em que ela possa trabalhar ativamente no campo do intercâmbio, sem correr os riscos que defluem de uma vivência mediúnica precipitada.

Caso a pessoa realmente tenha compromissos com a área da mediunidade na atual existência, a eclosão dos fenômenos se dará de forma natural após a infância.

A mediunidade foi para mim uma crucificação. Se não fosse a Doutrina Espírita, certamente eu me teria suicidado, teria me tornado um homicida ou uma pessoa vulgar, pois o médium é uma antena psíquica neutra que capta ondas de diferentes regiões espirituais. O seu estado moral só influencia a sua vida mediúnica no que se refere à escolha das companhias espirituais. Mas o fenômeno em si mesmo é psíquico e orgânico, como a inteligência e a memória. Se eu não tivesse estabelecido contato com *O Livro dos Médiuns* na minha adolescência, especialmente o capítulo 23, que trata das obsessões, certamente eu já teria desencarnado há muitos anos.

À semelhança do que ocorreu comigo, o mesmo aconteceu com personalidades notáveis que atuaram na mediunidade, como o venerando Francisco Cândido Xavier, que já entrava em contato com sua mãe desencarnada aos 4 anos de idade. Também podem ser mencionados Eurípedes Barsanulfo e a extraordinária Yvonne do Amaral Pereira, que, se não tivessem recebido a orientação do Espiritismo desde a juventude, teriam a vida em risco por causa da mediunidade rutilante.

Isso para citar aqueles que adquiriram maior notoriedade, sem falar em incontáveis médiuns que viveram suas experiências no anonimato e foram auxiliados pelo conhecimento espírita, que lhes permitiu conquistar o equilíbrio e a paz mediante a canalização da potência inspirativa que flui do Mundo espiritual.

Sem o suporte da Doutrina Espírita, muitos médiuns que entram em conexão com a vida transcendente desde tenra idade acabam mergulhando no abismo dos transtornos mentais, como é o caso de expressivo número de pessoas que transitam pelos consultórios psiquiátricos ou de psicoterapia, que dormem nos leitos amargos de hospitais e ambulatórios de saúde mental, que fazem tratamento em sua própria residência, ou até mesmo vagam pelas ruas do mundo sem direção, sob o assédio de Entidades perversas...[73]

CRIANÇAS COM NECESSIDADES ESPECIAIS

Se um Espírito renasce com uma deficiência física ou mental que lhe produz severas limitações, não há dúvidas de que ele está experimentando uma conjuntura reencarnatória proporcionada pela Divina Lei. De uma forma geral, quando ocorre uma deficiência dessa natureza, o indivíduo está resgatando um atentado cometido contra a vida, que fica gravado nos delicados equipamentos do perispírito. Seja por causa de um ato covarde de violência contra si mesmo ou devido à tentativa de destruir a vida de alguém, as consequências negativas do passado delituoso são convertidas em comprometimentos orgânicos ou psíquicos, gerando imensas dificuldades que devem ser enfrentadas com coragem e amor incondicionais.

Jesus sintetizou essa realidade na célebre passagem sobre os *escândalos*, em que Ele nos diz ser melhor entrar no Reino dos Céus sem um braço, sem uma perna ou qualquer outro elemento que nos pertença e que tenha sido motivo de infelicidade para nós mesmos ou para o nosso próximo. Equivale a dizer que o indivíduo que perpetrar um crime provocará lesões perispirituais que resultarão em deformidades físicas ou deficiências mentais na encarnação subsequente, como forma de refazi-

---

73. Outras reflexões sobre o tema encontram-se no livro *Constelação familiar*, de Divaldo Franco/Joanna de Ângelis, Editora LEAL, cap. 18 (Mediunidade na família). Nota do organizador.

mento e reabilitação do autor do delito. Essa situação dolorosa o libera dos compromissos assumidos no pretérito.[74]

Há, porém, outra circunstância na qual pode ser solicitada a reencarnação em um corpo com limitações de alguma natureza. Muitas vezes o indivíduo já se encontra em um estágio mais elevado de desenvolvimento espiritual e tem discernimento para fazer uma análise criteriosa da sua trajetória evolutiva, então, no Mundo espiritual, ao desenhar uma paisagem retrospectiva, ele nota que deixou para trás alguns sentimentos inferiores que não foram adequadamente trabalhados em sua intimidade, causando-lhe desconforto e necessidade de reabilitação. Por essa razão, ele elabora um planejamento reencarnatório e solicita conscientemente alguns limites na próxima existência física, com o objetivo de demonstrar a si próprio que não possui amarras com o passado, que não conserva impedimentos para ascender aos Planos superiores.

Surge, então, a inevitável pergunta sobre os vínculos espirituais dos pais com um filho deficiente: será que esses genitores estavam presentes no cenário reencarnatório em que o seu filho adquiriu os compromissos negativos? Não necessariamente.

Quando analisamos os desafios enfrentados por um determinado grupo de Espíritos, temos o costume de relacionar os débitos pessoa a pessoa, afirmando que, se dois ou mais indivíduos sofrem juntos, é porque se encontravam igualmente unidos quando aquele que experimenta o resgate doloroso contraiu a dívida. É um conceito que não resiste a uma análise mais cuidadosa, pois não corresponde à realidade. Trata-se, portanto, de um equívoco de interpretação.

Alguns seres que nos acompanham em um processo expiatório ou provacional podem não ter assumido compromisso negativo ao nosso lado em existências anteriores. Nesse caso, eles estarão conosco na atual encarnação porque também necessitam de experiências educativas para evoluir, uma vez que todos os Espíritos estão sob a regência dos Soberanos Códigos da Vida.

---

74. Ver o livros: *Dias gloriosos*, de Divaldo Franco/Joanna de Ângelis, Editora LEAL, cap. 16 (Morte e renascimento); *Nos domínios da mediunidade*, de Francisco Cândido Xavier/André Luiz, Editora FEB, cap. 4 (Ante o serviço). Nota do organizador.

Quando eu agrido alguém, estou violentando a Ordem Universal. O comportamento disfuncional que assumi gera uma necessidade de reparação em meus passos. Se a minha vítima me perdoar, ela estará liberada de certas dívidas que contraiu em algum momento da sua evolução. Em contrapartida, embora perdoado pela pessoa a quem prejudiquei, eu permaneço devedor, porque a agressão à Ordem Universal não foi eliminada da minha contabilidade espiritual. Eu prossigo com o débito perante a Consciência Cósmica, podendo resgatá-lo de diversas formas, tais como uma doença, uma dor moral, um acidente, uma decepção pessoal. Não terei obrigatoriamente que reencarnar ao lado daquele a quem feri.

No caso de uma criança deficiente junto a um pai ou uma mãe, não significa que há um vínculo anterior entre o filho e os seus genitores. É possível que os familiares estejam enquadrados em um determinado padrão de dívidas espirituais que se assemelham, permitindo que a Lei Divina reúna esses seres em um mesmo lar para que todos tenham a oportunidade de reparação. E, no atrito das experiências, os integrantes do grupo resgatam os compromissos que foram assumidos em um passado de sombras próximo ou distante. Com isso, uma família pode estar sendo reunida pela primeira vez na encarnação atual, sem que jamais os seus membros tenham compartilhado outras jornadas existenciais. Tudo está dentro de um conjunto de créditos e débitos que faz parte da bagagem espiritual de cada ser.

Há também os casos em que os pais da criança (ou apenas um deles) não possuem débitos espirituais a ressarcir mediante a deficiência do seu filho. Eles reencarnaram como voluntários para contribuir com a evolução do Espírito em processo expiatório, um gesto de amor dos mais belos que a Vida nos permite realizar.

As explicações apresentadas são válidas para qualquer tipo de deficiência física ou mental.

Seja ele saudável ou deficiente, um filho é sempre uma bênção, pois nos permite amar e promover a nossa iluminação interior. Muitas vezes a sociedade utilitarista programa a família de forma a não ter os filhos necessários, mas os filhos que o egoísmo estabelece. E quando nos recusamos a receber nos braços uma criança, aquele Espírito que viria a reencarnar pode ser levado a um grupo genético qualquer, retornando um dia à nossa economia moral para tomar o que nós lhe negamos. Poderá tratar-se do *pivete* da rua, da criança que pratica furtos, do homicida etc., ele está tomando pela violência o que lhe negamos por impiedade.

Por isso só o amor pode luarizar o mundo e modificar a estrutura da sociedade, começando em nós.

Na atividade fraterna da Casa Espírita encontramos pessoas que demonstram um imenso amor por seus filhos portadores de necessidades especiais. É comovente testemunhar um amor tão dedicado! Eu tenho visto seres com disfunções severas acompanhados por mães e pais que se dobram sobre seus filhos como se estivessem diante de verdadeiros anjos...

De fato, os filhos especiais são anjos crucificados que esperam de nós o devotamento e a ternura. Conforme foi mencionado, nem sempre há um compromisso anterior entre pais e filhos que lidam com esse desafio, mas em alguns casos existe realmente um vínculo expiatório nos bastidores do laço familiar. São aqueles filhos que empurramos ao abismo, que a nossa intolerância do passado fez com que se entregassem ao suicídio, que se comprometessem negativamente por causa do uso de drogas ou que mergulhassem na loucura... No Mundo espiritual, quando nos damos conta dos equívocos praticados, pedimos a Deus a oportunidade de ajudar esses anjos de asas quebradas a recuperarem as energias para o grande voo da felicidade.

Viajando pelo mundo, eu conheci um expressivo número de mães e de pais que sustentam filhos com limitações de toda ordem e dou-me conta de que, muitas vezes, quanto maior é a deficiência, mais os genitores os amam com uma capacidade de renúncia verdadeiramente incomum! Entrei em contato com crianças anencéfalas cujas mães são exemplos insuperáveis de autodoação, conheci muitos filhos com autismo ou síndrome de Down que são tão amados a ponto de comoverem a pessoa mais insensível, e esses genitores me dizem: "Eu não posso considerar o meu filho como uma criança dita *especial*, de acordo com a denominação científica, pois eu o vejo como alguém absolutamente normal. Se ele é especial, o é para mim, que muito o amo!". Essa é a legítima expressão do amor, na qual o dever induz a consciência a se reabilitar completamente.

Quando vejo uma criança em uma situação dessas, principalmente nos casos mais difíceis de lesões cerebrais, constato a excelência da reencarnação.

Certa vez eu atendi uma criança que possuía uma grave lesão cerebral, era praticamente um ser em estado vegetativo. A equipe médica que cuidava dele estava cogitando a realização de uma cirurgia para que ele pudesse receber alimentação por via oral, já que o paciente se alimentava exclusivamente por via parenteral.

Qualquer um de nós provavelmente pensaria: "Meu Deus! Se uma criança vive desta forma, é melhor que ela desencarne para evitar o sofrimento decorrente de uma expiação tão dolorosa!". Todavia, conversando com a mãe, ela me disse:

— Deus me deu um presente! Esta criança é um prêmio, e eu tenho a certeza de que a Divindade não vai tomar o meu filho assim tão cedo! Eu cuidarei dele até o limite das minhas forças!

Ao ouvir essas palavras, eu constatei como aqueles dois destinos estavam entrelaçados. O filho querido era um ser com poucas funções fisiológicas, mas o carinho com que a mãe o alimentava e sustentava excedia os padrões a que estamos acostumados. Os dois Espíritos estavam tão vinculados que ela era feliz dando a vida ao filho, porque com o grau de dedicação exigido para que a criança sobrevivesse, a mãe não tinha tempo para outras atividades de qualquer natureza, vivia praticamente em função do filhinho de 4 anos que nunca falou nem ouviu, apresentando ainda uma acuidade visual bastante reduzida, tudo isso por causa da extensa lesão no sistema nervoso central.

Em outras ocasiões, eu vi crianças com autismo que mordem e dão socos nos pais, principalmente nas mães. Essas mães heroicas riem calmamente, impedem a agressão da criança e dizem com ternura: "Meu filhinho, não faça isso com a mamãe!", e essa atitude é tomada com uma paciência incomum durante horas a fio, em situações que fariam com que a maioria de nós se irritasse em apenas cinco minutos.

Quando essas mães recebem o diagnóstico médico e ele não é favorável, o otimismo se encarrega de sustentá-las em seu compromisso:

"Você vai ficar bom, meu bem! Tenho certeza! O médico falou que é uma lesão profunda e que não há esperança de cura, mas o que é que esse médico sabe, não é, meu filho?".

É muito interessante notar como a visão de cada pessoa é variável em função dos sentimentos que cultiva. A esperança demonstrada por essas mulheres extraordinárias é o resultado da visão proporcionada pelos óculos do amor, com os quais elas enxergam a vida... E realmente o Espírito vai ficar totalmente curado, embora isso ocorra apenas quando ele abandonar o corpo físico.

Oportunamente, eu estava aplicando passe num desses seres de aparência realmente perturbadora, com muitas deformações físicas, sem controle dos esfíncteres e com disfunções orgânicas graves. A mãe permanecia deslumbrada, dizendo-me:

— Ele é como uma estrela, não é, Divaldo? Veja o quanto é lindo!

Eu olhei a criança com todo amor fraterno e fiquei admirado com a forma como a genitora o via. Nesse momento, Joanna de Ângelis me falou:

— Você vê aí o anjo na cruz da ternura, como um querubim ajoelhado diante da amargura e exaltando as estrelas...

Era uma oportunidade de comunhão. Aquele filho que voltava tão despedaçado era o filho de ontem que a soberba da mãe induziu ao suicídio atroz embaixo das rodas de uma carruagem, por causa do capricho de não querer que ele se casasse com uma moça que pertencia a uma classe inferior do ponto de vista sociocultural e econômico.

Precisamos considerar que somos herdeiros dos próprios atos. Em cada encarnação adicionamos conquistas ou prejuízos à nossa contabilidade evolutiva e, em determinados momentos, ao contrairmos débitos mais sérios, reencarnamos para ressarci-los sob a injunção dolorosa de fenômenos expiatórios, que podem se apresentar na forma de deficiências ou de profundos transtornos mentais, como a esquizofrenia.

Entre os inúmeros processos expiatórios, um dos mais expressivos é o autismo. No fenômeno autista, estamos diante de duas possibilidades, considerando a repercussão de nossos atos em existências pregressas: a primeira é o caso de suicídio, quando um indivíduo que se sente profundamente culpado, desejando fugir à responsabilidade pelos delitos cometidos, entra em desespero e envereda pela porta falsa da autodestruição, mas posteriormente reencarna com um drama interior por não ter conseguido libertar-se dos equívocos realizados, que são agravados pela prática do suicídio; a segunda possibilidade envolve o criminoso não justiçado pelas leis humanas, por não ter sido alcançado pelas autoridades para responder pelos seus crimes – muitas vezes são Espíritos que dissimularam tão bem as suas tragédias que a sociedade nem sequer tomou conhecimento dos seus atos ilícitos, contudo, com o psiquismo impregnado de culpa, eles retornam à Terra tentando esconder-se da própria consciência mediante os transtornos psicóticos ou através de transtornos do desenvolvimento, como o autismo e a síndrome de Down...

Os pais podem auxiliar na redução do sofrimento provocado por esse processo expiatório, preparando o ser para a sua recuperação total em um futuro próximo. Eles devem esperar a criança dormir e conversar com ela, pois as palavras são captadas pelo inconsciente (Espírito), que vai processá-las em seu benefício. Os educadores devem dialogar lentamente, pausadamente, para introjetar no psiquismo da criança alguns pensamentos como estes: "Estamos contentes porque você está entre nós. Você tem muito que fazer na Terra e certamente será feliz nesta vida. Conte conosco! Nós o amamos muito!".

A técnica é a mesma utilizada para os pesadelos infantis, conforme as explicações apresentadas no item anterior.

Certo dia, uma mãe perguntou-me:

— Divaldo, quando você vai escrever um livro de terapias para mães de crianças com necessidades especiais?

Eu havia acabado de proferir uma conferência sobre reencarnação e mencionei casos de crianças com transtornos do desenvolvimento, que são explicados pela Ciência como alterações genéticas, mas somente a Lei das Vidas Sucessivas pode de fato elucidar tal ocorrência, dentro do princípio da causalidade. Notei que a senhora estava emocionada, porque as informações veiculadas na palestra alcançaram o seu coração materno de forma muito especial, então eu lhe respondi gentilmente:

— Minha cara amiga, não é preciso escrever livros para mães de crianças especiais. Essas mães já são os livros, pois são pessoas privilegiadas, verdadeiras missionárias do Amor de Deus! Não se escrevem livros para missionárias, elas que escrevem livros para todos nós, utilizando as páginas luminosas da própria existência...

O MUNDO EM TRANSIÇÃO E OS DESAFIOS DOS JOVENS

Desde a segunda metade do século 20 até o início do século 21, a Humanidade vive um período muito complexo de transição histórica, em que os valores de cada indivíduo estão sendo rigorosamente testados pelas dores morais e pelos convites ao descalabro. Aqueles que não têm resistência vêm cedendo à pressão dos impositivos vigentes na hora que passa. É um momento de transformação de estruturas gerais, criando novos alicerces que servirão de base para o erguimento da Era Nova.

Nessa fase de mutações profundas, assistimos à alta prevalência do sexo destituído de afeto, das drogas e de outros distúrbios sociais, fatores que levam muitas pessoas a concluírem que são sombrias as perspectivas para os nossos jovens. Esse quadro é agravado pela ausência de diretrizes que estimulem o desenvolvimento integral das novas gerações, considerando a indiferença dos governantes e as propostas ineficientes de educação.

O comportamento de uma grande parcela de jovens tem recebido o *status* de normalidade, apesar de ser visivelmente prejudicial para o projeto espiritual de felicidade a que todo ser humano deve aspirar. Esse comportamento decorre das imposições socioculturais das gerações mais velhas, que convidam a juventude a seguir pelo caminho do prazer sem limites e da autodestruição.

O problema, portanto, não é apenas do jovem, como Espírito imortal que retorna ao cenário terrestre para realizar a sua evolução. Temos que contabilizar também o processo contínuo de perda de valores éticos, de que padece a sociedade contemporânea. Se conjugarmos nossos esforços em favor dos valores humanos, da construção de uma ética compatível com a evolução tecnológica e cultural, conseguiremos mudar esse quadro para darmos início a uma nova geração de homens e de mulheres saudáveis, e por isso tem regime de urgência uma intervenção educacional inovadora e permanente.

Paradoxalmente, o principal responsável por criar uma atmosfera desfavorável à felicidade do jovem é o egoísmo de muitos pais, que não se dão conta da alta responsabilidade que envolve a educação dos filhos por meio de exemplos nobres.

Infelizmente a coletividade humana ainda exalta bastante a tragédia, a vulgaridade, o triunfo do crime e de outras posturas exorbitantes, que encontram amplos espaços na mídia para se instalarem no arcabouço cultural. Mas, apesar das imensas dificuldades, também existem no mundo infinitos exemplos de beleza, de renúncia e de abnegação, de apostolado de amor, de devotamento às causas do bem e da Verdade, de fidelidade às pesquisas da Ciência em favor da Humanidade. Já é possível notar, inclusive, uma saturação referente aos *valores sem valor*, aos comportamentos morais distorcidos que se exibem a nu, chamando a atenção e aliciando os indivíduos mais frágeis.

Lentamente as criaturas vão despertando, embora ainda se encontrem adormecidas nos seus interesses e paixões. Se o dia começa no amanhecer, quando a escuridão ainda se faz presente, assim também amanhece moralmente para a Humanidade, embora as sombras que predominam...

A criatura humana foi criada para a beleza e a felicidade! O estágio em que se encontra certamente irá auxiliá-la para a sábia escolha daquilo que constitui a real e plena harmonia.

Todo esse panorama social vigente se reflete na realidade da juventude. Embora o jovem mais amadurecido, equilibrado e educado necessite de um grande esforço para a convivência junto aos demais jovens, a esperança de novos tempos deve servir de motivação superior para que o compromisso permaneça inalterado. Os jovens que se vêm desincumbindo dos deveres que lhes dizem respeito são os argonautas triunfadores das mil batalhas que estão sendo travadas por todos nós. Eles constroem o futuro desde hoje, investidos de responsabilidades para favorecerem o porvir com os instrumentos da felicidade e da paz.

Assim, diremos a todos aqueles que atravessam a quadra juvenil que não desanimem ante os maus exemplos, que contemplem os alcantis dourados e nobres da cultura, da arte, da Ciência e da Verdade, de que Jesus se fez o Sublime Exemplo, e sigam adiante, sem permitir que o desequilíbrio dos maus lhes sirva de modelo para ser seguido. Que possam, esses novos idealistas, compreender que a luta é contínua, mas as compensações interiores são infinitamente mais agradáveis, facultando-lhes a plenitude. Portanto, prosseguir sempre, sendo fiéis ao dever, é o lema a vivenciar! Lutemos com amor e confiança, mesmo que a contributo de sacrifício e incompreensão, a fim de que sejam antecipados esses abençoados dias nos quais acreditamos.

Uma das etapas mais difíceis de nossa experiência terrena é a adolescência: desajustes, falta de compreensão, revolta e outros problemas fazem parte do cardápio existencial de quase todos os adolescentes, e, além das mudanças físicas que respondem por esses desafios, também existem explicações espirituais para esse quadro.

Mesmo nas etapas iniciais do processo reencarnatório, o Espírito é sempre um ser integral, que se submete às contingências impostas pela estrutura do corpo físico. Suas características psicológicas ficam relativamente adormecidas, em estado embrionário, desenvolvendo-se aos poucos até que desabrochem plenamente na fase adulta. A infância e a adolescência, desse modo, são estágios transitórios nos quais devem ser trabalhados os recursos intelecto-morais dos educandos, que lhes proporcionarão a conquista do Infinito. À medida que ocorre o amadurecimento orgânico, sob o impositivo das necessidades que defluem das experiências anteriores, o comportamento se apresenta de acordo com a singularidade do ser espiritual que se é. Graças a tal circunstância, esse trânsito pode ser tranquilo e positivo, como também angustiante e perturbador.[75]

Alguns estudiosos afirmam que em nossos códigos genéticos estão impressas as informações responsáveis por todos os processos orgânicos e as manifestações psicológicas do ser humano ao longo da vida. A partir da visão espírita, nós discordamos dessa concepção determinista, pois acreditamos que a reencarnação impõe necessidades evolutivas passíveis de serem trabalhadas pela educação, cuja importância é primordial. Nunca nos esqueçamos de que o corpo é jovem, mas o mesmo não

---

75. Um exemplo de experiência infantojuvenil dolorosa encontra-se no livro *Tramas do destino*, de Divaldo Franco/Manoel P. de Miranda, Editora FEB, cap. 2 (Gilberto, Lisandra e Hermelinda) e cap. 7 (Auto-obsessão). Nota do organizador.

acontece com o Espírito, proveniente de várias experiências das quais conserva as conquistas e prejuízos.

Eis por que a infância humana é a mais longa entre os animais. Os animais não humanos atravessam uma fase infantil muito breve, enquanto o ser humano passa longos anos como criança em processo inicial de experimentação. É nessa fase que mais facilmente se fixam as lições que deverão nortear a existência em desenvolvimento. Já a adolescência, que logo substitui a fase infantil, permite a eclosão das impressões adormecidas no ser, que se expressarão conforme os fatores ambientais, familiares, educacionais, sociais e espirituais.

É natural que na juventude os valores estejam vinculados aos interesses do prazer, que seduzem os indivíduos ainda desconhecedores de si mesmos. Vou dar um exemplo muito ilustrativo do que ocorre com frequência: em um momento no qual a música estridente e agressiva chama a atenção, os jovens, que ainda não formaram totalmente a personalidade, passam a consumir os produtos mais grotescos da indústria fonográfica. Esses adolescentes são induzidos a imitar os líderes das bandas de sua preferência, que assumem posturas mitológicas ou aberrantes, principalmente como forma agressiva e reagente aos costumes edificantes do meio social.

Um dia, um jovem me contou que gostava muito de *rock* pesado e se vestia segundo os grupos musicais que ele admirava. Paralelamente, interessava-se pelo Espiritismo e começara a frequentar uma Casa Espírita. Sentia-se em conflito, não sabendo se precisava abandonar a música que gostava, mudando radicalmente os seus hábitos por causa do compromisso com a Doutrina. Ao me encontrar com esse jovem em dicotomia de comportamento, sem saber para qual rumo seguir, eu lhe disse que o interesse pela música de sua preferência não pode ser negado subitamente por causa da atração pelo Espiritismo. A Doutrina lhe daria uma visão mais ampla da realidade da vida, após a penetrar e senti-la profundamente, a fim de que ele adquirisse discernimento para futuras experiências em todos os aspectos da sua vida, inclusive no campo da sensibilidade artística mais sutil.

Concluí a minha intervenção educativa dizendo ao jovem que, para adquirir maturidade psicológica, é necessário desenvolver-se o senso seletivo, que decorre das experiências, elegendo aquilo que é melhor para o nosso crescimento.

O Espiritismo nunca proíbe, sempre esclarece e orienta, oferecendo plenitude e demonstrando que a transitoriedade do prazer deve ceder lugar à alegria e ao bem-estar que nunca se apagam. Proporcionando autoconsciência, o Espiritismo derruba as paredes invisíveis da ansiedade e do medo, ampliando os horizontes da felicidade, que vão além dos condicionamentos ilusórios das paixões dissolventes.

Na minha juventude eu tive os enfrentamentos que toda pessoa na idade primaveril necessita experimentar. Até onde me recordo, o traço característico da minha personalidade atual tem sido a alegria de viver, reconhecido a Deus pelas verdadeiras bênçãos que tenho recebido. Na infância, quando os fenômenos espirituais da mediunidade ignorada me perturbavam, através da oração eu encontrava refrigério e paz, obtendo ânimo e entusiasmo para prosseguir. Ao constatar a minha realidade mediúnica, busquei no estudo da Doutrina Espírita os tesouros que ora me iluminam a existência. Tudo aquilo que vivenciei nesse período difícil ensinou-me que somos construtores do próprio destino e que somente quando nos resolvemos por conseguir o que realmente tem valor é que adquirimos a consciência da realidade da vida.

Qualquer um de nós pode ser *jovem* ao longo de toda a existência. A minha receita pessoal de juventude é muito simples: procuro observar rigorosa disciplina de hábitos mentais e morais, colocando os deveres que me dizem respeito acima dos prazeres e mantendo-me feliz com a oportunidade rara da atual reencarnação, que me brinda com a consciência espírita. Evito irritar-me, não cultivando pessimismo, desculpando-me quando me equivoco e fazendo o mesmo em relação ao próximo, não me permitindo aborrecimento quando acusado, nem conservando uma postura delirante quando elogiado. Graças aos hábitos saudáveis da oração, da meditação e do trabalho, busco enriquecer-me de esperança e de alegria para nunca desanimar!

Se pudéssemos formular uma definição para aquilo que significa *ser jovem*, eu penso que a experiência da juventude deveria ser traduzida em cinco sinônimos:

Ser jovem é ser *sonhador*, demandando o infinito sem conhecer o caminho a seguir.

Ser jovem é ser *idealista*, alguém que é rico de imaginação e de esperança.

Ser jovem é tornar-se um *construtor de novas eras*.

Ser jovem é ser uma pessoa *maleável*, aguardando o trabalho paciente da educação, uma sábia conselheira que pode ser considerada a sua hábil escultora moral.

E, por fim, ser jovem significa ser um *solo virgem* que espera pelas sementes, para que venha a produzir conforme os valores que forem depositados na terra...

Diante do mundo, o jovem espírita deve atuar mantendo-se perfeitamente ajustado aos compromissos com a vida, preservando-se dos transtornos que predominam em quase toda parte mediante o culto aos deveres: estudo, trabalho e esportes, responsabilidades no lar e fora dele, atividades de fraternidade direcionadas aos irmãos de humanidade. O jovem deve permanecer no mundo sem pertencer-lhe, para que não tombe em conflitos desnecessários.

Ser jovem é possuir um tesouro que deve ser preservado e multiplicado mediante saudáveis investimentos![76]

---

76. Para um exame completo das questões referentes ao jovem, sugerimos a leitura integral do livro *Adolescência e vida*, de Divaldo Franco/Joanna de Ângelis, Editora LEAL, e também da obra *Desafios da educação*, de Raul Teixeira/Camilo, Editora Fráter, parte 2 (Educação e adolescência). Nota do organizador.

6

PAIS E FILHOS: A DELICADA RELAÇÃO

Família saudável e papéis familiares

A família que poderíamos denominar como ideal, dentro da relatividade que esse conceito exprime, é aquela em que os parceiros se amam e se respeitam, oferecendo aos filhos o exemplo da afetividade, é um grupo no qual cada membro tem seu papel específico e divide responsabilidades para a harmonia do conjunto.

Na maioria das culturas persiste uma expectativa de que o homem exerça com mais ênfase o papel de provedor, tornando-se o principal responsável pelo atendimento das necessidades materiais da família. Por outro lado, há também uma expectativa de que a mulher seja a figura mais importante na condução dos múltiplos cuidados no ambiente doméstico. Contudo, a função de provedor não deve ser exclusividade do homem, assim como a função de cuidadora não deve ser atribuída somente à mulher: o indivíduo masculino pode ajudar a cuidar da casa e dos filhos sem nenhum receio, porque nisso reside uma grande atitude de dignidade e amor pela família, e a mulher pode assumir a responsabilidade de contribuir substancialmente com as despesas da casa, sem que ela se sinta como substituta do marido ou investida do poder de submeter o companheiro à tirania feminina.

Uma família saudável caracteriza-se pela preservação dos papéis familiares inerentes a cada membro, evitando que ocorra uma indesejada mistura de funções. Já testemunhei situações, por exemplo, em que a avó começa a cuidar do neto para que os pais trabalhem, mas aos poucos passa a ocupar o lugar da mãe, criticando-a e interferindo de forma não autorizada na educação da criança. Nessas ocasiões, a mãe em questão pode ser a filha ou a nora da pessoa que se encontra na condição de avó.

Outra situação muito comum é quando os pais ficam idosos e um dos filhos assume, por conta própria, o lugar de líder da família, atribuindo-se o direito de dar ordens aos próprios pais, aos irmãos e aos demais parentes, o que gera conflitos variados.

Em seu livro *Constelação familiar*, a mentora espiritual Joanna de Ângelis utiliza a metáfora dos astros para apresentar uma série de considerações a respeito dos papéis familiares.[77] Ela propõe que interpretemos a família como um conjunto de corpos celestes que gravitam em torno de uma estrela, que fornece luz e calor para todos os elementos. Nesse modelo, a figura do pai seria o Sol, aquele que está envolvido com as lutas cotidianas para o sustento material do grupo, representando a força viril por excelência na constituição do sistema familiar, a figura da mãe seria a Lua, que ilumina suavemente e transmite a ternura, os filhos seriam outros corpos celestes, como planetas, planetoides e satélites diversos e os avós seriam astros um pouco mais recuados, que, embora estejam no mesmo sistema, não devem influenciar intensamente os netos a ponto de subtraírem a autoridade dos pais ou interferirem no papel que eles desempenham. É verdade que os avós chegaram antes e que desejam auxiliar no equilíbrio de todo o sistema, mas essa intervenção só poderá ser feita na forma de cooperação, sem que se tornem protagonistas do processo educacional, substituindo os genitores.

Ao visualizarmos o pai como o Sol e a mãe como a Lua, devemos considerar que esse panorama possui certa flexibilidade, de acordo com as ponderações que apresentamos a respeito dos papéis de provedor e de cuidadora. Todavia, de uma forma geral, reconhecemos a maior facilidade que o pai possui para tratar de questões mais práticas e menos vinculadas ao afeto, enquanto a mãe normalmente sabe lidar melhor com os problemas relativos à ternura e à sensibilidade, e disso decorre a opção de Joanna de Ângelis para a metáfora que foi mencionada.

A partir do quadro descrito anteriormente, o irmão mais velho deve exercer a função de um astro mais experiente, qualificado para

---

77. *Constelação familiar*, de Divaldo Franco/Joanna de Ângelis, Editora LEAL, cap. 2 (O educandário familiar). Nota do organizador.

dar sugestões sem se apropriar do lugar reservado aos pais no contexto coletivo.

Na Mansão do Caminho recebemos muitas pessoas em grande carência social; entretanto, sempre tivemos o cuidado de nunca tentar deslocar o eixo da família e substituir os seus protagonistas: nós fazemos questão de que nos tratem como *tios* e *tias* das crianças e jovens a quem oferecemos assistência integral. Eu sempre digo a todas e a todos: "Como somos irmãos, porque filhos do mesmo Pai, o Autor da Vida, por uma questão de solidariedade humana seremos seus tios e tias pelo coração!".

Ao longo do desenvolvimento psicológico do indivíduo, na intimidade da família, a figura da mãe e a figura do pai devem ser preservadas para que sirvam de modelos, mesmo que, do ponto de vista ético e moral, elas não sejam figuras modelares.

A progenitura é uma grande responsabilidade! Se trabalhamos pela felicidade dos nossos filhos e filhas, disponibilizando recursos que proporcionem conforto material e uma boa inserção social, por que não pensar nesses indivíduos como seres imortais? Afinal, eles não nos pertencem, apenas nos foram concedidos por Deus temporariamente, e a nossa obrigação é *devolvê-los* para Deus em condições favoráveis, educados e espiritualmente transformados.

É importante refletirmos sobre os motivos que nos levam a reencarnar em uma determinada família, o que nos obriga a considerar os vínculos espirituais de existências pregressas.

Muitas vezes fracassamos em um relacionamento conjugal que derivou para uma paixão avassaladora e cruel, responsável por muitos danos causados aos dois seres envolvidos na trama. Como consequência, reencarnamos na mesma família, experimentando a situação em que um dos integrantes do par retorna na condição de filho ou filha, a fim de que ambos sublimem o amor que antes cedia lugar ao impulso sexual. Outras vezes, traímos ou fomos traídos por alguém e reencarnamos na consanguinidade, com o objetivo de modificar os sentimentos negativos que se instalaram na intimidade de cada qual.

O respeito aos papéis familiares e a intuição acerca das razões que nos levaram a reencarnar em nossa família nos darão mais serenidade para atender ao compromisso de educar os filhos, sejam eles biológicos ou adotivos.

ADOÇÃO

A Doutrina Espírita vê a adoção como uma forma elevada de promoção humana, pois feliz é todo aquele que é capaz de adotar o amor...

Ao acolhermos uma criança em nossa família, repetimos um gesto semelhante àquele realizado pela Divindade, que nos adotou a todos como filhos. Jesus, da mesma forma, a todos nos adotou como irmãos... Por isso as crianças que se tornam filhas e filhos pelo coração proporcionarão ao pai adotivo e à mãe adotiva uma perfeita integração com a Consciência Cósmica, já que todos nós desempenhamos o papel de *cocriadores*...[78]

É uma atitude muito nobre trazer para dentro de casa os seres que nos foram queridos no passado, bem como outros Espíritos que não fizeram parte do nosso pretérito, mas que por alguma razão nos comprometemos a proteger e orientar.

Alguns desses indivíduos que ingressam em uma nova família infringiram gravemente as Divinas Leis, retornando à Terra marcados por imensas dificuldades e constituindo um grande desafio educacional para os pais adotivos.

Contudo, não importa o tipo de compromisso assumido, os pequeninos seres que não vieram até nós pela via biológica também têm necessidade de amor, como qualquer criança possui. Em alguns casos talvez o amor por uma criança adotiva seja até maior do que aquele destinado a um filho consanguíneo, considerando que o filho adotado é uma opção, enquanto o filho biológico nem sempre o é.

Do ponto de vista espiritual, a adoção atende às necessidades de todos os envolvidos: a nossa e a do Espírito a quem oferecemos proteção e ternura, e cada qual vivencia um quadro provacional distinto.

---

78. Cocriação é um conceito apresentado no livro *Evolução em dois mundos*, de Francisco Cândido Xavier e Waldo Vieira/André Luiz, Primeira Parte, cap. 1 (Fluido cósmico), item "Cocriação em plano menor". Nota do organizador.

Consideremos, por exemplo, uma situação em que os pais não possuam condições biológicas para gerar um filho e decidam realizar a adoção: a prova do filho adotivo é a da solidão, enquanto a dos pais é a da não perpetuação dos genes por meio de descendentes consanguíneos, uma vez que ter filhos biológicos é uma meta existencial de grande significado na realidade psicológica do ser humano, por isso, no ato de adotar uma criança, os destinos se cruzam e são unidos para que ocorra a sublimação.

Em muitos casos de adoção, um fenômeno curioso pode ser notado: algumas mulheres apresentam dificuldades para engravidar, embora já tenham feito inúmeras tentativas, e essas dificuldades geralmente são provocadas pela ansiedade em excesso, pois as tensões relativas ao desejo de ser mãe podem produzem um bloqueio psicológico de consequências orgânicas, afetando as células reprodutoras e impedindo a gestação. A partir daí, essas mulheres que acalentam o sonho da maternidade resolvem adotar uma criança e, depois da adoção, as preocupações diminuem, pois agora o objetivo já foi alcançado. Com a tensão emocional reduzida, a ovulação não sofre a interferência psíquica da mulher e a gravidez acontece naturalmente, fazendo com que agora a mãe receba em seus braços um filho biológico.

O mesmo acontece quando o obstáculo decorre de um bloqueio psicológico do pai: ao nascer o filho consanguíneo, as tensões decorrentes de múltiplas causas se diluem e a produção de espermatozoides se normaliza, propiciando a reencarnação do ser querido que era tão aguardado.[79]

Em minha experiência, tenho constatado esse fato em mais ou menos 60% dos casais que adotaram uma criança. Nesse momento, é preciso ter muito cuidado para não dar preferência ao filho biológico em detrimento do filho adotivo, o qual, afinal, foi uma verdadeira bênção na vida do casal, liberando-o das tensões que inviabilizavam a fecundação. Se os pais não estiverem prevenidos, o filho adotivo se tornará uma espécie de intruso. Nota-se a discriminação, inclusive, na

---

79. A interferência do psiquismo do pai na produção de espermatozoides é mencionada em *Missionários da Luz*, de Francisco Cândido Xavier/André Luiz, Editora FEB, cap. 13 (Reencarnação). Nota do organizador.

linguagem utilizada pela mãe ou pelo pai quando apresentam os filhos a alguém: "Este aqui (o filho biológico) é o meu filho, enquanto este outro é adotado". Essa classificação injusta e arbitrária é uma postura completamente inadequada. Uma mãe ou um pai que ama os seus filhos deveria dizer, sem distinção alguma: "Aqui estão os meus dois filhos! Este aqui eu tive a honra de adotar, enquanto este outro eu recebi como meu filho biológico através da concessão de Deus".

A mãe que se encontra nesse contexto deve tranquilizar o coração e compreender que ambos os filhos são legítimos. Se um deles chegou à família por meio da adoção, a Lei Divina oportunizou a circunstância incomum para trazer à vida um Espírito que necessitava desse tipo de afetividade para evoluir. Por alguma razão plausível ele não pôde vir ao mundo através do organismo da mãe que o adotou.

Quando adquirimos serenidade e abrimos o campo mental para que as Leis da Vida se manifestem, elas naturalmente agem sobre o nosso destino.

Há pessoas que adotam um filho para preencher carências afetivas ou para salvar um casamento que está em ruínas, na tentativa desesperada de evitar a separação. O parceiro ou parceira entende que um filho adotivo vai reaquecer o relacionamento em decorrência do clima familiar de alegria e ternura que uma criança pode proporcionar.

Seja qual for a intenção de quem adota, o bem que se faz é sempre válido, pois ele será contabilizado nos arquivos do Mundo espiritual. Entretanto, se o indivíduo pretende compensar carências ou solucionar problemas conjugais, a motivação para adotar não é a ideal, na medida em que representa o preenchimento de uma lacuna totalmente desvinculada do sentimento de *pater-maternidade*. A pessoa deseja utilizar-se de um ardil para resolver questões que não dizem respeito à criança introduzida no lar, e, além das motivações não serem adequadas, essa tentativa nem sempre resulta em êxito.

São muitas as razões para não se aderir a uma proposta tão imatura, pois o indivíduo que toma a iniciativa da adoção dessa forma deixa de abordar seus problemas por meio do enfrentamento direto, aquele que ocorre sem justificativas nem subterfúgios. Como um filho sempre dá trabalho e preocupações, o parceiro desvia um pouco a atenção que antes estava voltada para a carência afetiva ou para a dificuldade no relacionamento conjugal. Com esse movimento ele muda o foco, transfere para a criança a sua insegurança e, muitas vezes, depois de certo tempo, passa a olhar o filho como alguém que não preencheu aquele vazio existencial doloroso. Nasce, a partir daí, uma gama de sentimentos ambivalentes, em que o pai ou a mãe alterna momentos de amor com episódios de rejeição, momentos de ternura com situações de ódio pelo filho adotivo...

Portanto, é necessário que antes da adoção se faça uma reflexão: "Qual é o objetivo que me leva a querer adotar uma criança? Eu desejo amar? Eu pretendo ser útil ao meu filho e à Humanidade? Eu gostaria de oferecer algo de bom que guardo dentro de mim?", pois todos esses questionamentos serão de vital importância para evitar arrependimentos tardios.

Na Mansão do Caminho tivemos a honra de receber 687 crianças, tanto órfãs sociais quanto aquelas que não tinham pais e se encontravam em situação extremamente vulnerável. Algumas delas, inclusive, foram atiradas na lata de lixo, sendo recolhidas por nós em estado de grande sofrimento. Graças à circunstância pela qual vieram, sem nenhuma identificação, eu registrei todas elas como filhas e filhos do coração. Naquela época a legislação vigente não permitia que qualquer pessoa tomasse essa atitude, mas eu ignorava completamente as exigências legais, razão pela qual legitimei três crianças como meus filhos biológicos. Todavia, mesmo que soubesse das consequências jurídicas, que talvez fossem graves para mim, eu me esforçaria para levar adiante o projeto. Como resultado da atitude ponderada do juiz de menores, todas as outras crianças que não registrei como filhos biológicos ficaram sob minha proteção, pois me foram entregues a guarda e a responsabilidade.

O sentimento de amor que os meus filhos e as minhas filhas me inspiraram naquela época, e ainda hoje me inspiram, com os netos e bisnetos que me deram, proporciona-me a plenitude espiritual que me ajudou, e ainda me auxilia, a amadurecer interiormente, porque o amor somente é válido quando vivenciado de fato através de experiências como essa.

Aliás, os meus filhos, netos e bisnetos são os meus herdeiros, pois irão herdar as minhas gravatas...

A Mansão do Caminho foi realmente uma vivência fascinante! Inicialmente, a partir de 1952, as crianças viveram conosco em um ambiente tradicional de orfanato, conforme os padrões de promoção social vigentes naquela época. Para melhor atender aos meninos e às meninas, nós criamos os lares-substitutos, a fim de formar pequenas famílias e evitar que as crianças vivessem em um grupo enorme no qual seriam apenas um número. Dessa forma, abandonávamos o modelo de *orfanato* para adotarmos o modelo de *lar*.

Em cada lar havia oito crianças: quatro meninas e quatro meninos. Essa organização permitia a existência de uma família-substituta, na tentativa de reproduzir ao máximo o dia a dia que as crianças experimentariam se estivessem vivendo em uma família *convencional*.

Aquelas crianças a quem eu dei o próprio nome já são indivíduos adultos. Neles e em outras crianças que eduquei eu reencontrei filhos de outras existências, que deixei para trás, perdidos nos caminhos do tempo, e que agora recuperei por meio do amor... Um exemplo marcante foi o caso de um menino que encontramos em uma casa muito pobre da periferia da cidade, em terrenos pertencentes ao governo que haviam sido invadidos pela população. Era um lugar conhecido como a região dos *alagados*, na qual as pessoas constroem barracos não autorizados pelos órgãos competentes. Quando eu cheguei a casa, um ambiente de extrema miséria socioeconômica, o bebê estava deitado, balançando em uma rede colocada acima da cama da mãe, que estertorava e se aproximava da desencarnação devido a uma tuberculose pulmonar. Era um menino que o destino colocava em nosso caminho como uma forma de reeditar a experiência de outras vidas...[80]

Já mencionei que algumas crianças da Mansão foram encontradas na lata de lixo – na entrada da Mansão do Caminho havia um grande recipiente de lixo, o qual era coberto com uma tampa para evitar o acúmulo de insetos e preservar a higiene em nossa comunidade. Muitas crianças que recebemos com carinho em nossa Instituição foram colo-

---

80. A história deste garoto está relatada no livro *O Semeador de estrelas,* de Suely Caldas Schubert, Editora LEAL, cap. 17 (Desde o tempo das Cruzadas). Nota do organizador.

cadas ali. Os porteiros ouviam o choro e, quando abriam o depósito, deparavam-se com um bebê abandonado, quase devorado pelas formigas. Um deles ficou com as marcas das lesões até a vida adulta. Muitas outras crianças foram abandonadas em um jardim, em praça pública.

Desde o primeiro momento devemos contar ao filho que ele é adotivo. Com os meus filhos eu tive esse cuidado, fui narrando suavemente como alguns chegaram até mim. Outros deles me questionaram sem rodeios se eu realmente era o seu pai, e eu lhes disse que sim, mas não o pai biológico. Nesses momentos procurei agir com tato psicológico, mas sem ocultar a verdade.

Tenho uma experiência comovedora que esclarece sobre a programação espiritual para a adoção e sobre a forma como os pais adotivos devem proceder quando o filho buscar respostas a respeito da sua origem.

No ano de 1948, em uma sessão mediúnica que fazíamos em nossa Instituição, um Espírito comunicou-se por meu intermédio, mediante um transe inconsciente. Quando voltei à realidade objetiva, as pessoas presentes me disseram:

— Divaldo, acaba de manifestar-se um Espírito que afirmou estar ligado a você por várias reencarnações, ele informou que vai reencarnar em breve e você será o pai dele.

Eu era muito jovem e pensei: "Acho que esse negócio de Espiritismo não é uma coisa muito boa! Eu nem namorei ainda e já vou ter um filho?! Não é que a ideia seja ruim, mas primeiro eu pretendo encontrar um bom emprego e desejo uma vida mais tranquila; quero amar, quero viver... e os filhos poderão vir depois. Mas logo assim, sem uma preparação?!". Daí eu perguntei:

— Ele disse quando isso vai acontecer?

— Daqui a uns três ou quatro anos.

— Mas não é possível! Então eu vou ter todo o cuidado...

Naquela época os mais jovens nem sequer sabiam direito como se nascia. Os conceitos em torno do sexo eram tão permeados pela ideia do pecado, que o tema praticamente não entrava na pauta das famílias. Parecia até que as pessoas eram todas assexuadas... Até mesmo pronunciar a palavra *sexo* era considerado imoral. Quando alguém falava algo do gênero, em um ambiente qualquer, instalava-se um mal-estar cole-tivo indisfarçável. Todos os que estivessem presentes se entreolhavam com ar de censura, um comportamento bastante generalizado por causa da influência da Igreja, que contribuía para manter as pessoas em um comportamento hipócrita. Por esse motivo, a revelação surtiu um efeito muito pior. Eu confesso que durante algum tempo fiquei magoado com esse Espírito, que a meu ver queria fazer-me pai antes da hora...

No ano de 1950, eis que volta o Espírito e me envia outro recado:

— Digam a Divaldo que eu serei seu filho em breve.

Quando a comunicação terminou, os amigos me disseram:

— Divaldo, parece que a coisa é séria! Ele vai mesmo ser seu filho!

Respondi com certo tom de aborrecimento:

— Pois digam-lhe que pode desistir da ideia, porque ele não vai reencarnar através de mim de maneira nenhuma! Ora essa! Onde já se viu? Estou até meio arrependido de dar atenção para essas coisas de mediunidade e Espiritismo...

Em 15 de agosto de 1952, inauguramos a Mansão do Caminho. Nessa época eu ainda residia com meus pais fora das dependências da nossa Instituição.

No mês de dezembro, numa ocasião em que eu estava chegando à Mansão, vi uma grande movimentação à porta. Aproximei-me e cons-tatei que se encontravam ali vários colaboradores da nossa Casa e tam-bém um soldado da polícia. Dona Otília Gonçalves, diretora e uma das maiores trabalhadoras que já tivemos, estava com uma criança em seus braços: era um menino negro como uma noite sem luar e sem estrelas... Ele chorava ininterruptamente, enquanto a nobre senhora retirava as formigas daquele corpinho frágil e verificava as lesões provocadas pelas mordidas dos insetos.

A criança havia sido abandonada na entrada da Mansão, e um policial fazia a ronda pela manhã encontrou um menino afrodescen-dente na lixeira que se encontrava junto à porta. Na noite anterior nós escutamos o choro, mas não conseguimos identificar de onde ele vinha. Somente ao amanhecer descobrimos do que se tratava.

Dona Otília falou-me, ainda sob o efeito daquela ocorrência sur-preendente:

— Imagine, Divaldo! Deixaram uma criança abandonada na lata do lixo...

Eu olhei para o garoto e vi que a área genital, o cordão umbilical e as pálpebras apresentavam grande comprometimento, uma vez que essas regiões do corpo haviam sido parcialmente devoradas pelas formigas.

O bebê continuava a chorar compulsivamente. Ao ver aquela cena, eu não sei exatamente o que me deu na cabeça! Saí a correr até ao tabelionato, entrei nas dependências do cartório e informei, meio aturdido:

— Eu venho aqui registrar uma criança!

— É seu filho?

— Sim, senhor. É meu filho!

— Então se acalme e sente-se ali.

Nunca me esquecerei da cena: era um senhor de 70 anos, mais ou menos, com óculos de leitura que deslizavam pelo nariz e ele os recolocava no lugar. Ele me chamou depois de alguns minutos para me atender.

— Qual o nome da criança?

Decidi dar-lhe o nome de Jaguaraçu, uma homenagem ao Espírito que se apresentava para mim como uma criança e brincou comigo por toda a minha infância. Daí eu respondi:

— O nome dele é Jaguaraçu Pereira Franco.

— Qual o nome do pai?

— Divaldo Pereira Franco.

— E o nome da mãe?

— Não tem.

O homem tomou um susto, tirou os óculos, limpou-os, colocou-os de novo no rosto e falou-me:

— O senhor está muito nervoso. Comecemos tudo novamente. Qual o nome da criança?

— Jaguaraçu Pereira Franco.

— Nome do pai?

— Divaldo Pereira Franco.

— E agora, pense bem: qual o nome da mãe do menino?

— Não tem.

— Mas como não tem?!

— Eu realmente não sei quem é a mãe dele...

Ele parecia não acreditar no que estava ouvindo.

— Então o senhor é o maior fenômeno que já passou aqui neste cartório!

— Por quê?

— Porque a mãe pode não saber quem é o pai, mas o pai tem que saber quem é a mãe!

Muito surpreso, eu respondi:

— De fato, acho que o senhor tem razão...

Fiquei extremamente constrangido... Era tão inexperiente que nem me havia dado conta da situação incomum. Naquele instante eu comecei a procurar mentalmente por uma genitora para o meu filho. Daí eu pensei: "Poderia ser dona Otília... Não, não. O marido dela não iria gostar nem um pouco da notícia... o que ele iria pensar?".

Em meio àquele impasse, subitamente me apareceu um Espírito muito amigo, aproximou-se e me propôs:

— Ponha o meu nome. Eu sou Auta de Souza. Diga-lhe que sou a mãe do menino, porque esta criança é nosso filho espiritual.

Eu sorri e o tabelião notou que algo havia ocorrido. Em seguida, ele me falou também com um sorriso nos lábios, meio irônico e meio brincalhão:

— Lembrou-se do nome, hein?

— Mais ou menos... – respondi.

— E qual é o nome da empregada que o senhor engravidou?

— Não, senhor! O senhor está equivocado! Não se trata disso! O nome dela é Auta de Souza.

— Qual a cor do menino?

— Negra.

— E a cor da mãe?

— Bem... é... é *moreninha*...

Após aquele estranho relatório, ele completou:

— O senhor trouxe testemunhas?

— Eu não sabia que isso era necessário...

O pobre tabelião já não aguentava mais tantos altos e baixos! Por isso resolveu concluir logo o assunto, voltou-se para dois colegas de trabalho e solicitou:

— Vocês dois, venham aqui, por favor, e assinem como testemunhas deste cavalheiro!

Conforme já mencionei, naquele tempo era crime no Brasil fazer o que fiz, dando à Justiça um nome fictício para a mãe das crianças. Quem assim agia incorria no crime de falso testemunho, mas eu desconhecia completamente as exigências legais. Com o tempo as leis se tornaram mais brandas e já não analisam atitudes semelhantes de forma tão rigorosa. O ato em si permanece não sendo amparado pela lei; entretanto, se a corte considerar que o gesto constitui um ato de abnegação, inspirado em um ideal humanitário, ele é tolerável, embora continue sendo ilegal.

Ao concluir o registro, eu saí correndo do cartório e voltei eufórico para a Mansão do Caminho! Quando lá cheguei, peguei meu filhinho nos braços e comecei a dizer-lhe palavras de carinho. De repente eu me lembrei do meu pai, que tinha preconceitos raciais em relação às pessoas negras, e então me perguntei: "E agora? O que vou dizer ao meu pai?". Resolvi deixar que o tempo solucionasse a questão, evitando narrar imediatamente o ocorrido para poupá-lo de aborrecimentos. Era o meu primeiro filho e eu desejei que as coisas transcorressem com relativa tranquilidade.

Quase um ano depois chegou aos meus braços outro filho, pelo mesmo caminho tortuoso que o primeiro havia percorrido: ele foi deixado no trilho do trem e trouxeram-no para a nossa Instituição. Voltei ao tabelião e ele me reconheceu.

— Olá, senhor Divaldo! Como está o senhor? A que devo a sua visita?

— Eu vim registrar o segundo filho.

— E qual é o nome dele?

— André Luiz Pereira Franco.

— E a mãe?

— É a mesma: Auta de Souza.

— Felizmente! Pelo menos eu vejo que o senhor é fiel!

— Mas claro que sou fiel à minha esposa! Afinal, eu sou espírita!

Mais tarde, deixaram outra criança em uma praça pública, bem próxima ao antigo endereço da Mansão do Caminho: era uma menina que eu registrei como Auta de Souza e aí tive que contar ao meu pai que eu havia adotado aquelas três crianças.

Na primeira oportunidade levei a família inteira para apresentar ao meu pai. Quando lhe mostrei os meus filhos, perguntei com certo cuidado ao *avô por acaso*:

— E então, o que lhe parece?

Ele me olhou desconfiado, com o pensamento impregnado pelos costumes e pelas concepções antigas de *orgulho* de raça, já que ele havia nascido no século 19. Começou a falar com uma inflexão de voz especial, demonstrando estar conformado com a situação, porque não havia mesmo o que fazer:

— Meu filho, que bons netos você me deu, hein? Um filho de cada cor! Como você conseguiu esta façanha?!

— Pai, são coisas da vida! Existem situações que Deus planeja para nós e não temos como controlar, mas eu os amo com todo o meu coração!

Passaram-se os anos...

Um dia, eu estava brincando com as crianças na Mansão quando o meu primeiro filho, aos 4 anos de idade, perguntou-me em linguagem infantil:

— Tio, você se lembra daquela noite em que eu falei pela sua boca que seria seu filho?

— Não me lembro, Jaguaraçu.

— Lembra sim! Pergunte ao tio Nilson!

Ao ouvir essa frase, eu me lembrei do fato, coloquei as mãos na cintura em tom de brincadeira e lhe indaguei:

— Então foi você? Era você naquela noite informando que seria meu filho?!

— *Foi eu* sim, tio! Eu disse que seria seu filho. Eu sou seu filho, não sou?

— É sim, Jaguaraçu. Você é um filho muito querido que Deus me deu!

Não havia possibilidade de alguém ter contado ao garoto sobre a comunicação mediúnica ocorrida anos antes. A nossa reunião, naquela fase inicial da minha mediunidade, era realizada por quatro participantes: Nilson, a nossa auxiliar doméstica, dona Ana Ribeiro Borges – a senhora que me ajudou a educar a mediunidade, libertando-me da paralisia mediúnica durante a adolescência – e eu. A informação certamente não saiu do ambiente da reunião para chegar aos ouvidos do menino.

Dois anos depois, eu estava passando pelo pátio da nossa Instituição e Jaguaraçu veio ao meu encontro, segurou minhas mãos de forma ansiosa e questionou, sem fazer nenhum preâmbulo:

— Tio, eu sou seu filho mesmo?

Eu já havia contado, com muita habilidade, mas sem entrar em detalhes, que ele havia chegado até nós por um caminho incomum, pois eu não pretendia negar ao meu filho a sua própria história de vida.

— É claro, Jaguaraçu. Você é meu filho! Por que a pergunta?

— Os meninos *diz* que eu não sou.

— E por que você não seria meu filho?

— Por que os meninos *diz* que você é branco e eu sou negro.

— Mas você é meu filho sim!

— Então por que eu sou negro?!

— Porque você nasceu à noite, meu filho!

Ele riu bastante e continuou a questionar:

— Mas e André? Por que ele é moreno?

— Porque ele nasceu de madrugada, Jaguaraçu.

— E Auta? Por que ela é branca?

— Porque ela nasceu ao meio-dia, com o Sol ardendo em brasa! A cor de uma criança varia de acordo com a hora do dia em que ela nasce...

Depois que o clima de descontração se instalou, eu fui explicando cuidadosamente a situação:

— Meu filho, nem todas as crianças nascem dos seus pais. Você é meu filho porque eu quis. Eu fui buscar você para ficar comigo e o amo muito!

— Mas me contaram que eu estava na lata do lixo!

— É verdade! Foi uma ótima ideia da sua mãe, porque, se ela viesse trazer você, eu não aceitaria, já que eu não educo crianças que têm pais vivos e que podem educá-las. Então a sua mãe pensou: "Vou pôr o menino aqui na lata, que é um lugar seguro, e assim Divaldo vai ter que receber a criança!", e foi dessa forma que eu tive a grande alegria de ser seu pai! Sua mãe foi extraordinária! Ela renunciou a ficar com o filho, porque não tinha condições para cuidar de você. E assim ela deu-me a criança para que eu a educasse. O que você acha?

Ele ficou maravilhado com a história e usou uma expressão muito engraçada que eu nunca esquecerei:

— Puxa vida!

Foi muito interessante como ele achou fantástico o caso.

Após esse episódio, as dúvidas sobre a minha semelhança física com ele tornaram-se menos importantes. Contudo, uma semelhança orgânica que mantivemos foi definitiva na vida do meu filho: durante alguns anos eu tive uma disfunção cardíaca, uma angina muito dolorosa, e Jaguaraçu, aos 38 anos de idade, experimentou um colapso cardíaco fulminante e desencarnou, como se o filho tivesse herdado os *genes psíquicos* do pai. É óbvio que não foi isso que ocorreu, mas a coincidência tornou-se um fato curioso.[81]

Um dia, já desencarnado, o meu filho visitou-me e falou, de forma carinhosa e brincalhona:

— *Ê, véio*! Está vendo só? Arranjei-lhe o maior problema, hein? Eu não disse que seria seu filho? Note que eu não mencionei que nasceria do seu corpo, que seria seu filho biológico, disse apenas que seria seu filho. Fui ou não fui?

Rimos muito com a colocação bem-humorada e conversamos sobre momentos importantes da sua existência.

Portanto, o programa espiritual que envolve um processo de adoção é algo que escapa à compreensão da maioria de nós e, quando a criança estiver sob nossos cuidados, deveremos falar naturalmente a res-

---

81. Para analisar o conceito de *genes psíquicos*, consultar o livro *Diretrizes para o êxito*, de Divaldo Franco/Joanna de Ângelis, Editora LEAL, cap. 7 (Embriogênese espiritual). Nota do organizador.

peito da sua chegada ao lar em que vivemos, pois dessa forma a criança não ficará com uma curiosidade mórbida de conhecer a sua história. Se um dia desejar descobrir quem são os seus pais biológicos, essa procura se dará de forma saudável e sem traumas.

Quando conservamos os denominados *segredos familiares*, isso indica falta de amor e de confiança, que resultará em uma lesão afetivo-emocional naquele ser que estamos educando. O melhor caminho será narrar os acontecimentos com suavidade, no momento próprio e de acordo com as circunstâncias, gerando no filho a confiança total em nós e permitindo que ele nos veja com muito carinho pelo fato de lhe dedicarmos uma ternura incondicional, com a qual o aceitamos em nossa vida.

Em minha experiência constatei que a verdade virá à tona mesmo sem o nosso consentimento, pois que, se não contarmos, alguém o fará. Se o medo paralisar os pais e impedir que eles revelem a verdade, sempre haverá um parente ou um vizinho que conhece a situação e, na primeira oportunidade, irá narrar tudo de maneira impiedosa, produzindo uma grande mágoa na criança e nos familiares. Quando a criança adotada vier a saber dos fatos que envolvem a sua origem, terá um choque emocional que poderá resultar em graves consequências: primeiro ela concluirá que a sua vida foi uma farsa e não confiará mais nos pais adotivos, em seguida surgirá o interesse em conhecer os pais biológicos de qualquer forma, o que lhe traria uma segurança em saber que existe alguém que lhe pertence, que foi a causa da sua história de vida.

Tive notícias de jovens que atingiram certo *status* social e alguém com intenções cruéis acabou lhes dizendo: "Mas quem você pensa que é? Você nem sequer é filho verdadeiro dos seus pais!". A partir daí, a pessoa inescrupulosa passou a narrar a história da adoção com uma abordagem traumatizante, e os danos psicológicos dessa experiência foram irrecuperáveis, tanto para os jovens quanto para suas famílias.[82]

---

82. Analisar *Astronautas do além*, de Francisco Cândido Xavier/Espíritos Diversos e comentado por J. Herculano Pires, Editora GEEM, cap. 5 (Nos casos de adoção). Nota do organizador.

Se mesmo com todos os cuidados o nosso filho decidir conhecer aqueles que lhe deram a vida física, procuremos agir com tranquilidade. Se não soubermos quem são os pais biológicos, diremos:

— Você tem o direito, mas eu não sei quem eles são. Quando fui buscá-lo para adotar, ninguém sabia do destino dos seus pais. É possível até que eles já tenham desencarnado. Um dia, quem sabe, pelas Leis da Vida, você poderá encontrá-los. E ainda temos que considerar outro aspecto: se os seus pais, sabendo que você está vivo, não vieram vê-lo, talvez não queiram fazer-lhe uma visita porque têm conflitos de consciência; no entanto, eu nunca me oporei que você os procure, e se você desejar a minha ajuda, eu contribuirei com aquilo que estiver ao meu alcance.

Ainda hoje eu digo aos meus filhos, quando estamos conversando e vemos uma gestante:

— Olhem só! Quem tem um filho na barriga é obrigado a cuidar dele, mas quem não tem pode dizer: "Eu amo tanto que eu vou procurar um filho para dar o meu amor!". E, quando encontrar a criança que a sensibilize, a pessoa dirá: "Ah! Eu quero esta aqui! Vou amá-la com todas as minhas forças!". Estão vendo? Eu os escolhi para amar, porque vocês me tocaram o coração!

Com essas palavras de carinho, nasce nos filhos um sentimento de segurança, de gratidão e de confiança irrestrita nos pais.

É necessário entendermos que um filho não é *nosso*. Nem mesmo o filho biológico é nossa propriedade, ele é apenas uma concessão da Divindade. Os pais precisam ter em mente que educam seus filhos para a vida, para viverem na sociedade planetária e serem felizes.

No livro *S.O.S. família*, o Espírito Joanna de Ângelis define o ato de adotar como um dos momentos culminantes da evolução do amor,[83] porque, na hora que conseguimos repartir o sentimento amoroso por meio da adoção, é sinal de que estamos muito ricos de solidariedade e de ternura, e essa riqueza não pode ficar acumulada, guardada como *a lâmpada debaixo do alqueire*, ela deve ser colocada em um lugar bem

---

83. *S.O.S família*, de Divaldo Franco/Joanna de Ângelis e outros Espíritos, Editora LEAL, cap. 27 (Filhos alheios). Sugerimos consultar também os capítulos 26 e 28 (Mãe adotiva e Filho adotivo) da obra supracitada. Nota do organizador.

aberto para brilhar intensamente e iluminar outras vidas... Ao investirmos em uma vida que não nasceu da nossa vida, estamos distribuindo uma grande colheita de amor para a Humanidade. Se adotamos um cão, um gato ou um amigo em termos fraternais, então que maravilha será adotarmos um filho como exercício de amor! E, ao tomarmos uma criança no colo, nasce uma reciprocidade afetiva que nutre as almas e que nos dá vitalidade em todos os sentidos...

A adoção é uma forma de complementação espiritual que traz extensos benefícios a quem adota. Ela constitui uma atitude de extrema nobreza não apenas para quem nunca teve filhos, mas principalmente para quem já possui filhos biológicos e ainda busca outros seres no intuito de completar a sua constelação, partilhando a felicidade experimentada por todos aqueles que desfrutam do amor no ambiente doméstico.

Se, por acaso, ao adotar um filho, ele seja diagnosticado com uma doença qualquer, ou venha a desenvolver mais tarde uma enfermidade que não lhe permita uma vida absolutamente normal, são as Leis da Vida que mandam aos nossos braços o ser querido que não encontrou campo para nascer através do nosso corpo, mas veio por vias indiretas a fim de que os dois se aprimorem nos caminhos da evolução.

Por essa razão, adotar é uma das mais belas formas de exercer a caridade, no seu sentido profundo. Deveremos fazê-la na medida do possível e depositar em Deus a confiança quanto ao futuro.

Chico Xavier deparou-se certa vez com uma mãe que tinha um filho portador da síndrome de Down, revelando acentuados problemas de saúde. Eu estava ao seu lado e testemunhei quando o apóstolo do bem esclareceu à mãe:

— Minha filha, somente as pessoas que muito amam são honradas com filhos desta natureza, porque poderão doar-lhes metade da sua vida!

Nesse momento eu vi aquela senhora em lágrimas elucidar:

— Chico, eu não trocaria meu *anjo* por nada deste mundo! Ele me inspira um amor de proporção infinita...

Esta é a vitória do amor!

299

Alguns pais adotivos cultivam receios injustificáveis por causa das condições psicológicas em que o filho se encontrava quando foi recebido no lar. Se a criança foi rejeitada ou se os pais morreram, jogando aquele ser em uma situação traumática e fomentando um turbilhão de sentimentos de difícil superação, esses pais pensam que devem aceitar todas as exigências da criança para não agravarem ainda mais o trauma e, dessa forma, deixam o filho totalmente livre e isento de suas responsabilidades com a família, o que representa um grande erro.

Quando amamos com piedade, não estamos vivenciando o amor, mas alimentando um sentimento conflitivo que elaboramos para anular a culpa. Se a criança foi rejeitada, a Doutrina Espírita nos explica que se trata de uma questão reencarnatória. Caso ela tenha desenvolvido um trauma, nós a ajudaremos a superá-lo através do nosso amor, utilizando estratégias de educação e disciplina para que o ser não fique desamparado no futuro. Quando permitimos que o nosso filho abandone as regras do bom senso, dos deveres sociais e familiares, estamos sendo coniventes com a sua fragilidade espiritual. A função do educador é encaminhar o educando com ternura e com energia, pois é exatamente assim que Deus nos ama.

Dessa forma, mesmo com os filhos adotivos, e principalmente com eles, procuraremos demonstrar que, embora sejam vitimados por um conflito, não se justifica que se tornem pessoas mal-educadas, porque enfrentarão a desaprovação da sociedade e colherão sofrimentos muito piores.

O problema não é a piedade que pretendemos exprimir na relação com os filhos que recebemos pelo coração. A questão está relacionada a um conflito de insegurança, por não sabermos como conduzir o processo educacional, mas o amor vai nos ajudar a educá-los a fim de que eles não se convertam em causadores de violência ou protagonistas de outros agravos à sociedade.

No caso dos filhos que adotamos na Mansão do Caminho, eu devo confessar a alegria imensa que eles nos deram ao longo do tempo. Alguns deles são tão atenciosos e amorosos que eu não tenho receio de afirmar que raramente vi filhos assim em toda a minha vida. Se alguém tiver um filho biológico extraordinariamente bom, eu tenho certeza de que não será melhor do que alguns dos nossos filhos adotivos.

Um deles, extremamente gentil e cuidadoso, quando começou a namorar, tratou de advertir a jovem a quem se vinculou:

— É importante que você saiba que enquanto tio Divaldo e tio Nilson viverem, eles têm preferência. Se você quiser se casar comigo, eu ficarei muito feliz, mas nós iremos morar bem perto da Mansão do Caminho, pois os dois estão envelhecendo, e eu pretendo cuidar deles na velhice, já que ambos cuidaram de mim na minha infância e na minha juventude.

Esse filho leva-me e vai me buscar no aeroporto a qualquer hora do dia ou da noite, inclusive durante a madrugada. Às vezes eu digo:

— Meu filho, isso não é necessário! Eu posso pegar um táxi sem problema algum...

Ele reclama e insiste:

— De forma alguma, tio! Nem fale nisso! Não posso permitir que o senhor se desloque do aeroporto para casa com um motorista que não conhece!

Eu fico olhando, admirado, e me sensibilizo com o seu gesto de imenso carinho...

O mesmo aconteceu quando Nilson ainda estava encarnado, ele que foi o meu braço direito nas atividades do Centro Espírita Caminho da Redenção. O inesquecível amigo e companheiro de trabalho desencarnou com um câncer na bexiga que gerou uma metástase, comprometendo vários outros órgãos. Na fase mais crítica dos seus problemas de saúde, os nossos filhos formaram um grupo para acompanhá-lo todas as noites. Tínhamos um conjunto de médicos e enfermeiros que davam assistência especializada durante o dia, no entanto, os nossos filhos não deixaram que à noite Nilson ficasse em *mãos estranhas*. Como ele teve fratura óssea por causa de uma degeneração tecidual, em que o osso se rompeu e ele caiu no chão do quarto, foi necessário colocar parafusos para sustentar o órgão lesado, uma vez que o paciente não suportaria uma cirurgia mais complexa. O médico advertiu que Nilson não poderia movimentar a perna, devendo permanecer com o membro imobilizado mesmo dormindo, caso contrário teria que ser realizada uma cirurgia delicada, por isso os filhos se revezaram para passar a noite inteira segurando a perna, evitando que ela se deslocasse involuntariamente.

Esses são verdadeiros filhos da alma, que a Divindade enviou para nos encher de esperança e de paz...

Portanto, o gesto de amor da adoção é um desses atos que nos permitem construir o Reino dos Céus internamente, porque o bem que nos faz bem é o bem que fazemos aos outros...[84]

COMUNICAÇÃO E CONVIVÊNCIA

Um bom relacionamento entre pais e filhos exige maior proximidade, e a melhor forma de iniciarmos essa aproximação, que propicia uma convivência saudável, é nos conhecermos integralmente. Precisamos identificar tanto o lado bom quanto o lado negativo da nossa personalidade, considerando que o lado bom nos oferece estímulos, enquanto o lado negativo nos ensina a exercer a tolerância.

Junto com o autoconhecimento, que se faz indispensável para estarmos mais próximos dos nossos filhos, deveremos estabelecer uma boa comunicação com eles, favorecendo a manutenção da harmonia familiar. Esse resultado é sempre possível quando os educadores abrem o coração para dialogar.

Não existem fórmulas mágicas, palavras sacramentais. Aquele que ama recebe a inspiração para dizer o que deve no momento próprio, não é preciso implementar uma espécie de programa pedagógico previamente elaborado. Em cada ocorrência surge a palavra oportuna, que somente se materializa quando a nossa vida está entrelaçada à vida dos nossos filhos, porque assim poderemos auxiliá-los no instante em que a intervenção educativa for necessária.

É de fundamental importância destinarmos aos filhos uma parcela significativa de tempo, estando presentes em seus trabalhos escolares, nas conversações, na prática de esportes... Também deveremos reservar

---

84. Sobre o tema da adoção, consultar também as obras *Minha família, o mundo e eu*, de Raul Teixeira/Camilo, Editora Fráter, cap. 6 (Em torno da adoção de filhos) e *Desafios da vida familiar*, de Raul Teixeira/Camilo, Editora Fráter, questões 12 e 13. Nota do organizador.

horários para passear periodicamente com a família, estreitando os laços de afeto por meio de momentos leves e descontraídos, afinal, cada um tem filhos porque quer. O fato de ter assumido a paternidade ou a maternidade implica um compromisso de grave responsabilidade junto ao educando, e se alguém optou por esse caminho, não poderá eximir-se da obrigação de investir na formação moral do filho, e não apenas reunir recursos econômicos para oferecê-los àquele que está sob sua proteção.

É preciso ficar atento à interferência prejudicial que o mundo do trabalho pode produzir na dinâmica da família. Alguns pais não reservam um tempo para conviver com seus filhos, sob o pretexto de que necessitam se dedicar à profissão e obter mais recursos financeiros. Esse quadro se agravou na segunda metade do século 20, quando a mãe também saiu de casa para trabalhar fora e ajudar na manutenção do lar. Em decorrência, o distanciamento entre pais e filhos tornou-se um problema mais expressivo, exigindo que os educadores se mobilizem para resgatar a convivência familiar.

De fato, a mulher moderna exerce atividades profissionais em diversas funções, e isso se transformou em uma situação absolutamente comum e até desejada por quase todas as pessoas na sociedade, uma vez que o ser feminino tem direito a conquistar os seus bens materiais, bem como a apresentar ao mundo os seus valores. Eu sou uma pessoa profundamente feminista e acredito firmemente que é um direito de toda mulher desfrutar de liberdade para se realizar profissionalmente. Todavia, quando ela opta pela maternidade, assume uma grande responsabilidade. Se ela deseja ser uma grande executiva e percebe que não terá tempo para estar com os filhos por muitas horas ao longo da semana, melhor seria que ela não se tornasse mãe. Ao assumir a maternidade, o seu trabalho no mundo corporativo não deve colocar obstáculos ao seu papel de educadora dentro do lar.

Embora os pais pretendam conquistar maior conforto e se realizar plenamente, do ponto de vista emocional, cultural e social, ao se reconhecerem assoberbados de compromissos fora do lar, com o tempo quase totalmente ocupado, o ideal seria que eles reduzissem a sua carga horária de ausência do ambiente doméstico. Se isso não for possível, é recomendável que expliquem ao filho a situação em que se encontram, a fim de contornarem os problemas decorrentes desse contexto. Contudo, algum horário da semana tem que ser reservado para a convivência, atendendo integralmente às necessidades da criança.

O que ocorre muitas vezes é que pais e mães buscam o trabalho para fugir da responsabilidade no lar. Se eles amealham recursos materiais para dar presentes, conforto, viagens e outros objetos, é porque não querem dar a sua presença, o seu afeto. Esses pais renunciam ao papel de educadores e se tornam apenas fornecedores. São pessoas que ainda se encontram em um estágio de profunda imaturidade afetiva: o relacionamento sexual fez com que eles procriassem, mas eles não estavam preparados para constituir uma família.

Dar coisas é muito mais fácil do que se dar. Quando oferecemos coisas materiais, normalmente supervalorizamos a sua relevância. Na realidade, elas não fazem falta como se imagina. O mais importante é a presença dos pais e o diálogo constante no núcleo familiar, pois nenhum recurso é capaz de se sobrepor ao amor! Por mais que os profissionais que auxiliam a família sejam tecnicamente competentes, eles sempre serão funcionários remunerados, e não há nada que substitua o abraço materno, o beijo que a criança recebe quando vai dormir e o momento em que o pai lhe canta uma música ou conta uma história. O amor, materno ou paterno, é um sentimento profundo que exige um intercâmbio constante e prolongado com os filhos.

A sociedade egoísta vive de ilusões, de falsas necessidades. Se nos contentarmos com aquilo que temos, que é o indispensável, o supérfluo estará em lugar secundário e não terá meios de afetar a família.

A capacidade dos pais em impor limites aos filhos está na razão direta do tempo de convivência com os educandos. Se os pais não conseguirem passar uma larga faixa de tempo com a família, eles irão experimentar enormes dificuldades para que as crianças desenvolvam os hábitos saudáveis da disciplina e do bom senso. A consequência disso, bem se vê, é bastante negativa.

Os filhos pequenos atravessam uma fase muito sensível: a infância. Ela é um momento imperdível para os pais, e essa fase tão delicada passa muito rapidamente! Se pais e filhos mantiverem proximidade no cotidiano familiar, nascerá entre eles uma intimidade encantadora e um respeito que não pode ser deteriorado, e somente assim será factível o processo educativo. Quando este é bem conduzido, a simples mudança de expressões faciais dos pais já faz a criança identificar que se comportou de forma equivocada. A criança, de uma forma geral, consegue detectar a insatisfação dos adultos diante de uma atitude sua e, dessa forma, vai perdendo o interesse em insistir naquela conduta desaconselhável, porque o hábito a faz corrigir-se.

Uma mãe me disse oportunamente:

— Eu não consigo lidar com meu filho de 4 anos! Eu não sei o que acontece!

Ouvindo aquela lamentação, eu retruquei:

— Porque há quatro anos a senhora não o educa! Não será agora uma resposta mágica que irá diminuir as reações dele. A senhora terá que fazer todo um exercício de reeducação.

Ela me contou mais detalhes das suas dificuldades e eu lhe apresentei algumas soluções possíveis.

Se, através do manejo dos instintos dos animais, alguns indivíduos domesticam elefantes para se exibirem em um espetáculo público, por que não conseguiríamos educar uma criança? Esse fato me leva a crer que os pais também devem ser educados para saberem educar. Se eles são pessoas emocionalmente instáveis, o que irão transmitir? Quando estão de bom humor, simplesmente concordam com qualquer atitude dos filhos; quando estão de mau humor, reagem agressivamente e tornam a situação insustentável.

Hoje, mais do que nunca, o amor e a convivência são instrumentos educacionais da mais alta relevância, considerando que infelizmente formamos uma sociedade de pessoas solitárias.

Certa vez eu fui jantar na residência de uma família muito querida. O jantar ocorreria depois de uma palestra proferida por mim naquela cidade, que integrava uma extensa agenda de compromissos doutrinários. Aceitei o convite com muita alegria, porque se tratava de uma família especial, com quem eu havia estabelecido laços de amizade há mais de 40 anos; portanto, seria um momento muito agradável de conversa entre amigos. Mas logo constatei que os tempos atuais, neste atordoado princípio do século 21, são muito diferentes de há 40 anos...

Na sala de refeições, a televisão estava ligada desde o início do jantar. Começamos a nos servir em um silêncio estranho, somente interrompido pelo som do aparelho de última geração, o que me causou uma sensação desagradável, afinal, não estávamos ali para acompanhar nenhum programa inútil veiculado pelos canais de TV. Esperei que alguém iniciasse a conversa, mas ninguém se candidatou a estimular a integração dos participantes.

Este hábito de utilizar a televisão fora de hora é explicado pelas nossas inquietações emocionais. A televisão ligada é uma fuga para não preservarmos o momento do autoencontro e do encontro com a alma do outro. Estamos sempre necessitados de algum ruído, porque temos medo do silêncio para meditar ou do diálogo para nos entendermos reciprocamente.

De repente, chamou-me a atenção um fato curioso: em determinado momento do jantar, todos os integrantes da família estavam usando um telefone celular ou um *tablet*, conservando-se completamente distantes do que se passava no ambiente. Cada um deles sorria ao trocar mensagens pela internet, ignorando os demais que estavam presentes à mesa, inclusive o convidado. Diante do silêncio que se fez natural, eu tentei conversar com os meus anfitriões, mas não obtive sucesso.

Daí a instantes eu notei que a minha anfitriã digitava algo no seu celular e sorria suavemente, desconsiderando completamente a minha presença, que ela própria havia solicitado. Eu achei aquilo tão deseducado, que me estarreci! Esperei que ela levantasse a cabeça e sorri delicadamente, como se perguntasse sem palavras o que estava acontecendo, mas ela pareceu não entender o meu gesto. Segundos depois, a senhora levantou o rosto e olhou para o marido, que se encontrava sentado na outra ponta da mesa, e ele também sorriu discretamente, então eu entendi que o casal estava conversando pelo celular em vez de conversar através da comunicação oral, como duas pessoas normais que dividem o mesmo ambiente...

Tentei compreender aquela situação estranha:

— Por que você está sorrindo, minha amiga?

— Ah, Divaldo! É que eu estou enviando uma mensagem muito curiosa...

— Então envie a mesma mensagem para nós aqui, ao vivo, porque assim nós poderemos rir também...

— Ah, sim! Não se preocupe, Divaldo, daqui a pouco voltaremos a conversar.

Então eu resolvi dar um ultimato, com muita ternura:

— Creio que não foi uma boa ideia atender ao convite que vocês me fizeram, pois eu não estou usando aparelho celular, como fazem todos aqui, então posso concluir que não pertenço a este mundo digital e artificial escolhido por vocês. Sendo assim, será melhor que eu me retire para deixá-los à vontade, afinal, se for apenas para me alimentar, eu posso fazer isso no hotel em que estou hospedado.

— Ah, Divaldo! Desculpe-nos! É que nós estamos tão acostumados com a tecnologia, que isso já é comum em nossa família...

— Por isso eu insisto que será melhor que eu me retire para não incomodá-los...

Eles me pediram muitas desculpas e passamos a conversar um pouco, mas alguns minutos depois a dona da casa começou a discutir com o marido, diante de mim e da filha adolescente, causando-me um grande constrangimento...

O uso excessivo de aparelhos eletrônicos e da comunicação virtual está fazendo com que as pessoas se esqueçam de conviver. Em vez de usar aparelhos de uma forma tão desgovernada, eu uso a minha cabeça! Jamais deixarei que a mente ceda lugar aos equipamentos que irão me desumanizar. Perdemos a arte e a ciência da boa conversa, e não sabemos agir, mas apenas reagir. As famílias gritam mais do que conversam, e as emoções permanecem desequilibradas nessa forma doentia de interação coletiva.

Eu conheci outra família cujos membros praticamente não se falavam, nem mesmo quando estavam todos em casa. Eles se comunicavam quase exclusivamente através de *tablets* e celulares, enquanto transitavam pelos diversos ambientes da residência...

Pessoas solitárias se casam para viver a solidão a dois, o que é de se lamentar profundamente. Essa parceria serve para o indivíduo viver sozinho de um jeito paradoxal, acompanhado de alguém que também se encontra solitário ao seu lado. Com a chegada dos filhos, a solidão conjugal transforma-se em uma solidão grupal.

A Psicologia nos mostra que, se uma pessoa faz questão de permanecer solitária, é porque gosta de ser prisioneira dos seus conflitos e de estar encarcerada na armadura do seu *ego*, uma vez que não consegue satisfazer as suas paixões, e toda paixão é uma necessidade falsa a que atribuímos valor em função da nossa imaturidade.

Precisamos voltar a ser *gente*, não aumentando a massa considerável das pessoas atormentadas, solitárias, ansiosas e infelizes, que querem estar em todos os lugares simultaneamente, o que certamente é impossível. Essa é uma postura neurótica que se desdobra em prejuízos de largo porte para as relações familiares.

Se o laço de ternura e confiança for constantemente renovado na família, os resultados serão admiráveis! Durante a fase da adolescência, por exemplo, quando o filho tiver a sua turma, o seu grupo de amigos, ele já não terá vergonha do pai ou da mãe. Pelo contrário, o adolescente terá prazer em exibi-los aos seus colegas, e se um dos amigos ensaiar qualquer crítica, afirmando que o jovem é infantilizado porque se mantém em um relacionamento estreito com os pais, o próprio filho tratará de dizer ao amigo: "É assim que eu prefiro. Gosto de ter os dois ao meu lado. O meu pai é um paizão e a minha mãe é uma pessoa maravilhosa! Eles são os grandes amigos que eu tenho". Conheço inúmeros casos assim. Porém, se houver distâncias injustificáveis entre pais e filhos, é compreensível que a rebeldia e as mágoas se façam presentes no comportamento do jovem.[85]

DISCIPLINA E FILHOS REBELDES

Nasce o nosso filho, um anjo abençoado, e, em meio às emoções geradas por esse filho, nós o mimamos e não trabalhamos para corrigir as suas imperfeições espirituais. Por isso, quando ele completa 8 anos de idade, começa a se comportar como se fosse um pequeno selvagem. Aos

---

85. Para outras reflexões sobre a convivência no lar, ver também o livro *Minha família, o mundo e eu*, de Raul Teixeira/Camilo, Editora Fráter, cap. 30 (Um tempo para os teus). Nota do organizador.

10 anos, ele ameaça a estrutura da família e causa desespero nos pais, que buscam ajuda muito tarde, após uma década de má educação que não pode ser subtraída da história familiar. Todavia, mesmo com enorme atraso, os genitores devem tentar intervir para que as dificuldades evolutivas do filho não se agravem ainda mais.

O ideal seria que a educação tivesse início desde a fase da gestação, conforme recomenda a Doutrina Espírita e de acordo com os estudos da Psicologia Transpessoal, que aborda com muita propriedade os fenômenos perinatais.[86] Quando a criança nasce, a educação prossegue nos hábitos mais básicos de sobrevivência e de saúde: alimentar-se no momento próprio e evacuar na hora certa, dormir na horário adequado, para não permanecer com sono durante o dia e ficar acordado à noite, e todos os outros hábitos que asseguram a disciplina corporal do educando. À medida que a criança cresce, surgem conteúdos morais que não afloram intensamente no indivíduo ainda muito pequeno. Nessa nova fase do ciclo vital, em que se manifestam algumas das heranças trazidas de outras reencarnações, o filho deve ser orientado nos usos e cerceado nos abusos, um processo que só pode ocorrer de forma criteriosa por meio do diálogo e da afetividade.

O casal tem o dever de estimular os filhos a cultivarem bons hábitos, transmitindo valores existenciais de natureza superior, conforme Allan Kardec esclarece na questão 917 de *O Livro dos Espíritos*. Nessa abordagem, o codificador faz um comentário magnífico sobre a educação, explicitando que somente quando ela está fundamentada no desenvolvimento moral dos indivíduos é que a sociedade pode solucionar seus conflitos mais avassaladores, considerando que a educação moral é o maior adversário do materialismo e da crueldade.

Conforme já mencionei, em um processo educacional bem delineado é necessário respeitar os papéis que cada membro desempenha no núcleo familiar. A indefinição ou mistura de papéis é algo que depõe contra a harmonia do grupo. O papel do filho, por exemplo, é o de

---

86. Consultar o item *A bênção da maternidade*, que consta no capítulo 4 deste livro. Nota do organizador.

educando. Na sua condição inicial de criança e mais tarde de jovem, ele é como uma semente que está recebendo cuidados compatíveis com seu crescimento diante da vida, transformando-se em árvore que produzirá flores e frutos, de acordo com a sua natureza intrínseca. No período de formação, o educando recebe orientações para viver na sociedade do futuro. Naturalmente, muitos aspectos da vida em família podem ser discutidos, negociados, e, embora se respeite o livre-arbítrio do filho, ele deve convencer-se de que as experiências que o aguardam na vida adulta são mais valiosas do que a ansiedade e a precipitação, alicerces dos sonhos juvenis, mal dirigidos pela mídia devoradora de consciências.

É imprescindível que haja equilíbrio em todo o espectro do relacionamento entre pais e filhos: nem a energia que disciplina sem amor, nem o amor que oferece ternura e deixa de disciplinar. Então, como fazer? É simples: utilizar o discernimento para agir conforme a necessidade. No momento de tolerar, é válido exercitar essa importante virtude, mas, quando estivermos diante da ocasião de disciplinar, não poderemos nos furtar a isso, pois a disciplina representa uma sinalização de valores a fim de que as crianças possam orientar-se no processo de socialização, já que elas não sabem identificar o que é importante para sua própria educação.

Os pais não devem se sentir atormentados, porque às vezes a educação requer um pouco mais de firmeza nas intervenções, em benefício da própria criança. Que eles prossigam se desincumbindo do compromisso educativo através do exercício do amor, porém, com disciplina. O amor não dispensa a energia: Deus nos ama e as Suas Leis Soberanas disciplinam-nos.

É comum que os pais elaborem visões diferentes em relação à educação no lar: normalmente um deles se mostra mais permissivo às atitudes dos filhos, enquanto o outro se apresenta mais exigente e preocupado com a disciplina. Ao observar essas diferenças, os filhos acabam buscando com maior frequência aquele que é mais maleável, quer seja a mãe ou o pai, ao passo que o mais rígido é visto pelos educandos como uma figura a ser evitada, para que os seus pedidos não sejam negados. Alguns pais chegam a discutir diante dos filhos, demonstrando que não conseguem entrar em acordo sobre diversos aspectos da educação, uma cena que produz consequências negativas para as relações familiares.

A dinâmica psicológica desse processo é muito sutil: quando os pais se agridem moralmente na presença do filho, dão-lhe o exemplo da incompreensão e da incompatibilidade. A criança notará que os seus pais, que deveriam ser modelos para ela, também são vitimados por muitos conflitos. A partir dessa disputa insana que se estabelece no casal, um dos dois vai parecer o *carrasco* do outro, que passa a posar de *coitadinho*, alegando que é incompreendido pela própria esposa ou pelo próprio marido. Ao analisar o comportamento dos dois, a criança concordará com aquele que opta por interpretar o papel de *vítima*, porque essa postura é muito cômoda e agradável: basta queixar-se, chorar e inspirar compaixão. Entretanto, a suposta vítima nunca inspira amor no parceiro ou naqueles que estão sob seus cuidados educacionais.

Diversas mães que educam sozinhas seus filhos perguntam-me como compatibilizar os elementos da ternura e do rigor, uma vez que não contam com o apoio psicológico de uma presença masculina no lar, e eu lhes digo que o amor é a grande resposta. Quando tivermos qualquer dúvida, interroguemos o amor, e o amor nos responderá, conforme nos ensina o Espírito Joanna de Ângelis.

Através do bom senso, qualquer mãe poderá exercer a *paternidade psíquica* e manter a disciplina, preservando, igualmente, a ternura do seu coração. O procedimento é o mesmo que já foi descrito: ceder quando as circunstâncias o imponham e ser exigente quando isso for necessário para o bem geral da família. Além disso, a mãe não deve ter medo de errar, porque muitas vezes vai equivocar-se.

A estrada do progresso é sempre feita de acidentes, de erro e de acerto. Aliás, no processo de aprendizagem, um dos conceitos mais importantes é o binômio erro/acerto: se errarmos, teremos sempre a oportunidade de corrigir o que não foi bem executado.

Portanto, essa mãe deverá cercar os seus filhos de muito carinho, mas não de condescendência diante de seus equívocos e fragilidades. O que não estiver dentro dos padrões éticos, das exigências sociais, ela deverá dizer com a maior naturalidade, porque o amor resiste a qualquer situação, mesmo àquelas mais penosas.

Aplicar os recursos da disciplina constitui uma demonstração de amor; contudo, é essencial não confundir disciplina com atitudes excessivas que em nada contribuem com a harmonia do lar. Um desses excessos praticados por pais e mães inconscientes é gritar com os filhos no cotidiano doméstico.

Em uma entrevista que concedi, perguntaram-me sobre uma jovem que havia sido educada com gritos dentro de casa – toda a sua família compartilhava este hábito terrível. Agora que ela havia se tornado mãe, estava com receio de reproduzir o mesmo comportamento com os seus próprios filhos, o que seria uma situação lamentável. Após ouvir o questionamento, eu respondi de forma bastante objetiva: se a mãe pretendia evitar que a postura inadequada fosse transmitida entre gerações, ela deveria empreender um esforço para se desvencilhar do hábito infeliz, e existem técnicas para isso.

Certa vez eu tive notícias de uma senhora que possuía dez filhos. Quando o casal sentava-se à mesa para almoçar ou jantar, tudo transcorria com absoluta tranquilidade. Essa mãe tinha uma vizinha que educava três filhos e vivia em um lar cuja reunião à mesa de refeições era caracterizada por uma intensa gritaria que ela não conseguia controlar. Então esta vizinha perguntou à mãe dos dez filhos:

— Como é que você faz para manter todos com um comportamento tão exemplar na hora da alimentação? Eu gostaria de uma sugestão sua.

— É simples – disse a mãe da extensa família. — Eu costumo falar baixo para que eles tenham que fazer silêncio, se de fato quiserem ouvir-me, e sempre ouço algum deles dizer ao outro: "Cale-se! Senão não podemos ouvir a mamãe falar!". Faço isso por uma questão lógica: eles são muitos. Se eu for competir com dez filhos, eles ganharão sempre, então eu procuro falar baixo para que se habituem a diminuir o tom de voz. Quando algum dos meus filhos me pergunta algo que já expliquei, eu esclareço: "Mas eu já falei sobre isso. Você não escutou porque estava falando alto", e na oportunidade seguinte ele passa a prestar mais atenção.

O hábito de falar baixo evita atritos desnecessários. Se elevamos a voz sem haver razão, deveremos interromper imediatamente o mau costume, realizando um condicionamento positivo que facilita o relacionamento familiar. Não estou propondo que devemos falar de forma inaudível. Nossa conversação deve ser natural e serena. Em certos momentos do dia a dia podem ocorrer situações que nos induzam a aumentar o tom de voz, sem agredir ninguém, porém, os excessos precisam ser contornados com habilidade.

Recomendo aos pais que peçam desculpas quando exorbitarem no trato com os filhos. A mãe, por exemplo, poderá dizer: "Meu filho, desculpe-me! Naquele momento você me irritou e eu me desequilibrei. Quero que você me perdoe". Se o adulto fizer isso, os filhos passarão a respeitá-lo muito mais. Não há motivos que nos impeçam de pedir desculpas a um filho, afinal ele é um ser humano e um Espírito em evolução, merecendo-nos a postura de amor e humildade que tem o poder de preservar a paz em nossa família.

Inúmeros pais afirmam que os filhos só obedecem após receberem um castigo físico, a famosa *palmada*. Alegam que se esforçam para solucionar a birra da criança sem o recurso da força, mas alguns dias depois o filho volta a insistir no erro, levando-os a perder a paciência e a recorrer a esse recurso extremo.

Nessa situação, estamos diante de um ciclo vicioso, um mecanismo repetitivo de irritabilidade, pois os pais que se dizem obrigados a bater estão admitindo que falharam na arte de educar, já que estão apelando para a punição, esquecendo-se de que educar é muito diferente de punir – educar é apresentar novos valores ao ser que se encontra sob nossa proteção. Ao mesmo tempo, a educação proporciona ao Espírito as ferramentas para que ele faça emergir de dentro de si mesmo o conhecimento adormecido, uma nova visão da vida que se traduzirá em um comportamento saudável.

De fato, quando o adulto bate na criança, é porque reconhece que falhou em seu compromisso de educar, uma constatação que pode ser consciente ou inconsciente. Daí, a punição torna-se uma forma de se impor diante daquela situação que lhe provoca constrangimento, sem dar-se conta de que a educação é um processo de exposição, não de imposição.

Por isso, nunca se deve bater em uma criança! Primeiro porque é um ato de covardia moral um adulto utilizar a sua força física contra um ser que não pode se defender, e depois porque é um método absolutamente improdutivo.

É forçoso reconhecer que vivemos quase constantemente irritados conosco mesmos, e o filho, embora amado, é um motivo de preocupação e de estresse. Um mínimo aborrecimento faz-nos descarregar a irritação na criança e/ou no jovem, que não têm nenhuma responsabilidade pelos nossos desgastes emocionais.

A impaciência dos pais diante da criança decorre também de uma falta de compreensão da psicologia infantil. Na fase lúdica a criança está descobrindo o mundo, uma experiência que a induz a descobrir os limites da sua astúcia. Esse comportamento pode ser interpretado como uma *marca filogenética* que ela herdou do reino animal, de acordo com os desdobramentos da Teoria da Evolução. Por isso, suas tentativas de ludibriar os outros fazem parte do processo de desenvolvimento e de autodescoberta.

E qual deve ser a postura do adulto? Ao perceberem a atitude que precisa ser corrigida, os pais agirão com naturalidade, deixando bem claro que entenderam o jogo psicológico arquitetado pela criança, e em hipótese alguma deverão ceder, pois a criança tem por objetivo insistir até cansar os pais. Nós temos o compromisso educativo de demonstrar ao filho que a técnica da mentira e da manipulação não produzirá resultados positivos.

Uma questão que surge constantemente é o tema dos limites para o divertimento. Se a família deve exercer o seu papel de educadora, dando suporte afetivo e propondo a vivência de disciplinas, o jovem precisa entender que os limites para o divertimento são ultrapassados quando isso prejudica os seus compromissos pessoais e sociais. É evidente que o lazer constitui uma experiência de prazer e um direito que todos possuímos, mas não se pode fruir de direitos sem o cumprimento de deveres. O jovem necessita do estudo, da preparação para os dias do futuro e do atendimento aos compromissos familiares. A infância, a juventude, a idade adulta e a velhice são períodos de uma existência que será concluída com a desencarnação. Logo, os filhos, na condição de Espíritos encarnados e em processo de evolução, estão convidados a se integrarem aos movimentos que pertencem à vida, não se podendo desobrigar dos seus propósitos essenciais.

A Psicologia Junguiana estuda o arquétipo do herói, uma figura que habita a intimidade do ser humano e influencia o seu comportamento. Há, em todos nós, um herói desconhecido que nos impulsiona a viajar e a conquistar o mundo, procurando viver intensamente a aventura da autodescoberta. Por isso, invariavelmente dizemos aos nossos filhos: "Cuidado! Eu já passei por este caminho e sei que é um trajeto difícil!", mas aqueles que fazem parte do nosso círculo afetivo costumam não dar a devida importância às advertências, optando por viverem as próprias experiências, razão pela qual se celebrizou o conceito: "Experiência não se transmite. Cada um deve vivê-la em caráter pessoal".

Sempre que alguém mais velho propõe: "À sua frente está o abismo! Muito cuidado!", o jovem responde de forma taxativa: "Mas eu não cairei nele! Você caiu porque não tinha as informações que eu tenho hoje. Estamos em outros tempos!".

Daí, esse herói estimula o jovem à desobediência, à quebra daquilo que se encontra estatuído, o que justifica a concepção de que a juventude é uma fase de transgressão e de busca pela revolução, que conduz o indivíduo à afirmação da personalidade.

Isso nos leva a entender por que o comportamento rebelde manifesta-se frequentemente no contexto da adolescência, uma fase delicada na qual, muitas vezes, o adolescente mostra-se arredio e culpa os pais por qualquer insucesso que experimente. Nessa circunstância, os educadores tentam interagir, mas o jovem não permite a aproximação, sentindo vergonha dos pais quando está na presença dos seus amigos.

Até certo ponto é normal que ocorra um confronto de pontos de vista entre pais e filhos, considerando a importância capital da descoberta do potencial que cada ser humano hospeda em sua intimidade. A conquista de si mesmo é fundamental para que o indivíduo possa extrair resultados satisfatórios da existência na Terra, por isso cabe aos pais ter habilidade psicológica para acompanhar os adolescentes na tentativa de encontrarem os seus próprios caminhos. Os educadores não devem obstruir o trajeto dos filhos, mas também não se devem omitir quando os jovens necessitarem de um porto seguro.

Na trajetória da família, os pais poderão deparar-se com um filho de comportamento rebelde ao extremo, que constantemente provoca situações de desajuste no lar. Nesse caso, além de ter paciência, é necessário discernimento para saber que a rebeldia não irrompeu de um momento para o outro, de maneira fortuita e inexplicável, com exceção de alguns casos específicos de processos obsessivos que se instalam sem que os pais tenham tempo de detectar os sinais iniciais. De uma forma geral, no entanto, a rebeldia em excesso é o resultado de um descuido dos educadores, que perceberam alterações no comportamento do filho e não deram a devida atenção, o que provocou o seu agravamento ao longo do tempo.

Em semelhante quadro, é importante mostrar ao filho que a rebeldia não lhe trará bons frutos, pois existe uma Lei de Equilíbrio que tem vigência em toda parte. E como o filho é alguém que pensa, que tem condições de refletir a respeito dos valores da vida, se dialogarmos com verdadeira serenidade, ele cederá. O que ocorre com frequência é que, ao nos depararmos com a rebeldia, nós nos intoxicamos com ela e nos tornamos agressivos também, não agindo conforme os métodos sugeridos pelo bom senso. Como consequência, a rebeldia se corporifica com mais intensidade.

Filhos ingratos, cobradores, rebeldes, portadores de transtornos psiquiátricos ou neurológicos, que os levam a agredir os pais, são os frutos da nossa conduta em reencarnações anteriores, pois são adversários ou vítimas nossas, que retornam ao cenário terrestre para que nos ajustemos com as Leis Soberanas do Equilíbrio através do sofrimento ou do amor. Eles nos exigem paciência e misericórdia por vê-los nesse estado.

Muitos pais possuem crianças e jovens com este perfil: enfermos pelas drogas, vencidos pela loucura do prazer, desastrados e negligentes, desinteressados pela família e pelos deveres escolares ou que estão sendo assediados pelas facilidades do crime, da desonra ou do dinheiro fácil... Que esses pais não desistam jamais dos seus filhos, não os maldigam, nem se infelicitem. Agradeçam a Deus – sem masoquismo – a oportunidade de reparação, porque, como já foi dito, temos a família de que necessitamos para evoluir, e não a família que gostaríamos de ter ou que pensamos merecer.

Nesse cenário, a compaixão fará por eles o que o amor momentaneamente não conseguir – o amor virá depois. Se passarmos a vê-los como doentes, desvairados e enlouquecidos, e nós, pais e educadores, entendermos que somos enfermeiros e médicos para esses doentes da alma, que deveremos usar a terapia da paciência e da perseverança, será muito mais fácil levar a tarefa adiante do que se nos entregarmos à desesperação ou à violência.

Alguns jovens que se mostram rebeldes podem nunca se ajustar às diretrizes que orientam a vida dentro do seu lar. Por isso, amemos os nossos filhos cada vez mais! Nada esperemos do trânsfuga, senão loucura, nada aguardemos do doente, senão enfermidade. Por enquanto, não esperemos rosas de alguém que tem as mãos crivadas de espinhos, mas um dia eles irão florescer para a vida, quando os acúleos se abrirão em rosas de suave perfume... Se os pais não conseguirem sucesso agora, que estejam com a consciência tranquila pelo dever cumprido e saibam que todas as orientações que forem inseridas no psiquismo do filho rebelde são sementes que irão germinar em futuras reencarnações, pois a rebeldia e o primarismo um dia cederão espaço para que sejam liberadas as informações saudáveis que estiverem arquivadas no inconsciente dele.

Às vezes o jovem deseja sair de casa precocemente para conquistar os seus *tesouros*, esquecendo-se do tesouro maior que ele pode ter na adolescência: a companhia dos pais para complementar o seu processo de educação. Afinal, os filhos serão aquilo que aprenderem dentro do lar, mediante o exemplo que receberem.

A família é, ao mesmo tempo, a primeira escola e a grande muralha de defesa para o indivíduo – ela possui *paredes de amor* que nos protegem dos perigos do mundo, dando-nos afeto, retaguarda e naturalmente impondo limites aos nossos excessos. Um adolescente de 17 ou 18 anos, por mais aprimorada que seja a sua inteligência, não conta com o recurso da experiência, o único caminho a ser percorrido para que o jovem desenvolva forças próprias, aprendendo a esquivar-se das ameaças e a recusar os convites ao desequilíbrio. Quando o jovem está longe dos pais, na medida em que vai viver seus sonhos e satisfazer as suas necessidades, poderá equivocar-se mais do que o normal em função da ausência do conselho paterno, da ternura materna, da convivência e do calor que experimentava junto aos seus familiares...

Se o filho de fato quiser sair de casa em plena adolescência, apesar dos nossos esforços em mostrar-lhe que talvez ainda seja muito cedo, deixemos que ele adquira as próprias experiências. A maioria de nós também foi rebelde na juventude, com as exceções compreensíveis. Devemos dar-lhe a chance de aprender por si mesmo, já que ele optou por não aceitar os nossos conselhos.

O que nos resta é mostrar que o vínculo afetivo não se rompeu e que estamos de braços abertos caso ele queira retornar. Digamos ao jovem imaturo:

— Meu filho, a porta estará sempre aberta para o retorno, porque este é seu lar. Aonde quer que você vá, esta casa estará sempre esperando por você...

Cabe aqui uma observação oportuna: a facilidade para estabelecer-se um bom relacionamento entre um pai e um filho pode ser causada pelo fato de ambos serem Espíritos queridos entre si, que já viveram juntos em experiências anteriores e obtiveram êxito espiritual, retornando agora para uma colheita de bênçãos através dos laços da legítima fraternidade, e, mesmo que não tenham se conhecido no passado, se forem seres em um patamar evolutivo semelhante, poderão desfrutar de um relacionamento saudável. Em sentido contrário, quando são inimigos recíprocos, que se reencarnaram para construir os vínculos do verdadeiro amor através da consanguinidade, ambos se comprometeram a saldar as dívidas contraídas no pretérito e a desenvolver afinidade um pelo outro, mas lamentavelmente ainda não estão conseguindo alcançar a meta estabelecida. Essa situação é verificada em larga faixa de famílias ao redor do mundo, que experimentam desajustes perfeitamente explicáveis pelo fenômeno da reencarnação.

REENCARNAÇÃO E RELACIONAMENTO
ENTRE PAIS E FILHOS

Ninguém acredite que o ódio, a indiferença e a perversidade dos Espíritos sejam sentimentos fáceis de contornar. Refiro-me tanto às Entidades do Além-túmulo quanto aos seres encarnados que reencontramos pela vida, seja dentro do lar ou fora dele.

Desde os primórdios da minha mediunidade eu via um Espírito de aspecto terrível. Eu era uma criança de 7 anos e detectava a presença desta Entidade que se vestia como sacerdote católico, conforme a tradição de há quatro séculos. Ele me dirigia palavras agressivas e nunca me chamava pelo nome, chamava-me sempre de *monstro* e jogava-me na face as mesmas ameaças:

— Eu irei te destruir! Não te deixarei viver! Vou criar situações embaraçosas para ti!

Realmente ele criou-me várias situações difíceis e dolorosas, que eu procurei solucionar com paciência. Ao me tornar espírita, eu entendi que ele só estava no meu campo psíquico porque havia um vínculo entre devedor e cobrador. O Espírito jamais se alojaria na minha aura se eu não fosse uma pessoa com compromissos negativos do passado.

Um dia ele me esclareceu por que me detestava: disse que tínhamos uma pendência que se iniciou na França no ano de 1625. Eu lhe falei que havia transcorrido um período de mais de 300 anos, enfatizando que o meu gesto naquela oportunidade não havia sido de impiedade, mas de cumprimento do dever.

Vinculado à Igreja Católica, com suas leis canônicas bastante específicas, meu compromisso era zelar para que as normas eclesiásticas fossem obedecidas. Como ele infringiu as leis e ignorou determinações superiores, não tive alternativa a não ser puni-lo, conforme prescrevia a legislação. Dessa punição resultou a sua desencarnação, uma fatalidade que não estava nas minhas pretensões. Ele desenvolveu ódio por mim e aguardou este largo período para me perseguir na atual existência.[87]

---

87. Para entender o papel histórico de Divaldo na França do século 17, consultar o livro *Divaldo Franco: a trajetória de um dos maiores médiuns de todos os tempos*, de Ana Landi, Bella Editora, cap. 14 (Jésus). Nota do organizador.

Eu costumava chamá-lo de o *Máscara de Ferro*. Na minha juventude assisti a um filme no cinema que tinha exatamente este título. Era uma adaptação do livro homônimo do escritor Alexandre Dumas, cujo enredo conta a história de um rei que era gêmeo do seu irmão e havia sido aprisionado no Castelo de If, em Marselha, na França, com uma máscara de ferro no rosto para que ninguém o pudesse identificar. É uma obra grandiosa da literatura francesa.

Aquelas cenas do rei encarcerado impressionaram-me muito, pois a máscara impedia que o prisioneiro exibisse o seu rosto e as suas emoções – daí o nome com o qual eu denominei o Espírito que me perseguia. O seu rosto era impassível, sem nenhuma emoção, e toda vez que algo me fazia sofrer, ele ria, debochava e completava o sarcasmo dizendo-me:

— Isto é apenas o começo!

Passaram-se muitos anos...

Quando eu comecei a divulgar a Doutrina Espírita, isso lhe foi um golpe de misericórdia, que mais o enfureceu por entender que eu estava traindo a nossa religião.

Certa vez, eu proferia uma conferência muito importante em uma Entidade federativa do Movimento Espírita brasileiro, e os amigos espirituais projetavam uma espécie de *tela fluídica* na qual eu podia ler as frases a serem reproduzidas na palestra. De repente, quando citei uma frase de um autor célebre na História Universal, ouvi alguém gritar a plenos pulmões:

— Está errado, ignorante!

Eu fui tomado de surpresa e fiquei abalado com o gesto, procurando identificar na plateia quem teria agido de forma tão agressiva contra mim. Relanceei o olhar e vi que era ele, o *Máscara de Ferro*, no meio da multidão. Procurei refazer-me do choque e continuei a falar sem demonstrar ao público qualquer sinal de preocupação.

A partir daí ele passou a interferir constantemente em minhas palestras, tentando me desestabilizar. Quando eu terminava a atividade, ele me seguia no caminho para casa dizendo-me todo tipo de frases desagradáveis:

— Tu és um grande hipócrita!

— Mas por que, meu irmão?

— Porque tu ensinas aos outros o bem que não tens coragem de fazer.

— Melhor do que eu ensinar aos outros o mal que eu tenho o despautério de praticar, não lhe parece?

— Mas isso é desonesto, já que não estás em condições de dar lição a ninguém.

— Eu vejo o problema por outro ângulo: de tanto eu ensinar o que é certo e que ainda não faço, um dia eu acabarei fazendo, é uma questão de persistência.

— Para mim, esse comportamento é uma grande demonstração de que tu continuas sendo um monstro...

Apesar das imensas dificuldades que a sua presença desencadeava, considero que essa interferência perniciosa foi um abençoado calvário.

Certo dia, depois de trinta anos de perseguição implacável, ele disse que iria me abandonar:

— Eu vou deixar-te por um tempo. Tu não deves cantar vitória, porque eu conheço o teu caráter vil. Recordo-me do mal que me fizeste e não te perdoo, mas eu me cansei de te perseguir. Então, tu não me convenceste, apenas me venceste pelo cansaço, mas eu voltarei!

Fiquei meio aturdido, porque não esperava aquela atitude.

No dia seguinte, quando acordei e não o vi, confesso que estranhei, porque nos acostumamos até mesmo com situações adversas. Então eu pensei: "Mas o que está acontecendo? Acho que me está faltando alguma coisa que não consigo identificar...".

Realmente, ao longo do tempo, aquela companhia mórbida ocupara um espaço no meu cotidiano, afinal, até quando eu estava tomando banho, ele ficava no recinto rindo e agredindo-me com palavras ácidas, tentando perturbar os meus momentos de privacidade. Daí, quando passei a contar com a sua ausência, levei algum tempo para me adaptar.

Passaram-se os meses, e eu me esqueci daquele Espírito vingativo.

Dez anos depois, eu estava trabalhando em minha sala quando o porteiro da Mansão do Caminho me chamou apressado, pois alguém havia deixado uma criança recém-nascida na lata de lixo da nossa Instituição – não era a primeira vez que aquilo acontecia. Corri até a porta junto com algumas crianças nossas que me acompanhavam e faziam um grande alvoroço por causa da novidade.

Quando cheguei à entrada, vi que era uma menina negra muito pequena, com as roupas sujas e em estado de grande sofrimento. Ela chorava intensamente, em face das inúmeras formigas que circulavam sobre o seu pequeno corpo. Imediatamente eu pensei: "Meu Deus! Como é *feia* a minha querida filhinha! Mas ela é tão *feia* que é até engraçadinha!".

Naquele instante eu fiquei um pouco preocupado, pois a situação da nossa Casa não era das melhores. Com os recursos financeiros escassos, eu temi não poder acomodar mais uma criança, mas procurei lembrar-me de Jesus e levei-a para dentro, certo de que a ajuda do Alto não nos faltaria, embora as dificuldades naturais que devem ser enfrentadas por todos nós.

Com a menina no colo e ladeado pelas crianças em grande agitação, fui retirando as formigas e chamei um filho que é médico, procurando oferecer assistência especializada à saúde da pequenina.

Quando eu estava a uns 20 metros do prédio da administração, ergui a cabeça e vi o *Máscara de Ferro* à minha frente, então imaginei: "Vai começar tudo novamente!". Parei subitamente, impactado pelo encontro inusitado, e ele dirigiu-se a mim em tom grave:

— Tu amas esta criança?

Olhei-o calmamente e respondi:

— Não, meu caro, ainda não a amo. Não tive tempo suficiente para isso. Acabei de encontrá-la e estou tendo apenas o primeiro contato, e o amor surge quando existe convivência. Convivendo por algum tempo, eu certamente irei amá-la. O senhor me conhece.

Ele insistiu na pergunta, como se estivesse recebendo a notícia mais surpreendente desde o ano de 1625:

— Mas tu podes amar este ser abjeto, que foi jogado na lata do lixo e se apresenta em condições desprezíveis?

— Por que não? Eu até lhe digo que só pelo fato de carregá-la por alguns minutos já estou começando a amar a *menininha*...

Nesse instante, ele se me aproximou, emocionado, tocou-me o ombro pela primeira vez e me informou:

— Agora tu me convenceste, porque esta criança que aí está é a minha mãe reencarnada. Então, a partir de hoje, eu te amarei, para que tu possas ajudar minha mãe a ser feliz nesta existência.

Fiquei realmente espantado com a revelação! Após reflexionar por alguns instantes, eu lhe respondi:

— Quer dizer que mamãe agora está no meu colo?! Esta é uma situação muito interessante! Eu poderia dar lindos castigos em sua mãe, suavemente, para você perceber como os problemas humanos são dolorosos...

Ele se desesperou:

— Tu não farás isso! Não farás!

— Como não? O senhor fez isso comigo por 30 anos!

— Mas eu era um louco! Um louco!

Depois de uma rápida pausa, eu concluí:

— Não se preocupe, pois eu não farei mal algum a esta criança. Dar-lhe-ei o meu amor incondicional, como fiz com todas as outras crianças recebidas na Mansão do Caminho. Ela será tratada como uma filha!

O Espírito baixou a cabeça e chorou longamente... Em seguida, disse-me que a partir daquele momento eu teria no Mundo espiritual um verdadeiro benfeitor e que durante as minhas palestras ele poderia me inspirar quando eu abordasse temas evangélicos, já que ele havia sido um personagem célebre da Igreja Católica e detinha um grande conhecimento teológico.

Conforme mencionei no item sobre a adoção, na Mansão do Caminho havia 25 lares-substitutos que acolhiam as crianças adotadas por nós. Cada lar possuía um número reduzido de crianças e era supervisionado por uma mãe-substituta, que chamávamos de *tia*. Essa forma de organização familiar era uma tentativa de darmos aos meninos e meninas um ambiente o mais próximo possível de uma família *convencional*.

Minha convivência com todas as crianças sempre foi muito próxima. Para demonstrar o meu interesse pelo bem-estar dos meus filhos, eu fazia questão que todos me procurassem quando eu chegasse de viagem, dando margem a um diálogo proveitoso em que falaríamos sobre seus sonhos ou poderíamos solucionar uma dificuldade qualquer. Como todo pai responsável e cuidadoso, eu necessitava saber como andava a vida dos meus filhos.

Muitas vezes, ao chegar das viagens, eu gostava de falar com as crianças em tom de bom humor, no momento em que elas vinham correndo e me perguntavam:

— Tio, o que senhor trouxe para mim?

E eu respondia:

— A metade do que você guardou para mim!

— Mas eu não guardei nada!

— Então infelizmente não temos o que dividir...

De fato eu sempre buscava os meios disponíveis para conhecê-los intimamente. Quando um deles passava um longo tempo sem falar comigo, eu anotava o nome e lhe cobrava depois:

— Como foi de viagem?

— Qual viagem, tio? Eu não fui a lugar algum...

— Mas eu pensei que estava longe daqui, afinal, você nunca mais me procurou, meu filho. O que houve?

A partir dessa abordagem, eu me aproximava da criança ou do jovem para fortalecer os nossos laços de afeto.

Novamente os meses se passaram... Depois transcorreram alguns anos... E com o tempo eu notei algo peculiar na *mãe* do *Máscara de Ferro*: a menina não gostava de mim. Ela não me buscava a companhia sob nenhuma hipótese.

Periodicamente eu perguntava à tia que cuidava do lar em que ela morava:

— Onde está Fulana?

— Ela foi falar com você, Divaldo.

— Eu não a vi. Ela não esteve em minha casa o dia inteiro.

— Mas eu a mandei procurá-lo.

Essa situação se repetiu inúmeras vezes. A partir daí, eu me empenhei para conquistá-la. Inicialmente tentei encantá-la com presentes, que toda criança aprecia e solicita insistentemente aos adultos, depois passei a dar-lhe doces e a contar-lhe histórias agradáveis que sempre cativam o público infantil, mas mesmo assim ela sempre me evitava. Como nada funcionava, eu me utilizei da segunda técnica: negar tudo que ela me pedisse. Sempre que ela se aproximava e me pedia algo, eu indagava-lhe:

— Você acha que merece?

— Não, tio. Acho que não mereço.

— Então eu não posso fazer nada. Você mesma está me dizendo que não tem direito a receber o que deseja.

É claro que as suas necessidades fundamentais sempre foram atendidas, já que minha intenção era provocar na menina uma reflexão acerca dos seus atos, na esperança de que ela mesma concluísse que tratava com menosprezo o pai que a educava desde os primeiros dias de sua vida.

Em certa ocasião, quando ela contava 7 anos de idade, eu lhe perguntei pela primeira vez:

— Minha filha, por que você não gosta de mim?

Meio assustada com a pergunta e com receio de que eu desvendasse os seus sentimentos, ela respondeu constrangida:

— Tio, eu gosto sim. Mas, quando chego perto do senhor, eu sinto uma coisa estranha... não sei explicar...

O tempo novamente caminhou com celeridade... e eu continuei tentando obter sucesso no meu plano de aproximar-me da minha filha.

No dia em que a jovem completou 15 anos, eu estava em minha sala de trabalho quando ela chegou:

— Tio, eu quero lhe dizer que hoje estou completando 15 anos.

— Mas que linda idade! – respondi-lhe. — Sente-se e vamos conversar.

Decidi fazer uma cena teatral para impressioná-la. Fechei a porta da sala, tranquei-a, abri a gaveta e joguei a chave da sala dentro. Na sequência, fechei a gaveta, tranquei-a e pus a chave do móvel no meu bolso.

— De hoje não passa! Vamos ter uma conversa olho no olho, de homem para homem! – falei-lhe, com voz firme, mas cuidadosa.

— Mas eu sou uma menina, tio! Não sou homem!

— Não tem importância, minha filha! Vamos conversar e deixemos os detalhes de lado... Eu quero saber por que você não gosta de mim!

Quando eu fiz a pergunta, o *Máscara de Ferro* entrou na sala para defender a mãe! Ele ficou me olhando com desconfiança e com um ar levemente ameaçador.

Com muita tranquilidade e ternura, eu repeti a pergunta:

— Minha filha, por que você não gosta de mim?

Desconcertada com a cena, ela respondeu baixinho:

— Tio, eu gosto muito do senhor.

— Não, minha filha, não precisa mentir. Na realidade eu não costumo me incomodar se as pessoas gostam ou não de mim. Procuro fazer o melhor ao meu alcance, pois gostar ou não gostar é uma questão de afinidade. Contudo, como eu sempre trabalhei pela sua felicidade, desejo saber por que você me evita. Das 120 crianças que educamos, você é a única que raramente vem falar comigo.

Ela começou a chorar e insistiu:

— Tio, de fato eu amo muito o senhor, mas quando me aproximo, eu tenho medo... tenho muito medo do senhor!

— Mas medo de quê?! Eu nunca bati em ninguém! Jamais encostei minhas mãos em nenhum dos meus filhos para puni-los fisicamente! Então, por que você me teme?

— Tio, eu tenho a sensação de que o senhor sempre vai reclamar comigo...

A resposta me fez ver a força dos conteúdos presentes no inconsciente de todos nós: o medo a que a jovem se referia era a reminiscência da cena testemunhada por ela há mais de 300 anos.

Quando Freud afirma a existência do inconsciente, ele proclama que todas as informações captadas pelo indivíduo ficam armazenadas em um grande compartimento do aparelho psíquico. Para o *pai da psicanálise*, o inconsciente é muito maior do que o consciente. Na visão da Doutrina Espírita, este arquivo do inconsciente é o nosso perispírito, no qual ficam guardadas todas as experiências vividas ao longo dos milênios.

A adolescente persistiu:

— Eu tenho medo que o senhor seja severo comigo e reclame de mim.

— Mas, minha filha, alguma vez eu reclamei ou puni severamente você?

— Não, senhor.

— Então, qual a justificativa para este medo?

— Não sei, tio.

— Pois eu vou lhe contar.

Com muito tato psicológico, eu comecei a narrar os fatos que se desenrolaram na França do século 17:

— No ano de 1625...

Narrei em detalhes toda a história, e ela começou a chorar... Depois que contextualizei a trama, eu expus àquela *mãe do passado*:

— Então eu me vi constrangido a punir o seu filho, que era relapso e conservava uma conduta indigna. Na minha função, eu tinha a obrigação de aplicar o código eclesiástico. A punição se efetivou e como consequência ele desencarnou. Você, como mãe insensata, achava que o seu filho tinha razão, por isso desenvolveu um grande sentimento de ódio, transferindo para mim a mágoa pela morte do ser querido. Como seu psiquismo consciente não conseguiu decodificar as informações arquivadas no inconsciente, o sentimento que era de ódio assumiu a roupagem de medo misturado a uma dose de antipatia.

Os olhos dela denunciaram que o enigma estava decifrado, e então a jovem não demorou a reconhecer:

— É verdade! É isso mesmo que eu sinto! E o que eu posso fazer?

— Não é difícil deduzir, minha filha: você está reencarnada, e Deus nos deu a grande honra de recebê-la em nossa Casa para trabalharmos juntos pela nossa felicidade, libertando-nos lentamente dos ressentimentos. Agora que você sabe da verdade, eu espero que mude de atitude. Você é uma jovem de 15 anos e hoje irá comemorar a chegada a esta importante fase da vida. Por isso, logo mais, à noite, quando celebrarmos o seu aniversário, você deverá insculpir em seu coração uma nova era, exercitando a tolerância com seu velho tio...

Ao concluir a minha proposta, ela me abraçou e chorou copiosamente...

A partir daí, a adolescente se transformou completamente! Eu costumo dizer que se alguém tem um filho biológico que é bom, cuidadoso e amoroso, eu não acredito que seja melhor do que a minha filha! Ela passou a me dar uma assistência carinhosa e constante, demonstrando uma preocupação comigo que é verdadeiramente comovedora.

Eu tenho o hábito de trabalhar no período da madrugada. Como eu resido no primeiro andar da *Casa grande* da Mansão do Caminho, fico em meu escritório psicografando, respondendo mensagens e tomando diversas providências.

Em uma ocisão, quando a minha filha estava com 16 anos, ela me disse com ternura:

— Tio, eu gostaria de lhe pedir permissão para ficar estudando na escada. Aproveitarei a luz acesa e ficarei aqui fora para não incomodar quem está dormindo lá em casa. Desta forma, faço duas coisas ao mesmo tempo, pois se o senhor necessitar de um café, eu poderei providenciar.

Achei aquilo natural e concordei.

Certo dia, por volta de 1h da madrugada, eu parei de psicografar e me dirigi ao banheiro. Logo seguida, ao descer os degraus, eu me deparei com a minha filha sentada na escada, dormindo. Acordei-a suavemente e lhe sugeri:

— Minha filha, vá dormir. Amanhã você irá acordar cedo. Eu sei que você não aguenta ficar de vigília até esta hora. Eu já estou acostumado, porque faço isso há muitos anos, é uma questão de estrutura orgânica e de treinamento.

Então a jovem saiu e eu voltei a trabalhar, permanecendo por mais um pouco em minhas obrigações. Depois de terminar, eu fui ao banheiro novamente. Quando estava fazendo a minha higiene pessoal, alguém bateu à porta com muita força. Desci correndo as escadas, julgando que algo de muito grave havia acontecido: era a minha filha, e ela estava lívida como se tivesse tomado um susto.

— Tio, o que aconteceu?

— Nada, minha filha. Por que esta reação?

— Mas tio, o senhor estava no banheiro...

— *Ué!* Que há de errado nisso?! De vez em quando eu também vou ao banheiro, você não sabia?

— Tio, eu pensei que o senhor estava passando mal, que o seu problema do coração havia voltado!

Na época eu me tratava de uma disfunção cardíaca e cheguei a experimentar situações com sério risco de morte.

Ela me abraçou tremendo e me comoveu, assinalando.

— Eu quero lhe pedir uma coisa, tio: não morra! Se o senhor morrer, o que será de nós, que não temos ninguém no mundo?!

— Mas o que é isso, meu bem? Vocês têm aqui em nossa Casa quarenta tios que renunciaram a uma vida de divertimentos e futilidades para amá-los, sem que ninguém nos haja pedido. Nós os amamos com a força dos nossos sentimentos, e não há por que você temer a minha desencarnação, que acontecerá mais cedo ou mais tarde. E, quando isso ocorrer, outros me substituirão.

— Não suportarei se o senhor morrer! Fui jogada fora como um animal, mas um animal da pior espécie! O senhor me dignificou e eu lhe devo tudo! Se o senhor morrer...

— Não repita isso, minha querida! Lembre-se de Jesus: Ele é o pão, é a porta, é o Caminho para a Verdade e para a Vida! Ele é o Sol de nossas vidas! Nunca nos acontece algo para obstaculizar a nossa evolução, mas para que se estabeleçam condições propícias ao nosso crescimento. Eu lhe prometo que mobilizarei todas as minhas forças para não desencarnar tão cedo...

Aquele foi um momento especial para o meu relacionamento com a minha filha, pois eu havia constatado que ela de fato se importava comigo e me queria ao seu lado.

Quando ela estava com 20 anos de idade, eu lhe perguntei:

— Meu bem, por que até hoje você nunca me apresentou um namorado?

— Porque eu não tenho, tio.

— Então você está doente! Você é uma menina bonita, inteligente e que sabe cuidar-se para ser cada vez mais bela e atraente. Como é que não tem namorado?!

— Não tenho mesmo, tio Divaldo. Eu evito envolver-me com os rapazes daqui, porque eu vou me casar com um alemão!

Espantado com as pretensões dela, eu retruquei:

— Minha filha, que sonhos são esses?! Você nunca saiu nem daqui do Pau da Lima, que é um bairro da periferia de Salvador, como você irá casar-se com uma pessoa de outro país?!

Ela abriu um sorriso de ingenuidade e respondeu:

— Tio, eu reconheço que sou pobre e negra, mas eu sei escolher! O senhor vai ter netos louros!

— Louros, minha filha? Acho que vou ter netos pardos, daquela *cor de burro quando foge*, que ninguém sabe direito qual é... Negra com alemão vai dar um confusão sem tamanho na cor dos filhos...

Ela riu muito e encerramos a animada conversa.

Tempos depois, uma de suas irmãs casou-se com um alemão e foi morar em Düsseldorf. Mais tarde, outra irmã também se casou com um alemão e foi morar em Colônia. A segunda irmã convidou-a para passar uns dias de férias em sua cidade, convite que foi aceito sem rodeios.

Quase morri de preocupação, pois a minha filha nunca havia viajado de avião! Além disso, eu conheço a complexidade do aeroporto de Frankfurt, onde ela faria conexão para Colônia. O aeroporto parece uma cidade! Mesmo estando acostumado, eu tomo cuidado para não me perder. De um terminal a outro é necessário deslocar-se de ônibus ou de trem, e como o aeroporto está sempre crescendo, a situação fica ainda mais delicada. Minha filha, com toda a sua inexperiência, viajaria de Salvador a São Paulo, de São Paulo a Frankfurt e daí a Colônia, sem falar alemão e sem falar inglês. Eu pensei: "Que Deus proteja a minha filha! Acho que ela nunca mais vai conseguir sair do aeroporto!".

Para facilitar, eu desenhei um esquema do local a fim de que ela não se perdesse, mas a sua confiança parecia inabalável:

— Não se preocupe, meu velho! Eu não falo nenhuma língua estrangeira, mas posso me guiar pelos símbolos desenhados nas placas de informação. Vai dar tudo certo!

Mesmo sem me convencer do que ela dizia, eu dei outra recomendação:

— Ao menos me prometa uma coisa: você vai passar pela alfândega e notará que na Alemanha tudo é muito rigoroso; pelo amor de Deus, não leve nada na mala que possa parecer suspeito!

— Que é isso, tio?! Pode ficar tranquilo que não levarei nada!

Como eu viajo muito, sei que brasileiro adora conduzir feijão, farinha, carne e outras comidas típicas do nosso país para matar as saudades de casa, então insisti para que ela não se atrevesse a fazer o mesmo.
Não adiantou... Depois que ela voltou, eu soube que quase foi presa,
pois na revista realizada momentos antes do embarque, em Frankfurt,
com destino a Colônia, os policiais encontraram dois quilos de carne de
charque, dois quilos de farinha e outras coisas mais... Sem saber comunicar-se, ela começou a chorar no aeroporto. O guarda aduaneiro olhou
para aquela jovem aturdida chorando e tremendo e lhe recomendou:

— Vá embora antes que eu me arrependa!

Eu acho que o *Máscara de Ferro* deve ter ajudado nessa hora...

Ela finalmente chegou à casa da irmã em Colônia e pôde aproveitar as férias tão sonhadas. E qual não foi a minha surpresa! De Colônia
ela me mandou um cartão e uma foto do namorado alemão, que havia
conhecido por intermédio da irmã. Na foto, o casal estava dentro de
um carro BMW, que os pobres como eu só conhecemos em comerciais
da televisão... A menina que estava acostumada com uma Kombi com
o câmbio quebrado, que havia na Mansão do Caminho, agora andava
de BMW...

Quando ela voltou, perguntou-me sorridente:

— E então, velho? Você viu que namorado que eu arranjei? Viu
só que BMW?

Preocupado com a natureza e as consequências daquele relacionamento, eu questionei:

— Mas você namorou de fato o rapaz?

— Namorei sim.

— Como foi isso? Se você não falava alemão e ele não falava português, como é que foi?

— Eu falava a minha língua e ele falava a dele.

— E como se namora assim, minha filha?

— É simples, tio. Eu me sentava de um lado e ele do outro. Minha irmã sentava-se no meio e fazia a tradução do nosso diálogo.

— E na hora das coisas que não precisam de tradução?

— Ah! Minha irmã saía da sala como se fosse buscar água, aí a
gente aproveitava!

Empolgada com o namoro, ela foi fazer um curso de alemão, mantendo o contato a distância com o namorado.

Tempos depois, a jovem sonhadora me confessou, em tom bastante triste:

— Tio, eu vou acabar o namoro.

Surpreso com a informação, eu indaguei:

— Mas por que, minha filha? Você não gostou da BMW?

— Porque ele é dependente químico. É um verdadeiro escravo do álcool, e eu já lhe disse para se tratar, mas eu sei que ele não irá se cuidar e não deixará de consumir bebidas alcoólicas. Como sou espírita, eu lhe darei uma chance, mas não tenho esperanças de que surtirá efeito, e não irei destruir a minha vida por causa de uma pessoa que não pretende cuidar de si mesma.

Programando-se com visível maturidade, ela foi à Alemanha e desfez o namoro. Mas, como já estava falando um pouco de alemão, logo encontrou outro namorado. Percebi que o novo amor seria uma companhia melhor para a minha filha, o que me deixou um pouco mais tranquilo. Depois de um tempo ela se casou e teve um filho com o marido alemão.

Quando eu estive na Alemanha pela primeira vez após o nascimento da criança, ela levou o meu neto para me conhecer em Bonn. Olhei para o menino e concluí que a mistura que eu havia previsto se concretizou: era um garoto com a pele tendendo a um tom mais escuro, os cabelos encaracolados, como é comum nas pessoas negras, e os olhos azuis que a criança herdou do pai. Um autêntico afro-brasileiro com sangue germânico! Uma mistura realmente inusitada! Ela colocou no filho o nome de Diwaldo (com "w"). Foi o primeiro Divaldo alemão de eu que tenho notícias!

O mais fascinante é que os amigos espirituais me informaram:

— Nos próximos meses reencarnará, por intermédio dela, o filho do passado longínquo. O antigo sacerdote voltará à Terra para que a mãe possa educá-lo novamente, mas agora, com mais discernimento, ela auxiliará o Espírito rebelde daqueles tempos recuados a desenvolver os sentimentos profundos de beleza e de amor...

AUTORREALIZAÇÃO DOS FILHOS

Os pais precisam contribuir com a autorrealização dos filhos, que devem buscar o seu lugar no mundo mediante a conquista de metas existenciais genuínas. Para que isso ocorra, é imprescindível que o educando realize uma autoanálise no intuito de descobrir quais são as suas aspirações.

Tenho visto relatos de psicoterapeutas que atendem muitos jovens em crise existencial. Anteriormente eles recebiam ajuda especializada porque se sentiam sufocados pelos rigores de uma família moralista e exigente. No final do século 20 e nas duas primeiras décadas do século 21, os adolescentes passaram a frequentar consultórios pelo fato de não saberem o que desejam realizar na vida, um fenômeno muito comum em função da imaturidade do jovem e da falta de habilidade psicológica dos pais para auxiliarem os filhos em seu processo de autodescobrimento. Acrescente-se a isso o fato de que vivemos em uma sociedade na qual o próprio modelo de família está em mutação incessante.

O autoconhecimento é um esforço pessoal e intransferível, cabendo ao próprio adolescente estudar-se constantemente para tirar conclusões sobre todos os temas que dizem respeito à sua vida. O psicoterapeuta é o profissional encarregado apenas de ajudar o jovem a decifrar a sua realidade íntima.

No passado eu tive notícias de psicólogos que aplicavam testes vocacionais em pessoas com idade bastante reduzida, uma estratégia que redundou em fracasso total. Um indivíduo extremamente jovem pode até demonstrar interesse em uma certa profissão, mas, quando adquire um pouco mais de maturidade, muitas vezes opta por outra carreira com a qual se identifique melhor.

Desde o começo do processo educativo, é dever dos pais observar as características subjetivas de cada educando. Os educadores precisam identificar os desejos, as tendências e as expectativas da criança e do jovem, estimulando a eclosão de suas potencialidades. Em uma família na qual o jovem exercite a liberdade responsável e tenha suporte afetivo para desenvolver o seu potencial, as crises existenciais agudas dificilmente encontram campo para se manifestar. É evidente que não se deve confundir a atitude de apoio com uma postura frágil e pusilânime. Embora os pais sejam flexíveis e permitam que o filho faça determinadas escolhas relativas ao seu futuro, isso não isenta o adolescente de seguir as diretrizes educacionais estabelecidas no lar.

Nas relações familiares é importante evitar a imposição agressiva de regras de comportamento para o futuro, como acontece nas ocasiões em que a família exige que o filho exerça uma determinada profissão. Indubitavelmente, muitos pais pretendem impor que os filhos sigam certos caminhos considerados pela família como mais adequados ou mais promissores. Em semelhante situação reconhecemos o fenômeno da transmissão psíquica geracional, em que determinados valores atravessam as gerações de uma família e contribuem para moldar o comportamento dos seus integrantes. Se esse processo ocorrer de forma inflexível, sem margem para as mudanças culturais que surgem ao longo do tempo, o relacionamento entre pais e filhos contará com obstáculos de difícil remoção.

A herança psicológica entre gerações é mais comum do que se imagina. Há pessoas, por exemplo, que não conseguem demonstrar afeto no cotidiano, porque assim foram educados, e acabam transmitindo a mesma característica para a família que constituem com um parceiro ou parceira. Isso acontece por causa da cristalização dos comportamentos e da expressão emocional.

Todos nós temos a expectativa de dar e receber amor dos nossos familiares. De uma forma geral, temos uma afetividade imensa que transborda do nosso ser, mas às vezes fomos psicologicamente *castrados* por aqueles que nos educaram e temos medo de enfrentar as consequências de provocar uma ruptura no processo que nos constituiu a personalidade.

O meu pai, sem dar-se conta, causou-me um trauma de relacionamento interpessoal. Na minha infância e adolescência, ele nunca me abraçou, nem em público e nem na intimidade da vida familiar, por isso eu desenvolvi uma *castração psicológica* que me incomodou durante grande parte da vida. Quando as pessoas vinham me abraçar, eu ficava com o corpo rígido como uma pedra e não correspondia ao gesto de carinho, porque não sabia como fazer. Quando alguém me dizia: "Senhor

Divaldo, eu posso abraçá-lo?", eu respondia: "Pode sim", mas certamente as pessoas notavam algo diferente – provavelmente elas tinham a impressão de que estavam abraçando um poste...

Na infância eu via os pais abraçando os filhos e tinha uma inveja enorme! Eles seguravam as crianças nos braços e as colocavam no colo, fazendo carinho e dando longos abraços... E na minha casa nunca houve isso.

Mesmo com essas limitações, o meu pai era um homem cumpridor dos seus deveres familiares, por isso eu nutria por ele uma grande admiração. Contudo, quando ele chegava em nossa casa e eu corria para abraçá-lo, ele ficava imóvel, duro como um boneco de madeira. Nesse momento ele me repreendia dizendo:

— Não, senhor! Homem não abraça homem!

Eu parava subitamente e ficava frustrado! Com isso eu fui construindo um mecanismo psicológico de conflito.

Durante bastante tempo, eu tinha muita vontade que alguém me abraçasse, pois me considerava *a figueira que secou*, conforme a narrativa do Evangelho de Jesus.[88] Achava-me afetivamente tolhido e sem vida no que se refere à demonstração de afeto através de um abraço, que eu não conseguia dar em ninguém.

Apesar da frustração que me dominava, lentamente eu fui compreendendo o comportamento do meu pai, constatando o quanto ele me amava! Estava fazendo o melhor ao seu alcance e reproduzia a educação recebida do seu próprio pai, um homem do século 19. Então ele ofereceu a todos nós a educação que lhe parecia a mais correta, fazendo-o por amor.

Entretanto, meu pai tinha outro filho, um irmão meu mais velho, com quem ele mantinha um relacionamento repassado de carinho. Paradoxalmente, ele abraçava este filho sem receios, impulsionado pela afinidade transcendental que unia os dois. Sempre que podia, o meu pai ressaltava os feitos e as qualidades do meu irmão, uma postura que ele não adotava comigo.

Mesmo frustrado porque não recebia um tratamento semelhante, eu confesso que não alimentava qualquer sentimento de inveja.

---

88. Marcos, 11: 12-14 e 20-23. Nota do organizador.

Aliás, como fui o último filho a nascer, tudo que eu usava era resquício daqueles que haviam chegado primeiro. Utilizava todas as roupas dos meus irmãos, que minha mãe guardava e colocava novamente em uso – ela costurava os rasgões, e as roupas ficavam com remendos enormes, tornando impossível esconder que eram antigas. Os livros eram igualmente embrulhados em panos para evitar o acúmulo de poeira, passando de um filho mais velho a um mais jovem até chegar às minhas mãos, já que eu era o décimo terceiro filho. Depois das roupas e livros terem sido usados por doze pessoas, não é difícil imaginar em que estado elas se encontravam quando chegava a minha vez...

Os anos se passaram...

No momento em que o meu pai estava desencarnando, eu me encontrava ao seu lado; então, nos instantes que antecederam o seu desprendimento, ele me perguntou:

— Meu filho, você já me perdoou?

Colhido de surpresa pela pergunta, eu respondi:

— Mas perdoar pelo quê?

— Porque eu nunca abracei você.

— Não estou entendendo...

— É que eu nunca abracei você, mas abraçava seu irmão, não é?

— É verdade, pai.

— E você me perdoa?

— Mas, pai, francamente isso nunca me perturbou! Alguma vez eu demonstrei que fiquei magoado?

— Demonstrar, você não demonstrou, mas eu sei que por dentro qualquer pessoa fica com as marcas da falta de carinho.

— Se esta é a sua preocupação, pode *viajar* em paz, porque eu sempre tive um grande amor pelo senhor e continuo tendo. Como eu disse, essa questão do abraço nunca me incomodou.

Ele me olhou com ternura e propôs:

— Então, meu filho, abrace-me agora.

Fiquei numa situação meio embaraçosa, porque não sabia abraçar. O desafio estava lançado, daí eu pensei: "Meu Deus! Como é que vou fazer?".

Com muito esforço, eu me dobrei sobre a cama e fiz o gesto do abraço, desejando entrar na alma do meu pai com todo amor que nutria por ele. Passei-lhe a mão na cabeça, apertei-lhe a mão... Tudo que eu sempre desejei que ele fizesse comigo, eu pude fazer naquele momento especial.

A certa altura, eu acariciei delicadamente o rosto do meu pai e lhe disse:

— Pai, o senhor é um homem tão bonito! O senhor é um homem tão honrado! Quero que o senhor saiba que se eu for feliz e proceder bem durante a vida, eu devo isso ao seu exemplo, porque o senhor me ensinou dignidade. Em casa o senhor era muito austero, muito calmo, muito quieto, mas eu aprendi com o senhor a viver dignamente.

Ele começou a chorar suavemente... Depois de algumas lágrimas, o diálogo continuou:

— Meu filho, será que Deus me abençoará?

— Já abençoou, porque o senhor cumpriu com o seu dever educando treze filhos. É um homem extraordinário!

Nesse instante ele chamou Nilson, que estava em outro cômodo da casa, olhou demoradamente para nós dois e desencarnou tranquilamente.

Logo que recuperou a lucidez no Mundo espiritual, ele me apareceu. Eu estava proferindo uma conferência no auditório do SESI, na Ilha de São Francisco do Sul, em Santa Catarina. No auditório havia um mezanino que ficava no lado oposto do palco em que eu me encontrava, e, quando olhei mais atentamente, vi meu pai nele, assistindo à conferência – ele me olhava com os olhos brilhantes e esboçando um ar de felicidade.

Fui tomado de grande emoção, e ele me disse:

— Estou aqui acompanhando, meu filho.

A coisa mais notável para o meu pai era um orador falando em público. Ele não entendia nada do que o orador dizia, mas ficava fascinado!

Naquele tempo, em uma cidade do interior, como Feira de Santana, era muito elegante quando um orador estava falando e alguém da plateia dizia: "Apoiado!". Às vezes alguém dizia que não apoiava, o que se tornava um situação embaraçosa. Meu pai sempre comparecia aos discursos de políticos em praça pública e me levava pela mão. Toda vez que ele gritava "apoiado", obrigava-me a fazer o mesmo:

— Meu filho, diga "apoiado!".

Eu não sabia o que era, mas dizia:

— Apoiado também!

Quando eu me tornei espírita e comecei a fazer palestras em nossa Instituição, meu pai sempre estava presente. Sentava-se na primeira fila e falava alto, fazia gestos, tocando as pessoas ao lado com o cotovelo e dizendo:

— Isso é que é orador! É meu filho! É meu filho!

Às vezes eu ficava um pouco constrangido com o entusiasmo exagerado dele e solicitava:

— Pai, não diga isso!

— Por quê? Você tem vergonha de ser meu filho?

— Não, pai. É que as pessoas podem não entender e achar que fui eu que pedi para receber elogios.

— Que elas não entendam, mas que fiquem sabendo que você é meu filho!

Como não havia forma de impedir, eu sempre pedia a alguém conhecido para sentar-se ao seu lado. Toda vez que ele se exaltava, a pessoa dizia:

— Eu sei, *seu* Chico. Ele é seu filho. E fique tranquilo que todos aqui também sabem disso...

Então ele ficava satisfeito e se asserenava.

Pois naquele momento, no auditório do SESI repleto, ele estava no além acompanhando pela primeira vez (fora do corpo físico) a minha palestra. Fiquei meio paralisado, com a voz embargada a tal ponto que ela quase não saiu. Como meu pai não podia ver o seu filho orador fraquejar na tribuna, ele comentou:

— Meu filho, continue falando! E fale alto!

Eu gritei mais e segui entusiasmado até o final da conferência...

Então, ele se voltou para vários desencarnados que estavam ao seu lado e completou, cheio de orgulho:

— Estão vendo? Aquele ali é meu filho![89]

Portanto, a minha dificuldade em retribuir os abraços só foi diluída porque eu me autodescobri. No instante em que me dei conta do trauma, procurei trabalhar a minha resistência em abraçar e consegui superá-la. Nunca censurei meu pai, pois, na época em que ele foi educado, um homem jamais poderia abraçar outro indivíduo do sexo masculino – uma concepção religiosa machista e perversa que não encontra justificativa plausível, afinal, não é o ato em si de abraçar um homem ou uma mulher que vai determinar o caráter do indivíduo ou as suas pretensões no campo da sexualidade, porque o importante é a atitude interior da pessoa que abraça.

Hoje eu abraço tranquilamente os amigos que me oferecem ternura, que me beijam, sem me preocupar com a conotação sexual que um contato físico tão simples pode ter, porque a afetividade está acima das manifestações da libido. O ato de abraçar, para mim, é um gesto bastante natural, mas eu só passei a agir assim porque quebrei o ciclo de transmissão de valores entre gerações.

Meu pai era um homem analfabeto, mas dotado de bons sentimentos; no entanto, como eu era uma pessoa mais lúcida, concluí que aquela postura que ele havia me ensinado não era a ideal. Por isso eu abracei e abraço todas as crianças da Mansão do Caminho. Quando uma criança vem correndo em minha direção e me abraça, eu paro, sento-me, coloco-a na perna, segurando-a com cuidado, dialogo e dou atenção com imenso carinho...

Johann Heinrich Pestalozzi, o notável educador suíço do século 19, recorria a uma atitude que surpreendia as pessoas da época: quando chegava algum aluno novo em sua escola, ele se ajoelhava para falar com a criança. Durante muitos anos, eu pensava nesse gesto inusitado e me perguntava: "Por que será que o nobre educador fazia isso?", até que um dia eu descobri: sua intenção era ajoelhar-se para olhar o aluno nos olhos, colocando-se no mesmo plano que ele. Normalmente os adultos recebem as crianças olhando-as por cima, e o pequeno ser, ao ver aque-

---

89. Uma narrativa semelhante a respeito do pai de Divaldo encontra-se no livro *O Paulo de Tarso dos nossos dias*, de Ana Maria Spränger, Editora LEAL, cap. 20 (Goleiro de Deus). Nota do organizador.

la pessoa enorme na sua frente, sente-se naturalmente inferiorizado e experimenta uma espécie de temor. Entretanto, ao olhar o adulto no mesmo nível, há uma troca afetiva, uma empatia muito especial, e logo a criança se sente acolhida por um ser que lhe é semelhante.

Essa lição nos mostra que devemos ser como uma criança, sem sermos infantis. Foi o que nos disse Jesus quando afirmou: "Deixai vir a mim os pequeninos, e não os impeçais, porque dos tais é o Reino dos Céus!".[90] E o que fez o Grande Educador na ocasião em que pronunciou essas palavras? Ficou sentado e permitiu a aproximação das crianças, para não provocar um desconforto emocional nos pequeninos que desejavam sentir a Sua ternura. Na sequência, Ele pegou uma criança e colocou-a no colo, dando-lhe atenção e carinho infinitos, que resultavam da Sua postura impregnada de amor materno. E esta criança que teve a honra de sentar-se no colo do Mestre Nazareno viria mais tarde a ser o grande apóstolo Santo Inácio de Antioquia, Bispo e mártir do Cristianismo primitivo, que foi atirado aos leões no Coliseu, em Roma, no ano 107.

De acordo com os argumentos apresentados, é preciso que nos libertemos da dominação que a transmissão psíquica geracional pode proporcionar, estimulando-nos a assumir o papel não autorizado de senhores absolutos da vida dos nossos filhos. Não estou propondo um abandono total dos valores que nos foram ofertados pela família, mas uma lúcida e amadurecida revisão de conceitos, à luz da evolução cultural.

Sendo assim, é de importância vital que a concepção formulada pelos pais acerca do futuro do seu filho não provoque um clima de opressão, impedindo o jovem de tomar decisões para desenhar o seu próprio futuro de forma saudável. Além de ser uma opção improdutiva, a imposição castradora pode resultar em conflitos amargos e em situações trágicas na família.

Oportunamente, na Mansão do Caminho, atendendo a pessoas que me procuravam para uma palavra amiga, chegou-nos uma senhora da alta sociedade e me disse, de uma forma muito descortês:

---

90. Marcos, 10: 13-16. Nota organizador.

— Senhor Divaldo, eu sou psicanalista. Não acredito em Deus, nem na imortalidade da alma, nem no senhor!

Muito surpreso, eu achei que ela, sendo psicanalista, poderia ao menos ser educada, mas ela era só psicanalista... Então eu sorri e falei:

— Que bom, minha senhora! Em que lhe posso ser útil?

Ela me olhou detidamente e respondeu:

— Eu desejava notícias a respeito de um filho meu.

Nesse momento, sem que ela acrescentasse qualquer informação, eu vi acercar-se de mim um Espírito: era um jovem que deveria ter entre 14 e 16 anos e seu estado era de profunda perturbação. Trazia características muito constrangedoras, pois apresentava a cabeça perfurada por um projétil de arma de fogo – o *sangue* ainda estava em um fluxo muito expressivo. Apesar de trazer aquele *sangue coagulado* pela face e pelo rosto, em desesperação ele a golpeava e dizia:

— Assassina miserável!

A cena me surpreendeu pelo inusitado, e ele, voltando-se para mim como se me pudesse identificar, perguntou-me:

— Você me vê?

Eu fiz um gesto afirmativo com a cabeça, e então ele me disse:

— Fale para esta mulher que ela me matou! Ela é uma assassina! Ela veio aqui para lavar a consciência, porque está com remorso. É uma bandida!

Em seguida, ele desceu a expressões muito chulas.

A senhora, muito pálida, sem dar-se conta dessa realidade transpessoal, falou-me:

— Disseram-me que o senhor fala com os mortos.

— Não senhora! – retruquei. — Eu converso com os vivos, pois, além da morte física, eles prosseguem vivendo!

— Mas eu não consigo acreditar!

— Isso não muda nada, minha senhora, porque no tempo do Sistema Ptolomaico, quando se acreditava que o Sol girava em torno da Terra, era a Terra que girava em torno do Sol. Antes de se acreditar em micro-organismos, eles já existiam. Antes de se encontrar o inconsciente, como a senhora sabe, ele também já existia – tanto o inconsciente individual quanto o coletivo. Portanto, o fato de se crer, ou de não se crer, não irá modificar a estrutura de uma realidade, não lhe parece?

Ela ficou meio sem jeito, perdendo um pouco daquela *majestade* que acreditava possuir por conta do título universitário. Viu que estava diante de uma pessoa que também pensava, apesar de não ter nenhum título acadêmico.

Embora estivesse vendo o rapaz, eu lhe informei, jovialmente:

— Se a senhora está interessada em obter notícias de seu filho, poderia ao menos me dizer a data em que ele morreu?

— Isso é mesmo necessário?

— Sim, naturalmente. A informação ajudará a localizá-lo, porque, mesmo que a senhora não acredite, no Mundo espiritual existem bilhões de Espíritos... Se não tivermos alguma referência, seria o mesmo que lhe pedir para localizar uma tia minha aqui na cidade sem sequer dizer-lhe o nome ou o endereço.

Ela permaneceu um pouco confusa, e, neste momento, eu vi chegar uma outra Entidade espiritual: era uma senhora veneranda, que envolveu o rapaz desencarnado em muito carinho, enlaçou-o, acalmou-o e disse-me:

— Eu sou a avó materna dele. A minha filha está muito angustiada! Está sofrendo muito! Tenha compaixão!

Eu sempre procuro cultivar a compaixão. Coloquei a mão no ombro da mãe atormentada e falei, tentando tranquilizá-la:

— Eu sei que a senhora está muito aturdida. A morte é sempre uma devoradora de esperanças... Ela é um ser cruel, mesmo para nós que acreditamos na imortalidade da alma. Depois que ela passa pela casa dos nossos sentimentos, nunca mais somos os mesmos! Além de levar o ser querido, é natural que leve também um pouco de nós. Eu gostaria de dizer-lhe que a respeito do seu filho eu não terei facilidade para dar-lhe notícias, mas a respeito de sua mãe, que morreu dois meses antes do seu filho, eu posso dizer que ela está muito bem.

A senhora foi tomada de um espanto e contestou:

— Mas a minha mãe não morreu!

— De fato! – redargui. — Ela saiu do corpo, mas está aqui conosco, e eu a vejo.

— Mas e se eu lhe disser que minha mãe não morreu?

— Eu direi que a senhora está mentindo, porque sua mãe está aqui e está me dando o nome. Permita-me dizer o nome dela.

Então eu declinei o nome do Espírito gentil. Segurando-me pelas mãos, ela acrescentou:

— O senhor é um notável telepata! Conseguiu captar no meu inconsciente a informação!

Eu respondi, com muita compreensão:

— Se no seu conceito eu sou um telepata, pelo menos eu não sou um mistificador, um mentiroso. Eu lhe agradeço que a senhora me veja como um paranormal. Isso para mim é gratificante, porque, se eu não fosse ao menos um paranormal, eu não estaria aqui há quarenta anos em pé, ouvindo problemas e amarguras de tantas pessoas sem ganhar nada, numa época em que ninguém faz coisa alguma sem uma compensação financeira.

Em profundo estado de aflição, ela insistiu:

— Mas eu não consigo crer!

Tentei tranquilizá-la, esclarecendo:

— Não é importante que creia, é importante que não cultive a consciência de culpa. A senhora é psicanalista e compreende o que eu digo. A senhora está se martirizando!

Nesse momento, Joanna de Ângelis se aproximou e começou a contar a história toda, uma história recheada de tragédia...

Ela era casada com um respeitado psiquiatra e tinham um filho único. Tanto a esposa quanto o marido eram psiquiatras e psicoterapeutas de orientação materialista, adotando a linha da psicanálise freudiana. Eles concebiam que a matéria explica tudo e afirmavam com toda a convicção: "Quando o cérebro morre, a vida se acaba!".

O jovem filho do casal era uma pessoa frágil, possuía compleição orgânica muito delicada e estrutura emocional muito sensível. A partir dos 9 anos de idade, ele começou a frequentar a Igreja Católica, contra a vontade dos pais. Aos 14 anos ele dizia:

— Quando eu adquirir a minha independência, na maioridade, eu me tornarei sacerdote católico.

E a mãe lhe redarguia:

— Prefiro vê-lo morto a vê-lo sacerdote!

Invariavelmente, à luz da psicanálise, o voto de castidade é interpretado como um conflito sexual. Com esta opção, o indivíduo estaria se *autocastrando*. Por essa razão a mãe formulou uma determinação arbitrária que anulava as esperanças do seu filho.

O rapaz completou 16 anos e desejou ingressar no Seminário Católico. Por ser menor de idade, necessitava de autorização dos pais, que se negaram a concedê-la. Ele recorreu à Justiça, que demonstrou não poder interferir diante de uma situação daquelas, pois ele só poderia realizar seu desejo com a anuência dos responsáveis.

Certo dia, em um domingo ensolarado, ao dialogar com os pais, o jovem perguntou:

— Mamãe, diga-me se é verdade que, quando nós morremos, tudo se acaba e nós desaparecemos para sempre.

Ela respondeu:

— Claro que sim, meu filho!

E o marido concluiu:

— A vida é o cérebro. Quando o cérebro deixa de receber oxigênio, o indivíduo se anula e logo depois vem a morte, quando cessam os batimentos cardíacos. Depois disso não existe mais nada!

E o jovem voltou a indagar:

— Mamãe, você me garante que, quando morremos, tudo se acaba?

— Dou-lhe a minha palavra de mãe e de médica!

Após o diálogo, o rapaz se dirigiu ao seu quarto, abriu a gaveta de um dos móveis, tirou um revólver e deu um tiro na cabeça!

Mas, para a surpresa do jovem, depois da morte do corpo, havia vida! E ele despertou no Mundo espiritual *ensanguentado*, com o *projétil de fogo* atravessando-lhe o cérebro e em profundo desespero. Como ele havia sido induzido ao suicídio pela imprevidência dos genitores, seu desespero fez com que ele se voltasse contra os pais, particularmente contra a mãe, que passou a receber intuitivamente a ação psíquica do jovem e a desenvolver a culpa, pois ela se sentia responsável indireta pelo suicídio do seu único filho.

Eu olhei a mãe sofrida e comecei a considerar a tragédia do materialismo... Examinei as consequências desastrosas da ausência de uma estrutura científica nas religiões, que pudesse dar ao indivíduo a certeza da sobrevivência da alma. Daí eu lhe disse:

— Senhora, não se preocupe! Seu filho vive! Volte aqui quando isso lhe parecer oportuno.

Ela estava muito abalada, mas retornou, e eu lhe dei notícias:

— Seu filho está amparado pela avó, que o precedeu dois meses na *viagem do túmulo*. Não vou lhe dizer que ele está feliz, porque isso seria mentir doutrinariamente. Ele sofre os efeitos da ação intempestiva, uma vez que o suicídio, na visão espírita, é um crime hediondo, ao lado do aborto, da pena de morte e da eutanásia. Seu filho sofre, mas o amor da avó luariza a angústia.

Eu tive a oportunidade, nesse ínterim, de manter um contato psíquico com o rapaz: ele me deu o seu nome e falou sobre a última conversa que teve com a mãe, a respeito da qual eu só recebera notícias através de Joanna de Ângelis. Contou-me sobre aquele domingo ensolarado, quando a mãe lhe garantiu que a morte era o fim da vida. Jovem, inexperiente e sonhador, ele desejava uma doutrina de entrega, sem possuir qualquer transtorno sexual. Há muitas pessoas abnegadas e afáveis que não cultivam a religião como fuga, mas como uma busca pela plenitude, e aquele jovem, não podendo concretizar seus objetivos, optou pelo caminho do desespero...

Certo dia, a mãe retornou à Mansão do Caminho trazendo o seu marido, e desde esse instante estabelecemos um laço de amizade. No dia do terceiro aniversário da desencarnação do jovem, em uma reunião particular programada por Joanna de Ângelis, ele veio chorando para escrever-lhes a seguinte carta:

"Meus olhos ainda doem de lágrimas de sangue! Perdoe-me, mamãe! Você não tem culpa! Eu era somente fraco... Ajude-me agora com suas orações! Você necessita viver para salvar pessoas algemadas na ignorância e no materialismo. Talvez eu ainda volte aos seus braços na condição de uma criança dementada ou degenerada para que o seu colo me acalente, para que seus beijos me deem vida! Mãezinha! Meu pai querido!"

O rapaz escreveu posteriormente mais duas mensagens, confortando o coração dolorido dos pais atormentados pelo arrependimento. Depois de algum tempo, a família trasladou-se para uma cidade no sul do país, e hoje o casal milita na Seara Espírita e dirige um hospital psiquiátrico à luz do Espiritismo.

Por isso, se nos escudarmos em atitudes preventivas, fundamentadas no amor e na educação integral, poderemos evitar as mais variadas tragédias do cotidiano. É perfeitamente viável intercambiar afeto sem essas castrações psicológicas que não têm mais sentido, já que vivemos em um mundo mais aberto e menos dominado pelos preconceitos. Somente assim seremos educadores habilitados para contribuir positivamente com o processo de autorrealização dos nossos filhos.

7

CONFLITOS FAMILIARES

Aspectos gerais dos conflitos

A família enfrenta muitos desafios no mundo contemporâneo, destacando-se entre eles as modificações constantes na própria configuração familiar. Conforme analisamos no primeiro capítulo deste livro, essas modificações foram estimuladas pela existência da *família vitoriana* – a expressão está relacionada ao reinado da Rainha Vitória I, que esteve no trono da Inglaterra de 1837 a 1901, uma época em que o Império Britânico tornou-se o mais rico e poderoso do mundo. Nesse período, a sociedade inglesa possuía valores muito rígidos, fundamentados na disciplina e no moralismo vazio, e é por essa razão que mencionamos historicamente a ideia de família vitoriana quando nos referimos ao jogo de aparências que vigorava nas famílias do passado.

No formato tradicional das sociedades humanas, não havia problema no fato de se cultivar os vícios mais absurdos, desde que ninguém descobrisse. Essa proposta servia de base para as relações familiares, caracterizadas pela disputa de interesses e pela dissimulação. Os cônjuges juravam fidelidade uns aos outros, mas estavam mergulhados em vidas duplas, com traições conjugais e outras formas ilusórias de satisfação pessoal. Como essa era a tônica da vida social, fingir um bom procedimento estava previsto na conduta de quase todas as pessoas, e tudo então ficava oculto, elegendo a hipocrisia como o retrato das famílias.

Com a revolução cultural que se desdobrou nos anos 1960-70, essas posturas tradicionais sofreram uma grande revisão: no intuito de questionar os valores vigentes, a revolução convidou as pessoas a viverem a sua realidade sem se preocuparem com o que outros iriam pensar.

É natural que, durante as revoluções que pretendem implantar a liberdade, sempre haja uma boa cota de exageros por parte de alguns indivíduos e de alguns grupos, por isso os defensores da contracultura propuseram uma interpretação sociológica segundo a qual a família era uma instituição ultrapassada, não apenas no que diz respeito aos papéis sociais exercidos pelo pai e pela mãe, mas também em razão dos limites impostos pelo núcleo familiar, cuja função é educar, e dentro da educação existem princípios de disciplina que os protagonistas do período revolucionário consideravam um cerceamento inaceitável dos desejos e valores de cada indivíduo.

Muitos classificam essa época histórica como a grande responsável pelas convulsões que tomaram conta da família, mas na realidade os laços familiares sofreram intensos abalos porque sempre foram muito frágeis, embasados em concepções deturpadas. Em outras palavras, podemos dizer que aquele movimento apenas expôs as feridas já existentes da família e contestou as velhas estruturas da hipocrisia social.

Sem dúvida houve um certo exagero nas críticas que pretendiam questionar os valores instituídos, contudo a revolução cultural influenciou de alguma forma a grande derrocada do modelo familiar tradicional, e por extensão surgiram novos paradigmas para a educação. Uma das consequências positivas foi o fim da ditadura paterna, sempre perversa e machista, um fato que se fez acompanhar por uma visão mais coerente sobre a mulher e a maternidade – até então, a mãe era superprotetora ou castradora, não havendo meio-termo entre essas duas opções.

Todas essas informações convergem para uma conclusão: transformações culturais quase sempre acarretam choques psicológicos entre adultos e jovens que compartilham o mesmo espaço social, e essa é uma das razões pelas quais existem dificuldades de relacionamento entre pais e filhos.

Além dos aspectos culturais que fomentam o conflito de gerações, através do princípio da reencarnação também poderemos decifrar as desarmonias familiares que irrompem no mundo, considerando-se que muitos Espíritos retornam à Terra em famílias provacionais, que exigirão um grande esforço de convivência dos candidatos ao êxito reencarnató-rio. Isso explica uma tendência de comportamento que foi comentada no capítulo anterior deste livro, no item "Disciplina e filhos rebeldes": muitos jovens têm grande ânsia de sair de casa, de viver fora do ambien-te em que renasceram, uma vez que no inconsciente está registrado o motivo pelo qual vieram ao mundo naquele grupo familiar, e essa con-duta certamente se constitui uma fuga aos enfrentamentos evolutivos que reclamam atenção. Como o seu lar não é acolhedor e os membros do grupo não possuem uma visão espiritual dos laços de parentesco, os jovens se lançam em uma busca frenética por novos rumos e por expe-riências de prazer, relegando ao esquecimento os compromissos assumi-dos no Mundo espiritual, sob o pretexto de que necessitam de liberdade.

Ninguém pode viver de forma saudável sem o suporte da família, que prossegue cumprindo seu papel de célula básica, de núcleo for-mador do indivíduo para que ele se projete mais tarde na vida social. Quando a família sofre algum tipo de agressão, a sociedade tomba, por isso, nesse momento de transição planetária, está sendo formulada uma nova visão que decorre dos desafios emergentes, consubstanciados em diversos fatores: a dependência química e outros transtornos do com-portamento, a violência, a sexualidade, os vários obstáculos no rela-cionamento entre pais e filhos... Todos esses temas nos convidam a repensar as relações familiares.

Tenho notado, por exemplo, que a paciência é uma virtude muito ausente no seio da família contemporânea, um quadro lamentável que recebe a contribuição dos próprios pais. Se eles são os primeiros educa-dores com quem a criança trava contato, a sua conduta deve ser compa-tível com aquilo que ensinam, caso contrário, eles se tornam atores em uma cena desconectada da realidade. Como a paciência está no centro do processo educacional que se desdobra na intimidade da família, é sempre recomendável evitar discussões conjugais diante das crianças e adolescentes – atitudes grosseiras, acusações e desrespeito estimulam os filhos a não levarem em consideração qualquer advertência ou conse-lho que recebam. Os filhos são observadores críticos e severos, que não aceitam palavras, mas demonstrações. Por isso o casal deve reservar momentos próprios para abordar os seus problemas, evitando o quanto for possível que os filhos testemunhem as ocorrências de maior gravidade na relação conjugal.

A virtude da paciência representa um esforço necessário para compreender e lidar com as dificuldades. No livro *Jesus e o Evangelho à luz da Psicologia Profunda*, Joanna de Ângelis afirma que a paciência é a ciência da paz.[91] Precisamos colocar a paz em primeiro plano a fim de nos tornarmos naturalmente pacíficos dentro do lar.

É de fundamental importância, no entanto, diferenciar a atitude pacífica da indiferença que alguns pais revelam quando se deparam com o compromisso de educar. Para não ter trabalho, eles aceitam qualquer comportamento dos filhos, dizendo *sim* para tudo, no intuito de se esquivarem dos aborrecimentos. Essa é uma das piores propostas daquilo que alguns denominam como *educação moderna*, pois nesse caso ocorre uma confusão de conceitos.

A proposta educacional que me parece viável é evitar-se os excessos de utilização da palavra *não* na educação dos filhos, sobretudo aqueles que estejam na fase inicial da sua formação psicológica. Normalmente os pais e educadores repetem dezenas de vezes por dia: "Não faça isso, não pegue este objeto, não corra, não *isso*, não *aquilo*...", e dessa forma a criança tem a sua liberdade cerceada sem nenhum proveito para o seu desenvolvimento. O ideal seria que nós disséssemos a ela: "Se você tocar este fio, vai levar um choque; se você correr em um espaço tão pequeno, poderá cair e se ferir etc.", pois, com essa forma de comunicação, estaremos chamando a atenção da criança para os efeitos das suas atitudes, substituindo a negativa pura e simples pelo despertamento da consciência de cada um em relação ao que se deve ou não se deve fazer, e somente assim estaremos efetuando um ato educativo legítimo.

Portanto, evitar os excessos de utilização do *não* em hipótese alguma significará ter conivência com aquilo que está errado, sob a falsa justificativa de que pretendemos preservar a paz em nossa família.

Volto a insistir que no cotidiano da educação os pais precisam ser amorosos, mas enérgicos, porque o verdadeiro amor é aquele que

---

91. *Jesus e o Evangelho à luz da Psicologia Profunda*, de Divaldo Franco/Joanna de Ângelis. Editora LEAL, cap. 10 (A paciência), volume 11 da Série Psicológica. Nota do organizador.

tem a coragem de negar uma solicitação inadequada. Os educadores nem sempre estarão de acordo com o comportamento dos seus filhos, reservando-se o direito e a obrigação de estabelecerem parâmetros de equilíbrio para que os educandos desenvolvam o discernimento.

Entre os conflitos familiares mais frequentes, também detectamos o surgimento repentino de comportamentos estranhos por parte dos adolescentes. No período da puberdade, quando se processam alterações fisiológicas e psicológicas diversas, a glândula pineal estimula outras glândulas a liberarem hormônios que influenciam a vivência da sexualidade, ocasionando mudanças muito bruscas. Além da produção hormonal, identificada pela Ciência, a pineal, que desempenha o papel de glândula da vida mental, também produz *hormônios psíquicos* que interferem nesse quadro complexo. Em consequência, o Espírito encarnado reassume os seus valores intrínsecos, que resultam do acúmulo de experiências no passado reencarnatório – é o momento do despertar da consciência do *ser anterior* que jaz na intimidade de cada um de nós, permanecendo em latência quando mergulhamos na matéria e temos as nossas heranças espirituais relativamente *abafadas* pelo corpo infantil.[92]

A infância, representando um período de adormecimento das nossas potencialidades, pode ser visualizada como o Éden da linguagem psicanalítica de Freud, uma fase em que o bem e o mal não são realidades nítidas para o indivíduo reencarnado, pois ele ainda não consegue expressar integralmente os seus conteúdos psíquicos. Durante a puberdade, momento em que o ser espiritual passa a experimentar novamente a sexualidade plena, a árvore do bem e do mal vai apresentar as suas ramagens, a sua verdadeira natureza. Nessa fase irrompem os valores que norteiam o Espírito, exigindo dos pais uma postura de vigilância para administrar acontecimentos não esperados: o menino dócil pode se tornar rebelde, a menina gentil pode se tornar agressiva. Se os pais estiverem atentos, eles poderão contornar as dificuldades e evitar grandes conflitos.[93]

---

92. Ver o livro *Missionários da luz*, de Francisco Cândido Xavier/André Luiz, Editora FEB, cap. 1 (O psicógrafo) e cap. 2 (A epífise).
93. Consultar a obra *Adolescência e vida*, de Divaldo Franco/Joanna de Ângelis, Editora LEAL, cap. 1 (Adolescência – fase de transição e de conflitos). Notas do organizador.

As características espirituais de cada membro do grupo exercem influência sobre as relações interpessoais no âmbito doméstico, por isso, mesmo que sejam tomados todos os cuidados para a manutenção da paz, os antagonismos de maior ou menor proporção serão sempre possíveis, já que os integrantes de um núcleo familiar normalmente estão em diferentes níveis de consciência.

Níveis de Consciência e Família

A Psicologia Transpessoal possui uma abordagem que contribui de forma significativa para a compreensão do processo evolutivo: o estudo dos níveis de consciência. Cada ser se encontra em um estágio específico do desenvolvimento espiritual, o que explica as dificuldades que podem surgir no relacionamento entre Espíritos reencarnados em uma mesma família.

O primeiro nível de evolução é denominado *consciência de sono*. Nesse patamar, o indivíduo tem interesses muito restritos, voltados apenas à satisfação das necessidades primárias da existência humana: ele se alimenta, repousa e tem relações sexuais, demonstrando que é um *ser fisiológico*, que vive da boca para baixo, manifestando mais o instinto do que a inteligência, as emoções e a afetividade. No entanto, lentamente o Espírito desenvolverá suas potencialidades mais profundas e se tornará um *ser psicológico*.

Ao fazer uma análise sobre esse estágio evolutivo, o Espírito Joanna de Ângelis pediu-me que abrisse uma chave para diferenciar dois subníveis: a *consciência de sono sem sonhos* e a *consciência de sono com sonhos*. No primeiro momento, o ser ainda está mergulhado no torpor que representa o seu imenso distanciamento dos Soberanos Códigos da Vida, permanecendo totalmente voltado para as sensações fisiológicas e a sobrevivência; logo em seguida, ele começa a *sonhar*, agitando-se e preparando-se para um futuro despertamento, quando então terá interesses e aspirações que o farão buscar a Presença Divina.

O segundo nível evolutivo é a *consciência desperta*, em que a pessoa procura satisfazer suas necessidades básicas, mas também cultiva algum ideal: ela se dispõe a colaborar com a sua religião, com a atividade do seu clube ou outra causa humanitária, embora ainda não se comprometa com uma proposta mais ampla de enobrecimento da vida. Essa pessoa já possui discernimento e consegue visualizar novos horizontes, começando a trabalhar o seu mundo psíquico para futuras incursões em paisagens superiores.

O terceiro nível é intitulado *consciência de si mesmo*, quando o ser se revela possuidor de virtudes mais aprimoradas e se candidata à realização de ações expressivas em benefício da coletividade: ele se torna pioneiro em atividades de transformação do panorama social e é convidado a participar de projetos humanos de grande impacto, mobilizando seu potencial anímico a fim de cumprir os compromissos abraçados. É uma fase em que o indivíduo sintoniza com Espíritos nobres para assumir o papel de verdadeiro colaborador em programas de dignificação da criatura humana, sustentado pelo contato com as forças espirituais que zelam pelo seu êxito. Os fenômenos paranormais e mediúnicos desabrocham com naturalidade, e ele vislumbra um mergulho profundo nas dimensões do Infinito...

Esse nível de consciência não é apenas o de pessoas que se tornam líderes das massas, adquirindo uma imagem pública, é o nível de milhões de mães anônimas que renunciam às suas alegrias para que os seus filhos sejam felizes, é o estágio em que se encontram milhões de homens notáveis na paternidade, que trabalham *de sol a sol* para que nada falte aos seus familiares.[94]

O quarto nível é classificado como *consciência objetiva* ou *consciência cósmica*, em que o Espírito se encontra no mais alto grau evolutivo que se pode almejar na Terra. Esse patamar foi alcançado pelo admirável apóstolo Paulo, que disse de forma inesquecível: "Já não sou eu que vivo, é o Cristo que vive em mim!".[95] Também podemos ver o mesmo desenvolvimento espiritual em Madre Teresa de Calcutá, que afirmou amorosamente: "Eu sou o lápis na mão de Deus. Ele escreve por mim aquilo que deseja registrar!". Notamos a mesma realidade na vida incomparável do médium Francisco Cândido Xavier, que declarou

---

94. Ver o livro *Iluminação interior*, de Divaldo Franco/Joanna de Ângelis, Editora LEAL, cap. 19 (Consciência de si).
95. Gálatas, 2: 20. Notas do organizador.

com muita convicção: "A minha vida é a obra da mediunidade. Nasci pobre e parto rico, sem deixar senão uma semente de luz".

Os seres que atingiram a *consciência cósmica* experimentam fenômenos psíquicos de ordem superior, em um processo de intercâmbio íntimo com as Fontes Superiores da Vida.

Da mesma forma que ocorre no estágio anterior, esse nível de consciência não se refere apenas àqueles que produzem uma obra de grandes proporções na sociedade, ele também traduz o movimento de milhões de criaturas abnegadas que amam em silêncio, que ajudam discretamente, cujas vidas são exemplos para outras vidas.

Toda a epopeia da evolução está sintetizada no desenvolvimento da consciência, quando o Espírito vai aos poucos identificando a sua essência e percebendo que é fruto da Vontade Divina.[96]

Diante desse quadro explicativo, constatamos a necessidade de conviver e auxiliar os familiares que ainda se encontram na *consciência de sono*. Para atingir esse objetivo, deveremos perseverar nos propósitos estabelecidos, mesmo que os nossos parentes não tenham discernimento para nos acompanhar.

O indivíduo que já desfruta de maturidade espiritual reconhece os seus deveres perante a vida, procurando sempre assumir posturas éticas, em sintonia com os princípios da fraternidade, pois dessa forma ele dará o exemplo que aos poucos vai sensibilizando aqueles que se movimentam em níveis anteriores da evolução da consciência. Se os resultados não forem colhidos agora, ele não deve se perturbar pelo insucesso, porque muitas vezes as mudanças no comportamento dos seres que amamos só ocorrerão na próxima encarnação. As impressões psíquicas positivas ficam arquivadas no inconsciente, permitindo que na existência seguinte os nossos familiares retornem com maior lucidez, considerando que eles já incorporaram novas experiências que os estimularão a avançar na estrada da sublimação.

É natural que uma pessoa mais consciente experimente a angústia de querer auxiliar o outro a progredir, tentando de todas as formas

---

96. Os níveis de consciência também são estudados no livro *Médiuns e mediunidades*, de Divaldo Franco/Vianna de Carvalho, Editora LEAL, cap. 5 (Consciência mediúnica). Nota do organizador.

ensinar aos seres queridos algo de bom e de belo, mas é indispensável estarmos atentos aos limites do nosso papel junto àqueles que convivem conosco, pois esse limite está localizado no respeito pelas escolhas alheias, de modo que jamais devemos agredir o livre-arbítrio de ninguém. Muitas vezes, a pretexto de ajudar, desejamos a qualquer preço convencer os outros a pensarem como nós pensamos.

O problema enfocado contém uma sutileza muito especial, pois nem sempre percebemos as reais intenções da nossa conduta. Até que ponto a nossa interferência será de fato para ajudar? Será que não estaremos inconscientemente impondo aquilo que nos parece melhor? E toda imposição decorre da prepotência de quem se supervaloriza e menospreza o direito que cada um possui de percorrer os seus próprios caminhos.

Nem sempre o que é melhor para alguém o será para outro indivíduo, mesmo que este melhor seja a Doutrina Espírita. Muitos amigos me dizem: "Eu gostaria que o meu filho (ou a minha esposa, ou o meu marido) se tornasse espírita! Estou tentando fazer com que isso aconteça...", e eu respondo: "Se o seu familiar não tiver discernimento espiritual e você se precipitar, utilizando imposições e métodos antinaturais, tentando obter o fruto que ainda não amadureceu espontaneamente, este fruto não terá o seu sabor característico e você ficará frustrado".

Quando faço essa advertência, é porque conheço diversas pessoas que adotam a Doutrina e frequentam uma Casa Espírita, mas não correspondem às próprias expectativas e se decepcionam consigo mesmas, pois estão usando uma máscara para satisfazer os outros. O fato é que elas ainda não acolheram o Espiritismo em sua própria intimidade.

É preferível um indivíduo sem nenhuma vinculação religiosa, desde que seja um homem ou uma mulher de bem, do que um indivíduo com uma Religião esclarecedora e sem o menor traço de bondade no coração. O ideal seria que ele cultivasse bons sentimentos e conservasse uma vinculação religiosa que lhe trouxesse uma vivência profunda de espiritualidade – melhor ainda se procurasse conhecer os princípios da Doutrina Espírita, que explica os enigmas humanos com maior nitidez e nos auxilia a tomar decisões mais conscientes em nossos desafios existenciais. No entanto, na impossibilidade dessa ocorrência, temos que ter respeito pelo livre-arbítrio do outro, conforme demonstra *O Livro dos Espíritos* no capítulo que aborda a liberdade de consciência.[97]

A Doutrina Espírita nos convida a exercitar a tolerância e a aceitação das diferenças, capacitando-nos para conviver com aqueles que não pensam conforme a nossa visão da realidade.

Eu vivi uma experiência relacionada à necessidade de lidarmos com pessoas que revelam concepções bastante divergentes da nossa. Um colega de trabalho apresentava uma conduta de completa negligência com as suas obrigações profissionais, e durante muito tempo ele agiu assim, porque era protegido por um padrinho político de grande influência, que o favoreceu para que ele ocupasse aquele cargo sem ter sido submetido a nenhum processo seletivo, enquanto eu havia feito concurso e ingressado no serviço público pelas vias convencionais. Ele raramente ia ao ambiente de trabalho para exercer suas funções, pois estava sempre embriagado e sem condições de realizar nenhuma atividade, e, quando comparecia ao seu posto, era para criar transtornos e embaraços aos colegas. Todos permitiam aquele comportamento e tratavam-no com benevolência por causa das suas relações políticas, mas eu não compactuava com a sua postura insensata.

Ele gostava de me perturbar, e eu apreciava ser testado por ele. Os amigos espirituais falavam-me constantemente: "Esta é uma grande oportunidade para o teu aprimoramento. Aprende com ele aquilo que tu precisarás fazer espontaneamente nas atividades de amor que te aguardam na Doutrina Espírita".

Periodicamente, o meu colega me dizia:

— Divaldo, se eu me tornar espírita, será uma grande vantagem para você!

Eu sorria e respondia:

— Mas por quê? Até hoje eu tenho vivido muito bem sem você... e por certo viverei muito bem sem você a vida inteira...

Conviver com ele foi realmente um grande desafio para mim. Às vezes o meu colega fazia perguntas sem sentido que chegavam a me

---

97. Questões 835 a 842. No mesmo livro, ver o tema do livre-arbítrio (questões 843 a 850). Nota do organizador.

irritar. Certa vez, quando eu já estava a ponto de perder a serenidade, Joanna de Ângelis aproximou-se e me advertiu:

— Aprende com ele! Lembra-te do filósofo grego Diógenes, em Atenas, que ao falar com as estátuas sempre ouvia alguém dizer: "Tu és um louco! Não sabes que as estátuas não te podem responder?", e Diógenes afirmava: "Eu sei que as estátuas não irão dialogar comigo. Estou treinando com o silêncio da pedra para aprender a ouvir a estupidez de quem fala". Então, não percas a oportunidade de extrair algum aprendizado da convivência com o teu companheiro de trabalho.

Então eu fui transformando os meus breves contatos com ele em momentos de crescimento pessoal, desenvolvendo e consolidando a conduta que eu deveria me impor ao longo da vida.

Essa experiência durou mais de um ano, exigindo-me uma boa dose de paciência. De vez em quando ele me pedia provas de que o Espiritismo estava correto em suas concepções sobre a vida, e nessas ocasiões eu fazia alguns comentários e tentava satisfazer um pouco a sua inquietação. Usei todos os argumentos que eu conhecia, falando-lhe de Filosofia e de Ciência, utilizando as informações de autores clássicos e contemporâneos. Quando terminava de explicar, ele me dizia, em tom soberbo:

— Você não me convenceu!

O que ele ignorava é que eu não estava tentando convencê-lo. Atendendo à recomendação dos bons Espíritos, eu estava treinando para quando fosse conceder uma entrevista no rádio ou na televisão – esses veículos de comunicação exigem certa agilidade mental do entrevistado para que o tempo seja bem aproveitado, e uma maior velocidade de raciocínio permite ao convidado se desvencilhar de perguntas embaraçosas que pretendem colocá-lo à prova, pois naquela época os jornalistas e radialistas não nos entrevistavam, eles praticamente nos agrediam! A maioria deles adorava se confrontar com o entrevistado, em vez de proporcionar uma oportunidade para o debate de ideias e opiniões. Então, eu precisava estar sempre preparado para as dificuldades que surgiam, evitando que a ingenuidade me envolvesse em situações complexas, daí o meu colega de trabalho, com o seu comportamento inflexível e provocativo, foi para mim um grande professor.

Certo dia, ele me questionou:

— Divaldo, você fuma?

— Não.

— Por quê? O Espiritismo lhe proíbe?

— Em absoluto! O Espiritismo não proíbe nada! Eu não fumo, porque esse hábito é prejudicial aos pulmões e a todo o organismo.

— Mas você gosta de bebidas alcoólicas?

— Também não.

— Mas por quê?

— Porque esse hábito faz mal ao fígado e a outros órgãos.

— Mas você...

E ele foi me perguntando sobre diversos vícios que estão presentes na vida das pessoas vazias, que não possuem metas existenciais elevadas. O diálogo continuava, e eu fui dizendo que não mantinha nenhum daqueles hábitos vulgares. A certa altura, ele declarou:

— Divaldo, mas que vida sem sabor que você leva! Pois eu bebo, fumo, tenho inúmeras relações sexuais e faço tudo que me dá prazer! Gozo à vontade! Quando você morrer, não encontrará nada depois, porque a morte é o fim de tudo, e não terá desfrutado absolutamente nada da vida! Por outro lado, quando eu morrer, também não haverá mais nada, mas já terei aproveitado bastante!

Olhei bem para ele e respondi, usando a mesma linha de raciocínio:

— Eu acho que você está com a razão, do seu ponto de vista; mas, como você não pode ter certeza absoluta da inexistência da Vida espiritual, porque você ainda não morreu, a Lei das Probabilidades reserva cinquenta por cento de chance para mim e cinquenta por cento de chance para você, e por isso eu creio que a minha postura é mais inteligente. Imaginemos que, quando você e eu morrermos, não exista uma realidade além do corpo: para mim será excelente, porque minha vida é repleta de felicidade. Como você deve ter notado, eu estou constantemente de bom humor, ao passo que você nem sempre está. Todos os dias eu recebo as suas visitas e convivo com as suas tentativas de me aborrecer, que resultam em fracasso. Você vai embora irritado, porque não conseguiu abalar a minha paz. Mesmo que às vezes você até me perturbe um pouco, eu não demonstro para não lhe dar este prazer...

Ele sorriu, e eu prossegui:

— Agora vamos imaginar, por uma hipótese que você considera absurda, que haja vida depois da vida: quando eu morrer, estarei muito bem, e você, como será que estará quando morrer?

— Acho que terei sérios problemas...

— Pois é. Então vá em frente e descubra...

Curiosamente, esse foi o argumento que o convenceu. Ao longo de mais de doze meses, eu havia mencionado ideias e pesquisas de eminentes estudiosos da sobrevivência do ser, havia tecido comentários de diversas escolas do pensamento, contudo foi um simples argumento sobre o futuro que o abalou de verdade e o fez mudar os rumos da existência. Ele estava imerso na *consciência de sono* e necessitava de um choque de conceitos relativos ao seu próprio destino.

Meio atordoado com as reflexões que apresentei, ele saiu pensativo, e não falamos no assunto por um longo tempo.

Alguns dias depois, ele me confessou:

— Divaldo, pensando melhor, eu acho que é bom garantir o meu lado... É mais viável saber o que é esse tal de Espiritismo. Explique para mim por onde eu começo.

— Pois não. Amanhã mesmo eu lhe trarei *O Livro dos Espíritos* – respondi.

A transformação que se operou foi realmente admirável. O meu colega tem mais ou menos a minha idade e tornou-se um espírita exemplar: ele dirige um lar de crianças e contribui efetivamente para a construção de um mundo melhor.

Após muitos anos, em certa ocasião eu tive a curiosidade de perguntar:

— Por que você resolveu se tornar espírita? O que foi decisivo para a sua mudança?

Com sua irreverência habitual, ele esclareceu:

— Eu, hein! Preferi não arriscar! Eu já havia desfrutado de todas as coisas que a vida pode nos dar em termos de ilusões e de prazer, então achei melhor experimentar o outro lado! Porque se eu morrer e houver Vida espiritual, estarei garantido! E se não houver nada depois da morte, também estarei garantido, afinal, eu já fiz tudo que me deu vontade...

Esse caso evidencia que nós vivemos conforme o estágio evolutivo que nos tipifica, e o despertar da consciência é um processo individual, que não será concretizado por meio de imposições e de violência, sob a justificativa de que desejamos libertar da ignorância o ser que amamos, contribuindo para que ele seja plenamente feliz.

A única opção é sermos coerentes com as diretrizes que elegemos, servindo de exemplo e inspiração para que o familiar que permanece na *consciência de sono* realize o seu trânsito evolutivo, seja na atual existência, seja em existências futuras.[98]

FAMILIARES DIFÍCEIS

Quando analisamos os relacionamentos conturbados dentro dos lares, constatamos a imensa gama de dificuldades que permeiam as famílias.

Quase toda família tem um parente mais difícil, e muitas vezes se trata de uma pessoa que sustenta o estranho hábito de ser desagradável, de provocar aborrecimentos por motivos banais; em outras ocasiões, é alguém que não consegue ser gentil, mesmo sem a intenção de agredir. Um familiar com esse perfil é aquele a quem precisamos destinar maior soma de cuidados e de compaixão.

Se uma pessoa faz questão de ser um estorvo ou se age de forma rude por não ter autocontrole, estamos diante de um Espírito que carrega na intimidade uma alta dose de conflitos. Ele traz estados de angústia, de sofrimento e de inquietação que não consegue exteriorizar de maneira pacífica, causando-nos um grande sentimento de repulsa, razão pela qual acabamos sendo intolerantes e assumimos uma postura igual-

---

98. Um análise mais ampla sobre os níveis de consciência está no livro *Encontro com a paz e a saúde*, de Divaldo Franco/Joanna de Ângelis, Editora LEAL, cap. 1 (Experiências humanas e evolução do pensamento) e cap. 9 (A conquista da consciência). Nota do organizador.

mente agressiva e birrenta. Se dentro do lar não for cultivada uma visão espiritual dos laços familiares, ficará muito difícil conduzir o problema com equilíbrio e serenidade.

Em face dessas ocorrências, muitas pessoas me perguntam o que fazer diante de um familiar que nos fere e nos persegue, adotando posturas contrárias ao senso de justiça e amor. A dúvida envolve a necessidade de conciliar saúde psíquica e perdão sem sermos coniventes com o erro, e eu respondo que o método mais eficaz é oferecer o exemplo de uma conduta saudável a fim de que isso sensibilize a pessoa de temperamento difícil. Se não constatarmos uma transformação positiva em nosso parente, teremos que nos manter firmes em nossas opções, dando ao indivíduo o direito de ser como é, ao mesmo tempo que nos reservamos o direito de ser como devemos.

Kardec nos alerta que não é possível dedicar ao ser que nos causa aversão a mesma ternura que dedicamos a quem nos ama em profundidade.[99] Todavia, é perfeitamente viável trabalhar-nos para ajudar o Espírito que ainda se encontra na *consciência de sono*, porque poderemos ao menos respeitá-lo e oferecer-lhe o nosso apoio no que for necessário. Se a proposta se concretizar, é provável que em breve surja uma simpatia entre os seres que inicialmente se digladiavam, em seguida pode nascer uma amizade e, com o tempo, os dois estarão amando-se. O amor sempre será a solução para as dificuldades da família!

Realizando atendimentos em nossa Instituição e em outros lugares do mundo, eu tenho encontrado indivíduos que sofrem por causa da convivência com pais egocêntricos e vulgares, que se relacionam com os filhos de uma forma bastante conflitiva. Nesse sentido, podemos mencionar um elevado número de situações do cotidiano familiar: um pai dependente de álcool, que desrespeita o espaço doméstico; uma mãe negligente que sai para se divertir e não cumpre com suas obrigações junto aos filhos; um pai que só se comunica utilizando palavras agressivas; uma mãe que não respeita as escolhas que os filhos fazem para

---

99. *O Evangelho segundo o Espiritismo*, de Allan Kardec, cap. 12 (Amai os vossos inimigos), item 1. Nota do organizador.

administrar a própria vida... A lista realmente não tem fim, já que as circunstâncias são multivariadas.

O primeiro passo para lidar com situações dessa natureza é ter compaixão pelo pai ou pela mãe que insiste em manter comportamentos desaconselháveis. Esses pais devem ser tão infelizes que o filho lúcido precisa entendê-los e dar-lhes uma chance, perdoando-os e aguardando o momento em que poderá adquirir sua independência econômica e psicológica para viver a própria vida. Além disso, é importante recordar que nem sempre os pais biológicos da atual existência fazem parte da nossa família espiritual, embora tenham sido colocados em nosso caminho por razões compreensíveis – eles podem ser instrumentos-desafio em nossa estrada evolutiva. Será que essa mãe egocêntrica, autoritária e castradora de hoje não foi uma filha a quem nós prejudicamos, cerceando a sua liberdade e dificultando-lhe a busca pela felicidade? Se isso ocorreu, agora ela volta em posição oposta na organização do grupo consanguíneo, ensinando-nos uma preciosa lição, para que no futuro, quando constituirmos a nossa própria família, sejamos educadores mais conscientes.

A explicação não justifica a conduta de cobrança que a mãe se permitiu, mas elucida o problema de forma objetiva: a Lei Divina nos ensina a valorizar na experiência corporal aquilo que defraudamos.

Ao longo de toda a vida, se o filho notar que existe uma lacuna no vínculo com os pais, que ele não é amado nem aceito no ambiente familiar, será forçado a reconhecer que se trata de um resgate de compromissos espirituais do passado reencarnatório. Nessa conjuntura, a vida está fazendo-lhe um convite para que compreenda a situação conflitiva dos adultos, oferecendo-lhes o máximo de amor, uma vez que todos se encontram naquela família para que a animosidade do pretérito se converta em afeto genuíno.

Quando o familiar que sofre as agressões é um filho ainda jovem, normalmente o drama torna-se um pouco mais complexo, pois a criança e o adolescente ainda não têm maturidade, então surgem confrontos terríveis e instalam-se ressentimentos de longa duração. Ao chegar à idade adulta, às vezes o indivíduo está tão ferido que não consegue libertar-se da mágoa provocada pelo pai ou pela mãe; porém, se a pessoa que sofre ou sofreu com a conduta irregular dos pais já possui conhecimento da realidade espiritual, cabe a ela fazer um esforço para perdoar os seus genitores.

Os atritos familiares provocam muitas consequências, e uma das ocorrências mais comuns é o desejo do jovem em deixar a casa dos pais. Embora ele possa fazer isso no período próprio, para buscar a sua felicidade e realizar os seus sonhos, convém destacar que na velhice ou em estados de enfermidade desenha-se outro quadro de responsabilidades. A explicação sobre o tema está em *O Livro dos Espíritos*, questão 685, que trata do compromisso em relação aos idosos, quando estes últimos já não possam mais atender sozinhos às suas necessidades. O jovem precisa amparar o idoso, auxiliando aquele que utilizou todas as suas energias para dar assistência ao filho desde o seu nascimento. Este filho tem o dever de apoiar os pais no que for necessário, principalmente se um genitor for acometido por uma doença qualquer que prejudique a sua capacidade para cuidar de si mesmo. Neste caso, o pai, por necessidade evolutiva, passa a ser o filho, ao mesmo tempo que o filho torna-se o pai, em termos psicológicos, porque agora será o jovem quem irá presentear o idoso com o carinho, a bondade, o devotamento e a gratidão.

Gostaria de relembrar que no estágio evolutivo atual nós não reencarnamos no lar de nossa preferência, mas na família em que devemos estar para progredirmos mais. Todos nós, com raríssimas exceções, renascemos ao lado de pessoas de quem necessitamos. Em nosso grupo familiar podem retornar ao corpo Espíritos que nos são simpáticos ou antipáticos, mas também podem conviver conosco indivíduos por quem temos um sentimento neutro ou indiferente. Esse cenário abrangente gera uma tendência para satisfazermos os desejos e caprichos daqueles com quem sintonizamos, em detrimento dos demais, resultando em uma disparidade que nos faz praticar a exclusão, o que certamente é corrosivo para a constelação familiar. Se o indivíduo que nos antagoniza está vivendo em nosso ambiente doméstico, deveremos trabalhar incessantemente pela sua inclusão, pois isso permitirá que o processo educativo de todos os envolvidos alcance o êxito esperado.

Mesmo que a pessoa seja amada, isso não implica ausência de divergências. Há indivíduos românticos que veem o ser querido como uma luva que se ajusta à nossa mão; mas se a mão engorda, a luva fica apertada, e se a mão emagrece, a luva fica folgada, daí a pessoa amada pode discordar de nós – e ela age dessa forma exatamente pelo fato de nos amar. Ela tem o direito de contestar, aborrecer-se, reclamar... Esse é um admirável tempero do amor! Aliás, é com as pessoas amadas que aprendemos a suportar os inimigos.

Ao refletirmos sobre a reencarnação e os laços de família, concluímos que aquela pessoa que nos provoca desgastes emocionais é um Espírito que irá nos *alfinetar* a fim de aprimorarmos as nossas resistências. Diante dessa dificuldade, a conduta ideal seria pensar: "Se ele está perto de mim, eu preciso esforçar-me para ajudá-lo!". Quando Jesus fala em amar o próximo, não devemos esquecer que o conceito é aplicável principalmente ao próximo mais próximo de nós. É muito fácil amar alguém que mora em outra cidade, em outro estado ou em outro país, já que o nosso contato com essa pessoa é muito esporádico. Amar alguém com quem convivemos, cujos defeitos conhecemos, este sim é o grande desafio!

Dessa forma, não permitamos que as pessoas difíceis perturbem a nossa paz, e eu o digo a partir da minha própria vivência.

Em uma existência tão longa como esta que eu tenho vivido, algumas experiências não são fáceis. Na minha própria família eu tive uma irmã consanguínea que foi para mim uma mestra, ensinando-me resignação, coragem e muita paciência.

Minha irmã experimentava os seus dramas pessoais, como é natural em qualquer criatura, mas esses problemas eram intensificados por alguns distúrbios fisiológicos e de comportamento que se manifestavam de forma bastante singular: três ou quatro dias antes do fluxo menstrual, ela era dominada por dores e cólicas insuportáveis, ao mesmo tempo que se transfigurava e praticamente *enlouquecia*; depois que passava o fluxo menstrual, ela ficava mais de uma semana absolutamente desvitalizada.

O aspecto mais grave é que havia entre minha irmã e meu pai uma dificuldade de relacionamento muito acentuada, como resultado de circunstâncias infelizes em outra encarnação. Às vezes estávamos em casa conversando, e ela me dizia:

— Eu odeio tanto *aquele homem*, que sei que ele está vindo aí! Daqui a cinco minutos ele vai entrar por essa porta, pode esperar!

A previsão sempre era correta, pois dentro de cinco minutos ele chegava. Minha irmã percebia a irradiação psíquica dele a um quilômetro de distância, demonstrando o vínculo que se estabeleceu entre ambos em uma existência anterior. Na medida em que percebia a aproximação, se estivesse conosco na sala, ela saía do recinto para não o ver; se estivesse na porta, recolhia-se ao quarto para não encontrá-lo.

Durante toda a vida, minha irmã nunca pronunciou o nome de meu pai. Ela me dizia constantemente:

— Eu não posso sentir a lembrança dele que tenho vontade de matá-lo, esfaqueando-o lentamente! Não quero tirar a vida daquele infame com um revólver, porque seria muito rápido; ele merece morrer sentindo uma faca no seu corpo!

Um dia, viajando de ônibus com meu pai pela cidade, ele me olhou num momento em que eu estava distraído e me confidenciou:

— Minha filha é louca! Ela ama todo mundo, mas me odeia com todas as forças! E eu sou um excelente pai!

Depois do desabafo, meu pai começou a chorar... Em seguida, ele prosseguiu:

— Se a sua irmã pudesse, ela me mataria, não é verdade, meu filho?

— É verdade, pai.

Realmente era verdade: eles se odiavam terrivelmente!

Então eu senti uma profunda compaixão pelo meu pai e pela minha irmã! No momento em que eu me voltei para olhá-lo no banco do ônibus, tive uma visão psíquica do que aconteceu no passado reencarnatório dos dois, em uma região da Argélia, no século 19: minha irmã, que era uma bailarina argelina em um cabaré, havia sido assassinada por ele. A jovem dançarina o *roubou* da esposa, e ele a matou, porque ela não quis entregar-se totalmente aos seus caprichos de homem sedento por aventuras eróticas. A ex-amante reencarnou agora como filha do antigo parceiro para que ambos pudessem sublimar o amor, mas a filha via no pai da atual existência a imagem do amante que lhe destruiu a vida no passado.

Quantas vezes isso nos acontece?! Temos uma leitura sobre determinada situação e ninguém nos tira aquela ideia da cabeça. Não adianta que os amigos ou parentes nos digam: "Mas não é assim como você está entendendo!". A opinião apresentada pelos outros tem efeito nulo, porque não conseguimos modificar a nossa percepção a respeito do assunto. Quando isso acontece em relação a determinadas pessoas, estamos diante de lembranças de encarnações anteriores.

Nessa época eu era muito jovem, pouco mais que um adolescente, e, na minha ingenuidade, tentava modificá-la, e ela me respondia:

— Ele é seu pai, não meu!

Eu contestava:

— Mas então você está me dizendo que nossa mãe adulterou, porque nós só temos um pai e uma genitora!

Ela insistia, afirmando com ênfase:

— Ele não é meu pai!

Quando adquiri a consciência espírita, embora meus pais morassem comigo e eu fosse responsável pelas despesas, eu lhes pedia licença para fazer o Evangelho no Lar, na tentativa de harmonizar um pouco o ambiente. O cuidado em pedir permissão se deve ao fato de que nunca impus a Doutrina Espírita a ninguém – nunca! –, sempre expus. Quando a pessoa não aceitava, eu também não me envolvia, porque respeito muito a liberdade dos outros, mas também não deixo que os outros interfiram na minha. Faço exatamente aquilo que acho que devo fazer, aceito sugestões, mas não me submeto a imposições: é o direito de liberdade de consciência, sem o qual permaneceremos imaturos.

A sala de jantar onde eu fazia o estudo evangélico era conjugada ao quarto de dormir da minha irmã, por isso eu lia e comentava uma página edificante exatamente nesse cômodo da casa, para que ela fosse beneficiada com as informações espirituais; mas, percebendo a minha estratégia, ela fechava a porta sem a menor cerimônia. Certo dia, quando ela se distraiu, eu quebrei a fechadura e pus um pequeno objeto debaixo da porta, de modo que ela não podia ser trancada, nem totalmente fechada. Não conseguindo mais se isolar no quarto, ela ligava o rádio em um volume altíssimo, então eu pedi a Nilson que danificasse uma pequena estrutura do aparelho a fim de que ele não funcionasse. Ela não percebeu a minha tática, mas ficou muito aborrecida:

— Isso é um absurdo! Este rádio não funciona!

— Infelizmente eu não posso fazer nada, não sei consertar o rádio e também não tenho dinheiro para comprar outro – respondi.

Foi a única forma que encontrei para que ela ouvisse o estudo e refletisse sobre a vida...

Minha irmã continuava doente. Às vezes, íamos nos deitar, e ela começava a cantar. No dia seguinte eu tinha que me levantar cedo para trabalhar e sustentar a família. Então, o que eu fazia? Orava e continuava acreditando nos meus ideais.

Ao contar isso em breves minutos, é impossível transmitir toda a dramaticidade dos trinta anos em que enfrentei a situação. Eu sabia que era um desafio à minha consciência espírita, e também sabia que, paradoxalmente, minha irmã me amava, além de amar a minha mãe; no entanto, ela amava à sua forma, com seu comportamento temperamental.

Uma vez, ela estava tão atormentada pelos seus sofrimentos que me disse, textualmente:

— Você é bom para quem não o conhece!

— Mas por que esse desabafo? – perguntei.

— Porque dentro de casa eu estou morrendo, e você nunca me aplicou um passe! Você anda dando passe por aí em todo mundo que não pertence à sua família. Você é bom para os de fora, mas dentro de casa eu estou morrendo, e você não me ajuda! Onde está a sua bondade?! Onde está o seu Espiritismo?!

Respondi-lhe com muita ternura:

— Eu nunca lhe apliquei um passe porque você nunca me pediu. Já que você sabe que eu faço isso, você não pede porque não quer, então eu não lhe obrigo, pois sei que você não gosta.

— E se eu pedir?

— Não haverá problema.

— Então me dê um passe agora!

— Com prazer! Mas você vai ter que escutar o Evangelho antes.

— E para quê?!

— Para dulcificar o seu coração e para que os seus acompanhantes, os nossos irmãos espirituais, também escutem.

— Já que é assim, vamos lá!

Era o que eu estava esperando há trintas anos, mas como ela nunca me havia dado espaço para isso, eu procurei não ser invasivo. Nesse momento, ela me puxou e me levou ao quarto para que eu lhe aplicasse um passe *na marra*, porém insisti com a explicação de que era necessário nos prepararmos com uma leitura agradável e instrutiva, e então pedi que ela abrisse o Evangelho para ler.

Eu nunca abro o Evangelho para ninguém, porque, toda vez que abrimos, vem aquela verdadeira *pancada* que nos lembra das nossas dificuldades morais. Sendo assim, eu solicito que a pessoa interessada tome o livro nas mãos e leia, para não parecer que selecionamos um determinado texto de propósito.

Certa vez, eu estava visitando um amigo muito querido que havia sofrido um infarto do miocárdio. Ele pediu que fizéssemos uma breve reflexão doutrinária, e eu aceitei, abri o Evangelho e encontrei o texto *Se fosse um homem de bem, teria morrido.*[100] Não me atrevi a continuar... Resolvi dizer, com muito cuidado:

— Leia você mesmo, meu amigo, afinal a ideia de fazer o Evangelho foi sua.

Ele pegou o livro e exclamou:

— Ai, meu Deus! Que bom que eu ainda não sou um homem de bem!

É por essa razão que eu tento evitar mal-entendidos...

Minha irmã abriu o Evangelho, e o "acaso" se encarregou de selecionar a belíssima página intitulada *A ingratidão dos filhos e os laços de família,*[101] uma mensagem muito apropriada para o comportamento agressivo que ela mantinha em relação ao meu pai. De longe, sem tocar no livro, eu solicitei:

— Leia um pequeno trecho.

---

100. *O Evangelho segundo o Espiritismo*, de Allan Kardec, cap. 5 (Bem-aventurados os aflitos), item 22.
101. *O Evangelho segundo o Espiritismo*, de Allan Kardec, cap. 14 (Honrai o vosso pai e a vossa mãe), item 9. Notas do organizador.

Preferi não manusear as páginas, pois ela poderia pensar que eu havia escolhido aquele texto para dar-lhe um recado indireto, uma vez que pessoas com transtornos psicológicos muitas vezes se sentem perseguidas ou invadidas em sua privacidade.

Então, ela abriu e começou a ler:

— A ingratidão dos filhos e os laços...

O interessante é que ela começou a ler bem alto e foi aos poucos diminuindo a intensidade da voz até quase sussurrar... Para notarmos como a consciência nos avisa que estamos insistindo em um equívoco...

Com todos esses cuidados, eu procurei criar um clima psíquico adequado e apliquei a bioenergia. Foi um dos momentos mais importantes da minha atual existência!

Ao longo da aplicação do passe, eu podia ver a Entidade espiritual perversa que a molestava e agravava o desentendimento entre a minha irmã e o meu pai. Falava-lhe mentalmente, com ternura, mas o Espírito me enfrentava, informando-me:

— Não se meta, porque o problema não é com você, é com eles, e eu não irei ceder!

Durante muitos anos eu dialoguei com esta Entidade, que me respondia:

— De você eu gosto. Não tenho nada contra você, mas eles dois me pagam!

Depois que apliquei esse primeiro passe, tive uma visão psíquica de muita dor – normalmente eu prefiro não contar detalhes de situações muito afligentes para não impressionar as pessoas. Tratava-se de um Espírito tão perverso que ele *sugava* psiquicamente, a distância, as energias sexuais da minha irmã, vampirizando-a. Com a aplicação da bioenergia, nós começamos a cortar esse fluxo, e a Entidade foi afastada pelos amigos espirituais.

Quando eu terminei, minha irmã me relatou:

— Que curioso! Estou com uma impressão de que uma lufada de ar fresco se derramou sobre mim, dando-me uma sensação de leveza...

— Mas que bom!

— E você me aplicará outro passe?

— Só se você marcar a data, para não se arrepender depois!

— Então eu quero que seja amanhã!

— A que horas?

— Às 8h.

— Está marcado! Mesmo que você não queira, eu irei aplicá-lo. Se de hoje para amanhã você mudar de ideia, o passe já está programado!

A partir daí eu me aproveitei do primeiro pedido e perguntei-lhe, dois dias depois:

— Quer o passe hoje?

Com um tom de voz um pouco áspero, ela me respondeu:

— Não, não quero!

Perguntei-lhe várias vezes nos dias subsequentes, até que um dia ela concordou:

— Hoje eu quero.

Fui aplicando a fluidoterapia de acordo com a sua vontade.

Além das questões referentes ao meu pai, minha irmã tinha um namorado. Para ser franco, na época, eu não sabia como é que o rapaz conseguia amá-la, uma vez que eu, como irmão e espírita, tinha dificuldades. Parecia ser uma questão de origem cármica, pois ele era um homem bonito, do tipo *hollywoodiano*, enquanto ela nem de longe possuía a beleza dessas modelos que aparecem na mídia, embora apresentasse certa elegância – mas a diferença estética entre ambos era nítida. Quando ele vinha conversar com a namorada, eu, ainda imaturo, olhava para os dois e pensava: "Meu Deus! Eu acho que ele está pensando que ela é rica, porque não é possível!". Com o passar do tempo, eu constatei que o jovem realmente a amava, já que muitas vezes eu testemunhei quando a minha irmã, enfurecida, o punha para fora de casa, no entanto, depois de algum tempo, ele voltava.

Passaram-se os anos... Certo dia, eu recebi uma criança de uma senhora que estava morrendo de tuberculose. Fui visitá-la em sua residência para ver como poderia ajudar, e nessa ocasião a mãezinha me disse:

— Leve o meu filho! Eu estava esperando somente o senhor para poder morrer...

Consumida pela doença prolongada, ela estertorava numa cama, acima da qual havia uma rede com uma criança muito pequena. A mãe continuou a falar-me:

— Senhor Divaldo, por causa da minha falta de recursos, eu deixo de comprar remédio para mim, porque somente assim eu posso comprar leite e talco para o meu filho.

Então eu lhe pedi que me entregasse a criança, tomei-a nos braços e tentei tranquilizar a mãezinha agonizante:

— Agora você pode morrer em paz, pois ele terá uma família.

Ela desencarnou trinta minutos depois, e eu conduzi a criança para a Mansão do Caminho.

Transcorridos alguns meses, eu levei o menino um dia até a casa dos meus pais, e quando a minha irmã o viu, gostou muito dele, sintonizando com o garoto de imediato. Então ela me fez o seguinte pedido:

— Di, traga o menino para ficar aqui um dia comigo.

— Não posso, pois seria uma exceção.

— Mas mesmo de uma criança que eu goste?

— Na Mansão do Caminho eu tenho 125 crianças, e se você gosta dessa, o que eu farei com as outras 124? Se você quiser, poderá ir lá visitá-lo.

— Lá eu não irei nunca!

— E ele tampouco virá aqui passar um dia inteiro com você, pois que é uma questão de equilíbrio e de ordem. Quando eu trouxer outras crianças aqui, talvez eu o traga no grupo, mas será sempre uma visita comum, sem a possibilidade de oferecer privilégios a qualquer criança.

É muito curioso como esse menino conseguia sensibilizá-la profundamente. Periodicamente eu levava algumas crianças para visitar minha família e o incluía, mas a minha irmã só a ele abraçava, pois o garoto realmente era especial para o seu coração. Em relação aos outros, ela me dizia:

— Mas que meninos antipáticos!

O menininho cresceu. Certa vez, quando ele já estava falando, eu o levei novamente para nos visitar. Nessa ocasião, passou perto dele um gato, e ele chamou o pequeno animal com tanta graça, que todos nós ficamos encantados. Minha irmã ficou ainda mais enternecida pelo menino e me afirmou:

— Se algum dia eu tiver um filho, eu gostaria que ele fosse assim! Eu respondi-lhe:

— Mas será sim. Deus vai conceder-lhe...

Nesse ínterim, ela se foi libertando daquela Entidade espiritual que a vampirizava. Pensando em evitar problemas, eu convidei meu pai para morar comigo na Mansão do Caminho, porquanto, se ele estivesse longe do contato diário com a minha irmã, a zona de atritos entre ambos seria diminuída, por isso eu lhe propus:

— Pai, o senhor gosta tanto de caminhar, e lá na Mansão há uma área muito extensa que irá agradá-lo, além das crianças que lhe podem fazer companhia.

Ele aceitou a sugestão e foi morar comigo em nossa Instituição. No final de semana ele ficava em casa com a família, mas o desentendimento entre pai e filha prosseguia.

Nesse período, meu pai adoeceu gravemente, e os Espíritos amigos me informaram que ele iria fazer a *viagem de retorno*. Eu cheguei em casa e comuniquei a todos:

— Pai está desencarnando, e eu gostaria que mãe fosse ficar com ele nessas últimas horas.

Eu me voltei para minha irmã e lhe disse:

— É a sua última oportunidade nesta reencarnação! Eu não posso conceber que você teve um pai extraordinário, um homem honrado que nos legou dignidade, e irá deixá-lo partir sem dialogar com ele. Aproveite! Vá visitá-lo!

Os amigos espirituais me disseram que, se nesta encarnação eles não conseguissem diluir o ódio recíproco, só teriam uma nova chance dentro de aproximadamente 100 anos, por isso eu insisti com a minha irmã para que ambos se reabilitassem perante a própria consciência e as Leis da Vida.

Ela me perguntou, apreensiva:

— Ele está morrendo mesmo?

— Está sim! – confirmei.

— Então eu vou! – acrescentou ela.

Meu pai foi um homem honesto e de nobre caráter. Era daquela estirpe de homens que dizia: "Eu dou um fio da minha barba ao assumir um compromisso e isso vale mais do que um contrato!". Ele me ensinou a viver dignamente para nunca perturbar ninguém, e tive nele o exemplo ético de não criar embaraços a pessoa alguma, pelo menos conscientemente.

Dessa forma, levei minha irmã e minha mãe para se despedirem. Minha mãe entrou no quarto e ficou por longos momentos ali, e, quando percebi que estava chegando o instante do desenlace, eu lhe solicitei:

— Mãe, saia um pouquinho.

Dirigi-me ao meu pai e falei-lhe:

— Pai, o senhor viveu uma longa encarnação de 82 anos, por que levar mágoas para a outra existência? Não seria bom que isso acabasse hoje? Eu trouxe a minha irmã, que está lá fora.

— E o que você acha, meu filho?

— Deus é muito bom, pai! Aproveite!

— Então peça para ela entrar.

Eu fui até o cômodo ao lado e falei com ela:

— Pai está esperando.

— Venha comigo, Di! – pediu-me, muito aflita.

— Não posso, pois o problema é de vocês dois – respondi-lhe.

— Mas eu tenho medo dele! – completou minha irmã, demonstrando um receio que não possuía justificativa aparente.

Notemos que nas palavras dela estão as *marcas* do passado reencarnatório, impressas na consciência.

Então eu resolvi tranquilizá-la:

— Vamos fazer o seguinte: eu entro com você, mas os dois terão que fazer as pazes a sós.

Ela aceitou a sugestão, e eu entrei no quarto segurando-lhe o braço, que tremia como se estivesse caminhando para o cadafalso. Eu a sentei e falei baixinho:

— Pai, o senhor está me ouvindo?

Ela se enterneceu e extravasou:

— Perdoe-me, pai! Eu não fiz por mal! O senhor sabe que eu sou doente! O senhor me perdoa?!

373

Aquele foi o momento em que, pela primeira vez na vida, ela o chamou de *pai*.

Comovido com aquelas palavras, ele tomou-lhe as mãos e declarou:

— Deus te abençoe, minha filha! Quanto tempo nós perdemos!

Eu me inseri no diálogo e expliquei:

— Não perdeu, pai! O senhor ainda vai voltar como filho dela!

Ele me olhou emocionado e perguntou-me:

— E você volta como meu filho?

— Não tenho merecimento – respondi. — Mas se Deus permitir, eu gostaria de retornar à Terra como seu filho.

Naquele instante os dois se abraçaram, e eu saí do quarto. Quando retornei, o meu pai segurou minha mão e nós ainda pudemos trocar algumas palavras, conforme narrei no item sobre "Autorrealização dos filhos". Em seguida, ele chamou Nilson, que estava em outra parte da residência, olhou bem para nós dois e despediu-se:

— Meu filho, Deus te abençoe!

Ao dizer isso, ele desencarnou...

Sepultamo-lo e trouxemos minha mãe e minha irmã para casa.

Um mês depois, minha irmã me chamou e me comunicou uma decisão que havia tomado:

— Di, eu quero dar a minha vida às crianças que precisam de ajuda, quero ir morar na Mansão do Caminho e dedicar-me integralmente à causa do bem. Você me aceita?

Eu lhe respondi, com toda a honestidade:

— Lembre-se de que você é uma pessoa muito difícil. Na Mansão do Caminho, você não será minha irmã consanguínea, será apenas uma irmã espiritual, pois eu não atenderei aos seus caprichos. Aqui em sua casa eu posso fazê-lo, mas lá eu tenho uma disciplina da qual não abro mão. Você não será diferente dos outros: o que todos fizerem, você terá que fazer e também não estará autorizada a ser porta-voz de pessoas que queiram falar comigo e tentem utilizá-la como ponte, porque eu não vou considerar. Em suma, se quiser ir, você irá *morrer*, ou seja, acabam-se os privilégios que decorrem dos nossos vínculos familiares, e seu trabalho será para Jesus. É claro que eu terei um carinho especial por você, mas não atenderei nenhuma exigência fútil, portanto, eu lhe aconselho a não ir. Vá visitar periodicamente, se desejar, pois se você decidir ir para lá e depois se arrepender, vai criar-me um grande problema. Além disso, como ficará o seu namorado? Eu não vou admitir que ele vá namorar na Mansão do Caminho!

— Isso não será um transtorno, Di, já que eu irei acabar o namoro.

— Por quê?

— Porque eu não o mereço! Ele merece uma esposa melhor do que eu.

— Mas você o ama!

— De fato eu o amo, mas eu lhe tornaria a vida muito difícil. Eu o amo tanto que vou libertá-lo para que ele seja feliz! Por causa dos meus desequilíbrios, ele teria em mim uma péssima esposa.

— E se ele estiver disposto a se casar com você assim mesmo?

— Ele não aguentaria! Eu me conheço.

— Então acabe.

— Você me ajuda, Di?

— Sim, eu ajudo você.

No dia em que o rapaz veio, alegre, com um buquê de flores, nós três nos sentamos e ela falou-lhe:

— Eu o amo muito, mas quero me dedicar à obra que meu irmão está realizando. Prefiro tomar conta das crianças sem que elas sejam meus filhos biológicos, por isso eu quero deixar você livre.

— Mas eu a amo!

— Eu também o amo, como já falei, e por nos amarmos tanto seremos amigos, pois como marido e mulher nós vamos nos cansar e nos ferir um ao outro. Se formos amigos, teremos um laço afetivo para sempre! E não insista, porque você me conhece!

Ele olhou para mim com espanto, e eu lhe confirmei:

— É melhor para todos nós. Você realmente merece um lar muito bom, que ela não lhe pode dar. Eu sei que é muito doloroso agora, mas se for da forma como você deseja, será mais doloroso depois.

Vale lembrar que naquela época não havia divórcio.

Eu continuei a aconselhar o rapaz:

— É melhor assim. Ela vai morar comigo, e você poderá visitá-la. No entanto, as visitas serão apenas aos domingos pela manhã, porque lá não é local adequado para questões pessoais.

Claro que aquela era uma solução dolorosa. Ele aceitou, devido aos fatos, e a sua ex-noiva foi morar comigo na Mansão, tornando-se uma irmã incomparável!

Como sabia costurar, ela assumiu o Departamento de Costura que oferecia suporte à Creche. Naquela época havia 125 crianças residentes, mas tempos depois ficamos com 150 crianças somente na Creche, e ela costurava todas as roupas das meninas e meninos que a Instituição atendia. É evidente que recebíamos ajuda, como a recebemos até hoje, contudo ela foi a responsável por essa atividade durante mais de vinte anos.

O rapaz continuou a visitá-la aos domingos, como amigo. O curioso é que depois de alguns meses, quando o choque emocional e a dor se dissiparam, ele começou a namorar uma jovem e decidiu apresentá-la à minha irmã, que me chamou para participar do momento, e todos conversamos amigavelmente. A intenção dele era que a ex-noiva aprovasse a sua nova namorada... A certa altura da conversação, o jovem perguntou-nos:

— O que vocês acham da minha namorada?

Por sua vez, minha irmã me olhou de um jeito especial e indagou:

— Que tal, Di?

Eu entendi que ela desejava saber o que a minha clarividência havia detectado, talvez para identificar se a moça era mais uma jovem atormentada no caminho do pobre rapaz... Sorri discretamente e respondi de forma jovial:

— Ela é uma moça muito bonita e parece ser uma pessoa muito boa!

Minha resposta foi sucinta para que eu não me comprometesse, é claro... daí a minha irmã completou:

— Sejam muito felizes! Eu desejo o que houver de melhor para vocês dois!

Alguns meses mais tarde, quando nasceu o primeiro filho do casal, o pai levou a criança para que a amiga pudesse abençoá-la e dizer-lhe palavras de amor...

Minha irmã se fez uma filha excelente para minha mãe, como poucas que eu já tenha visto. Chegava ao cúmulo de dormir na mesma cama para que, quando a minha mãe apresentasse a respiração alterada, ela estivesse vigilante. Quando a minha mãe adoeceu, ela pôs uma esteira no chão e não aceitou colchão, colchonete ou cama adicional. Seu intuito era ficar alerta para qualquer necessidade de nossa genitora.

Como podemos constatar, minha irmã sublimou esta existência! Afinal, Deus é Amor!

Quando minha mãe estava partindo, ela disse à filha atenciosa:

— Não chore! Você não pode ficar nervosa! Lembre-se de que seu irmão é espírita, e você tem que dar o exemplo para ele não ficar mal diante das outras pessoas.

Ao ouvir esse pedido, minha irmã voltou-se para mim, decidida a manter-se serena, e me informou:

— Eu farei isso pela sua fé!

Na verdade ela própria já havia desenvolvido a fé em Deus e aguentou firme aquele momento em que a nossa mãe veio a desencarnar.

Ela continuou morando sozinha numa casa que construímos com um empréstimo imobiliário da repartição em que eu trabalhava, cujas mensalidades foram pagas por mim para não explorar a Instituição.

Nas atividades da nossa comunidade, ela manteve uma conduta impressionante e nunca interferiu a favor de ninguém. Numa comunidade composta por 300 adultos, nem sempre é fácil manter-se com uma postura irrepreensível em relação a pedidos de favores. Quando as pessoas solicitavam a sua intercessão comigo para alguma coisa, ela explicava:

— Meu irmão mora ali naquela casa, e você mesmo poderá falar-lhe, sem a minha interferência.

Ela nunca se queixou de ninguém. Eu só podia estar com ela uma média de dez ou quinze minutos por dia, quando eu tinha oportunidade de visitá-la. Às 16h50, eu descia da minha sala de trabalho e ficava com ela até as 17h, que é a hora do nosso lanche preparatório para a reunião da noite. Conversávamos rapidamente. Ela nunca nos criou o menor embaraço, nunca saiu sequer para ir ao portão da Mansão do Caminho e jamais foi visitar-me na Casa grande, que fica ao lado daquela em que residia. Dedicou-se inteiramente às crianças até a sua desencarnação.

Um dia eu lhe perguntei:

— Por que você mudou tanto e tornou-se espírita?

Ela me respondeu:

— Porque você nunca me obrigou a aceitar a Doutrina. Você sempre respeitou a minha liberdade. Por isso, quando me perguntam se o que você fala nas palestras corresponde à sua conduta, eu digo às pessoas que é tudo verdade, pois dentro de casa você age conforme ensina aos outros.

Não é fácil a estrada de ninguém. Todos temos desafios! Entre os vários desafios, destacam-se as dificuldades geradas por um familiar que não concorda conosco; porém, não abdiquemos do nosso ideal, não sejamos coniventes e digamos à pessoa: "Você tem o direito de fazer o que lhe apraz, mas, como eu não concordo, vou fazer como devo", e assim não entraremos em atritos desnecessários.

Eu sintetizei em poucas linhas uma história de quase 50 anos de vida. Imaginem o drama que eu descrevi sendo enfrentado diariamente: as picuinhas, as pirraças, as portas batidas, as indiretas e provocações, porque a minha irmã estava telementalizada por forças ultrajantes do Mundo espiritual inferior, não era apenas um problema dela com o meu pai.

De qualquer forma, aquele desentendimento tão grave foi também uma ocasião para que eu desenvolvesse a virtude da paciência. Eu aprendi a ter paciência com os outros porque aprendi primeiro a exercitar a paciência dentro de casa.

Por isso ninguém será um bom cristão na rua se não o for junto à sua família. É muito fácil ser gentil com os estranhos, contudo, a caridade deve ser praticada primeiro dentro do lar.

Os pais, os casais, as famílias cristãs são convidados a refletir sobre a necessidade de sermos verdadeiramente cristãos no âmbito doméstico. Precisamos ter paciência com os que são difíceis e tolerância com todos. O nosso exemplo poderá não converter, mas iremos adquirir respeito e mérito diante daqueles que nos acompanham.

FILHOS VIOLENTOS E A PEDAGOGIA DO AMOR

Frequentemente a juventude elege pessoas atormentadas para servirem como modelos, indivíduos que nos inspiram compaixão em lugar de estimular-nos a seguir os seus exemplos. Isso acontece porque o jovem está sempre em busca de *heróis* nos quais ele possa espelhar-se para desenvolver a personalidade, projetando sonhos e ideais que lhe nortearão a existência na Terra.

Nesse sentido, oferecer um brinquedo de guerra a uma criança é um incentivo à violência, um estímulo à criminalidade, por favorecer o afloramento dos instintos agressivos que se encontram na intimidade do ser profundo. A criança será o que dela façam os seus educadores: se lhe damos um brinquedo de guerra, preparamo-la para matar, pois estamos preservando o mito do herói que vence seus inimigos e tira proveito do sofrimento alheio.

Em sentido contrário, devemos apresentar Jesus à criança e ao jovem como um herói antigo que suplanta todos os heróis modernos. Procuremos demonstrar que esse Homem incomparável é o triunfador que não veio matar, mas veio amar e salvar muitas vidas. Com a ternura que o Evangelho propõe, conseguiremos, sem qualquer dificuldade, fazer com que os nossos educandos consigam amar Jesus. E, para que as palavras do Mestre Nazareno sejam bem compreendidas, é preciso narrar as suas parábolas em linguagem compatível com o público infantojuvenil.

Nós também damos aulas para crianças e jovens no Centro Espírita. Quando contamos as histórias da vida de Jesus, esclarecemos que Ele não é um indivíduo que *já viveu*, mas é um ser que *ainda hoje vive* em nossas mentes e em nossos corações por meio da nossa convivência saudável na esfera social, quando tentamos cultivar integralmente o sentimento de fraternidade.

Jesus será sempre a solução para educarmos os nossos filhos com amor e vigilância, sobretudo ao nos depararmos com uma criança dominada por sentimentos primitivos, provenientes de um passado espiritual sombrio e doloroso.

Filhos com tendências violentas são seres marcados por uma trajetória de equívocos cruéis, são Espíritos que apresentam graves transtornos psicológicos que podem predispor a comportamentos verdadeiramente bárbaros, por isso desde cedo eles revelam essa propensão através de algumas atitudes específicas: quando matam ou maltratam animais, quando chutam ou destroem objetos sem haver motivo ou quando gostam de provocar mal-estar nas pessoas através de atos desagradáveis, tudo isso são impulsos armazenados no inconsciente, que em breve poderão assumir a feição de crimes hediondos.

Um dos primeiros atos do ditador Adolf Hitler[102] foi queimar livros que ele desejava retirar de circulação, para não permitir a veiculação de ideias consideradas inadequadas. Curiosamente, no século 19 o poeta romântico alemão Heinrich Heine[103] escreveu uma frase que eu pude ler no campo de concentração em Dachau, na Alemanha: "Onde se queimam livros, em breve se queimarão pessoas!". Bem se vê que a frase se transformou em um presságio do que viria a ser o Holocausto na Segunda Guerra Mundial.

Com esse exemplo eu quero dizer que tudo aquilo que aponta para o surgimento de uma situação de maior gravidade não deve ser negligenciado, pois merece a nossa atenção através de uma postura preventiva.

De fato, uma criança com predisposição para atos violentos é um problema de alta densidade. Diante de um panorama tão complexo, alguns afirmam que as ferramentas educacionais nada podem fazer, já que os fatores constitucionais do indivíduo, como a herança genética, são preponderantes. A Doutrina Espírita propõe outra interpretação,

---

102. 1889-1945.
103. 1797-1856. Notas do organizador.

segundo a qual a genética fornece as possibilidades, mas o processo educativo contém os instrumentos para o desenvolvimento saudável do ser humano.

Identificar as tendências para a violência e corrigi-las com amor é tarefa intransferível dos pais, que não devem declinar dessa responsabilidade, tornando-se coniventes, seja por ignorância, por comodismo ou sob a justificativa de não causar atritos no relacionamento familiar. Eles precisam estar atentos desde os primeiros dias da existência de seus filhos, observando-lhes as reações. Por isso, quando notarmos que uma criança apresenta as manifestações inabituais a que me referi, deveremos intensificar a vigilância e utilizar os recursos da educação.

Na Mansão do Caminho, na época em que possuíamos dez lares-substitutos, tivemos uma criança que aos 4 anos de idade tomou de um pedaço de metal e improvisou uma faca. A tia que era responsável pelo seu lar perguntou-lhe:

— Para que você quer esta faca?

— Para matar você! – respondeu a criança, demonstrando muita convicção. — Eu vou empurrar a faca na sua barriga para sentir o seu sangue quente escorrendo nas minhas mãos...

A tia ficou apavorada e levou a criança até mim. Sem nenhum tato psicológico ela explicou, em grande desespero:

— Senhor Divaldo, este menino está querendo me matar! Eu não ficarei mais com ele!

Imediatamente, pedi-lhe para que se afastasse um pouco do local do nosso diálogo, em seguida coloquei o menino no meu colo e comecei a conversar:

— Mas que faca linda! Eu vou solicitar um serviço a você: vou pedir que faça para mim todas as facas da Mansão do Caminho.

— É verdade, tio?!

— É verdade. São apenas 250 facas!

— Nossa, tio! Eu vou morrer e não acabo de fazer!

— Isso mesmo! É uma tarefa para a vida inteira... Mas para que você fez esta faca?

— Para matar!

— Mas matar quem?

— Qualquer pessoa, não importa quem. Quero empurrar a faca dentro da barriga de uma pessoa e sentir o sangue quente na minha mão...

— Como você sabe que o sangue de uma pessoa é quente?

— Eu "se recordo", tio... Eu já senti isso antes...

Parei por um instante aquela conversa e voltei a perguntar-lhe:

— E Jesus, meu filho? Você se recorda d'Ele? Jesus nos disse que devemos amar a quem nos faz o bem, mas também a quem nos faz o mal.

Conversei bastante com o menino e percebi que ele se comoveu com as minhas palavras. Porém, quase no final do nosso encontro, ele insistiu:

— Mas tio, eu tenho que matar!

— Não, meu filho, você não tem que matar! Você deve salvar vidas!

Encerramos o assunto e eu o transferi de casa, já que a mãe-substituta que fora ameaçada não queria mais vê-lo por sentir-se insegura.

Dias depois, ele preparou outra faca com um cabo de madeira amarrado por um cordel. Quando o artefato estava pronto, ele disse à outra tia, exibindo o instrumento:

— Fiz isto aqui para matar você!

Fui informado do ocorrido e tomei-lhe a outra faca, guardando comigo em local seguro. Mais tarde tomei-lhe mais uma faca de suas mãos e durante os doze anos seguintes eu lhe tomei dezesseis facas, duas pistolas e um rifle que ele mesmo preparou, pois continuava sentindo-se fortemente impulsionado a matar a alguém.

Toda vez que guardava uma arma na gaveta eu lhe dizia:

— Meu filho, eu vou guardar tudo para lhe ajudar, porque na hora em que você quiser matar, pode vir falar comigo. Como você ainda é muito pequeno e não tem forças para fazer sozinho aquilo que deseja, venha buscar a arma e me conte o que aconteceu, quem é a sua vítima e quando pretende matá-la, e eu analisarei a situação para ver se de fato a pessoa merece morrer, pois, como Jesus falou que nós deveríamos amar, eu preciso pensar no caso antes de ajudar você.

De vez em quando ele vinha correndo e me propunha:

— Tio, o inimigo está ali! Eu preciso matá-lo agora!

Com muita habilidade eu contornava a situação para diminuir o ímpeto do garoto:

— Calma! Calma! Sente-se aí! Daqui a pouco eu vejo isso. Estou muito ocupado agora, não me interrompa!

Depois de alguns minutos, eu prosseguia:

— O que foi mesmo que você me pediu?

— Nada, tio. Já passou a raiva...

— Ah! Então fica para a próxima oportunidade. Vá brincar com seus colegas!

Quando o menino completou 14 anos de idade, ele já havia passado pelos dez lares-substitutos e ameaçado as dez tias. Na última casa, eu o adverti:

— Meu filho, eu vou emancipar você, assim você estará livre para sair pelo mundo e viver a sua vida como preferir.

— Mas tio, eu sou apenas uma criança, para onde eu irei?

— Eu sei qual é a sua idade, mas você ameaçou todas as tias, como eu poderei conduzir a sua educação? Eu viajo muito e não poderei estar ao seu lado todo o tempo para impedi-lo de tirar a vida de alguém. E, mesmo quando estou aqui, não me é possível vigiá-lo, pois minha obrigação não é cuidar de uma casa simples como a de qualquer família, eu administro uma comunidade inteira. Desde que você ameaça a todos, menos a mim, então eu irei liberá-lo do convívio conosco.

— E o que eu vou fazer? Eu vou para a rua?

— Você é quem sabe. Eu lhe dei dez oportunidades em dez lares, e você prometeu tirar a vida de todas aquelas que o ajudavam! Você acha que está com a razão?

— Não, senhor! Sei que não estou...

— É isso que Jesus deseja?

— Não, senhor.

— E o que Ele quer?

— Eu não sei, tio.

— Sabe sim! Ele quer a nossa felicidade...

Ele ficou envergonhado e baixou a cabeça, sem conseguir me olhar diretamente. Pensei por alguns instantes e lhe propus:

— Façamos o seguinte: você vai pedir desculpas a uma tia, e eu irei colocá-lo na casa dela, se ela aceitar as desculpas.

— E se ela recusar?

— Aí o problema será seu, eu não poderei fazer nada.

O menino informou qual a tia com quem gostaria de morar novamente, e eu a chamei, pedi que ele fizesse o pedido de desculpas somente no dia seguinte, para que eu tivesse tempo de intervir. Então eu conversei longamente com aquela senhora e lhe pedi que desse outra oportunidade ao meu filho, já que ela estava ali para educar, não para ser educada. A tentativa surtiu efeito, e ele foi morar no lar que havia escolhido.

Tempos depois ele ingressou no grupo de jovens da nossa Casa Espírita e começou verdadeiramente a amar Jesus.

Quando ele completou 18 anos, procurou-me para conversar:

— Tio, eu quero emancipar-me. O senhor sabe que eu sou espírita e que amo a Jesus profundamente...

— Eu sei, meu filho – respondi. — Mas aos 18 anos não será muito cedo? Por que não esperar para os 21 anos? Você está estudando e ainda não tem meios para sobreviver com seu próprio trabalho.

— Tenho sim, tio. Eu já planejei tudo. O senhor me dá essa liberdade?

Diante da convicção que o jovem revelava, afirmei:

— Dou sim. Você terá a liberdade que está me pedindo, mas com duas condições: a primeira delas é sobre a sua dificuldade em superar o passado, por isso lhe peço que se você tiver ímpeto de matar alguém, venha até a Mansão do Caminho e me mate, porque Deus o colocou em minhas mãos quando você tinha apenas dois meses de vida. A partir daí, a sociedade ajudou-me a educá-lo. Eu cuidei de você durante 18 anos... Portanto, se depois de tudo que eu lhe fiz você ainda tiver tendências para tirar a vida de uma pessoa, é sinal de que eu falhei como pai e como educador, então você terá que vir até aqui e matar-me por haver falhado em meu compromisso.

— Mas eu não mataria o senhor nunca!

— Então eu espero que você nunca mate ninguém!

Surpreso com aqueles conceitos, ele me olhou com ar de curiosidade e logo em seguida perguntou:

— E qual é a segunda condição, tio?

— A segunda condição é que, se você cometer algum deslize, não me mande recados por intermediários, porque não há nada pior do que um mediador que não tem vínculo com a pessoa a quem transmite uma mensagem de alta gravidade. Se tiver problemas, telefone-me, mande-me uma carta ou comunique-se diretamente comigo de alguma forma, e eu providenciarei o que estiver ao meu alcance. Se eu souber de algo que lhe aconteceu através de um intermediário, não tomarei nenhuma iniciativa para ajudá-lo, porque seria uma situação estranha, na qual o mensageiro ficaria como uma espécie de anjo bom que o auxiliou, e se as circunstâncias envolvem a sua vida, que esteve sob a minha proteção por tantos anos, eu quero ajudar diretamente a você.

Despedimo-nos e o liberamos, após providenciar o que era necessário a fim de que ele tivesse pelo menos seis meses de recursos materiais para sustentar-se, e o meu filho desapareceu...

Muitos anos depois, fui agraciado com um título de cidadania de um importante município do estado de São Paulo. Quando se aproximou a data de receber a honraria, o presidente da Câmara de Vereadores solicitou que eu fosse à sua cidade um dia antes da solenidade, em decorrência de uma homenagem particular que ele desejava oferecer-me. Achei um pouco estranho, mas concordei.

Na ocasião própria, fui recepcionado com uma linda exposição de quadros em um dos grandes salões da Câmara, então o vereador responsável pela concessão do título me explicou:

— Divaldo, pretendemos oferecer-lhe o maior presente da sua vida!

Eu sorri discretamente e pensei: "Como ele sabe que será o maior?". Novamente me inquietei com o excesso de mistério, mas procurei ser natural.

Daí a pouco veio até mim um rapaz afrodescendente, com o cabelo rastafári e de óculos escuros. Ele foi entrando lentamente, e pela ginga baiana eu percebi que era o meu filho! Mantive-me sereno e aguardei o desenrolar dos fatos. Ele trazia um pacote e ficou ao meu lado, sem tirar os óculos, e o anfitrião me perguntou:

— Você o conhece?

Eu me dirigi ao rapaz com aquele ar de pai que há muito tempo não dá ordens ao filho querido...

— Tire os óculos!

— Para quê? – questionou o artista.

— Para que eu veja se você não está usando drogas. É muito comum os jovens usarem óculos escuros para disfarçar o vício...

Ele tirou os óculos e comentou:

— *Ê, tio*! Não mudou nada, hein?

— Mudei sim, meu filho, mas mudei para "pior". Agora estou mais cuidadoso e exigente com as pessoas que eu amo... Com o passar do tempo, todos temos que mudar, nem que seja para ficarmos piores do que antes!

A resposta bem-humorada arrancou risos de todos, e ele me abraçou e me confidenciou:

— Tio, eu estive aqui na Câmara certa vez para dizer que o conhecia e para me dispor a dar-lhe um presente. Tornei-me artista plástico, fazendo pinturas com areias coloridas e pedras semipreciosas lapidadas. Quando faço o rosto de alguém em minhas obras, utilizo essas pedras como acabamento. Eu fiz um desenho do seu rosto e gostaria de lhe presentear.

O vereador, muito meu amigo, estava emocionado, como todos os que testemunhavam a cena. Ao abrir a pintura, vi que era uma bela representação da minha imagem. A obra não tinha a proposta de ser um desenho fiel, mas eu *vi minha alma* retratada naquele lindo trabalho artístico! Ao perceber minha surpresa, ele me disse:

— O senhor identificou sua alma, não foi, tio?

— Meu filho, de fato foi isso que eu senti profundamente...

— Pois é, eu sou *pintor de almas*. Quando alguém me pede para pintar-lhe um retrato, tenho que ficar hospedado na casa dessa pessoa por uma semana para conhecer os seus sentimentos e poder representá-los com a minha arte.

Fiquei absolutamente impressionado com a explicação transcendental! Daí a pouco os vereadores foram para outro canto da sala, e eu fiquei a sós com meu filho, aproveitando a oportunidade para perguntá-lo:

— E então, alguma vez você teve vontade de usar aquele instrumento para fazer o sangue escorrer quente pelas suas mãos?

— Muitas! O senhor sabe que no Brasil a escravidão acabou no século 19, mas ainda restam bolsões de intolerância e discriminação contra os afrodescendentes. Como eu sou mestiço, mulato, muitos quiseram explorar-me, e eu tive ímpetos quase incontroláveis de matá-los, até me preparei oportunamente para consumar o ato. Nesses momentos eu me lembrava da sua imagem me dizendo: "Mate-me, em vez de matar os outros, pois fui eu quem falhou com você!". Ao mesmo tempo eu me lembrava de Jesus, de quem o senhor me havia falado tantas vezes, recordava-me de que, estando com as mãos atadas, Ele recebeu uma bofetada na face e serenamente perguntou: "Soldado, por que me bateste?".[104] Por isso eu não cometi a covardia de maltratar ninguém, não podendo levar adiante os meus projetos de vingança contra qualquer um dos meus agressores.

Depois desse depoimento comovente, nós nos abraçamos com muita ternura por longos minutos... Ele me agradeceu muito e eu lhe respondi:

— Não precisa me agradecer, meu filho. Agradeça à sua consciência, que assimilou a educação integral oferecida na Mansão do Caminho, e a partir daí você fez um uso adequado do livre-arbítrio. Os amigos espirituais me informaram que você foi um criminoso na encarnação anterior, por isso trouxe no inconsciente a recordação do sangue jorrando em sua mão quando esfaqueava uma vítima, um conteúdo psíquico que transbordava em sua memória atual, influenciando as suas emoções e o seu comportamento, mas o amor de Jesus neutralizou esse quadro doloroso...

A figura incomparável de Jesus será sempre a inspiração para que possamos utilizar a pedagogia do amor na educação das novas gerações. Se a imagem do Celeste Amigo for introjetada na mente da criança e do

---

104. João, 18:19-23. Nota do organizador.

jovem, ela permanecerá para todo o sempre, superando os falsos heróis desse momento turbulento de matança e de jogos que conduzem o ser em tenra idade à ideia tenebrosa de violência e destruição!

QUANDO OS PAIS PROMOVEM A VIOLÊNCIA

No cotidiano da família é necessário ter cautela para não colhermos os frutos amargos da ira, que pode desaguar em episódios lamentáveis de violência doméstica.

Iramo-nos por coisas mínimas, irrelevantes. Às vezes recebemos uma ofensa grave e não damos importância, mas quando ouvimos uma indireta, quando percebemos um olhar de reprovação ou testemunhamos uma situação corriqueira que nos desagrada, logo nos entregamos ao comportamento da ira que danifica o equilíbrio das relações humanas.

A ira é a mãe do ódio, do ressentimento e da sede de vingança. Como se trata de uma emoção, ela constitui um fenômeno psicológico que produz um impacto fisiológico prejudicial. Uma das consequências é que sofremos uma alteração neuroquímica que nos *cega*, impedindo-nos de raciocinar, e nesses momentos poderemos ser capazes até de atentar contra a vida de um ente querido.

As religiões tradicionais se referem ingenuamente à "Ira Divina" para designar os momentos em que o Criador é tomado de fúria contra uma pessoa ou contra um povo, decidindo destruir aquele indivíduo ou aquele grupo que se fez objeto do Seu ódio, como se Deus fosse um ser humano e tivesse paixões desgovernadas...

É necessário que nos eduquemos para controlar essa emoção perturbadora, evitando a destruição do nosso lar em função de um problema irrisório que desata uma reação súbita e desproporcional à gravidade do fato. Se causarmos situações embaraçosas aos nossos filhos, traduzidas em atos violentos, eles poderão desenvolver um trauma ou um transtorno psicológico qualquer.

Alguns pais julgam que a sua postura agressiva é que mantém a harmonia da família, alegam que os filhos pequenos obedecem apenas quando são constrangidos por ameaças ou pela força bruta; no entanto, esse comportamento de obediência é o resultado de uma relação de temor, não de afeto e consideração pelos genitores, pois nesse contexto as crianças são vitimadas pelo medo. Ao atingirem a adolescência, os choques emocionais experimentados surtirão efeito, provocando nas vítimas um sentimento de ódio pelos pais e por si mesmas, que se pode transferir para a sociedade e contribuir com o recrudescimento da violência social.

O psiquiatra suíço Carl Gustav Jung dizia que em todo bandido há uma criança que foi maltratada. Esse conceito é compreensível, pois que frequentemente aqueles criminosos mais endurecidos e cruéis foram crianças que sofreram maus tratos na infância, não querendo dizer com isso que toda pessoa agredida em tenra idade obrigatoriamente se tornará um adulto violento.

Do ponto de vista reencarnatório, a violência sofrida em existências anteriores também pode ter ressonâncias na vida atual.

A violência familiar sobre o jovem é um dos dramas mais complexos que atingem a sociedade, desencadeando quadros que representam um verdadeiro ácido a corroer os sentimentos da juventude. Nesses casos, o jovem deverá ter maturidade e buscar forças para enfrentar a questão.

Quando um adolescente se depara com qualquer tipo de sofrimento provocado por genitores insensatos, caso os seus pais não possuam as qualidades ideais para educá-lo, infelizmente ele experimentará consequências danosas; entretanto, se recebeu qualquer orientação religiosa, com algum esforço poderá superar essa fase amarga para continuar a sua caminhada no rumo da felicidade. É óbvio que ele carregará algumas *marcas psicológicas*, mas terá êxito se trabalhar o seu mundo afetivo para seguir em frente, desde que se mantenha firme no seu ideal e compreenda que a sua é uma família em desajuste emocional, visto que os seus pais são portadores de conflitos embutidos no inconsciente.

Sem dúvida, a Religião e a espiritualidade podem auxiliar um indivíduo que é vítima de violência doméstica. Todavia, não me refiro àquelas religiões punitivas, que levam o indivíduo a conceitos falsos de *pecado* e de *culpa*, mas sim a doutrinas libertadoras, que já substituíram essas duas ideias castradoras pelo princípio da *responsabilidade*.

A superação dos efeitos negativos da violência também se torna mais viável se a escola contribuir para que o jovem seja uma pessoa saudável. Em princípio, a maioria dos professores se dispõe apenas a instruir, não a educar, conforme tenho constatado ao longo dos anos. No entanto, um professor que honra a sua profissão é sempre um educador comprometido com a formação integral dos seus alunos.

Eu me recordo de um caso emblemático.

Uma filha detestava a sua mãe, que tinha um comportamento promíscuo e trazia para dentro de casa parceiros sexuais de todos os tipos. Certo dia, a jovem estava disposta a abandonar a mãe, e o professor, percebendo-lhe a grande angústia, perguntou-lhe o que se passava. Ela explicou que era muito infeliz e desejava deixar a residência da mãe, que era uma pessoa leviana e irresponsável, acostumada a chegar em casa embriagada e na companhia de vários homens que mantinham atitudes violentas dentro do seu lar.

O professor, que era um autêntico educador, perguntou-lhe se ela já havia conversado francamente com a mãe. Em lugar de reagir a ela, deveria agir, pois a mãe certamente teria algum motivo para conservar aquele comportamento extravagante. Sugeriu que a sua aluna vencesse a antipatia longamente cultivada e buscasse um diálogo sincero para esclarecer os fatos.

A jovem se iluminou interiormente, renovando-se e enchendo-se de coragem para seguir o conselho do educador.

Quando surgiu uma ocasião apropriada, ela chamou a mãe para uma conversa e falou-lhe com o coração aberto. A senhora comoveu-se até as lágrimas, confessando-lhe que ficara viúva muito cedo e sentia imensa necessidade de um parceiro afetivo. Tinha em suas mãos a responsabilidade de criar a filha, mas jamais havia trabalhado fora de casa para auxiliar no sustento da família, razão pela qual não se sentia preparada para um emprego digno. Então resolveu cometer o primeiro delito, aceitando o pagamento pelo sexo fácil. Depois disso acostumou-se a ser uma vendedora de ilusões, mas nunca conseguiu gostar do que fazia, pelo contrário, passou a detestar-se profundamente, e a permanência naquela conduta era uma forma de autodestruir-se; contudo, agora que a filha havia demonstrado que a amava, ela tomara a decisão de refazer o seu caminho.

Depois de alguns dias, por um gesto de amor, aquela mãe sofrida saiu de casa e levou a filha para outra cidade, matriculando-a em outra escola e dando novo rumo às suas vidas.

O drama foi completamente solucionado. A filha casou-se e a mãe tornou-se uma avó exemplar, adotando o genro como verdadeiro filho do coração.

Ao analisarmos essa narrativa, somos induzidos a insistir mais uma vez que o diálogo pode prevenir e remediar as circunstâncias mais dolorosas da vida familiar. Pais e filhos devem se perguntar qual a razão dos desajustes, pois normalmente existe um motivo oculto que algum dos membros da família tenta mascarar porque representa um sofrimento insuportável.

No caso que acabamos de narrar, a filha não possuía nenhuma responsabilidade em relação ao comportamento inadequado da mãe, ela era apenas uma vítima. Se a função do adulto é educar a criança e o jovem, que estão em uma idade receptiva às influências salutares dos mais velhos, o filho não pode ser visualizado como responsável pelos delitos do genitor. No entanto, esse jovem, se dispuser de maturidade, poderá interferir de forma decisiva, tornando o problema menos devastador para as relações familiares.

Inicialmente o filho deve convidar os pais a uma conversa franca, afirmando que está disposto a ajudar no que estiver ao seu alcance e demonstrando a sua disposição em assumir o papel de um verdadeiro companheiro. E se não obtiver sucesso na tentativa, que ele procure tolerar ao máximo e aguardar o momento da sua emancipação, quando finalmente poderá caminhar de acordo com as suas próprias aspirações. É evidente que em casos extremos o filho deverá procurar ajuda fora do lar para não permanecer em situação de alto risco.

No bairro em que nós moramos, o Pau da Lima, em Salvador, a miséria e a falta de recursos educacionais influenciam o comportamento dos pais dentro e fora do lar. São 400 mil pessoas habitando o bairro e o seu entorno. Temos na Mansão do Caminho uma creche que atende a 150 crianças de 2 meses a 2 anos e meio. Passamos o dia cuidando de todas com carinho e no final da tarde as mães vão buscar os seus filhos. Na hora da saída é comum assistirmos a cenas grotescas que nos causam espanto: a maioria das mães toma a criança nas mãos e daí a cinco minutos podemos ouvi-las gritando ou vê-las empurrando grosseiramente o seu filho.

Quando eu presencio atitudes dessa natureza, não me permito calar, dirijo-me à mãe inconsciente e lhe pergunto em tom firme:

— Mas o que é isso? Onde já se viu? Eu não sou seu marido e ninguém aqui é da sua família, mas se nós cuidamos do seu filho o dia inteiro como se ele fosse um príncipe, como é que você não aguenta ficar com ele nem mesmo por dez minutos? Se continuar assim, eu vou denunciar você às autoridades!

Realmente as cenas são chocantes. Grande número desses pais inconsequentes não age, simplesmente reage na relação com os pequenos. Se a criança corre, a mãe logo lhe dá uma bofetada ou um golpe qualquer, então eu não deixo passar:

— Mas o que é que você está fazendo, minha filha?

— É que a criança está correndo, *seu* Divaldo!

— Mas ela tem que correr, porque não é paralítica! Isso não justifica a sua atitude grosseira! O que você pretende ensinar ao seu filho?!

Constantemente eu vejo muitos pais andando na direção de uma avenida movimentada e dou-me conta de que eles soltam as crianças na via em que os automóveis se deslocam em alta velocidade, sem se preocupar com o trânsito perigoso – uma postura de desleixo que provoca indignação!

Portanto, o nosso maior trabalho na Mansão não é só educar as crianças, mas educar também os adultos para que eles aprendam a orientar os seus filhos.

Tomamos muito cuidado na hora em que recebemos as crianças da Creche pela manhã. Quando chegam para o início das atividades, a diretora, a médica e a assistente social vão encontrar as mães à porta para verificar se a criança não veio de casa com hematomas ou outras marcas de agressões feitas pelos próprios pais. Esse cuidado é fundamental para que depois os genitores não digam que a criança foi ferida durante a sua permanência em nossa Instituição. Esse é o jogo perverso com o qual temos que lidar diariamente, mantendo-nos vigilantes para que a imagem da nossa Casa não seja arranhada em virtude do comportamento leviano de algumas famílias.

Após a entrada, a criança coloca o uniforme da Creche, um momento propício para que seja examinada pelos nossos colaboradores. As peças de vestuário vão para a lavanderia e voltam no final da tarde, quando a criança tira o uniforme e retorna ao lar vestindo a roupa limpa.

Em uma dessas ocasiões, quando chegou uma mãe trazendo sua criança, a pequena parecia estar dormindo, envolta em um tecido muito delicado. A diretora pediu para que a mãe acordasse o bebê, mas encontrou resistência mediante uma justificativa pouco comum:

— Não, dona Fulana. Por favor, não acorde o meu bebê! Minha filhinha está cansada porque teve febre a noite inteira. Está gripada e precisa repousar um pouco mais. Eu lhe peço para que deixe a menina dormindo...

A diretora ouviu aquela solicitação, mas esclareceu que nós não permitimos a entrada de uma criança que não esteja desperta.

— Não, minha senhora. Temos que acordar a sua filha. Se ela estiver gripada, vai para a enfermaria, para não contaminar as outras crianças. Por favor, tire o seu bebê deste pano para que nós possamos examiná-lo.

Nesse momento, a mãe reagiu intempestivamente, então a diretora foi enérgica e retirou o pano, constatando que a criança estava morta e com vários hematomas pelo corpo.

A diretora, que tem um temperamento forte para poder enfrentar os embates do dia a dia, questionou com severidade:

— Mas o que você fez com a criança? O que aconteceu? Ela deve estar morta há muitas horas, pois o corpo está frio!

— Eu não fiz nada! Não sei o que aconteceu!

Não tendo alternativa, a diretora levou a mãe para uma sala reservada e insistiu:

— É melhor que você diga o que houve, porque vamos chamar a polícia!

Sem encontrar saída para o impasse, a jovem mãe confessou:

— Foi o meu amante! Ele é o culpado! Minha filha estava chorando e ele se sentiu incomodado, então a retirou do berço, colocou-a no chão e deu-lhe vários chutes até matá-la!

— Mas como você permite que um estranho mate a sua criança?!

— Eu estava com medo! Ele ameaçou matar-me também!

— Não importa! Então você não é mãe! Se fosse preciso, você deveria morrer para salvar sua criança! E por que você a trouxe já sem vida para a nossa Creche?

— Porque ele mandou que eu a trouxesse para depois dizermos que foi aqui que ela morreu...

Vejamos a que ponto chega a criatura humana!

Naquele exato momento eu estava trabalhando e fui solicitado às pressas: recebi uma chamada pelo interfone e desci rapidamente. Quando cheguei à Creche, a diretora olhou para mim com profunda tristeza e explicou-me o caso:

— Divaldo, veja aqui o que esta mãe fez com a filha!

Observei atentamente a reação da mãe e notei que ela se comportava como se um prato estivesse quebrado ou como se uma roupa tivesse sido rasgada: tratava o assunto com indisfarçável desprezo, sem revelar nenhuma preocupação. Eu a questionei enfaticamente para entender as causas da tragédia:

— Minha filha, como é que você fez isso com sua filhinha?! Você a matou e agora será presa por um infanticídio cruel! Você é uma criminosa perversa!

— Mas não fui eu, foi meu amante!

— Não há explicação para o seu gesto! Você deixou que acontecesse. Mesmo sob ameaça, seria possível pegar a criança e sair correndo pela rua, gritando e pedindo ajuda à primeira pessoa que aparecesse. Além de não fazer o que deveria, você ainda veio tentar destruir a nossa obra, um trabalho que já possui sessenta anos de serviços prestados à comunidade! Imagine as manchetes de jornal afirmando que na Mansão do Caminho uma criança foi agredida pelos nossos colaboradores e terminou morrendo?! Até que pudéssemos esclarecer o fato, a nossa credibilidade estaria seriamente comprometida!

Na Mansão todas as salas têm câmeras que gravam ininterruptamente as atividades. Se a criança cair e se machucar em casa, poderemos provar que a responsabilidade não é nossa.

O que mais me surpreendeu no caso foi a total falta de pudor daquela mãe: nós amparamos carinhosamente a sua família, e ela não teve o menor drama de consciência ao tentar transferir para a nossa Casa a responsabilidade pela morte da filha, por isso eu olhei-a bem e expliquei-lhe:

— Colocamos a sua filha com menos de 1 ano de idade na Creche, matriculamos o seu filho de 3 anos na educação infantil e também recebemos o seu filho de 6 anos no ensino fundamental. Tomamos conta dos três, damos alimentação diariamente e ainda preparamos um kit com mais alimentos para que você leve ao final do dia. Depois de tudo isso, é assim que você nos retribui?! Como você tem coragem?!

Para minha completa decepção, eu tinha a impressão de que falava com uma pedra. Ela não se comoveu com minhas palavras, pelo contrário, com ar de prepotência e cinismo até resolveu acrescentar:

— Pois é, *seu* Divaldo, a vida é assim...

— Infelizmente você vai aprender na prisão que a vida não é exatamente assim, minha filha – respondi-lhe prontamente. — Quando você chegar à penitenciária e as outras criminosas souberem que você matou sua filha, cuide-se bem, porque elas vão querer matá-la também. Na cadeia, aqueles que fazem mal a crianças são assassinados sem piedade! Mesmo os criminosos mais terríveis detestam qualquer violência cometida contra crianças, que não se podem defender das agressões dos adultos.

Após as averiguações iniciais, eu pedi que chamassem o delegado e encaminhamos o caso à polícia. Juntamente com alguns amigos da nossa Casa, fomos providenciar o sepultamento da criança.

No dia seguinte, a diretoria reuniu-se para expulsar da Mansão do Caminho os outros dois filhos daquela mãe inconsequente, mas não permiti que isso ocorresse, é claro. Que culpa tinham aquelas duas crianças? Elas eram sobreviventes de uma mãe que se comportava apenas como um animal procriador! Aquela mulher atormentada colocava filhos no mundo e não mantinha com eles o menor laço de afetividade.

O vínculo que identificamos facilmente entre os animais e sua prole não era percebido na conduta daquela senhora de sentimentos petrificados, por isso eu solicitei exames psiquiátricos e constatou-se que ela possuía um grave transtorno de personalidade.

Enquanto o processo judicial tramitava, a nossa Instituição se encarregou de cuidar da família – no total eram seis filhos. Adotando as devidas precauções, conseguimos remunerar pessoas do bairro para tomarem conta das crianças.

Durante o julgamento, fiquei sabendo que o amante daquela senhora era usuário de *crack*. Segundo o seu relato, quando estava sob o efeito da substância, ele sofria de alterações de percepção e perdia completamente o controle, experimentava alucinações que o estimulavam a cometer atos de violência contra qualquer pessoa.[105]

---

105. Mais informações sobre a violência estão no livro *Conflitos existenciais*, volume 13 da Série Psicológica, de Divaldo Franco/Joanna de Ângelis, Editora LEAL, cap. 10 (Violência). Nota do organizador.

8

EDUCAÇÃO E VIDA: OS VÍCIOS E A AUTOCONSCIÊNCIA

OS VÍCIOS NA EXISTÊNCIA HUMANA

Deus cria os Espíritos sem nenhuma mácula, "simples e igno-rantes", disse Allan Kardec.[106] Nesse estágio inicial, o livre-ar-bítrio elege a forma pela qual cada um de nós deseja evoluir. O indivíduo poderá realizar a sua jornada de maneira segura e direta, ou executá-la por meio de experiências que lhe trarão consequências desagradáveis.

A imaturidade faz com que o Espírito, na fase evolutiva das pri-meiras reencarnações, somente procure experiências que lhe facultem a satisfação das necessidades básicas. Desequipado de maiores sentimen-tos e ignorando os lados positivo e negativo da vida, ele é simples e, portanto, destituído de objetivos elevados. Ainda não transitou pelos caminhos do erro e do sofrimento, que lhe edificam a personalidade idealista ou a personalidade marcada pelas frustrações. À medida que o livre-arbítrio lhe permite desenhar o seu trajeto evolutivo, o ser vai assumindo compromissos diante da Lei de Causa e Efeito.

Assim, no princípio, somos todos inocentes, sem experiências e sem os compromissos espirituais que resultam dos nossos atos. As dores e os júbilos vêm depois das conquistas ou dos equívocos cometidos em nossa permanência no mundo físico. Somente muito mais tarde o indi-víduo desenvolverá a cultura e travará contato com a Lei de Amor, que é responsável pelo equilíbrio do Universo e aponta os caminhos que todo Espírito deve seguir para avançar com serenidade.

---

106. *O Livro dos Espíritos*, questões 115 e 1006. Nota do organizador.

Se a Lei de Amor foi apresentada por Jesus há tanto tempo, o que impediria o ser humano de praticá-la? Certamente os conflitos psicológicos, provocados pela falta de uma vida interior clara, objetiva, coerente. Essa ausência de metas superiores gera um vazio existencial, erroneamente preenchido por meio de uma postura hedonista, na qual a única busca que interessa ao indivíduo é a do prazer sem discernimento. Em consequência, abrem-se espaços para o desenvolvimento de vícios devoradores.

Aqueles que se permitem impregnar pelos vícios demonstram claramente o seu primarismo, evidenciando que são seres mais *fisiológicos* do que *psicológicos*. Nesse caso, são necessárias muitas existências e um grande coeficiente de esforço para que se emancipem da força dominadora dos instintos. De acordo com a abordagem a respeito dos níveis de consciência, apresentada no capítulo anterior, os indivíduos que se entregam aos vícios encontram-se mergulhados na *consciência de sono*.

Viver o prazer e os vícios é bastante fácil. O apóstolo Paulo já dizia: "Não faço o bem que quero, mas o mal que não quero, esse pratico".[107] A justificativa para a frase do apóstolo é porque às vezes nossos impulsos (ou nossas *pulsões*, na linguagem da psicanálise) levam-nos a fazer o que não gostaríamos. Ao lado disso, são escassas as condições de afetividade e os hábitos sociais que induzem o ser humano a uma vida saudável.

Ao refletirmos sobre a juventude, por exemplo, constatamos que é muito difícil ser jovem no mundo contemporâneo, uma vez que os valores estão confusos, desgastados... É um grande desafio ter que fazer escolhas responsáveis e éticas quando o que impera é justamente o contrário. Faltam exemplos dentro da família e da sociedade, pois a desonestidade e a deslealdade são modelos tragicamente oferecidos às gerações novas. No ambiente doméstico há bebidas alcoólicas, tabaco e vício em medicamentos. Em qualquer esquina as drogas são produtos comercializados em grande volume, ao mesmo tempo que o sexo é grátis e à vontade. Todos têm inúmeros direitos, mas não consideram o exercício dos deveres que caracterizam a vida dentro de uma coletividade. Para completar o quadro desolador, notamos a ausência da

107. Romanos, 7:19. Nota do organizador.

educação integral, que deveria ser disponibilizada ao Espírito desde o ventre materno.

Graças aos veículos de comunicação, temos uma falsa imagem do êxito: aparência física, *status*, riqueza e poder, que são padrões falsos, mas que estão em moda. Como as pessoas querem projetar-se socialmente a qualquer custo, acabam castrando-se emocionalmente para viverem segundo a opinião dos outros, em vez de adotarem um comportamento coerente com a sua própria realidade íntima. Vivem a aparência e são profundamente infelizes, o que explica a escalada da depressão como uma verdadeira pandemia, demonstrando que ninguém se realiza quando persegue possibilidades que não consegue manter.

Essa postura de fragilidade psicológica e de submissão às imposições da cultura materialista é a grande responsável pela eclosão de inúmeros conflitos; por isso surge a falsa necessidade de encontrar alívio por meio do prazer artificial e escravizador, o que faz o indivíduo derrapar em diversos tipos de vício, incluindo, em seu cortejo infeliz, o consumo de drogas psicoativas e outras formas de dependência, como a compulsão por jogos.

Os aparelhos de caça-níqueis fazem parte de uma modalidade de jogo que em muitos países é proibida por lei, mas esta determinação legal não é respeitada. Certa vez, eu estava assistindo a um programa de televisão e a reportagem mostrava uma cidade na qual as casas de jogos de azar ficavam a vinte metros de uma delegacia de polícia, funcionando normalmente sem qualquer repressão, apesar da atividade ser ilícita naquele país. Nesse mesmo programa eu acompanhava o depoimento de um jovem que é dependente desses jogos, e ele afirmava que tem destruído a sua vida por causa das máquinas caça-níqueis, um vício contra o qual ele luta constantemente. A sua declaração ao apresentador era realmente chocante. Dizia ele:

— Para mim, o vício do aparelho caça-níqueis é irresistível! Todos os dias eu me prometo que não vou jogar e que me afastarei dos locais de apostas, mas, quando recebo o meu salário no final da semana, a loucura começa a me atormentar... um pensamento convidativo ressoa em minha mente e me faz perder o controle: "Você vai ganhar! Você vai conseguir! Se não tentar, nunca terá sucesso! Tente agora! Não perca tempo!". Depois que sou tomado por esse pensamento, deixo meus filhos com fome e jogo até perder a última moeda!

O caso deste rapaz não é exceção e não se verifica apenas entre as pessoas menos privilegiadas economicamente. Grandes artistas de cinema, ganhadores do *Oscar*, pessoas famosas e com sólida fortuna chegaram à miséria por causa do jogo, que se apresenta farto e sedutor em Monte Carlo, em Las Vegas, ou na Riviera Francesa, por exemplo. Esses indivíduos *vendem a alma* e perdem tudo durante as apostas, e, quando se veem totalmente sem dinheiro após o jogo, suicidam-se no próprio cassino – em Las Vegas o número de suicídios é alarmante!

No Brasil, vi o depoimento lamentável de senhoras ociosas que frequentam lugares de ilusão no Rio de Janeiro, onde gastam o que têm e o que não têm para satisfazerem o seu vício. São senhoras aposentadas e ainda lúcidas, que deveriam usar o tempo livre de outra forma: em lugar de se dedicarem ao jogo, deveriam estar dando banho em crianças, visitando doentes, auxiliando lares carentes e ajudando na manutenção de obras sociais, no intuito de colaborarem com os ideais da fraternidade para salvar vidas; no entanto, elas preferem frequentar os ambientes de jogos na tentativa de ganhar fortunas impossíveis e ainda correm para a porta do estabelecimento antes mesmo que o local seja aberto, evidenciando um descontrole emocional típico dos processos de compulsão.

No bojo desses acontecimentos surge a pergunta inevitável: o que uma pessoa deve fazer quando se reconhecer vítima da compulsão? E a resposta é bastante objetiva: trabalhar terapeuticamente as suas emoções e aprender a substituir hábitos, uma técnica que lhe permitirá aplicar a sua energia em algo saudável, pois a energia mal direcionada faz com que o indivíduo se torne prisioneiro da compulsão, das drogas, do consumismo, das promessas de lucro fácil...

O PROBLEMA DAS DROGAS

O desafio das drogas é um dos mais difíceis deste período de transição planetária, constituindo uma pandemia que atinge principalmente os indivíduos na faixa etária da juventude.

A adolescência é uma importante fase do ciclo vital. Se nesse período o indivíduo tiver conflitos e não receber a assistência efetiva da família, fatalmente ele será acolhido pelo colega deseducado da rua ou da escola. O cenário mais trágico, no entanto, é quando o jovem é *adotado* pelo traficante, penetrando no mundo das drogas e lançando-se em um abismo do qual poderá não retornar. Em qualquer uma das situações, o fator determinante é a negligência dos pais em relação ao filho adolescente.

Há razões psicológicas diversas para o envolvimento com substâncias que alteram o funcionamento mental, no entanto, a experiência me tem demonstrado que 80% dos casos de uso de drogas possuem uma relação com problemas de afirmação da sexualidade. Sigmund Freud dizia que na raiz de todo transtorno neurótico há um distúrbio da libido. Com este conceito, o criador da psicanálise reconhecia a importância da dimensão sexual na vida do ser humano, e a dependência química muitas vezes representa uma fuga psicológica, na tentativa de ocultar um conflito na área da sexualidade.[108]

Outro fator predisponente ao consumo de substâncias psicoativas é a solidão, que estimula o jovem a se intoxicar para preencher os vazios existenciais.

Quando descobrimos que o nosso filho está trilhando a estrada da dependência química, normalmente ele já se encontra nesse caminho há muito tempo. Eu aconselho aos pais que não se deixem dominar pela ingenuidade se tiverem um filho inserido nesse contexto: levem-no imediatamente a um atendimento especializado e não se iludam pensando que o problema irá passar sem que sejam tomadas providências para solucioná-lo. Se a questão não for enfrentada com firmeza, o quadro tenderá a agravar-se.

A partir do momento em que os pais constatarem o envolvimento do filho com produtos perigosos, não há alternativa senão a franqueza.

---

108. Um caso como esse encontra-se no livro *Transtornos psiquiátricos e obsessivos*, de Divaldo Franco/Manoel P. de Miranda, Editora LEAL, cap. 7 (As obsessões sutis e insidiosas), cap. 8 (Operações socorristas) e cap. 9 (A desencarnação de Anselmo). Ver também o livro *Adolescência e vida*, de Divaldo Franco/Joanna de Ângelis, Editora LEAL, cap. 23 (O adolescente e o problema das drogas). Nota do organizador.

É preciso entrar no quarto, fechar a porta e conversar: pai, mãe e filho. O diálogo terá que se desenvolver com naturalidade, embora a dor que esteja dilacerando a alma dos pais ou responsáveis, que procurarão entender o porquê daquele comportamento autodestrutivo. Eles deverão dialogar com frequência e com absoluta sinceridade, tomando cautela para não assumirem a postura de juízes ou acusadores. A família conversará não apenas a respeito da droga em si mesma, para que o assunto não se torne um tema repetitivo e desagradável, mas também sobre os valores da vida e a necessidade de conservar hábitos saudáveis para ser feliz. Sempre que a oportunidade surgir, os educadores deverão insistir nesse intercâmbio, com bastante habilidade e sem constranger o filho, até que ele resolva contar a razão da sua fuga dramática da realidade, permitindo que a família procure de imediato a assistência especializada.

É muito fácil dizer: "Se você quiser, você pode!". Às vezes o indivíduo quer e não consegue, porque o organismo está impregnado com substâncias diversas, desde aquelas que estão presentes no tabaco ou na maconha, denominados por muitas pessoas como drogas singelas (mas que também matam!), até produtos químicos com uma capacidade ainda mais devastadora. Todos esses vícios contribuem para destruir a vida, porque dificultam ao usuário a retomada do controle sobre si mesmo.

Alguns filhos que utilizam substâncias psicoativas são dependentes químicos de outras encarnações, que na existência atual retornam ao mesmo tipo de compulsão.

Nos anos 1980, no estado de Nova Jersey (EUA), uma adolescente norte-americana teve a vida tragicamente interrompida por causa das drogas. O caso recebeu grande divulgação pela imprensa e causou profunda comoção na opinião pública. A jovem, que se chamava Karen Ann Quinlan, fez um verdadeiro coquetel de drogas e o consumiu em quantidade elevada, experimentando uma overdose que a levou a uma parada cardiorrespiratória. Atendida a tempo, com os devidos procedimentos de emergência, a sua morte foi evitada, mas o incidente provocou graves lesões em seu sistema nervoso central. Para garantir a sobrevivência da paciente, os médicos tiveram que recorrer aos melhores recursos tecnológicos disponíveis na época, e ela ficou durante oito anos com a vida mantida por aparelhos, o que resultou em grande sofrimento e em gastos excessivos para a sua família.

O prognóstico era sombrio: a equipe médica não acreditava na possibilidade de recuperação da jovem, que aos poucos apresentava deformações físicas comuns em pessoas acamadas por longo tempo – o seu corpo foi-se recurvando e experimentando uma atrofia muscular acentuada –, principalmente quando possuem disfunções orgânicas severas.

A paciente foi transferida do hospital para as dependências da própria casa, que se converteu em uma verdadeira unidade de terapia intensiva de caráter especial, e dia e noite os parentes cuidavam da jovem com ternura, embora percebessem a inutilidade dos esforços para o seu retorno a uma vida normal.

Sem esperanças, os familiares pediram aos médicos que desligassem os aparelhos, solicitação que não pôde ser atendida por configurar um ato de eutanásia, procedimento proibido naquela época em toda a extensão do estado de Nova Jersey. A apelação para o poder judiciário estadual resultou em fracasso, pois os juízes não concordaram com a proposta contrária à legislação local.

A solução foi recorrer à Suprema Corte dos Estados Unidos, alegando-se que a Ciência Médica não dispunha de métodos para reabilitar a jovem e que os recursos financeiros para mantê-la viva eram escassos. Por fim, a Suprema Corte deu ganho de causa aos familiares, e os aparelhos foram desligados para que Karen pudesse enfim descansar com uma "morte suave", conforme diziam seus pais.

Contrariando todas as expectativas, a jovem não faleceu imediatamente, conseguindo respirar sozinha e se mantendo viva por mais dois anos, embora ainda acamada e sem qualquer esboço de recuperação.

Na mesma época em que ocorreu a desencarnação da jovem, eu estava visitando o médium Chico Xavier na cidade de Uberaba e, conversando com ele sobre o caso de Karen Quinlan, Chico analisou minhas palavras, parou por alguns momentos e em seguida falou-me que os Espíritos o estavam esclarecendo sobre o doloroso episódio. Ele me disse que Karen era um Espírito em processo de intenso sofrimento por causa da dependência química que se havia transferido de uma para outra reencarnação. Na existência anterior ela já era usuária de drogas, consumindo álcool, cigarros, haxixe e outras substâncias antigas utilizadas pela Humanidade para a intoxicação e o prazer sem limites. Após desencarnar de forma trágica, renasceu com o compromisso de vencer o seu grande desafio, devendo reabilitar-se aos poucos sem jamais ceder aos convites para experimentar novamente os produtos químicos. Infelizmente a jovem travou contato com as drogas modernas e mais uma vez atirou-se no poço sem fundo da dependência, falecendo precocemente e perdendo outra oportunidade de recuperação espiritual.

Controlar a compulsão e manter-se em abstinência é uma tarefa dificílima, considerando o efeito das substâncias no cérebro do indivíduo e uma possível experiência com drogas em vidas anteriores. Além disso, também é preciso destacar a participação de seres espirituais no desgoverno íntimo dos dependentes. Quando o indivíduo se envolve com vícios de qualquer natureza, torna-se instrumento de Espíritos infelizes que procuram explorar suas vítimas para continuarem a praticar o que não podem mais fazer, já que foram desalojados do corpo físico por causa da desencarnação. Eles mantinham esse comportamento autodestrutivo quando estavam na Terra e, agora, através de um usuário encarnado, prosseguem tentando sustentar o vício.

O processo pode ocorrer de duas formas: na primeira delas um Espírito pode induzir a pessoa ao consumo de drogas, mesmo que ela jamais tenha experimentado qualquer substância que altere a fisiologia cerebral, pois, a partir da interferência extrafísica, o problema se instala e as consequências deletérias são percebidas; na segunda, em sentido oposto, as tendências negativas que emergem de outras encarnações fazem o indivíduo travar contato com as drogas sem a participação inicial de seres desencarnados, mas a infeliz conduta acaba atraindo Espíritos vampirizadores, que estabelecem conexões mentais e agravam o quadro, intensificando o uso de substâncias psicoativas.[109]

Aos jovens que estiverem em uma fase tormentosa de superação do uso de drogas, eu dou a seguinte sugestão: esforcem-se mais! Re-

---

109. Ver os livros *No Mundo maior*, de Francisco Cândido Xavier/André Luiz, Editora FEB, cap. 14 (Medida salvadora) e *Trilhas da libertação*, de Divaldo Franco/Manoel P. de Miranda, Editora FEB, cap. 18 (Alcoolismo e obsessão) e cap. 19 (Cilada perversa). Nota do organizador.

corram à oração para criar um campo vibratório que os defenda das agressões espirituais, procurem uma Instituição Espírita para receber passes, fazer a terapia desobsessiva e tomar a água fluidificada, e confiando em Jesus, que é o Sublime Psicoterapeuta da Humanidade, terão forças para vencer o transtorno psicológico e encontrar a paz...

Frequentemente o jovem possui amigos que usam drogas. Quando decide ajudar um deles, recebe dos pais o pedido para que assuma uma postura oposta e se afaste do usuário. Ao se encontrar no dilema de querer salvar o amigo e ao mesmo tempo atender aos apelos da sua família, a solução será dialogar com os seus pais e pedir-lhes ajuda, seja para encaminhar o amigo a um tratamento, seja para falar com a família do usuário. Essa será a única medida a tomar, uma vez que o jovem não se deve iludir, pois que ele não tem maturidade nem meios para lidar com um drama de tal magnitude – nenhum jovem, por mais precoce que seja, está equipado com recursos para auxiliar um dependente químico sem comunicar o fato aos adultos. Por isso, se o adolescente tentar intervir sozinho, vai acabar utilizando drogas também.

O que devemos fazer para ajudar é sugerir novos rumos a quem necessita de renovação íntima, mas sem nos envolvermos com o problema do amigo. O dependente químico sabe que está cometendo um grande erro, e todo aquele que se dispõe a ajudar, envolvendo-se diretamente com a questão, acaba aderindo também ao uso de substâncias que afetam a saúde mental.

É comum vermos uma jovem apaixonar-se por um usuário e dizer: "Ele vai abandonar as drogas por causa do amor que lhe dedico!". Pura ilusão! Ela vai terminar fazendo companhia ao rapaz nesse caminho obscuro, que para muitas adolescentes torna-se um caminho sem retorno! Igualmente, um rapaz apaixonado imagina: "Quando ela se casar comigo, certamente deixará o vício para estar ao meu lado!". Ledo engano! Ele vai assimilar os hábitos da companheira, e ela vai fazer chantagem: "Se você me ama, então experimente um pouco comigo!". Já vi inúmeros casos assim, que terminam em tragédia para o casal!

Toda vez que alguém, em nome de um pretenso amor, convida-nos a fazer algo que fere os nossos princípios éticos, não devemos jamais atender, porque isso não é amor, é capricho de uma pessoa imatura que necessita provar a si mesma a sua importância, na qual acredita, e não aceitar é a melhor forma de demonstrar um amor genuíno para auxiliar aquele a quem dedicamos o nosso afeto.

Tendo em vista tudo o que foi discutido sobre o assunto, gostaria de reafirmar que o envolvimento de um jovem com as drogas possui uma estreita relação com a negligência de pais e de mães que não assumem o seu papel de educadores.

Há muitos anos eu viajei ao Sul do Brasil para fazer uma série de palestras em uma importante cidade da região. Naquela época, os amigos entendiam, erradamente, que a melhor forma de agradar-me era hospedando-me em lugares luxuosos, sem se preocuparem se o anfitrião era ou não simpático ao Espiritismo, por isso os companheiros que me convidaram colocaram-me sob os cuidados de um casal muito rico. Pela primeira vez eu iria me deparar com uma residência que era um verdadeiro palácio, dispondo de toda a comodidade que a fortuna pode oferecer. Felizmente, para facilitar um pouco as coisas, a dona da casa era espírita. Contudo, tratava-se de uma casa disfarçada de lar...

A mansão era constituída de muitas suítes, cada uma mais luxuosa que a outra. Tomei conhecimento de que o casal possuía quatro filhos na faixa etária infantojuvenil: o mais velho contava 16 anos, enquanto o mais jovem estava com 5 anos de idade, e cada um deles possuía uma suíte. A família ainda dispunha de uma suíte para hóspedes, na qual eu fui cuidadosamente alojado. O quarto era de tal maneira cercado de excessos, que eu tive dificuldade em adaptar-me durante aqueles três dias e três noites em que permaneci na cidade.

Como eu havia chegado à residência após o almoço, fui descansar e refazer-me um pouco, pois à noite eu realizaria uma atividade doutrinária.

Quando entrei no banheiro, fiquei absolutamente impressionado com o que dinheiro pode fazer!

Durante o lanche, que ocorreu duas horas antes da conferência programada, eu falei aos anfitriões a respeito da minha surpresa com os metais que constituíam a banheira, as torneiras e as maçanetas, que eram muito reluzentes e me chamaram bastante a atenção...

De forma jovial e ingênua, eu perguntei à senhora:

— Eu notei que os metais do banheiro de vocês são muito brilhantes! A banheira, a maçaneta da porta e as torneiras da pia são reluzentes como eu nunca vira antes! O que a senhora usa para lustrar esses objetos? Eu gostaria de utilizar o mesmo produto para fazer a limpeza e o polimento lá na Mansão do Caminho.

Demonstrando imensa compreensão com a minha ingenuidade, ela sorriu e respondeu:

— Ah, Divaldo! A minha empregada passa apenas uma flanela para limpar esses objetos que você mencionou, deixando tudo em bom estado.

— Mas a sua casa está perto do mar, submetida aos sais que são transportados pelo vento. Os metais do banheiro não oxidam?!

— Não.

— Por que não? E como é que brilham dessa forma?

— Eles brilham muito e não oxidam porque todas as peças são folheadas a ouro...

Ao ouvir a explicação, eu quase não acreditei! Mal pude esperar acabar o lanche para ir correndo ao banheiro a fim de conferir se a informação era verídica. E aproveitei para segurar bem as maçanetas, experimentando aquela sensação do metal frio e nobre em minhas mãos... Eu nunca havia segurado ouro antes! Então pensei: "Que maravilha isso aqui! É frio, mas é agradável... Meu Deus! Eu morro na pobreza, mas já posso dizer que segurei um objeto caríssimo envolto em uma película de ouro!".

No horário da conferência, o casal levou-me em um automóvel muito luxuoso ao local destinado às atividades da noite. Até aquele momento eu não havia encontrado nenhum dos quatro filhos.

No dia seguinte, que era um sábado, eu deveria ter um encontro com os jovens em um seminário programado para as 10h da manhã. Como eu notei que nenhum dos filhos estava presente, minha curiosidade me fez buscar explicações:

— Os seus filhos não irão ao seminário?

O pai, que não era espírita, apressou-se em me informar:

— Não, Divaldo. Você sabe como são os jovens... eles não gostam *dessas coisas*...

Eu me fiz de desentendido e questionei:

— Quais coisas?

— *Esse negócio* de Espiritismo – disse-me ele.

— Ah! É uma pena para os seus filhos, porque o Espiritismo não é *um negócio*, é uma proposta de iluminação de consciências que pretende contribuir para dignificar o ser humano.

Ao dizer isso, eu notei que as minhas palavras não lhe sensibilizaram, pois ele era tão rico que não estava muito interessado em dignidade...

— Mas eles precisam participar de uma oportunidade como essa – prossegui. — É um encontro direcionado a pessoas da idade deles. Confesso que não entendo quando você diz que não traz os filhos porque eles não gostam, afinal, ninguém gosta de fazer uma cirurgia, mas às vezes ela é necessária.

— É, Divaldo, mas eu não posso insistir...

Encerramos o diálogo e fomos ao seminário, realizando um belo encontro com vários jovens da Casa Espírita frequentada pela minha anfitriã. Ela me acompanhou ao longo do evento e depois retornamos à sua mansão.

O segundo dia naquela residência estava chegando ao fim, e eu ainda não havia conhecido os jovens. Como a dona da casa era espírita, tive mais facilidade de conversar, perguntando-lhe suavemente:

— E os meninos? Como estão? Eu ainda não tive a oportunidade de vê-los.

— Ah, Divaldo! Você sabe como são esses jovens de hoje em dia!

— Não, senhora. Eu não sei. Como não tenho filhos biológicos, talvez eu não esteja bem informado sobre o assunto. Se a senhora me esclarecer, eu agradecerei.

— Eu vou explicar: é porque aqui em casa cada um tem sua agenda própria e por isso fazemos as nossas refeições em horários bem diferentes uns dos outros. Mas nós nos encontramos no almoço de domingo, às 13h. Na verdade... nem mesmo esse encontro é sempre possível, pois algumas vezes os meninos vão à praia e não chegam a tempo. E como o mais velho já tem uma namorada, também fica meio complicado para que os horários coincidam...

— Mas se há tanto desencontro, como é que a senhora se comunica com eles?

— Pelo interfone instalado nos cômodos da casa ou através de bilhetes que colocamos na porta do quarto.

Eu fiquei surpreso com aquela revelação!

— Quer dizer então que a senhora praticamente não convive com seus filhos?

— Pois é, Divaldo. Você sabe... são as exigências do mundo social... Pela manhã, muitas vezes eu tenho que me levantar cedo para ir ao cabeleireiro e à manicure, e logo em seguida faço compras e cuido de outros compromissos. Quando eles se levantam, eu não estou mais em casa, por isso nem sempre nos encontramos. Mas está tudo bem conosco! Pode ter certeza!

Quando ela terminou de falar sobre a dinâmica da sua família, eu tive a certeza de que tudo ia muito mal!

Realmente eu constatei que os horários dos pais não combinavam com a agenda dos filhos. Quando um chegava, o outro já havia saído, e eles de fato se falavam apenas pelo interfone ou por bilhetes colocados nas portas. Ao chegar das atividades espíritas, eu me dirigia para a suíte de hóspedes e transitava pelo corredor da casa, notando os bilhetes fixados na entrada dos quartos. Era um desencontro e uma ausência de comunicação que eu jamais observara em uma família!

É claro que eu não lia os recados, quem lia era o meu olho... porque, ao passar perto dos pequenos papéis, mesmo sem querer, eu acabava lendo alguns...

Mais tarde eu me deitei um pouco, depois tomei um banho e me dirigi para a sala do lanche. Curiosamente, quando percorria o longo corredor da residência – o corredor era um pouco escuro, porque possuía uma iluminação indireta –, eu me deparei com o filho mais velho do casal. Ao se deslocar na minha direção, ele não teve possibilidade de me evitar. O jovem de 16 anos, que usava óculos escuros, abaixou a vista diante de mim. Com o olho clínico que tenho, em função da longa experiência com crianças e adolescentes, percebi que aquele gesto de abaixar a vista era significativo, traduzindo a culpa instalada em seu mundo íntimo. Eu me aproximei discretamente, segurei-lhe o ombro com delicadeza e lhe disse:

— Olá! Como vai? Meu nome é Divaldo. Sou hóspede dos seus pais por alguns dias.

Com certo ar de enfado, ele balbuciou algumas palavras quase inaudíveis para mim. Sorri gentilmente e prossegui:

— Eu desejo cumprimentá-lo. É um grande prazer falar com você! Tenho filhos da sua idade e alguns até mais velhos. Eu gostaria de conversar um pouco... Dê-me a sua mão.

Nesse momento ele levantou a cabeça, e eu segurei-lhe as mãos, pois a minha intenção era sentir as emoções do jovem. Sem muita dificuldade, notei que havia um leve tremor no rapaz e suas mãos também possuíam um suor gelado e espesso. Com todos esses sinais, logo percebi que ele estava usando drogas. Em seguida, eu lhe propus:

— Gostaria que você fosse comigo à palestra que farei amanhã pela manhã, na atividade de domingo que o Centro Espírita promove. Ficaria realmente muito feliz se você nos acompanhasse. Assim nós dois conversaríamos um pouco.

— Mas eu não posso! Tenho compromisso.

— Então nossa conversa poderá ser hoje mesmo, quando eu retornar da palestra. Se você preferir, poderíamos conversar amanhã à tarde. Você escolhe o horário.

— Mas eu realmente não posso! – insistiu o rapaz.

— Ah! Mas que pena!

Toquei novamente a sua mão fria e úmida e continuei:

— Nossa! Você está com óculos escuros. Mas você parece ser um jovem tão bonito! Tire os óculos para que eu possa vê-lo melhor...

Meu desejo era ver os olhos dele, para tentar detectar alterações. Alguns artistas que usam drogas utilizam óculos escuros diante da iluminação das câmeras em programas de televisão, porque os olhos não suportam a claridade excessiva. Como muitas substâncias psicoativas são vasodilatadoras, os capilares da conjuntiva ficam injetados com sangue, fazendo com que olhos estejam constantemente avermelhados. Também são notadas olheiras profundas que decorrem de noites em claro ou maldormidas, por isso os óculos escuros servem para disfarçar o aspecto incomum que denunciaria os seus hábitos nocivos. Ao mesmo tempo, as mãos são levemente trêmulas e os lábios um pouco arroxeados. Muitos usuários também não conseguem pronunciar as palavras com clareza por causa de prejuízos na fala ou na expressão do pensamento.

Todos esses sintomas eu testemunhei diversas vezes, quando estive em contato com jovens que se deixaram levar pela sedução da cocaína, do *crack* e de outras substâncias devastadoras.

O rapaz ficou um pouco retraído, e eu lhe falei com cuidado:

— Você está usando drogas, não é, meu filho?

— Como? – respondeu ele, demonstrando surpresa e constrangimento.

— É isso mesmo – insisti. — Seu pai sabe?

— O senhor está me acusando!

— Não estou. Você sabe que é verdade. É muito fácil ver nos seus olhos que a droga já conseguiu afetar o seu organismo.

Ele ensaiou uma resposta mais ríspida para ver se eu iria desistir. Como estou acostumado a lidar com jovens rebeldes, permaneci firme no meu propósito, falando-lhe com ternura:

— Não fique com raiva de mim. Estou falando isso porque respeito seus pais. Eles são pessoas generosas e não merecem isso de você!

O jovem então se desvelou:

— Como não merecem? Eles não têm a menor consideração por mim!

Havia tanta mágoa naquelas palavras, que eu tentei amenizar a situação:

— Não é proposital. Talvez eles não tenham tempo para dar-lhe mais atenção porque trabalham muito! Seu pai é um importante industrial.

— Mas eu sou filho dele! Em vez de me dar atenção, ele me oferece viagens e presentes. Por que ele não tem tempo para me ouvir?

— Vamos ver se resolvemos isso. Eu proponho que chamemos o seu pai para conversarmos todos juntos. Você me autoriza e tentar ajudá-lo?

— Não, senhor!

— Meu filho, por que você julga o seu pai sem antes saber as razões dele? Veja bem: eu vou ajudá-lo assim mesmo. Eu só perguntei por perguntar. Vou interferir em nome do seu bem-estar e da felicidade da sua família.

Depois de cumprimentá-lo mais uma vez, eu me despedi sem maiores comentários e fui para o lanche com os meus anfitriões.

Começamos a conversar, e na primeira oportunidade eu voltei ao tema:

— É mesmo uma pena o que se passa! Nós estamos aqui com uma mensagem tão boa para os jovens, e os seus filhos não estão sendo beneficiados com ela! O Espiritismo é uma doutrina de jovens e para jovens! Ela foi especialmente elaborada com métodos pedagógicos muito eficazes para alcançar as mentes e os corações juvenis. Em sua essência está a melhor técnica de informação e educação, que é o diálogo. É pena que os meninos não participem! Aliás, eu acabo de encontrar-me com o seu filho mais velho no corredor.

— Ah! Sim, sim – disse-me o pai, sem maior interesse no meu relato.

— Pois é. Além de conhecê-lo, eu notei que ele está usando drogas...

Os pais ficaram paralisados! Não conseguiam sequer respirar... Ao apresentar aquele depoimento, eu procurei falar suavemente, com muita naturalidade. O pai recuou na cadeira e indagou, em tom de incredulidade:

— Divaldo, você tem certeza do que está dizendo?

— Absoluta! – completei.

— Mas quais drogas ele está usando?

— Eu não saberia informar precisamente quais são os produtos que ele está consumindo, mas sei que são substâncias que afetam o sistema nervoso e causam dependência. O corpo e o comportamento do seu filho denunciam este fato.

— Mas isso é uma calúnia!

— Se o senhor acha que eu estou equivocado, é muito fácil tirar a prova: basta ir ao quarto do seu filho e perguntar diretamente a ele. Eu sugiro que o senhor vá agora mesmo, não perca mais tempo! Ainda há chance de salvar o seu filho antes que ele se entregue de vez às drogas que irão destruí-lo! E pode dizer-lhe que fui eu que falei.

O espanto tornou-se mais intenso e ganhou a companhia de um sentimento de temor pela vida do filho.[110] Continuei a explicar-lhe:

— Estou dizendo isso porque os senhores me receberam em sua casa e eu trago uma mensagem de paz, uma mensagem de vida eterna que ofereço a todos em meu caminho, e o seu filho está precisando de ajuda. Seria uma covardia de minha parte se eu me omitisse hipocritamente por causa das conveniências sociais! O rapaz é muito jovem, e os senhores me inspiram um sentimento profundo de amizade. Por isso, perguntem-lhe se o que estou dizendo é verdade. Se estiverem inseguros, procurem um psicólogo.

Foi uma cena familiar absolutamente dolorosa! Em desespero, a mãe quis ir ao quarto gritar com o filho, mas eu a adverti:

— Essa reação não resolverá nada! Em tais casos, a ameaça não é solução. Vi que o seu filho é um menino especial, mas é muito solitário. Vocês também têm uma parcela de responsabilidade pelo que está acontecendo.

Em seguida, voltei-me para o pai e acrescentei:

— Se o seu filho não quiser se tratar, o senhor deverá conduzi-lo a um psiquiatra mesmo que ele resista! É uma questão de necessidade terapêutica. Se uma pessoa tem um câncer, ela se submete a uma cirurgia, bem como à rádio ou à quimioterapia. Da mesma forma, se ela faz uso de drogas que comprometem a saúde mental, deverá igualmente submeter-se ao tratamento adequado. E ainda lhe digo mais: o meu receio é que o seu filho mais velho já tenha influenciado dois dos irmãos mais novos, que são apenas garotos de 14 e 12 anos de idade. O dependente químico normalmente não fica solitário em sua *viagem* ao mundo das drogas, sentindo-se inclinado a levar outras pessoas junto com ele. E além de lhes causar sérios danos ao organismo, as drogas trazem as consequências lamentáveis que decorrem dos processos de obsessão espiritual...

---

110. Consultar o livro *Educação e vivências*, de Raul Teixeira/Camilo, Editora Fráter, cap. 8 (Drogas e obsessões). Nota do organizador.

Ele não tinha palavras para expressar o grande impacto que a revelação lhe provocou. Na sequência, olhou para mim ainda mais espantado e perguntou:

— Você poderia ir comigo ao quarto do meu filho e dizer tudo isso diante dele?

— Certamente. Para ajudá-los, eu irei com muito prazer.

Naquele instante, fiquei surpreso ao constatar como um pai e uma mãe não percebem a mudança de comportamento de um filho! Afinal, no período da adolescência já deveremos conhecer as características e as reações mais significativas de um ser de quem cuidamos desde o nascimento! Como, por negligência e desamor, os pais permitem que o problema chegue a esse nível?!

O pai levantou-se, trêmulo, e fomos ao quarto do rapaz. Quando chegamos à suíte, o jovem estava atirado sobre a cama, em um estado lamentável de consciência alterada pelo efeito das drogas![111] Em lágrimas abundantes, o menino confessou seu envolvimento com as substâncias tóxicas, das mais leves às mais pesadas, falou sobre como era dolorosa a angústia que vivia e a solidão no ambiente familiar, que se somavam aos conflitos da afirmação sexual, e informou que havia iniciado nas drogas o irmão de 14 anos...

A cena tornou-se mais dolorosa, porque o pai quis agredir o jovem. Eu me interpus e lhe recomendei:

— Não, senhor! O senhor não vai agredi-lo fisicamente, porque ele não tem culpa! Ele é um menino órfão de pais vivos! O garoto teve conflitos psicológicos e não contou com ninguém para apoiá-lo. Então ele deve ter confessado os seus dramas íntimos a um colega, que repassou as informações ao traficante. Daí, o traficante ofereceu algo para confortar o seu filho, sugerindo que ele viajasse pelo mundo da imaginação e esquecesse todas as dificuldades... A partir desse momento, o traficante o *adotou*. Portanto, a responsabilidade é sua! O senhor não

---

111. Verificar a obra *Nas fronteiras da loucura*, de Divaldo Franco/Manoel P. de Miranda, Editora LEAL, cap. 11 (Efeitos das drogas) e cap. 9 (O problema das drogas). Nota do organizador.

tem o direito de castigá-lo! O recurso agora é procurar ajuda especializada para tratá-lo.[112]

O rapaz estava tão fora de si que nem mesmo reagia diante das ameaças do genitor. Para concluir as minhas orientações, eu aconselhei:

— Seria conveniente que o senhor o levasse ao psiquiatra hoje mesmo. E se for necessário que ele se ausente da escola e de outras atividades, que isso seja feito sem demora.

— Mas se a nossa família e os nossos amigos souberem será um escândalo!

— Porém, pior do que o escândalo poderá ser o crime que ele resolver praticar em breve, no intuito de exigir de você o dinheiro para continuar usando drogas. Além disso, se ele ficar devendo dinheiro ao traficante e este ameaçar matá-lo, a situação também será muito mais grave do que qualquer escândalo, porque, para salvar a própria vida, o seu filho poderá matar o senhor e a sua esposa, roubando objetos da casa na tentativa de se livrar da cobrança do fornecedor de drogas. Por isso, leve o seu filho ao médico imediatamente, não importando se ele receberá tratamento ambulatorial ou se ficará internado em uma clínica. Mesmo que o senhor não o ame, cuide do seu filho!

Talvez algumas pessoas achem que as minhas palavras foram muito duras ao questionar o afeto que o pai nutria pelo seu filho. No entanto, a experiência me diz que, em uma circunstância como essa, a falta de amor do pai é uma hipótese muito provável. Um pai que age dessa forma é apenas um reprodutor. Ele tem um filho, mas não o educa, não se importando com a sua felicidade. Usa o filho apenas para mostrá-lo na sociedade, a fim de exibi-lo como o herdeiro da indústria ou de outros negócios da família.

Muito constrangido, o pai tomou todas as providências necessárias.

No dia seguinte, eu acrescentei:

— Reúna os seus outros filhos e converse com eles. Como eu lhe disse antes, eu já desconfiava que o seu segundo filho também estivesse

---

112. Sobre o papel do traficante consultar a obra *Educação e vivências*, de Raul Teixeira/ Camilo, Editora Fráter, cap. 7 (Droga e tráfico); verificar também o cap. 6 (Educação e drogas). Nota do organizador.

usando drogas, e a suspeita foi confirmada. Talvez ele não se encontre em um estágio tão grave quanto o seu primogênito, mas infelizmente já aderiu ao convite para se intoxicar.

Realmente o menino de 14 anos já havia sido influenciado pelo irmão mais velho. Embaixo do seu colchão havia vários cigarros de maconha, que ele escondia com cautela. Como os pais nunca examinaram o quarto do filho, jamais poderiam saber do fato. Apenas a empregada trocava a roupa de cama e vasculhava os objetos pessoais do garoto. A mãe nunca entrava no ambiente reservado do filho, porque dizia não ter tempo, apesar de frequentar uma Casa Espírita.

Ao final da minha estada naquela residência, despedi-me dos pais para seguir viagem. Ambos estavam muito desolados, com dois filhos que necessitaram se internar para realizar uma desintoxicação emergencial e um tratamento psiquiátrico intensivo.[113]

O drama dessa família é um exemplo da *antifamília*. Esses pais davam tudo aos filhos, mas não se davam a esses jovens. Muitas vezes os genitores ampliam a carga de trabalho, remunerado ou voluntário, para se verem livres da responsabilidade relativa à educação dentro do lar. Conheci muitas famílias em que as mães se refugiam no Espiritismo mediante a prática da caridade, deixando seus filhos em casa em total abandono ou aos cuidados de funcionários que não terão o mesmo zelo e atenção com as crianças e adolescentes. Por isso eu digo insistentemente a essas mães que se candidatam a colaborar conosco na Mansão do Caminho:

— Não se esqueçam de que o primeiro dever é com os filhos, porque amar ao próximo implica distender os braços afetuosos para o próximo mais próximo de nós, que é aquele ser reencarnado em nossa consanguinidade.

Conforme já mencionei, quando os pais se dão conta da situação, na maioria das vezes, ela já se prolonga por algum tempo. Nesses casos,

---

113. A postura dos pais diante da questão das drogas é analisada no livro *Diretrizes para uma vida feliz*, de Divaldo Franco/Marco Prisco, Editora LEAL, cap. 10 (Terapia do amor). Ver também o livro *Constelação familiar*, de Divaldo Franco/Joanna de Ângelis, Editora LEAL, cap. 24 (Drogadição na família). Nota do organizador.

a vigilância e o diálogo estavam ausentes e não puderam evitar que o mal se instalasse na vida da família.

São de importância fundamental algumas recomendações que os educadores devem oferecer àqueles que estão sob sua responsabilidade. Por essa razão, eu desejo dirigir-me diretamente ao jovem, a fim de reproduzir o que costumo dizer aos meus filhos.

Tudo começa com as festas que são próprias da fase juvenil. Por isso, a pretexto de comemorações, não se comprometa com o vício. Apenas um pouquinho pode ser como uma picada de veneno, que mesmo em pequenas doses torna-se fatal.

Se você está sofrendo, enfrente a dor com coragem, mantendo-se abstêmio e forte. Não será através do entorpecimento da sua mente e das suas emoções que a solução aparecerá magicamente diante dos seus olhos.

Se você está feliz, fique feliz lúcido! Qual a razão para perder a direção de si mesmo no intuito de divertir-se?

Se você deseja experimentar uma sensação de êxtase, ouça uma música que lhe traga reflexão e paz interior. Vá ao teatro e veja uma peça que lhe proporcione pensamentos novos, ideias nunca antes formuladas por você. Assista a qualquer espetáculo de arte ou algo semelhante que lhe provoque emoções, não apenas sensações. Pratique técnicas de meditação: elas nos fazem entrar em êxtase sem recorrermos a qualquer tipo de substância, pois o seu uso prolongado danifica o cérebro e compromete as funções psíquicas.

Quem experimenta substâncias psicoativas fica em *estado alterado de consciência* enquanto dura o efeito da droga. Mas ao longo do tempo o indivíduo ficará em *estado de consciência alterada*, que caracteriza os transtornos neurológicos e mentais decorrentes da dependência química.

Utilize a oração como forma de entrar em êxtase para acessar as dimensões superiores da vida. Não se preocupe com orações decoradas. Formule a prece com suas próprias palavras. Quando pretendemos nos comunicar com pessoas que amamos, não memorizamos texto algum, apenas nos deixamos levar pelo afeto que nos vincula àquele ser querido. Faça o mesmo na sua relação com Deus. Quando eu oro, costumo dizer simplesmente: "Senhor, você sabe quem sou, melhor do que eu mesmo, e quais são as minhas necessidades. Estou aqui para entregar--me ao Seu amor e me deixar penetrar por ele".

Portanto, para qualquer situação, recorra à prece. Não se esqueça de que você se encontra cercado por seres espirituais que estão ao seu lado, velando por você e trabalhando pela sua felicidade, como legítimos representantes do Pai Celestial que cuida de todos nós. Pense n'Ele e traga-O para mais perto de você...[114]

CONSUMISMO

O consumismo é uma das expressões mais deletérias da modernidade. Como a sociedade humana é dominada por uma visão imediatista, fruto espúrio da mentalidade hedonista, torna-se frequente o comportamento frágil de nos permitirmos encantar por todos os tipos de atrativos, acreditando que temos certas necessidades que devem ser satisfeitas, quando em realidade elas são ilusórias.

Allan Kardec, em sua magistral obra *O Livro dos Espíritos*, analisou o assunto ao abordar a Lei de Conservação, quando comenta sobre o necessário e o supérfluo.[115] O codificador esclarece que existem coisas de que realmente necessitamos, representando aquisições justificáveis porque conferem qualidade à nossa vida. Em contrapartida, constantemente desejamos ter aquilo que pouco ou nada acrescenta ao nosso bem-estar, por isso mesmo classificado como algo supérfluo. É exatamente nesse território que se desenvolve o consumismo, uma forma que o mercado encontrou para capturar os interesses das pessoas e obter lucros exorbitantes. E como resistir à onda consumista que varre o cotidiano na vida moderna? A resposta é simples: cultivando uma existência pautada pelos valores profundos da alma.

---

114. Sobre o tema das drogas, analisar também o livro *Conflitos existenciais*, de Divaldo Franco/Joanna de Ângelis, Editora LEAL, cap. 12 (Drogadição), cap. 13 (Tabagismo) e cap. 14 (Alcoolismo).
115. *O Livro dos Espíritos*, questões 715 a 717. Notas do organizador.

A pessoa consumista é alguém que foi vitimado pelo vazio emocional, afetivo e existencial, mesmo que não se dê conta das dificuldades psicológicas que orientam a sua conduta. Portanto, que tenha consciência ou não do estado em que se encontra, parte para uma busca frenética de objetos inúteis que compensem de alguma forma o seu sofrimento psíquico. Quando os sintomas se exacerbam, ela desenvolve quadros psiquiátricos de ausência extrema do controle emocional, que são classificados como *transtornos de controle de impulsos*. O comprar compulsivo é uma das manifestações deste processo, em que o indivíduo adquire coisas diferentes e em grande quantidade, às vezes gastando muito mais do que a sua condição financeira permite. E, ao chegar em casa, não sabe exatamente as razões que o levaram a comprar todas aquelas roupas, objetos, aparelhos etc.

No contexto em análise, é importante fazer uma observação: existe uma diferença flagrante entre o exagero da postura consumista e a valorização de certos aspectos complementares do objeto que está sendo adquirido pelo comprador. Ao decidirmos comprar um carro, por exemplo, sabemos que a sua utilidade principal é permitir que nos transportemos com maior facilidade. Se preferimos um carro bonito e confortável, isso não significa que se trata de consumismo, já que a beleza do veículo e o conforto ao dirigir provocam-nos uma sensação de bem-estar, portanto, a escolha de um automóvel de melhor qualidade é uma opção perfeitamente compreensível. Contudo, se a aquisição do carro exige recursos financeiros de que não dispomos, sacrificando o orçamento familiar para satisfazer um capricho, pela simples vaidade de exibir aos outros aquilo que possuímos, esse comportamento pode ser diagnosticado como uma escravidão consumista.

Ocorre que somos muito manipulados pela mídia. Fazemos isso ou aquilo porque está na moda, dá *status*, razões pelas quais muitos indivíduos se entregam ao desejo de acumular bens de forma incessante, uma atitude típica de quem não realizou o processo de autoencontro.

É possível identificarmos duas manifestações de consumo exorbitante, que sempre corresponde a uma lamentável fuga psicológica. A primeira delas ocorre com pessoas que possuem notoriedade ou algum tipo de fama que começa a dar sinais de desgaste. Elas consomem produtos em excesso para compensar psicologicamente o declínio da sua projeção social. Por outro lado, também podem fazer alguma extravagância para chamar a atenção. Muitas pessoas públicas, ditas *de sucesso*, quando entram em decadência financeira ou social, tentam exibir-se gastando dinheiro ou promovendo escândalos para que a mídia as conduza de volta ao mundo das celebridades. Ao assumirem essa postura, estarão servindo de modelos deturpados para outros indivíduos psicologicamente frágeis, que as admiram e pretendem imitá-las.

Ser diferente, fazer algo que foge ao trivial, não implica obrigatoriamente ser consumista. Quando vejo aqueles que têm a coragem de discordar dos padrões sociais que nos são impostos apresentando modelos de comportamento distantes da conduta adotada pela maioria, considero uma forma de liberdade de consciência muito válida, na medida em que representa o cultivo de novas aspirações. É como se o indivíduo dissesse para si mesmo e para a sociedade: "Eu tenho o direito de ser como sou!". É uma postura que inegavelmente contribui com a sua paz interior, caso esteja alicerçada no desejo de ser simplesmente autêntico. Mas me parece que esses casos constituem exceções à regra. De uma forma geral, as atitudes excêntricas denotam que a pessoa está de fato engajada nas ilusões do mundo moderno.

A segunda manifestação de consumismo envolve pessoas comuns, sem nenhum compromisso com a fama. Ao se depararem com frustrações ou dissabores, buscam o consumo desenfreado para não entrar em contato com a sua realidade interna, o *Self* da linguagem psicológica. Elas permanecem trabalhando sem cessar, comprando e consumindo no intuito de satisfazerem às exigências do *ego*, que as estimula a adquirir e conservar objetos de valor que não valem nada!

Dessa forma, o exagero na carga horária de trabalho pode ocorrer não apenas pela vaidade em exibir bens materiais de alto preço, mas também para escapar da sensação de infelicidade na vida familiar, provocada pela rotina doméstica, pelo desamor na relação conjugal, pela ausência de filhos que complementam a alegria no lar. Homens e mulheres, enquanto estão entregues ao trabalho em excesso, formulam para si mesmos e para os outros a imagem de pessoas importantes, coroadas pelo sucesso profissional. Todavia, incorrem no erro de confundir *sucesso* com *êxito*.

Conforme demonstra Joanna de Ângelis, a meta existencial deve ser o êxito, que se afigura como a vitória sobre as nossas dificuldades evolutivas, as más inclinações, de acordo com a expressão que consta em *O Evangelho segundo o Espiritismo*. São elas que impedem a nossa perfeita identificação com as Soberanas Leis da Vida. Se pudermos alcançar um elevado patamar financeiro e social, certamente ele será bem-vindo, desde que seja uma decorrência natural do nosso esforço pelo autoburilamento.[116]

Como a ideia de sucesso está muito atrelada à ilusão do consumo, vale a pena uma reflexão sobre a busca pelas vitórias efêmeras do mundo.

Normalmente o sonho do sucesso desencadeia uma batalha sem tréguas para alcançar o estrelato, a fama, a riqueza, o reconhecimento social, ignorando que se trata de uma experiência passageira, fadada à extinção quando o indivíduo for substituído por alguém que chega logo a seguir, ocupando o lugar que todos disputam. E aquele que é colhido pela surpresa ante a ascensão do competidor cai em estado de amargura e até de depressão, por não saber lidar com a situação inusitada de ser posto à margem, enquanto o seu rival preenche o espaço que lhe pertencia. Por isso, uma pessoa de sucesso costuma ser atormentada pelas gerações que um dia irão sucedê-la na posição privilegiada de que desfruta. Esse receio faz emergir uma ansiedade doentia.

No ano de 1950, a atriz norte-americana Bette Davis protagonizou um filme que foi exibido no Brasil com o título de *A Malvada*.[117] A famosa artista interpretou o papel de Margo Channing, uma estrela da Broadway que era capaz de qualquer coisa para permanecer no auge do sucesso, inclusive passar por cima das pessoas.

A senhorita Channing, tão adorada por muitos, possuía uma camareira que lhe auxiliava nos afazeres domésticos. Sempre que ensaiava na intimidade do seu quarto, principalmente as cenas que cantava em

116. Recomendamos a análise do livro *Diretrizes para o êxito*, de Divaldo Franco/Joanna de Ângelis, Editora LEAL, cap. 17 (As más inclinações).
117. Ruth Elizabeth Davis (1908-1989). O título original do filme é *All About Eve*. Notas do organizador.

apresentação solo, a camareira acompanhava atentamente aquelas longas sessões de trabalho árduo, que possibilitavam à atriz dar continuidade ao seu caminho de glórias no campo da arte.

Certa vez, Margo foi visitar uma região em Nova Iorque e se viu surpreendida por uma tempestade que a impossibilitou de retornar ao teatro para a apresentação da noite. Ela entrou em contato com a direção da peça e explicou o fato, informando que não chegaria a tempo e que o espetáculo deveria ser cancelado. A notícia deixou os produtores em pânico, pois a peça havia sido programada com seis meses de antecedência. O auditório estava completamente tomado pelos fãs, e a plateia dava sinais de impaciência, à espera do início das atividades. Se tudo fosse cancelado, as consequências seriam terríveis para a reputação da companhia de teatro. Nesse momento, o diretor passou a dialogar com uma assessora da atriz, comentando que não havia como contornar o problema porque ela era insubstituível. Ao ouvir tal afirmação, a camareira, que testemunhava aquele momento de inquietação e angústia, garantiu possuir condições de substituir a estrela da peça. Como ninguém acreditou naquela situação inusitada, ela afirmou:

— Eu sempre admirei muito a minha senhora! E decidi tornar-me sua camareira para aprender a sua postura, a sua forma tão refinada de se comportar. Com isso, acabei aprendendo também o roteiro das suas apresentações. Se puderem esperar cinco minutos, eu lhes mostrarei.

Subiu ao camarim, vestiu-se de forma apropriada e retornou para exibir sua caracterização a todos. O diretor não pôde acreditar no que viu! A jovem era uma cópia perfeita da senhora a quem servia com imensa dedicação...

Diante da incredulidade e da relutância, ela insistiu:

— Vocês não têm nada a perder! Se eu subir ao palco e a plateia não gostar de mim, serei vaiada e assumirei toda a responsabilidade. Mas se não houver apresentação, seremos vaiados do mesmo jeito. Esta é a minha chance! Deem-me a oportunidade!

Os responsáveis pela peça resolveram arriscar.

O espetáculo se iniciava com um monólogo que exigia da intérprete uma grande habilidade cênica. Para diminuir o impacto sobre ela, o diretor pediu que as luzes fossem apagadas. As cortinas se abriram e começou a fala de abertura. Dentro de instantes, a sua emoção estava totalmente mergulhada no clima da peça. A plateia identificou que algo estava diferente. Quando as luzes foram aumentando, todos se surpreenderam ao constatar que havia outra artista no palco. Contudo, a interpretação foi tão convincente que a nova atriz recebeu a aprovação geral logo ao fim do primeiro ato.

Quando a apresentação se encerrou, a protagonista arrancou aplausos e elogios de todos. Em seguida, ela foi levada para o jantar de comemoração no qual os jornalistas e críticos de arte a entrevistaram, escrevendo diversos comentários positivos nos jornais do dia imediato.

Em meio aos acontecimentos, quando o teatro já estava vazio, Margo Channing chegou ao local em que deveria ter-se apresentado algumas horas antes. Ela se dirigiu ao diretor e questionou:

— Como foi a reação da plateia quando vocês cancelaram a apresentação?

— Não sabemos como seria se isso tivesse ocorrido, pois não cancelamos o evento.

— Como não?!

— Isso mesmo. A peça transcorreu normalmente.

— E como fizeram para dar continuidade sem a minha participação?

— A sua camareira foi escalada para substituí-la.

— Como?! Isso deve ser uma brincadeira de mau gosto!

— É a mais absoluta expressão da verdade. Ela conseguiu compensar a sua ausência de forma apropriada.

— Mas ela tem capacidade para tanto? Ela interpretou bem?

— Melhor do que você.

— Isso é um ultraje! Eu me recuso a permanecer trabalhando com vocês! E exijo que me paguem a multa pelo cancelamento do contrato!

— Com o máximo prazer. Será melhor para nós ter uma pessoa mais talentosa à nossa disposição. Além disso, ela é jovem, enquanto você já não o é!

As palavras atingiram em cheio a vaidade e o orgulho da atriz consagrada, mas isso foi uma resposta à forma como se relacionava com todos ao seu redor. Enquanto ela estava no auge, era grosseira, exigente e habituada a humilhar os outros. Parece que esse fenômeno é muito comum. De forma geral, as figuras de sucesso apreciam pisar as pessoas.

Após a rude decepção, ela desfez o contrato e entrou em desespero, sendo esquecida pelos empresários do ramo artístico e pelos seus próprios fãs.

Ao mesmo tempo que esse fato ocorria, a ex-camareira chegava ao ápice do sucesso, passando a morar em uma mansão suntuosa na região de Manhattan.

Certo dia, alguns anos após a sua estreia no mundo artístico, a madame estava em sua casa quando soou a campainha. O mordomo atendeu e encontrou à porta uma linda jovem, de aspecto muito simples, denotando a sua origem humilde. A moça, então, declarou:

— Eu gostaria de trabalhar aqui na *casa de madame*. Sou sua fã incondicional há muitos anos... Às vezes eu viajo por mais de cem quilômetros para vê-la em uma peça de teatro. Minha admiração por ela é mesmo inexplicável!

— A senhorita tem referências? Foi indicada por alguém?

— Ah! Não tenho... Mas aceito qualquer função!

— Pelo menos você já trabalhou na residência de alguma família? Tem experiência?

— Não, senhor! Mas estou disposta a trabalhar no que for preciso. Eu quero estar ao lado de madame para servi-la com devotamento!

O mordomo ficou muito sensibilizado com a sinceridade da moça e resolveu falar com a dona da casa. Comentou que à porta estava uma jovem que parecia muito disposta a dar o seu melhor para garantir o bem-estar de madame.

— Ela tem referências? – indagou a atriz, com ar de desprezo.

— Não, senhora. Ela não foi indicada por ninguém. Apenas deseja uma oportunidade para tornar-se sua auxiliar.

Demonstrando a intenção de encerrar aquele assunto desagradável, ela ordenou ao mordomo:

— Pois bem. Coloque-a para dormir no quarto onde guardo meus armários de roupas. Acomode-a sem muitas preocupações. Diga-lhe que terá de passar roupas a ferro, trocar botões dos meus vestidos e lavar o chão...

Obedecendo à orientação recebida, o funcionário conduziu a moça até o aposento próprio. Ao chegar ao local, ele comunicou-lhe:

— Este é o quarto em que você irá dormir. Sua responsabilidade inicial é verificar todas as roupas que madame utiliza em suas apresentações. Seja rápida e precisa, porque ela é muito exigente!

Ao sair do recinto, o mordomo deixou a moça completamente fascinada com todas aquelas roupas que para ela tinham um significado especial. A jovem abriu um dos armários e pegou o vestido que a senhora havia usado para atuar na peça teatral *A Dama das Camélias*. Imediatamente ela pôs o vestido, dirigiu-se ao espelho e começou a representar, dando asas à sua imaginação...

Ali estava a futura substituta de madame, que no passado também havia ocupado o lugar de outra pessoa nos palcos da ilusão...

Assim é o sucesso. Quando nós conseguimos alcançá-lo, quase sempre existem mãos desejando empurrar-nos para o abismo do esquecimento. E mesmo que não tenhamos competidores no nosso encalço, outras contingências se tornam inevitáveis, como a doença, a velhice e o tédio com as rotinas que decorrem do próprio sucesso. O consumismo pode surgir como tentativa de preencher o vazio existencial resultante desses fatores.

É fácil concluir que todos os valores apresentados pela sociedade têm um significado relativo. Temos que fazer a viagem para dentro, para o autodescobrimento, para encontrar valores que são os nossos, já que somos diferentes nas aspirações, na emoção, nos níveis de consciência. Não podemos ficar igualados e limitados pelas propostas do *marketing*.

Jung afirma que a meta máxima da jornada na Terra é descobrir o sentido da vida. Ele desdobra esse conceito advertindo que a vida não quer que ninguém seja perfeito, mas que seja inteiro. Fazendo essa viagem no rumo da nossa integridade, para sermos inteiros e autoconscientes, torna-se possível resistir aos convites sedutores do consumismo.[118]

---

118. Sugerimos ampliar as reflexões com a leitura do livro *Vereda familiar*, de Raul Teixeira/Thereza de Brito, Editora Fráter, cap. 20 (Consumismo doméstico). Nota do organizador.

Autoconsciência e educação

É possível construir um mundo sem drogas, sem consumismo e outros vícios que escravizam o ser humano e constituem obstáculos ao desenvolvimento do imenso potencial da consciência. Se acreditarmos e fizermos uso de técnicas psicológicas para esse fim, ao lado do exercício constante do amor que nos liberta, em um futuro próximo viveremos uma existência embasada nos princípios da saúde integral.

Para superar os vícios, é fundamental reconhecer a sua influência. Se um indivíduo percebe que a sua vida é regida por um ou mais tipos de dependência, deve identificar aquilo que o torna um escravo por livre opção. Álcool, medicamentos para dormir, anti-inflamatórios, estimulantes sexuais, cigarros, jogos de azar e compras compulsivas são alguns dos vícios que precisam ser reconhecidos pelo indivíduo para que ele não tente enganar a si mesmo, afirmando que faz uso esporádico de certas drogas ou que raramente expressa determinado comportamento patológico. Trata-se de uma concepção ilusória mediante a qual ele acredita ter perfeito domínio sobre a situação.

Contudo, essa tentativa de disfarce, de embuste do próprio *ego*, somente adia o inevitável e conserva o dependente em uma zona de conforto que não durará para sempre, porque, mais cedo ou mais tarde, ele experimentará o impacto negativo do vício que o atormenta.

Se a pessoa é solteira, poderá colocar a relação de seus vícios no espelho para lê-la todos os dias, refletindo sobre os prejuízos causados pela queda no abismo dos equívocos praticados. Se a pessoa é casada, poderá colocar a lista em um lugar isolado, como uma gaveta ou um pequeno cofre trancado, a fim de que somente ela tenha acesso a esse material que lhe proporcionará um trabalho de autoconhecimento. É importante consultá-lo diariamente para meditar com cuidado, favorecendo a visualização da forma como aqueles vícios estão presentes no cotidiano de quem os cultiva, afastando as pessoas de suas metas e destruindo seus sonhos.

Após confeccionar a lista de suas dificuldades, o indivíduo deve iniciar um trabalho terapêutico baseado na *mudança dos padrões de pensamento* ou *reprogramação mental*. Ele precisará educar a mente e reformular seus pensamentos para fazer frente ao poder dominador dos vícios.[119]

O primeiro item da terapia é o exercício do autoamor, que pode ser representado pela fixação do seguinte conteúdo no aparelho psíquico:

"Eu me amo! E por essa razão eu vou cuidar de mim para ser cada vez mais saudável. Não importa que eu tenha defeitos, porque pessoa alguma é sinônimo de perfeição. Se eu me amo, vou estar sempre vigilante para permanecer com saúde e paz. Eu sou a única pessoa com quem poderei contar em qualquer circunstância da minha vida, inclusive na minha morte. Portanto, eu me amo e vou zelar por mim!"

Essa proposta de autocuidado é indispensável para trabalhar as emoções autodestrutivas que emergem em uma pessoa com dificuldades para libertar-se de um vício. Tais emoções refletem uma concepção de menos-valia que precisa ser solucionada através do sentimento de amor a si mesmo, que possui um significado psicológico completamente diferente do egoísmo. Não há possibilidade de confusão entre os dois conceitos.

O segundo item da terapia é a abordagem do próprio vício.

Se o indivíduo faz uso de cigarros, irá reestruturar o pensamento e dizer a si mesmo:

"Eu não sou fumante. Eu apenas gosto de cigarros. Mas esta semana eu darei atenção à minha saúde e reduzirei o número de cigarros consumidos."

Com o passar do tempo, poderá mudar a frase elaborada:

"Como eu apenas gosto de fumar e pretendo cuidar da minha saúde, esta semana eu não irei fumar. O fumo causa vários tipos de câncer e outras doenças. Como sou uma pessoa inteligente, porque possuo consciência, não irei comprar a minha própria morte em forma de cigarros."

Se o interessado em realizar a terapia é dependente do álcool ou faz uso nocivo dessa substância, poderá fixar na tela mental a seguinte frase:

---

119. A proposta da reprogramação mental, analisada sob a ótica espírita, encontra-se no livro *Autodescobrimento: uma busca interior*, de Divaldo Franco/Joanna de Ângelis, Editora LEAL, cap. 7 (O ser subconsciente). Nota do organizador.

"Eu não sou dependente de álcool. Eu apenas aprecio beber muito em qualquer dia da semana. Mas como a bebida alcoólica provoca distúrbios em vários órgãos do meu corpo, prejudicando bastante a minha convivência familiar, esta semana eu reduzirei o consumo de álcool."

Depois de algum tempo, a frase mudará de conteúdo:

"Por causa do meu interesse em cuidar de mim mesmo, esta semana eu não beberei uma só gota de álcool."

O terceiro item que deve nortear o candidato à saúde plena diz respeito a uma precaução. Ele deve evitar dizer a si mesmo: "Nunca mais farei isso!". Não é recomendável prometer-se, por exemplo: *"A partir de hoje, eu nunca mais usarei drogas!"*; *"De hoje em diante, eu nunca mais farei compras de forma compulsiva!"*; *"Hoje eu me libertei! Nunca mais fumarei um cigarro!".*

Uma promessa desse teor geralmente resulta em frustração, já que forçará uma mudança súbita de comportamento, para a qual o nosso psiquismo não se preparou convenientemente. O inconsciente humano é muito hábil e tem o poder de manipular-nos de diversas formas. Quando a pessoa tiver uma recaída, o desespero e o sentimento de impotência irão bater à sua porta.

Portanto, uma terapia criteriosa é aquela em que a mente vai incorporando paulatinamente as novas decisões, a reprogramação iniciada. Uma técnica muito eficaz é aquela adotada por comunidades terapêuticas de ajuda:

"Somente hoje eu não usarei esta substância".

E no dia seguinte, quando a mente febricitada estiver sedenta para reeditar a experiência do vício, mais uma vez o indivíduo deverá abster-se e dizer a si mesmo:

"Hoje eu não irei fumar!".

O quarto item que integra o método terapêutico proposto é a consciência de que todos merecemos ser felizes. Na jornada interior de libertação do vício é preciso meditar constantemente:

"Eu mereço ser feliz! Se estou com problemas, é porque todos têm dificuldades. Só tem problemas quem está vivo! E porque me amo e cuido de mim, eu mereço ser feliz!".

Eu sempre digo a todos que perguntam sobre a minha existência na Terra que sou plenamente feliz, dentro da felicidade relativa de que se pode desfrutar na experiência reencarnatória.

Na minha juventude, inúmeros problemas provocaram-me aflições. O suicídio de minha irmã Nair, a morte de meu irmão José, a mediunidade atormentada e as dificuldades materiais da minha família foram alguns dos episódios que me induziram a imaginar que eu não era feliz. Com o transcorrer dos anos, passei a ver a vida com um novo olhar, a partir das experiências e da maturidade que tornam a nossa percepção da realidade muito mais aguçada. Então eu entendi que sou feliz!

Certo dia, um amigo me perguntou:

— Divaldo, você já sofreu muito na vida?

— Bastante – respondi sem maiores rodeios.

— Mas bastante quanto?

— Mais do que sapato de pobre no carnaval!

A frase bem-humorada fez o meu amigo sorrir largamente. Em seguida, ele continuou:

— Então você não é feliz...

— Sou sim. Muito feliz!

— Mas com todos esses problemas?

— Claro! Todos nós temos dificuldades. Só não tem problemas quem é portador de algum transtorno mental ou neurológico que o faz ficar completamente alheio aos fatos da vida. Como não tenho nenhum transtorno que me desconecte totalmente da realidade, eu continuo experimentando problemas, mas sou feliz!

Os enfrentamentos que a vida oferece são necessários e não devem ser vistos como um impedimento à felicidade. Aliás, os problemas são até um estímulo para que continuemos a caminhada, na medida em que eles dão cor e sabor aos nossos dias. Imaginemos como seria uma vida sem desafios, sem os problemas que nos obrigam a desenvolver as potencialidades que dormem latentes em nossa intimidade. Seria um verdadeiro horror! Viveríamos uma existência linear, marcada pela repetição inútil de circunstâncias idênticas. Uma vida com algumas mudanças, com alguns problemas que tornam a trajetória um pouco mais sinuosa é algo que atribui sentido e encanto ao cotidiano.

Por isso, eu tenho alguns problemas e sou feliz! Sou feliz porque os vícios não fazem parte da minha vida, nem interferem na conquista das minhas metas existenciais!

O quinto e último item no manejo psicológico dos vícios é a consciência de que nascemos para amar... Como a terapia foi iniciada com o sentimento de autoamor, o método deve ser coroado com uma ideia-síntese para que a mente esteja impregnada do amor pelo próximo, que denominamos de aloamor:

"Eu nasci para amar! E por isso quero viver para encontrar o amor em cada gesto, em cada coração que se aproximar de mim. Desejo viver em paz, sem vícios, sem conflitos que posso evitar, sem dependências que me escravizem, porque eu nasci para amar!".

Em suma, para que haja a libertação efetiva dos vícios, temos que investir na autoconsciência, ampliando a percepção do ser que somos, no sentido eterno. Precisamos parar de focar tanto a aparência, uma espécie de máscara que oculta o nosso panorama interior, porque dessa máscara surgem parcerias infrutíferas na área afetiva e na vida social. Inicialmente poderemos até encantar as pessoas com quem travamos contato, utilizando posturas superficiais que nos fazem ser aceitos em qualquer ambiente que estejamos frequentando. No entanto, mediante a convivência, as máscaras desaparecem e tudo aquilo que é negativo e recalcado revela-se, pois a pessoa se acha no direito de descarregar no outro os seus conflitos.

Desde o momento em que aportamos na Terra, somos induzidos a sonhar com nosso triunfo de fora, mas poucos nos lembramos da realização de dentro. A nossa personalidade é muito trabalhada para agradar aos outros, mesmo que isso nos desagrade. Somos moldados para fazer o que convém socialmente, mesmo que seja amoral e até imoral. É o estatuto das imposições caprichosas dos grupos sociais. Ao invés de nos autorrealizarmos, simplesmente nos enquadramos no contexto e continuamos amargurados.

Alguns autores da psicologia contemporânea chamam de *pessoas-espelho* os indivíduos que têm muita preocupação em agradar a todos.

Elas refletem a imagem do outro e matam a sua identidade. Estão tão preocupadas em atender aos seus observadores, que não se preocupam em viver em harmonia consigo mesmas. É evidente que, para desfrutarmos de bem-estar emocional, não é necessário agredir, nem desagradar, mas é indispensável primeiro assumir a própria realidade para atingir o patamar da autorrealização.

Seja você uma pessoa autêntica! Não imite ninguém. Não pode haver nada tão antipático quanto a cópia de outro indivíduo. Se chegarmos ao Museu do Louvre, em Paris, compraremos uma cópia da Mona Lisa por cinco euros, mas o quadro original não tem preço. É a única obra de arte da Humanidade que possui um valor incalculável, pois não há uma fortuna capaz de comprar o trabalho extraordinário de Leonardo da Vinci. Mas as cópias nós compraremos por uma ninharia na forma de cartões postais.

Dessa forma, as máscaras sociais são disfarces que nos estimulam a tentar exibir para os outros o sucesso e a felicidade exterior. Quando esse objetivo não é alcançado, a frustração se transforma em algum tipo de vício para diminuir o sofrimento psíquico que nos corrói por dentro.

Quando uma pessoa reconhece que está aprisionada aos vícios, ela precisa iniciar imediatamente o seu processo de mudança. Todavia, se a transformação começa de dentro para fora do ser humano, nem sempre conseguimos efetuá-la sozinhos, o que gera em muitos indivíduos a necessidade de um suporte psicológico. Esse apoio frequentemente se materializa na forma, por exemplo, de uma religião, de um sacerdote, de um médium, de um palestrante espírita, de educador ou de um psicoterapeuta, especialmente quando os conflitos são mais graves e persistentes. A culpa, a solidão, o medo e a ansiedade são alguns desses tormentos que estimulam as pessoas a procurarem apoio para equacionar suas questões internas. A proposta não deixa de ser saudável, desde que aquele que solicita ajuda não tente transferir para ninguém a responsabilidade pela sua recuperação, convertendo as pessoas ou instituições procuradas em *bengalas psicológicas* que imobilizam o espírito de iniciativa do interessado em se libertar das angústias existenciais. O sucesso ou o fracasso sempre deverão ser creditados a nós mesmos, sem qualquer possibilidade de distorção dessa realidade.

Com exceção dos casos relativos a essa dependência psicológica, bem como à postura fundamentalista cultivada por alguns religiosos, a religião em si mesma é uma excelente ferramenta para evitar a ação corrosiva dos vícios, porque nos convoca à transformação moral. As religiões, em sua essência, convidam o indivíduo a efetuar o seu desenvolvimento espiritual, que implica superação dos vícios, abandono das paixões perturbadoras, mudança de postura mental, aprimoramento ético do comportamento social.

Uma concepção transcendente da vida auxiliaria os seres humanos a terem discernimento para identificar o que faz parte da sua pauta de necessidades e o que é naturalmente dispensável. Por essa razão, nesta época de prazeres desmedidos, de consumismo exagerado e de objetivos nem sempre relevantes, vale a pena uma reflexão acerca do sentido psicológico da existência humana.

É necessário perguntarmos à vida sobre a nossa realidade, e dialogando com ela teremos um roteiro seguro para desenvolver a autoconsciência.

Quem sou eu?

A vida nos dirá: um Espírito imortal.

De onde eu vim?

Da Mente Divina.

Por que estou aqui?

Para desenvolver todas as virtudes que dormem latentes dentro de você.

Para onde vou?

Você segue no rumo da Consciência Cósmica!

O que eu devo fazer?

Amar!

Precisamos investir todos os valores na aquisição de metas e aspirações superiores. É indispensável querer esses objetivos com lucidez, razão pela qual a Doutrina Espírita apresenta uma proposta psicológica racional, estruturada na experiência do fato científico, que nos oferece uma filosofia de comportamento otimista, desaguando em consequências éticas inevitáveis.

Jesus, na sua condição de Psicoterapeuta Insuperável, falou-nos de dois caminhos que se apresentam como alternativas à nossa disposição: o primeiro manifesta-se parabolicamente como a *porta larga* das facilidades humanas, que se encarrega de nos conduzir ao ápice do *glamour*, do sexo, do poder, facultando o desfrutar de todos os possíveis prazeres; o segundo caminho está retratado no símbolo da *porta estreita*, que é constituído de introspecção para entendermos a finalidade da jornada terrestre, utilizando-nos do amor ao próximo e do compromisso de somente fazermos aquilo que gostaríamos que nos fosse feito, bem como buscarmos aquilo que representa o bem-estar coletivo.

Como consequência, o Grande Educador da Humanidade estabelece que o primeiro caminho, embora seja atrativo, está repleto de incertezas, frustrações e desencantos, isto quando não ocorrem a saturação e o vazio existencial profundo. Portanto, essa é uma porta falsa, ilusória, que leva inequivocamente à infelicidade. O segundo caminho é caracterizado pelos valores ético-morais da renúncia e da bondade, da abnegação e do serviço fraternal, enriquecendo o ser, que passa a desfrutar de saúde e de bem-estar, assinalando o transcurso carnal com a alegria inefável de viver...[120]

Numa linguagem moderna, podemos denominar aquele caminho em que se atravessa pela *porta larga* como o da satisfação dos instintos, de sabor momentâneo e fugaz, enquanto o outro, o da *porta estreita*, é rico de experiências iluminativas, de enternecimento e de vitórias sobre as paixões primárias ainda em predomínio.

O que necessitamos realmente é apaziguar o coração nesse momento de transição planetária, diante de tantas aflições: a família que nos atormenta, as facilidades que nos seduzem e as muitas dificuldades no campo moral. A conquista da serenidade só é viável através do autoconhecimento, conforme está demonstrado na resposta à questão 919 de *O Livro dos Espíritos*: "Um sábio da Antiguidade vo-lo disse: *Conhece-te a ti mesmo*". Se o indivíduo não realizar um mergulho em seu mundo íntimo para superar as paixões, que são os adversários reais,

---

120. O texto evangélico que menciona as duas portas simbólicas está em Mateus, 7:13-14. Nota do organizador.

não poderá fruir de paz e de plenitude, perdendo-se naturalmente no tumulto que o cerca.

O Evangelho nos fala do amor a Deus sobre todas as coisas e ao próximo como a si mesmo. Este autoamor é fundamental para compreender e ter paciência com todas as experiências amargas que atravessarmos. Se esse movimento não for realizado, os vícios se insinuarão na vida humana como válvulas de escape para diminuir o impacto das angústias existenciais.

Tudo que foi detalhadamente estudado para a libertação dos vícios e dependências deve ser compartilhado em família, no intuito de adotar-se uma postura preventiva, evitando sofrimentos individuais e coletivos que decorrem da fragilidade humana. Os pais que mantêm vícios não poderão escondê-los por muito tempo e se tornarão um péssimo exemplo para os filhos. Esses, por sua vez, se não encontrarem a segurança, o afeto e a cumplicidade amorosa dentro do lar, estarão vulneráveis, correndo o risco de se envolverem nesse universo distorcido dos vícios humanos.

A influência do lar no uso de drogas, por exemplo, é um fator muito frequente. Eu conheço inúmeros pais que ensinam aos filhos a abstinência do fumo e são fumantes inveterados. Outros têm verdadeiros bares dentro de casa, com um grande estoque de bebidas alcoólicas para utilizar e oferecer aos visitantes.

Oportunamente, eu estava na casa de um amigo espírita e vi uma adega que ocupava uma parede inteira, totalmente preenchida com bebidas alcoólicas diversas. Eu lhe perguntei:

— Você faz uso desses produtos?

— Não, Divaldo! – respondeu-me. — Eu tenho esta adega para o caso de chegar algum amigo que tenha o hábito de beber. Então, para agradá-lo, oferecemos a ele a bebida de sua preferência.

— Quer dizer que você não usa, mas oferece aos outros essas substâncias para que eles se intoxiquem?!

— É, Divaldo. É a vida social que exige esse tipo de atitude... Eu quero ser gentil com a visita que me pede para beber.

Eu realmente não posso conceber que para sermos gentis nos tornemos coniventes com o erro. Em absoluto! Em uma família espiritualmente esclarecida, que mantém um comportamento compatível com os conhecimentos adquiridos, se uma visita solicitar algo que não se enquadra na vivência do lar, é necessário dizer com naturalidade: "Não temos bebidas alcoólicas em nossa casa. Não cultivamos esse hábito, porque somos espíritas.".

É provável que o visitante interprete a nossa justificativa como uma proposta de fanatismo, mas essa opinião apressada não deve afetar a nossa decisão de preservar uma postura coerente. Devemos criar hábitos saudáveis em nosso lar e não ter vergonha de praticá-los.

A paz verdadeira, que dispensa o mecanismo compensatório dos vícios, somente será possível quando realizarmos um autoencontro para produzir o encontro com Jesus. Essa proposta psicológica está bastante nítida no Evangelho: "De que vos adianta conquistar todo o mundo e perder a vossa alma?".[121]

---

121. Marcos, 8:36; Lucas, 12:13-21. Para um estudo complementar sobre os vícios, analisar os livros: *Autodescobrimento: uma busca interior*, de Divaldo Franco/Joanna de Ângelis, volume 6 da Série Psicológica, Editora LEAL, cap. 9 (Viciações mentais); *Reencontro com a Vida*, de Divaldo Franco/Manoel P. de Miranda, Editora LEAL, 2ª parte, cap. 3 (Autoconsciência e auto-obsessão). Nota do organizador.

9

A MORTE NA FAMÍLIA

Educação para a morte

A morte é a interrupção do fluxo vital que mantém os órgãos físicos em funcionamento. Quando ocorre a anóxia cerebral e a paralisação do tronco encefálico, dá-se o fenômeno denominado morte.

Segundo a Doutrina Espírita, a extinção do corpo tem por finalidade libertar o Espírito encarnado, a fim de que ele permaneça no rumo da plenitude ou do *Reino dos Céus*, conforme a expressão do Evangelho. Morrer, desse modo, é encerrar o ciclo biológico, facultando o prosseguimento da vida do Espírito em outros campos vibratórios, além da dimensão física.

Jesus, ao ser crucificado, nos instantes finais do seu martírio falava-nos sobre a Vida eterna, conforme Ele nos veio demonstrar posteriormente. Foi por meio desse fato marcante que o *fantasma da morte* se diluiu. A figura sinistra cedeu lugar a uma alvorada de imortalidade...

A morte é mesmo surpreendente, pois ela nos intercepta quando menos esperamos. É uma visitante muito caprichosa... Ela vai aonde não é desejada e se esquiva dos lugares em que é solicitada. Entra no lar de uma pessoa idosa e passa ao largo, para depois arrebatar a vida de um jovem no esplendor das suas forças. Da mesma forma a morte abandona um paciente terminal e vai buscar um pai de família, subtraindo-o da existência física sem aviso prévio.

Muitos se chocam quando alguém morre e estava no auge da juventude, no topo da vida financeira ou da carreira profissional. O grande problema é que nós somos educados para viver em um mundo de valores distorcidos. E quando constatamos que esses valores são frágeis, sentimos um verdadeiro abalo em nossa estrutura psicológica, pois identificamos que a nossa formação não nos preparou para a realidade. É necessário que haja uma profunda revisão de valores. Desde cedo, é imprescindível entendermos que neste planeta de transitoriedade tudo tem um tempo de vigência breve, razão pela qual vale a pena perseverar em ideais, principalmente em ideais transcendentais.

Morrer é uma bênção, sobretudo quando cumprimos com os nossos deveres. Infelizmente nós não somos educados para compreender a vida em sua acepção profunda. O consumismo, o imediatismo e a visão hedonista sempre nos levam a pensar na existência atual, esquecendo-nos de que somos seres imortais.[122] Não existe sentido para a vida sem o princípio da imortalidade. A nossa cultura, mesmo classificada como religiosa, reproduz incessantemente os valores do materialismo. Estamos sempre preocupados em amealhar recursos para o prazer, preocupados com a velhice, com a doença, cuidando de seguros de vida e outras medidas preventivas para que não nos ocorram situações desagradáveis enquanto estamos no corpo físico. E quando nos deparamos com a morte, o nosso psiquismo não está preparado para ela, uma vez que os esforços realizados se concentraram somente nas necessidades materiais.

A ausência de educação para a morte é muito evidente em nosso cotidiano. Morre um vizinho com câncer, por exemplo, e nós supomos que nunca iremos ter essa doença degenerativa, porque somente quem a desenvolve são os outros. Até que um dia chega a nossa vez, pois o vizinho do nosso vizinho somos nós. E quando somos colhidos por essa surpresa, temos um choque emocional e uma mágoa tão profunda que abrimos espaços para a descrença, apesar de nos declararmos até aquele momento como pessoas convictas da imortalidade.

É uma espécie de rebeldia: "Por que eu? Por que comigo?". Eu sempre digo àqueles que me procuram: "Por que não você? Qual o pri-

---

122. Ver o livro *Amor, imbatível amor*, de Divaldo Franco/Joanna de Ângelis, Editora LEAL, cap. 2 (Conquista do prazer) e cap. 3 (Fugas e realidade). Nota do organizador.

vilégio? Afinal, acontece com todos, pois morrem milhares de pessoas por segundo no mundo inteiro. Por que você não morrerá um dia?".

Da mesma forma, não temos o hábito de refletir sobre a desencarnação de entes queridos. Quando a morte atinge a nossa família, provoca um impacto de grandes proporções, porque sempre pensamos na morte dos filhos dos outros, deixando de considerar que um dia chegará a nossa vez de lidar com a saudade daqueles que amamos.

Em uma cultura espiritualista que realmente se torna digna desse nome, a morte faz parte do cardápio da vida. A Dr.ª Elisabeth Kübler-Ross,[123] psiquiatra suíça naturalizada americana, foi a criadora da Tanatologia, a Ciência que estuda a morte e o morrer. Em um dos seus livros ela menciona que a cultura dos Estados Unidos é tão materialista que as pessoas procuram mascarar o morto através de maquiagem e de outras técnicas que pretendem ocultar a imagem da morte estampada na fisionomia daquele que partiu. Por meio do seu trabalho, quebrou muitos tabus e estimulou a criação de equipes multiprofissionais especializadas, cujo compromisso é dar suporte a pacientes em fase terminal e auxiliar os familiares após a desencarnação do enfermo. Tais equipes são formadas por psicólogos, assistentes sociais, religiosos e outros colaboradores.

A grande proposta do Espiritismo, que coincide com a visão da Psicologia Analítica de Jung, pode ser sintetizada no seguinte conceito: "Encontre o sentido da vida!". Eu li uma frase que achei notável: "O dinheiro pode dar uma cama muito confortável, mas não dá bons sonhos". Portanto, dê à sua vida um sentido existencial, para não se frustrar quando alcançar as metas imediatas da vida e notar que elas não trazem felicidade. Comece hoje mesmo a realizar essa jornada psicológica. E quando a sua vida ou a existência de um ser querido for interrompida pelo fenômeno da morte, isso não se converterá em uma tragédia insuperável, capaz de subtrair a sua paz interior, porque você estará efetuando uma ação preventiva para não perder o equilíbrio emocional diante da desencarnação.

---

123. 1926-2004. Nota do organizador.

Deveremos pensar constantemente na morte como um exercício de vida, assumindo uma postura de quem se prepara a todo instante para o momento decisivo do reencontro com a realidade espiritual, bem como para a desencarnação de pessoas amadas. Se diariamente pensarmos na morte, quando ela chegar, será uma legítima libertadora, e nós manteremos uma atitude diferente.[124] Se ela chegar com aviso prévio, será melhor. Mas se vier de surpresa e nós dispusermos ao menos de algum tempo para pensar, aproveitemos a hora extrema e nos coloquemos nas mãos do Ser Supremo. Façamos a *viagem de volta* sem apegos ao passado e sem inquietações quanto ao futuro.

Se desejamos nos preparar para a desencarnação, é necessário vivermos intensamente. E qual o caminho para vivermos de forma intensa e produtiva? O roteiro é muito simples: faça tudo hoje como se fosse morrer amanhã. Não adie seus projetos e suas obrigações.

Toda vez que termina um dia eu digo: "Ah, meu Deus! Sobrevivi! Muito obrigado! Mas amanhã bem cedo eu quero estar aqui!". No dia seguinte, quando abro os olhos, eu digo: "Cheguei! Muito obrigado! Eu sobrevivi a mais uma noite!".

O fato de estar no corpo físico pela manhã deve ser valorizado por nós a cada dia, pois muita gente desencarna durante o sono. Isso aconteceu com um amigo meu. A sua esposa, com a idade já avançada, era uma senhora muita bonita e elegante. Um dia ela me apareceu vestida de preto. Estava de luto por causa de uma morte ocorrida na família. Então eu lhe disse:

— Fulana! O que é isso? Quem morreu?

— Meu marido, Divaldo.

— Mas como isso aconteceu? Que eu saiba, ele desfrutava de boa saúde... Estive com ele há uma semana e o vi absolutamente saudável!

— É verdade. Ele estava bem.

— Então o que houve?

---

124. Consultar também: *Sob a proteção de Deus*, de Divaldo Franco/Diversos Espíritos, Editora LEAL, cap. 3 (Treino para a morte); *Reencontro com a vida*, de Divaldo Franco/Manoel P. de Miranda, Editora LEAL, segunda parte, cap. 1 (Preparação para a morte). Nota do organizador.

— É simples. Ele foi se deitar e dormiu, mas não chegou a acordar, pois estava morto...

Pessoas conhecidas me dizem com frequência: "Ah! Como a Doutrina Espírita é maravilhosa! Um dia eu lerei *O Livro dos Espíritos*, que é uma obra magnífica!". Ao ouvir isso, eu respondo: "É melhor você ler hoje à noite, porque se a morte chegar amanhã, você já levará um pouco desse conhecimento tão importante!". Outros indivíduos afirmam: "Eu estou me preparando para no futuro fazer o bem ao meu semelhante!". Então eu acrescento: "Faça agora, logo depois de sair daqui! Por que adiar um projeto tão nobre e tão fundamental para a sua existência?".

De fato, cada instante deve ser experimentado com intensidade, mesmo aqueles que se apresentam como menos felizes. Se chegar o momento da dor, viva a dor com todas as cores que ela possui, para quando ela passar, não ficarem traumas e resíduos emocionais de difícil solução. Se chegar o momento da alegria, viva-o plenamente, evitando a amargura de não ter aproveitado bem a oportunidade. Se você ama alguém, diga isso com clareza, sem meias palavras e sem receios, antes que o tempo leve embora a sua chance de abrir a alma e desvelar-se ao ser amado. Dia virá em que gostaríamos de dizer algo e os lábios não poderão mais balbuciar nenhuma frase.

Um grande número de pessoas sofre com a mesma lacuna: "Ah, Divaldo! Eu acho que ele queria me dizer alguma coisa no leito de morte, mas não sei o que é". Eu escuto a inquietação e só posso lamentar, pois agora é tarde! As Leis da Vida não permitem que o indivíduo venha falar o que deveria ter sido revelado quando ambos ainda estavam juntos no cenário terrestre... Se algo não foi dito, é porque alguém não quis dizer.

Inúmeras famílias silenciam ante a necessidade de solucionar questões afetivas que ficaram pendentes. E com isso esses familiares são invadidos por um sentimento doloroso de amargura e arrependimento. Eles relatam constantemente situações como esta: "Ah! Eu gostaria de ter dito a ele! Não consigo me perdoar por haver calado!".

Nunca deveremos nos arrepender por termos amado e pronunciado a frase "Eu te amo!". Da mesma forma, é importante pedirmos desculpas com mais frequência. Digamos àqueles que fazem parte do nosso convívio: "Por favor, desculpe-me! Não foi intencional aquele momento em que eu o ofendi". E se foi uma ofensa realizada de propósito, o procedimento é semelhante: "Desculpe-me por aquele ato infeliz! Eu estava muito nervoso e acabei dizendo o que não devia. Foi um instante de fragilidade da minha parte. Eu gostaria que você me perdoasse...".

Quantos filhos devem pedir perdão aos seus pais hoje mesmo?! Quantos pais devem pedir desculpas ainda hoje para os seus filhos?! E isso tem que ser feito imediatamente, não amanhã ou depois, porque poderá ser tarde demais...

A preparação para a morte só é possível se vivermos em paz. E a grande estratégia para viver em paz é a paz de viver bem cada momento que a vida nos proporciona.

Em se tratando da morte de um ente querido, ela poderá nos colher de surpresa ou anunciar a sua chegada. Quando o retorno ao Grande Lar ocorre de forma súbita, não há tempo para que sejam tomadas providências nos últimos momentos de convivência. Porém, se estivermos diante de um familiar com uma enfermidade de longo curso, alguns cuidados serão de reconhecida validade.

O espírita, embora os sentimentos de ternura, de carinho e de amor por alguém que se encontra em fase terminal, não lamenta a situação, nem se rebela com a desencarnação iminente, por considerá-la um fenômeno natural do desgaste orgânico. E, com base nos conhecimentos fornecidos pelo Espiritismo, jamais deveremos admitir a possibilidade de, em nome da compaixão ou da caridade, ser aplicada no enfermo a eutanásia.

Garantir uma melhor qualidade de vida para o paciente é uma meta prioritária, oferecendo-lhe, quando possível, os recursos paliativos da Ciência e da Tecnologia, sem qualquer descuido com a utilização de terapias que possam reverter o quadro de sofrimento, impedindo em definitivo a ocorrência da morte.

Na condição de entidade imortal, o indivíduo deve receber conforto moral e esperança, de modo que não experimente o desequilíbrio emocional. Nesse momento a fé desempenha um papel relevante, porque oferece a convicção de que, cessados os fenômenos pertinentes à matéria, o Espírito liberta-se, feliz, após haver cumprido com os seus deveres em relação a si mesmo, ao seu próximo e a Deus.

É interessante reunir-se pequenos grupos de amigos para encontros fraternais otimistas, sem qualquer presença de desespero ou de angústia, em clima de bem-estar. Tenho excelentes notícias de trabalhos específicos sobre a morte e o morrer junto a hospitais ou a outros órgãos. Conheço grupos formados por pessoas que visitam pacientes de forma voluntária, oferecendo-lhes lenitivo, esperança e certeza da sobrevivência do Espírito, principalmente quando se trata de pacientes em fase terminal. Os voluntários agendam as visitas quando são solicitados pelos enfermos ou seus familiares. Esses grupos, que se multiplicam no Brasil e em outros países, desenvolvem uma atividade relevante de apoio espiritual com o objetivo de diminuir as aflições, preencher a solidão e colaborar na ação fraternal da caridade.

Em virtude de não possuirmos dogmas, cerimoniais ou liturgias na Doutrina Espírita, não temos nenhum procedimento estabelecido com a finalidade de preparar alguém para a morte. Procuremos conscientizar o enfermo da gravidade do seu quadro, elucidando que a desencarnação virá no momento próprio, e, desse modo, é válido preparar-se para sua ocorrência, mesmo que ela não se concretize naquela ocasião. Dialoguemos com franqueza a respeito do despertar no Além-túmulo, quando a consciência adquire a sua plena lucidez, sugerindo que o paciente evite cultivar o remorso, a culpa e a amargura. Simultaneamente, leiamos e discutamos páginas de *O Evangelho segundo o Espiritismo*, de Allan Kardec, ou utilizemos alguma obra mediúnica de reconhecido valor educativo, contribuindo para revitalizar a convicção em torno da libertação espiritual. Normalmente aplicamos passes em nossos pacientes, terminais ou não.

Sem dúvida, torna-se necessária a preparação daqueles que acompanham o indivíduo no final da sua jornada reencarnatória, a fim de que os familiares saibam se comportar de forma adequada, sem queixas ou desespero que provocariam apenas sofrimento no desencarnante. Como a morte do corpo não extingue a vida do Espírito, o reencontro é inevitável, transcorrido o tempo reservado a cada *viajante* da existência física.

Por outro lado, se formos o paciente terminal, cabe-nos viver os últimos momentos com a mente desperta para a chegada da morte, mesmo porque, não raro, no momento grave, especialmente quando se está nessa condição, o tempo urge, as circunstâncias podem apresentar-se adversas e o campo emocional nem sempre contribui para que sejam tomadas atitudes importantes, devido a muitos fatores, inclusive como resultado dos prejuízos orgânicos causados pela própria enfermidade.

Apesar disso, é muito válido iniciar-se a preparação para a morte mediante a oração, a entrega a Deus e a meditação que favorecem a libertação dos apegos a pessoas, objetos, bens diversos e paixões individuais.[125] O período de viver deve ter sido utilizado antes, não mais nesse instante, quando já se encerra o ciclo existencial.

Graças ao avanço da Medicina, na atualidade, a doação dos órgãos para transplantes constitui-nos oportunidade de grande significado, facultando-nos oferecer tudo quanto em nosso corpo, após a morte, seja útil para a saúde e o bem-estar do nosso semelhante. A preferência entre o sepultamento ou a cremação do cadáver não é relevante, cada um escolhendo o que lhe pareça mais conveniente, a depender dos recursos financeiros em disponibilidade para uma ou outra opção. Raramente tem ocorrido doação de todo o corpo para estudos científicos. Embora respeitemos a maneira de como dar destino ao cadáver, sempre consideramos que o velório deve ser realizado com respeito pela memória do desencarnado, tendo em vista que o desprendimento total do Espírito, desimantando-se da matéria, continua ocorrendo por um período de aproximadamente 72 horas. Em casos excepcionais, esse processo prolonga-se por um tempo maior.[126]

---

125. Consultar *O Evangelho segundo o Espiritismo*, cap. 28 (Coletânea de preces espíritas), item 40 (Prevendo a morte próxima); *Reencontro com a vida*, de Divaldo Franco/ Manoel P. de Miranda, Editora LEAL, primeira parte, cap. 11 (O poder da oração).
126. Consultar *Dias gloriosos*, de Divaldo Franco/Joanna de Ângelis, Editora LEAL, cap. 11 (Transplantes de órgãos); *Caminhos de volta*, de Francisco Cândido Xavier/Diversos Espíritos, Editora GEEM, cap. 20 (Cremação); *O Consolador*, de Francisco Cândido Xavier/Emmanuel, Editora FEB, questão 151. Notas do organizador.

De forma sintética, algumas recomendações são primordiais na educação para a morte:

— Resolva os seus problemas afetivos antes da desencarnação.

— Enquanto estiver ao lado de familiares e amigos, diga-lhes que os ama. Nunca será demais dizer à pessoa querida o quanto ela é importante.

— Pense também na sua morte, não apenas na morte do vizinho, porquanto o vizinho também está pensando na sua...

Família e suicídio: a história de Nair

A existência humana é caracterizada por desafios de alta complexidade, por isso, diante de tantas situações que enfrentamos no cotidiano, algumas pessoas são vitimadas pelo desespero e acabam cogitando a possibilidade de tirar a própria vida.

À luz do Espiritismo, os pensamentos sobre suicídio têm duas origens. A primeira delas é anímica, em que o próprio indivíduo que cultiva a ideia autodestrutiva experimenta uma falsa necessidade de sair do corpo para se ver livre do sofrimento. É uma espécie de angústia contínua, um distúrbio emocional intenso que pode se refletir no corpo. A segunda é o desconforto físico e psíquico que leva a pessoa ao desejo de *apagar a consciência* para evitar a aflição indescritível. E como o ser se encontra fragilizado, os seus adversários espirituais o incitam a, em um momento de surto, quando a razão está bloqueada, tomar a decisão de finalmente cometer suicídio.

No dia 11 de novembro de 1939, na cidade de Ilhéus, estado da Bahia, suicidou-se a minha irmã Nair. Eu tinha 12 anos quando chegou um telegrama à nossa residência, em Feira de Santana, naquela linguagem cruel, quase cifrada. Eu era o único que sabia ler e estava em casa com minha mãe, que era analfabeta. Ao receber o comunicado, minha mãe pediu que eu o abrisse e o lesse. Naquele tempo, uma correspondência desse tipo sempre trazia graves notícias, boas ou más. Eu abri e estava escrito em *letras de fogo*: "Nair Franco suicidou-se". Ao final da mensagem, havia o nome do marido de minha irmã. Informei o fato à minha mãe, que me respondeu atordoada:

— Leia de novo, meu filho!

Quando eu voltei a ler, ela ficou muito pálida, mas não verteu uma lágrima sequer.

Entrava em nossa vida a tragédia...

Nair era uma jovem de 26 anos que nós considerávamos uma filha exemplar! A quarta filha dos meus pais. Amava-nos com esse devotamento que só o amor de Jesus pode explicar. Casou-se com um agricultor que produzia cacau, um homem rico, bom e generoso. Não tinha filhos, e nós supúnhamos que ela era muito bem casada.

Nair havia prometido a meus pais que antes da morte deles ela se encarregaria de deixar-nos financeiramente em equilíbrio. A prova disso é que, um mês antes de sua desencarnação, ela nos visitou em Feira de Santana e ofereceu aos dois uma residência própria, para que não tivessem mais a preocupação de pagar aluguel.

Como éramos uma família pobre e eu desejava estudar, ela me havia dito várias vezes:

— Você vai estudar o que quiser. Escolha o que você deseja, pois eu farei de você um homem de bem.

Certo dia, quando eu contava 4 anos de idade, ela me perguntou:

— O que você quer ser quando crescer?

Eu respondi:

— Quero ser padre ou médico!

— Então você poderá ser os dois! – concluiu Nair. — Como eu sou muito bem casada e sou rica, você vai ser padre e depois médico, ou então médico e depois padre!

Guardei aquela ilusão por longos anos e me sensibilizei com o desejo da minha irmã em ajudar-me a ser feliz. No entanto, entre o futuro de médico e o destino de padre, de certa forma eu terminei sendo as duas coisas. Porque, como médium e espírita, Deus me deu a oportunidade de ser médico de almas. E como alguém que persegue o ideal de viver o Evangelho, eu procuro trazer em meu íntimo a alma da fraternidade, assim como os padres.

Eu estava terminando a primeira parte do curso fundamental, que naquela época chamava-se curso primário. Terminaria em dezembro. O episódio da morte de Nair deu-se em novembro.

A *perda* daquele ser querido feriu-nos tão profundamente que nunca nos esquecemos. A família foi tomada por uma dor inenarrável, uma vez que o suicida, de certa forma, também é perverso. Ele pensa em si e desconsidera o mal que pratica àqueles que o amam. Por alguma circunstância que o fere, ele despedaça os corações daqueles que dariam sua vida pela vida que ele decidiu jogar fora. Mas nós não entendíamos as dimensões desse processo, porque éramos muito modestos em todos os sentidos.

No dia seguinte, em meio ao grande sofrimento que entrou em nossa casa, minha mãe e eu fomos ao sacerdote católico e lhe pedimos para celebrar uma missa de sétimo dia em memória da minha irmã. Naquela época eu pertencia à Cruzada Eucarística e desfrutava de certa proximidade com o pároco da cidade.

Ao receber a solicitação, o padre indagou:

— Qual a causa da morte de Nair?

— Ela cometeu suicídio – esclareceu minha mãe.

O sacerdote foi de uma impiedade incomparável, porque olhou para minha mãe com a maior indiferença e lhe falou:

— Dona Ana, aqueles que se suicidam vão direto para o inferno e não têm a mínima chance de salvação! A Igreja condena-os e nada faz para atenuar as suas dores.

— Mas, padre! E como fica o amor de Deus?!

— Continua intacto para aqueles que seguem os mandamentos da Religião. Porém, perante a Consciência Divina, Nair, a sua filha, cometeu o pior crime que alguém pode perpetrar! Ela vai para o inferno, e Deus não perdoa!

As palavras duras foram pronunciadas sem qualquer tato psicológico. Aquela mãe analfabeta e sofrida apertou a minha mão contra as suas, respondendo com franqueza:

— Padre, esse não é Deus! Deve ser um dos piores monstros que existem no Universo! Como é que Ele não perdoa?! Então Ele é um farsante! Como é que Ele manda o Seu filho para nos ensinar o perdão e Ele mesmo não se dispõe a perdoar?! Eu, que sou mãe, posso dizer: "Eu te perdoo, minha filha! Se existir Deus, que eu sei que existe e que não é esse que estão me descrevendo, Ele também te perdoará!".

Nesse momento, minha mãe disse uma frase extraordinária:

— Padre, quem se mata não está com o *juízo na cabeça*!

Era uma visão psicológica e psiquiátrica perfeitamente compatível com o conhecimento científico contemporâneo, pois explicava o surto, o momento de absoluto descontrole emocional que leva o indivíduo à fuga para uma realidade mais dolorosa. Minha mãe complementou sua fala evidenciando toda a coragem que é própria dos humildes:

— Já que na Igreja não existe o Deus que eu conheço, eu nunca mais voltarei aqui!

Ao dizer isso, ela puxou-me pela mão e levou-me embora.

Fiquei com receio de minha mãe ser excomungada e pensei comigo: "Como uma religião tão nobre pode agir dessa forma? Ao invés de adicionar um bálsamo ao sofrimento humano, coloca sobre a ferida uma porção de *ácido sulfúrico*!".

Preocupado com a situação, eu perguntei:

— Mãe, a senhora não vai mesmo voltar à Igreja?

— Não, meu filho. Porque eu não acredito em um Deus que não perdoa!

Ao chegarmos em casa, ela me disse:

— Nair escolheu o caminho errado!

E a partir daí minha mãe praticamente não sorriu mais ao longo de toda a vida, com raras exceções.

Tempos depois, quando atingi a maturidade, eu lhe perguntei:

— Mãe, a senhora não sorri. Por quê?

Ela me respondeu:

— Para expressar alegria não é necessário abrir os lábios. Mas posso garantir que apesar de tudo eu tenho alegria em meu coração. Hoje eu compreendo que minha filha viajou para o mundo da tristeza. Eu compartilho da sua dor, mas nem por isso eu deixo de viver a alegria dos meus filhos, que são felizes...

Dos treze filhos que teve, ela viu falecer onze filhos adultos, no entanto, conseguiu se manter em harmonia, sem revolta ou amargura no coração.

Certa vez, quando voltei do sepultamento de um dos meus irmãos, eu questionei:

— Mãe, dói muito uma situação como esta?

E apesar de ser analfabeta, ela me deu uma lição de profunda sabedoria:

— Dói sim, meu filho. Mas a dor também pode trazer bem-estar, caso ela sirva para fazermos uma reflexão a respeito da vida.

Passaram-se alguns anos desde o falecimento de Nair...

Conforme já mencionei, eu só aderi verdadeiramente ao Espiritismo em 1947, embora fosse médium ostensivo desde os 4 anos de idade.

No ano de 1945, eu fui trabalhar na cidade de Salvador. Passei a morar na casa de dona Ana Ribeiro Borges, a mesma senhora que me aplicou o passe e curou-me da paralisia mediúnica, uma alma generosa que se dispôs a ajudar-me profissionalmente e se tornou uma verdadeira mãe para mim. A Segunda Guerra Mundial havia terminado no mês de maio e no mês de agosto eu ingressei como funcionário em uma empresa de seguros, a Sul América Terrestre Marítimos e Acidentes (SATMA).

Estava trabalhando há apenas treze dias, quando o gerente, Dr. Palmério Veiga, chamou-me em sua sala e comunicou-me, com muita bondade:

— Meu filho, agora que a guerra terminou a empresa está reduzindo o quadro de funcionários. Infelizmente os mais novos devem ser demitidos. Passe no caixa e receba seu dinheiro. Eu lamento profundamente!

Era o meu primeiro emprego e aquilo significou para mim uma tragédia, um fracasso total! Como eu poderia voltar para casa, apresentar-me aos meus pais e dizer que fracassei, que fui para a cidade grande e que não consegui vencer? Nesse momento, uma voz me disse: "Mate-se!".

Em realidade eu sempre ouvia essa voz que me falava a mesma coisa: "Mate-se! Morra e venha para cá! Nós o amamos! Não vale a pena viver, pois a vida é um sofrimento! O mundo é perverso e não nos traz nenhuma compensação". Essas palavras eram ditas por um Espírito que desejava me induzir ao suicídio. Qualquer coisa que me acontecia, por menor que fosse, a voz se fazia presente.

Naquele dia de grande frustração, eu resolvi ceder à ideia persistente. Sentei-me à máquina datilográfica – um aparelho que antecedeu os computadores e *tablets* – e escrevi uma carta aos meus pais, pedindo perdão. Não tinha forças para enfrentar o meu fracasso. Meus pais haviam sofrido tanto... Eu era o último dos treze filhos e eles esperavam muito de mim, por isso eu lhes pedia perdão. Como eu ainda não era espírita, embora pudesse ver os Espíritos, não possuía qualquer conhecimento da imortalidade ou das Leis que regem a Vida. Portanto, ainda não havia desenvolvido as resistências morais que a Doutrina me proporcionaria posteriormente.

Peguei a carta, prendi-a com um *clips* no bolso externo do paletó e subi o Elevador Lacerda. O mundo é tão curioso que até para suicidar-se existe um modismo. Naquele tempo, em Salvador, a *moda* era jogar-se do Elevador Lacerda, que conta com quase oitenta metros de altura. Com o tempo veio a *moda* de ingerir veneno para rato. Em seguida, a *moda* de tomar overdose de soníferos. Para quase tudo na vida as pessoas inventam uma novidade...

Eu estava sob uma intensa angústia e via uma *nuvem* à minha frente. À medida que eu caminhava, a *nuvem* permanecia visível diante de mim e me dizia, hipnotizando-me: "Venha!". Aquela voz me falava como seria rápido e indolor o meu gesto de destruir a própria vida. Até que eu subi ao topo do Elevador, aproximei-me e pus as mãos na borda (que não tinha nenhuma proteção). Naquele momento, eu pude ver um ser estranho que me falava, insistentemente: "Venha! Venha!". No exato instante em que eu, de mãos postas na borda, preparava-me para dar o salto, vi aparecer a minha irmã suicida, que havia desencarnado seis anos antes. Ela estava com a fisionomia deformada por haver ingerido o veneno que a matou em cinco minutos. Nair gritou desesperada:

— Di, não faça isso! É loucura! Ninguém morre! Não faça isso!!!

Então eu desmaiei. Acordei numa sala muito iluminada com enormes lâmpadas sobre mim. Como eu vi muita gente de branco ao meu redor e aquele ambiente me parecia diferente, eu me voltei para o primeiro vulto claro que passou mais perto e perguntei, ingenuamente:

— Eu estou no Reino dos Céus?

A resposta a uma pergunta tão tosca foi a de que eu estava mesmo na Terra... Fui encontrado desacordado e imediatamente levaram-me a um hospital.

O Espírito que pretendia provocar a minha desencarnação era um adversário do passado, o *Máscara de Ferro*, ao qual já me referi neste livro, no item "Reencarnação e relacionamento entre pais e filhos". Tivemos um desentendimento no ano de 1625, e até aquele momento ele não me havia perdoado, tentando de todas as formas destruir a minha vida. Mas hoje ele é um grande amigo que eu tenho no Mundo espiritual.

Minha irmã trouxe-me a certeza da sobrevivência do ser após a morte do corpo físico. Durante seis anos, desde que havia cometido suicídio, nunca me aparecera. Porém, a partir daquele dia, ela passou a me visitar com frequência. Falou-me de suas dores e do motivo pelo qual decidiu fugir da vida: fora vítima de uma falsa amiga, uma dessas pessoas que ficam satisfeitas quando dão más notícias, que adoram assumir o papel de correio da tragédia alheia. Essa senhora disse à minha irmã que o seu marido estava mantendo um relacionamento extraconjugal. Através de uma carta capciosa, ela falava que sua intenção era ajudar, pois não desejava ver Nair sendo alvo de uma traição. Como a minha irmã era muito ciumenta e possuía um temperamento forte, ao ler a carta ela foi à casa da suposta amante do seu marido e aplicou-lhe uma surra com uma sombrinha. Em seguida, profundamente envergonhada pela situação, tomou cianeto e mercúrio misturados com caldo de cana, desencarnando em poucos minutos.[127]

É lamentável notar como existem indivíduos interessados em provocar sofrimento nos outros. Essas pessoas enviam cartas, mensagens através da internet ou dão telefonemas veiculando informações dolorosas, mas nunca se lembram de comentar a respeito do êxito de alguém, de falar sobre o lado positivo das coisas. A inferioridade espiritual não lhes permite sentir prazer no bem do próximo.

---

127. Dois casos semelhantes ao de Nair podem ser estudados em *Depoimentos vivos*, de Divaldo Franco/Diversos Espíritos, Editora LEAL, cap. 12 (Suicida) e cap. 32 (Amarga experiência). Nota do organizador.

Os anos se passaram, e a dor da saudade de Nair jamais desapareceu... Com o tempo, minha mãe tornou-se espírita. Eu fui aos poucos lendo para ela as obras básicas e ela se fascinou com a visão doutrinária da realidade. Logo nos primeiros dias em que essas leituras se iniciaram, minha mãe me interrogou:

— Di, o Deus dos espíritas perdoa?

Olhei para aquele rosto sedento de explicações plausíveis e esclareci:

— Mãe, só há um Deus, que é o Criador de tudo e de todos. Mas, de fato, Ele não perdoa.

Utilizei de forma proposital esta frase para dar margem à minha explicação. Ela ficou sem entender e insistiu:

— Mas por que não perdoa?!

— Porque Deus não é uma pessoa. O conceito de perdoar não se aplica ao Criador do Universo. O perdão pressupõe uma ofensa. E como Deus não fica ofendido, Ele não perdoa, Ele ama! Em qualquer circunstância, o Pai de Infinita Misericórdia sempre nos amará!

— E como ficará Nair?

— O Sublime Autor da Vida permanecerá amando a minha irmã, como faz com todos nós.

— E como Ele fará justiça?

— Nair irá reencarnar-se experimentando as marcas do sofrimento que ela se impôs através do ato de rebeldia. Isso facultará um aprendizado extraordinário para sua evolução.

Minha mãe segurou minhas mãos com força e declarou:

— Meu filho, ensine-me esta religião em que o Amor de Deus é tão grande! Quer dizer então que ela vai voltar? Que terá uma nova chance?

— Sim, mãe. Ela terá outra oportunidade. Na visão do Espiritismo, Nair não desrespeitou Deus, ela desrespeitou a própria vida, mas irá recuperar-se.

Nair me acompanhou espiritualmente por longos anos. Até que um dia, no ano de 1956, eu estava trabalhando no Instituto de Previdência e Assistência dos Servidores do Estado (IPASE), quando chegou um cavalheiro de certa idade. Fui atendê-lo e ele me solicitou:

— Eu gostaria de trocar o beneficiário da minha apólice de seguro total, uma vez que minha esposa faleceu.

Ele me forneceu o documento e eu fui ao arquivo, localizando facilmente os papéis. Quando olhei a apólice, casualmente, vi que a beneficiária era minha irmã! Ele continuou a narrar:

— Vou transferir o benefício para minha atual esposa. Mas na verdade Nair foi a única mulher que eu amei. Eu a amei como só se ama uma única vez! No entanto, um dia, eu me deixei envolver por outra mulher. A minha esposa soube do ocorrido e acabou por cometer um suicídio terrível!

Dezessete anos depois da tragédia, eu estava diante do marido de Nair. Nós não nos conhecíamos, mas ele me falou:

— Você tem alguma coisa que me é familiar.

Nesse instante, eu vi minha irmã chegar. Apresentava os olhos fora das órbitas e o rosto transtornado. Ela ajoelhou-se e disse-me:

— Di, é ele! Peça-lhe que me perdoe!

Eu não podia fazer o que ela me pedia, pois estava ali em outra função. Não poderia confundir a minha condição de espírita e médium com a minha posição profissional. Eu lhe falei:

— O senhor pode esperar um minuto? Vou cuidar da sua solicitação e resolveremos a questão num breve espaço de tempo. Gostaria de sentar-se um pouco?

— Gostaria, sim. Obrigado!

— Então pode sentar-se aqui na minha cadeira, por favor.

Ele era um senhor de 70 anos e já aparentava o cansaço proveniente da idade avançada. Sentou-se e providenciamos a documentação. Ao final, quando lhe entreguei o aditivo à apólice, ele perguntou-me:

— Qual o seu nome?

— Divaldo Pereira Franco.

— Então, você é o Di?

— Sou sim, senhor.

— Você é o irmão de Nair?!

— Exatamente.

Profundamente emocionado, o senhor quase se ajoelhou! Em seguida, deu-me um abraço carinhoso e indagou:

— A sua família já me perdoou?!

— Perdoá-lo de quê?

— De ter sido o responsável pelo suicídio dela.

— O senhor nunca foi o responsável! A pessoa atormentada é que é a responsável. Nós podemos criar os fatores propiciatórios, as circunstâncias predisponentes, mas a decisão é de cada um.

Sendo ele um homem rico, meu pai recusou-se a receber qualquer benefício material, mesmo aquilo a que Nair tinha direito legalmente. Meus pais e eu nunca quisemos aceitar nada. Interessava-nos a vida de Nair, e não aquilo que ela havia amealhado ou que lhe fora oferecido através do laço conjugal. Não ficamos com absolutamente nada, a não ser uma foto dela, que eu tenho até hoje.

Naquela circunstância de grande emoção, ele voltou a perguntar-me:

— E seus pais? Já me perdoaram?

— O meu pai não, mas a minha mãe já superou a dor e está em paz consigo mesma. Quando o senhor viajará para retornar ao seu lar?

— Amanhã, Divaldo.

— Então vá lá em casa hoje para ver a minha mãe, que nunca esquece da filha. Será um encontro de beleza ímpar para ela!

— E eles me aceitarão?

— Sim, certamente. Meus pais vivem comigo. Deus me deu a honra de recebê-los. Vá hoje nos visitar. Não deixe para amanhã. Eu sou espírita.

— Eu conheci a sua voz! Já chorei muitas vezes ouvindo sua voz no programa de rádio.

Naquela época eu apresentava um programa de rádio que se chamava *A Voz da Fraternidade*. Era o tempo em que o rádio veiculava mais estática do que propriamente o som dos apresentadores, pois a tecnologia para comunicação a distância ainda era muito precária. De qualquer modo, ele reconheceu a minha voz. Concluí o convite:

— Avisarei aos meus pais e eles o receberão com prazer.

— A que horas devo estar em sua casa?

— Às 20h.

Na hora marcada, eu estava em casa com a família reunida e o cavalheiro chegou com um buquê de rosas vermelhas. Minha mãe o abraçou afetuosamente e eles dialogaram:

— Meu filho! Há quantos anos eu o esperei!

— Dona Ana, e Nair?

— Só Deus o sabe, meu filho! Deus resolve tudo! Isso é assunto que já passou. Muito obrigado por ter vindo!

Daí por diante ficamos amigos.

Como nos emocionamos diante da beleza da vida!

Ele se casou com aquela que teria sido a responsável indireta pela desencarnação de minha irmã. Isso proporcionou a Nair, no além, um sofrimento indescritível, porque a sua ausência foi preenchida exatamente pela pessoa que ela denominava sua inimiga e destruidora do seu lar. Como a vida é mesmo cheia de surpresas, certa vez eu encontrei a senhora que se fizera a mensageira da tragédia, narrando o caso extra-conjugal à minha irmã. Então eu lhe aconselhei:

— Senhora, eu lhe sugiro que nunca mais proceda dessa forma! Não estamos na Terra para fazer os outros chorarem. Quando você souber de algo desagradável e tiver a necessidade de informar, medite bastante. Não oculte a verdade, mas suavize, não a revele de forma perversa e cruel!

Três meses depois daquele encontro especial no IPASE, meu cunhado desencarnou. E um dia ele me apareceu em Espírito demonstrando que estava em paz. No entanto, a sua primeira esposa, que havia tirado a própria vida, não experimentava serenidade...

Conforme já narrei no capítulo sobre maternidade, minha mãe desencarnou no ano de 1972. Ela estava nos minutos finais de sua existência física quando entrou em coma. Depois de algum tempo no estado comatoso, subitamente ela recuperou a consciência por um breve instante e me falou:

— Di, meu filho! Nair está aqui me chamando. Ela me diz, com os olhos marejados: "Venha, mamãe! Venha enxugar as minhas lágrimas!". E eu irei, meu filho, para aplacar as dores de sua irmã.

Ficava claro que a minha irmã continuava a experimentar angústias e dores atrozes, trinta e três anos depois de cometer o ato infeliz de ceifar a própria vida. Aquelas três décadas de sofrimento indescritível faziam parte do período reencarnatório que ela deveria ter cumprido na Terra e optou por interromper, defraudando a Lei, que é amorosa, mas também é severa e justa.[128]

Em 1980, portanto, oito anos após a desencarnação de minha mãe, ela me apareceu e me revelou:

— Di, depois de orar muito, eu consegui uma grande vitória! O Senhor da Vida permitirá que Nair reencarne. Ela retornará com as marcas ultrajantes do ato infeliz que praticou, apresentando deficiências no sistema digestório, que foi destruído pelo veneno ingerido. Eu pude libertar minha filha dos Espíritos tenebrosos que a levaram ao suicídio e continuavam a explorar as suas energias no Mundo espiritual. Nós duas oramos juntas e Deus irá conceder-lhe uma nova oportunidade!

— Mãe, ela vai renascer aqui em Salvador?

— Sim, Di.

— E eu a conhecerei?

— Sim! Eu irei trazê-la até você. Entretanto, eu lhe peço para tomar cuidado e não interferir na expiação dela. Ame-a sem tentar modificar a aprendizagem que ela precisa realizar.

Certo dia, aproximadamente três anos após o contato espiritual com minha mãe, eu estava na minha pequena sala de trabalho quando o porteiro me chamou com urgência. Corri até a entrada da Mansão e ali havia uma mulher negra em condições muito precárias de saúde. Estava trêmula, quase a desmaiar. Trazia os braços estendidos e um pano impregnado de sujeira que lhe cobria as mãos. O porteiro me esclareceu:

— Tio Divaldo, ela está assim trêmula porque está com fome!

Pedi ajuda e levei-a imediatamente ao nosso Centro médico, que fica a vinte metros da portaria. Quando retirei o pano de suas mãos, percebi que ela segurava uma criança pequenina. A menina possuía aproximadamente um ano e meio de idade. Contudo, o seu aspecto era o de uma criança de poucos meses. Magérrima, não tinha forças nem mesmo para chorar. A senhora informou-me:

---

128. Um comentário esclarecedor sobre a Lei de Causa e Efeito aplicada ao suicídio encontra-se no livro *À luz do Consolador*, de Yvonne do Amaral Pereira, Editora FEB, cap. 4 (O estranho mundo dos suicidas). Nota do organizador.

— É minha filha! Não a deixe morrer! Quando eu morrer, o senhor me promete que cuidará dela?

— Prometo! Fique tranquila quanto a isso. Mas eu creio que a senhora não vai morrer! Quem ama com esta intensidade não pode morrer.

Ela era catadora de lixo, função que modernamente se chama agente de coleta seletiva ou agente de reciclagem. Alimentava a filha com papelão tirado do lixo. Em um esforço desesperado, a pobre mãe lavava o papelão e punha para cozimento com alguns grãos de arroz, um pouco de água e sal. Tanto ela quanto a menina tomavam aquele caldo contaminado. Era tudo de que podiam dispor.

Com lágrimas nos olhos, eu pensei que, em um mundo onde existe tanta abundância e tanta miséria, deveríamos ficar constrangidos com a situação dos desventurados. É exatamente o que os Espíritos nobres responderam a Allan Kardec ao afirmarem que "numa sociedade organizada segundo a Lei do Cristo, ninguém deve morrer de fome".[129]

Daí eu conversei com ela e chamei meu filho médico, que aplicou soro em ambas. Permanecemos conversando por algum tempo, enquanto eu me desdobrava em ternura por aquela mulher sofrida que amava tanto a sua filha! A menina era tão franzina que mal podia se mexer. Preparei um pouco de leite e fui embebendo um algodão com o líquido para passar suavemente nos lábios da criança.

Até que, a certa altura, ela me confidenciou:

— O senhor é o *seu* Divaldo, não é?

— Sou sim!

— Mandaram-me vir aqui. Eu amo muito a minha filha!

— E qual é o nome dela?

— Nair.

Nesse momento, eu fui tomado de grande surpresa. No mesmo instante, minha mãe me apareceu e informou:

— É Nair, meu filho! Sua irmã.

Voltei ao diálogo com a mãe da menininha e perguntei-lhe:

---

129. *O Livro dos Espíritos*, de Allan Kardec, Editora FEB, questão 930. Nota do organizador.

— Por que você colocou nela o nome de Nair, que não é um nome tão comum?

— Ah, *seu* Divaldo! Eu tive um sonho! Apareceu-me uma senhora branca de olhos verdes, com os cabelos divididos ao meio e penteados para trás. Ela se aproximou e me disse: "Eu vou lhe confiar um tesouro! Guarde-o bem! É minha filha. Ela se chama Nair". Ao final do sonho, eu acordei com a imagem daquela senhora velhinha se despedindo de mim. Por isso eu prefiro morrer em lugar de permitir que a minha filha morra!

Passamos a cuidar das duas e conseguimos salvá-las. Alugamos uma casa modesta nas proximidades da Mansão do Caminho e pusemos a pequena Nair em nossa Creche. Com o tempo ela foi transferida para o primeiro ano da educação infantil, que naquela época era denominado Jardim de infância.

A menina era portadora de uma disfunção denominada lábio leporino bilateral. A nomenclatura científica para designar a enfermidade de forma precisa é fissura labiopalatina (ou labiopalatal). Nair manifestava grande dificuldade para falar e trazia sérias complicações no tubo digestório. Não conseguia alimentar-se bem e tinha rejeição a leite. Eram as marcas da encarnação anterior. Então minha mãe me alertou novamente:

— Não tente interferir na expiação dela levando-a a fazer cirurgia plástica para corrigir o problema dos lábios. Será melhor que ela cumpra com o seu resgate tendo que conviver com as consequências do mal praticado contra si mesma. Até porque, Nair permanecerá no corpo físico por um período muito breve.

Essa advertência precisa ser muito bem compreendida. Nair era uma ex-suicida e estava reencarnando para cumprir uma expiação, devendo ficar na Terra por pouco tempo. O período de sofrimento no Além somado ao tempo curto da nova encarnação corresponderiam à duração da existência anterior que ficou interrompida. Isso ocorre normalmente com os Espíritos que aniquilam a própria vida. Como se tratava de uma expiação, era preciso que Nair promovesse a regularização integral dos seus débitos com a Consciência Cósmica e com a própria consciência. Se eu tentasse conduzi-la a uma cirurgia, mesmo sabendo do processo expiatório, provavelmente a intervenção não daria certo ou ela seria acometida por uma infecção, desencadeando um problema de saúde adicional. Se em lugar da expiação ela estivesse em um processo provacional, haveria condições para modificar o panorama das suas dificuldades. Mas na expiação o resgate é compulsório.[130]

É evidente que a minha conduta de evitar interferências infrutíferas estava relacionada ao fato de que eu conhecia a causa dos problemas da minha irmã, o que na maioria das vezes não acontece na vida de todos nós.

Certo dia, eu passava junto à sala da educação infantil, próximo às árvores, quando a pequenina me viu e gritou, com as dificuldades na fala que lhe eram peculiares:

— Didi! Didi!

Fiquei estarrecido, pois a única pessoa na Terra que me chamava de Didi era minha irmã Nair.

Ela saltou a janela, que é muito baixa para permitir o contato das crianças com a natureza, e veio correndo, de braços abertos, na minha direção. Ao se aproximar, atirou-se nos meus braços e eu me sentei, colocando-a no colo. A menininha de quatro anos passou a mão no meu rosto e arrematou:

— Eu voltei, não foi?

— Não estou entendendo!

— Como não, Didi? Eu sou Nair!

— Sim, eu sei que você se chama Nair.

— Mas eu sou a "ota" Nair! Estou de volta!

— É verdade! Você voltou.

Ela adormeceu no meu colo. Acabara de ter um *insight*, uma regressão de memória espontânea e fugaz que lhe revelou sua identidade anterior.

Quando ela completou sete anos, perguntou-me:

---

130. A diferença entre prova e expiação é analisada em *O Consolador*, de Francisco Cândido Xavier/Emmanuel, Editora FEB, questões 246 e 247; *Autodescobrimento: uma busca interior*, de Divaldo Franco/Joanna de Ângelis, Editora LEAL, cap. 3 (Consciência e vida), item *Consciência e sofrimento*. Nota do organizador.

— Didi, eu vou viver muito?

A informação que aflorava do inconsciente infantil causou-me espanto. Serenamente eu respondi:

— Não, meu bem. Nesse corpinho você não vai viver muito porque na outra encarnação houve algo que não deveria ter acontecido.

— O quê, Didi?

— Você tirou a própria vida e isso foi muito ruim para sua saúde espiritual. É como se você viesse ao mundo com uma roupinha rasgada que precisa ser consertada. Então, você está um pouco doentinha, mas ficará boa!

— E quanto tempo eu vou viver?

— Não será muito tempo, minha filha. Mas Deus é quem sabe quanto...

Aos oito anos de idade ela teve uma pneumonia que atingiu os dois pulmões, morrendo nos meus braços como um anjo que se libertava da prisão. A mãe chorou muito e sofreu intensamente com a perda da filhinha por quem tanto se havia sacrificado. Ela continuou a morar no bairro e nós a colocamos para trabalhar como funcionária da limpeza em nossa creche.

Tempos depois, minha mãe me informou que a minha irmã já está de volta num corpo novo, que lhe permitirá resgatar aqueles mais de quarenta anos que havia usurpado da Lei, dando continuidade ao seu processo de evolução.

Isso de fato aconteceu. Nair já está reencarnada, pela terceira vez, em um corpo absolutamente saudável!

Ao refletirmos sobre as ideias suicidas, que podem provocar tanto sofrimento individual e familiar, uma pergunta surge naturalmente em nossa tela mental: que fazer diante de um quadro como esse? E a resposta é categórica: impedir que a emoção perturbadora ganhe força e provoque uma tragédia.

Inicialmente é necessário modificar o pensamento para não ceder ao sentimento de angústia e não permitir a interferência obsessiva. Toda vez que o pensamento mórbido vier à mente ele deve ser substituído por um pensamento útil.

Se você está experimentando esse drama íntimo, comece questionando a própria ideia do suicídio. Quando ela se fizer presente, pergunte a si mesmo: "Para onde eu fugirei? Se eu aceitar a proposta, serei transferido para um lugar muito pior, no qual o sofrimento irá me dilacerar de uma forma inimaginável! Já que estou aqui na Terra, permanecerei no corpo até o instante em que a minha reencarnação se encerrar, de acordo com a determinação Divina. Além de não ter o direito de interromper o fluxo da minha vida orgânica, eu não devo desertar dos meus compromissos familiares, para não cometer a ingratidão de ferir profundamente aqueles que me amam e confiam em mim!".

Depois que você meditar sobre esse questionamento, substitua a ideia sobre o suicídio por uma ideia otimista, passando a identificar suas qualidades e a ver com quantas bênçãos a vida te presenteou!

Utilize a oração constantemente. Geralmente o depressivo e o indivíduo acometido por ideias suicidas têm muita dificuldade para orar em silêncio, porque não conseguem fixar o pensamento no que estão fazendo. Se isso acontecer com você, ore à meia-voz no intuito de mobilizar também o recurso auditivo para se concentrar.

Tome passes com certa frequência e faça uso da água impregnada com bioenergia, fornecida nas instituições espíritas ou por você mesmo preparada durante as orações. Entregue-a ao Amigo Jesus e evoque o poder que Ele tem de interpenetrar as moléculas do líquido com as substâncias saudáveis do Mundo espiritual, transformando-as em medicamento sublime.

Em resumo, se você tem mantido pensamentos sobre suicídio, deixe-se arrastar pelas mãos da Divina Providência e encontre a paz... Mas também recorra o quanto antes a um serviço psiquiátrico e psicológico, que será de grande relevância para a recomposição do seu equilíbrio.[131]

---

131. Sobre o suicídio, analisar também *O Livro dos Espíritos*, de Allan Kardec, questões 943 a 957; *O Evangelho segundo o Espiritismo*, de Allan Kardec, cap. 5 (Bem-aventurados os aflitos), item "O suicídio e a loucura"; *Religião dos Espíritos*, de Francisco Cândido Xavier/Emmanuel, Editora FEB, cap. 48 (Suicídio). Nota do organizador.

MORTE DE CRIANÇAS E JOVENS

Allan Kardec, em *O Livro dos Espíritos*, dedica algumas questões às mortes prematuras, particularmente de crianças, conforme pode ser visto nos itens 197 a 199. A criança ou o adolescente é apenas um ser jovem no corpo, mas o Espírito que ali se encontra é antigo, trazendo a herança das suas encarnações anteriores.

Os indivíduos que desencarnam no período infantojuvenil, alguns ainda em fases iniciais do desenvolvimento, recebem da vida uma oportunidade para equacionar compromissos do pretérito. Eles se recuperam espiritualmente através de doenças infectocontagiosas ou degenerativas, de fatores ambientais e sociais que favorecem a instalação de um amplo repertório de problemas socioeconômicos para as populações, resultando no óbito de crianças e jovens em comunidades vulneráveis. Por isso, quando cultivarmos a verdadeira fraternidade e procurarmos contribuir para o bem geral, a incidência de mortes prematuras diminuirá de forma considerável.

Frequentemente uma morte prematura de hoje é consequência de um suicídio do passado, no qual o indivíduo interrompeu a existência física antes do tempo previsto, deixando de completar o período que estava programado. Mais tarde, ao reencarnar para ressarcir o débito contraído com a destruição da própria vida, desencarna precocemente a fim de cumprir o tempo de vida que ficou faltando, conforme ocorreu no caso da minha irmã Nair.

Certa vez eu tive notícias de uma situação dolorosa. Uma jovem desejava casar-se com aquele a quem amava profundamente. Mas a família, obstinadamente, negou-se a aceitar a situação porque o namorado possuía um nível econômico e social menos privilegiado. Essa jovem, por causa da sua fragilidade emocional, optou pela prática do suicídio, antecipando tragicamente a sua desencarnação.

Nesse contexto é forçoso reconhecer que os genitores, embora tenham ficado com o coração dilacerado, contribuíram com o ato insano praticado pela filha suicida. Por isso, eles retornarão e receberão aquele ser que precisa reaver o tempo de vida interrompido, um resgate que ocorrerá por meio da desencarnação precoce, obrigando-os a experimentarem a grande dor da saudade... No entanto, quando examinamos a realidade espiritual e percebemos que a vida terrena é relativa, concluímos que o reencontro no Além será compensador.

O suicídio de jovens tem se tornado cada vez mais frequente em todo o mundo, segundo informações de vários institutos de pesquisa. Isso se deve ao vazio existencial que entorpece a juventude.

Conforme abordei no capítulo anterior, durante o século 20 passamos a viver a época do consumismo, em que os indivíduos valem mais pelo que aparentam do que pelo que são de fato. É uma fase da cultura mundial em que a beleza momentânea, o sexo sem limites e as drogas constituem mecanismos de fuga. Como consequência, os jovens perderam os referenciais do comportamento saudável, sobretudo a partir dos anos 1960. Desde aquela época a sociedade vem sendo profundamente abalada em suas raízes, o que dará lugar, em longo prazo, a uma nova ética. Enquanto esse turbilhão de transformações se processa, muitos Espíritos fragilizados, ao enfrentarem uma vida competitiva e repleta de situações adversas, não resistem aos desafios da luta diária, optando pelo suicídio infeliz.

Nesses casos, a Misericórdia Divina leva em consideração o contexto e prevê alguns atenuantes, já que não se trata de um suicídio motivado pelo ódio, mas por falta de valores sociais e educacionais, por desencanto pela vida e por frustrações que se podem agravar e resultar em um quadro depressivo. Tudo isso é devidamente analisado pela Lei Natural.

Os pais precisam estar atentos para a eclosão de tendências suicidas na criança ou no jovem. E, se identificarem inclinações autodestrutivas, é recomendável buscar a ajuda de um profissional especializado.

Temos o estranho hábito de minimizar qualquer sinal de fragilidade afetiva e emocional dos nossos familiares. Dizemos que é normal, que vai passar em breve e que tudo voltará ao seu lugar. Essa postura é mantida mesmo que o comportamento inadequado se manifeste de forma reiterada. É evidente que a tristeza faz parte do nosso cotidiano, podendo ser interpretada como um fenômeno transitório e saudável. Mas quando essa tristeza se acentua e se prolonga, ela pode dar um salto para atingir o nível de transtorno depressivo, fazendo com que o indivíduo recorra subitamente ao suicídio por não encontrar sentido em sua vida.

Alguns sinais da depressão são: tristeza muito frequente ou sem interrupção por muitos dias, sonolência excessiva ou insônia, pesadelo, cansaço, desânimo e falta de concentração para executar tarefas simples, como fazer a própria comida...

Vala a pena conduzir o filho a um psicólogo ou psiquiatra para avaliar o caso, não esquecendo também de procurar uma Instituição Espírita no intuito de aproveitar os recursos psicoterapêuticos de que a Doutrina dispõe: a bioenergia pelo passe e pela água magnetizada, o atendimento fraterno, a técnica da oração, as palestras e a desobsessão, já que em muitos casos há influências espirituais que alcançam o indivíduo e precipitam estados depressivos. Mesmo na fase infantojuvenil da vida, que nos parece tão risonha e rica de ingenuidade, é importante considerar que o Espírito em si mesmo é um viajor de múltiplas reencarnações, trazendo do passado alguns adversários interessados em destruir-lhe a existência.[132]

Para prevenir esse fenômeno lamentável, teremos que levar aos jovens a mensagem de vida e de esperança! Ser jovem é uma bênção divina! E ninguém tem o direito de interromper esse período de sonhos que nos conduz à maturidade e à velhice.

Todavia, além da questão do suicídio em vidas precedentes, há outra explicação para o fenômeno da morte prematura.

Um dia, perguntei a um Espírito amigo:

— Por que as crianças são arrebatadas através da morte? Às vezes *voltam para casa* com o corpinho dilacerado por um acidente, uma circunstância dessas que convencionamos chamar de tragédias da vida.

O nobre companheiro desencarnado respondeu-me:

— Quando não se trata de um suicídio em existência anterior, essas crianças vieram cumprir uma fase do seu processo evolutivo, completando um trabalho que ficou interrompido. Na maioria das vezes são

---

132. Ver os livros *Grilhões partidos*, de Divaldo Franco/Manoel P. de Miranda, Editora LEAL, cap. 1 (A agressão); *Sexo e obsessão*, de Divaldo Franco/Manoel P. de Miranda, Editora LEAL, cap. 4 (O drama da obsessão na infância). Nota do organizador.

concluintes das reencarnações. Devido à evolução que já alcançaram, talvez não necessitem mais retornar ao corpo físico. Ou talvez retornem para que não mais se apartem dos seres amados que ficaram na Terra...

Depois de uma pequena reticência, o benfeitor esclareceu:

— Deus ama o bom, o belo e o nobre! Por isso deseja que retornem à Pátria verdadeira não somente os amargurados, os infelizes, aqueles que se perturbaram durante a viagem carnal. A Divindade deseja também o retorno dos Espíritos felizes para que, da dimensão espiritual, prossigam inspirando a Humanidade...

Pesquisas realizadas nos últimos anos do século 20 e nos primeiros anos do século 21 demonstraram o alto índice de mortes de jovens em acidentes, atropelamentos, homicídios e assaltos com desfecho violento. Esse quadro se instalou no contexto de todo o planeta, trazendo à sociedade uma profunda reflexão.

Ao pensarmos na transição planetária, seremos convidados a entender os processos psicossociais por uma ótica mais abrangente. Grande número de Espíritos que desencarnam em idade precoce são indivíduos ainda vinculados ao passado de violência e primitivismo que caracterizava a Humanidade. Eles estão tendo a última oportunidade para merecerem permanecer na Terra pacificada do futuro, que se converterá em mundo de regeneração, conforme classificou Allan Kardec. Muitos desses seres que se encontram em estágios primários, ao reencarnarem não conseguem vencer os hábitos psíquicos e o comportamento adotado em outras existências, o que os transforma em promotores da violência, da perversidade, do crime e das convulsões sociais que assolam o planeta desde a segunda metade do século 20.

Um dos fatores lamentáveis que respondem pela generalização dessas mortes é a divulgação excessiva e sensacionalista da violência, patrocinada pelos meios de comunicação de massa, muitos deles de alcance global. Ao receberem notícias de um crime hediondo perpetrado por uma pessoa em determinada localidade, os portadores de transtornos mentais, na condição de telespectadores, sentem-se estimulados a reproduzir o fato no seu meio social, porque, na sua grave psicopatologia, eles apreciam imitar a cena dantesca. Na raiz desse comportamento está o desejo de encontrar em si mesmos o herói interior de que nos fala a

Psicologia Analítica em seus estudos sobre a mitologia. Dessa forma, os criminosos seriam comentados na sociedade e se tornariam celebridades, embora marcados pelo horror que imprimiram ao ato de loucura. Como não conseguiram atingir a glória fugaz do mundo por meios normais, apelam para essa estratégia, que só pode ser plausível para quem experimenta um transtorno psiquiátrico severo.

Tudo isso passará quando todos contribuirmos para o surgimento de um mundo melhor. Nosso papel na transição planetária é ofertar um gesto de carinho, promover uma ação de fraternidade, realizar um ato de bondade, demonstrando que a vida tem significado psicológico. Tenhamos compaixão e aprendamos a tirar de qualquer episódio as lições necessárias para evitar novas tragédias que se avolumam em todas as partes do mundo.

Neste vendaval de paixões desgovernadas do planeta em transição, muitas vezes é necessário que renasçam Espíritos nobres cujas mortes servirão para sensibilizar a Humanidade, despertando-a para a solidariedade e as transformações sociais urgentes que devem ser implantadas a fim de que possamos viver em um clima de paz. Nesse sentido, um caso muito divulgado no Brasil assumiu proporções de uma verdadeira tragédia. No ano de 2007, uma criança comoveu o mundo ao desencarnar vitimada por criminosos cruéis na cidade do Rio de Janeiro. O carro da família foi abordado por assaltantes e todos receberam a ordem para abandonar o veículo. O menino de apenas 6 anos de idade não conseguiu desprender-se do cinto de segurança, mas os assaltantes deram partida sem se preocuparem com o ocorrido. Preso ao cinto, do lado de fora do carro em movimento, o garoto foi arrastado por sete quilômetros, ficando com o corpo completamente destruído no contato prolongado com o asfalto, tornando-se um mártir que teve a vida ceifada por mentes desarvoradas. Ele concluiu uma etapa muito dolorosa e deixou uma lição profunda de amor, porque a sua morte estimulou as pessoas a meditarem sobre os fatores que desencadeiam a violência, para que todos se comprometam com ações dignificadoras da vida.

Essas tragédias do cotidiano são fenômenos muito complexos no âmbito da reencarnação. A Divindade não necessitaria que alguém se candidate a cometer um crime para que o projeto reencarnatório daquela criança ou daquele jovem se concretizasse. Tudo poderia acontecer de outra forma. Poderia ser um acidente ou uma doença grave que surtisse o mesmo efeito. Mas na alucinação que arrebata o criminoso, ele prefere ser o causador da tragédia, tombando no abismo irremediável da própria loucura, iniciando um processo longo de sofrimento e de recuperação que não poderá ser concluído na atual existência. A vítima, por outro lado, transforma-se em um herói ou uma heroína do bem, evoluindo para encontrar a felicidade.

Nas duas primeiras décadas do século 21, a imprensa noticiou a morte de muitas jovens que foram assassinadas pelos seus namorados ou ex-namorados. Com esse fato constatamos como a cultura terrestre ainda está impregnada de violência e primitivismo.

No ano de 2008, ocorreu no Brasil um caso que sensibilizou a população do país. Uma adolescente do estado de São Paulo foi transformada em refém pelo ex-namorado, que a manteve sob a mira de um revólver por muitas horas e terminou por disparar um tiro que lhe atingiu a cabeça, levando-a à morte. Depois de consumado o crime, toda a população se voltou contra o criminoso, que, em realidade, é um enfermo, porque é portador de grave transtorno mental. Ele deveria ter sido amparado pela sociedade antes de protagonizar o triste episódio. Porém, se não foi possível detectar os distúrbios psíquicos que o caracterizavam, os pais da jovem poderiam ter refletido que uma menina de 12 anos de idade não deveria receber a permissão para iniciar um namoro com um adulto, o que constitui um ato de pedofilia consentido pelos responsáveis, com todo o respeito que eu coloco nas palavras. A menina não possuía maturidade emocional e afetiva para o tipo de relacionamento que o rapaz atormentado desejava impor-lhe.

De acordo com gravações de áudio realizadas durante o cativeiro, o rapaz afirmava ouvir duas vozes estranhas que ecoavam na sua cabeça: uma delas lhe dizia que não continuasse o ato infeliz; ao mesmo tempo, outra voz o estimulava a ir adiante com o gesto de violência. Era como se um *anjo* tentasse convencê-lo a desistir dos seus planos, enquanto um *demônio* tentava induzi-lo a consumar o crime de forma impiedosa.

Para muitos espíritas, parecia que o ex-namorado da menina estava sob a interferência agressiva de seres espirituais interessados em um desfecho trágico. No entanto, temos que considerar que o indivíduo encarnado pode sofrer de transtornos mentais não relacionados à obsessão espiritual. Se ele está sob o efeito de um surto esquizofrênico, ocorre em sua mente uma espécie de cisão, gerando-lhe a impressão de ter dois seres a integrar a sua consciência, simbolizados pelo *anjo* e pelo *demônio* que foram descritos. A literatura universal consagrou esse fenômeno na obra do escritor escocês Robert Louis Stevenson, o criador dos personagens Dr. Jekyll e Mr. Hyde, na obra intitulada *O médico e o monstro*. Um era nobre e o outro era perverso.

Nesses casos, a finalidade da psicoterapia é realizar a fusão entre os dois fragmentos, que se integram na identidade profunda do *Self.*

É provável que o autor do crime tenha experimentado essa dicotomia mental. Em um momento ele desejava ser útil à vida, mas em outra ocasião a sua ancestralidade primitiva predominava. E, depois de mais de 100 horas de um cativeiro cruel, é evidente que o indivíduo abriu a porta da sua casa mental aos seres desencarnados que o manipularam. Mesmo que ele estivesse sendo vítima de Entidades espirituais perversas, que o levaram a cometer essa indescritível atrocidade, foi a sua conduta que o fez entrar em uma sintonia inferior. Se não reconhecermos esse conceito, nos permitiremos o direito de justificar os nossos atos criminosos transferindo a responsabilidade para os Espíritos. Afinal, por que ele optou pela voz demoníaca ao invés de ouvir a voz angélica? Isso se explica porque os seus sentimentos não eram saudáveis.

Essa menina de 12 anos tornou-se uma missionária, pois através da dor deixou-nos a lição do amor de sua mãe, que perdoou o responsável pelo hediondo crime.

Ao meditar sobre o episódio, eu lamento muito mais pela mãe do criminoso, porque a mãe da vítima praticou o gesto humanitário de providenciar a doação dos órgãos de sua filha para salvar muitas outras vidas...

Os pais de um criminoso também se tornam verdadeiras vítimas das tragédias desse gênero, uma vez que aquele que desencarna em circunstâncias adversas recebe as concessões da Misericórdia Divina. Quando uma pessoa é vitimada pela violência e não encontramos motivos atuais para o fato, poderemos encontrá-los em vidas pregressas.

A condição de vítima faculta ao indivíduo a oportunidade de sublimar-se. Mas aqueles pais que ficam destroçados ao verem seus filhos encarcerados, tendo que responder à Justiça pelo ato criminoso, estão experimentando grandes provações.

É necessário que pensemos tanto nos pais da vítima quanto nos pais do agressor. Ninguém educa um filho para vê-lo na condição de criminoso, considerado pela sociedade como um verdadeiro malfeitor. Eu imagino a dor de qualquer mãe ao ouvir alguém dizer: "É a mãe daquele monstro que matou uma jovem com toda crueldade!". Certamente, essa genitora daria tudo para que o seu filho fosse um cidadão honrado.

Em nossa Casa Espírita sempre fizemos atendimentos de pessoas com os mais variados problemas. Ao longo dos anos, o volume de consultas foi crescendo vertiginosamente, o que nos causou alguma dificuldade devido à escassez de tempo e de recursos. Contudo, graças à implantação do sistema de atendimento fraterno, tem-nos sido possível definir melhor o nosso método de trabalho. Uma equipe constituída por pessoas dedicadas ao bem e conhecedoras da Doutrina Espírita atende durante toda a semana e até duas horas antes das palestras públicas. Os consulentes passam por uma avaliação das suas necessidades e somente os casos mais graves são encaminhados para mim, ante a impossibilidade de atendê-los a todos.

Oportunamente, eu estava atendendo pessoas em nossa Instituição e já era madrugada. Nessa época ainda não havia o grupo de atendimento fraterno. Eu estava dialogando com uma consulente quando entraram no recinto duas senhoras que me trouxeram certa dose de angústia devido ao sentimento de solidariedade e compaixão que me inspiraram. Uma delas estava com a cabeça repousando sobre o ombro da sua amiga, que praticamente a *arrastava*. Atrás de ambas vinha um cavalheiro de aproximadamente 50 anos de idade, que as acompanhava. Aquela cena estendendo-se pelo corredor da nossa Casa confrangia-me...

Permaneci no meu lugar, ao lado da mesa, para apoiar-me, enquanto as duas se aproximaram. A senhora que estava um pouco mais serena informou-me:

— Fui eu quem a trouxe. Consegui, por fim, convencê-la! Ela não está interessada em viver. Pretende cometer suicídio! Eu arranquei-a da cama a contragosto da família!

Esta senhora que tomou a frente para falar já era minha conhecida. Já havíamos tido alguns contatos e estabelecera-se entre nós um laço de afeto.

— Divaldo – prosseguiu ela –, o que você poderia dizer à minha amiga? Ela sofreu o mais duro golpe que alguém pode imaginar!

Eu tenho por hábito aguardar que a pessoa fale sobre o seu problema, em vez de tentar adivinhar. A interlocutora continuou a narrativa:

— Ela era mãe de um rapaz de 16 anos de idade, que foi assassinado com dois tiros na cabeça! Estamos aqui para que você a conforte.

Há um conceito falso de que nós espíritas temos palavras para tudo! É como se soubéssemos sempre o que dizer aos outros, da mesma forma que existem medicamentos para várias doenças. Contudo, há dores para as quais não há palavras. A morte é um desses dramas.

Olhei para aquela senhora transfigurada e pensei: "E se fosse eu?". Eu não tive a oportunidade de ser pai biológico. Por mais que a minha imaginação adquira elasticidade, eu não tenho ideia precisa do que significa essa experiência. Este exercício é para que eu procure ser honesto comigo mesmo e com a pessoa que está diante de mim, reconhecendo as minhas limitações.

Naquele instante eu olhava para a mãe sofrida e ela balbuciava: "Eu tenho que morrer!" Por mais alguns segundos eu me perguntei como seria a minha reação se estivesse em seu lugar; se eu fosse a mãe do rapaz assassinado. Enquanto isso, a amiga que intermediava o nosso encontro insistia:

— Divaldo, diga-lhe alguma coisa!

Todos ficamos em silêncio por um breve intervalo, entre dois a quatro minutos, talvez. A sofrida mãe não conseguia nem mesmo levantar a cabeça. Então eu respirei fundo, rompi o silêncio, e falei-lhe com ternura:

— Senhora, eu realmente não tenho palavras! Nada lhe posso dizer nesta hora tão difícil...

E era verdade. Pela primeira vez eu não sabia o que argumentar. É claro que em minha memória eu possuía frases completas, prontas para serem utilizadas com muitas pessoas. Todavia, aquela dor era tão profunda que não merecia palavras vazias de emoção. Aquela dor exigia respeito.

— Minha irmã – continuei –, eu não tenho o que lhe dizer, pois não posso imaginar a dimensão da sua dor. Cada pessoa apresenta uma capacidade de resistência ao próprio sofrimento. Eu gostaria de ser-lhe solidário. Se eu pudesse diminuir o seu drama, mesmo que tivesse que transferir para mim uma parte da sua angústia, eu aceitaria sem questionar, contanto que a senhora conseguisse respirar um pouco... Seria a única forma de lhe ajudar...

Eu estava preocupado em ser honesto com a sua aflição, evitando qualquer tentativa inútil de fazê-la parar de sofrer através de um artifício miraculoso. Continuei a conversar sem a pretensão de ser nenhum *guru*:

— Minha senhora, se eu tentasse convencê-la de que o seu filho vive, afirmando que a vida continua além do corpo, minha proposta não produziria nenhum efeito, pois a senhora já sabe que isso é verdade, mas no momento provavelmente não está disposta a acreditar. É possível que eu mesmo não acreditasse se estivesse na sua situação. Se eu lhe dissesse: "Tenha coragem!", talvez a senhora respondesse: "Coragem eu tenho. Mas não tenho forças...". É natural. A tragédia enlouquece-nos, tira-nos o sentido da vida. Por isso, ao reconhecer-me sem palavras para falar-lhe, eu gostaria, ao menos, de pedir licença para dar-lhe um abraço, de uma forma como talvez eu nunca haja abraçado alguém...

Abracei-a e ela *sumiu* dentro de mim. Peguei aquela cabeça suada, encostei-a no meu ombro e ela começou a chorar, saindo daquele transe provocado pelo sofrimento inenarrável. Eu também me comovi. Naquele silêncio que parecia longo demais, eu vi chegar o Espírito Joanna de Ângelis, bem em frente a mim, por trás da senhora. A nobre mentora sugeriu-me:

— Meu filho, se você deseja confortá-la, então a parabenize!

Tomei um susto com a sugestão e pensei: "Não pode ser! Eu devo estar com alucinações!", mas ela insistia:

471

— Meu filho, parabenize-a! Congratule-se com a nossa irmã.

Eu respondi mentalmente:

— Mas como? O que a senhora está me propondo?! Essa mãe teve o filho assassinado, minha irmã!

— Por isso mesmo, Divaldo. Parabenize-a por ser ela a mãe do assassinado, e não a mãe do assassino, que é muito mais infeliz! Toda vítima é abençoada por Deus...

Depois de reflexionar e digerir um pouco a proposta, eu lhe falei baixinho, com muito cuidado e com lágrimas escorrendo-me pela face:

— Os bons Espíritos estão me dizendo que a senhora merece parabéns.

Ela me empurrou subitamente e contestou:

— Mas o que o senhor está me dizendo?! O meu filho foi assassinado!

— É por esta razão que eu a estou parabenizando, segundo a orientação dos amigos desencarnados. A senhora prefere ser a mãe do assassinado ou a mãe do assassino? Aos olhos de Deus, a vítima é abençoada, enquanto o agressor é verdadeiramente infeliz, pois além de ter destruído uma vida humana, também conseguiu dilacerar os sonhos de uma família. A senhora pôde oferecer à vida um mártir, como ocorreu com os mártires cristãos. Mesmo que o seu filho não tenha morrido por nenhum ideal, ele reparou uma situação muito grave do seu passado reencarnatório, embora a Divindade não necessite das mãos de um agressor para que a reparação ocorra. O jovem que sofreu a violência poderia falecer com uma bala perdida, com uma pedra que caísse de um edifício ou até com uma queda muito simples seguida de uma lesão cerebral. Na realidade, é indiferente a forma como se morre. O importante é o estado emocional em que se está morrendo. Portanto, a senhora é digna de parabéns por ser a mãe da vítima, em vez de ser a mãe do agressor...

Nesse momento, Joanna de Ângelis começou a irrigar o meu pensamento com o influxo da sua inspiração. Continuei a falar como se aquela senhora fosse minha filha. Eu experimentava, naquele instante, uma sensação muito especial de *pater-maternidade*. Ela passou a me olhar sem entender nada, enquanto eu segurei as suas mãos, que estavam trêmulas. Joanna afastou-se um pouco e eu vi chegar uma senhora desencarnada, que aparentava uns 70 anos de idade, conduzindo pelas mãos um jovem igualmente fora do corpo, que constatei tratar-se de um rapazinho de aproximadamente 16 anos, com aparência de um verdadeiro serafim, frágil, pálido e com as *marcas* das balas no perispírito, por ação ideoplástica. O *sangue* jorrava por essas marcas e ele se encontrava bastante atordoado. A mentora acercou-se-me e esclareceu-me:

— É o filho da nossa irmã, amparado pela sua avó materna, que o recebeu no Mundo espiritual. Desde o momento da tragédia, a nobre senhora tem ajudado tanto a filha quanto o neto que retornou ao Grande Lar. Iremos permitir que ele se comunique com a mãezinha em sofrimento. Ela está pensando em suicidar-se hoje para tentar encontrar o filho, pois, de acordo com os preceitos da sua religião, assim que uma pessoa morre, logo encontra os seres queridos que partiram antes, o que constitui uma ilusão de enormes proporções. Se ela suicidar-se, não conseguirá ver o filho tão cedo, por causa do crime hediondo cometido contra a própria vida...

Sem causar nenhum alarde com as presenças espirituais, eu continuei o atendimento:

— Seu filho vive, minha irmã! Eu tento imaginar a dor da mãe do assassino...

— Ela era minha amiga! As duas famílias se conhecem e éramos amigos. O filho dela matou o meu filho por um motivo fútil. Foi por causa de ciúmes de uma namorada. Ele é um covarde! Eu o odeio e também odeio a sua mãe!

— Procure ver a situação por outro ângulo. Ela é uma sofredora! Mãe alguma deseja ver seu filho nessa situação, detido pelas autoridades e considerado um criminoso! Tente pensar na imensa dor que dilacera o coração dessa mãe! Por mais que seja insensível, ela também está sofrendo. Não direi que ela sofre na mesma proporção que a senhora, mas certamente é também uma dor profunda... Qual é a mãe que gostaria de saber que o seu filho é um bandido e que roubou a vida de outro jovem?

— Mas eu não posso deixar de odiá-la!

— Pois é. Mas eu creio que você vai mudar de ideia, porque o seu filho está aqui.

Em meio à grande surpresa da senhora, eu descrevi o rapaz e disse-lhe o nome. À medida que eu evocava-lhe a memória, ele foi sendo colocado no meu campo perispiritual por Joanna de Ângelis. Eu passei a experimentar a ansiedade e a ternura do filho diante de sua genitora. Então, comentei:

— Minha senhora, o que acontecer de diferente neste momento não deve surpreendê-la. Seu filho irá falar-lhe.

Embora o atendimento fraterno não seja o local adequado para o fenômeno mediúnico, os amigos espirituais concluíram que era conveniente abrir uma exceção.

De fato, na ocasião, eu possuía mais de cinquenta anos de compromisso com a Doutrina Espírita. Aquela foi uma das primeiras vezes que este fato ocorreu comigo durante o atendimento que eu realizava após as palestras.

Nesse instante, através da minha boca, ele suplicou:

— Mamãe! Não fique assim! Você precisa viver! Eu estou vivo, mamãe! Lembra-se do que nós estávamos fazendo? Eu vim para concluir a frase que as balas interromperam. Você se recorda? Conversávamos à porta de casa e estávamos nos despedindo porque eu estudava à noite. No momento em que nos abraçamos, parou em frente à residência um automóvel, de onde saltou o meu amigo *Fulano*. Ele aproximou-se e deu-me dois tiros na cabeça! Em seguida entrou no carro e se foi, enquanto você ficou com o meu corpo ensanguentado nos braços. Sem saber o que fazer, você entrou em uma crise de dor e de *loucura*. Pediu socorro aos vizinhos, mas eu já estava morto... Não foi o meu amigo quem me matou, mamãe! Foi a droga! Ele estava sob o efeito do *crack*! Na manhã daquele dia, nós tivemos uma discussão por causa de uma namorada. E ele, muito temperamental, usou drogas para ter coragem de me matar. Vovó está aqui comigo desde aquele instante. Perdoe-me pela dor que lhe estou causando!

Ao pronunciar aquelas palavras, o rapaz produziu um grande impacto em sua mãe. Eu parecia estar em uma espécie de semitranse, porque conseguia ouvir o que a minha boca pronunciava. Simultaneamente eu sentia a mudança da minha voz e a transfiguração da face. O rapaz continuou a falar, surpreendendo-a:

— Mamãe, não se mate! Não use o veneno que está sob o seu travesseiro! Porque se você vier *para cá* nesse estado, não vai me encontrar tão cedo! Dizem-me que se a tragédia se consumar, a senhora vai para um lugar terrível aonde eu não posso ir. Mesmo que eu volte à vida, você não me verá durante um largo tempo... Mas se o produto letal for descartado, eu virei outras vezes para falar-lhe ao coração... Você precisa viver para ajudar papai e para educar os meus dois irmãos.

Nesse instante, ele mencionou o nome dos irmãos, prosseguindo na comunicação.

— Ainda não está na sua hora, mamãe! Tenha paciência! Eu ainda não posso explicar-lhe direito o que está me acontecendo porque eu mesmo não entendo...

O jovem falou bastante, derramando na alma da sua mãe um bálsamo de ternura e de consolação. Ela saiu da sensação de angústia para a de espanto, do espanto para o deslumbramento, para as lágrimas... E por fim ela o abraçou através de mim, indagando com a voz embargada de emoção:

— Mas é você, meu filho?! É você mesmo?!

— Mamãe, você me conhece! Não tenha dúvidas de que sou eu!

O comunicante fez outras descrições a seu respeito e sobre aquilo que testemunhou após a sua desencarnação, como um filho que reencontra a sua mãe aflita um mês depois de uma longa viagem. Joanna parava-o de vez em quando, para que o jovem mantivesse a serenidade, considerando que ele ainda estava sob o efeito das impressões psíquicas produzidas pela decomposição do corpo físico. Os vínculos com o perispírito haviam sido rompidos de forma violenta e abrupta.

A comunicação continuou por alguns breves minutos. Até que o jovem informou:

— Mamãe, eu não posso mais continuar! Mas eu voltarei!

À medida que a sua indução psíquica diminuía, a minha lucidez aumentava, fazendo-me recobrar a consciência objetiva. No instante seguinte, a avozinha se imantou à minha aparelhagem psíquica e também falou à sua filha por meu intermédio.

Quando as comunicações finalmente se encerraram, eu pus as mãos sobre os ombros da senhora e perguntei-lhe:

— Então? O que a senhora me diz?

— É o meu filho! É meu Gabriel! Eu não tenho dúvidas de que é ele!

E prosseguiu chorando, porém, de alegria...

— Chore bastante – acrescentei. — Esta é uma dor que só o tempo poderá reduzir. Agora é como se fosse o choque violento de um acidente qualquer, que nos deixa atordoados e sem saber o que fazer. Daqui a algumas semanas a dor será de outra natureza, porque estará caracterizada pelo sentimento de ausência do ser querido. E provavelmente será uma dor maior do que esta de agora, porque constitui a dor da falta do ser que era um pedaço de nós. Contudo, se puder, venha aqui para conversarmos novamente.

Ela ficou em silêncio por alguns minutos e respondeu:

— O senhor me disse que a mãe do assassino é a verdadeira infeliz?

— Sim, senhora! – afirmei com convicção. — Além disso, o seu filho informou que o jovem homicida estava sob o efeito do *crack*. A droga é a grande assassina!

Demonstrando já estar com as forças um pouco mais renovadas, reflexionou por um momento e concluiu:

— Eu voltarei aqui, senhor Divaldo.

Olhei-a e notei que agora estava *outra pessoa*. Dizem que mães conseguem recuperar a sua força hercúlea com um sorriso ou uma lágrima...

— Eu voltarei! – insistiu. — O senhor não se arrependerá!

Ao pronunciar essas palavras, ela saiu apressada, quase correndo, seguida por aquela amiga que a trouxe até a nossa Casa. Eram quase 3h da madrugada. Pensei: "O impacto talvez tenha sido forte demais!", e comentei com a benfeitora:

— Minha irmã, nem todo mundo tem resistências para uma experiência como essa!

A bondosa amiga simplesmente sorriu, enigmática... Não me respondeu nada.

Uma semana depois, no sábado seguinte, eu estava no atendimento, às 23h, quando entraram no recinto três senhoras: a mãe da vítima, a sua amiga que a trouxe na semana anterior e uma outra que estava sendo amparada por aquela que havia necessitado de ajuda alguns dias antes. Atrás delas estavam dois senhores. Um deles já me era conhecido, porque se tratava do pai do jovem desencarnado, marido da senhora que chegara desesperada no primeiro encontro. O outro eu não conhecia. Minutos depois, fui informado sobre a sua identidade: era o pai do rapaz que cometera o homicídio.

Lá pelas 2h da madrugada, chegou o momento de atendê-los. A senhora que havia dialogado com o filho por meu intermédio dirigiu-se a mim:

— Senhor Divaldo, eu voltei! Trouxe-lhe a minha amiga, a mãe do amigo do meu filho.

— O assassino! O bandido! – completou a senhora, resmungando e demonstrando a sua revolta com o ato praticado pelo filho.

— Não, senhora! – intervim. — Não diga isso. Uma mãe nunca julga! A senhora é mãe de um rapaz que *enlouqueceu*. Ele estava sob o efeito de um surto, com a saúde mental alterada, sofrendo as consequências do uso de substâncias químicas. Isso não significa que estou justificando, mas compreendendo. É óbvio que não posso concordar com o crime. No entanto, eu procuro entender quando alguém está vivendo um momento de infelicidade. A senhora é mãe de um rapaz infeliz... Não há dúvidas de que ele é um homicida, mas o seu filho está precisando da senhora mais do que nunca! Ele tem apenas 16 anos de idade, está preso e sem poder usar as drogas que o escravizam. Encontra-se, portanto, sob doloroso efeito da abstinência. E nessas circunstâncias é muito fácil uma pessoa cometer suicídio, o que será um crime tão grave quanto o de tirar a vida do semelhante. Por isso, o seu amor de mãe deve agora lhe salvar a vida!

— Mas ele desgraçou a nossa família e a própria vida!

— É verdade. Porém, mesmo que tenha ocorrido uma tragédia, melhor seria que a senhora não guardasse ressentimento dele. Eu lhe contarei um fato que muito me impressionou. Ocorreu oportunamente um escândalo internacional de grande repercussão, e casualmente eu li uma entrevista com o pai da pessoa que desencadeou o problema. Para venderem mais exemplares de jornal ou ganharem mais audiência nos meios de comunicação, os repórteres saíram à caça dos aspectos mais tenebrosos daquele incidente desagradável. Um dos jornalistas perguntou ao pai, de forma áspera e cruel: "O senhor concordou com a atitude da sua filha?". Ele respondeu: "Não! Eu não concordei. Foi uma atitude abominável!". "E por que o senhor a apoia neste momento?" – insistiu o jornalista. "São coisas diferentes!" – retrucou o pai. "A minha filha errou, mas eu não vou cometer o erro de abandoná-la. Seja qual for o crime que lhe seja imputado, ela é minha filha! Ela precisa de mim agora, mais do que nunca, pois é exatamente agora que ela está completamente sem rumo. Eu tenho que estar ao seu lado para evitar outro crime, que é ainda pior: o suicídio. Apoiá-la não significa dar-lhe razão."

Então, minha irmã, vá procurar seu filho! Vá até o local no qual ele está recolhido por ser menor de idade e mostre-lhe que você é mãe, não uma pessoa cruel que o abandona no momento mais difícil da vida dele. Vá até lá! Ele pode estar desesperado, necessitando da sua presença!

O nosso diálogo continuou e eu lhe falei demoradamente. A senhora que viera falar comigo na semana anterior sorria e dizia à amiga:

— O meu Gabrielzinho está vivo!

Então eu percebi o paradoxo, a mudança total que a visão da imortalidade produz no ser humano. A mãe do desencarnado agradecia a Deus, enquanto a mãe do encarnado lamentava... Insisti no conselho:

— Vá visitar seu filho. Não perca a oportunidade de ajudá-lo!

Aproveitando aquela sugestão, a mãe da vítima perguntou-me:

— Senhor Divaldo, eu poderia ir com ela?

— Melhor ainda, porque você vai levar o alimento do perdão. Esse perdão vai fazer bem à senhora, mais do que a ele. O rapaz poderá ficar mais aliviado por não se sentir tão culpado, por perceber que não é condenado pelo seu ódio. Contudo, o ato de perdoar vai libertá-la dos conflitos e aflições.

Adicionei outras informações sobre a Doutrina Espírita, essa ciência cuja filosofia é libertadora e cuja concepção religiosa é para ser vivida, impregnando nosso mundo íntimo com as bênçãos do amor incondicional.

A mãe do jovem que cometeu o delito ficou por alguns minutos de cabeça baixa, ouvindo-me. E quando ela ergueu a cabeça, eu vi a sua mãezinha desencarnada. Informei-lhe, então:

— Está aqui ao seu lado a sua genitora. A senhora ainda não foi ver o filho, mas a avó, que é mãe duas vezes, está dizendo-me que tem visitado o neto constantemente, a fim de fortalecê-lo.

— Mas como? Mamãe? Ela já morreu!

— Por isso mesmo. Agora ela é livre para *voar*...

Nesse instante, o jovem Gabriel me apareceu novamente, agora mais lúcido e com melhor aspecto. E tomando de um papel que estava à mesa, ele escreveu uma mensagem de duas páginas, através da minha psicografia, com a anuência de Joanna de Ângelis. Em seguida, pediu-me para solicitar à senhora que aquela carta fosse entregue ao seu amigo encarcerado, que, livre do efeito das drogas há três semanas, estava pensando em também se suicidar por causa do remorso.

A mãe de Gabriel leu o texto atentamente, tomou a carteira de identidade do rapaz, que estava na bolsa, e falou-nos, com profunda emoção:

— Vejam aqui! É a assinatura do meu filho! Não tenho dúvidas!

Nas despedidas, quando nos abraçamos, eu sorri para elas e acrescentei:

— Agora eu quero cobrar as consultas.

— Mas, senhor Divaldo... O senhor cobra?!

— É claro! Eu também sou filho de Deus!

— Pois não. Então nos fale o preço.

Nesse instante, os maridos chegaram para saber qual era a quantia. Homem é coisa muito curiosa nesse sentido... Eles ficaram meio nervosos, cheios de pudor para pagar logo, mesmo que não tenham dinheiro... Para causar um pouco mais de impacto, eu completei:

— Quero adverti-las de que o meu preço é um pouco caro.

Ainda mais espantadas, elas responderam:

— Então, senhor Divaldo, será que nós podemos deixar para pagar depois?

— É possível. Mas se for um pagamento dividido em duas parcelas, começam a pagar agora e o restante poderão pagar depois. Vocês assinarão promissórias e ficará tudo acertado.

Insisti no toque de humor porque desejava que elas sorrissem para aliviar o peso daquela situação difícil.

— Mas é tão caro assim?!

— Talvez seja. Eu realmente não sei se vocês têm condições de pagar o preço.

A mãe do rapaz que estava detido comentou com o marido:

— Nós poderemos vender a nossa casa...

— Também não é para tanto! Vou explicar. Eu gostaria de dar a cada uma das senhoras o bálsamo da consolação, que é uma obra chamada *O Evangelho segundo o Espiritismo*, e para os senhores eu vou oferecer *O Livro dos Espíritos*. O meu preço é que todos leiam esses livros. E eu vou cobrar! Façam isso e preencherão as suas vidas com a luz inapagável da imortalidade!

Eles sorriram, encantados com a proposta. Saíram daquele letargo da consciência que odeia para a lucidez da consciência que ama...

Assim começou uma história que teve o seu desdobramento pelos anos seguintes. O jovem precisou de acompanhamento psiquiátrico intenso, porque teve crises de abstinência em função das drogas que utilizava, tentando inclusive tirar a própria vida no cárcere. Ele foi julgado e condenado pelo homicídio, recebendo uma pena compatível com o fato de ser menor de idade, uma vez que as leis no Brasil são mais flexíveis com o jovem infrator. Tempos depois, ele foi liberado pela Justiça por ter bom comportamento.

Anos mais tarde, esse rapaz tornou-se psicoterapeuta, passando a trabalhar em uma obra de grande relevância para salvar outros jovens do uso de drogas. Ele possui uma clínica em Salvador cujo atendimento é gratuito para dependentes químicos que moram nas ruas e não têm ninguém para ajudá-los. É um dedicado profissional e também realiza atendimentos voluntários no nosso ambulatório na Mansão do Caminho. Sua mãe colabora com as atividades desenvolvidas pelo Centro de

Parto Normal que nós criamos, responsável pela realização de partos naturais para as gestantes assistidas em nossa Instituição.

A mãe de Gabriel é uma das cooperadoras da Mansão e cuida com muito carinho de pacientes soropositivos para o HIV, em homenagem ao seu filho. Eles recebem medicamentos de um programa de saúde do Governo e nós fornecemos cestas básicas, garantindo a alimentação e outros itens indispensáveis à sobrevivência de todos.

Dramas como os que foram descritos nos convocam a assumir uma atitude de solidariedade e bom senso, ainda mais por sabermos que a vida não se extingue com a desintegração do corpo físico.

Mesmo a morte de crianças recém-nascidas ou em gestação, que representa um grande martírio para os pais, constitui uma experiência fundamental ao progresso de todos os envolvidos, porque essa dor se transforma em estímulo evolutivo. A dor não é um fenômeno de punição, conforme o conceito das religiões ancestrais. É formosa oportunidade para o desenvolvimento da consciência, na medida em que, através dela, despertamos para uma realidade transcendente.

A forma como as crianças são recebidas na outra margem da vida é uma questão bastante interessante. Uma criança pequena, ao desencarnar, passa por um processo de adaptação. Logo no princípio, o Espírito encontra-se adormecido, sem ter noção exata do que lhe ocorreu, pois como era muito jovem o cérebro não se desenvolveu suficientemente para que ele tivesse pleno domínio de suas funções psíquicas. Ao despertar, o indivíduo recebe a ajuda de algum Espírito generoso, podendo ser um integrante da família ou um benfeitor do Mundo espiritual, que, com carinho maternal, desperta o recém-desencarnado para a realidade, dando-lhe notícias de que a vida continua e esclarecendo que poderá manter contato com os pais através dos sonhos, bem como por meio de mensagens mediúnicas, quando for o caso.

A partir daí o Espírito vai reaver a identidade de adulto da vida anterior, já que na última encarnação não chegou a atingir a fase da maturidade. O ser não permanece na Erraticidade com as características morfológicas infantis. Entretanto, quando os seus pais desencarnarem e houver o reencontro, ele assume a forma de criança que está registrada

na memória de seus genitores, facilitando o contato com os recém-
-desencarnados para recebê-los no Mundo espiritual.[133]

Aos pais que viram seus filhos partirem ainda muito jovens, nós diremos que, ao invés do desespero, cultivem a esperança; em lugar da agonia e da angústia, preservem a confiança irrestrita em Deus. Mesmo porque os seres queridos voltam, comunicam-se, trazem a certeza de que estão vivos e nos aquecem com o amor que nunca morre!

A vida terrestre atual é caracterizada pela ausência de tempo para refletir. Ela se apresenta saturada de imagens, de situações e de pessoas que cruzam o nosso caminho de forma fugaz. Em decorrência disso, quando a dor nos visita, estamos despreparados para processá-la internamente. Assim sendo, devemos *viajar para dentro* e aí encontraremos a paz...

As reflexões sobre como lidar com a morte de pessoas queridas merecem uma abordagem especial, conforme veremos a seguir.

COMO LIDAR COM A DOR DA MORTE

A expressão "perder alguém" sempre me surpreende. Eu ouço muitos familiares dizerem: "Perdi o meu ente querido!". As pessoas pronunciam esta frase como se o outro fosse um objeto que deixamos cair na rua ou esquecemos em algum lugar. Somente perdemos o que não temos, pois o que é verdadeiramente nosso estará sempre conosco!

Quando uma pessoa que amamos desencarna, ela apenas se transfere para outro estado vibratório. Talvez até a tenhamos muito mais perto depois da desencarnação.

Todas as homenagens póstumas que prestarmos a qualquer pessoa, seja uma figura pública ou da nossa intimidade, serão revertidas em seu benefício para o processo de recuperação no Mundo espiritual.

Lady Diana, a Princesa de Gales, foi uma das personalidades mais amadas do mundo no século 20. Ela foi uma jovem plebeia que

---

133. O acolhimento de crianças desencarnadas é estudado no livro *Entre a Terra e o Céu*, de Francisco Cândido Xavier/André Luiz, Editora FEB, cap. 9 (No lar da bênção), cap. 10 (Preciosa conversação) e cap. 11 (Novos apontamentos). Nota do organizador.

se casou com o Príncipe Charles, herdeiro do trono britânico, de quem viria a se divorciar mais tarde em função de inúmeros desentendimentos. De espírito nobre, apoiou diversas causas humanitárias ao redor do planeta, como as campanhas em favor das crianças portadoras do vírus HIV e o projeto de desarmamento de minas terrestres em solo africano, artefatos de guerra que ao longo de décadas causaram a amputação de pessoas simples em toda parte onde foram colocados.

No ano de 1997, ela faleceu tragicamente por conta de um acidente automobilístico. Os fotógrafos *paparazzi*, que trabalham para empresas sensacionalistas à procura de notícias sobre pessoas famosas, tentaram registrar Lady Di com o seu namorado, o milionário egípcio Dodi Al-Fayed, numa ocasião em que o casal andava de automóvel pelas ruas da capital francesa. Ao tentar fugir do assédio dos fotógrafos, o motorista perdeu o controle do carro e chocou-se contra uma coluna no Periférico de Paris.

A comoção foi geral. Milhões de pessoas prestaram-lhe homenagens ao redor do mundo, em reconhecimento à sua importância como uma figura pública dedicada às causas humanitárias. Muitos fãs foram a Londres deixar flores em sua residência. As flores, em quantidade sem precedentes na história daquele país, vinham principalmente da Holanda, de Portugal e da Espanha. Em Londres, amigos me narraram que, na semana posterior à morte da princesa, esgotaram-se as flores em toda a Europa. O seu país comoveu-se a tal ponto, que um especialista em História e Sociologia me disse, na capital inglesa:

— Pela primeira vez o Império Britânico, sempre frio e austero, mostrou que era feito de gente!

Claro que seria ideal que essas flores fossem transformadas em pães para os famintos dos países pobres que a nobre princesa visitou. No entanto, de alguma forma esse ato de amor é positivo para o Espírito desencarnado, da mesma forma que os petardos mentais do ódio,

---

134. Ver o livro *Nas fronteiras da loucura*, de Divaldo Franco/Manoel P. de Miranda, Editora LEAL, cap. 17 (Apontamentos necessários) e cap. 24 (Os serviços prosseguem). Nota do organizador.

os lamentos terríveis e acusações que lhe sejam dirigidos funcionam como verdadeiros ácidos que provocam dores inenarráveis.[134]

O próprio povo fez com que a Coroa Britânica prestasse homenagens à princesa. A Rainha Elizabeth II teve que sair de sua residência, o Castelo de Balmoral, para demonstrar respeito à memória de Lady Di. Desceu da sacada do castelo e caminhou na rua para atender à exigência do povo aglomerado e triste.

Madre Teresa de Calcutá, a grande senhora da caridade no século 20, tinha uma relação de amizade com Lady Di. Certa vez, em Roma, a jovem teria pedido à religiosa para ser uma das irmãs de caridade da sua ordem, e Madre Teresa, com muita sabedoria, respondeu-lhe:

— Creio que esta não é a melhor alternativa. Se você vier para a minha ordem, minha filha, será apenas uma jovem a mais a colaborar com as nossas atividades muito simples. Mas se ficar no mundo em que vive, caracterizado pela grande repercussão dos seus atos, será a única mulher da nobreza a exercer o papel de religiosa do amor... Ofereça esperança aos desiludidos. Use a sua beleza, a sua fortuna e os seus atrativos para chamar as criaturas humanas à beneficência. Aqui você iria banhar alguns corpos leprosos. Mas lá você irá comover o mundo e convidar as pessoas para a arte de ajudar...

Quanta sabedoria nessas palavras!

No sábado, logo após o falecimento da princesa, Madre Teresa estava em Roma, preparando-se para viajar a fim de participar dos funerais da amiga. Antes que pudesse deslocar-se a Londres, a religiosa desencarnou.

Na terça-feira seguinte, entre 4h e 5h da manhã, a nossa mentora espiritual Joanna de Ângelis apareceu-me e informou-me:

— Meu filho, entremos em oração.

Não perguntei do que se tratava, porque me habituei a não lhe fazer perguntas, uma vez que já estou convencido de que ela sempre tem razões ponderáveis para tomar decisões. Comecei a orar e, depois de aproximadamente trinta minutos, quando eu estava em um quase êxtase, ela esclareceu-me:

— A nossa nobre Lady Di acaba de despertar no Além. Madre Teresa, tão logo adquiriu consciência de que estava no Mundo espiritual, já que fora recebida pelo Espírito Santa Teresa d'Ávila,[135] que se lembrou da sua jovem discípula, a menina iludida, apaixonada, gentil e sofrida e então resolveu visitá-la.

Joanna teceu breves comentários sobre o belo trabalho de Lady Di junto aos sofredores e narrou-me a visita realizada por Madre Teresa. Quando a religiosa chegou ao local em que a princesa se encontrava, no Mundo espiritual, ela estava sob a proteção do seu pai. Mantinha-se adormecida enquanto o conde lhe velava o sono. Madre Teresa aproximou-se e despertou-a suavemente. Ao se dar conta da presença de sua benfeitora, perguntou-lhe:

— Madre, a senhora visitando-me?

— Para nunca mais nos separarmos! Estamos vivas, minha filha! As suas últimas lembranças do veículo em que transitava pelas ruas da capital francesa ficaram no passado. Agora surgem perspectivas para uma vida triunfante na eterna Paris de luzes do Mundo espiritual...

Ao lado do amparo recebido por seres queridos, todas as homenagens e o carinho que lhe eram direcionados surtiam efeitos positivos em seu processo de transição para a dimensão além da matéria.

Da mesma forma, eu me recordo de que desencarnou há alguns anos um homem admirável. Ele não foi famoso na Terra, mas tinha o nome escrito no *Livro dos Céus.*[136]

Foi um empresário que viveu na cidade de Amparo, no interior do estado de São Paulo. De uma modesta fábrica de sabões, ele conseguiu erguer uma grande indústria com a ajuda da família, na qual hoje trabalham centenas de colaboradores, ou, dizendo de outra forma, na qual centenas de famílias encontram o seu sustento e bem-estar.

---

135. Interessante informação sobre Santa Teresa d'Ávila consta no livro *Sexo e consciência*, de Divaldo Franco, organizado por Luiz Fernando Lopes, Editora LEAL, cap. 8 (Superando a prostituição), item "Maria de Magdala".
136. Para uma explicação sobre este conceito, ver o livro *O semeador de estrelas*, de Suely Caldas Schubert, Editora LEAL, cap. 21 (Nome escrito no Livro dos Céus). Notas do organizador.

Esse homem valoroso foi vitimado pela queda acidental de uma peça de metal gigantesca da sua indústria, com mais de uma tonelada, fazendo com que tivesse o crânio esfacelado. O filho o encontrou desfigurado, com o cérebro esparramado pelo chão.

O fato sensibilizou profundamente os seus amigos e familiares, não tanto pela desencarnação em si mesma, mas pela forma como se deu o processo de destruição da vida física, já que se tratava de um homem bom, afável, amigo da caridade, que mantinha uma creche com 300 crianças, naquela época, em sua cidade. Ele também foi provedor da Santa Casa de Misericórdia e benfeitor de um extenso conjunto de instituições. Enviava material de limpeza e dava contribuições financeiras a todos esses lugares, sempre anonimamente, uma postura que a sua família continua mantendo.

Quando eu soube do fato, confesso que também fiquei impactado. A sua desencarnação comoveu a todos no município. Foi o sepultamento mais frequentado que já ocorreu naquela região. Enquanto o cortejo fúnebre, com mais de 2 mil pessoas, passava próximo a uma margem do rio, na outra margem estavam mais de mil amigos e moradores da cidade, acompanhando tudo a distância.

Na mesma época eu estive em Amparo. Ele me havia convidado para proferir uma palestra e a família manteve esta programação. Os familiares também assumiram todos os compromissos de caridade que o empresário possuía. Em seu lugar, a sua esposa é hoje benfeitora de diversas instituições e os três filhos homens também colaboram para manter todos os ideais do genitor notável.

No momento programado, eu proferia a palestra quando ele me apareceu. Estava recomposto e jovial, aproveitando a oportunidade para enviar uma mensagem ao seu povo, que eu introduzi na palestra discretamente, sem criar qualquer alarde. Depois de encerrada a atividade, eu transmiti a mensagem na intimidade da família.

O querido amigo me disse a sua alegria de ver quantas almas o amavam! Explicou que aquele amor suavizou o golpe na cabeça no instante da desencarnação. Ele não sentiu absolutamente nada. Nem o choque do momento nem as repercussões posteriores. Informou-me que só se recordava de apontar para cima indicando a peça. Depois disso desmaiou, despertando mais tarde no colo de sua mãezinha desencarnada que o recebeu docemente:

— Seja bem-vindo!

Então ele respondeu:

— Mas o que é isso? A senhora já desencarnou!

A mãe olhou-o com ternura e esclareceu-o:

— E você também, meu filho! Porém, ninguém morre!

Desse modo, envolvamos todas as pessoas que desencarnam em ondas de ternura... Allan Kardec afirma que no Dia de Finados ou em qualquer outro dia, quando alguém se recorda dos seus *mortos*, que estão vivos, eles gostam de ser homenageados. Afinal, a lembrança do bem sempre faz muito bem...[137]

A desencarnação é um instrumento de dor muito intensa. Provavelmente é a dor mais pungente da existência física. Pessoalmente eu considero a calúnia e a traição como golpes mais dolorosos do que a desencarnação de pessoas queridas, pois o traidor e o caluniador *matam a alma*, enquanto a desencarnação apenas despe o Espírito do seu envoltório corporal.

O poeta escocês Robert Stevenson[138] dizia que a morte, quando evocada, traz a presença do ser ausente e a ausência do ser presente.

Eu sempre narro às pessoas, principalmente aos pais que viram partir seus filhos ainda muito jovens, uma lenda árabe que os Espíritos me contaram, mediante a qual temos uma lição de como enfrentar a dor da morte.

A lenda nos conta que em determinado deserto havia um oásis muito próspero, cujo proprietário era um *sheik* bastante rico. Além do oásis, ele era possuidor de muitos escravos, diversos animais e inúmeras terras em outras regiões. Morava em uma casa palaciana, era casado e tinha um filho único. Na sua função de mercador, atravessava o deserto periodicamente para comprar especiarias e revendê-las, com o que aumentava sempre a sua fortuna. Negociava grandes volumes de tapetes

---

137. Ver *O Livro dos Espíritos*, questões 320 a 329.
138. Robert Louis Stevenson (1850-1894). Notas do organizador.

e joias, sua mercadoria predileta, por causa do fascínio exercido pelos diamantes e outras pedras preciosas.

O *sheik* era um homem de 40 anos de idade e pensava que, agora, deveria somente se dedicar à presença da esposa e do filho de seis anos. Já possuía uma fortuna que não conseguiria gastar nem mesmo em muitas vidas! Como a infância e a juventude passam muito rápido, ele queria conviver mais com o menino para compensar os anos de ausência provocada pelas viagens ininterruptas. Não tivera a oportunidade de acompanhar as primeiras palavras nem os primeiros passos do filho, mas agora queria assistir ao desabrochar da adolescência em festa...

Com esse encantamento adornando-lhe as paisagens da alma, ele percebeu que haveria uma oportunidade única na sua vida de amealhar uma fortuna colossal que seria transferida para o filho.

Preparou-se então para a última viagem, que demoraria três Luas. Mas antes de partir, explicou à esposa:

— Eu irei e voltarei quando concluir a minha missão. Quero, neste momento, entregar-te tudo o que consegui reunir durante todos esses anos. Aqui estão as chaves dos nossos cofres. Esta aqui abre aquele depósito, no qual estão guardadas as escrituras das nossas propriedades. Esta outra abre a gaveta onde se encontram os documentos dos nossos servos. E esta abre a área dos tesouros, onde estão as moedas de ouro e as joias, entre as quais estão as pérolas de *Ofir*.

Após entregar tudo à esposa, ele abraçou o filhinho e esclareceu:

— Esta aqui é a joia mais importante, o meu tesouro maior! Deixei para entregar-te na parte final. Se for necessário, perde tudo! Porém, preserva nosso filho! Cuida dele. Eu me vou, mas voltarei.

Depois de todas as deliberações, ele viajou.

Passaram-se duas Luas, e o *sheik* iniciou o trajeto de retorno. Conforme preconizava a tradição, quando já estava relativamente próximo ao seu lar, enviou um empregado para anunciar-lhe a chegada, solicitando à esposa que preparasse uma pequena festa para recepcioná-lo. Assim foi feito.

No dia seguinte, ao entrar em casa, foi recebido pelos servos e pela esposa. Ao descer do camelo, perguntou-lhe:

— E o meu filho? Como está?

A esposa explicou tranquilamente:

— Calma! Sigamos as regras. Primeiro os banhos. Depois a ceia. Em seguida, o contato com os nossos servos, para finalmente vermos o nosso filho, que dorme serenamente.

O viajante submeteu-se, contra a sua vontade, mas precisava obedecer à formalidade existente na cultura da sua região.

Ao terminar de dialogar com os servos, ele insistiu:

— Agora vamos ver o nosso filho.

A esposa acrescentou:

— Faremos isso exatamente na mesma ordem em que me entregaste os bens.

O casal penetrou no recinto em que se localizavam as escrituras de imóveis. Mostrando papéis que o marido não conhecia, a esposa informou:

— Comprei mais propriedades. Sou uma excelente administradora de bens!

Ato contínuo, a dona da casa abriu outro cofre e elucidou:

— Aqui estão os documentos referentes àqueles que agora trabalham em nosso lar, porque eu comprei novos servos para nos auxiliar. Sou uma veladora muito hábil do lar em que vivemos!

Em um movimento suave, conduziu-o à pequena sala em que os tesouros eram guardados:

— Veja, meu amor, comprei novas joias para ampliar as nossas riquezas! Ah, por falar em joias, eu gostaria de ouvir-te a respeito de um assunto delicado. Sei que tu és um homem experiente e sábio, um nobre administrador.

Esboçando um ar de surpresa, o *sheik* aguardou a solicitação da esposa, que não se demorou:

— No dia em que tu partiste, a poeira ainda não caíra por detrás dos camelos da tua caravana, quando se acercou da casa um ancião venerando que me trazia uma joia de valor incalculável. Ele me explicou: "Mulher, eu tenho em minhas mãos uma pérola. É a mais rara que os olhos humanos já viram! No entanto, sou um homem idoso e vou atravessar o deserto para atender a compromissos impostergáveis. Os salteadores aí estão aos bandos, prontos para tomarem-me o tesouro que carrego com muito zelo. Frágil e solitário, eu pretendia encontrar abrigo entre pessoas mais jovens que me pudessem acolher, mas não consegui alcançar a caravana do teu marido. Se eu cometer o atrevimento de viajar a sós, serei surrado, dilapidado e talvez me matem, roubando-me a joia. Estive olhando na cidade quem seria capaz de guardá-la para mim. Nestes oásis, tu és a única mulher que inspira confiança absoluta. Eu quero dar-te a joia para que a guardes temporariamente. É uma gema muito rara, que te exigirá muito sacrifício, talvez até o da própria vida, quando os assaltantes souberem do fato e quiserem roubar-te. Tu a guardarás?". Eu analisei a proposta do ancião e lhe respondi: "Não, senhor. Seria um risco desnecessário e ela não seria minha. Eu me encarregaria de guardar, de zelar e até de colocar uma corrente de ouro que mais tarde ela enfeitasse o colo de outra pessoa...". O homem idoso concluiu: "Eu até permitiria que a usasses, mas ela é tão preciosa que poderá despertar a cobiça...". Eu completei: "Não irei guardar uma coisa que não é minha e correr o risco de perder a vida!".

A senhora narrava o ocorrido e acompanhava detidamente as reações do marido, explicando-lhe a sua decisão:

— Eu já estava por solicitar ao ancião que se retirasse. No entanto, quando vi a joia, aquela pérola com um pálido brilho e um fascínio que não pode ser traduzido em palavras, eu não pude resistir. Aceitei a proposta. E o homem se foi... Estava tão frágil e cambaleante que eu imaginei que ele seria vitimado por alguma circunstância adversa e nunca mais voltaria. O deserto é cruel! O vento sopra muito forte e o destino do ancião seria a fatalidade da morte...

A narradora sorriu e confidenciou ao marido:

— Diariamente eu abria o cofre e me deslumbrava com seu brilho. Por fim, não aguentei! Mandei fazer uma corrente especial e coloquei-a no pescoço, resguardada por detrás dos meus vestidos, para que eu aquecesse aquela gema fria com o calor da minha vida...

Mudando completamente o semblante, a esposa dedicada expôs o desfecho da história:

— Hoje, pela manhã, quando eu preparava a festa da tua chegada, fui chamada às pressas por um de nossos servos, que me informou do retorno do ancião. Fui tomada de ira! Ele insistiu para falar comigo e eu, desesperada, fui atendê-lo. O velho nômade sorriu para mim, ainda mais idoso e resistente, e esclareceu o que pretendia: "Mulher, eu venho buscar a joia que te emprestei". "Não sei a que joia te referes – respondi". "Tu sabes! Trata-se daquela pérola que te confiei há três Luas". "Não me recordo!" – repliquei. "Mulher, eu te disse que era um empréstimo e que poderias até usá-la, mas eu não te dei a gema". "Mas eu... eu... eu não me recordo!". "Tu te recordas. Eu sou o dono e em nome de Alá venho buscá-la!".

Ao apresentar o dilema ao dono do oásis, pediu-lhe uma resposta imediata:

— Então, meu marido, eu tomei uma decisão. Agi conforme a minha consciência, mas estou atormentada. Não sei se agi bem ou se procedi mal. Em meu lugar o que tu farias?

O esposo respondeu sem hesitar:

— Eu a devolveria, porque a pérola não era minha. Se fosse comigo, eu consideraria que teria sido válida a felicidade enquanto eu a engastei, colocando-a junto ao meu coração. Mas desde que a joia não me pertencia, meu dever seria devolvê-la ao legítimo dono!

— Ah! Eu fico mais aliviada, porque foi exatamente o que eu fiz. Agora podemos ver o nosso filho.

Cuidadosamente ela conduziu o *sheik* até o leito em que o filho repousava. E quando abriu a cortina, ele estava morto sobre uma laje fria... O marido deu um grito de desespero e a esposa lhe revelou entre lágrimas:

— Aí está a joia mais preciosa do mundo! O dono veio buscá-la hoje pela manhã. Eu lutei... Nós discutimos e eu o odiei! Mas ele simplesmente me disse com serenidade: "Eu te emprestei. Eu te permiti usar. Sei que tu me devolves melhor do que quando eu te dei, mas ela é minha... Eu também mereço ter joias! Não só gravetos, seixos e espinhos. Também desejo algumas pérolas para a minha corte". E, assim, não tendo alternativa, eu lhe entreguei a joia...

Nossos filhos, nossos entes queridos, são joias que adornaram a nossa vida com um brilho especial, mas esses seres amados não nos pertencem.

Se me fosse lícito dizer alguma coisa, uma mensagem fraterna endereçada aos que sofrem a dor da morte, eu lhes diria, com segurança: Eles vivem! Eles nos aguardam!

No ano de 1996, em uma feira do livro realizada na cidade de Porto Alegre, eu estava presente a fim de proferir uma palestra a respeito da morte. Junto comigo também participavam do evento um sacerdote católico e um psiquiatra materialista, um homem verdadeiramente extraordinário. A mensagem do psiquiatra me impactou profundamente. Entre outras coisas, ele afirmou:

— Os senhores, que são religiosos, podem consolar os parentes daqueles que morrem dizendo-lhes: *"Eles vivem e vocês irão reencontrar-se!"*. Mas eu não posso dizer o mesmo. Muitas vezes chega ao meu consultório alguém com um grande abalo emocional ou até com um princípio de transtorno depressivo, ocasionado pelo dor da morte. Eles me dizem: *"Doutor, o meu marido (ou filho, ou irmão, ou pai etc.) partiu! E a dor é insuportável! O que é que eu farei da minha vida?"*. Como não posso apelar para razões espirituais, eu, que não creio na continuação da vida, pergunto-lhes inicialmente: *"Quanto tempo você conviveu com ele?"*. Ao me darem a resposta, eu recomendo: *"Então não lamente porque ele morreu! Agradeça a honra de ter vivido com ele nesse período! Não seja tão egoísta... Lembre-se de todo esse tempo de felicidade e reviva-o. A vida física não é uma linha horizontal de plenitude, mas uma linha sinuosa com pontos altos e baixos. Aliás, a vida é cheia de paradoxos! Você pode evocar o ser querido do qual se apartou, enquanto há muita gente que tem parentes próximos e pede a Deus que eles morram, pois não suportam mais sofrer com a presença desses familiares de difícil convivência... Por essa razão, viva de agora em diante com as reminiscências de tudo de bom que esse amor lhe proporcionou, de todas as alegrias que você experimentou ao seu lado...".*

Os seres que desencarnaram apenas mudaram de estágio vibratório! Vale a pena confiar na sobrevivência, que voltaremos a encontrá-los, razão pela qual a sugestão do psiquiatra materialista parece-me muito coerente, podendo ser acoplada à proposta espiritualista que a Doutrina Espírita apresenta: Eles vivem!

Do ponto de vista psicológico, a fase que se inicia logo após a desencarnação do ser amado é realmente muito difícil. Os primeiros dias e o primeiro mês podem ser definidos com uma verdadeira *pedrada* sobre a face daquele que ficou. A pessoa entra em choque e parece que a morte não aconteceu. É muito doloroso! Porém, na minha experiência, atendendo a milhares de pessoas, uma a uma, em muitas décadas de atividade espírita, tenho notado que a fase seguinte parece ser ainda mais angustiante. À medida que a pessoa vai digerindo os acontecimentos e saindo daquele sofrimento psíquico mais agudo, penetra lentamente no sofrimento provocado pela ausência do ser querido nas pequenas atividades do dia a dia. As horas se vão passando e ela nota o leito vazio, o lugar não preenchido à mesa, as frases que eram ditas com frequência por aquele que *viajou*, que agora não são mais ouvidas no ambiente do lar. A pessoa acredita escutar a voz da alma querida, mas isso é apenas fruto da imaginação tomada de assalto pela dor da saudade. Ela passa na rua e vê alguém que se parece com o amor que se foi; corre para abraçá--lo e, quando se dá conta, não é ele... Quando esse processo se instala, a dor realmente produz um efeito muito intenso.

A partir do segundo, do quarto, do sexto mês o psiquismo vai *absorvendo* essa dor e a pessoa vai *ressuscitando*, saindo lentamente da experiência do luto.

Nessa fase, os Espíritos que se foram também podem começar o seu processo de libertação gradual das últimas impressões que decorrem da desencarnação e podem voltar para visitar os afetos que se encontram no corpo físico. Alguns podem fazê-lo antes mesmo desse período, enquanto outros só terão condições de realizá-lo depois. No momento em que eles chegam ao lar, sentimos uma saudade resignada, uma sensação muito especial. É uma saudade feita de encantamento e até de gratidão, que nos pode fazer sorrir suavemente... Nesse instante, lembramo-nos de um acontecimento ou de uma conversa marcante em determinado dia. Volta-nos à mente um fato agradável que testemunhamos ao seu lado, o que diminui um pouco o vazio causado pela sua morte.

Quero dar uma sugestão a quem estiver passando por esse momento delicado. Se o seu pensamento for colocado em sintonia com esses seres queridos, eles podem visitá-lo e dialogar com você. Procure cultivar a serenidade, ao invés de dar espaço ao desespero. Joanna de Ângelis sugere que façamos silêncio interior para *escutar* as estrelas... E se conseguirmos esse objetivo, também *escutaremos* aqueles que continuam vivos em nosso coração. Por isso, mantenha o silêncio interior para poder ouvi-los numa voz intracraniana. E, lentamente, poderá acessá-los de forma direta, porque a mediunidade não é privilégio, é uma oportunidade de crescimento; não é graça divina, é ponte; não é dom, é expressão da misericórdia superior. Caso não ocorra o contato direto, eles poderão visitar-nos através de sonhos ou de intuições mais suaves, preparando-nos para o reencontro...

Por isso, quando alguém querido morrer, não lamente. Agradeça o período em que conviveu ao seu lado e recorde os momentos alegres, porque eles receberão a sua mensagem mental e se sentirão felizes. Passado o momento da despedida, não fixe o pensamento em recordações dos detalhes chocantes que culminaram na desencarnação, pois você estaria enviando ao Espírito mensagens mentais que o fariam evocar os instantes finais da sua existência, que talvez tenham sido dolorosos.

Eu tenho contato com pais que já se despediram de seus filhos e experimentam a saudade que lhes fere o coração. Quando tenho a oportunidade de dizer-lhes algo, ainda que eu reconheça ser uma palavra insuficiente, eu sempre aconselho: "Cultivem as boas lembranças, não os momentos que culminaram na morte. Com essa atitude vocês irão beneficiar o Espírito, dando-lhe tranquilidade para seguir adiante pelos caminhos da evolução. Por fim, pensem que vocês também irão desencarnar, como todos nós, o que é um reconforto moral. Além da cortina da matéria densa, nós iremos nos encontrar no grande banquete de luz da espiritualidade...".

A oração é indispensável se desejamos auxiliar na recuperação do indivíduo que transpôs os limites do corpo físico e seguiu no rumo do Infinito. Jesus nos ensinou a orar explicando que se trata de um meio para falarmos a Deus. Ao meditarmos profundamente, com uma confiança inabalável, Deus nos responderá as solicitações íntimas. Por isso, mantenha a paciência e a confiança, pedindo a Deus pelo ser querido em suas meditações.

Enquanto aguardamos o dia em que estaremos novamente na companhia do afeto que se foi, mediante a nossa própria desencarnação, deveremos tentar preencher a ausência fazendo por alguém aquilo que gostaríamos de continuar fazendo por ele. Deveremos doar os seus pertences, como roupas e outros objetos que podem auxiliar várias vidas. Guardemos alguma coisa para evocar a sua memória, como é natural. Mas, em sua homenagem, ajudemos a quem precisa.

Eu narrei anteriormente o suicídio da minha irmã Nair. Eu era muito pequeno quando ela ceifou a própria vida. O fato produziu-me um impacto muito forte, que marcou toda a minha infância e adolescência. Somente na fase adulta eu consegui superar o ocorrido.

Quando fundamos a Mansão do Caminho, eu continuava a ver Nair mediunicamente. Ela prosseguia experimentando as consequências dolorosas do seu gesto de desespero. Já se haviam passado vinte e três anos do suicídio, e o seu sofrimento ainda era superlativo. Minha irmã relatava que ainda *sentia* a substância corrosiva queimando-lhe o sistema digestório. Saía gritando em grande loucura por causa da *dor* experimentada, que era fruto da consciência de culpa e das lesões provocadas no corpo espiritual.

Comecei a pensar o que eu poderia fazer para ajudá-la, além das orações habituais. Aliás, é curioso notar como muitas pessoas afirmam que não se deve orar pelos desencarnados para não atraí-los, o que constitui um desconhecimento das leis do intercâmbio psíquico. O mais importante no processo de atração entre Espíritos não é a oração, mas a nossa conduta diária e os vínculos que mantivemos com os seres que desencarnaram. Nós os atraíamos mesmo sem orar por eles, por isso a prece não é o principal fator para influenciar a aproximação dos Espíritos. Pelo contrário, quando oramos, até evitamos que alguns se acerquem de nós e se imantem ao nosso psiquismo.

Dessa forma, meditei por longos dias qual seria a alternativa para diminuir o sofrimento de Nair.

Nesse ínterim, eu tinha um irmão que exercia em nossa cidade natal o cargo de delegado de polícia. Um dia eu lhe perguntei:

— O que mais o marcou, ao longo dos anos, nessa difícil tarefa que você abraçou?

Ele me respondeu:

— São os lupanares, Di. Os lugares em que as pessoas se entregam à prostituição, vivendo em péssimas condições sociais, de saúde e de higiene!

Antigamente, muitas cidades brasileiras, sobretudo no interior do país, possuíam uma rua condenada pela sociedade. Eram os lugares dedicados à prostituição, onde as mulheres se deterioravam no comércio do sexo para atenderem aos impositivos da hipocrisia social da época. Depois de muito tempo, constatei que as coisas mudaram. Graças à banalização do sexo no mundo contemporâneo, as cidades passaram a ser conhecidas pelo número de motéis que possuem, o que se tornou estupidamente um indício de desenvolvimento. Julga-se se um município é desenvolvido ou não pelo tipo e pelo número de motéis que estão localizados em sua entrada.

Mas antes não era assim. Havia uma ou mais ruas em que as pessoas ditas "da sociedade" não transitavam, sob pena de estarem manchando a própria imagem diante da coletividade. Eram ruas que muitos denominavam como *zonas*, que frequentemente se mostravam escuras, abandonadas e com serviços de saneamento deficientes. O meu irmão delegado se referia exatamente a esses lugares.

Ao mencionar essas regiões, ele declarou:

— Você não pode imaginar! Às vezes damos uma *batida*, uma visita surpresa, e ao entrarmos em uma casa qualquer, as mulheres têm sob a cama os filhinhos ainda pequenos, enquanto sobre o leito estão aqueles que pagaram pela aventura sexual. Os filhos acompanham tudo, sem dizerem uma só palavra, enquanto as mães justificam que não têm alternativa. Durante o dia até pedem que as crianças fiquem na rua enquanto recebem a clientela. Mas à noite, que é perigoso deixar os pequeninos fora de casa, colocam-nos no quarto junto com os clientes. Ao mesmo tempo, elas ameaçam os filhos com surras, para que não gemam, não chorem e não chamem atenção. Para mim é o quadro mais triste que tive a oportunidade de testemunhar em minha profissão...

O meu irmão sempre teve um temperamento muito duro, o que lhe fez escolher uma profissão que proporciona o contato com situações tão amargas. Mesmo assim, ele me contou esse fato chorando, profundamente emocionado.

Ao ouvir a narrativa, eu decidi que seria esse o trabalho a ser desenvolvido em homenagem a Nair. Pedi ao meu irmão que me levasse à região de prostituição que ficava em nossa cidade para analisar como eu poderia ajudar. Ele me conduziu ao local e reuniu as mulheres que estavam em um quadro de maior deterioração física e psicológica, experimentando maior pobreza e com o organismo debilitado pela sífilis ou pela tuberculose.

Chegando lá, eu lhes perguntei o que gostariam que se fizesse para auxiliá-las. Quase todas me pediram a mesma coisa:

— Eu gostaria de encontrar alguém que salvasse os meus filhos, especialmente a minha filha, da miséria em que eu estou! Gostaria que uma pessoa impedisse que a minha filha seguisse pelos mesmos caminhos de sofrimento que eu percorro!

— Mas como poderíamos salvá-los? – questionei.

— Se houvesse um lugar para levá-los, seria excelente! Nem que fosse em um orfanato!

Uma delas aproveitou o diálogo e completou:

— Nem que fosse em uma prisão! Pelo menos eles não passariam fome!

Uma jovem afirmou, chorando:

— Para mim, seria bom se eu encontrasse alguém que tivesse misericórdia e me levasse com a minha filhinha, a fim de que nós duas nos salvássemos da desgraça!

Naquele momento, eu fui tomado por uma grande emoção e me lembrei de minha irmã... Ela havia sido a benfeitora de nossa família, já que éramos pobres.

Então eu disse mentalmente: *"Nair, em homenagem a você, a quem eu tanto amo; em homenagem a você, que tanto amou e não soube amar, equivocando-se na vida por conta do ciúme descontrolado, vou pedir a Deus que me dê forças para levar todas essas catorze crianças para a Mansão do Caminho".*

Realmente levamos todas as crianças e também a mãe que pediu para sair daquele lugar de degradação.

Depois daquele episódio, sempre que o meu irmão encontrava alguém em circunstâncias semelhantes, ele me telefonava:

— Di, ainda tem vaga na Mansão do Caminho?

Eu lhe esclarecia:

—*Vaga* é um lugar ainda não preenchido. Um coração sempre deve ter espaço para acolher as pessoas. E quando um coração não tem vaga, trata-se de um coração infeliz! Se não houver, criaremos uma vaga...

Ao longo dos anos, chegamos a abrigar trinta e seis dessas crianças na Mansão, sem que ninguém conhecesse a sua origem.

Passaram-se os anos...

Quando minha mãe desencarnou, conforme já mencionei, Nair estava junto ao leito e aguardou que ela tivesse um desprendimento parcial que antecede a desencarnação. Quando a minha mãe recuperou momentaneamente a lucidez, entre ouras coisas, ela me comunicou:

— Meu filho, Nair está aqui. Está me dizendo: "Venha logo, mãe! Venha me resgatar do sofrimento! Diga a Di que eu estou com as lágrimas aliviadas por causa das crianças que ele recebeu em meu nome! Mas venha logo, mãezinha! Eu preciso que a senhora procure braços anônimos para me conduzir de volta ao corpo".

Dessa forma, como eu não tinha mais a minha irmã para cuidar, resolvi cuidar dos filhos que precisavam de mães, contando com a ajuda inestimável dos amigos que trabalham conosco na instituição, o que fez um grande bem a Nair no Mundo espiritual.

Tempos depois, a minha irmã reencarnou exatamente nos braços de uma mulher que não tinha marido ou família, vivendo em uma situação de grande miséria e carência social, sendo concebida debaixo de uma árvore, conforme já foi narrado. Então a benfeitora Joanna de Ângelis me informou:

— Que curioso, Divaldo! Através do mesmo recurso com que você a homenageou, ela veio para agradecer.

Se você deseja homenagear alguém que partiu, procure exercitar a fraternidade. Ame! Adote uma criança ou ajude a cuidar dela. Visite ou ajude um idoso que não tenha companhia. Colabore com uma instituição qualquer e contribua para que as pessoas que lá vivem se sintam gente! Não é necessário dar muito. Basta dar-lhes um sorriso de simpatia. Exalte a memória do ser querido, seja o filho, a mãe, o irmão, o companheiro ou a companheira, e aguarde o seu retorno físico através da reencarnação, a sua volta psíquica por meio do contato mediúnico ou o dia do reencontro, alma a alma, mediante a *viagem* ao país da eternidade. É uma questão de tempo. E o tempo relativo do mundo físico é muito breve.

Um cuidado especial, portanto, deve ser tomado por quem deseja auxiliar as pessoas que experimentam a dor da desencarnação de um ente querido. Uma técnica que considero uma das melhores que eu conheço foi apresentada pela Dr.ª Elisabeth Kübler-Ross, fundadora da Tanatologia.

Assim que morre alguém, as palavras costumam ser inúteis para ajudar, porque a dor é tão violenta que a pessoa perde o senso do discernimento. O que podemos fazer é dar o apoio fraternal, mas isso precisa ser disponibilizado no momento certo.

Já mencionei que, a princípio, aquele que ficou na Terra normalmente experimenta um sofrimento devastador. Em seguida, manifesta-se uma dor profunda, um abalo emocional que se apresenta quando o familiar começa a digerir os acontecimentos. Depois surge a dor da ausência física, da falta dos hábitos, da falta de convivência com o ser amado. É nesse último bloco de sentimentos que se torna viável a intervenção de quem pretende oferecer apoio na elaboração do luto. Digamos aos familiares que a vida continua e que vale a pena esperar. Informemos que o ser querido poderá voltar a comunicar-se mediunicamente, demonstrando que está vivo e que nos aguarda. Então a dor poderá se diluir, diminuindo um pouco a sua intensidade para que lentamente surja no horizonte uma nova esperança...

FRANCESCO LEONARDO BEIRA: A TRAJETÓRIA DE UM *ANJO*

Todos nós temos um *anjo da guarda*, esse ser gentil que nos acompanha apontando-nos o rumo seguro. Muitas vezes ele se envolve na indumentária carnal para nos ensinar beleza e nos enriquecer de alegrias quando nós vertemos lágrimas...

Ele nasceu no dia 27 de dezembro do ano 2000. Os seus pais ainda eram muito jovens quando o menino veio ao mundo. Nos sonhos de felicidade acalentados pelo casal já estava presente uma filhinha querida, e agora um filho tão aguardado completaria a família. Sempre sorridente e com os olhos brilhantes, Francesco Leonardo Beira vinha trazer a plenitude ao lar que lhe foi franqueado por Deus.

Longe estavam todos aqueles que o amavam de saber o destino do anjo que acabavam de receber nos braços, que iria se crucificar sem revolta, com a alma repleta de serenidade e de paz, assim como ocorreu com o Apóstolo de Assis quando experimentou os estigmas de Cristo. E talvez por uma intuição profunda dos genitores ele tenha recebido o mesmo nome do Santo da Úmbria.

Francesco foi a ilusão e o sonho de toda uma família...

Um dia, quando ele estava com um ano e cinco meses de idade, os pais notaram que o menino possuía um suave desvio na cabeça. Levado ao médico e submetido a exames rigorosos, ele recebeu um diagnóstico terrível. Era portador de um *ependimoma*, um tipo de câncer na região muito delicada de contato entre o cérebro e o cerebelo. A doença iria em breve consumir a saúde do pequenino Francesco e provocar um grande sofrimento em todos aqueles que o cercavam.

Para tentar solucionar o problema, ele foi levado à sua primeira cirurgia cerebral. Com a habilidade de cientistas e de artesãos, os médicos abriram a cabeça do menino e procuraram retirar o máximo possível da massa tumoral, fazendo uma resseção cuidadosa e conseguindo recuperar lentamente a saúde do paciente. Se não ocorresse uma recidiva, o prognóstico era de cura definitiva. Mas isso não aconteceu. Três meses após a intervenção cirúrgica, o câncer devorador voltou a se manifestar.

Teve início novamente a crucificação provocada pela enfermidade, agravada com o tormento das sessões de quimioterapia, que se fizeram acompanhar de uma alternância entre melhoras e agravamentos no quadro clínico. Toda a existência de Francesco foi marcada por uma jornada de seis cirurgias cerebrais e inúmeros tratamentos quimioterápicos.

Durante nove anos de sua vida, ele ficou apenas seis meses sem fazer uso desses medicamentos injetáveis de combate ao câncer.

Apesar de tudo, ele nunca reclamou! Os seus lábios de criança jamais deixaram de sorrir. Quando nós lhe perguntávamos:

— Tê, como vai?

Ele respondia com simplicidade infantil:

— Estou bem.

Sempre que ele saía de Amparo e se deslocava para São Paulo, a fim de realizar o tratamento, o pai lhe perguntava com lágrimas:

— Meu filho, você se importa de ir fazer a quimioterapia?

E o menino respondia, demonstrando não se abalar com a situação.

— Sim, papai. Eu me importo, porque é em São Paulo! Poderia ser aqui na cidade mesmo. Para que toda essa viagem?

Os seus médicos eram os melhores profissionais da América Latina e desenvolveram um afeto imenso pelo pequeno Francesco. Todos aqueles que o viam não o esqueciam jamais, pois ele nunca deixou de sorrir! Não se colocou na condição de vítima de uma tragédia e seguiu em frente com a sua vida, frequentando normalmente a escola desde a educação infantil até o primeiro ano do ensino fundamental. Quando começou a fazer a quimioterapia, os cabelos caíram e mudaram a sua aparência. Alguns colegas da escola às vezes eram impiedosos e sorriam com zombaria, mas o menino não se incomodava muito. Ao mesmo tempo, outros colegas o cercavam de muita ternura e atenção.

Todo anjo tem um amor. E o amor de Francesco eram os seus pais e familiares. Mas quem é que aguenta ter um amor só? Então, ele tinha dois: a família e os automóveis. Sempre que ouvia o ronco de um motor, era capaz de dizer a marca do automóvel e até o modelo. Ele tinha uma pequena coleção de automóveis em miniatura com cerca de quinhentas unidades, cujos nomes Francesco sabia de cor, conhecendo a história de cada modelo. Quando alguém na família o presenteava com mais um carrinho, ele às vezes olhava e dizia ingenuamente:

— Mas esse eu já tenho...

Daí, os seus parentes pesquisavam catálogos de automóveis em miniatura a fim de trazerem novidades para Tê.

Na época em que conheci a criança, eu me senti realmente diante de um anjo. Recordo-me do dia em que o Espírito Bezerra de Menezes levou-me a aplicar-lhe um passe. O recipiente com água que estava ao lado recebeu uma alta dose de energia espiritual e o líquido adquiriu um suave perfume, em homenagem ao pequenino enfermo. Ao iniciar a aplicação do passe, fui surpreendido por um fato incomum. Eu não sabia se era eu quem lhe transferia energias ou se era a ternura de Tê que me beneficiava, envolvendo-me com bênçãos.

Essa trajetória de dores e testemunhos para família foi também a oportunidade da grande libertação. Contudo, eu não podia entender como aquele menino sofria sem sofrer! Com uma experiência tão dolorosa desde os primeiros dias de sua infância, era de se esperar que as queixas tomassem conta do seu dia a dia.

Impressionado com o caso, eu perguntei aos amigos espirituais qual a explicação para o intrigante fenômeno. Não podia conceber que aquele Espírito tivesse uma dívida severa com a Lei Divina. Dessa forma, eu questionei: — Como entender esse episódio? Será que esse Espírito tão rico de ternura foi alguém que destruiu vidas? Será que ele usou a inteligência para afligir?, e os Espíritos me disseram que não. A experiência de Francesco poderia ser explicada de outra forma.

Na história da França, há um menino que viveu no início do século XX e é considerado um verdadeiro santo. Pertencente a uma família burguesa, era uma criança peculiar que desencarnou muito cedo, ainda na segunda infância, sendo conhecida por não mentir, como fazem normalmente as crianças pequenas. Só não foi canonizado após a sua morte porque a empregada disse que um dia ele falou uma mentirinha... Este Espírito nobre e meigo desencarnou colhido de surpresa por uma enfermidade muito grave, exatamente como ocorreu com Tê. Por isso, os bons Espíritos me informaram que o menino santo da França retornou ao corpo físico na identidade de Francesco Leonardo Beira, que por meio do seu exemplo pôde ensinar aos familiares o caminho da sublimação.

Todos aqueles que o conheceram amaram-no profundamente. E todos os recursos que o amor pode dar foram-lhe oferecidos para tornar menos dolorosa a sua experiência. Ele viajava sempre acompanhado da mãezinha, que o levava a toda parte e se tornou a sua principal enfermeira. Todas as crianças do hospital que receberam o diagnóstico de câncer na mesma época morreram antes dele, pois o menino anjo era nutrido pelo amor e sustentado pela ternura das pessoas que o cercavam. Elas doavam carinho e vibrações de alto poder terapêutico, que chegavam até ele por meio de orações banhadas em lágrimas...

Quando o quadro clínico tornou-se irreversível, os médicos responsáveis pelo tratamento disseram à família:

— Infelizmente, nós não temos mais recursos para ajudá-lo.

Em comum acordo com alguns profissionais, os pais decidiram levá-lo para casa.

Agora que ele estava em seu lar, podia ficar próximo às irmãs e aos carrinhos. A mãezinha o levou para um evento em que poderia vivenciar todo o seu amor pelos automóveis. Ela foi com o filho ao Salão do Automóvel, uma feira bastante tradicional que ocorre periodicamente na cidade de São Paulo, reunindo as maiores inovações do setor automotivo internacional. Para que a visita ocorresse, o garoto esteve sob a influência de muitos aparelhos que lhe sustentavam a vida. Ele foi à feira com um suporte médico-instrumental que mais parecia uma Unidade de Terapia Intensiva. Mas Francesco teve a oportunidade de ver todos aqueles modelos de carros que ele amava, o que lhe fez sorrir de felicidade com a realização de um sonho.

A doença produziu danos variados em seu corpinho frágil. Ele perdeu todos os movimentos do corpo e teve grandes alterações fisiológicas. A respiração ficou comprometida e os esfíncteres não funcionavam. Era um paciente que necessitava de atenção durante as 24 horas do dia. Nada obstante, Francesco nunca fez nenhuma queixa em relação ao seu sofrimento.

É tão curioso notar como a Divindade provê as nossas necessidades! Sabendo que Francesco iria retornar muito cedo ao Mundo espiritual, antes do nascimento do garoto a Divindade enviou uma menina para aquecer o coração do casal. *Menina* é uma forma suave de falar... Era na verdade um foguete em forma de gente, aquele pequeno foguete que sobe, que desce, que voa, que corre... e que não deixa ninguém chorar... E assim ela não dava margem para que os pais se preocupassem

503

apenas com Francesco. Ela recebeu o nome emblemático de Chiara, o nome italiano que corresponde a Clara, a alma nobre que foi companheira de ideal de Francisco de Assis. Mas agora que o momento do desenlace havia chegado, a mãezinha estava grávida novamente, completando sete meses de gestação.

Quando os aparelhos indicaram que o anjo da morte se acercava do anjo em libertação, o pai correu ao encontro do filho amado, segurou-lhe a mãozinha delicada e ficou por alguns segundos em silêncio. A irmãzinha mais velha também pôs a palma da mão sobre a mão do menino e permaneceu sem dizer nenhuma palavra. Suavemente, como uma doce melodia na fase de pianíssimo, Francesco foi reduzindo a respiração e se deslocando do corpo. Eu vi a cena através da percepção mediúnica. O Espírito foi se desprendendo da matéria, começando pelos pés, uma vez que o processo de desencarnação se inicia pelas extremidades, conforme já descrevi anteriormente. O pequeno ser ficou ligado ao organismo físico apenas pelo centro coronário, flutuando um pouco acima do leito em que o corpo estava. Nesse momento, o avô desencarnado aproximou-se – trata-se daquele mesmo empresário que havia falecido na linha de produção de sua indústria, quando uma peça de metal de grandes proporções atingiu-lhe a cabeça. Ele veio, com muita cautela, e desfez os últimos fios de energia que vinculavam o neto aos equipamentos corporais.

Quando um ser querido está na iminência de realizar a *viagem de retorno*, o aproveitamento das oportunidades de convivência deve ser ainda mais valorizado. Por isso, se o seu filho corre o risco de desencarnar ou se a morte já está próxima, viva com ele cada momento da existência! A vida vale pelos bons frutos que extraímos dela e pela qualidade do tempo que passamos ao lado das pessoas que amamos. Do que adiantaria, por exemplo, ter uma vida longa e inútil? Portanto, esteja com o seu filho a cada segundo que for possível e viva ternamente esses instantes. Quando chegar o momento de afastar-se dele, entregue-o a Deus, o Pai verdadeiro que confiou a você a guarda provisória do filho querido, que agora retorna aos braços amorosos do Senhor da Vida...

Depois da desencarnação, o luto não tomou conta da família, mas sim a saudade... porque o sofrimento também deixa saudade nos corações. Restaram as lembranças dessa longa jornada em que o querido Tê cantava sua melodia de amor, demonstrando que vale a pena viver em qualquer circunstância, mesmo que o corpo não tenha resistências para estar no mundo em plenas condições de saúde. O ser que somos sobrepõe-se à vestimenta temporária em que estamos, gerando uma força imensa que nos conduz ao triunfo reencarnatório.

Assim como ocorreu com o seu avô, todas as pessoas da cidade de Amparo que conheceram Francesco também choraram pela sua morte. Mas ao mesmo tempo choraram de alegria por vê-lo livre do doloroso testemunho.

Após a desencarnação de Francesco, a paz de consciência invadiu a alma de seus pais. A certeza de ter-lhe oferecido qualidade de vida e de morte fez com que o casal pensasse, juntamente com um médico idealista, sobre a possibilidade de oferecer o mesmo tipo de assistência a outros Espíritos crucificados no corpo material. Se não conseguissem disponibilizar cuidados de saúde do mesmo porte, que pelo menos realizassem algo semelhante, proporcionando às crianças atendimento especializado e aconchego emocional durante os preparativos para a *grande viagem*. Assim sendo, os pais disseram ao nobre profissional de saúde:

— Doutor, seria tão bom se pudéssemos erguer uma obra em homenagem ao pequenino Francesco! As crianças necessitam de um lugar no qual fariam o seu tratamento na companhia da mãe ou de outro familiar.

A ideia foi imediatamente acolhida. E com o dinheiro que ao longo da vida seria gasto com o filho querido, foi erguido, em 2011, o Hospice Francesco Leonardo Beira, localizado na Zona Leste da cidade de São Paulo. Este é o primeiro Hospice pediátrico oncológico do Brasil, que está ligado a uma associação responsável pelo tratamento de crianças e adolescentes com câncer. O Hospice fica próximo a um grande hospital que possui parceira com a associação. Graças à imortalidade do anjo, as crianças podem receber cuidados médicos de forma adequada, até que recebam alta ou que realizem o seu *voo* no rumo do Infinito...

Desde o dia 13 de fevereiro de 2011, Tê está no Mundo espiritual velando por nós na qualidade de anjo tutelar, amparando as crianças vitimadas pela rude expiação do câncer infantojuvenil, que necessitam de apoio e de amor incondicionais.

No dia 12 de outubro de 2012, por ocasião do Encontro Fraterno que realizamos anualmente em Salvador, em um hotel que recebe o evento por quatro dias, eu pude contar a história de Francesco para uma plateia com centenas de pessoas que se emocionaram até as lágrimas. E quando terminei a narrativa, o pai dedicado cantou a música *Emoções*, de autoria do cantor e compositor brasileiro Roberto Carlos. A canção é um hino de esperança e uma declaração de amor à vida, que Waldir entoou com uma sensibilidade incomum, reproduzindo os versos delicados que nos ensinam a valorizar cada minuto da existência como uma verdadeira bênção de Deus:

Sei tudo o que o amor
É capaz de me dar.
Eu sei, já sofri,
Mas não deixo de amar.
Se chorei ou se sorri,
O importante é que emoções eu vivi...

Quando a voz de barítono silenciou, eu informei à plateia:

— O cantor que acaba de nos brindar com esta linda música é o pai do anjo... A mãezinha também esteve conosco esta noite. Ela participou da apresentação realizada pelo coral do Centro Espírita Ildefonso Correia.

As pessoas presentes se sensibilizaram profundamente, aplaudindo com imenso carinho aquele casal dedicado e exemplar, que soube transformar a dor em um poema de luz para beneficiar outras crianças que sofrem, homenageando, assim, o anjo de ternura que Deus colocou em suas vidas...[139]

---

139. Para outras informações sobre a desencarnação de entes queridos, consultar *O Livro dos Espíritos*, de Allan Kardec, questões 934 a 936; *O Evangelho segundo o Espiritismo*, de Allan Kardec, cap. 5 (Bem-aventurados os aflitos), item 21 "Perdas de pessoas amadas. Mortes prematuras". Nota do organizador.

10

VÍNCULOS FAMILIARES ALÉM DO CORPO

Recuperando a saúde no Mundo espiritual

A Doutrina Espírita nos ensina que após a desencarnação cada ser se defronta com a sua realidade íntima. O período de recuperação do processo desencarnatório é bastante variável, pois guarda uma estreita relação com a forma como nós pautamos a nossa conduta durante a permanência no corpo. Felizes são aqueles que sabem aproveitar o estágio reencarnatório para se autoiluminarem, pois assim poderão se recompor em um período mais breve a fim encontrarem a serenidade na outra dimensão da vida. Simultaneamente, essas pessoas terão mais facilidade para rever os familiares que ficaram na Terra e auxiliá-los quando surgir a necessidade.

Nilson de Souza Pereira foi um homem jovial e encantador. O exemplo desse homem nobre e simples é uma demonstração de que é possível viver Jesus nos dias modernos, em meio às dificuldades que atormentam a maioria de nós.

O papel de Nilson em nossas atividades espíritas era fundamental. Além de ser o grande trabalhador, também era o presidente do Centro Espírita Caminho da Redenção e o responsável por todos os seus departamentos, incluindo a Mansão do Caminho. Não se detinha, porém, nos seus deveres imediatos, pois estava sempre disposto a assumir os trabalhos que se apresentavam, que não eram reduzidos. Dormia pouco, a fim de atender a todos os compromissos, nunca ultrapassando uma média de quatro horas e trinta minutos diários.

Era um cidadão eminentemente pacífico e dedicado à causa do bem, considerado pelos amigos como "o homem dos sete instrumentos", pela sua capacidade de exercer as mais variadas funções em nossa instituição, consertando tudo quanto lhe chegava às mãos. Foi responsável pela edificação de todo o conjunto de casas, departamentos e residências da nossa comunidade, cuidando de instalações elétricas, água e serviços gerais.

Ele me ajudou muito durante as viagens de divulgação espírita pelo mundo afora. Em razão do seu caráter de homem de bem, jamais se apresentava para ser reconhecido publicamente, mantendo-se sempre discreto em todas as ocasiões, em Salvador ou qualquer cidade que visitássemos. Era-me, no entanto, o grande apoio, a solidariedade, o ombro amigo para quaisquer eventualidades.

De acordo com as informações de Joanna de Ângelis, Nilson foi queimado vivo com sua mãe, Joana de Cusa, uma das reencarnações da nossa querida mentora espiritual. A narrativa a respeito desta mártir do Cristianismo primitivo encontra-se no livro *Boa Nova*, psicografado por Chico Xavier e ditado pelo Espírito Humberto de Campos. Ainda segundo Joanna, Nilson e eu teríamos retornado juntos à convivência na doutrina cristã no tempo de Francisco de Assis, na Úmbria, e, posteriormente, na Escócia, no século XIX.[140]

Nilson teve graves problemas de saúde e desencarnou devido a um câncer na bexiga. Essas complicações foram decorrência de comportamentos infelizes em existências passadas, que necessitavam de regularização dentro das Leis da Vida. Ele soube administrar muito bem o sofrimento provocado pela enfermidade, sem jamais se queixar. Sempre paciente, foi um exemplo de resignação.

Havíamos combinado que caso ocorresse qualquer problema com um de nós, o outro continuaria no trabalho. Desse modo, durante toda a fase final da sua enfermidade, eu mantive a programação de viagens

---

140. Analisar a biografia *Divaldo Franco: a trajetória de um dos maiores médiuns de todos os tempos*, de Ana Landi, Bella Editora, cap. 29 (Home). A autora informa que Divaldo esteve reencarnado como o médium escocês Daniel Dunglas Home. Nota do organizador.

e compromissos agendados, indo ao hospital para acompanhá-lo nas demais horas.

Freud dizia que quando uma pessoa querida morre, é necessário elaborar o luto para não desenvolvermos uma depressão. Mas eu não tive essa oportunidade, porque enquanto Nilson desencarnava, em Salvador, eu estava na cidade de São Carlos, no interior do estado de São Paulo. Eram 4h da manhã. Eu telefonei ao hospital e falei com uma filha minha, que é enfermeira:

— Nilson está morrendo?

— Está sim, tio.

— Então ponha o telefone no seu ouvido.

Daí, eu lhe falei com a alma trespassada de dor... Nesse instante, veio à minha mente um conflito representado pela ideia: "Ainda há tempo de ir ao sepultamento!". Todavia, eu tinha atividades doutrinárias que não podia negligenciar. Lembrei-me da recomendação de Jesus, analisada com muita propriedade por Allan Kardec, em *O Evangelho segundo o Espiritismo*: "Deixa aos mortos o cuidado de enterrar seus próprios mortos!".[141] Por isso, eu me calei, asfixiei todos os sentimentos e disse com naturalidade aos amigos Terezinha e Miguel de Jesus Sardano, que me acompanhavam nos compromissos espíritas:

— Nilson desencarnou esta manhã.

Não fiz maiores comentários e continuei realizando as atividades até o domingo. Não me permiti choro nem lamentação.

Na segunda-feira, quando cheguei a Salvador, fui diretamente ao cemitério orar junto ao seu túmulo, sem extravasar a imensa dor da saudade que me dominava e ainda permanece viva, embora mais suavizada. Era natural que depois de sessenta e nove anos de convivência e amizade a sua partida me causasse um sentimento de vazio profundo...

Nilson desencarnou no dia 21 de novembro de 2013. Em dezembro do mesmo ano, eu estava participando de mais uma edição do *Movimento Você e a Paz*, ocorrida em praça pública. Estavam presentes alguns integrantes de várias entidades da sociedade civil e representantes

---

141. *O Evangelho segundo o Espiritismo*, de Allan Kardec, Editora FEB, cap. 23 (Estranha moral), itens 7 e 8. Nota do organizador.

das forças militares, inclusive músicos da Marinha. Eu me recordei de que, na juventude, Nilson havia sido marinheiro.

A certa altura do evento, foi executado o Hino da Marinha Brasileira. Nesse instante, ele me apareceu amparado pela benfeitora Joanna de Ângelis. Parecia sair de uma nuvem resplandecente, aureolado de beleza e com uma fisionomia bem mais jovem, diferente da idade com a qual desencarnou. Ele acenou-me sorrindo. Então eu ouvi-lhe a voz amiga, dizendo-me em tom inesquecível:

— Di, não quero ver você triste. Você pediu a Deus para que a sua alegria pudesse auxiliar outras pessoas. E quem deseja ser alegre não tem tempo para cultivar a tristeza...

Quarenta dias depois da sua desencarnação, ele se comunicou por meu intermédio através da psicofonia, durante a nossa reunião mediúnica habitual. Nesse dia, eu vivenciei sentimentos de interiorização desde o início da manhã até o momento da reunião, quando Nilson nos ofereceu uma mensagem consoladora mediante um transe inconsciente de minha parte, que muito me refrigerou o coração e a mente... A partir daí ele tem me visitado em inúmeras ocasiões.

No ano de 2014, eu fui a um encontro doutrinário na Federação Espírita Brasileira. Em minha homenagem, foi tocada a música *Edelweiss*, que é uma das músicas de minha preferência. Quando o violino começou a executar a canção, eu me emocionei profundamente, e Nilson me apareceu novamente, trazendo nas mãos um *buquê de edelweiss*, essa linda flor que medra na região dos Alpes Austríacos. Ele se aproximou, fez um gesto de quem me entregava o delicado presente e disse-me:

— Trouxe-as para você...

A paz de espírito experimentada por Nilson no Mundo espiritual é uma demonstração de que a morte do corpo físico nos conduz ao encontro com a própria consciência. Ao longo de sua existência terrestre, ele manteve-se vinculado aos compromissos de amor que o transformaram em um exemplo de dedicação ao próximo. Após a desencarnação, sua recuperação foi compatível com a postura de homem de bem que lhe caracterizou a vida desde a juventude.

Portanto, cada processo desencarnatório é composto por muitas particularidades que dizem respeito ao estado íntimo do desencarnante. O que não sofre desgaste, no entanto, é o sentimento de amor pela família, que irá se manifestar novamente quando a ocasião permitir.[142]

UMA PONTE ENTRE OS DOIS MUNDOS

Todas as doutrinas religiosas estimulam a expectativa do nosso reencontro com aqueles que partiram, mas não facultam o diálogo que conduz à certeza inabalável da sobrevivência, algo proporcionado apenas pelo fenômeno mediúnico.

Eu estava em Uberaba no dia 2 de julho de 1988. Era uma daquelas noites em que o médium Francisco Cândido Xavier recebia o correio de luz da Imortalidade.

Havia aproximadamente mil pessoas no local. A sala reduzida, projetada para quarenta pessoas, comportava mais ou menos cem participantes que não conseguiam sequer levantar o pé, porque não havia espaço. Na mesa em que Chico trabalhava, havia quatorze pessoas mal acomodadas, praticamente se acotovelando.

A certa altura, começou a atividade de intercâmbio, na qual as mentes daqueles que desencarnaram acoplam-se ao psiquismo do médium, permitindo que ele escreva as notícias de Além-túmulo. Éramos três ou quatro médiuns psicógrafos, além do próprio Chico.

Após a leitura do Evangelho e os comentários, todos começamos a psicografar. Ao final da reunião, quatro horas após o seu início, Chico Xavier pediu aos médiuns que lessem as mensagens recebidas. Logo após ele leu as páginas de que foi instrumento superior.

Na terceira mensagem lida pelo apóstolo da mediunidade, ele declinou o nome de um casal. A esposa deveria ter 44 anos, enquanto o marido contava aproximadamente 48 anos de idade. Com muita dificuldade, eles romperam a grande massa humana presente e se colocaram ao lado do médium.

---

142. Consultar o livro *Reencontro com a vida*, de Divaldo Franco/Manoel P. de Miranda, Editora LEAL, primeira parte, cap. 12 (Morrer e desencarnar). Nota do organizador.

Era verdadeiramente impressionante a tenacidade de Chico para permanecer no trabalho, apesar dos inúmeros problemas de saúde que o acometiam. Ele estava com 78 anos, algumas cirurgias no sistema urinário, retenção de líquidos nas pernas, cansaço, uma doença cardíaca e a voz deficiente. Levantara-se da cama para consolar as pessoas com seu espírito inquebrantável de fraternidade e amor. Antes de entregar-se ao intercâmbio mediúnico da noite, ele não havia dialogado com ninguém.

A mensagem endereçada ao casal foi, mais ou menos, a seguinte:

"Minha querida mamãe,
Meu querido papai.
Venho para dar-lhes a certeza de que seu filho não morreu! Eu estou vivo! Acima de tudo eu venho para tranquilizar a alma de vocês dois.
Ainda me recordo de quando era um jovem de 20 anos de idade...
Você, papai, levou-me ao médico a fim de obtermos um diagnóstico para a minha doença misteriosa. Tudo era estranho, principalmente a minha fraqueza e aqueles tumores no rosto, o câncer denominado sarcoma de Kaposi, que aos poucos ia causando-me a diminuição das forças.
Depois dos exames iniciais, o médico coletou uma amostra de sangue para analisar em laboratório. Ele marcou a data e fomos receber a resposta. A essa altura eu já estava bastante debilitado. Então o médico olhou para mim, voltou-se para você, papai, e lhe disse com franqueza: "Infelizmente seu filho é portador do vírus HIV e desenvolveu a AIDS."
Aquelas palavras pareciam um punhal que lhe atravessava a alma e uma bomba que lhe explodia na face! Você me olhou sem perguntar nada e respondeu ao médico: "Impossível! Meu filho tem uma conduta sexual saudável!" O médico respondeu: "Apesar disso, ele está contaminado e encontra-se em um estágio avançado da doença. Eu sugiro a internação imediata, porque ele pode contrair uma infecção oportunista e morrer antes mesmo de usar qualquer medicamento."
Eu vi a dor no seu rosto, papai. Você não me disse uma só palavra. Calado, as lágrimas corriam-lhe pelo rosto. Você chegou a nossa casa e eu o vi comentando com mamãe: "Imagine! Nosso filho está com AIDS! Como ele contraiu esta doença? Se os braços dele não têm marcas de agulhas, é porque ele não é usuário de drogas e não dividiu com outras pessoas um

material infectado. Será que nosso filho é..." Você não disse a palavra, papai. Eu fui levado para o hospital e nunca ouvi sair de sua boca nenhuma censura! Não escutei um só comentário que fosse mais ácido a meu respeito.

Mamãe jamais se recusou a ser a minha protetora devotada. Eu ainda me lembro, mamãe, quando você ia me visitar no setor de isolamento do hospital. Um dia, usando máscaras e luvas, você me disse: "Meu filho, não estranhe. Eu não tenho asco de você. Acontece que o paciente HIV positivo pode morrer ao se contaminar com uma pessoa saudável que lhe transmita outra enfermidade. Como você não possui defesas imunológicas, está muito vulnerável, podendo ser afetado e ter a vida destruída rapidamente. Perdoe-me! Eu gostaria de beijá-lo! Mas se fizer isso, poderei matá-lo com os germes que carrego no corpo."

Lembro-me, mamãe, de que você me dava deliciosos pedaços de bolo para comer. Quando ia embora, os meus companheiros de infortúnio diziam: "Você é feliz! Porque todos nós somos vítimas da desgraça e estamos aqui no exílio, sem ninguém para nos visitar. Mas você tem mãe e pai."

Mãezinha idolatrada, você é a rainha das mães! Eu voltei do Além para dizer a você e a papai que eu não era uma pessoa comprometida com o sexo vulgar nem usuário de drogas injetáveis. Não fui um jovem promíscuo nem irresponsável.

Você se recorda, mamãe, de quando fui fazer uma cirurgia para retirar o apêndice? Naquela ocasião, eu recebi mais de um litro e meio de sangue em uma transfusão que se fez necessária. Aquele sangue estava contaminado! Foi por causa disso que eu contraí o HIV.

Eu quero dizer a vocês que eu era moralmente sadio, conforme a imagem que ambos formulavam de mim. Eu era digno e equilibrado. E agora, do lado de cá, eu encontrei a vovó (...) e o meu tio (...). Quero enviar um abraço aos meus irmãos (...) e um beijo à minha namorada (...).[143]

Além disso, desejo também informar que estou trabalhando a serviço da Humanidade, ao lado de cientistas que inspiram os pesquisadores da Terra para que desenvolvam um tratamento para a AIDS e elaborem me-

---

143. Na mensagem, o jovem desencarnado declinou os nomes dos familiares que havia reencontrado na Espiritualidade, bem como os nomes dos entes queridos que ainda estão encarnados. Nota do autor.

didas preventivas contra a infecção pelo HIV. Estou tentando colaborar com a produção de uma vacina eficaz, apesar do vírus sofrer intensas mutações.

Papai, mãezinha, eu nunca me esquecerei de vocês! Os nossos corações estarão unidos pelos caminhos insondáveis do Infinito...".

A carta dirigida aos pais se alongava, e as lágrimas escorriam pela face emocionada de ambos. Essas lágrimas comoviam-nos, porque partiam dos recessos da alma...

Quando a leitura terminou, a mãe beijou aquelas folhas de papel, abraçou o marido e disse:

— Vê? Eu tinha certeza de que o meu filho era um jovem equilibrado e puro!

Nessa mesma ocasião, eu também psicografei quatro mensagens. Entre elas, uma me impressionou de forma especial. Era dirigida a uma senhora que eu jamais houvera visto. Esta senhora havia comparecido à reunião para falar com Chico Xavier e tentar obter uma comunicação que a confortasse. Mas ela não conseguiu chegar a tempo, porque o médium mineiro já havia dialogado com as 40 pessoas que eram atendidas a cada noite.

Eu havia chegado a Uberaba naquela mesma tarde. Horas depois, no momento reservado às psicografias, pude perceber quando se aproximou um Espírito gentil, um jovem de 12 anos, trazendo consigo dois irmãos menores. Eles pretendiam escrever aos seus pais, que estavam presentes na reunião.

Iniciamos o intercâmbio e o jovem chorava muito, mas era de felicidade. À medida que ele redigia a carta e a suas lágrimas também escorriam pelos meus olhos, eu pude sentir a saudade dos desencarnados misturada à alegria de estarem de volta...

No momento da leitura, eu mencionei o nome da mãe, que se identificou no meio da multidão. Ela se aproximou e eu comecei a ler a carta. Tratava-se de uma verdadeira tragédia, narrada, mais ou menos, nos seguintes termos:

"Mamãe,
Nós voltamos para dizer-lhe que a morte não nos consumiu!

Ainda nos recordamos de quando o carro bateu no paredão e liberou uma fagulha que fez explodir o tanque de gasolina. Estávamos chegando à cidade de Ourinhos, para onde nos deslocávamos naquela ocasião. O carro estava próximo ao Posto Esso, do lado esquerdo. As labaredas cresceram, nós quisemos sair, mas as portas de trás estavam travadas. Papai caiu na estrada, você se levantou, colocou as mãos dentro do fogo e tentou agarrar o meu irmão José, de dois anos de idade. As chamas aumentaram, lambendo-lhe o rosto e as mãos. O povo gritava e alguém teve a iniciativa de arrancá-la do veículo, salvando-lhe a vida, no mesmo instante em que nós adormecemos e não vimos mais nada...

Quando acordamos, ao nosso lado estavam a tia Clarice e o avô Antônio. Eles nos embalaram e nos consolaram. Confuso e assustado com a situação, eu perguntei: "Onde está mamãe?". Ele me respondeu: "Ficou na Terra...". "Mas como assim? Ela não veio ao hospital para nos ver?". "Não, meu filho. Vocês é que terão que ir mais tarde até lá para ajudá-la."

Somente nesse momento é que tivemos ideia do que é a morte, mamãe! Seus três filhos, com doze, sete e dois anos de idade haviam morrido. A dor e o desespero tomaram conta de nós![144]

Foi quando a tia Brígida apareceu e nos levou para ir à nossa casa. Você estava deitada no leito e já havia passado por uma cirurgia para tratar as mãos, enquanto papai ainda estava no hospital.

Mamãe, não se desespere nem pense em suicídio! A morte voluntária não resolve nenhum problema que nos aflige!

Quero agradecer-lhe, mãezinha, por ter adotado André para nos substituir na ausência que deixamos em casa. Há tantas crianças órfãs no mundo! Seja mãe dos filhos que não têm mães, você que é uma mãe que não tem filhos..."

A mensagem continuava na tentativa de depositar esperança e conforto no coração da mãe sofrida. O jovem esclarecia o motivo da sua desencarnação precoce, juntamente com seus dois irmãos.

---

144. O processo desencarnatório pode ser estudado em *Os mensageiros*, de Francisco Cândido Xavier/André Luiz, Editora FEB, cap. 50 (A desencarnação de Fernando); *Obreiros da vida eterna*, de Francisco Cândido Xavier/André Luiz, Editora FEB, cap. 13 (Companheiro libertado), cap. 14 (Prestando assistência) e cap. 18 (Desprendimento difícil). Nota do organizador.

Ele recordava que há muitos séculos, em uma invasão ocorrida na Espanha, a sua mãe, com um grupo de salteadores, havia colocado fogo em uma sinagoga onde muitos judeus estavam orando. Antes de provocarem o incêndio, os membros do grupo, verdadeiros fanáticos da religião que professavam, trancaram as portas e as janelas para que as pessoas não pudessem se salvar. E, por longos minutos, ficaram assistindo aos frequentadores da sinagoga sendo devorados pelas chamas... No transcorrer do tempo, como não adquiriram méritos para se libertar da responsabilidade por um crime tão hediondo, as Leis da Vida proporcionaram um acidente em que todos eles se reabilitaram espiritualmente, tanto os filhos que partiram precocemente quanto os pais, que ficaram com a dor da saudade e com marcas no próprio corpo.

Ao final do texto, surgiu a assinatura dos dois filhos mais velhos e o nome do menino menor escrito em letra de forma.

Eu concluí a leitura, entreguei a mensagem à senhora e lhe segurei as mãos afetuosamente. Os dedos eram como verdadeiras garras que não se fechavam nem se articulavam normalmente, como resultado das chamas que provocaram uma profunda lesão nos tecidos. Ela me confidenciou:

— Eu já fiz nove cirurgias corretoras para as mãos, e não obtive qualquer melhora.

Fez uma pausa muito breve e prosseguiu relatando:

— Já se passou um ano desde que ocorreu a tragédia. A cena do incêndio não me sai da cabeça! Você pode imaginar o que significa uma mãe sendo retirada do carro por várias pessoas enquanto assiste às labaredas destruírem a vida dos seus três filhos?! Será que alguém é capaz de imaginar o meu desespero?! Eu não me perdoo por não ter caído dentro da fornalha cruel para morrer junto com meus filhos! Então eu disse a mim mesma: "Se eu não tiver a certeza de que a vida continua e os meus filhos estão protegidos, eu me matarei!". Por isso, hoje eu vim aqui como forma de dar-me a última chance.

Em seguida, ela beijou-me as mãos e agradeceu de forma comovedora pela mensagem recebida.

Quando eu vi o rosto daquela senhora iluminar-se com a certeza de que os nossos seres queridos continuam vivos e permanecem nos amando na dimensão além do corpo, fiquei profundamente tocado pela cena inesquecível...

Ela se despediu de mim e saiu do local com a alma flutuando, dizendo a todos os que estavam presentes:

— Deus seja louvado! A vida continua!

Dez anos depois, eu a reencontrei em Uberaba e, sem dar-me conta, olhei para as suas mãos. Ela percebeu o meu olhar e comentou:

— Elas continuam como garras, quase sem sensibilidade, mas eu estou infinitamente feliz por saber que os meus filhos estão bem!

A MOÇA COM *OLHOS DE ESTRELA*

A atividade mediúnica de psicografia possui características muito peculiares. Os Espíritos que têm escrito por meu intermédio preferem produzir os seus textos ao som de composições específicas, que os auxiliam a permanecer em um estado de profunda concentração para executar o trabalho. Cada Espírito sugere-me algum tipo de música com a qual possui mais afinidade. Manoel Philomeno de Miranda aprecia músicas místicas, que facilitam a elevação mental e a conexão com as Esferas superiores. Joanna de Ângelis prefere os cantos gregorianos e as composições feitas para a missa, resultado natural das suas muitas experiências como freira católica. E, assim, a preferência musical varia de acordo com cada autor.

O Espírito Victor Hugo também adota um processo de trabalho com este perfil. Ele gosta de ouvir as composições de Mozart e dos grandes autores da música erudita, como Schumann e Wagner. No intuito de oferecer um ambiente adequado, eu coloco algumas gravações que perfazem um período de cinco a seis horas, pois na maioria das vezes este é o tempo que ele utiliza para escrever. Normalmente, quando fazemos a psicografia de romances, as atividades ocorrem após a 1h da madrugada, quando paira um grande silêncio na Mansão do Caminho. Costumeiramente, eu mantenho a sala em penumbra quase completa. Antes do transe, eu separo todo o material, enumero as páginas e deixo à mão diversas unidades de lápis que o Espírito poderá utilizar. Ao fazer o transe mediúnico, eu me desdobro do corpo físico, permanecendo algumas vezes completamente consciente para observar o benfeitor e amigo, bem como para participar de outras atividades que por acaso estejam programadas pelos mentores responsáveis.

Em certa ocasião eu estava em um desses trabalhos mediúnicos conduzidos pelo grande mestre da literatura francesa. Enquanto Victor Hugo escrevia, eu acompanhava a música que houvéramos colocado, por sugestão do próprio escritor. Nessa oportunidade, eu escutava o *Réquiem,* a célebre composição de Mozart. Durante o fenômeno mediúnico, na penumbra da minha sala de trabalho, eu me encontrava em estado de desdobramento espiritual, sentado em uma cadeira que reservo para receber algum filho ou alguma outra pessoa da nossa comunidade que nos peça orientações de qualquer natureza. O amigo espiritual, utilizando-se da psicografia mecânica, escrevia um romance que já foi publicado pela nossa Editora.

Permaneci por longos minutos deslumbrado, escutando o *Réquiem,* uma música que me sensibiliza bastante... Eu aprendi a amá-la graças a Victor Hugo.

De repente, notei que por baixo da porta entrou um feixe de luz, causando-me grande surpresa. A porta iluminou-se e eu vi duas Entidades espirituais chegarem à sala. Elas irradiavam uma luz de notável beleza. A primeira Entidade era uma senhora que deve ter desencarnado com uma idade entre 60 e 65 anos, enquanto a segunda deve ter regressado ao Mundo espiritual com uma idade entre 40 e 45 anos. Aquela que aparentava mais idade carregava uma lanterna manual que se movia. Então ela me disse:

— Eu resido em uma Esfera superior, tal como esta irmã que está aqui comigo. Nós estávamos de passagem pela Terra e fomos atraídas pelas vibrações espirituais e pela música. Como era nossa música preferida, estamos aqui para ouvi-la com você, a fim de revivermos emoções...

A essa altura a música chegava ao crescente melancólico de Mozart, na grande lamentação. Em seguida, a nobre senhora começou a conversar comigo, narrando-me a sua experiência:

— Eu morava no estado de São Paulo, em uma das cidades do Vale do Rio Paraíba, próxima à Serra da Mantiqueira. Era viúva e vivia em uma propriedade muito grande na qual tinha o hábito de colocar o *Réquiem* de Mozart para escutar pela madrugada. Todos os dias, às 5h da manhã, quando eu acordava, colocava os discos de Mozart, abria a janela e orava com os pássaros... Mesmo que a música significasse uma mensagem de lamentação pela morte, eu me sentia profundamente emocionada, entrando em sintonia com as forças do bem. Da minha janela era possível ver uma cascata que arrebentava cristais de água nas pedras. E ante a música inigualável das onomatopeias da Natureza, que se misturava ao lamento do *Réquiem*, eu me comovia e agradecia a Deus pela bênção da reencarnação. Ah! Como eu amo esta música!

Nesse momento, ela plasmou, por ideoplastia, as imagens que acabara de descrever. Eu vi o prado verde, a casa e a janela aberta para a cachoeira, que parecia um véu de noiva a descer suavemente, quebrando-se em cristais na pedra...

Naquele instante, tendo a oportunidade de visitar o nosso ambiente de trabalho psicográfico, ela e sua amiga desejavam me fazer dois pedidos. O seu pedido era uma solicitação a respeito do amor. Em uma atitude de grande encantamento, ela declarou:

— Eu amo a Terra! As suas alvoradas inebriadas de luz... Os seus entardeceres de esfogueado Sol... A brisa suave que percorre os rios da natureza... A música dos pássaros e o canto sinfônico dos córregos... Os soluços do mar arrebentando-se em espumas brancas que as praias ávidas recebem como beijos que se liquefazem...

Ela começou a chorar, enquanto falava daquelas experiências de estesia com a Natureza. Eu também me comovi. Em seguida, a nobre senhora acrescentou:

— Gostaria que aonde você for, nas conferências e seminários que realizar, dedicasse alguns minutos para fazer um apelo em favor da Mãe Terra. Ela está morrendo! Diga a todos que amem a Terra, que abram a janela numa madrugada de primavera e olhem uma flor desabrochar... Fale às pessoas que, de vez em quando, caminhem pelas praias solitárias para absorver a energia que brota do plâncton marítimo, escutando o murmúrio das ondas enquanto se interiorizam para ouvir a voz de Deus...[145] Peça para que as pessoas subam uma montanha ou caminhem sobre a grama verde e úmida ao amanhecer, com os pés descalços, sentindo delicadamente o solo e aspirando o perfume da Natureza em festa... Recomende que escutem as onomatopeias, que saiam da sofreguidão dos negócios, das paixões e das contrariedades do cotidiano para viver e sentir as belezas da Terra numa noite de luar, quando o céu se encontra recamado de estrelas...

Depois de uma pequena pausa, ela continuou:

— Aconselhe a todos que por um momento se esqueçam do próprio sofrimento e amem, abandonando a tristeza, a amargura e o tédio... Se em nosso planeta existe dor, pântano e abismo, é porque os Espíritos que o habitamos ainda somos muito primitivos, necessitando de muitas experiências para subir o calvário da libertação... É uma honra reencarnarmos na Terra! Convide os seres humanos a retirarem da lembrança as informações deprimentes a respeito do *vale de lágrimas*, do mundo dos resgates dolorosos e punições, substituindo essas ideias infelizes pelo conceito do admirável mundo de esperança e alegria, a escola abençoada que nos recebe com ternura.

Para concluir as suas informações, ela me confidenciou:

— Nós, que estamos desencarnados, sentimos saudades do plano físico! A morte do corpo não nos distanciou do planeta-mãe. Evocamos as suas paisagens, visitamos alguns dos seus lugares mais encantadores e nos deslumbramos com certos lances da natureza, para em seguida sair na busca ansiosa pelos amores que ficaram no mundo das formas ou na tentativa de encontrar os que nos antecederam nos voos da Imortalidade...

Quando ela terminou de formular o seu pedido, perguntou-me:

— Você promete que falará sobre isso em suas palestras?

— Prometo sim, senhora – respondi-lhe.

Ela falou com tanta beleza, que eu comecei a ter saudades da Terra, mesmo sem haver desencarnado... Lembrei-me dos amigos queridos e pensei: "Meu Deus! Se eu voltar ao corpo, irei aproveitar melhor a convivência com meus amigos!". Às vezes nós temos uma pessoa amada,

---

145. Para analisar as propriedades terapêuticas da energia sutil que existem nas praias, ver os seguintes livros *Trilhas da libertação*, de Divaldo Franco/Manoel P. de Miranda, Editora FEB, cap. 11 (Os gênios das trevas); *Além da morte*, de Divaldo Franco/Otília Gonçalves, Editora LEAL, cap. 5 (À beira-mar); *Entre a Terra e o Céu*, de Francisco Cândido Xavier/André Luiz, Editora FEB, cap. 5 (Valiosos apontamentos). Nota do organizador.

e não valorizamos a oportunidade. Ao invés de viver horas de júbilo, optamos por brigar, *alfinetando-nos* e criando embaraços recíprocos. O tempo é tão curto e passamos tão rápido por ele...

A outra senhora aproximou-se e me dirigiu a palavra, afetuosamente:

— Eu também tenho um pedido a fazer. Deixei uma filha na Terra que está precisando de ajuda. Vivi na cidade de São Paulo, em uma pequena rua próxima ao Vale da Anhangabaú e ao Viaduto do Chá. A viuvez surpreendeu-me quando eu era muito jovem, numa época em que a minha filha possuía apenas quatro anos de idade. Foram dias de sofrimento e de saudade que se alongaram por vários anos. Às vezes a minha filha perguntava: "Mamãe, por que todo mundo tem pai, menos eu? Na escola, quando cai a tarde, todos os pais vão buscar seus filhos. Mas eu não tenho pai! Por quê?", e eu respondia com o coração amargurado: "Minha filha, o seu pai viajou para além do arco-íris, aquele traço de luz com várias cores que aparece no céu e representa uma aliança de Deus com Seus filhos... Seu pai espera por nós além do arco-íris!". Ela me dizia: "Então eu não amo a Deus! Porque ele levou papai e nos deixou sozinhas!", de voz embargada, eu respondia: "Não, minha filha! Não pense dessa forma. Se o seu pai não está conosco, foi Deus que quis assim!" e chorava com ela...

O tempo foi passando, e minha filha foi crescendo, revelando-se uma excelente aluna. Quando foi aprovada nos exames para o curso de Psicologia da Universidade de São Paulo, passou em uma loja de músicas e comprou para mim uma coleção de discos de Mozart, na qual havia a gravação do *Réquiem*. Costumávamos colocar o disco para escutar juntas, deitadas no sofá. Mantínhamos a sala escura e ela deitava a cabeça no meu colo enquanto ouvíamos a passagem da música em que o anjo da morte vem buscar a alma que estava para retornar ao reino da imortalidade. Então ela me dizia: "Por que papai morreu? A orfandade é tão dolorosa que eu não posso perdoar Deus!", eu lhe acariciava a cabeça e respondia: "Minha filha, eu não sei por que seu pai morreu! Eu também não sei por que a morte é tão cruel!", e nós duas chorávamos...

Uma semana antes da sua formatura, ela recebeu mais um duro golpe da vida, pois eu retornei ao Mundo espiritual. Ela foi invadida por uma angústia profunda, uma revolta sem-nome! Formou-se em Psicologia e tornou-se uma pessoa ateia, materialista e amarga. Ela era noiva, mas depois de um compromisso de quatro anos o noivo a abandonou para vincular-se a outra jovem. Minha filha começou a usar bebidas alcoólicas de forma compulsiva, entregando-se também a aventuras sexuais. Recentemente ela decidiu usar drogas mais pesadas, como a cocaína, que a levarão, mais cedo ou mais tarde, a cometer suicídio por overdose. Portanto, o pedido que eu tenho para fazer a você é que leve esta advertência à minha filha. Diga-lhe que ninguém morre! Mostre-lhe que a morte é uma fantasia alimentada por aqueles que se encontram na vida corporal. A desencarnação é apenas um passaporte para a vida verdadeira e vibrante que nos aguarda em outra dimensão. Eu gostaria que você lhe dissesse que eu a amo muito e que ela não morra! Se ela desencarnar por causa do vício das drogas, não poderá encontrar-se comigo nem com o pai, que está ao meu lado!

Transmita-lhe esta mensagem e esclareça que esta é a última oportunidade de que disponho. Você irá me ajudar?

Impressionado com o apelo, mas sem saber a melhor forma de auxiliar, eu indaguei:

— Mas, minha irmã, como eu irei ajudá-la? A cidade de São Paulo possui milhões de habitantes e ocupa o lugar de maior metrópole da América Latina! De que forma eu encontrarei sua filha?

— Eu lhe darei o telefone da sua residência. É uma mãe que lhe pede esse gesto em nome do amor... Você me promete?

— Prometo sim, senhora. Pode ficar tranquila quanto a isso.

— No entanto, Divaldo – continuou a mãe dedicada –, você teria que falar com ela amanhã, pois se demorar mais do que isso, será tarde demais! Quero adverti-lo que ela irá tratá-lo mal, porque eu já mandei recado por diversos médiuns, mas ela não acredita. Fundamentada nas teorias de Freud, ela procura explicações, algumas absurdas, para negar a minha existência e as minhas tentativas de contato mediúnico. Quando recebe uma mensagem, ela também afirma que é telepatia ou outra explicação da moderna parapsicologia. Tenha paciência! Ela vai recusar e dizer que é mentira, achando que o senhor é um farsante.

— Não tem importância, senhora. Eu já estou acostumado. Tenha a certeza de que qualquer reação intempestiva não me afetará. Entretanto, se a senhora me ditar o número do telefone agora, quando voltar ao corpo, após o transe mediúnico, pode ser que eu não consiga recuperá-lo da memória. Então eu sugiro que a senhora peça a Victor Hugo para anotar o número em um pedaço de papel ali ao lado.

Neste momento, eu vi uma linda cena de comunicação entre duas personalidades desencarnadas. O benfeitor espiritual estava escrevendo com a mão direita e a esquerda se mantinha sobre a fronte, com o cotovelo sobre a mesa, num gesto comum a muitas pessoas que redigem longamente, uma vez que esta é uma posição confortável para a escrita. A senhora desencarnada aproximou-se da Entidade amiga e falou-lhe algo. Ele moveu a mão esquerda sem deixar a posição de profunda concentração, anotou algo numa folha ao lado e retornou à posição anterior, mantendo-se dedicado à produção psicográfica.

Quando terminou de escrever, ela me disse:

— Por favor, olhe as horas no relógio.

Eu tenho um relógio em frente à mesa onde trabalho. Faltavam quinze minutos para as 3h da madrugada.

— Neste instante – continuou a senhora –, eu sairei daqui para visitar a minha filha. Ela sonhará comigo e eu lhe falarei o mesmo que disse agora. Mas quando ela acordar amanhã, dirá a si mesma que foi o seu inconsciente que liberou imagens antigas, recordações minhas, para formular o sonho desta noite, que não passou de um fenômeno de ativação da memória. Se você telefonar e disser que eu lhe visitei, ela poderá confrontar as informações e dar crédito à minha mensagem. Ninguém mais saberá que ela sonhou comigo. Pode ser que ela acorde pela madrugada, imediatamente após o nosso encontro espiritual. Então você lhe dirá a que horas foi o sonho. Por isso eu lhe pedi para olhar o relógio. Além disso, conte a respeito dos discos que ela me presenteou, pois só nós duas sabemos sobre a importância da música de Mozart em nossas vidas.

Visivelmente tocada pelas lembranças, ela acrescentou:

— Infelizmente, eu e a minha filha não tivemos a honra de conhecer a doutrina a que você está vinculado, uma proposta que oferece ao ser humano o conforto da sobrevivência da alma. Mas eu tinha uma fé religiosa para sustentar-me no cotidiano, mesmo que a minha doutrina não apresentasse respostas a muitas questões que bailavam em minha mente. E agora eu desejo dizer à minha filha que vale a pena viver! Eu posso mesmo contar com a sua ajuda?

— Pode sim. Eu irei ajudá-la com prazer.

— Então, por favor, não esqueça: meu nome é Fulana.

Ao encerrarmos o diálogo, eu as vi saírem. A música assumiu uma intensidade mais suave e eu fiquei ouvindo...

Daí, as duas senhoras me disseram:

— Nós voltaremos a ver-nos.

Em seguida elas desapareceram através da porta, deixando uma espécie de rastro de pequeninas estrelas, de chuvinhas de prata, ao mesmo tempo que a sala ficou levemente perfumada. Neste momento, veio-me um grande sentimento de gratidão! Eu me lembrei de que estava encarnado e fiquei a reflexionar que um corpo, mesmo ultrajado pela dor e limitado por alguma deficiência, é sempre uma bênção de Deus...

Ao final daquela experiência, parecia que o mundo havia mudado para mim...

Quando Victor Hugo terminou, eram 3h da manhã, instante em que eu saí do transe e voltei ao corpo. Arrumei os papéis sobre a mesa e vi a pequena anotação com o telefone que a senhora havia deixado, de que eu me recordava.

Levantei-me às 7h da manhã e lembrei-me do compromisso, mas achei que era muito cedo para telefonar.

Às 9h eu resolvi entrar em contato com a psicanalista. Do outro lado da linha atendeu alguém com voz sonolenta. Eu me desculpei por telefonar-lhe e expliquei:

— Doutora, aqui quem está falando é Divaldo Franco, da cidade de Salvador. A senhora não me conhece, mas eu desejo falar-lhe algo. Por favor, não desligue. Eu tenho uma mensagem para dar à senhora. É um recado de sua mãe, que já faleceu há algum tempo. Eu sou espírita e sou médium...

— Mais um! – interrompeu-me, repentinamente.

— E certamente eu serei o último – atalhei. — Sua mãezinha desencarnada procurou-me através de uma visita espiritual que recebi em minha casa e...

— Não perca o seu tempo! Eu não acredito em feitiçaria!

— Não se trata de feitiçaria, doutora.

Fiz uma breve pausa e expliquei-lhe com ternura:

— A nobre doutora é uma pessoa culta e possui discernimento. Como eu assumi o compromisso de transmitir-lhe a mensagem de sua genitora, a senhora não irá ver-se livre de mim antes que eu me desobrigue da tarefa, pois eu irei telefonar-lhe até que a senhora desista de sua postura relutante. Como eu disse, este será o último recado de sua mãe para adverti-la sobre o seu estado de saúde. Depois disso, a senhora estará entregue à própria sorte...

— Então diga o que quer – concluiu a psicanalista, com indisfarçável mau humor.

A minha interlocutora ficou em silêncio e eu narrei sucintamente o que havia acontecido. Após a narrativa, a reação veio com bastante ênfase:

— O senhor pensa que eu vou acreditar em uma farsa como esta?!

— Não somente penso, como tenho certeza. Porque a sua mãe me falou sobre um fato muito particular da vida de ambas. Ao passar nos exames para ingressar na universidade, a senhora presenteou a sua genitora com uma música muito especial: o *Réquiem*, de Mozart. Foi exatamente esta música que ela e eu estávamos ouvindo enquanto eu entrava em contato com o Mundo espiritual para realizar uma atividade mediúnica. Ela me informou que muitas vezes vocês duas ouviram esta música chorando, na sala em penumbra do apartamento que ficava na pequena rua próxima ao Viaduto o Chá. Não é verdade?

— Sem dúvida! O senhor é um notável telepata! Está captando as informações no meu inconsciente e tentando reproduzir.

— Pois eu fico muito feliz com este conceito, doutora. Afinal, a senhora está me dizendo que eu não sou médium, mas sou um paranormal. Ao menos não está me classificando como portador de algum tipo de psicose, como a esquizofrenia. Este fato evidencia que a paranormalidade humana é um fenômeno real!

Para não me desviar do objetivo da conversa, eu logo interrompi o assunto sobre paranormalidade e acrescentei:

— Contudo, a sua mãe também me disse algo muito grave. Ela me informou que a senhora está destruindo a própria vida por causa das drogas, que irão levá-la a uma disfunção cerebral ou um transtorno mental, aumentando as chances de um suicídio direto ou indireto. Ela ainda adverte que se cometer suicídio, a senhora não poderá encontrá-la no Além. Um ato de rebeldia contra a vida e contra si mesma irá privá-la por tempo indeterminado da companhia da sua genitora e do seu pai. Para que a senhora não diga que o meu depoimento é uma fraude, eu lhe peço o favor de anotar alguns telefones de pessoas idôneas que me conhecem há muito tempo. Trata-se de uma colega sua, psicoterapeuta, um advogado conceituado, que é meu amigo, e uma psiquiatra muito querida que desfruta de grande reconhecimento profissional. Todas essas pessoas darão informações a meu respeito para que a senhora tenha notícias confiáveis.

Notei que a informação provocou-lhe um impacto emocional que ela não conseguiu disfarçar. Aproveitei a oportunidade para continuar:

— Sua mãe pediu que a senhora mudasse de atitude. Faça uma terapia para evitar aquilo que está prejudicando a sua saúde. A senhora tem uma trajetória de vida tão linda! Eu tenho certeza de que és uma mulher muito bonita!

— É porque você nunca me viu!

— Mas eu posso imaginar. Eu deduzo que estou dialogando com uma pessoa muito bela, portadora desta beleza especial que adquirimos com a maturidade. Compreendo que a senhora deve experimentar muitos dramas, mas quem não os vivencia? Como psicanalista, a senhora conhece perfeitamente esta realidade.

— Não perca seu tempo! Eu estou ouvindo o seu recado apenas para lhe fazer um favor.

— No entanto, doutora, como já lhe disse, a sua mãe me falou que a senhora está usando drogas que podem tirar-lhe a vida. Por isso é importante que a senhora faça um tratamento para evitar o consumo dessas substâncias danosas.

— Minha mãe lhe disse quais são drogas que eu estou usando?

— Não, senhora. Os Espíritos responsáveis e nobres são muito discretos.

Fiz uma rápida pausa para ver se ela se pronunciava, mas por alguns instantes houve novo silêncio que me fez prosseguir:

— Sua mãe ainda me disse mais: afirmou que, além da angústia pela ausência dela e do seu pai, a senhora também foi vítima de uma traição afetiva, pois o homem a quem amava, quando se aproximava o dia do casamento, abandonou-a para se vincular a outra jovem, e até hoje a senhora tenta se vingar dele através do menosprezo pelos homens com quem se relaciona, qual uma abelha-rainha matando os zangões que lhe servem por algum tempo e depois são descartados...

— Senhor Divaldo, eu já lhe informei que o senhor está perdendo o seu tempo.

— De forma alguma! Uma pessoa só perde o tempo quando é ociosa. Eu estou muito feliz por manter este diálogo!

Depois de todas as advertências apresentadas, eu concluí:

— Doutora, eu estou encerrando aqui a minha tarefa, uma vez que o recado já foi transmitido. Mas como eu sei que a senhora ficará curiosa, quero dizer-lhe que em agosto, portanto, daqui a três meses, eu estarei na cidade de Matão, no estado de São Paulo, para proferir uma palestra pública como parte das celebrações do centenário daquele município, já que o seu primeiro prefeito foi Cairbar Schutel, um espírita muito nobre e respeitado. Se a senhora quiser conhecer-me, está convidada a participar, pois eu gostaria que conversássemos um pouco. Então eu lhe recomendarei alguns psiquiatras amigos meus que poderão ajudá-la. Desta forma, eu a aguardarei em Matão na data mencionada.

Ela deu uma gargalhada estridente que era um misto de ironia com aflição.

— O senhor deve ser louco! Acha mesmo que eu sairia da capital do meu estado para ir a Matão encontrar uma pessoa esquisita como o senhor? Tem certeza de que eu viajaria 300 quilômetros somente para isso?

— Vai sim, doutora! Porque eu vou viajar 2.600 quilômetros de avião e em seguida mais 220 quilômetros por terra para atender uma pessoa sábia e sofrida que estou tendo a honra de conhecer neste momento, e farei isso com a mais absoluta ternura e respeito pela senhora. Portanto, certamente nos veremos em Matão!

— O senhor é muito presunçoso!

— De forma alguma. Sou apenas consciente. Além disso, eu sei que as mulheres não conseguem segurar a curiosidade! A senhora pagará qualquer preço para estar frente a frente comigo e olhar bem no meu rosto.

— E por que eu teria tanto interesse em conhecê-lo pessoalmente?

— Para me desmascarar ou apenas para me ver e saber como eu sou...

— Pois eu lhe garanto que não irei!

— E eu lhe garanto que irá... Ligue para o senhor Miguel de Jesus Sardano, que é meu anfitrião na cidade de Santo André. Ele pode ser encontrado no telefone X e lhe dará os detalhes a respeito do meu roteiro de atividades. E lembre-se: este é o último aviso da sua mãe! Ela já se comunicou por vários médiuns que lhe deram mensagens, mas a senhora buscou explicações psicanalíticas ou parapsicológicas para não acreditar na sobrevivência do Espírito e na mediunidade. Aliás, são explicações muito inteligentes, embora nem todas sejam legítimas. O seu esforço em negar os fatos tem sido realizado para fugir ao desafio de uma vida saudável.

Ela pareceu segurar a respiração enquanto eu falava. Logo em seguida eu concluí aquele difícil diálogo.

— Agora, doutora, quero agradecer pela sua atenção. Até logo! Tenha um bom dia, se puder...

Despedimo-nos e eu dei prosseguimento aos meus compromissos doutrinários.

Passaram-se os meses... Até que eu me esqueci do episódio.

No dia 1º de agosto de 1998, no evento em homenagem ao centenário de Matão, eu estava no ginásio de esportes da cidade para realizar a palestra programada. Enquanto o cerimonial acontecia, eu observava atentamente a plateia, como tenho o hábito de fazer antes de iniciar a conferência. De repente, eu olhei para o auditório e vi duas verdadeiras estrelas brilhando na multidão, percebendo que se tratava dos olhos de uma bela mulher aparentando aproximadamente 35 anos de idade. Aquele olhar luminoso chamou-me a atenção de forma especial.

Comecei a proferir a conferência, mas não me esqueci daquela imagem realmente encantadora. De vez em quando eu olhava novamente e admirava as duas estrelas que brilhavam naquele rosto feminino. Então eu pensei: "Mas quem será esta *moça com olhos de estrela?*".

Terminada a palestra, eu desci para os cumprimentos do público, atendendo à fila de pessoas que se postaram ali para um autógrafo e um rápido contato. Subitamente eu vi que na fila lá estavam os dois olhos fulgurantes que tanto me impressionaram. Daí, eu pensei novamente: "Meu Deus! Que olhos lindos! Mas quem será ela?".

Aquela bela mulher foi se aproximando e eu pude ver aos poucos as lindas estrelas chegando mais perto. Simultaneamente eu senti uma mão carinhosa tocando-me o ombro e uma voz que me dizia:

— É minha filha, Divaldo! Ajude-a!

Tratava-se daquela mãe desencarnada que desejava ajudar a filha do seu coração. Quando a fila diminuiu e a psicanalista preparava-se para falar comigo, eu a cumprimentei, antes mesmo que ela dissesse algo:

— Doutora Fulana! Como vai?

Ela me respondeu com espanto:

— Mas o senhor é terrível! Que telepatia impressionante!

— Muito obrigado pelo elogio, doutora. Mas como já informei, não se trata de telepatia. Sua mãe está aqui e me disse quem era a senhora. Que bom que a senhora veio!

— Não se engane! Eu vim para lhe dizer pessoalmente que não acredito em você!

— É notável a sua postura! A senhora gastou dinheiro viajando e hospedando-se em um hotel somente para mentir para mim e para si mesma! Porque é evidente que a senhora acreditou no recado de sua mãe. Como eu lhe disse, ela está aqui ao meu lado. Pergunte-me o que a senhora quiser, *pois será ela quem responderá, não eu.* Pergunte o nome de um familiar seu, uma data importante da sua vida ou uma banalidade qualquer. Sua mãe me dará a resposta.

— Posso perguntar qualquer coisa?

— Qualquer coisa.

— Mas tudo que eu perguntar o senhor irá *pescar* no meu inconsciente...

— Então me pergunte uma coisa que a senhora não saiba e que precisará verificar depois.

— O resultado é o mesmo. Se a informação não for captada por telepatia neste exato momento, ela pode ser captada por precognição, que é o conhecimento paranormal do futuro...

— De fato a precognição existe. Todavia, posso lhe dar informações que a senhora desconhece e que não representam a imagem do futuro.

Ela me olhou, ainda demonstrando uma angustiante surpresa, e me interrogou:

— Por que o senhor tem tanto interesse na minha vida?

— É o interesse da solidariedade. Sua mãe me pediu, e eu estou atendendo ao apelo que ela me formulou.

— Mas eu tenho muita dificuldade em acreditar!

— É natural. A senhora fez um curso acadêmico e foi preparada para não acreditar em nada que o seu equipamento sensorial não consiga registrar.

Neste momento, o bondoso Espírito me solicitou:

— Diga à minha filha que o seu antigo namorado ficou viúvo e está pensando nela. Não há uma só mulher solteira de 35 anos que resista a uma lembrança dessas!

Então eu sorri discretamente e transmiti o recado:

— Doutora, a senhora certamente se recordará do grande amor da sua vida. Mas infelizmente ele a abandonou, não foi?

Ela pôs para fora toda mágoa que ainda guardava no coração:

— Ele é um canalha! Um desqualificado!

— Não vejo assim. Ele apenas assumiu uma postura que é fruto da própria fragilidade humana. Procure vê-lo com outra ótica. Aliás, sua mãe está me pedindo para dizer que ele está viúvo, algo que a senhora não sabia.

— Nem quero saber! – atalhou.

— Eu respeitarei os seus sentimentos. Mas somente para que lhe sirva de estímulo, a companheira por quem ele optou no passado não está mais em seus pensamentos. Depois que a esposa retornou ao Mundo espiritual, ele se recompôs emocionalmente e refletiu muito sobre a vida. E agora está pensando na senhora...

— Mas agora? Depois de todo esse tempo?

Dando um toque de bom humor, eu lhe falei:

— Mas agora que é bom, pois o fruto está maduro! Todos dizem que o vinho mais velho é mais saboroso do que o recente! Creio que agora ele estará muito mais interessante para as preferências femininas. Afinal, quanto mais velhos são os homens, mais interessantes eles se tornam aos olhos das mulheres!

O curioso de tudo isso é o pequeno detalhe de que eu mesmo já havia passado dos 70 anos... Mas é óbvio que eu não disse aquilo com qualquer intenção de me autoelogiar, como é muito fácil de perceber...

— Então aquele infame está pensando em mim! – acrescentou a psicanalista.

— Ele sempre pensou na senhora – disse-lhe. — Na época em que vocês romperam o relacionamento, foi a imaturidade que o fez buscar a ilusão em uma jovem que não o tornava pleno. Agora que ele amadureceu pôde reconhecer que a senhora era a companheira ideal.

— E qual é a vantagem em saber que ele está viúvo, se eu nem sei onde ele está?

— Mas eu sei o número do telefone dele.

— Como?!

— A sua mãe acabou de me informar.

Olhei para ela por alguns instantes e resolvi utilizar uma estratégia sutil:

— Pois é, doutora. Minha intenção era ajudá-la a reencontrar o seu ex-namorado. Mas como eu sei do seu total desinteresse em telefonar para ele, eu não lhe darei o número, em respeito aos seus sentimentos...

Ela sofreu um grande impacto! Essa é uma provação que mulher nenhuma na Terra aguenta!

— Não... mas... mas... o senhor pode me dar... Para mim não significará nada! Mas, de uma hora para outra, quem sabe?...

— Não, doutora. Deixe para lá... Afinal, são coisas sem o menor sentido que a minha mente deve estar *pescando* em algum lugar... Talvez seja um fenômeno de hiperestesia indireta do inconsciente coletivo a partir da teoria do caos... Ou algo assim... Não quero mais importuná-la.

— Não, não! Eu não faço muita questão, mas o senhor pode me dar o número!

— Então, já que a senhora insiste, aqui está. Este aqui é o nome dele, não é?

Eu notei a diferença na sua reação emocional. Até aquele instante ela não havia se sensibilizado com nada. Entretanto, ao ver o nome do antigo amor, a terapeuta ficou levemente pálida, segurando o papel com as mãos trêmulas. A sua mãezinha acompanhava tudo com grande expectativa. A psicóloga insistiu:

— Eu realmente não entendo... Como o senhor sabe disso?

— Já lhe contei que sua mãe está aqui.

— Mas isso não existe!

— Pois é. A senhora *Não Existe* está aqui em Espírito e está me contando essas coisas. Ela tem o coração repleto de alegria porque a senhora veio falar comigo.

— Será que o senhor não está mesmo *pescando* informações no meu inconsciente?

— Então creia que o seu inconsciente é um *oceano* e que eu sou um bom *pescador*! Mas pelo menos siga o conselho que lhe dei e entre em contato com o seu ex-namorado.

— Nós não temos nada para conversar!

— Telefone mesmo assim. Pelo menos para dizer-lhe uns desaforos... Como ele está viúvo e pensa na senhora, conforme já lhe falei, certamente gostará de revê-la.

— Mas eu não vou querer nada com ele!

— Eu sei que não. Telefone mesmo assim! Já que a senhora tem tanta certeza do que quer e do que não quer, não lhe custará telefonar, pelo menos para mostrar que a senhora não morreu quando ele partiu. É uma excelente oportunidade para exibir a sua autoestima, demonstrando que ele não era assim tão importante... Não seria interessante?

Aquele jogo psicológico era irresistível! Agucei a curiosidade e a esperança dela até o limite, pois eu sei que nenhuma mulher naquela situação deixaria a oportunidade passar.

Depois de mais algumas palavras, ela mudou de atitude e assumiu uma postura tranquila, não me perguntando nada com o intuito de testar a veracidade da comunicação mediúnica. Aproveitando o momento favorável, eu acrescentei:

— A partir deste momento a senhora deve lutar para viver, pois terá uma motivação para a mudança. A sua vida passa a ter um significado, que é o amor, doutora! Viva!

Em seguida, eu lhe fiz outro convite fraterno:

— Doutora, eu estarei em São Paulo no dia 30 de janeiro. Irei proferir uma conferência durante a comemoração do aniversário das Casas André Luiz, a melhor instituição benemérita do mundo para crianças portadoras de vários tipos de deficiência física e mental. Ela está localizada no bairro do Picanço, na cidade de Guarulhos. A conferência será realizada no Centro de Convenções do Anhembi, na capital paulista. Tente participar do evento e ouvir a palestra para conversarmos um pouco mais. Eu gostaria de saber o resultado do telefonema que a senhora pretende dar ao seu ex-namorado...

— E se eu não telefonar?

— A senhora vai ao Anhembi do mesmo jeito e me diz que não ligou. Mas eu tenho certeza de que a doutora vai telefonar.

— O senhor é um pouquinho pretensioso...

— Nós já estamos tão amigos que a senhora pode me dizer o que quiser, até mesmo que sou pretensioso... Agora eu vou lhe pedir licença, porque preciso atender outras pessoas. Lembre-se bem: 30 de janeiro do próximo ano! Eu irei aguardá-la no Anhembi.

Quando ela estava movimentando-se para sair, eu informei:

— Um momento, doutora! A senhora ainda não me pagou a consulta.

— Ah! O senhor cobra consulta?

— Claro que sim! Até relógio de parede cobra pelo trabalho! Temos que colocar pilha ou ligar na energia elétrica para ele funcionar. Eu

533

lhe prestei um serviço e tenho o direito de cobrar. Quanto a senhora cobra por uma hora de sua consulta psicanalítica?

Ela disse o valor e eu concluí:

— Pois bem! Eu cobrarei apenas quinze minutos, que foi o tempo em que nós conversamos.

Ela foi abrindo a bolsa com visível aborrecimento para tirar o dinheiro.

— Diga quanto é sua consulta que eu lhe pagarei!

— Quero alertá-la de que o meu preço é muito alto. A senhora, como boa psicanalista, deve fazer o mesmo que eu.

— Pois é. Eu cobro caro!

— Perfeitamente. E veja que a senhora cobra para falar com seus clientes sobre o passado, enquanto eu estou lhe dando informações sobre o passado, o presente e o futuro. Portanto, eu tenho o direito de cobrar um pouco mais... A diferença é que a sua consulta tem uma duração longa, enquanto aqui nós fizemos uma consulta com tempo reduzido. Então eu vou pedir somente um quarto do valor que a senhora deve exigir.

— Fique à vontade! Quanto custa?

— Bastante caro!

— Eu posso pagar!

— Tem certeza de que a senhora é boa pagadora?

— Senhor Divaldo, assim o senhor me ofende! Eu costumo honrar os meus compromissos!

— Calma, doutora! Eu só queria ter certeza.

Eu estava com alguns exemplares da Codificação Kardequiana, que muitas vezes ofereço às pessoas. Dei-lhe *O Livro dos Espíritos* e esclareci:

— Aqui está o meu preço. A senhora terá que ler este livro.

— Não estou entendendo...

— Mas vai entender. A senhora vai assumir comigo o compromisso de ler esta obra. Para entendê-la, é necessário pensar. E eu sei que a senhora é uma intelectual. Como eu lhe venho dizendo, não se trata de magia ou bruxaria, este livro traz os princípios de uma Ciência. Este é o meu preço pela consulta. Tenho certeza de que a senhora sabe cumprir com seus compromissos.

— Mas eu terei que ler tudo isso?

— De capa a capa! E as orelhas do livro também! A senhora não irá dizer-me que leu o livro sem o ter lido, porque esta obra eu conheço bem. E leia com muita atenção, de preferência! Lembre-se de que a senhora me fez gastar um telefonema interestadual e ainda me tomou quinze minutos no dia de hoje. Depois de tantos benefícios, a senhora acha que não precisa me pagar? E quando nós nos encontrarmos no dia 30 de janeiro, eu perguntarei sobre o conteúdo!

— E se eu não for?

— Mas vai... Porque a sua curiosidade para me perguntar outras coisas não lhe permitirá faltar ao nosso próximo encontro.

— O senhor realmente é presunçoso!

— Já passamos dessa fase. Eu já lhe disse que sou apenas consciente, não presunçoso. Ninguém chega aos 71 anos de idade sem sobreviver a muitos naufrágios! Eu sobrevivi e aprendi a nadar, por isso eu tenho certeza de que a senhora irá me encontrar em janeiro.

A psicanalista pegou o livro, ainda um pouco nublada pela desconfiança, mas sorriu, e nos despedimos em definitivo.

No dia 30 de janeiro de 1999, eu estava proferindo a palestra promovida pelas Casas André Luiz. O auditório se encontrava em penumbra, quando vi novamente, no meio da multidão, aqueles olhos de estrela que me deslumbravam... Parecia que um estranho magnetismo me atraía, pois eu consegui vê-la em meio a um enorme número de pessoas.

Ao final da conferência, no momento em que o pano do auditório se fechou, fui saindo lentamente pelos bastidores quando alguém veio correndo e gritou, com certa aflição:

— Senhor Divaldo! Senhor Divaldo!

Quando eu olhei para tentar identificar, notei que era *a moça com olhos de estrela...* Ela chegou ofegante e me relatou:

— Eu tenho que lhe falar! Tenho que contar ao senhor!

— Calma, senhora! Descanse para falar com mais tranquilidade.

— Senhor Divaldo, veja que eu realmente vim!

— Para mim não é surpresa. Eu sabia que a senhora viria.

— Pois é. E eu li o livro!

— Ah! Muito bem!

Somente para ter certeza, eu interroguei:

— E de qual parte a senhora mais gostou?

Ela segurou minhas mãos e eu notei que as suas estavam muito frias.

— Senhor Divaldo, acredite. Eu realmente li o livro e me sensibilizei muito com a coerência da Doutrina Espírita. Isso me ajudou a dar um novo rumo para a minha vida. Fiz um tratamento intensivo para me desintoxicar e suspender o uso das drogas. Mamãe lhe revelou quais eram as substâncias que eu estava usando?

— Não. Conforme eu lhe disse, ela não entrou em detalhes, e eu não achei necessário perguntar para não ser invasivo.

— Pois bem. Durante o período de tratamento, eu li o livro e percebi que o meu desafio era muito mais grave do que eu podia imaginar... Não direi ao senhor se eu passei a acreditar na realidade espiritual ou se ainda tenho dúvidas. Eu mesma sou incapaz de definir.

— Isso é normal. Depois de uma formação acadêmica materialista por tantos anos, os seus conceitos já cristalizados não iriam desaparecer de uma hora para outra. Insista! Volte a ler o livro!

Neste momento, a mãezinha desencarnada chegou até nós, comovida, para acompanhar aquele depoimento. E a terapeuta tentou completar:

— Eu até... até quero dizer...

— O quê, doutora?

— É que...

— Pode dizer. Fique à vontade.

— Quero lhe dizer também que eu telefonei para o meu ex-namorado. Marcamos um jantar e conversamos francamente. Estamos nos entendendo, e ele me propôs casamento. Estamos noivos! Aliás, ele veio até aqui comigo. Está aí.

— Esta é uma boa surpresa! Fico feliz!

Ao ouvir a notícia, eu pensei: "Meu Deus! Vejam o que faz uma mãe para ajudar a sua filha a se casar! Até desencarnadas as mães conseguem dar um empurrãozinho!".

Ela continuou a narrar:

— Senhor Divaldo, o senhor falou-me sobre as Casas André Luiz e eu fui visitar a Instituição com o meu noivo, que é psiquiatra. Fiquei muito sensibilizada com uma criança que possui graves transtornos de desenvolvimento físico e mental. Além de não gostar de ver a luz, porque ela tem fotofobia, a criança tem tendências à automutilação e à autofagia, precisando viver em um quarto sob forte contenção para não destruir a própria vida. Essa criança me tocou o coração como se fosse uma alma da minha alma! Então eu me ofereci para fazer terapia com ela. Depois disso, senti uma vontade imensa de ser sua mãe! Como eu não posso ter filhos, nós nos tornamos padrinhos dessa criança. Ela será a nossa filha pelo coração quando nos casarmos na próxima semana. Faremos isso em homenagem à minha mãe!

No instante em que relembrava a figura materna, a psicanalista não conteve as lágrimas, passando a chorar com encantadora emoção. Em seguida, aproximou-se mais de mim e perguntou:

— Mamãe está aqui agora?

— Está sim! – respondi. — E está muito contente com as suas decisões.

A genitora sorriu e solicitou:

— Volte a dizer à minha filha que o mundo é belo! A visão de cada um é que produz diferentes concepções sobre a realidade, facilitando ou obscurecendo a beleza da paisagem. Mas através do amor ela terá uma visão iluminada da vida, retirando as lentes escuras para perceber a imagem de Deus cantando nos painéis da Natureza...

Eu transmiti a mensagem na íntegra e a psicóloga se comoveu profundamente. Segurei-lhe as mãos com ternura. Ela estava tensa e eu estava emocionado. Ambos começamos a chorar... Em seguida, eu adicionei:

— Felizmente, doutora, a senhora está começando a mudar a sua visão. Está colocando os óculos verdes da esperança e as lentes róseas da afetividade, até o momento em que poderá retirar todos os instrumentos auxiliares para ver os acontecimentos sem nenhuma interferência, apenas com a percepção do amor. A partir de então a senhora poderá constatar que vale a pena viver e que o mundo é repleto de belezas inesgotáveis!

Nesse momento, ela segurou mais fortemente as minhas mãos, algo inquieta, e indagou:

— O senhor está ouvindo algo? Parece-me estranho, mas estou escutando um som que não sei de onde vem e que não posso identificar.

— Também estou escutando este som a que a senhora se refere.

— E o que é?

— Trata-se do *Réquiem* de Mozart. Este som está vindo do Mundo espiritual para simbolizar a morte das ilusões provocadas pelo materialismo e o nascimento de uma vida nova para a senhora...

Realmente era um fenômeno transcendental bastante curioso. A música era o resultado de uma projeção psíquica daquele anjo materno que testemunhava o nosso encontro. A cena era de grande impacto emocional, pois a filha também captava mediunicamente a música exteriorizada pelo pensamento da mãe desencarnada.

O *Réquiem* foi uma composição encomendada a Mozart por uma pessoa que pagou antecipadamente e nunca mais foi buscar a obra de arte. A música seria tocada durante o funeral do solicitante, mas acabou ficando para a Humanidade como o grande lamento da saudade, como a grande esperança da sobrevivência espiritual! É um hino retratando os últimos momentos do corpo que sucumbe e é sepultado na Terra, liberando o ser profundo que se ergue para o Infinito. É uma homenagem ao confronto do ser humano com a morte, que deixa de ser uma noite sombria para raiar como a madrugada da Imortalidade...

Quando ela estava saindo, voltou-se para mim e me disse que iria buscar o noivo a fim de que eu pudesse vê-lo. Ela o trouxe, e eu tive a alegria de conhecer aquele que seria o companheiro para a sua nova jornada.

A outra senhora desencarnada, a que aparentava 60 anos e que me havia visitado junto com a mãe da psicanalista, apareceu-me sorrindo e me agradeceu:

— Muito obrigado por atender ao meu pedido!

A gratidão a que ela se referia estava relacionada à palestra, pois naquela noite eu havia falado sobre a Mãe Terra, sobre o amor que devemos ter pelo nosso planeta e sobre a solidariedade que constitui um dever de todos nós. Abordei a verdadeira saúde que compete ao ser humano buscar incessantemente: a saúde integral. Este estado somente pode ser alcançado quando cultivamos a saúde espiritual.

A partir do momento em que a psicanalista e o marido encontraram uma outra realidade, a realidade do espírito, os dois terapeutas decidiram trabalhar com medicinas holísticas, que ao lado da Psiquiatria e da Psicanálise são ferramentas muito úteis no tratamento de dependentes químicos e de outras pessoas que perderam o endereço de si mesmas.

Dias após aquele evento, a nobre senhora casou-se com o seu noivo e ambos passaram a colaborar com as Casas André Luiz, adotando aquela criança enferma como uma verdadeira filha espiritual.

Tempos depois, a mãe desencarnada visitou-me e me informou:

— Deus é tão infinitamente misericordioso que eu roguei o renascimento na Terra em um bairro muito pobre, para que a mãezinha que vai me dar um corpo me coloque na porta da casa de minha filha, a fim de que ela cuide de mim. Como ela não pode ter filhos biológicos, eu virei através de outra família consanguínea e serei a sua filha pelo coração.

Depois desse episódio, passaram-se alguns anos. Até que um dia *a moça com olhos de estrela* falou-me:

— Divaldo, deixaram uma criança linda na minha porta! É mamãe, não é?

— É sim, doutora! É a sua querida mãezinha que está retornando para ficar ao seu lado![146]

---

146. Informações sobre os vínculos familiares além do corpo podem ser encontradas no livro *Nosso lar*, de Francisco Cândido Xavier/André Luiz, Editora FEB, cap. 38 (O caso Tobias) e cap. 49 (Regressando a casa). Nota do organizador.

11

RELIGIÃO E ESPIRITUALIDADE NO AMBIENTE FAMILIAR

Transcendência, evolução e educação

A busca da transcendência é um impositivo natural para que ocorra a evolução espiritual do ser. Sem o contato com a dimensão causal, o homem pode deter-se demoradamente no materialismo e preservar muitas angústias, por desconhecer os fundamentos para a sua felicidade. Por essa razão, a Religião e a espiritualidade estabelecem metas existenciais, proporcionando-lhe a eclosão de valores inatos, preparando-o para enfrentar os desafios do cotidiano e, acima de tudo, equipando-o de muito amor para alcançar o seu objetivo na vida.

Carl G. Jung afirma que a maior conquista do ser é a consciência, é a sua plenitude. Isso justifica por que a espiritualidade é essencial na expansão das potencialidades do Espírito.

Embora as diversas linhas do pensamento espiritualista representem contribuições significativas, a Doutrina Espírita oferece uma modelação filosófica de melhor expressão, uma vez que nela encontramos os principais elementos da sabedoria que consta em outras obras dos grandes líderes espirituais da História universal, um conteúdo abrangente que é trabalhado pela racionalidade do método kardequiano. Com essa característica o Espiritismo pode impulsionar de forma eficaz o desenvolvimento psicológico e antropológico da Humanidade.

Tenho visto circular na sociedade a ideia de que os pais devem criar os filhos com a máxima noção de liberdade, inclusive no que tange à opção religiosa. Afirma-se que os educadores só devem apresentar princípios relativos à espiritualidade e à Religião quando os filhos já estiverem na adolescência ou em pleno desabrochar da juventude. Este é um conceito absolutamente falso! Os pais delegam às crianças a escolha da alimentação ou da roupa que irão vestir. Eles conduzem os filhos para as atividades necessárias ao seu bem-estar, sem transferir a decisão para os pequenos seres que ainda não possuem maturidade. Se uma mãe ou um pai optar por esta proposta de liberdade total, isto significa que não desejam assumir responsabilidades. O educando deve experimentar as vivências proporcionadas pelos seus educadores, e a Religião é um fator fundamental.

Assim, os pais estimularão as crianças a se integrarem na concepção espiritual que foi definida para a família. Quando os filhos crescerem, se não desejarem prosseguir naquela Religião, terão o direito de eleger o caminho mais condizente com as suas aspirações. Contudo, a educação religiosa que experimentarem até então lhes dará uma base sólida para efetuarem a sua autodescoberta. Como um jovem poderá fazer escolhas no futuro se ele desconhece tudo acerca da experiência religiosa? Ele necessita, ao menos, de um parâmetro que lhe permita realizar uma análise comparativa.

Essa atitude cômoda dos pais denota que a sua visão sobre a realidade espiritual também é imatura e deficitária. As afirmações nesse campo são muito curiosas, em que alguns dizem: "Eu não forço os meus filhos a irem à evangelização espírita porque eu sou liberal". Creio que esses pais também poderiam dizer: "Eu não insisto porque não tenho força moral". Um educador consciente jamais deverá negligenciar a educação para a Imortalidade. Se o filho está doente, ele o faz tomar remédios; se o filho não quer ir à escola, ele não se dá por vencido e faz a criança estudar, isso porque acredita na terapia medicamentosa e na educação escolar. Mas, se menospreza a formação no campo religioso, é porque não reconhece a importância da dimensão espiritual dos filhos.

Quando se afirma: "Depois que crescer, ele escolherá", seria o mesmo que deixá-lo contaminar-se pelo tétano para em seguida realizar o tratamento, esclarecendo: "Você viu que não deve pisar em prego enferrujado! Agora irei medicá-lo". Também seria o mesmo que deixá-lo no analfabetismo para que mais tarde, quando atingisse a maioridade, ele escolhesse se desejaria ou não estudar.

Dentro das nossas possibilidades, sempre oferecemos aos nossos filhos os melhores recursos materiais. Além disso, ainda damos conselhos em relação aos melhores amigos para o seu círculo afetivo. Se lhes damos tudo isso, por que não lhes daríamos a melhor Religião, que é aquela que já elegemos? Seria uma atitude incoerente. Temos o dever de disponibilizar aquilo que consideramos conforto, bem-estar e diretriz de segurança. Quando eles crescerem, se desejarem optar por outros caminhos, a responsabilidade será depositada em sua própria contabilidade existencial.

Se os pais encontraram no Espiritismo a diretriz de libertação e de felicidade, eis aí o melhor para dar, não deixando que a criança escolha, porque esta ainda não sabe discernir. Por isso, vamos orientar os nossos filhos. Vamos insistir, motivando-os, levando-os, provando em casa, por meio do exemplo, que a Doutrina Espírita representa a interpretação mais lúcida a respeito da vida e da busca da plenitude.

Nunca será demais repetir: é um compromisso inadiável fazer as crianças entrarem em contato com os conhecimentos espirituais. Deixar que o filho decida, para que depois de se envolver em muitos problemas ele escolha o que lhe parece melhor, seria como permitir que o jovem se contaminasse com o vírus HIV para em seguida falar-lhe sobre a prevenção de doenças sexualmente transmissíveis. Essa atitude demonstraria que a Religião é um adorno secundário, uma questão sem maior importância na dinâmica familiar.[147]

A FAMÍLIA E O CENTRO ESPÍRITA

O Espiritismo é uma proposta muito atraente para jovens e adolescentes, tendo em vista o seu conteúdo iluminativo, de fácil aplicação no cotidiano e libertador de tabus e influências perniciosas. Esclarecendo a mente e aprimorando os sentimentos, a Doutrina Espírita fascina

---

147. Consultar também os livros: *Constelação familiar*, de Divaldo Franco/Joanna de Ângelis, Editora LEAL, cap. 22 (Orientação religiosa na família); *S.O.S família*, de Divaldo Franco/Joanna de Ângelis e outros Espíritos, Editora LEAL, cap. 13 (Estudo evangélico no lar); *Minha família, o mundo e eu*, de Raul Teixeira/Camilo, Editora Fráter, cap. 31 (Família e religião). Nota do organizador.

as mentes juvenis, convidando-as a reflexões profundas e a comportamentos saudáveis.

As aulas de evangelização, além de favorecerem a formação das crianças encarnadas, exercem um papel fundamental no enfrentamento com as Entidades infelizes, um processo que ocorre entre os desencarnados, já que os nossos guias espirituais estão a todo momento tentando nos proteger da ação de Espíritos enfermos, grotescos e vingativos.

O apóstolo Paulo já dizia que uma *nuvem de testemunhas* nos observa.[148] Equivale a dizer que estamos sempre acompanhados por seres desencarnados que participam do nosso cotidiano. Na evangelização infantojuvenil, os inimigos espirituais das crianças e jovens são igualmente beneficiados. A criança é alguém que está atualmente na fase infantil, mas na realidade é um Espírito milenar que traz na bagagem os seus compromissos do passado. E, quando é evangelizada, os seus acompanhantes do Mundo extrafísico são esclarecidos e encaminhados, gerando condições para que mais tarde todos estejam empenhados na edificação de novos tempos.

O Espírito Amélia Rodrigues, que escreveu diversos livros por meu intermédio, elaborou uma frase poética que me encanta. Ela afirma que é essencial cuidar da criança e do jovem porque esses Espíritos são as "rodas do progresso do amanhã que avançam pelos pés do presente".[149] Daí, essas rodas do progresso, quando bem orientadas, serão os nobres cidadãos do futuro.

No entanto, eu gostaria de fazer um alerta aos pais que encaminham seus filhos às atividades espíritas. Muitos jovens que conheci ao longo dos anos, filhos de espíritas convictos e atuantes, abandonavam o Centro Espírita e me causavam uma grande frustração. Eu não sabia como entender tal fenômeno. Até que um dia comecei a questioná-los com delicadeza a fim de ajuizar a situação. Um número imenso de adolescentes me fez queixas muito graves com o seguinte teor:

— Tio Divaldo, eu não vejo por que deverei ir ao Centro Espírita. Papai me obriga a fazê-lo, mas vive discutindo com mamãe como se

148. Hebreus, 12:1.
149. Do livro *Terapêutica de emergência*, de Divaldo Franco/Espíritos diversos, Editora LEAL, cap. 4 (Evangelização – desafio de urgência). Notas do organizador.

os dois fossem gato e cão! Então eu acho que tudo isso é uma farsa! Será que é necessário que eu esteja na evangelização para ser alguém equilibrado? Tenho minhas dúvidas se vale a pena o investimento; não sei se frequentar uma Instituição Espírita realmente faz diferença na vida de alguém. Meu pai não perde uma reunião mediúnica, minha mãe aplica passes toda semana, mas você precisa ver como agem com os filhos lá em casa!

Chocado com a revelação, eu disse a esses jovens:

— É que seus pais são Espíritos muito doentes, meus filhos. E Deus colocou vocês nesse lar por uma razão importante: para ajudá-los a encontrar a cura que os libertará dos males da alma. Curiosamente, a tarefa não é deles, que deveriam cuidar de vocês. A tarefa é de cada um de vocês, que têm mais maturidade e precisam cuidar deles.

Alguns desses jovens se comoveram e me disseram:

— É verdade, tio? Eu não tinha pensado nisso...

E eu concluí:

— Claro, meu filho! Porque, muitas vezes, o bem que pensamos fazer aos outros é, na verdade, algo que estamos recebendo e se reverte a nosso favor.

Infelizmente, o exemplo dos pais no lar nem sempre é compatível com as lições ministradas pela Doutrina Espírita, e isso constitui um grande impedimento para o estudo e a vivência dos valores espirituais por esses candidatos juvenis. Tomando conhecimento da filosofia espírita e da necessidade de sua aplicação em todos os momentos, os jovens decepcionam-se no lar quando verificam a diferença de comportamento dos genitores no que se refere àquilo em que dizem crer e à maneira pela qual é conduzida. Nessa situação, os resultados serão absolutamente desastrosos. É natural que os filhos resistam, porque constatam a inutilidade da doutrina que estão sendo forçados a conhecer. Quando os pais são de fato espíritas no ambiente doméstico, as crianças e jovens irão muito felizes à atividade educacional infantojuvenil.

É comum que alguns pais pensem que estão educando o filho, quando, na verdade, é ele que está disciplinando e ensinando belas lições aos genitores, estimulando os adultos a desenvolverem a paciência e a compreensão. Isso não autoriza os educadores a adotarem uma postura hipócrita, que contribui para que a criança e o jovem percam o interesse em estudar o Espiritismo. Pelo contrário, em qualquer situação vigente os pais têm o dever de honrar dentro do lar o compromisso que assumiram publicamente ao se declararem espíritas.

O comportamento que os genitores precisam manter em relação aos jovens também é válido em relação aos idosos. Se temos um pai idoso e de temperamento difícil, devemos dar-lhe o direito de ser irritável, de ficar inquieto e de não aceitar sugestões. E aprendamos a sorrir quando ele for teimoso e desagradável. Mesmo que esse pai idoso tenha distúrbios neurológicos ou psiquiátricos, a conduta de paciência e ternura deve se manter inalterada. Graças à Misericórdia Divina ele está expungindo graves débitos para ingressar no Mundo espiritual mais aliviado. E nós, os filhos, nunca nos esqueçamos de que esse tempo doado aos pais idosos não é gratuito, uma vez que eles nos deram muito através das noites não dormidas, em que a sua vigilância permitia que chorássemos a madrugada inteira para dormirmos tranquilamente durante o dia. Ou ainda quando a enfermidade nos visitava e eles se desdobravam para nos aliviar.

Eu conheci uma família em Salvador na qual o filho mais velho levou para o lar o pai idoso, com 70 anos de idade e com mal de Parkinson. A esposa, muito nervosa com as contrariedades causadas pelo sogro, começou a protestar com veemência. Sempre que chegava uma visita, ela era tratada com mais amabilidade do que o sogro, porque ele sujava a mesa devido ao tremor incontrolável. A nora conseguiu fazer com que o marido levasse o idoso para comer sempre na cozinha. O marido concordou porque pensava no pai como uma verdadeira dor de cabeça para a família. O pai o envergonhava!

Como somos pusilânimes! Mas esse pai que alguns de nós menosprezamos nunca teve vergonha de nos limpar quando éramos crianças! Às vezes até quando já estávamos na condição de adultos, ao fazermos uma cirurgia ou termos uma necessidade de saúde qualquer.

Contudo, o filho ingrato se arrependeu de ter cedido aos caprichos da esposa inconsciente. Em uma ocasião ele pediu-me um conselho e eu lhe sugeri:

— Reabilite-se imediatamente e dê dignidade ao seu pai, devolvendo-lhe o lugar que ele merece à mesa. E se o problema são as pessoas que querem visitá-los periodicamente, não receba visitas, pois o seu pai merece muito mais consideração do que os estranhos. Se você não é gentil com o seu pai, como será gentil com os outros no Centro Espírita?

Desse modo, que estejamos sempre nos transformando interiormente e garantindo que as nossas atitudes falem mais alto do que as palavras. O exemplo no lar é de fundamental importância no despertamento dos jovens e adolescentes para o estudo e a vivência do Espiritismo, ao mesmo tempo em que instrutores jovens e sinceros devem se tornar líderes em relação aos demais membros do grupo juvenil.[150]

EVANGELHO NO LAR

A prática do Evangelho no Lar é um dos exercícios mais saudáveis que possamos imaginar. Ela foi iniciada por Jesus nos memoráveis encontros realizados na casa de Simão Pedro, em Cafarnaum. Depois das jornadas em torno do Lago de Tiberíades (ou Mar da Galileia), Ele se recolhia à intimidade doméstica do amigo pescador para orar. E à sua volta não estavam apenas os discípulos, mas também os sedentos de paz. Ali Ele instaurou um verdadeiro santuário no seio da família, através de cujo método, o diálogo, Jesus pôde oferecer às criaturas o substrato para atender as necessidades imensas do ser profundo, explicando poeticamente a realidade do Reino dos Céus...

Ao Espiritismo coube a indeclinável tarefa de atualizar aquela proposta que o Mestre desenvolveu com tanta proficiência na casa do Seu amigo. Por isso, a Doutrina Espírita convida os integrantes de uma mesma família para que se reúnam em torno da mesa de refeições a fim de estabelecerem contato com as Fontes Superiores da Vida. Da mesma forma que a mesa de alimentação é utilizada para o pão diário, deverá também servir de oportunidade para a comunhão transpessoal, o hábito salutar de identificação com Deus.

---

150. Sugerimos também a leitura do livro *Vereda familiar*, de Raul Teixeira/Thereza de Brito, Editora Fráter, cap. 32 (A família espírita e o Centro Espírita). Nota do organizador.

Por esse motivo, há várias décadas, os espíritas detectamos a necessidade de instituir o Evangelho no Lar para que a família converse, pois o tempo, às vezes, torna-se escasso em função do trabalho dos pais, dos estudos formais e dos cursos complementares dos filhos.

Muitas vezes os nossos filhos resistem à ideia de fazer o Evangelho porque imaginam estar perdendo tempo ou veem aqueles breves momentos de reunião como enfadonhos. É natural que os nossos adversários desencarnados se utilizem de todos os recursos possíveis para colocar obstáculos à nossa iluminação interior. Com frequência, quando reunimos a família ou quando pretendemos fazê-lo, surgem situações extremamente angustiantes. Nesses dias defrontamos problemas que não são habituais, quando ocorrem episódios que nos dificultam ou impedem de cumprir o horário programado para o nosso momento de busca espiritual através da oração, da leitura e da harmonização do psiquismo familiar.

Por essa razão, frequentemente os nossos filhos pequenos ou adolescentes reagem à proposta de atender ao compromisso formulado. Os adolescentes se mostram insatisfeitos porque gostariam de estar em outro lugar se divertindo, enquanto os pequeninos sentem sono ou ficam irritados, tornando-se instrumentos de Espíritos zombeteiros que pretendem nos aborrecer para evitar a realização do encontro espiritual.

Quando os episódios ocorrerem com filhos adolescentes, nós poderemos contra-argumentar: "Mas será pedir muito que você participe de alguns minutos de reunião com todos nós? Será um exagero que ao longo da semana inteira você me dê apenas 20 ou 30 minutos do seu tempo para estarmos em família e falarmos sobre as verdades espirituais?". Nesse instante alguns jovens poderão responder: "Mas eu não acredito em nada que o Espiritismo ensina!", e nós diremos tranquilamente: "Então vai participar do Evangelho exatamente para acreditar!". Se mesmo assim eles não concordarem, tenhamos a coragem de afirmar: "Enquanto você estiver sob a minha dependência econômica e eu for a pessoa que elege aquilo de que você necessita, serei eu quem vai orientá-lo no caminho da Religião e da espiritualidade. Se eu lhe dou a melhor roupa, a melhor alimentação e os melhores estudos, também serei eu que lhe darei uma diretriz religiosa! Como você já sabe, em nossa casa nós temos o hábito de entrar em contato íntimo com Deus. Dessa forma, durante o tempo em que permanecer sob este teto, você fará parte das nossas reuniões, mesmo a contragosto. Não irei entrar em conflitos que você deseje provocar, mas saberei aplicar recursos de educação e disciplina, caso eu continue a ver uma atitude de agressividade e de indisposição que não se justifica".

Após ouvir o argumento dos pais, é provável que o jovem tente participar da reunião com uma postura refratária, baixando a cabeça e demonstrando o seu aborrecimento. Nesse momento o pai ou a mãe dirá: "Mas o que é isso?! De forma alguma! Não quero ver nenhum sinal de mau humor e não vou admitir indisciplina no Evangelho. Sente-se corretamente, porque nós vamos orar! E para isso é preciso manter uma postura respeitosa. Aproveite e faça a leitura do Evangelho para todos nós". Vale ressaltar que as advertências devem ser feitas com energia, mas com muita ternura e serenidade.

Com esse modo de agir nós iremos aos poucos modificando o comportamento do nosso filho. Às vezes ele nem sabe ao certo porque não gosta de estar na reunião, pois é somente um capricho juvenil. Outras vezes a sua relutância é uma forma de ter mais tempo livre para usar o computador, o celular ou *tablet*, ficando o dia inteiro nos jogos virtuais de assassinato ou de esportes, ou mesmo consultando páginas de erotismo e vulgaridade. Para isso alguns jovens encontram tempo! E o mais alarmante é que muitos pais permitem esses passatempos inúteis, mas não se preocupam em conduzir seus filhos a momentos de reflexão e crescimento espiritual. Isso constitui uma lamentável negligência!

Se nós somos adultos, temos mais experiência. Nosso filho adolescente ainda está na fase da ilusão, tenhamos tolerância para lidar com esse período delicado de descobertas, mas sejamos educadores atentos e responsáveis.

Os filhos menores também farão com que os pais sejam testados na sua paciência, por isso eu recomendo aos educadores que ajam com perseverança! Insistam! Apliquemos passes na criança para acalmá-la, até que o sono a coloque em um estado de tranquilidade forçada. Jamais deixemos de fazer o estudo do Evangelho no Lar em função das perturbações que se instalam com a contribuição dos próprios integrantes da família. Esses obstáculos denotam a seriedade e a importância da reunião semanal de encontro com Jesus no espaço doméstico. Os seres que desejam a nossa estagnação fazem de tudo para que o evento não seja consumado, por isso esses obstáculos devem ser enfrentados com coragem e persistência.

O Evangelho em família é um procedimento essencial para o grupo familiar, da mesma forma que a alimentação, o repouso e tudo aquilo que diz respeito às necessidades básicas. É uma prática singela, que todo e qualquer indivíduo pode e deve fazer, seja qual for a sua Religião, e mesmo que ele não tenha opção religiosa, pois produzirá uma psicosfera que atrairá os Espíritos nobres, benfeitores que farão do nosso lar um verdadeiro reduto para o repouso e o trabalho espiritual.

A mentora Joanna de Ângelis recomenda alguns passos que servem de modelo para o Evangelho no Lar: convide os seus familiares e inicie a atividade com uma oração. Não me refiro às preces memorizadas, mas a uma oração que seja o abrir da sua alma a Deus. Se você tiver dificuldade de formular uma prece que contenha ideias coerentes com uma oração de teor sublime, consulte *O Evangelho segundo o Espiritismo* e analise algumas propostas que Allan Kardec redigiu como sugestão, dando-nos orientações para que saibamos quando e como se deve orar. Cada sugestão que ele apresenta não é uma fórmula que precisa ser seguida sem desvios, pois é apenas uma diretriz geral que permite um balizamento e conduz aquele que ora a um patamar de maturidade na relação com o transcendente. Dessa forma, abra o seu coração e dialogue com seu Pai...

Em seguida, abra o *Evangelho* e leia um trecho. Se você estiver vinculado a outra doutrina, utilize um livro fundamental para a sua concepção religiosa, que pode ser *O Novo Testamento* ou outra obra que ofereça textos edificantes. O importante é criar um clima salutar para a família. Escolha um trecho específico ou leia uma página aberta ao acaso. Este segundo método tem a vantagem de permitir que os amigos espirituais dirijam a leitura para um tema de que a família está necessitando com maior urgência naquele instante. Leia por breves minutos e, na sequência, faça comentários, estimulando a participação de todos, sem que se permita campo para polêmicas e embate de ideias. Dialogue sobre as dificuldades do relacionamento e os problemas em família, falando de uma maneira gentil e afável. Se tiver filhos pequenos, leia uma pequena história para que eles também participem.

Durante o encontro todos estudarão aspectos da vida que mereçam uma análise profunda, ao mesmo tempo que meditarão sobre o papel que cada um desempenha no grupo familiar. Os pais se colocarão à disposição para acolher e esclarecer os filhos, enquanto estes poderão abrir o coração para receber a ternura e a compreensão dos educadores. Falamo-nos, beijamo-nos, abraçamo-nos, conversamos sobre a esperança... Esse é um momento muito oportuno para que qualquer um dos membros da família peça desculpas por algum comportamento inadequado, diminuindo o impacto das tragédias do cotidiano e evitando que os atritos do dia a dia provoquem consequências mais danosas. Por isso, é imperioso que a família seja construída sobre as bases do Evangelho de Jesus.

Logo no início da atividade, coloque um recipiente com água sobre a mesa e peça aos mentores da Vida maior que impregnem as moléculas daquele líquido transparente com as suas energias salutares, verdadeiros medicamentos espirituais, para que a família possa sorver a linfa refrescante e renovadora que é a água magnetizada ou *fluidificada.*

Quando forem concluídos os comentários, diminua a luz ambiente para facilitar o momento final do encontro. Isso deve ocorrer não por uma questão mística destituída de sentido, mas para reduzir a incidência de raios luminosos sobre a água, favorecendo a concentração de energias espirituais na massa líquida. Outra razão para fazer uma leve penumbra é facilitar a atmosfera de recolhimento, já que dessa forma não estaremos olhando-nos uns aos outros.

Ao estabelecer o clima propício, ore em favor dos que sofrem; recorde-se daqueles que têm problemas de qualquer natureza e transmita as suas melhores vibrações para essas pessoas que necessitam de apoio. Lembre-se também de irradiar o seu pensamento para os que são mais felizes. Dirija aos familiares encarnados e desencarnados as suas emoções de gratidão e ternura, pois eles registrarão os sentimentos de amor e serão beneficiados com isso.

Por fim, em uma leve pausa, solicite que os Espíritos amigos apliquem a bioenergia, os passes, em todos os presentes, encerrando a atividade com uma evocação final de gratidão a Deus.

Evite a ocorrência de comunicações mediúnicas, que extrapolam a finalidade da reunião. O momento não é para o intercâmbio com desencarnados, mas primordialmente para o intercâmbio afetivo-emocional com a família. Se houver um médium ostensivo no grupo e os amigos espirituais derem mensagens esporadicamente, adicionando informações iluminativas, é válido, contanto que não se torne habitual, pois a reunião de Evangelho no Lar não é uma atividade mediúnica.

Não prolongue demasiadamente o evento, senão a reunião se tornará monótona e menos agradável. Conduza o encontro de forma prazerosa, despertando o interesse da família em repeti-lo a cada semana. Entre 20 e 30 minutos por semana, os membros da família deverão reunir-se para entrar em contato íntimo com Deus, um tempo bastante curto que certamente não compromete a rotina familiar.

Ao final, encerre a atividade e prossiga com a sua vida normal. De preferência, não saia de casa e não mantenha conversações discrepantes, assistindo a filmes de violência ou programas com teor menos nobre. É claro que esse tipo de conduta preventiva deve ser adotado sempre, mas é ainda mais importante exercitá-lo na noite em que se mantém o intercâmbio com as Forças Superiores da Vida. Por isso, tanto quanto possível, preserve o clima psíquico obtido no encontro realizado.

Se amigos desejarem participar, poderemos abrir-lhes a porta uma ou duas vezes, aconselhando-os a fazer o mesmo em sua própria residência. Essa medida evitará que o Evangelho no Lar se converta em uma reunião social. Que cada um se disponha a reproduzir o método em sua própria família, para que a presença psíquica do Cristo se derrame sobre todos os lares e, por extensão, sobre toda a Terra...

Essa será a família espírita do futuro, um núcleo familiar saudável no qual os cônjuges diariamente dialogam com seus filhos, reservando um horário semanal para o estudo do Evangelho. Ao agir dessa forma, o grupo estará adquirindo legitimidade, considerando que os seus membros *retornam para casa* quando entram em contato com as origens do bem...

No livro *Sob a proteção de Deus,* Joanna de Ângelis refere-se aos três estágios que o indivíduo vivencia na dinâmica familiar, segundo a cultura indiana. No primeiro estágio, ele pertence à sua família de origem, aquela na qual nasceu. No segundo momento, ele sai de casa para casar-se e passa a pertencer à família que constitui. E, na terceira fase da vida, ele, que já educou e cumpriu com seus compromissos familiares, agora vai entregar-se a Deus para cuidar da sua alma...[151]

Essa proposta me parece fascinante! Inicialmente somos dependentes dos pais. Depois vivemos as nossas próprias experiências, repassando aos filhos os valores educativos que herdamos dos nossos genitores. E no fim da trajetória terrena nos ocupamos mais intensamente com a nossa imortalidade...

Cuidar da imortalidade é essencial! Nesse conceito não reside qualquer tipo de fanatismo. Se cuidamos do corpo transitório, por que não cuidaremos também da alma imortal? É indispensável cultivar o ser que somos no corpo em que estamos, realizando com isso uma transição gradual das concepções humanas, que se deslocam da era da matéria para a era do espírito.

Conforme já mencionamos anteriormente, tem faltado aos pais uma postura de maior firmeza no aspecto religioso do processo educacional. Se os pais não insistem em oferecer aos educandos os princípios da Doutrina Espírita, é porque não estão convencidos do valor inestimável dos conceitos que dizem adotar.

A experiência religiosa, no sentido psicológico profundo, contribui decisivamente para que a felicidade se materialize na vida humana e na intimidade da família. Este sentimento de plena integração com a Divindade encontra no Evangelho no Lar um campo ideal para florescer.[152]

Um dos grandes momentos de aprendizagem da minha vida ocorreu depois de uma conferência que realizei em Los Angeles, na Ca-

---

151. *Sob a proteção de Deus*, de Divaldo Franco/Diversos Espíritos, Editora LEAL, cap. 15 (A família universal).
152. Ver o livro *Constelação familiar*, de Divaldo Franco/Joanna de Ângelis, Editora LEAL, cap. 21 (Presença do Evangelho no Lar). Notas do organizador.

lifórnia, sobre o tema da felicidade. Quando a palestra se encerrou, uma amiga apontou para um senhor que estava na plateia e esclareceu:

— Divaldo, você está vendo aquele senhor de óculos escuros e cabelos longos?

Eu observei discretamente e respondi:

— É curioso. Eu notei que ele estava olhando para mim de uma forma muito especial, diferente.

— Pois é, Divaldo. Aquele é o ator cinematográfico Fulano de Tal.

Eu fiquei surpreso! Era uma personalidade importante de Hollywood, um homem que cobrava, naquela época, 15 milhões de dólares para fazer um filme.

Minha amiga me falou:

— Eu o convidei para vir aqui hoje porque nós somos muito amigos. Para evitar tumulto, ele está utilizando aqueles óculos e uma peruca longa. Afinal, além de não querer dar entrevistas fora de hora, ele é uma pessoa com muitos problemas...

— Mas como?

— Ele é um dos homens mais atraentes da Terra! Uma pessoa sexualmente provocante e disputada por muitos! Quase todas as fãs de cinema são apaixonadas por ele. É casado e a sua casa custou 5 milhões de dólares no elegante bairro de Bel Air. Ele tem uma fortuna incalculável! Quando está conversando comigo a respeito de sua família, chora de forma dolorosa e prolongada... Por isso, eu lhe pedi que viesse aqui assistir à sua palestra. Apresentarei você ao meu amigo sem revelar-lhe o nome.

Daí a alguns instantes eu estava diante de um astro internacional da sétima arte, um dos homens mais cobiçados do seu tempo! Quando lhe toquei a mão, notei que estava fria e trêmula. Parecia uma criança tímida diante de mim. Através do intérprete, começamos a dialogar e ele me informou, nervosamente:

— A sua palestra me sensibilizou bastante... O senhor está diante da pessoa mais infeliz que já encontrou na Terra...

Pelo timbre da sua voz, eu pude logo confirmar de quem se tratava, embora não fale inglês. E continuamos a conversar:

— Mas por que o senhor se considera assim tão infeliz?

— Porque ninguém me ama!

— Mas o senhor é tão amado e invejado por tantos... É tão cobiçado por milhões de mulheres e de homens!

— Isso é somente o resultado da fama. Eles não amam a mim, que sou uma pessoa como outra qualquer, amam a fama que eu tenho, por isso gostariam de estar em meu lugar. Eu daria tudo para perder o lugar que ocupo! Posso contar nos dedos de uma só mão as pessoas que realmente me amam: a minha mulher, os meus filhos e a minha massagista. Somente eles. Aliás, quero até retificar o que acabo de dizer. A minha mulher me ama até que um dia resolva pedir o divórcio e levar metade da minha fortuna. Os meus filhos, quando atingirem a idade adulta, poderão cobrar-me os bens a que têm direito. A minha massagista é-me fiel até que alguém lhe pague mais do que eu e ela se vá...

Eu nunca havia visto tanto pessimismo! Olhei com muita compaixão para aquele homem amado e odiado, cuja vida refletia um grande vazio de significados existenciais. Esclareci-o com ternura:

— Meu caro amigo, se um indivíduo tem câncer, ele precisa de um tratamento quimioterápico, radioterápico ou uma cirurgia. Por mais dolorosa que seja a intervenção, ela é necessária para restabelecer a saúde. Por esta razão, desculpe-me, mas tenho que ser franco, uma vez que o senhor me pede sugestões que possam servir-lhe como psicoterapia.

As minhas palavras iniciais provocaram nele um ar de surpresa e curiosidade, o que denotava que estavam surtindo o efeito que eu pretendia.

— Não importa que não nos amem – continuei –, porque o importante é que nós amemos intensamente! Quando exigimos que nos amem, ainda estamos em um estágio de infância psicológica, de imaturidade afetiva.

Ele continuava me olhando com admiração e espanto, enquanto eu prosseguia, tentando imprimir um tom de firmeza e suavidade ao mesmo tempo:

— Estou dizendo isso para lhe explicar que não são as pessoas que não amam o senhor; é o senhor que não ama a ninguém, porque se recolheu ao altar da sua presunção, perdendo o contato com a essência da vida! Em suas atividades diárias não há espaço para o amor! Quando amamos, somos ricos de emoções! O senhor parece ter perdido as emoções. Talvez seja até natural, em decorrência da sua profissão. Os vários papéis interpretados no cinema, as decepções imensas, a afetividade paga a peso de ouro... Compreendo as circunstâncias.

Comecei a falar-lhe, enquanto ele chorava sem cessar. Daí a poucos instantes, ele me disse, segurando as minhas mãos com aflição:

— Eu gostaria de convidá-lo para ir à minha casa! O senhor aceita?

— Penso que não convém. Porque se os repórteres descobrirem, irão escrever que o senhor está consultando um *feiticeiro* ou algo do gênero.

Ele insistiu no convite e eu lhe respondi:

— Eu aceitarei com uma condição: que o senhor não diga a ninguém que vou visitá-lo. Irei apenas para atendê-lo e atender a sua família, de forma muito discreta. Não irei à casa do astro de cinema, mas à residência do amigo que necessita de uma palavra de ternura. É uma condição de que não posso abdicar. Portanto, só irei se não houver a presença de mais ninguém. Não tenho nenhuma pretensão de ser visto como um guru, ainda mais o guru de uma celebridade, que servirá de matéria para a imprensa sensacionalista e vulgar. Eu já tenho um guia, que é Jesus, conforme lhe falei. E se eu sou guiado, é porque necessito de ajuda. Sou um *cego* que precisa recorrer a um guia. E um *cego* não pode conduzir outro *cego*, sob pena de ambos caírem no abismo...[153]

— Mas é exatamente como eu desejo! – respondeu ele, cujo pensamento ia ao encontro do meu.

Combinamos o dia e o horário da visita e ele ficou mais tranquilo. Aquele homem que tremia e derramava lágrimas de angústia começou a ver a vida por um ângulo diferente. Em seguida, ele saiu do auditório e entrou em uma *limousine* com vidros escuros, para que ninguém o reconhecesse.

Dois dias depois eu fui ao seu *palácio*. Era verdadeiramente uma casa hollywoodiana! O excesso de luxo tomava conta de cada recanto daquele ambiente. O dono da casa dispensou os empregados para que pudéssemos conversar sem jogo de aparências. Agora que estava sem

---

153. Comentário de Jesus em Mateus, 15:14 e Lucas, 6:39. Nota do organizador.

óculos e sem disfarce nos cabelos, eu pude ver como era realmente um homem de grande beleza física. Parecia a figura de Adônis, um deus da mitologia grega. Era belo, com olhos brilhantes, jovem, sonhador e triste... Ele me confidenciou:

— Eu sempre troquei de mulheres como troco de roupa. Porque eu posso comprar o que eu quero, tenho um avião moderno e viajo para onde desejo, mas eu sofro de uma grande solidão... Casei-me e tenho dois filhos que, de certa forma, preenchem-me o vazio existencial, contudo, eu não acredito que me amem de fato. Aqui, em Hollywood, ninguém ama ninguém! As pessoas casam-se umas com as outras para se aproveitar da fama e desfrutar da glória de serem estrelas de cinema. É bem provável que a minha mulher esteja pensando no divórcio e planeje tirar 100 milhões de dólares de mim. É possível que um dos meus filhos esteja sendo orientado agora mesmo por algum advogado desonesto, no intuito de obter parte da minha fortuna. E em qualquer das duas circunstâncias, eu teria sérios problemas. Por isso, eu não tenho amigos... Senhor Divaldo, eu gostaria de contar-lhe um pouco mais sobre a minha vida e as minhas dificuldades...

Decidi interromper o depoimento angustiado para exercitar a fraternidade com aquele cavalheiro:

— Não, senhor! Eu fui convidado para lhe falar sobre o Espiritismo, portanto, em vez de o senhor me fazer confidências detalhadas sobre a sua vida, sou eu quem vai administrar os temas que trataremos. Eu ficarei aqui por uma hora. Tudo a seu tempo. A primeira questão que desejo conversar é sobre a amizade. Se as dificuldades nos dilaceram, precisamos buscar apoio nos amigos.

— Infelizmente, eu não tenho amigos!

— Não é verdade! O senhor tem um amigo muito especial! É alguém que não necessita da sua fama ou do seu dinheiro, pelo contrário. É um amigo de que o senhor necessita bastante e não O tem procurado. Ele pode auxiliá-lo a qualquer momento.

— Quem é este amigo?

— É Jesus! Jesus é o *nadir* e o *zênite* de nossas vidas...

— Mas Ele é amigo de todos!

— E seu também! É muito melhor ter um amigo geral e verdadeiro do que um amigo exclusivo e sem nenhum sentimento de afetividade por nós. Talvez um amigo exclusivo tenha paixões desgovernadas que o impeçam de ser fiel. Enquanto o amigo de todos zela pelo nosso êxito e a nossa felicidade...

Nesse momento, acompanhada dos filhos, entrou na sala a sua esposa, uma estrela de Hollywood que também revelava muita beleza! Ela se aproximou, apertou a minha mão e me perguntou, de forma fútil e vazia:

— Ah! É o senhor que tem *o dom da adivinhação*?

— Não, senhora – esclareci. — Eu tenho o *dom* de compreender os sofrimentos humanos...

Sentamo-nos. Eu estava com *O Evangelho segundo o Espiritismo* traduzido ao inglês e pedi que ele abrisse em uma página a esmo. Ele concordou e abriu no trecho intitulado *O orgulho e a humildade*,[154] um texto que nos convida a renunciar o *ego* para nos preenchermos com a presença de Deus!

Fizemos a leitura da mensagem e conversamos bastante. Ali estava eu, em uma casa de 5 milhões de dólares que continha objetos que valiam mais de 10 milhões de dólares, sem que eu experimentasse o menor interesse pelas posses do proprietário da residência. Estava preocupado exclusivamente com a alma dele, levando-lhe o recurso da caridade moral.

Dialogamos sobre o texto e eu lhe informei, tomado por uma emoção profunda:

— A sua vida, meu amigo, precisa ser enriquecida com as esperanças do Reino dos Céus... Mas não de um Reino que nos aguarda depois da morte, senão daquele Reino que podemos erguer na intimidade do coração aqui e agora, preenchendo os vazios existenciais, dando sentido psicológico à vida, servindo pelo prazer de servir, não apenas para acumular recursos financeiros. Amar por amar...

Os sessenta minutos que eu havia planejado se transformaram em três horas... Ficou até um pouco difícil para sair da residência, pois aquele cavalheiro possuía uma necessidade tão intensa de encontrar-se com Deus que ele solicitava que eu continuasse a falar.

---

154. *O Evangelho segundo o Espiritismo*, de Allan Kardec, Editora FEB, cap. VII (Bem-aventurados os pobres de espírito), itens 11 e 12. Nota do organizador.

Notei também que a sua esposa era uma pessoa com uma capacidade notável de dar amor, apesar do comentário fútil que havia feito ao entrar na sala. Ao mesmo tempo, ela possuía uma grande sede de ternura. Então eu pensei: "Eles poderiam amar-se muito se o desejassem!".

De fato, o que lhes faltava era a ternura! Parece que o amor nos dias de hoje foi transformado em libido, em desejo sexual. Onde estão a ternura, a convivência, o toque afetivo, a palavra de carinho? Tudo isso prepara o casal para o momento máximo da fusão dos dois seres: o ato sexual permeado pelo sentido de amor. Esse encanto parece ter desaparecido por causa do erotismo exacerbado, que representa o estágio primitivo das necessidades humanas.

A certa altura, a esposa pediu licença para dedicar-se aos seus afazeres e nos deixou a sós. Foi a oportunidade ideal para que eu completasse o meu aconselhamento em relação à sua infelicidade conjugal:

— Sobre a sua dificuldade com a companheira, eu gostaria de lhe dizer que o importante não é o que os outros fazem, é o que nós fazemos. Ame-a sem reservas, sem receios! Afinal, ela é a pessoa com quem o senhor pode compartir o leito conjugal, a quem faz as suas confidências e que é mãe dos seus filhos. Esses bens valem mais do que todas as coisas que serão deixadas na Terra quando o senhor desencarnar. O verdadeiro tesouro é aquele que levamos conosco, que o ladrão não rouba, que a traça não rói e a ferrugem não consome![155] O nosso tesouro genuíno é a paz do coração!

Após o diálogo, eu lhe apliquei passes revigorantes. Nos instantes em que lhe transmitia a bioenergia, ele chorava copiosamente...

Quando terminei, o dono da mansão segurou as minhas mãos e me disse:

— Experimentei algo de que nunca desfrutei! Pude detectar a sensação de Deus dentro de mim... O senhor voltará um dia para me visitar novamente?

— Não creio que seja a melhor proposta, meu amigo. Não quero deixá-lo dependente de mim, já que o Espiritismo não tem gurus e não cria dependências. Fale diretamente com Aquele que é a causa de tudo:

---

155. Comentário de Jesus em Mateus, 6:19-21. Nota do organizador.

o Criador do Universo! Eu posso ensinar-lhe o caminho, dar-lhe o *mapa do tesouro*. Mas o senhor vai buscar o tesouro com os próprios pés.

Ainda conversamos um pouco mais e eu o presenteei com *O Evangelho segundo o Espiritismo* e *O Livro dos Espíritos*. Logo depois eu me despedi, a fim de seguir viagem para outros compromissos.

Atendendo ao seu convite, voltei à sua casa mais vezes, nos anos seguintes, aproveitando que estava realizando palestras em sua cidade. Ele abriu o coração à Doutrina Espírita, passando a ver a sua esposa com outros olhos. Já não tem algumas preocupações que antes o dominavam; já não fica angustiado tentando prever se a esposa vai pedir-lhe ou não a separação.

Esse homem que ainda possui *o mundo aos seus pés*, porque desfruta de prestígio entre as celebridades internacionais, continua fazendo filmes de sucesso, mas encontrou a plenitude porque descobriu que a vida não se resume à matéria, não está no mundo das *sombras*, como dizia o filósofo Platão no seu Mito da Caverna.

Em uma das vezes em que voltamos a encontrar-nos, ele me afirmou, com o coração inundado de entusiasmo:

— Divaldo, eu renunciaria a tudo para ser livre!

Eu lhe respondi:

— Seja livre, apesar de tudo que você tem! Possua, mas não seja possuído pela posse! Tenha, mas não pertença ao que tem! Seja livre para amar e para servir! Tome a atitude de investir em vidas, ao invés de investir apenas na bolsa de valores, como normalmente fazem todas as pessoas milionárias.

Ele aceitou a sugestão e criou em seu país uma organização não governamental destinada a ajudar crianças vitimadas pela dependência química.

A vida é atributo do Espírito que somos... As coisas materiais podem preencher-nos de conforto e comodidade, mas nunca atendem a um momento de angústia. Os laços de amor em família, impregnados pela comunhão com a Consciência Cósmica, constituem o grande meio de segurança para não ficarmos encastelados no egoísmo, deixando-nos arrastar pelas emoções perturbadoras que os desafios da vida podem provocar...

JESUS E O NATAL NA FAMÍLIA

Natal! As dúlcidas canções natalinas repletam o ar e os sentimentos humanos. Uma suave alegria toma conta de todos aqueles que conhecem Jesus, sensibilizando até mesmo as pessoas que d'Ele apenas ouviram falar. O ar balsâmico que atravessa o ambiente, seja nos trópicos ou nos países de clima mais frio, parece conduzir uma melodia diferente, que é o resultado das onomatopeias da natureza, falando de uma noite mística que deu início a uma Era Nova para toda a Humanidade... Evocativa daquele Natal inesquecível, essa noite é o prenúncio de um novo dia, desenhando o permanente amanhecer da nossa iluminação interior.

Quase todos nós sabemos quem foi Jesus. Inúmeros estudos bibliográficos apontam para as personalidades mais investigadas de todos os tempos. Napoleão Bonaparte foi um dos indivíduos mais biografados, com cerca de 250 mil obras para desvendar o seu papel histórico. No entanto, Jesus ultrapassa o grande corso, pois a seu respeito foram produzidos cerca de 500 mil trabalhos biográficos, nem todos favoráveis ao personagem analisado, como é compreensível. Algumas biografias são bastante esdrúxulas, refletindo as escolhas feitas pela criatura humana e suas variadas opiniões.

A grande verdade é que ninguém que tenha recebido notícias do Mestre Incomparável pôde ficar incólume, indiferente à Sua presença e influência. Alguém disse que a Seu respeito só existem duas posturas a serem adotadas: ou O amamos ou O odiamos. Creio que se trata de uma opinião carregada de extremismo, embora eu possa visualizar um aspecto verídico nessa concepção.

Conhecer Jesus faz com que o indivíduo se sinta deslumbrado pelo Mestre ou fuja d'Ele, porque o suave Galileu tem um significado profundo em relação aos nossos compromissos com a vida. Depois que nos deixamos tocar pela sublime musicalidade do Seu amor, pelas palavras emanadas de um coração puro, um Espírito transcendente, nunca mais conseguimos ser os mesmos!

Ele chegou até nós e dividiu a História. Antes do Celeste Amigo passaram pela Terra os grandes conquistadores, mas nenhum deles foi um líder como Jesus. Ele vem e cativa, arrebatando as almas com a fluência do Seu verbo ímpar!

O Mestre não apenas penetra os corações com Suas parábolas e lições, mas também reduz a intensidade dos sofrimentos físicos e psíquicos, curando pessoas com lepra, cegueira, paralisias e obsessões tenazes, restituindo a saúde e advertindo que tudo isso tem importância secundária, sendo fundamental a conquista interna do Reino de Deus, o único de duração infinita. A conquista a que se refere Jesus equivale ao processo de desenvolvimento da consciência para atingir as metas existenciais, consubstanciadas na vivência do amor.

A psicanalista alemã Hanna Wolff, que escreveu um belíssimo livro publicado no Brasil com o título de *Jesus Psicoterapeuta*,[156] refere-se à figura do Mestre de uma forma carinhosa e delicada. Ao estudar o Evangelho e aplicar o seu conteúdo no consultório, a autora descobriu a mais eficiente terapia para os tormentos da vida. Ela também menciona que mesmo na época em que surgiram os *hippies*, nas décadas de 1960-70, aqueles jovens que procuravam as suas origens não resistiram à suave magia do Homem de Nazaré, motivo pelo qual apresentaram ao mundo a famosa ópera-rock *Jesus Cristo Superstar*, como resultado das suas observações e necessidades íntimas. A peça teatral foi aclamada na Broadway e recebeu uma adaptação para o cinema no ano de 1973.

De fato, alguns adeptos do *movimento hippie* procuraram seguir Jesus, embora dentro de conotações muito próprias, que preconizavam, dentre outras atitudes, o abandono da vida social convencional, o que representa uma postura um tanto radical. Mesmo assim era notório que a figura de Jesus conseguia sensibilizá-los.

A mensagem que Ele nos trouxe é de Vida eterna, não apresentando o caráter transitório das glórias do mundo. Por mais demoradas que essas nos pareçam, elas são muito rápidas, deixando pegadas de cinza, lama, sangue e pó... Por outro lado, os passos de Jesus permanecem como hinos imortais cantando na intimidade dos nossos sentimentos a epopeia de um amor incomparável...

---

156. WOLFF, Hanna. *Jesus Psicoterapeuta*. Edições Paulinas, 1988. O título original em alemão é *Jesus der Mann*. Nota do organizador.

Se meditarmos a respeito dos aspectos históricos da vida do Messias Nazareno, concluiremos que os dados sobre a Sua existência estão envoltos em muitas contradições. A primeira polêmica é a do nascimento de Jesus, uma vez que os estudiosos discutem a veracidade dessa data.

Fazendo-se uma análise do nosso calendário e de todas as alterações que ele sofreu, desde a sua primeira formulação pelo monge católico Dionísio, o Exíguo, chega-se à conclusão de que as datas que pretendem revelar-nos Jesus historicamente não são exatas. Segundo esse notável sacerdote, que se equivocou nos dados, o Divino Mensageiro teria nascido no ano zero da nossa era. Mas, se considerarmos o nascimento de Herodes, o Grande, será fácil constatar que o nascimento de Jesus não ocorreu no período que foi estabelecido oficialmente pela Igreja. O texto bíblico afirma que o Cristo nasceu em pleno governo de Herodes, ocasião em que ocorreu a matança dos inocentes, quando José, Maria e o menino Jesus fugiram para não serem interceptados pelos soldados herodianos. Por isso, é necessário redefinir o ano em que o Mestre se apresentou ao cenário terrestre, já que Herodes nasceu cinco anos antes da data apontada por Dionísio. O mesmo vale para a data da fundação de Roma, que igualmente indica a necessidade de uma revisão na demarcação biográfica do Nazareno.

Portanto, analisando esses dois episódios históricos relevantes, os melhores estudiosos informam que a época em que Jesus nasceu deve ser recuada até cinco ou seis anos, para termos uma historicidade mais ou menos precisa.

A mesma correção deve ser feita em relação à data natalícia, que não corresponde a 25 de dezembro. Acredita-se, dentro dos estudos históricos, que a data correta para o nascimento de Jesus está entre 5 e 6 de abril. E por que aquela data do mês de dezembro foi escolhida?

Paganismo é uma palavra utilizada para definir um conjunto de tradições históricas ou religiosas desvinculadas da raiz judaico-cristã. Normalmente elas eram politeístas, englobando, entre outras vertentes, as tradições mitológicas greco-romanas. Os povos pagãos cultuavam a Natureza e seus ciclos, acreditando que seres imateriais (divindades, forças invisíveis) eram os responsáveis pelas variações do tempo, pela mudança nas estações do ano e pelo fornecimento dos recursos naturais para a manutenção das vidas humanas. Esses povos também cultuavam os ancestrais e praticavam inúmeros *rituais mágicos*. Contudo, o conceito de paganismo é questionado por diversos autores, que preferem não reunir tantas culturas diferentes sob a mesma denominação, optando por designar cada tendência/tradição com expressões diferentes e mais precisas: panteísmo, animismo, xamanismo, magia branca etc.

O solstício de inverno no hemisfério norte, entre 21 e 23 de dezembro, é a data na qual se inicia um período em que as noites são mais longas e os dias são mais curtos na Europa. Os pagãos haviam definido essa data como uma ocasião propícia para as festividades em honra ao deus Saturno, as chamadas *Saturnais*. Eram festas em que os escravos e outros indivíduos dispunham do período de uma semana para entregar-se aos prazeres exorbitantes, ao desequilíbrio, à embriaguez... Roma *enlouquecia*, pois quase todos mergulhavam nos gozos de todos os tipos e intensidades, uma forma de expressão bastante popular naquela época e que permanece seduzindo as pessoas na atualidade, embora em outro contexto e em lugares distintos.

Quando o Cristianismo espalhou-se pelo Império Romano, os primeiros servidores de Jesus desejaram apagar essa nódoa da história do Império deslocando para 25 de dezembro a data gloriosa do nascimento de Jesus, aproveitado a popularidade daquelas festividades e apostando na possibilidade de mudar as tradições culturais para que elas se tornassem compatíveis com a proposta cristã.

A partir daí o Natal passou a ser celebrado no dia 25 de dezembro. Com isso, *as Saturnais*, é claro, desapareceram, mas o desejo de vivenciar a embriaguez dos sentidos permaneceu o mesmo nas criaturas humanas. Apesar dos esforços dos cristãos primitivos, as criaturas continuaram entregando-se ao prazer sem limites. Aquela manifestação coletiva foi se modificando ao longo do tempo para assumir muitos formatos em países diversos, até se transformar no carnaval, tal como ocorreu no Brasil e em outros países.[157]

---

157. Consultar o livro *Sexo e consciência*, de Divaldo Franco, organizado por Luiz Fernando Lopes, Editora LEAL, cap. 10 (Sexo e sociedade), item "Carnaval". Nota do organizador.

Inácio de Antioquia, um mártir cristão do século II, escreveu uma carta aos efésios para dizer que "os cristãos pertenciam a Jesus", não podendo entregar o seu corpo e a sua alma à degradação moral. Ele assinalava que Antioquia e Roma eram cidades da sensualidade, onde banhos coletivos, espetáculos circenses e o deboche generalizado haviam adquirido cidadania, perturbando alguns cristãos que desejavam ser fiéis ao Cristo. No texto ele procurou despertar os recém-convertidos para que seguissem integralmente o Evangelho. Referiu-se ainda a um grupo de indivíduos que revelavam comportamento *judaizante*. Eram judeus que se convertiam ao Cristianismo e não conseguiam apropriar-se de toda a revolução conceitual que o pensamento cristão abarcava, incidindo no erro de desejar impor velhas práticas judaicas no ambiente da fé nova, prejudicando a divulgação dos postulados genuínos do Evangelho, àquela altura já mesclados com as propostas pagãs de que não conseguiam dissociar-se. Essa influência do paganismo sobre o Cristianismo estava alicerçada em superstições e na vivência do prazer sem compromisso com o dever de consciência, conforme a tradição dos povos do período pré-cristão.

Essas intromissões prosseguem ocorrendo com os cristãos atuais, uma vez que continuamos a deturpar os ensinamentos do Mestre, adaptando-os aos nossos desejos e corrompendo o sentido profundo do que significa ser cristão.

Se olharmos o Movimento Espírita, cuja proposta vem restaurar o Evangelho em toda a sua essência, a cada momento aparecem pessoas com ideias novas querendo introduzir teses absurdas, destituídas de qualquer sentido, sob o pretexto de que é preciso "modernizar" o Espiritismo, quando a intenção verdadeira é torná-lo uma proposta vazia e vulgar, fazendo-o descer do seu sentido ético e profundo para retroceder ao patamar das nossas paixões mesquinhas, já que é tão difícil viver a Doutrina Espírita com toda a grandeza moral de que ela se constitui.

A partir do momento em que compreendemos que as questões historiográficas são secundárias, é necessário identificar se estamos demonstrando fidelidade ao pensamento de Jesus. A criatura humana é aquilo que faz de si mesma, e se decide optar por comportamentos alheios a uma existência saudável, se adota condutas incompatíveis com as pautadas nos valores profundos da alma, acaba tentando acomodar tudo aos seus caprichos, adaptando as coisas ao seu *modus vivendi*. O Natal não poderia escapar a esse tipo de investida.

Em um dos momentos de transe experimentados por Francisco de Assis, quando ele se entregava ao êxtase psíquico para entrar em comunhão com Jesus, ele imaginou como seria a Judeia na época do Mestre Nazareno. Com isso, teve a ideia de reconstituí-la. Com a ingenuidade de uma criança, construiu o primeiro presépio da história cristã, elaborando a imagem de um menino em um berço de palha na gruta de Belém, cercado pelos animais domésticos que habitavam o lugar. Rapidamente o presépio espalhou-se pelo mundo como símbolo do nascimento de Jesus.

Depois do cântico sublime do Pobrezinho de Assis, à medida que os séculos transcorreram, surgiram muitas lendas, entre as quais encontramos a de São Nicolau, um homem que teria vivido em um país muito frio e andava em um carro puxado pelas renas, distribuindo presentes para as crianças em homenagem a Jesus na noite de Natal.

A tradição católica informa que São Nicolau foi um grande e devoto servidor de Jesus na Turquia, que nada tem a ver com os países nórdicos, que são frios como aquela região retratada na lenda. Como se vê, não há veracidade nessa narrativa fantasiosa.

Logo depois, a imaginação popular, estimulada pelos mitos que *dormem* no ser profundo, criou a imagem do Papai Noel, que significa o papai do Natal, o velhinho bondoso e gordinho, vestido com uma roupa colorida, segundo uns, ou vermelha, segundo outros, distribuindo presentes de uma forma romantizada, à maneira das melhores peças literárias, porque todos apreciamos os mitos. Afinal, trazemos nas profundezas do *inconsciente individual* e *coletivo* esses seres que um dia povoaram o Olimpo grego, que revivem a cada dia no Olimpo do nosso mundo interior...

Dessa forma, a figura mitológica de Papai Noel foi substituindo a figura histórica de Jesus. Em vez do presépio, as estratégias mercadológicas criaram uma árvore, o pinheiro, para ficar dentro de casa e ser decorado segundo o gosto de cada família. Essa árvore é uma das poucas que resistem ao inverno mais rigoroso, mantendo inalterada a sua tonalidade verde-claro ou verde-escuro, por mais baixa que seja a temperatura. Para completar o mito, concebeu-se que o Papai Noel visita todos os lares na noite de Natal, ora entrando pela chaminé, ora entrando por outra fresta qualquer, colocando presentes sob a árvore de Natal iluminada. A princípio, a árvore era enfeitada com bolas de aljofre coloridas, que são pequenas pérolas de tamanhos variados. Mas hoje, graças à influência do mercado, a árvore é adornada com lâmpadas multicoloridas e outros objetos que não possuem nenhuma relação com a festa natalina, servindo para complementar aquele elemento estético.

Essa árvore tem um significado simbólico-arquetípico muito especial, pois assume o papel de árvore dos desejos, uma imagem que remete à árvore do Bem e do Mal no mito do paraíso perdido. Como se pode constatar, trata-se de conteúdos que estão presentes em nosso inconsciente desde tempos imemoriais, ressurgindo sob nova roupagem para mobilizar os nossos desejos, no intuito de satisfazer a ânsia de lucro do mercado. Curiosamente, no mito de Adão e Eva, a árvore do Bem e do Mal trouxe ao casal mais males que bens...

Por todas essas razões, aos poucos o Natal foi sofrendo intensas transformações, deixando de ser a festa de Jesus para ser a festa de Papai Noel.

Certa vez, eu estava caminhando tranquilamente pela Escola Alvorada Nova, uma das instituições educacionais que fazem parte da Mansão do Caminho. De repente, uma criança de 4 anos de idade me disse, muito entusiasmada:

— Tio, o senhor vai à festa do aniversário de Papai Noel?

Fiquei surpreso, mas já fazia ideia do que ela queria dizer. Resolvi tirar a dúvida:

— Mas quando será essa festa?

— É agora, tio! No Natal! Lá em casa todo mundo fala que ele faz aniversário! E eu estou pensando o que eu vou pedir a ele de presente...

— Mas o aniversário não é dele, meu filho!

— É, sim.

— Então, seria você quem deveria dar-lhe um presente, não acha?!

— Mas é ele quem dá presente *pra* gente!

Depois de ouvir aquelas explicações, eu coloquei a criança no meu colo e contei-lhe a história do nascimento de Jesus, a fim de que ela não considerasse a lenda do Papai Noel mais importante que a vida do Mestre. O que fiz foi um contraponto com finalidade educativa, apresentando outra informação sem a pretensão de desmontar, de uma hora para outra, o encantamento que a lenda provocava em sua imaginação lúdica. Contudo, procurei demonstrar que Papai Noel não é mais do que uma criação da modernidade para promover e aumentar as vendas no fim do ano. O mercado utiliza uma técnica psicológica com a intenção de movimentar a indústria e o comércio, de certa forma gerando empregos e fomentando o desenvolvimento econômico.

Para aquele que se identifica com a mensagem de Jesus, é necessário refletir sobre a finalidade do Natal a fim de não deturpar o seu significado profundo.

A partir dos últimos anos do século passado, eu comecei a analisar esse fenômeno do mundo moderno que é o *Shopping Center*. A cada Natal eu procuro ver quais as imagens veiculadas por esses estabelecimentos comerciais. Em alguns anos, eu procurei e não encontrei nesses lugares qualquer sinal da presença de Jesus entre nós. Antes, alguns *shoppings* colocavam presépios monumentais. Outros faziam painéis que recordavam aquele momento auspicioso da vinda do Celeste Mensageiro; porém, tenho percebido que em alguns lugares isso desapareceu como se fosse uma lenda que a Humanidade decidiu abolir da sua cultura, enquanto a figura do Papai Noel parece ter se transformado em uma realidade. Nesse contexto perverso, a árvore de Natal passou a ser a gruta de Belém dos poderosos do mundo.

Esse quadro constitui uma inversão de valores que salta aos olhos e convida os cristãos genuínos a meditar. É necessário reverter esse processo para que Jesus não seja relegado a plano secundário, expulso de nossas vidas por uma cultura materialista, centrada na ganância de acumular tesouros que desaparecerão com o passar do tempo...

Fim de ano é momento de fazer um balanço, de analisar os atos e realizações praticados, numa retrospectiva que deve proporcionar lições de equilíbrio e de renovação interior em favor do nosso crescimento espiritual. Uma avaliação cuidadosa do comportamento precisa ter lugar, por ensejar a reparação dos erros cometidos e aprimorar as atividades desenvolvidas.

Ano-novo, por sua vez, destina-se ao levantamento dos recursos disponíveis para serem aplicados ao longo dos próximos doze meses, sem as aflições e os danos que atingem as pessoas irrefletidas.

Quase sempre, fascinadas por peças publicitárias bem-elaboradas, as pessoas deixam-se arrastar pelas facilidades aparentes das compras pagas no longo prazo, do "cartão mágico" que possibilita a realização dos voos da imaginação, sem considerarem que, após a aquisição do ilusório, o orçamento estará prejudicado pelo excesso de dívidas, fazendo com que a revolta e o estresse tomem conta dessas vítimas das extravagâncias.

Logo passem as festas e os tumultos comemorativos do período natalino, que culminam com a entrada do ano novo, a realidade, sempre à espreita, apresentar-se-á de forma eloquente, propondo reflexões e, não poucas vezes, trazendo desgostos em razão dos excessos praticados, das volumosas despesas para atender às fantasias mentais e emocionais de muitos indivíduos pouco amadurecidos psicologicamente.

Por isso, é necessário um reforço moral para a conquista da harmonia íntima, a fim de não nos permitirmos devorar pela volúpia do momento tempestuoso... O sentido existencial não objetiva o *ter*, o prazer e o parecer, mas nos convoca a exercitar o *ser*, para que tenhamos equilíbrio emocional e autossegurança, encarregados de proporcionar saúde integral e elevação espiritual.

É indispensável que, antes de assumir-se compromissos que deverão ser resgatados no futuro, examine-se a consciência para verificar-se a legitimidade ou não desses divertimentos vazios de conteúdo. A plenitude deverá sempre ser a nossa meta!

Na época do Natal, a Terra é dominada por uma psicosfera especial. Todos nós sentimos mais ternura e serenidade.

Estive examinando histórias reais que envolvem a música *Noite Feliz*, que foi composta em uma aldeia dos Alpes Austríacos para celebrar a noite do nascimento de Jesus. Essas narrativas foram apresentadas pela revista internacional *Seleções do Reader's Digest*.

Durante a Primeira Guerra Mundial, conta-se que no *front* de batalha, na fronteira entre a França, a Alemanha e a Itália, em determinado momento houve uma parada e um grande silêncio. Havia sido programada uma hora ou duas de interrupção do confronto. De repente, escutou-se alguém cantando *Noite Feliz* em francês, ali mesmo na trincheira. Segundos depois, do outro lado da Linha Maginot, a fronteira da França com a Alemanha, alguém se juntou à primeira voz e passou a cantar a mesma música em alemão. Mais adiante alguém decidiu cantar a mesma canção em inglês, espalhando aos quatro ventos e melodia mística escrita na Áustria por um pastor e um artesão.

Em pleno furor da Segunda Guerra Mundial, um comandante das *Tropas SS* alemãs entrou em um lar de crianças órfãs localizado em Varsóvia, na Polônia. Em seguida ele perguntou se alguma criança sabia cantar *Noite Feliz.* Duas criancinhas levantaram a mão e deram um passo à frente, mas logo elas recuaram porque eram judias e eram as únicas que falavam a língua alemã. As crianças polonesas não conheciam o idioma. As duas pequeninas órfãs tremeram de medo e esperaram pelo pior, mas o oficial insistiu para que elas se aproximassem, dizendo-lhes, suavemente:

— Não tenham medo. Cantem a música para mim!

As duas crianças deram-se as mãos e começaram a cantar... A melodia balsamizava o ambiente, iluminando aquela noite fria em Varsóvia... Nevava do lado fora... Aquele homem, temido e perverso, fechou os olhos, enquanto as lágrimas escorriam-lhe pela face... Ele era *cristão*! E muitas vezes foi embalado na noite de Natal por dúlcidas vozes de crianças cantando *Noite Feliz.*

Anos mais tarde, em plena Guerra da Coreia, um soldado americano que estava prisioneiro na noite de Natal comoveu-se até as lágrimas, pois passou a ouvir crianças coreanas que de porta em porta cantavam *Noite Feliz...*

Esse é o Natal! É Jesus de volta aos nossos lares! Lembre-se d'Ele de forma especial no mês de dezembro, principalmente no Seu dia. Se você meditar com atenção, entenderá que o aniversariante gostaria de receber um presente inestimável: a sua renovação espiritual... E conforme dizia Santo Inácio de Antioquia, nunca se esqueça de que "o cristão pertence a Jesus!".

Este livro foi impresso na
LIS GRÁFICA E EDITORA LTDA.
Rua Felício Antônio Alves, 370 – Bonsucesso
CEP 07175-450 – Guarulhos – SP
Fone: (11) 3382-0777 – Fax: (11) 3382-0778
lisgrafica@lisgrafica.com.br – www.lisgrafica.com.br